Die Juden und Martin Luther –
Martin Luther und die Juden

Geschichte
Wirkungsgeschichte
Herausforderung

Herausgegeben von
Heinz Kremers
in Zusammenarbeit mit
Leonore Siegele-Wenschkewitz
und Bertold Klappert

Mit einem Geleitwort von Johannes Rau

Neukirchener Verlag

© 1985 – 2. Auflage 1987
Neukirchener Verlag des Erziehungsvereins GmbH,
Neukirchen-Vluyn
Alle Rechte vorbehalten
Umschlaggestaltung: Kurt Wolff, Düsseldorf-Kaiserswerth
Druck- und Bindearbeiten: Weihert-Druck GmbH, Darmstadt
Printed in Germany
ISBN 3-7887-0751-8

CIP-Kurztitelaufnahme der Deutschen Bibliothek

**Die Juden und Martin Luther – Martin Luther und
die Juden** : Geschichte, Wirkungsgeschichte,
Herausforderung / hrsg. von Heinz Kremers in Zusammenarbeit mit Leonore Siegele-Wenschkewitz u.
Bertold Klappert. Mit e. Geleitw. von Johannes Rau. –
2. Aufl. – Neukirchen-Vluyn : Neukirchener Verlag, 1987
ISBN 3-7887-0751-8 .

Johannes Rau

Geleitwort

Das Jahr 1983 ist ein Jahr der Jubiläen: Martin Luther, Karl Marx, Richard Wagner – das sind deutsche Gestalten in der Geistesgeschichte der Welt. Man sagt bei solchen Jubiläen meist kaum etwas Kritisches über den Mann, dem das Gedenken gilt. Das ist in diesem Jahr, ich denke vor allem bei uns Deutschen, etwas anderes, denn es gibt ja noch ein anderes Jubiläum, das nichts mit Freude, nichts mit Festlichem und nichts mit Jubel zu tun hat: die Erinnerung an den 30. Januar 1933.

Ich schicke das voraus, weil es diesen 30. Januar gibt und weil neulich das »Jubiläum« der Hinrichtung der Geschwister Scholl war, weil es auch den 23. März gibt, den Tag, an dem das Ermächtigungsgesetz verabschiedet wurde.

Dies ist ein Jahr schwerer Selbsterinnerungen, und das muß man vor Augen haben, wo man sich gedenkend und nachdenkend Martin Luther zuwendet, um dessen Verhältnis zu den Juden es bei Ihrer Tagung geht.

Ich glaube, daß der, der zu diesem Thema spricht, daran gemessen wird, ob er die unangenehmen Seiten, die *für uns* unangenehmen Seiten des Themas nicht unter den Teppich kehrt. Ganz gewiß werden wir nicht nur an diesem Tagungsort darin übereinstimmen, daß es bei Marx und bei Wagner oder auch bei Luther zu differenzieren gilt, aber man muß auch darauf hinweisen, daß es im sogenannten Lutherjahr wie in den Jahrzehnten nach dem Zweiten Weltkrieg nicht an apologetischen Versuchen gemangelt hat. Manche Lutherausgaben nach dem Zweiten Weltkrieg haben unser Thema ausgelassen. Es gibt viele offizielle Entlastungsversuche bei offiziellen Worten zum Lutherjahr. Wir sollten sie sorgfältig prüfen und manches davon doch in Frage stellen, etwa die gängige Trennung zwischen dem jungen und dem alten Luther. Ich glaube nicht, daß von einer Wende in Luthers Stellung zu den Juden die Rede sein kann, sondern ich glaube, daß Luther – verhaftet im Geist seiner Zeit – die Juden immer als das ungehorsame Israel angesehen hat, das sich vom wahren Israel, von der Kirche, getrennt hat. Sie werden sich in diesen Tagen mit den Zitaten beschäftigen, mit den Psalmenvorlesungen der Jahre 1513 bis 1515, mit der Schrift »Daß Jesus Christus ein geborener Jude sei« aus dem Jahre 1523 und auch mit der späten Schrift »Von den Juden und ihren Lügen« aus dem Jahre 1543. Ich lasse die Zitate weg, weil Sie sie in diesen Tagen hier hören. Und ich denke, daß es gerecht ist, darauf hinzuweisen: Luther hat nicht allein so gedacht. Der Humanismus hat so gedacht, Erasmus, Reuchlin, Eck. So bemühen sich viele, Luther in seiner Zeit oder aus seiner Zeit zu verstehen, und es werden ihm Paten gegeben von Augustin über Thomas von Aquin bis zu Martin Bucer. Heute müssen wir sagen: Es bleibt nach Auschwitz für immer unerträglich, daß Auschwitz eine christliche Vorgeschichte hat. Wir können nicht anders als bei Auschwitz mitbedenken, daß Juden nicht nur an Giftgasen in Gaskammern gestorben sind, sondern auch an der jahrhundertealten antisemitischen Giftwolke (H.-J. Barkenings).

Wer die Quellen kennt, wer an das Gift vieler Jahrhunderte denkt, der findet Entlastungsversuche peinlich. Da hilft auch nicht der Hinweis auf das Gespür für die Sprache des Grobianismus und ihre Nuancen, wie jemand gesagt hat. Natürlich wissen wir, wer Luther war und wie Luther war. Stefan Zweig sagte: »Luther war und blieb zeitlebens eine kämpferische Natur, ein geborener Raufbold mit Gott, Mensch und Teufel«, und Stefan Zweig zitiert Martin Bucer, der geschrieben hat: »Fast tödlich durchschauerts mich, wenn ich an die Wut denke, die in dem Manne kocht, sobald er mit einem Gegner zu schaffen hat.«

Auch wenn wir Verständnis für Zeitgeist und Sprache des 16. Jahrhunderts haben, muß uns das doppelte Erinnerungsjahr, von dem ich am Anfang gesprochen habe, dazu veranlassen, Luther nicht zu verdammen, aber seine Wirkungsgeschichte aufzuarbeiten. Denn auch 1933 war ein Lutherjahr, in dem er gefeiert wurde. Und wer den sogenannten starken Tobak von Kirchenvätern oder Zeitgenossen Luthers zitiert und ihn damit entschuldigt, der muß bedenken, daß das Judenbild Luthers wegen der Ausstrahlungskraft, die Luther gehabt hat – Friedrich Engels hat ihn einen Riesen an Denkkraft genannt –, viel folgenschwerer ist. Daß Luther mißbraucht worden ist in den Jahren 1933 bis 1945, ist deutlich auszusprechen. Das war nicht beiläufig, daß manche versucht haben, der Politik des NS-Staates eine reformatorische Approbation zu geben. Da wurde Luther fälschlich zum Kronzeugen für eine eigenständige judenchristliche Kirche aufgerufen. Walter Rehm hat damals gesagt: »Was Gott getrennt geschaffen hat, das haben wir zu vermischen nicht das Recht.«

Nun wird hier freilich auch deutlich, daß wir Martin Luther seine Wirkungsgeschichte nicht anlasten können. Vielmehr müssen sich die Christen fragen, ob sie vielleicht zu sehr auf die Autorität Martin Luther geblickt haben, statt sich der von Luther empfohlenen alleinigen Autorität von Glaube, Gnade und Schrift zuzuwenden. Gerade, wenn wir Martin Luthers Erkenntnis ernst nehmen, daß die Heilige Schrift die einzige Quelle der Offenbarung ist, das einzige Medium, durch das Gott sich fortwährend bekundet, dann waren und dann sind die Christen zu keiner Zeit unter Berufung auf Luther aus ihrer Verantwortung entlassen, nach dem sola scriptura zu entscheiden, was zu tun ist.

Von Dietrich Bonhoeffer haben wir gehört: »Nie kann das Gestern für mein sittliches Handeln heute entscheidend werden. Vielmehr muß immer von neuem die unmittelbare Beziehung zu Gottes Willen aufgesucht werden, und nicht weil mir gestern etwas gut schien, tue ich es heute wieder, sondern weil mich auch heute der Wille Gottes in diese Bahn weist. Das ist die große sittliche Erneuerung durch Jesus, das Abtun der Prinzipien und der Grundsätze.« Wenn wir also das ernst nehmen, was Luther uns empfohlen hat und was Dietrich Bonhoeffer uns als die Freiheit geschildert hat, dann sollten wir uns nicht so sehr mit den Entlastungen beschäftigen. Deshalb meine ich, es erübrige sich, dann noch nach jenen Zitaten Ausschau zu halten, die etwa Luthers Judenfreundlichkeit beweisen sollen. Das könnte man mit den Römerbrief-Vorlesungen der Jahre 1515/16, mit dem verdeutschten und ausgelegten Magnificat von 1521 und auch mit Sätzen aus der Schrift »Daß Jesus Christus ein geborener Jude sei«. Wir kommen allemal um diesen Satz nicht herum: ».. . wenn Gott mir keinen anderen Messias geben wollte, denn wie ihn die Juden begehren und hoffen...«. Es geht also nicht um Entehrung, und es geht nicht um Ehrenrettung. Wir setzen Luther nicht auf die Anklagebank der Geschichte und schließen uns selber aus aus der Kritik, wenn wir nur ihn meinen.

Es geht um persönliche Stellungnahme, und es geht darum, ob die ecclesia semper reformanda sich bewährt. Dazu gehört nach wie vor Mut. Wenn wir daran denken, daß vor gut drei Jahren die Synode der Evangelischen Kirche im Rheinland die Thesen zur Erneuerung des Verhältnisses von Christen und Juden beschlossen und gesagt hat, wir hätten Anlaß, mit großer Sorge danach zu fragen, wie es mit dieser Umkehr und Erneuerung bestellt ist in unserer Kirche und in unserem Land, dann haben wir am Echo gemerkt, daß dazu Mut gehört.

Nach meiner Überzeugung haben wir Anlaß, in diesem Jubiläumsjahr über beide Aussagen nachzudenken und auch *die* Stimmen zu hören, die als Folge dieser Initiative der Rheinischen Synode laut geworden sind, daß doch die Juden Christus verworfen haben; man hat uns Enterbungslehren vorgestellt unter dem Stichwort: An die Stelle des alten Bundesvolkes tritt die Kirche. Es gibt eine Art Heilschauvinismus des dritten Jahrhunderts frei nach Cyprian: extra ecclesiam nulla salus. Wir dürfen uns nichts vormachen: Im jüdisch-christlichen Dialog haben wir noch einen langen Weg vor uns, bis sich die Erkenntnis durchgesetzt hat, die Karl Barth in der Kirchlichen Dogmatik niedergeschrieben hat: »Der durch so viele Kalamitäten seiner Geschichte hindurch, man muß schon sagen, wunderbar bewahrte Jude ist als solcher bis auf diesen Tag das natürliche geschichtliche Monument der Liebe und Treue Gottes, in konkreter Gestalt der Inbegriff des frei erwählten und begnadeten Menschen, als lebendiger Kommentar zum Alten Testament der einzige dafür schlagende außerbiblische Gottesbeweis. Was hätten wir ihn zu lehren, was er nicht schon wüßte, was wir nicht vielmehr bei ihm zu lernen hätten?« Und wer diese Stelle aus Karl Barth zitiert, erinnert sich des Dialogs zwischen Friedrich dem Großen und Voltaire: »Nennen Sie mir einen Gottesbeweis!« »Majestät, die Juden.«

Wir sollten es also halten mit der Empfehlung, die Karlheinz Stahl in der

Wochenzeitung »Das Parlament« uns mit auf den Weg gegeben hat, wir
sollten keine Denkmalspflege mit Martin Luther betreiben, sondern, so
sagt er, »ihm einen, seinen Sitz im Leben, in unserem Leben einräumen, einen, den er als Madensack, wie er sich selber nannte, zu seiner Zeit ebenfalls innehatte«.

Wenn wir den jüdisch-christlichen Dialog intensiv fortführen, auch ohne
Verwischung unterschiedlicher Positionen, dann entfernen wir uns von der
Denkmalspflege, wir befreien den Reformator auch von der Gloriole der
Überlebensgröße. Und das wäre wohl ein notwendiger Akt, nicht nur des
Gedenkens, sondern des Vorausdenkens im Lutherjahr. Und da wir beim
Vorausdenken sind, will ich mit einem Ausblick schließen, mit einem Zitat,
das nicht von Luther stammt, sondern vom Psalmisten, aber das er formuliert hat und das ein gemeinsames Zeugnis sein könnte. Es steht in Psalm
126 und heißt: »Wenn der Herr die Gefangenen Zions erlösen wird, so werden wir sein wie die Träumenden, dann wird unser Mund voll Lachens und
unsere Zunge voll Rühmens sein, dann wird man sagen unter den Heiden:
Der Herr hat Großes an ihnen getan, der Herr hat Großes an uns getan, des
sind wir fröhlich. Herr, bringe wieder unsere Gefangenen, wie Du die Bäche
wiederbringst im Mittagslande. Die mit Tränen säen, werden mit Freuden
ernten; sie gehen hin und weinen und tragen edlen Samen und kommen
mit Freuden und bringen ihre Garben.«

Inhalt

II
Wirkungsgeschichte

III
Herausforderung

Vorwort der Herausgeber

Wir möchten den Leser unseres Buches schon am Anfang des Vorwortes darauf hinweisen, daß es weder eine *Anklageschrift* ist, die Martin Luther der Anstiftung zum Judenhaß und zur Judenverfolgung überführen, noch eine *Verteidigungsschrift* ist, die ihn gegen diese Anklagen in Schutz nehmen will. Unser Sammelband über das Problemfeld »Martin Luther und die Juden« ist vielmehr eine *Festschrift* zum 500. Geburtstag Martin Luthers. Als *Geburtstagsgeschenk* ist sie Zeichen der *Verehrung* und *Dankbarkeit* der christlichen Mitarbeiter und Zeichen einer – wenn auch kritischen – *Achtung* und *Würdigung* der jüdischen Mitarbeiter gegenüber dem großen Reformator und theologischen Lehrer.

Der *Titel* »Die Juden und Martin Luther – Martin Luther und die Juden« weist auf diese Besonderheit unseres Sammelbandes hin: Es geht in ihm nicht nur um Luthers Verhalten zu den Juden, sondern auch um ein Verhalten von Juden zu Martin Luther. Letzteres geschieht in dreifacher Weise: 1. Juden untersuchen gemeinsam mit Christen in ökumenischer Zusammenarbeit die drei Problemkreise: Luthers Verhalten zu den Juden – Die Wirkungsgeschichte dieses Verhaltens – Dieses Verhalten als Herausforderung für unsere Zeit. 2. In zwei Aufsätzen wird der Einfluß der jüdischen Tradition auf Martin Luther untersucht.[1] 3. In einem Aufsatz wird über Reaktionen jüdischer Zeitgenossen Martin Luthers auf seine Lehre und sein Werk berichtet.[2]

Weil wir einerseits *dem* Martin Luther an seinem 500. Geburtstag gerecht werden wollten, den wir aus seinen Schriften kennen, *mußten* wir darauf verzichten, in den Chor der Jubler und Denkmalspfleger einzustimmen, die auch 1983 wieder gesungen haben: »Gottes Wort und Luthers Lehr' vergehen nun und nimmermehr« – wenn auch manchmal mit einer neuen Strophe über die altersbedingten Fehlleistungen des »alten Luther«, die man natürlich bedauert. – Weil wir andererseits das gelesen hatten, was Martin Luther *wirklich* über die Juden geschrieben hat und was in den letz-

---

1 *J. P. Boendermaker*, Martin Luther – ein ›semi-iudaeus‹? Der Einfluß des alttestamentlichen und jüdischen Glaubens auf Martin Luther und seine Theologie, S. 45–57; und: *St. Schreiner*, Was Martin Luther vom Judentum wissen konnte, S. 58–71.
2 *P. E. Lapide*, Stimmen jüdischer Zeitgenossen zu Martin Luther, S. 171–185.

ten Jahrzehnten von christlichen *und* jüdischen Forschern über das Problemfeld »Martin Luther und die Juden« geschrieben worden ist, waren wir gewiß: Eine wissenschaftliche Untersuchung dieses Problemfeldes *kann* heute nicht mehr zu einer Anklageschrift gegen den Judenhasser, Judenverfolger oder gar Antisemiten Martin Luther werden!

Das kann auch dann nicht geschehen, wenn die *Wirkungsgeschichte* des theologischen Antijudaismus Luthers und seines Verhaltens zu den Juden untersucht wird. Denn auch die Wirkungsgeschichte von Luthers Haltung zu den Juden hat – bis in die NS-Zeit hinein – negative *und* positive Dimensionen. So ist z.B. die erste Schrift eines Christen in der NS-Zeit *für* die Juden, Dietrich Bonhoeffers Aufsatz »Die Kirche vor der Judenfrage« vom 15. April 1933[3], bewußt aus dem Erbe Martin Luthers geschrieben, wie die drei Lutherzitate beweisen, die den Aufsatz Bonhoeffers einrahmen. Man halte sich das vor Augen, weil hier, wie sonst nie mehr in der NS-Zeit, *ein kirchliches Handeln* für die Juden gefordert wird, das vom Protest gegen das Unrecht über »den Dienst an den Opfern« bis hin zum politischen Widerstand um dieser Opfer willen reicht (». . . nicht nur die Opfer unter dem Rad zu verbinden, sondern dem Rad selbst in die Speichen zu fallen«).[4] – Im zweiten Teil unseres Sammelbandes – Wirkungsgeschichte – wird deshalb nicht nur beschrieben, wie Martin Luther zum Kronzeugen antisemitischer Theologen wurde, sondern auch, wie sich zwei Lutheraner – Dietrich Bonhoeffer und Hans Joachim Iwand – in der NS-Zeit im Einsatz für die Juden bewährten.

Als Juden und Christen, die sich nach dem *Holocaust* durch ihre wissenschaftliche Arbeit an einer Verbesserung des Verhältnisses von Juden und Christen beteiligen, möchten wir Martin Luther im ersten Lutherjahr *nach dem Holocaust* gerade dadurch *ernst nehmen* und *ehren*, daß wir sein Verhalten zu den Juden *nicht* tabuisieren oder apologetisch verharmlosen, sondern unabhängig voneinander, nacheinander und so objektiv wie möglich Luthers Verhalten zu den Juden und die Wirkungsgeschichte dieses Verhaltens darstellen. Erst danach führen wir im dritten Teil unseres Buches ein Gespräch mit »unserem Bruder Martin« – wie es ein jüdischer Mitarbeiter formuliert hat[5] – über die Frage, wie seine Erben das Verhältnis von Juden und Christen zueinander *heute* – nach dem Holocaust – gestalten müssen.

Unser *Plan*, zum 500. Geburtstag Martin Luthers eine *Festschrift* über das Problemfeld »Martin Luther und die Juden« herauszugeben, wurde am Ende eines internationalen Symposiums über dieses Problemfeld am 25. Februar 1983 zum *Beschluß* aller Mitarbeiter, die fast alle auf diesem Symposium über Teilprobleme referiert hatten. – Unsere Festschrift wäre auch pünktlich zum 10. November 1983 erschienen, wenn nicht mehrere Mitarbeiter durch Krankheit oder Arbeitsüberlastung daran gehindert worden

---

3 *D. Bonhoeffer*, Gesammelte Schriften, Bd. 2, S. 44–53.
4 A.a.O., S. 48.
5 *A. H. Friedlander*, S. 290.292–297.

wären, ihre zugesagten Beiträge zum festgesetzten Termin fertigzustellen. . . Das ist schade! Aber so, wie wir nicht selten einem verehrten wissenschaftlichen Lehrer eine Geburtstags-Festschrift schenken, die erst *nach* seinem Geburtstag erscheint, so tun wir es auch hier. Dabei stehen wir unter dem Eindruck, daß die Herausgabe unseres Buches jetzt dringender und notwendiger ist, als im Sommer 1983 abzusehen war. Denn ein Rückblick auf das Jahr 1983 macht erschreckend deutlich, daß eingetreten ist, was wir schon vorher befürchtet hatten.[6]

Im ersten Lutherjahr nach dem Holocaust ist das Problemfeld »Martin Luther und die Juden« in Deutschland entweder tabuisiert oder als Randproblem verharmlost worden. Wer die wissenschaftlichen Untersuchungen zum Problemfeld »Martin Luther und die Juden« kennt, muß auch die Erklärung des Rates der Evangelischen Kirche in Deutschland (EKD) zum Lutherjahr als tabuisierende Verharmlosung bedauern: »So wichtig Luthers frühe Schrift über die Juden heute noch ist, so verhängnisvoll wurden Äußerungen des alten Luther, niemand kann sie heute gutheißen.«[7] – Wir fragen: Stehen bei Martin Luther wirklich einer ganz positiven »frühen *Schrift*« nur einige »*Äußerungen* des alten Luther« gegenüber, die »verhängnisvoll wurden«? Stehen nicht vielmehr der *einen* projüdischen frühen Schrift von 1523 »Daß Jesus Christus ein geborener Jude sei« *vier* umfangreiche antijüdische *Schriften* aus den Jahren 1538 – 1543 gegenüber? Rein quantitativ umfaßt die eine projüdische Schrift nicht ganz 6 % des Umfangs der vier antijüdischen Schriften, ja sie umfaßt nur etwa 14 % des Umfangs der schärfsten antijüdischen Schrift »Von den Juden und ihren Lügen«! – Und sind das nur »Äußerungen des *alten* Luther«? Es sind vier Schriften, die Martin Luther im Alter von 55 – 62 Jahren schrieb. War er da wirklich schon ein alter (seniler) Mann? – Zumindest seine anderen Schriften und sein Wirken in diesen Jahren beweisen eindeutig das Gegenteil!

Wenn schon der Rat der EKD zum Lutherjahr 1983 das Problem »Martin Luther und die Juden« auf eine Gegenüberstellung der positiven Einstellung des »jungen Luther« mit »Äußerungen« des »alten Luther« beschränkt, die – nach Meinung des Rates – dazu nicht etwa an sich und als solche theologisch falsch, unverantwortlich und verhängnisvoll *waren*, sondern nur später – leider – »verhängnisvoll *wurden*«, dann darf man sich nicht wundern, daß in fast allen Publikationen zum Lutherjahr 1983 in Deutschland Luthers Stellung zu den Juden völlig tabuisiert oder in derselben Weise verharmlost wird. Dabei gelingt u.W. keinem – theologisch und journalistisch – die *totale* Verharmlosung der negativen Dimension des Problems »Martin Luther und die Juden« so vorzüglich wie Heinz Zahrnt, der sie in ein primär psychopathologisch-gerontologisches Phänomen ver-

---

6 S. den Bericht über die Vorgeschichte dieses Buches im Vorwort S. XVII–XIX.
7 Aus dem Wort des Rates der EKD zum Luthergedenkjahr, das nicht nur von der kirchlichen Presse, sondern auch von der Tagespresse publiziert und kommentiert wurde.

wandelt. Zahrnt schreibt im letzten Teil seiner Artikelserie über Martin Luther im »Zeitmagazin«[8] unter der Überschrift »Ein Knäuel aus Religion, Tradition und Rassismus«: »Mit rationalen Gründen läßt sich Luthers Haltung gegenüber den Juden überhaupt nicht erklären, aber auch nicht, wie es die Kritiker gern versuchen, mit religiösen Motiven allein, etwa mit dem überkommenen christlichen Vorurteil gegen die Juden als die Christusmörder. Hier bricht ein blinder Haß hervor, der aus irrationalen, letztlich unerklärlichen Tiefen stammt, aus einem Knäuel von Religion, Tradition, Nationalismus, Propaganda, Fremdenhaß und auch Rassismus.« »Im Stil seiner späten Kampfschriften spiegelt sich etwas von dem Gemütszustand wider, in dem Luther sich während seiner letzten Lebensphase befunden hat. Es ist eine ›Verstimmung‹ der Seele...«[9]

Der Hinweis auf unser Problemfeld in der Erklärung des Rates der EKD zum Lutherjahr ist vor allem deswegen eine verharmlosende Tabuisierung, die nicht entschuldigt werden kann, weil er Erkenntnisse und Probleme der Lutherforschung in den letzten Jahrzehnten verdeckt. Diese Lutherforschung – vor allem die letzte wichtige Untersuchung vor dem Lutherjahr 1983, Heiko A. Obermans Buch »Wurzeln des Antisemitismus« von 1981 – fordert uns doch zumindest heraus, zu *untersuchen* und zu *fragen*: War und blieb nicht Luthers Theologie in mehreren entscheidenden Grundstrukturen bzw. fundamentalen loci von seinen ersten Schriften bis zu seinem Tod durchgehend antijüdisch? Und war nicht derselbe theologische Antijudaismus Martin Luthers einerseits die Wurzel seiner »sanften Barmherzigkeit«, die ihn 1523 zur Judenmission motivierte, andererseits aber auch die Wurzel seiner Angst vor den Juden und seiner »scharfen Barmherzigkeit«, mit der er seit 1538 die Christen vor den Juden schützen und nur noch einige von ihnen retten wollte? Weil ein Hinweis auf diese *theologische Tiefendimension* des Problemfeldes »Martin Luther und die Juden« in der Erklärung des Rates der EKD zum Lutherjahr 1983 fehlt, verwundert es uns nicht, daß wir unter den Publikationen aus dem Lutherjahr in Deutschland keine einzige finden, die diese theologische Tiefendimension untersucht.[10]

Die Beschränkung des Problems »Martin Luther und die Juden« während des Lutherjahres 1983 im deutschen Protestantismus auf eine frühe Schrift des »jungen Luther« und negative Äußerungen des »alten Luther« sowie die Unterschlagung der theologischen Tiefendimension dieses Problems erinnert fatal an den Grundsatz: »Wasch mir den Pelz, aber mach mich nicht naß!« Der deutsche Protestantismus hat 1983 *seinen* Martin Luther »nicht naß gemacht«, indem er sich nur von schmutzigen »Äußerungen« des »alten Luther« distanzierte, und er hat so zugleich die Theologie Martin Luthers und damit die eigene lutherische Theologie »nicht naß gemacht«. Er ist der nach dem Holocaust unausweichlich gebotenen theologi-

8 H. Zahrnt, in: Zeitmagazin 1983, Nr. 8, S. 10ff.; Nr. 9, S. 27ff. und Nr. 10, S. 41ff.
9 Zeitmagazin 1983, Nr. 10, S. 52f.
10 S. S. 414.

schen »Trauerarbeit« bewußt aus dem Wege gegangen: Seine Aufgabe wäre
es gewesen, zumindest zu *fragen* und zu *untersuchen*, ob wir nicht Luthers
theologisches Erbe vom Schmutz des Antijudaismus reinwaschen müssen,
damit »Luthers Lehr'« *nie mehr* – wie so oft und auch heute noch – zum
Nährboden des Judenhasses und des Antisemitismus werden kann!

Schauen wir auf das Lutherjahr 1983 zurück, müssen wir uns als Deutsche schämen, wenn wir beobachten, daß eine internationale Kommission
des Lutherischen Weltbundes das Problem »Martin Luther und die Juden«
bei einem Treffen mit Vertretern der jüdischen Weltgemeinschaft aus Anlaß von Luthers 500. Geburtstag im Juli 1983 in Stockholm viel mutiger
und gründlicher aufgegriffen hat als der Rat der EKD und die deutschen
lutherischen Theologen in ihren Publikationen im Lutherjahr.

Die Kommission erklärt: »Wir Lutheraner leiten unseren Namen von
Martin Luther ab, dessen Verständnis vom Christentum auch weitgehend
unsere Lehrgrundlage bildet. Die wüsten antijüdischen Schriften des Reformators können wir jedoch weder billigen noch entschuldigen. Lutheraner
und Juden legen die hebräische Bibel unterschiedlich aus, aber wir glauben,
daß eine christologische Deutung der Schrift nicht zu Anti-Judaismus und
schon gar nicht zu Antisemitismus führen darf. . .

Wir stellen mit tiefem Bedauern fest, daß Luthers Name zur Zeit des Nationalsozialismus zur Rechtfertigung des Antisemitismus herhalten mußte
und daß seine Schriften sich für solchen Mißbrauch eignen. . .

Die Sünden von Luthers antijüdischen Äußerungen und die Heftigkeit
seiner Angriffe auf die Juden müssen mit großem Bedauern zugegeben
werden. Wir müssen dafür sorgen, daß eine solche Sünde heute und in Zukunft in unseren Kirchen nicht mehr begangen werden kann. . .«[11]

Die Kommission erklärt sodann zusammen mit den jüdischen Ge-
sprächspartnern in Stockholm: »Wir bekräftigen Integrität und Würde unserer beiden Glaubensgemeinschaften und lehnen jede organisierte Kam-
pagne zur Bekehrung der Angehörigen des anderen Glaubens ab. . . Wir be-
grüßen diese historische Begegnung und beten darum, daß sie ein neues
Kapitel in unseren Beziehungen eröffnen möge, wobei an die Stelle von
Argwohn Vertrauen und an die Stelle von Vorurteil gegenseitige Achtung
tritt. Zu diesem Zweck werden wir regelmäßig zu Gesprächen und gemeinsamen Tätigkeiten zusammenkommen, die unsere gemeinsamen Bande im
Dienste der Menschheit verstärken.«[12]

Wir wollen in unserem Sammelband – anders als es im Lutherjahr 1983
in Deutschland üblich war – den *Menschen* Martin Luther in seiner Zeit
verstehen und *ehren*, aber sein *theologisches Erbe* danach befragen, ob es
nicht nach dem Holocaust von allem Antijudaismus befreit werden muß.

11   Nach: Lutherische Welt-Information 32/83, S. 17.
12   A.a.O., S. 18. – Der einzige Sammelband mit Beiträgen zum Problemfeld »Martin Luther
und die Juden« erschien u.W. 1983 in der *Schweiz*. Es ist das Heft 3 der Zeitschrift Judaica (39.
Jg., Sept. 1983). An diesem Heft haben auch die beiden deutschen Theologen *Peter Maser*,
Münster, und *Stefan Schreiner*, Berlin, mitgearbeitet.

Auf diese Weise leisten wir eine dringend notwendige Ergänzung und Korrektur der Publikationen des Lutherjahres 1983 in Deutschland.

Vor allem Heiko A. Oberman hat uns motiviert, das Problemfeld »Martin Luther und die Juden« in dieser differenzierten Weise zu untersuchen
und darzustellen. Fast alle Referenten und viele Tagungsteilnehmer hatten
sich mit seinem Buch »Wurzeln des Antisemitismus« auf unser Symposium
vorbereitet. Es wurde deshalb zur wichtigsten Basis unserer Gespräche, und
die meisten Autoren unseres Sammelbandes nehmen Erkenntnisse und
Denkanstöße aus Heiko A. Obermans Buch und Referat auf, führen sie
weiter und setzen sich dankbar und kritisch – weil dankbar, darum kritisch!
– mit ihnen auseinander. Wir bedauern deshalb sehr, daß Heiko A. Oberman im Lutherjahr keine Zeit fand, sein Referat für den Druck zu überarbeiten.[13] Er hat in ihm gezeigt, warum und wie Luthers Stellung zu den Juden im Horizont seiner Zeit untersucht, dargestellt, verstanden und bewertet werden muß. Am Schluß ist er über seine indirekte Kritik am theologischen Antijudaismus Luthers im Epilog seines Buches »Wurzeln des Antisemitismus« (S. 185–192) hinausgegangen und hat Luthers theologischen
Antijudaismus *direkt* kritisiert:

1. Das »durchgehende und schlagende Argument« für Luthers Beweis
der Schuld der Juden und des Gerichtes Gottes über diese Schuld ist ihr Leben im Elend der Zerstreuung, daß sie »vertrieben sind, nicht zur Ruhe
kommen können und noch immer nicht das messianische Reich haben herstellen können«. Oberman kritisiert diesen »Erfahrungsbeweis« Luthers
mit dessen eigener Theologie: Luther hat in seiner theologia crucis »auf einmalige Weise entdeckt« und als Christ davon gelebt, daß »Gott sub contrario wirkt«. Er handelt an uns zu unserem Heil »anders, ja umgekehrt, als
wir es erwarten«. Oberman stellt deshalb erstaunt fest: Wie blind ist Luther
doch gewesen, »daß diese Grundstruktur seiner Theologie nicht hat gelten
können für das Volk der Juden, daß er sich nicht die Frage hat gefallen lassen, ob nicht auch in dieser Vertreibung Gott sub contrario am Werk sei«.

2. Oberman betrachtet Luthers Lehre von den zwei Bünden »als verheerend und wohl am gefährlichsten« für die Beziehung der Christen zu den
Juden: »Es hat einmal einen Bund mit den Juden gegeben. Aber sie sind ungehorsam gewesen als Volk, darum ist dieser Bund ungültig und rückgängig gemacht worden.« An seiner Stelle hat Gott einen zweiten Bund geschlossen, einen neuen Bund, »der zwar im Bund mit Abraham sein Vorbild
hat, aber erst in Jesus Christus gestiftet ist und worin Juden und Christen
nun zusammenkommen können. Ich betrachte diese Theologie des doppelten Bundes als das größte Hindernis im Verständnis zwischen Christen und
Juden.«[14]

---

13   Er stellte uns statt des überarbeiteten Referats seinen bereits 1983 erschienenen Aufsatz
»Die Juden in Luthers Sicht« zur Verfügung, s. S. 136–162.
14   Wir berichten und zitieren nach der Tonbandnachschrift. S. zu dieser Kritik Obermans an
Luthers theologischem Antijudaismus auch B. *Klappert*, 372–374.404–406, und L. *Siegele-*
Wenschkewitz, S. 364.

Die Eigenart unseres Sammelbandes ist durch seine *Entstehungsge-schichte* geprägt. Wir möchten deshalb darüber hier einen kurzen Überblick geben: Im Winter 1981/82 lasen die drei Sprecher des Forschungsschwerpunktes »Geschichte und Religion des Judentums« der Universität-Gesamthochschule-Duisburg, Michael Brocke, Heinz Kremers und Julius H. Schoeps, gemeinsam das Vorbereitungsheft »Ausstellungen und Veranstaltungen zum 500. Geburtstag Martin Luthers in der Bundesrepublik Deutschland«. Sie waren entsetzt darüber, daß hier keine Veranstaltung zum Problem »Martin Luther und die Juden« vorgesehen war und daß dieses Problem nicht einmal als Teilproblem einer geplanten Veranstaltung genannt wurde. Sie befürchteten deshalb eine Tabuisierung des Problems »Martin Luther und die Juden« im ersten Lutherjahr nach dem Holocaust in Deutschland.

Ihre Befürchtung wurde durch den Bericht von Eberhard Bethge verstärkt, den dieser später publizierte: »Vor kurzem saß ich in einer Tischrunde renommierter Ordinarien, emeritierter. Ich fragte, ob denn nun im Lutherjahr Christen und Gemeinden in Deutschland endlich hilfreiche Belehrung über ›Luther und die Juden‹ erhielten und das Programm der Kirchen dergleichen plane. Alle Welt spräche davon, nur die deutschen Kirchen hätten bisher dazu kein Wort gefunden. Die Nationalsozialisten produzierten in ihrer Weise eine ganze Literatur. Bei den Juden war und ist das Thema nie vergessen... Die Antwort auf die Frage in jener Tischrunde nach der Behandlung des Themas bei Veranstaltungen für 1983 war kurz und bündig: auf keinen Fall! Dazu müssen mindestens noch 20 weitere Jahre ins Land gehen.«[15]

Nun war den drei Sprechern des Forschungsschwerpunktes aber nicht nur die drohende Tabuisierung des Problems »Martin Luther und die Juden« im Lutherjahr 1983 in Deutschland peinlich und unerträglich. Sie konnten auch im Zusammenhang mit dem *Synodalbeschluß der Evangelischen Kirche im Rheinland* vom 11. Januar 1980 »Zur Erneuerung des Verhältnisses von Juden und Christen« folgende Beobachtungen machen: Der die Synode vorbereitende Ausschuß »Juden und Christen« hatte den Synodalen »Stimmen der Väter« vorgelegt, die sich für eine Erneuerung des Verhältnisses der Christen zu den Juden und für eine Korrektur der Theologie Luthers in dieser Frage eingesetzt haben.[16] Die Mehrzahl dieser theologischen »Väter« der Rheinischen Kirche waren Luthers Theologie verpflichtete Lutheraner. Die Aussagen dieser theologischen »Väter« waren für die Annahme des Beschlußantrages durch die überwältigende Mehrheit der Synode mitentscheidend. Dennoch konnte auf der Rheinischen Synode zu-

---

15 S. E. Bethges Rezension zu *H. A. Oberman, »Wurzeln des Antisemitismus«*, in: Evangel. Kommentare 16. Jg., Juni 1983, S. 329ff.

16 S. Handreichung Nr. 39 für Mitglieder der Landessynode... in der Ev. Kirche im Rheinland, »Zur Erneuerung des Verhältnisses von Christen und Juden«, 1980, S. 101–114; der Synodalbeschluß ist jetzt v.a. publiziert und kommentiert in *B. Klappert/H. Starck* (Hg.), Umkehr und Erneuerung, 1980.

gleich auch die andere Erfahrung gemacht werden: Nur Theologen, die sich
als Erben Martin Luthers verstehen wollten, lehnten die theologische Erneuerung des Verhältnisses von Christen und Juden durch die Synode ab,
weil sie darin einen Verrat an der Theologie Martin Luthers zu sehen meinten. So wollten z.B. Mitglieder des lutherischen Konvents in der Rheinischen Kirche die Verabschiedung der Beschlußvorlage dadurch verhindern,
daß sie »den konfessionellen Notstand« für gegeben erklärten. Das hätte,
falls diesem Antrag nicht von der Majorität der lutherischen Synodalen widersprochen worden wäre, nach der Kirchenordnung der unierten Rheinischen Kirche die Absetzung des Beschlußantrags von der Tagesordnung der
Synode zur Folge gehabt. Erst als diese Mitglieder des lutherischen Kon-
ventes hörten, daß die Majorität der lutherischen Synodalen beschlossen
habe, gegen die von ihnen geplante Ausrufung des konfessionellen Not-
standes zu stimmen, gaben sie ihren Plan auf. Dennoch wagte einer von ihnen einen letzten Versuch. Als der Präses der Rheinischen Kirche ihm in der
Aussprache vor der Abstimmung über die Beschlußvorlage als letztem das
Wort gab, beschwor er die Synode, die Beschlußvorlage abzulehnen, weil
sie »gegen Schrift und Bekenntnis« sei. Dennoch stimmte dann die Synode
dem Beschlußantrag fast einstimmig zu – die einzigen drei Gegenstimmen
wurden von Mitgliedern des lutherischen Konvents im Namen Martin Luthers abgegeben.

Als der Präses der Rheinischen Kirche nach dieser Synode zur nächsten
Sitzung des Rates der EKD kam, machten lutherische Landesbischöfe ihm
den Vorwurf, daß seine Kirche mit ihrem Synodalbeschluß in unverant-
wortlicher Weise aus der bisher eingenommenen Stellung der evangelischen Kirchen in Deutschland zum jüdischen Volk ausgebrochen sei.

Der theologische Widerstand gegen den Synodalbeschluß der Rheinischen Kirche »Zur Erneuerung des Verhältnisses von Christen und Juden«
war – beginnend mit den »Erwägungen« von 13 Bonner Theologieprofessoren zum Synodalbeschluß[17] – immer auch in einem unkritischen Festhalten
an Luthers theologischem Antijudaismus begründet – auch da, wo Neutestamentler mit neutestamentlichen Texten gegen den Synodalbeschluß ar-
gumentierten.[18]

Diese Erfahrungen und Befürchtungen motivierten die drei Sprecher des

---

17   Zuerst erschienen in der epd-Dokumentation 42/80, S. 14–17; jetzt zusammen mit einem Gegenvotum von Mitgliedern der theol. Fakultät Heidelberg in H. *Kremers/E. Lubahn*
(Hg.), Mission an Israel in heilsgeschichtlicher Sicht, 1984, S. 128–131.
18   S. v.a. die »Erwägungen« der 13 Bonner Theologieprofessoren (s. Anm. 17), das Sonder-
heft der Zeitschrift Kerygma und Dogma, »Theologie nach dem Holocaust«, 27. Jg., Heft 3,
1981 und zahlreiche Aufsätze in verschiedenen theologischen Zeitschriften. Das Votum von
Ernst Käsemann in seinem Buch »Kirchliche Konflikte«, Bd. 1, 1982 ist besonders wichtig. Er
lehnt hier in seinem »Testament« (S. 8) den Rheinischen Synodalbeschluß als Abfall von Paulus und von der reformatorischen Theologie scharf ab (S. 20–22). Er sei inspiriert von K. Barth
und der reformierten Foederaltheologie. Vor allem die Behauptung der Aufnahme der Kirche
in den Bund Gottes mit Israel sei als Irrlehre abzulehnen, weil das jüdische Volk als ganzes (als
Volk) von Gott verworfen sei (S. 21 – mit M. Luther, aber gegen Paulus!).

Forschungsschwerpunktes zu beschließen: »Wenn kein anderer es tut, werden wir am Anfang des Lutherjahres 1983 ein internationales Symposium mit jüdischen und christlichen Experten über das Problemfeld ›Martin Luther und die Juden‹ durchführen, auch wenn keiner von uns ein Kirchengeschichtler oder gar ein Lutherforscher ist!« – Als fast alle Experten, die sie anschrieben, ihre Mitarbeit zusagten, der Ministerpräsident von Nordrhein-Westfalen, Johannes Rau, die Schirmherrschaft übernahm, die Evangelische Akademie Mülheim/Ruhr – mit dem Forschungsschwerpunkt kooperierend – das Symposium aufnahm und die Deutsche Forschungsgemeinschaft ihre finanzielle Unterstützung zusagte, war dieses Unternehmen gesichert. Es fand mit über 100 Teilnehmern vom 21.–25. Februar 1983 statt.

Schon bei der Vorbereitung des Symposiums war von Anfang an eine Arbeitsweise beschlossen worden, durch die man Luther optimal gerecht werden konnte: Das Problemfeld »Martin Luther und die Juden« wurde in vier Problemkreise eingeteilt, die als selbständige Arbeitseinheiten unabhängig voneinander und nacheinander behandelt werden sollten: I. Zur Geschichte, II. Zur Wirkungsgeschichte, III. Zum systematisch-theologischen Problem und IV. Zum praktisch-theologischen Problem. So entstanden auf dem Symposium nacheinander drei selbständige Bilder vor den Augen aller Teilnehmer: Martin Luther in seiner Zeit – Die Wirkungsgeschichte seiner Stellung zu den Juden – und. Luthers Stellung zu den Juden als Herausforderung für die systematische und praktische Theologie der Gegenwart.

In dem am Ende des Symposiums beschlossenen Sammelband mit dem Titel »Die Juden und Martin Luther – Martin Luther und die Juden« werden die auf dem Symposium gehaltenen Referate – für den Druck überarbeitet – zusammengefaßt und ergänzt: durch Aufsätze der Diskussionsleiter des Symposiums, Eberhard Bethge, Johann M. Schmidt und Leonore Siegele-Wenschkewitz, sowie durch die Aufsätze von drei angefragten Referenten, die leider nicht am Symposium teilnehmen konnten, Ernst Ludwig Ehrlich, Martin Stöhr und Stefan Schreiner. Unser Sammelband stellt also nicht einfach ein Protokoll des Symposiums dar, sondern eine Bündelung und Weiterführung der auf dem Symposium geleisteten Arbeit.

Wir Herausgeber haben vielen zu danken, die durch ihre Mitarbeit und Hilfe die Durchführung des Symposiums und die Herausgabe dieses Buches möglich gemacht haben. Wir danken vor allem unseren *jüdischen Mitarbeitern!* Sie mußten ein seelisches Trauma überwinden, als sie am Schreibtisch und auf dem Symposium zusammen mit uns Christen wissenschaftlich über das Problemfeld »Martin Luther und die Juden« arbeiteten – wie es einer von ihnen ausdrückte: »Weder schuldbewußt noch nur quellenbewußt, sondern *qualenbewußt!*« Sie halfen uns, mutig theologische Entwicklungen von außen darstellend, wie z.B. Günther B. Ginzel, und bescheiden als Berichterstatter über die Forschungsergebnisse der nicht mehr lebenden jüdischen Lutherforscher (v.a. von Reinhold Lewin und Haim Hillel Ben Sasson) referierend. Sie ließen sich auf diese schwere Aufgabe ein –

um ihres Volkes und seiner Beziehung zur Christenheit nach dem *Holocaust* willen. Dafür danken wir ihnen herzlich.

Wir danken Herrn Ministerpräsidenten Johannes Rau, daß er Schirmherr unseres Symposiums war und auf dem Symposium ein Grußwort – in Form eines Kurzreferates zur Sache! – an uns richtete, das wir als Geleitwort in diesen Sammelband aufnehmen.

Wir danken den Referenten Heiko A. Oberman und Johannes Brosseder, die uns bereits erschienene Aufsätze für unseren Sammelband erneut zur Verfügung stellten, weil sie als Lutherforscher im Lutherjahr keine Zeit fanden, ihre Referate zum Druck zu überarbeiten. Wir danken Martin Stöhr für seinen Aufsatz »Martin Luther und die Juden« von 1961. Auch er fand wie seine beiden zuvor genannten Kollegen im Lutherjahr nicht die Zeit zur Überarbeitung. Er erlaubte uns aber, seinen Aufsatz unverändert als historisches Dokument abzudrucken. Wir danken Adam Weyer, daß er uns sein Referat zum Druck gab, obwohl seine Amtspflichten als Rektor ihn daran gehindert hatten, es zum Druck zu überarbeiten. Wir danken Eva-Maria Kurz für die Erstellung des Registers und für ihre Hilfe beim Korrekturlesen.

Wir danken der Evangelischen Akademie Mülheim/Ruhr für die Kooperation und die freundliche Aufnahme des Symposiums. Wir danken der Deutschen Forschungsgemeinschaft, die uns durch ihre finanzielle Förderung die Durchführung des Symposiums ermöglichte. Wir danken der christlich-jüdischen Arbeitsgemeinschaft Niederrhein, Duisburg e.V., daß sie deutschen und niederländischen Studenten einen Unkostenzuschuß für die Teilnahme am Symposium gab.

Wir danken dem Minister für Wissenschaft und Forschung des Landes Nordrhein-Westfalen, der Leitung der Evangelischen Kirche im Rheinland, der Gesellschaft der Freunde der niederrheinischen Universität Duisburg e.V. und der Universität-Gesamthochschule-Duisburg, daß sie das Erscheinen dieses Buches durch Druckkostenzuschüsse unterstützt haben.

Während der Drucklegung dieses Buches erschien der Sammelband »Luthers Erben und die Juden. Das Verhältnis lutherischer Kirchen Europas zu den Juden«, hg. von A.H. Baumann, K. Mahn und M. Saebø, im Lutherischen Verlagshaus Hannover. Die Lektüre dieses Buches zeigt u.E., wie wichtig und notwendig der Beitrag unseres Sammelbandes zur Erforschung der Problemfelder »Martin Luther und die Juden« und »Luthers Erben und die Juden« war und immer noch ist.

I

Geschichte

Ben-Zion Degani

Die Formulierung und Propagierung des jüdischen Stereotyps in der Zeit vor der Reformation und sein Einfluß auf den jungen Luther

1

In jeder Gesellschaft und zu jeder Zeit ist stereotypes Denken normal, hauptsächlich wenn es sich auf andere, fremde gesellschaftliche Gruppen bezieht. Auch heute sind uns allen stereotype Denkarten vertraut: *die* Bürger, *die* Arbeiter, *die* Studenten, *die* Türken, *die* Russen usw. Noch stärker ausgeprägt war stereotypes Denken im Spätmittelalter und am Vorabend der Reformation, als die soziale Abgeschlossenheit zwischen den gesellschaftlichen Gruppen noch hermetischer war. Die Literatur des Spätmittelalters überliefert uns eine Fülle von Beispielen: die *einfältigen* Bauern, die *prahlenden* Ritter, die *grausamen* Soldaten u.a.

2

Durch seine viel schwerere und negativere Belastung ist jedoch das *jüdische Stereotyp* eine Ausnahme. Von jeher hatte es auch andere Grundlagen als nur die sozialen oder die nationalen. Die religiöse Verschiedenheit der Juden, ihre Absonderung, ihre Gesetze und die Unwissenheit der Umwelt über das Wesen des Judentums hatten schon im vorchristlichen Altertum ein jüdisches Stereotyp formuliert.[1]

2.1
Alteingewurzelte Elemente des jüdischen Stereotyps

2.1.1
Schon im *hellenistischen Alexandrien* und im *heidnischen Rom* wurde ein negatives jüdisches Stereotyp formuliert. Die große jüdische Siedlung in Alexandrien blieb ein Fremdkörper in Ägypten, wie auch die syrische und

---

1   Den Anmerkungen folgt ein Literaturverzeichnis (39–44), in dem man die vollständigen Titel der verwendeten Literatur findet.
Zu den Dauereffekten des negativen jüdischen Stereotyps, trotz seiner Wandlungen, s. *Ettinger*, Antisemitismus. Es konnten nur wenige Beispiele gegeben werden, da hauptsächlich das Spätmittelalter untersucht wurde.

griechische. Die jüdische Geschichte hatte aber ein besonderes Verhältnis
zu Ägypten, und die jährliche Erzählung des Auszugs aus der pharaonischen Sklaverei konnte keine Sympathien bei den Ägyptern erwecken. In
dem judenfeindlichen Pamphlet des Priesters Manetho, der diese Erzählung »umschrieb«, treffen wir schon einige der bekannten Elemente des negativen Stereotyps: Die Juden sollten als »aussätzige« und »verbrecherische« Fremdlinge aus dem Land geschafft werden, um es von »ansteckenen
den Krankheiten« zu »reinigen«.[2] Später kamen noch Elemente des Ritualmordes dazu.[3]

Die alexandrinischen Elemente des Judenhasses wurden von den Römern aufgegriffen, verbreitet und auch weiterentwickelt. Cicero nannte die
jüdische Religion eine »superstitio«. Die Niederlage der Juden unter Pom-
peius wurde als Beweis geliefert, daß die Götter ihnen »feindlich« gesinnt
seien.[4] Seneca sah in der jüdischen Religion und in ihrer Mission eine »ernste Gefahr« für die römische Weltordnung. Nicht auf dem Schlachtfeld wären die Juden gefährlich, aber der Einfluß der Besiegten könnte auf die Sieger verheerend wirken. Seneca wies das jüdische Zeremoniell als »Fälschung« des abstrakten Monotheismus zurück.[5]

Am schärfsten und am feindlichsten drückte sich Tacitus aus. Der jüdi-
sche Messianismus war in seinen Augen ein »Drang zur Weltherrschaft«.
Unter dem Anschein einer historischen Objektivität wiederholte Tacitus
alle ägyptischen und hellenistischen Verleumdungen. Die Verschiedenheit
der Juden, ihre angebliche Feindschaft gegen alle anderen Völker, ihre
»Misanthropia«, der »Spott« und die »Lästerungen« der Götter wurden von
Tacitus auf das eifrigste unterstrichen.[6] Die Aufopferung vieler jüdischer
Menschenleben im Kampf für ihre Freiheit war nach seiner Anschauung
ein geringer Verlust.[7]

Alle judenfeindlichen Schriftsteller der römischen Welt sahen im Juden-
tum einen »zersetzenden Fremdkörper« in der menschlichen Gesellschaft.
Auch in der späteren christenfeindlichen Literatur der Römer wurden die
Juden angegriffen, diesmal als ideologische Vorväter des Christentums.[8]

2 *Reinach*, Textes, Nu. 10–11.
3 *Ibid.*, Nu. 60, 63.
4 *Cicero*, Contra Flaccum, 28, 66–69; Pro Cluentio, 139 u.a. Es sei nicht vergessen, daß Cice-
ros Argumentation von seinen Tätigkeiten als Advokat bestimmt wurde. *Horatius*, Sermones,
I, 5, 96–104.
5 Der Kampf gegen das Judentum war bei *Seneca*, Ep. Mor. XCV, 47 u.a., mit der Abwehr gegen alle östlichen Religionen verbunden.
6 *Tacitus*, Hist., V, 2 ff. Die Wiederentdeckung des Tacitus während der Renaissance hatte
auch auf die Judenfeindschaft einen großen Einfluß.
7 *Ibid.*, Ann., II, 85.
8 *Stern*, Rom.

2.1.2

Die *altchristliche Literatur* und die *Kirchenväter* haben das Stereotyp weiter ausgebaut und ihm die christliche Thematik des Kampfes gegen die Juden einverleibt. Meistens hatten die frühchristlichen Theologen nicht einmal einen Kampf mit realen Juden zu führen. Vielen Heidenchristen war ja das Judentum nur vom Hörensagen oder von der judenfeindlichen Literatur bekannt. Die frühchristlichen Theologen mußten eine Abstraktion des Judentums für ihre religiösen Polemiken schaffen, die oftmals eigentlich nur für die innerchristlichen Auseinandersetzungen notwendig waren. Das Judentum wurde als Antithese der christlichen Lehre dargestellt, und auch im tagtäglichen Leben forderten die Kirchenlehrer von ihren Gläubigen, sogenannte jüdische Praktiken aufzugeben. Ein gesellschaftlicher, kultureller oder religiöser Ideenaustausch zwischen Juden und Christen wurde von den christlichen Führern sorgfältig vermieden, was aber nicht die Begegnung im Alltag und die eventuelle Anziehungskraft des Judentums unterbinden konnte.[9]

2.1.2.1

Das Christentum hatte folglich dem jüdischen Stereotyp noch vor dem Mittelalter eine Reihe negativer Elemente eingegliedert, die – zusammen mit den hellenistisch-römischen – allgemeines christliches Gedankengut geworden sind.

Die »Kollektivschuld« der Juden an Jesu Leiden und Sterben wurde wahrscheinlich erst am Ende des 2. Jahrhunderts ausgesprochen[10], um dann im 4. Jahrhundert zu voller Entfaltung zu kommen, indem die Stelle Mt 27,25 – »Sein Blut komme über uns und über unsere Kinder« – immer wieder als Beweis diente.[11] Die Anschwärzung der Juden als »Gottesmörder« diente Chrysostomus hauptsächlich dazu, um jeden jüdischen Einfluß auf seine Gemeinde als Todsünde zu brandmarken[12], während Ambrosius den Gottesmord als Propagandamittel gegen den Wiederaufbau der zerstörten Synagoge in Callinicon benützte.[13]

Die Beschuldigung des Gottesmordes wurde im Hochmittelalter immer wieder den Lesern und Zuhörern aufgetischt, wenn auch oft die Göttliche Vorsehung die Passion Christi durch die jüdischen Hände notwendig machen sollte, um die Welt von der Erbsünde zu erlösen.[14] Meistens aber wur-

---

9 Eine breite Auseinandersetzung mit diesem Problem bei *Parkes*, Synagogue, haupts. chapt. III.
10 Jedenfalls wurde so die Pascha-Homilie des Bischofs Melito von Sardes gedeutet. Text bei *Lohse* und vgl. *Werner*, Deicide. Ähnlich, aber weniger scharf: *Justin*, Dial., 16.4 u.a.
11 *Rengstorf*, NT, 33 ff.
12 *Chrysostomus*, Serm., III, 5; VI, 8.
13 *Ambrosius*, P.L., 16, 1101 ff.
14 Z. B. *Maurus*, P.L., 107, 637. *Gregorius d.G.*, P.L., 75, 616 ff, sprach von einer universalen Verantwortung aller Sünder aller Zeiten für die Kreuzigung – ein Motiv, das man später bei Luther findet.

de die Alleinschuld der Juden betont und der Gottesmord als Erbsünde des jüdischen Volkes bezeichnet.[15]

2.1.2.2

Das Element des »jüdischen Hasses« wurde aus den klassischen Schriften herausgegriffen und mit christlichen Argumentationen bereichert. Aus Haß hätten die Juden Jesus verfolgt, gepeinigt und schließlich getötet. Nach seiner Kreuzigung hätte sich ihr Haß auf seine Jünger und Nachfolger übertragen, und dadurch wurden die Juden zu den eigentlichen »Feinden der Christenheit«, während die Römer immer mehr in den Hintergrund rückten. Daß die Juden in den ersten Jahrhunderten nach Christi Geburt sich gegen eine gefürchtete Zersetzung des Glaubens und der Lehre durch das Christentum verteidigten, wurde später von den christlichen Autoren als »Christenhaß« und »Fortsetzung der Passion« gedeutet.[16] Auch die römischen Christenverfolgungen wurden oft den Juden in die Schuhe geschoben[17], obwohl eine objektive Untersuchung der früheren Materialien diese Anschuldigung nicht bestätigt.

Jahrhunderte vor dem Ritualmordmärchen redete Chrysostomus schon vom jüdischen »Blutdurst«[18] und sah in den Juden eine »Gefahr« für die christliche Gemeinde.[19] Im Mittelalter wurde das Haßmotiv legendär ausgearbeitet, wobei immer wieder Täuflinge, Altchristen oder christliche Kultgegenstände den angeblichen Angriffen der Juden zum Opfer fielen, nicht selten um eine sehr reale Judenverfolgung zu entschuldigen.[20]

2.1.2.3

Schon im NT wurde die Weigerung der Juden, Jesus als Messias anzuerkennen, als ärgster »Unglaube« abgestempelt. Der Glaube an Jesus als Gottes Sohn mußte den jüdischen Unglauben, von christlicher Seite gesehen, als ›Gotteslästerung‹ überführen.

Später, in den Apokryphen, wurden die Juden schon als ›Gottlose‹ gebrandmarkt, »die glaubten, daß sie allein Gott erkannten, da sie den Engeln und Erzengeln dienten, dem Monat und dem Mond«.[21] Viel schlimmer

---

15   Schon *Augustinus,* Jud.
16   So wird z.B. das Martyrium des Stephanus erklärt – Apg 6, 14 ff. In dem anonymen Chronicon Albeldense (9. Jh.) wird der Haß als nationale Eigenschaft der Juden angegeben: P.L., 129, 1126.
17   *Parkes,* Synagogue, chapt. IV.
18   *Chrysostomus,* Serm. I, 6; VI, 1.
19   *Ibid.,* Serm. III, 5; VI, 8.
20   Schon *Gregorius von Tours* erzählte die Geschichte des Judenknaben im Ofen, eine der weitverbreitetsten judenfeindlichen Legenden des Mittelalters: P.L., 71, 714 ff. Bei ihm wurde ebenfalls die Legende des blutenden Christusbildes von Beirut erwähnt: P.L., 71, 724. In beiden Fällen endete seine Schilderung mit der Tötung einzelner Juden und der Taufe der anderen. *Adhemar von Chabannes* verband ein Erdbeben in Rom mit einer jüdischen Kruzifixschändung, der dann auch ein Pogrom folgte: MGH, SS, 4, 139.
21   The Preaching of Peter, in: *Montagne,* Apocr., 17.

noch: Da viele Christen meinten, daß die Juden insgeheim die Gottheit Jesu und seine Lehre als wahr anerkannten, sie aber doch verneinten, mußten sie als Ketzer gelten, die manchesmal auch ihre Sünde bekannten.[22] Im Mittelalter wurde dem Unglauben der Juden, der ›Perfidia‹, ein böswilliger und boshafter Sinn dazugegeben[23], der bis heute noch fortbesteht. Auch die Gotteslästerung der Juden, die ›Blasphemia‹, wurde ihnen im Mittelalter immer wieder vorgeworfen.[24] Sollten doch auch die Gebete der Juden die ärgsten Gotteslästerungen enthalten.

2.1.2.4

Die ›Verstocktheit‹ der Juden und ihre ›Blindheit‹ wurden schon in Markus 4,11ff erwähnt. Sehr oft wurde dieses Motiv mit dem vermeintlichen Unverständnis der Juden für ihre Schriften in Verbindung gebracht.[25] Im 4. Jahrhundert, als sich die theologische Abstraktion des Juden als Monstrum formierte, wurde ihrer angeblichen Blindheit übermenschliche Charakterzüge beigegeben. Zu diesen Motiven gehörte auch die ›Verstoßung der Juden‹ durch Gottes Fluch, der auf ihnen bis zum Jüngsten Gericht lasten sollte.[26] Dies alles hätten die Sünden der Juden verursacht, hauptsächlich ihre immer wieder ausbrechende ›Auflehnung‹ gegen Gottes Wort, die mit der Tötung der Propheten und der Kreuzigung zu ihrem Höhepunkt gekommen sein sollte.[27]

Die Zerstörung des Tempels, die Zerstreuung der Juden und die Verwüstung ihres Landes wären eine gerechte Konsequenz und Folge von Gottes Fluch. Dieses oft wiederkehrende mittelalterliche Motiv hatte auch seine symbolische Vorstellung, die Verstoßung der Synagoge durch die Ecclesia.[28]

2.1.2.5

Schon die Einbeziehung aller Juden in die stereotype Benennung als Synagoge brachte sie mit Satan in Berührung.[29] Sollte es auch nur figurativ gemeint sein, wenn Joh. 8,44f. sie ›Teufelskinder‹ nannte[30], die Einwirkung

---

22 EvPetr., VII, 25; VIII, in: *Montagne*, Apocr., 90. Vgl. *ibid.*, 196, 201, 214; *Parkes*, Synagogue, 102 ff. *Quodvultdeus* betrachtete die Juden als Ketzer, die jedoch nicht so gefährlich wie die Arianer wären, was die Intensität der innerchristlichen Kämpfe seiner Zeit (5. Jh.) bezeugt: Adversus quinque haereses tractatus, P.L., 42, 1101 ff.

23 Einige wichtige Untersuchungen über diese Terminologie wurden nach dem 2. Weltkrieg veröffentlicht. Z.B.: *Schmeck*, Infidelis; *Blumenkranz*, Perfidia.

24 So z.B. bei *Agobardus*, Epist. c. Jud. 7, in: MGH, Epist. Car. Aevi III, 183.

25 Vgl. *Justin*, Dial., 19.

26 So wurde oft Joh 3, 16 ff ausgelegt.

27 Vgl. Stephanus' Ansprache: Apg 7, 51–53.

28 Schon in der Pseudo-Augustinischen De altercatio Synagogae et Ecclesiae dialogus: P.L., 42, 1131 ff. In der bildenden Kunst: *Seiferth*, Synagoge. In einigen geistlichen Schauspielen des Spätmittelalters wurde das Motiv, wie unten erwähnt, szenisch wiedergegeben. Kain ist die Präfiguration der jüdischen Zerstreuung als Fluch und Strafe für den Gottesmord, z.B. bei Aimo von Auxerre (9. Jh.): P.L., 118, 132.

29 Offb 2, 9 ff; 3, 8 ff.

30 *Rengstorf*, NT, 37 ff, ist jedenfalls dieser Meinung.

dieses Motivs war ungeheuerlich schwerwiegend für die spätere Entwicklung des jüdischen Stereotyps. Nicht nur die Juden allein waren davon betroffen. Das Göttliche sollte ihrer Lehre aberkannt werden, und sie mußte
als ›Teufelsdienst‹ verurteilt werden. Die Entmenschung der Juden als Teufelskinder und -diener[31] mußte die ›Entjudung‹ des AT zur Folge haben, ein
Vorgang, der auch die Messianität Jesu beweisen helfen sollte[32] und der im
Mittelalter ununterbrochen fortgesetzt wurde.[33] Die Patriarchen, Moses
und die anderen Propheten, die Könige David und Salomo waren gute und
rechtschaffene Christen, während die Juden als ›Verkörperung des Bösen‹
dienten. Die Kirche, als ›geistiges Israel‹, ließ keinen Platz neben Gott für
die leiblichen Nachkommen des biblischen Volkes, das von seinem historischen Grund entwurzelt wurde. Die Kreuzigung sollte nur ein Höhepunkt
in der ›lasterhaften‹ Entwicklung des jüdischen Volkes sein.

Als charakteristisch für das Verhältnis mit dem Teufel wurde die angebliche Zauberkunst der Juden erwähnt[34], die man damals oft mit der ärztli-
chen Heilkunde verwechselte. Deshalb hatte ja auch die Kirche den Christen die Behandlung durch jüdische Ärzte verboten.[35]

Die Gefahr, mit ›teufelsnahen‹ Menschen im Verkehr zu stehen, wurde
immer wieder von den Kirchenführern betont. Die ›Ansteckungsgefahr‹,
die die Beziehungen der Christen zu den ›pestbeladenen‹ Ketzern[36] unter-
graben sollte, wurde auch auf die Juden übertragen. Die Juden wären also
nicht nur ›unrein‹[37], sondern ›gefährlich‹. Das Stereotyp förderte eine allgemeine Judenangst[38], die ihren Platz neben anderen Psychosen des Mittelalters hatte und die wesentlich sogar den modernen Antisemitismus beeinflußte.

2.1.2.6

Der Sieg der Ecclesia über die Synagoge, die dabei ihre königlichen Merk-
male verlor, sollte auch die Rechtlosigkeit der Juden allegorisch unterstreichen.[39] Wenn auch zur Zeit der ersten Kirchenväter dieser Rechtlosigkeit

31 Schon Chrysostomus, Serm., I, II und vgl. Parkes, Synagogue, 158.
32 Ibid., 99 ff.
33 Z.B. Isidor von Sevilla, P.L., 83, 99 ff, 155 ff, 207 ff; Alcuin, P.L., 100, 725.
34 Bei Roswitha von Gandersheim (10. Jh.) erscheint der jüdische Zauberer als direkter Vermittler mit dem Teufel: Lapsus et conversio Theophili vicedomini, P.L., 137, 1104 ff. In der Vita
Silvestri, die von Jakobus de Voragine in seiner Legenda Aurea wiederholt wurde, benützte der
jüdische Zauberer Zambri teuflische Kräfte, die ihm nur zum Töten, aber nicht zum Wiederbe-
leben zur Verfügung standen: Benz, Legenda, 85–92.
35 Dieses Verbot wurde bei Gregorius von Tours mit einer Legende illustriert: Hist. Franc., 5, 6;
MGH, Ser. rer. Mer., I, 1², 203. Sollte doch auch Karl der Kahle durch einen jüdischen Magier
oder Arzt vergiftet worden sein: Hincmar von Reims, Annales; P.L., 125, 1283.
36 Leo d. Gr., Sermo 16, 4; P.L. 54, 178. Julianus von Toledo verglich die Juden mit eitrigen
Geschwüren, die eine Amputation der betroffenen Glieder notwendig machten, um die Übertragung der ansteckenden Krankheit auf die gesunden Glieder zu verhindern: De comproba-
tione aetatis sextae; P.L., 96, 537 ff.
37 Schon bei Chrysostomus, Sermo I, 6.
38 Geschildert u.a. bei Delumeau, Peur, passim.
39 Siehe oben, Anm. 28.

eine mehr theoretische als praktische Bedeutung zukam, da ja die Juden römische Bürger waren und ihre Religion staatlich erlaubt wurde, hatte dieses Motiv jedoch im Mittelalter ernste Folgen. Die theologische Begründung der jüdischen Rechtlosigkeit und ›Knechtschaft‹ spielte eine wichtige
Rolle in der kirchlichen Gesetzgebung des Mittelalters, beeinflußte die
rechtliche Stellung der Juden auch von kaiserlicher Seite und kann deshalb
hier nicht übersehen werden. Tertullianus schrieb von der ›Unterwerfung
des Älteren unter den Jüngeren‹[40], obwohl in der Gesetzgebung seiner Zeit
keine einzige Benachteiligung der Juden im Vergleich zu den Christen
nachweisbar ist und die ersten judenfeindlichen Gesetze im Römischen
Reich erst seit Theodosius datieren. Die Versklavung der Juden wurde zwar
im visigotischen Spanien im 7. Jahrhundert gesetzlich durchgeführt, aber in
den anderen christlichen Ländern kam sie erst im 13. Jahrhundert als Kam-
merknechtschaft zur Geltung. Jedenfalls wurde schon früher die Verachtung der Juden empfohlen.[41]

Zusammenfassend kann also gesagt werden, daß eine große Anzahl der
Elemente des negativen jüdischen Stereotyps noch im Altertum oder am
Anfang des Mittelalters entstanden. Es ist fast unmöglich festzustellen, inwiefern damals dieses Stereotyp das tägliche Leben der Juden und ihre Beziehungen zu den Christen beeinflußte. Die Verschlechterung ihrer Lage
mit den Kreuzzügen kann jedoch wenigstens teilweise als Konsequenz der
inzwischen fest eingebürgerten judenfeindlichen Meinungen angesehen
werden.[42]

2.2
Nach den Kreuzzügen

2.2.1
In den Jahrhunderten, die den Pogromen des ersten Kreuzzuges folgten,
wurden alle Elemente des negativen Stereotyps noch verschärft, obwohl in
der christlichen Gesellschaft Europas dieser Zeit manchesmal auch andere
Stimmen gehört wurden.[43] Leider überwog aber der Einfluß der extremeren
Kirchenleute. Petrus Venerabilis redete von den Juden als schlimmsten
Feinden des Herrn, ›die die christliche Religion mit den Füßen treten‹, und
forderte die Gläubigen auf, sie zu ›verabscheuen‹ und zu hassen, sie zu ei-

---

40 *Tertullianus*, Adv. Jud., 1; P.L., 1, 595 ff.

41 *Ildefonsus von Toledo* hatte dafür eine ›sprachkundige‹ Auslegung. Er übersetzte ›Synagoge‹ mit dem lateinischen Wort ›congregatio‹, das auch für Tiere (!) passend sein sollte: P.L., 96,
139. Die Teilnahme an jüdischen Mahlzeiten wurde von vielen Autoren als ›befleckend‹ bezeichnet.

42 Äußerungen in diesem Sinn sind bei *Aronius*, Regesten, 78 ff. aufgezeichnet.

43 ˙ Z.B. *Abaelard* und *Bernard von Clairvaux*, des letzteren Versuche, die Juden zur Zeit des
zweiten Kreuzzuges zu beschützen, sind wohlbekannt: Epist., 363; P.L., 182, 567 ff. Auch die
Päpste erhoben von Zeit zu Zeit ihre warnenden Stimmen, um den Übereifer der Judenschlä-
ger zu mäßigen und gaben den Juden die sogenannte Schutzbulle ›Sicut Judaeis‹. Vgl. die Bulle
Alexanders III, *Mansi*, Conc., 22, 355 ff.

nem Leben, das ›ärger sei als der Tod‹, zu verdammen und ihnen die ›ge-
raubten Reichtümer‹ zu entreißen.[44] Hier wurde, vielleicht zum ersten Mal
im Mittelalter, der rein religiöse Grund verlassen, um eine konkrete, äußerst judenfeindliche Stellungnahme auszudrücken, die schon neuere,
wirtschaftliche und soziale Elemente im Judenstereotyp voraussagte. Mit
der Verschärfung der Judenhetze tauchten auch die ersten Ritualmordbezichtigungen auf[45], die dann später ihrerseits die weitere Entwicklung des
Stereotyps beeinflußten.

Die wachsende *Macht der Kirche* im 13. Jahrhundert hob ihre ideologischen Einstellungen als verpflichtende Richtlinien für den einzelnen Christen und für den christlichen Staat hervor. Obwohl die judenfeindlichen
Elemente des Stereotyps sich schon viel früher entwickelt und die judenfeindlichen Gesetzgebungen auch schon früher negative Auswirkungen
hatten[46], wurde seit dem 13. Jahrhundert der Abstand zwischen den theologischen Ausführungen, der Meinung breiterer Volksmassen und den
praktischen Konsequenzen des Judenhasses immer kleiner.[47] Zu derselben
Zeit wurden radikalere Meinungen von Kirchenleuten verbreitet, die die
beschränkte Toleranz der Kirche in Frage stellten und sogar Zwangstaufe
und Verbannung befürworteten.[48]

2.2.2

Die *Entwicklung der Städte* verdrängte die Juden aus ihren früheren wirtschaftlichen und gesellschaftlichen Stellungen. Waren die Juden früher in
verschiedenen Berufen tätig, hauptsächlich im Handel, so wurden sie nach
den Kreuzzügen von den Gilden und von den Korporationen allmählich auf
Geldgeschäfte eingeschränkt, was natürlich schwerwiegende Konsequenzen auf dem Gebiet der Judenfeindschaft hatte. Die gesellschaftliche Isolierung der Juden, die von der Kirche gefördert wurde, war auch im Interesse
dieser Gruppierungen, die sich im Spätmittelalter an die Spitze des Kampfes gegen sie stellten. Die Verschlechterung der Sicherheitslage für die Juden wurde zwar von verschiedenen Faktoren verursacht und stand mit den
politischen Wirren in Verbindung, aber ihr Zusammenhang mit der Judenhetze städtischer Kreise kann nicht geleugnet werden.

2.2.2.1

Die geistige Unruhe in den Städten, die chiliastischen Erwartungen, die
Volksfrömmigkeit, die sich oft mit Aberglauben paarte und die Massen von
der offiziellen kirchlichen Lehre entfernte, schufen eine stets gespannte
Stimmung. Das kleinste Gerücht schon konnte zum Ausbruch von Unruhen und Aufruhr führen, die die städtische Ordnung zu erschüttern droh-

44 *Petrus Venerabilis*, Epist., 4; P.L., 189, 366. Vgl. *Awerbuch*, Begegnungen, 166 ff.
45 Norwich – 1146, Gloucester – 1168, Blois – 1171, Boppard – 1179.
46 Schon bei Theodosius und später bei Justinianus und bei den Westgoten in Spanien.
47 *Grayzel*, Church, 83; *Eckert*, MA, 210 ff.
48 Hauptsächlich *Duns Scottus*, Sent., dist. 4, q. 9.

ten.[49] Die Beschäftigung mit religiösen und theologischen Fragen wurde aus einem Prärogativ der Priester und der Universitäten zu einem allgemeinen und volkstümlichen Brauch, der natürlicherweise eine gewisse Entwertung der Subjekte zur Folge hatte. Von akademischen Darlegungen mußten die Gegenstände in malerische Schilderungen umgewandelt werden, um die erhabene Theologie dem Niveau des Volksverstandes anzupassen. So wurden zum Beispiel anachronistische Beschreibungen der Leidensgeschichte Jesu geschrieben, die die Kreuzigung als gegenwärtiges Verbrechen der Juden darstellten.

Die Volksfrömmigkeit und der sich zu ihr gesellende Aberglauben wurden direkt oder indirekt ein Fundament des Judenhasses, der in den Städten des Spätmittelalters blühte. Meistens können wir nicht zwischen den obengenannten wirtschaftlichen und sozialen Faktoren und den religiösen unterscheiden. Der ideologische und der praktische Kampf gegen die Juden, der oft mit ihrer Vernichtung oder Vertreibung endete, offenbarte sich als eine einzige durchgängige Erscheinung, die das deutsche Stadtleben des Spätmittelalters charakterisierte.[50]

2.2.2.2

Die bürgerlichen Kreise der Städte bauten geistige Anschauungen auf, die trotz allen kulturellen Fortschritts noch weit von modernen Denkweisen entfernt waren. Der bürgerliche Realismus[51] wollte auch die universalste Problematik in eine Reihe von konkreten, vielmals wiederholten und oft anachronistischen Einzelheiten verwandeln, die in der derbsten Weise dem damaligen Verständnis und Fühlen angepaßt wurden. Dieser stilistische Einfluß des städtischen Milieus auf die Kunst und Literatur deformierte fast alles, was man den Lesern oder Zuschauern anbot, zu einem Spiegelbild der oft kleinlichen und enggeistigen Realitäten des Stadtlebens am Ende des Mittelalters. Außerdem hatte man zu jener Zeit eine Vorliebe für grausame, erschreckende und ungeheuerliche Szenen, die dem Publikum in allen Einzelheiten präsentiert wurden.

2.2.3

Der Übergang von Latein zum Alltagsdeutsch als literarischer Sprache ermöglichte einen breiteren Austausch von Meinungen und Informationen, auch außerhalb der engen Welt der Gelehrten, obwohl dies meistens von einer gewissen Senkung des Niveaus begleitet wurde. Blieb das Latein, auch nach der Erfindung des Buchdrucks, die Sprache der Intellektuellen, begann doch eine Massenproduktion von Büchern und Flugschriften in Deutsch. Nicht nur das gesprochene oder gedruckte Wort drang in weitere

---

49 *Andreas,* Ref., passim. Vgl. *Moeller,,* Life, 13 ff.
50 Diese kontinuierliche Wirkung wurde von *Oberman,* Wurzeln, 99 ff im Zusammenhang mit der Vertreibung aus Regensburg (1519) unterstrichen.
51 *Andreas,* Ref., 422–3.

Kreise, auch das Bild wurde durch Holz- oder Metallschnitt vervielfältigt und ergänzte den Text.[52] So gab es im 15. und am Anfang des 16. Jahrhunderts viel bessere Propagierungsmöglichkeiten als im Hochmittelalter. Es ist wohlbekannt, wie diese neuen Progagandamittel im Kampf zwischen Reformation und Katholizismus zum Ausdruck kamen, und das gibt auch die Möglichkeit, die weite Verbreitung judenfeindlicher Meinungen in jener Zeit richtig einzuschätzen. Die Buchdruckereien und Verlage Süd- und Westdeutschlands fanden außerdem ein reiches Betätigungsfeld bei Neudrucken und Übersetzungen von ›importierten‹ judenfeindlichen Schriften.[53] Zu einer ›Internationalisierung‹ und Verschärfung der Judenfrage hat die oftmalige Erwähnung der Judenvertreibungen aus anderen Ländern beigetragen, die den Vertreibungen aus den deutschen Städten als Ansporn oder Rechtfertigung dienen sollte.[54] Es muß hier hinzugefügt werden, daß die gesetzlichen Änderungen am Anfang der Neuzeit[55] vielleicht den wilden Pogromen ein Ende bereiteten und den Juden eine gewisse Möglichkeit boten, eine rechtliche Verteidigung in Anspruch zu nehmen, aber sie eröffneten auch den Weg zum Justizmord[56] und zu gesetzlichen Vertreibungen (›Ausschaffungen‹)[57], die dann wieder als Material für eine erneute Judenhetze benützt wurden.

2.3

Im Spätmittelalter und hauptsächlich im 15. Jahrhundert wurden alle älteren Elemente des Judenstereotyps aufgegriffen, konkretisiert, volkstümlich gemacht und bis in die judenleersten Gegenden Deutschlands verbreitet, wo sie noch in der Gegenwart fest eingewurzelt sind.[58] Die Erneuerung und Vulgarisierung älterer Motive hat keinesfalls die Formierung von ›moderneren‹ Motiven verhindert. Zusammen mit diesen hat das Stereotyp seine neuzeitliche weitverbreitete Gestalt bekommen.

2.3.1

Die Stigmatisierung der Juden als ›Wucherer‹ war eine Folge ihrer schon erwähnten wirtschaftlichen Umschichtung[59] nach den ersten Kreuzzügen. Die wirtschaftliche Notwendigkeit der Kreditgeschäfte wurde von den tonangebenden Ideologen des Spätmittelalters nicht einmal untersucht, da

---

52 *Rupprich*, Lit., 27 ff. Wegen der didaktischen Wichtigkeit des Bildes in den Büchern schrieb schon *Fridolin*, Schatz., 33v, am Ende des 15. Jahrhunderts.
53 Z.B. *Anon.*, Thalmut obiectiones, nach französischem Prototyp aus dem 13. Jahrhundert. *De Espina*, Fortalicium fidei, in Spanien um die Mitte des 15. Jahrhunderts geschrieben.
54 Diese Argumentation kommt öfters bei *Pfefferkorn*, Libellus, Dv und in anderen seiner Schriften vor. Vgl. *Spanier*, Pfefferkorn, 209 ff.
55 *Fehr*, Rechtsgeschichte, V. Abschnitt.
56 So in Trient: *Eckert*, Judenprozeß, 283 ff.
57 Z.B. in der Steiermark und in Kärnten: *Wiessner*, Monum., Nr. 75.
58 *Meyer*, Aberglaube, 165 ff; *Wuttke*, Volksaberglauben, passim; *Bächtold-Stäubli*, Stichworte: Juden, Judas, Ritualmord u.a.m.
59 Diese Umschichtung wird bei *Baron*, SRH, XII, 132 ff ausführlich beschrieben.

man an den früheren Standpunkten betreffs der ›Unfruchtbarkeit des Geldes‹ dogmatisch festhielt. Nicht immer waren es zwar a priori die Juden, die mit der Todsünde der Geldgier belastet wurden[60], aber jedenfalls beweist schon Murners Ausdruck ›mit dem Judenspieß rennen‹[61], inwiefern der Wucherer in der öffentlichen Meinung mit dem Juden identifiziert wurde. Innocentius III. benannte den jüdischen Wucher ›Laster und Frechheit‹[62] und sah ihn als Mittel, die Christen zu bedrücken.[63] Im 15. Jahrhundert wurden diese Motive erweitert und führten zu viel schärferen Assoziationen: Der jüdische Wucherer wäre zu ›faul‹, um sein Brot im Schweiße des Angesichts zu verdienen. Er zöge es vor, als ›Parasit‹ von der Arbeit der Christen zu leben.[64] Die Juden hätten sich sogar gerühmt, daß die ›Gojim‹ für sie arbeiten müßten.[65] Von diesem angeblichen Parasitismus kam es zu Klagen über die jüdische ›Blutsaugerei‹[66], mit der die Juden die armen deutschen Christen, ja die ganze christliche Welt, unterdrücken und beherrschen wollten.[67] Der Wucher wäre auch ein erneuter Beweis der Christenfeindschaft der Juden und ihrer Grausamkeit, wobei der Teufel ihnen seine Hilfe anböte, um das ›christliche Volk zu verderben‹.[68] Der Wucher wurde auch mit einer ganzen Reihe von anderen ›verbrecherischen Eigenschaften‹ der Juden in Verbindung gebracht: Neigung zum Betrug, Diebstahl, Raub, Warenfälschung, Bestechung usw.[69] Die wirtschaftlichen und gesellschaftlichen Bedingungen, die die Juden in den Wucher drängten, sind in den spätmittelalterlichen Quellen fast überhaupt nicht zu finden.

60 *Berthold von Regensburg*, I, 20. So auch bei *Erasmus von Rotterdam*, Lob der Th., 212; Coll., 20–21; Enchir., 113, 186. Vgl. *Funk*, Zinsverbot.
61 *Murner*, Narrenbeschwörung, Nr. LXVII.
62 *Grayzel*, Church, 107.
63 *Ibid.*, 127.
64 So drückte sich u.a. der deutsche Prediger *Kyerschlach* aus. Vgl. *Cruel*, Predigt, 622. Während Kyerschlach die angebliche Faulheit der Juden als Strafe betrachtete, da man sie wegen des ›Gottesmords‹ nicht zu ›ehrlichen‹ Berufen zuließe, war Gailers von Kaisersperg Ansicht viel kategorischer: Die Juden hätten ihr Vergnügen dabei, ihr Leben in Faulheit zu fristen. Vgl. *Poliakov*, Antisemitism, I, 212.
65 So bei *Margaritha*, Glaub, Vv – V2r.
66 Das Motiv des jüdischen ›Blutsaugers‹ wurde von vielen Schriftstellern erwähnt. Vgl. *Schwartz*, Stern, 305v – 306r; *Bernardino da Feltre*, AASS, 28. Sept. VII, 846; *Pfefferkorn*, Libellus, C4v. *Fridolin*, Schatz., 124r – v, 135r, stellte sich die Juden als Fledermäuse vor, die im Aberglauben als Blutsauger galten.
67 Dieses Motiv wurde in vielen Einblattdrucken des 15. und 16. Jahrhunderts wiederholt, z.B. in einem anonymen Pamphlet gegen Rabbi Jossel von Regensburg, einer der 1476 des Ritualmords bezichtigten Leiter der jüdischen Gemeinde dieser Stadt. Abgedruckt bei *Liebe*, Judentum, Abb. 29. Auch in den historischen Volksliedern, die die Vertreibung der Juden aus Regensburg als ›glorreiche Tat‹ weit und breit rühmten: *Liliencron*, Volkslieder, Nr. 336 ff.
68 So in einem anonymen Pamphlet aus der 2. Hälfte des 15. Jahrhunderts gegen den jüdischen Wucher: *Fuchs*, Karikatur, Anh. Dies war ein willkommener Anlaß, die Juden ›auszuschaffen‹. Vgl. den Befehl Maximilians I. betreffs der Ausweisung der Juden aus Nürnberg: *Würfel*, Nachrichten, 152.
69 Ein gutes Beispiel dafür in den Beschwerden der Regensburger Handwerker: *Straus*, Ukk., Nr. 833, 979 u.a.

2.3.2

Bei der politischen und militärischen Lage des Reiches im Spätmittelalter war es leicht, die Juden als ›Verräter‹ zu verdächtigen. Die festen Bande zwischen den weltweit zerstreuten jüdischen Gemeinden ermöglichten den Judenfeinden, diesen Verdacht auf angebliche Tatsachen zu stützen. Aus den alten Chroniken wurden verschiedene Anschuldigungen ausgegraben und erneuert. Im 13. Jahrhundert sollten die Juden die Christen Europas an die Mongolen verraten haben.[70] Später waren es die Hussiten, denen die Juden in Böhmen, Deutschland und Österreich geholfen haben sollten.[71] Die Türkengefahr machte dann die Juden zu ›undankbaren Erzverrätern‹ im Sold dieser neuen Großmacht, die das christliche Europa bedrohte. Um 1530, noch vor dem Reichstag zu Augsburg, gab es infolgedessen einen ernsten Plan, alle Juden aus dem Reich zu vertreiben, und der Hauptrabbiner, Jossel von Rosheim, mußte seine gesamten diplomatischen Talente anstrengen, um dies zu vereiteln.[72]

Die Angst vor dem kommenden Antichrist, der mit dem jüdischen Messias identifiziert wurde, und der feste Glaube an das geheime Streben der Juden, die christliche Welt zu erobern und zu unterdrücken, hielt auch die allgemeine Überzeugung fest, daß alle Juden potentielle Verräter seien, vor denen man sich hüten müsse.

Die Elemente des Verrätermotivs wurden von der Episode des Judasverrates abgeleitet, der auf alle Juden erweitert wurde. Einerseits wurde Judas Ischariot zu einem typischen Juden des 15. Jahrhunderts umgewandelt und sein Verrat mit ›jüdischen‹ Eigenschaften erklärt: Haß, Geldgier und Geiz, Bund mit dem Teufel.[73] Andererseits wurden die prototypischen Eigenschaften des Judas auf alle Juden aller Zeiten projiziert.[74] Jedenfalls hat die Folklore die Verräterfigur des Judas bis in die Neuzeit festgehalten, weiterentwickelt und zu einem Hauptbestandteil des Judenstereotyps gemacht.[75]

2.3.3

Während die Juden als Blinde bezeichnet wurden, die ihre eigenen Schriften nicht verstehen könnten und deshalb die christologischen Weissagungen nicht verstünden, kam im Spätmittelalter das Element der ›Schriftverdrehung‹ zum jüdischen Stereotyp dazu. Jahrhundertelang wurden der Talmud und andere jüdische Schriften verboten, verfolgt, zensiert

---

70   Diese Geschichte wurde von *Matthaeus*, Chronica, 131–133, beschrieben und im 15. Jahrhundert vielmals wiederholt.
71   *Krauss*, Geserah, 63. Diese Anschuldigung wurde als Vorwand gebraucht, die Juden 1426 aus Iglau zu vertreiben: *Bondy*, Böhmen, Nr. 218.
72   *Kracauer*, Joselmann, Nr. 14.
73   So stellte man sich den Judas in den spätmittelalterlichen Passionsspielen vor. Vgl. die Frankfurter Passion von 1493, bei: *Froning*, Drama, 375 ff; die Passion der Donaueschinger HS., bei: *Mone*, Schauspiele, II, 150 ff.
74   Z.B. in den Passionsliedern des Hans Folz: *Mayer*, Meisterlieder, 8 ff; *Fischer*, Reimpaarsprüche, Nr. 22.
75   Vgl. die entsprechenden Stichwörter bei *Bächtold-Stäubli*.

und beschlagnahmt, wobei oft Täuflinge[76] ihren Übereifer für die neue Religion beweisen konnten. Die Beschuldigungen waren immer dieselben: die jüdischen Bücher gäben nicht Gottes Wort wieder, sondern wären eine Erfindung von boshaften Menschen, die in ihnen Gott und das Christentum lästerten.[77] Obwohl die Talmudverbrennungen im Spätmittelalter seltener waren, wurden die Beschuldigungen nicht gemäßigt. Die talmudischen Legenden wurden verdreht und aus ihrem Kontext herausgehoben, um den angeblichen Bund der Juden mit dem Teufel zu beweisen, ihre Bosheit zu unterstreichen und sie als Ketzer an den Pranger zu stellen.[78]

Der Talmud sollte auch als bewußte Fälschung der jüdischen Rabbiner gelten, mit welcher sie das jüdische Volk weiterhin in ›Blindheit und Finsternis‹ verführten. Es wurde den Lesern sogar erzählt, daß die jüdischen Führer, die sich der Niederlage im Kampf gegen das Christentum wohl bewußt waren, sich von Zeit zu Zeit insgeheim versammelten, um die jüdischen Schriften mit neuen Lügen, Lästerungen gegen Jesus und das Christentum und anderen Ketzereien aufzufüllen. So könnten die jüdischen Rabbiner diesen verlorenen Kampf weiterführen.[79] Wären der Talmud und die anderen jüdischen Bücher das letzte Hindernis, das die Taufe der Juden verhinderte, sollten doch Zwangsmaßnahmen angewendet werden, um es aus dem Wege zu schaffen.[80] Der Kampf gegen das jüdische Schrifttum hatte aber nicht nur eine missionarische oder ideologische Bedeutung, sondern diente als Mittel, den Judenhaß zu fördern und die negativen Elemente des Stereotyps zu verstärkten.

2.3.4

Obwohl Reuchlin sich über die rechtliche Lage der Juden etwas anders äußerte[81], bezeichnete man sie immer noch als ›Kammerknechte‹. Die theologische Rechtfertigung dieser Knechtschaft, die schon oben erwähnt wurde, kam im Spätmittelalter zu voller Geltung. Die Juden wären ›faule, böse und verräterische Knechte‹, die sich gegen ihren Herrn, Jesus, auflehnten und ihn kreuzigten.[82]

Der Rechtsgelehrte Zasius aus Freiburg ging noch weiter: Da die Juden, nach seiner Meinung, laut kanonischem und römischem Recht unterworfene Feinde und Sklaven wären, hätten sie kein Recht, sich auf gesetzliche

---

76   Von Nikolaus Donin im 13. Jahrhundert bis Anthonius Margaritha im 16. – eine ununterbrochene Reihenfolge!
77   Schon im Brief Gregors IX. an die französischen Erzbischöfe (1239): *Grayzel*, Church, 241. Vgl. die Briefe Innocentius' IV. nach Spanien, Portugal und England: *ibid.*, 251 ff. So auch im Provinzkonzil zu Beziers (1255): *ibid.*, 337. Vgl. auch *Eckert*, MA, 233.
78   Nicht nur die Volksprediger benützten solche Legenden, um diese Motive des Judenhasses zu verbreiten, sondern sie wurden auch in der satirischen Literatur vielfach gebraucht. Vgl. *Liebe*, Judentum, Abb. 29; *Keller*, Fastnachtspiele, Nr. 1, 106.
79   *Schwartz*, Stern, 245r, 307v, 308v – 309r; *Karben*, Opus, 03v; *Pfefferkorn*, Zu Lob, 4v–5r.
80   Vgl. die Beurteilung Pfefferkorns bei *Oberman*, Wurzeln, 40 ff.
81   *Reuchlin*, Augenspiegel, XXXVr u.a.
82   So bei *Fridolin*, Schatz., 22v ff, 78v.

Bestimmungen zu stützen. Verträge mit ihnen hätten nicht den geringsten Wert. Ihre Kinder könnten ihnen mit fürstlichem Befehl genommen werden, um sie zu frommen Christen zu erziehen. Man sollte die Juden, diese ›wilden Biester‹, überhaupt aus den christlichen Ländern vertreiben und in die ›tiefste Hölle‹ stürzen. Es würde immer noch von diesem ›gefräßigen Gewürm‹ bei den Türken und anderen Muselmännern genug dableiben, um den Aussagen des NT getreu zu bleiben. . .[83]

Diese waren nicht die einzigen Äußerungen jener Zeit, in welchen den Juden das *Menschsein* aberkannt wurde.[84] Der Bund mit dem Teufel war auch hier ein vollwertiges Argument.[85]

2.3.5

Der Glaube an die jüdische Erzfeindschaft, der auf den schon oben erwähnten theologischen Motiven gegründet war, mußte im Spätmittelalter zu Monstrositäten ausarten, denen weder der Kaiser noch der Papst[86] Einhalt gebieten konnten. Was wurde den Juden nicht alles vorgeworfen! Ihre Ärzte sollten ihre christlichen Patienten umgebracht haben.[87] Ihre ›Weltverschwörung‹ gegen das Christentum hätte sie dazu gebracht, alle Brunnen zu vergiften und so den Schwarzen Tod in den Jahren 1348/49 verursacht zu haben.[88]

Ihr geheimer Glaube an Jesus und an die Wahrheit der Transsubstantiation sollte sie aus Christusfeindschaft und Trieb, die Passion immer zu wiederholen, zur Schändung von geweihten Hostien geführt haben.[89] Des Ritualmords wurden schon im Altertum verschiedene Minderheiten bezichtigt und nicht zuletzt auch die Christen. Im Spätmittelalter sollten die Juden dieses Verbrechen begangen haben, sei es, um sich an den Christen zu rächen, die Kreuzigung zu wiederholen, ihren ›Blutdurst‹ zu stillen oder auch ihren Bedarf an Christenblut zu decken, um sich von den spezifischen Leiden zu heilen, die die Juden als Strafe für den Gottesmord befallen hätten.[90] Der Aberglaube, der durch die jüdische Abgeschlossenheit noch mehr gefördert wurde, hatte die alten judenfeindlichen, theologischen und oft figurativen Äußerungen in einen konkreten Bestandteil der öffentlichen

83   *Zasius*, De parv., passim. Zasius stützte sich vollständig auf Duns Scotus.
84   *Mayer,*Meisterlieder, Nr. 100, Z. 295 ff, 103, Z. 117 ff; *Anon.,* Thalmut obiect., AIVv; *Fridolin,* Schatz., 124r – v, 135r.
85   *Berthold v. Reg.,* I, 252; *Spanier,* Pfefferkorn, 218 ff.
86   *Grayzel,* Church, 275; *Baron,* SRH, IX 40 ff, 258, XI, 146.
87   *Karben,* Opus, CIVr; *Pfefferkorn,* Zu Lob, 19v; *Pfefferkorn,* Handtspigel, 10v–11r; *Murner,* Entehrung, Z. 1486 ff.
88   Die Chronik von Königshofen, bei *Hecker,* Tod, 96–7; Anonyme deutsche Chronik, in: MGH, SS, X, 432. Vgl. *Glaser,* Straßburg, 77 ff; *Salfeld,* Martyr., 81 ff.
89   *Trachtenberg,* Devil, 17, 109 ff; *Loewe,* Legende, 11.
90   *Lewin,* Blutbesch., 318; *Fridolin,* Schatz., 96r; *Straus,* Ukk., Nr. 328; *Tiberinus,* Geschicht, 3. Vgl. *Meyer,* Aberglaube, 195–6; *Loewe,* Legende, 31–2; *Trachtenberg,* Devil, 47–9, 148–9; *Strack,* Blut, 195–6; *Lévy,* Odeur, 249 ff.

Meinung umgewandelt, der den jüdischen Gemeinden oft das Verderben brachte.

Das ›Verbrechertum‹ und die ›Mordsucht‹, mit denen die Juden belastet sein sollten, wurden zu einem der tragischsten Elemente des Judenstereotyps: der für die Umwelt ›gefährliche‹ Jude. Der in Wirklichkeit schwache und verfolgte Jude stand aber im Gegensatz zu dieser Charakterisierung. Deshalb wurden, als Ausdruck der jüdischen Ohnmacht, die Feigheit und das Handeln aus dem Hinterhalt dem jüdischen Stereotyp beigegeben.

2.3.6

Laut den spätmittelalterlichen Vorstellungen mußte der Böse auch äußerlich erkennbar sein, und deshalb wurden die Juden immer als häßliche Wesen gezeigt. Ihr Haß auf Jesus und die Christen hätte ihre Züge entstellt. Ihre Sünden und hauptsächlich die ungeheure Schuld des Gottesmordes, die auf ihren Schultern lasteten, sollten ihre Körper verkrampft und verkrümmt haben.[91] Der Bund mit dem Teufel hätte ihnen einen ›Höllengestank‹ beigegeben, den nur die Taufe wegwaschen könnte.[92] Der Fluch Gottes hätte nicht nur ihre unglückliche Lage unter den Nationen verursacht. Er hätte sie ebenfalls mit dem Kainsmal[93] gezeichnet, um ihre Schuld allen zu offenbaren.

2.3.7

Wurde der ›gefährliche‹ Jude gekennzeichnet und hinter hohen Gettomauern von der christlichen Umwelt abgeschlossen, mußte man sich dennoch immer vor seinem verderblichen Einfluß und seinen geheimen Plänen hüten. Die Angst vor dem Juden, ganz genau wie auch die Angst vor dem Teufel, hatte aber im Spätmittelalter auch ein anderes Ablaßventil: Wie der Teufel wurde auch der Jude lächerlich gemacht, weil man sie beide so für unschädlicher halten zu können meinte.[94] Schon das fremdartige Auftreten der Juden, ihr Gestikulieren, ihr tänzelndes Gehen, ihre etwas guttural klingende Sprache, ihre Kleidung und natürlich auch ihr Gottesdienst konnten komisch bewertet und mit vielen Übertreibungen zum Besten gegeben werden. Dazu gesellte sich noch das Motiv, wieder parallel zu dem Teufel, des ›gefoppten‹ Juden.[95] Da die verborgenen, gefährlichen Mächte nicht so einfach überwunden werden konnten, suchte der noch mittelalterlich gesinnte Mensch andere Mittel, um seine Furcht vor ihnen zu verbergen.

91 Vgl. Rufus in der Passion von St. Gallen: *Mone*, I, 58 f, 106 f, 116.

92 Diesen Gestank hätten die Juden immer wieder mit Christenblut zu entfernen versucht! Siehe Anm. 90.

93 Vgl. Innocentius III. 1208: *Grayzel*, Church, 126. Die Deutung auf den ›gelben Fleck‹ ist unvermeidlich.

94 *Krüger*, Szenen, 48–50, 52.

95 So bei Rosenplüet, Disputatz eins freiheit mit eim Juden: *Keller*, Fastnachtspiele, 1115–1124, und bei Folz, Von der Juden Messias: *ibid.*, 1223–1228.

Diese verschiedenen Motive können nur als Auswahl der Bestandteile des spätmittelalterlichen jüdischen Stereotyps gelten.

3
Spätmittelalterliche Propagierungsmittel des jüdischen Stereotyps

Es ist schwer zu bestreiten, daß das Spätmittelalter schon modernere Überzeugungsmittel kannte, die auch die technologischen Fortschritte vollkommen ausnützten.[96] Was das jüdische Subjekt anbelangt, muß man zwischen direkter und indirekter Propagierung des Stereotyps unterscheiden, letztere in Werken, die nicht absichtlich und ausschließlich zu judenfeindlichen Zwecken geschaffen wurden.

3.1
Indirekte Propagierungsmittel

3.1.1
Als eines der gewaltigsten Propagierungsmittel des Spätmittelalters kann das *geistliche Spiel* betrachtet werden, insbesondere die Passionsaufführungen und die Osterspiele, die sich damals einer großen Blüte erfreuten.[97] Die Passionsspiele waren eigentlich dramatisierte Aufführungen der Evangelien mit Einflechtungen verschiedener Legenden und volkstümlicher Motive, in denen leicht der judenfeindliche Ton verschärft werden konnte.

3.1.1.1
Schon vor dem Spätmittelalter wurden Dramatisierungen des christlichen Gottesdienstes unternommen, um die Teilnehmer zu aktivieren. Diese lateinischen Wechselgesänge[98], die in der Kirche aufgeführt wurden, konnten aber die Laien nicht aus ihrer Passivität herausheben, auch wenn man später dem lateinischen Gesang eine deutsche Übersetzung folgen ließ. Das spätere Passionsspiel war schon anders gestaltet. Bereits die räumliche Absonderung von dem geweihten Ort der Kirche und die Aufstellung der Bühne am Marktplatz, und dazu natürlich das Überhandnehmen der deutschen Sprache, ermöglichten einen Umschwung.[99] Nicht, daß die Geistlichkeit die Überwachung der Passionsspiele aus den Augen ließ. Da die Geistlichkeit sich der gewaltigen Wirkung der Spiele auf die Menge wohl bewußt war, schrieben Geistliche auch weiterhin die Stücke und nahmen oft als Schauspieler in den Hauptrollen, als heilige Personen, selbst an der Aufführung teil.[100] Die Passionsspiele wurden jedoch zu einem glänzen-

96 *Bauer*, Meinung, passim.
97 *Rupprich*, Literatur, 236, 256; *Creizenach*, Drama, I, 118.
98 *Mone*, Schauspiele, I, 5 ff; *Rupprich*, Literatur, 242 ff.
99 *Seiferth*, Synagoge, 195; *Creizenach*, Drama, I, 163, 173 ff; *Andreas*, Ref., 168; *Mone*, Schauspiele, I, 54–5.
100 *Froning*, Geschichte, 16.

den Ausdruck der städtischen Volksreligion, in welcher sich die kirchlichen und außerkirchlichen Einflüsse zu einem Ganzen verschmolzen, um die Selbstidentifikation der Massen mit den Leiden Christi zu steigern. Die Einflechtung von außerevangelischen Szenen und die endlosen Wiederholungen verlängerten die Aufführungen zu einem zwei- oder dreitägigen Unternehmen[101], das die Stadt organisierte und mit reichen Mitteln versah, weil sie dadurch ihr Ansehen zu heben hoffte. Aus dem kleinen Bretterpodium vor dem Kirchentor wurde die große Simultanbühne, auf welcher die Zuschauer von allen Seiten die Aufführung sehen konnten.[102] Die enorme suggestive Kraft der geistlichen Spiele[103] kann heute, beim Lesen der Texte, kaum noch richtig bewertet werden. Vielleicht sollte man den Einfluß der Passionsspiele auf die Masse mit dem des heutigen Fernsehens vergleichen, da ja dieses wie jene eine integrale Einwirkung auf den Verstand und mehr noch auf die Sinne und Gefühle der Zuschauer ausübt.

3.1.1.2

Die Juden hatten auf dieser Simultanbühne ihren bestimmten Platz. Die Synagoge hauste in enger Nachbarschaft mit der Hölle, was nicht zufällig geschah.[104] Der gesellschaftliche Platz der Juden wurde so von vornherein klargemacht und das Stigma der ›Teufelsdiener‹ unterstrichen. Das Betragen der Schauspieler, die die Rolle der Juden auf der Bühne verkörperten, wurde ebenfalls für judenfeindliche Zwecke ausgenützt. Einige Texte geben uns genaue Bühnenanweisungen auf diesem Gebiet: Die Juden sollen unruhig erscheinen, mit den Händen fuchteln, hin und her tänzeln.[105] Hier könnte wieder die Parallele mit den Teufeln unterstrichen werden.

3.1.1.3

Ihre Drohungen und bösen Pläne gegen Jesus mußten sie gar nicht erst in Worten ausdrücken. Da ›stecken sie die Köpfe zusammen‹, ›schleichen hinter Jesus her‹ und ›fangen ein drohendes Gemurmel an‹, das oft ›Hebräisch‹ klingt.[106] Die Szenen der Steinigung, die Arrestierung am Ölberg und die gewaltsamen Überführungen von Kaiphas zu Hannas und von Pilatus zu Herodes, wie auch die verschiedenen Gerichtsszenen, gaben gute Gelegenheit, die ›Wut‹ der Juden eindrucksvoll zu schildern.[107] Diese Wut, als gewollter Ausdruck des angeblichen jüdischen Hasses, wurde nicht nur mit dem wüsten Geschrei der Juden vorgestellt, das sich gegenüber der Ruhe

---

101 So z.B. die Donaueschinger, Frankfurter und Alsfelder Passionsspiele.
102 Vgl. Plan der Donaueschinger Bühne, bei *Mone*, Schauspiele, II, 156.
103 *Bauer*, Meinung, 182.
104 *Creizenach*, Drama, I, 167, 220–22.
105 So im Wiener Osterspiel: *Hartl*, Drama, II, 77; auch in der Alsfelder Passion: *Froning*, Drama, 775. Vgl. *Hartl*, Drama, I, 92, 104, 176.
106 *Froning*, Drama, 273 f; *Hartmann*, Passionsspiel, 9; *Mone*, Schauspiele, II, 206 f, 216.
107 *Mone*, Schauspiele, II, 218, 230, 249; *Hartmann*, Passionsspiel, 26, 29, 50, 51, 60; *Froning*, Drama, 672, 693, 757 u.a.

und Gelassenheit der heiligen Personen gegensätzlich abhob. Sie wurde auch mit Handgreiflichkeiten betont[108], die dann schon ein anderes Hauptmotiv unterstrichen, die Grausamkeit der Juden. ›Jüdische Grausamkeit‹ war es auch, die die Szenen der Geißelung oder der Dornenkrönung füllte[109], auch in dem Falle, wenn die Juden nur als Zuschauer auf der Bühne dastanden, die die römischen Schergen zu ihren Taten anspornten.

3.1.1.4
Die zunehmende Entwicklung des Marienkultes im Spätmittelalter[110] fand auch im Passionsspiel ihren Widerhall. Die vielen *Marienklagen*, die in die Oster- und Passionsspiele aufgenommen und in ihnen dramatisiert wurden, boten eine Gelegenheit, die Schuld der Juden am Leiden Christi nochmals zu betonen und alle seine Episoden zu wiederholen.[111] Die rührenden Wendungen der Maria, als trauernde Mutter, zu den Zuschauern[112] hatten sicherlich, außer dem gewünschten Kulteffekt, auch einen judenfeindlichen Einfluß.

3.1.1.5
Obwohl der ›verräterische‹ Grundton des jüdischen Stereotyps in den Passionsspielen meistens auf eine einzige Person, den Judas Ischariot[113], konzentriert wurde, meinte man doch damit alle anderen Juden. Der Verrat des Judas ist auch auf der Bühne mit seinen Beweggründen eng verbunden: die Geldgier[114] und der Ansporn des Teufels.[115] Die Bestrafung des Judas, sein Selbstmord und seine Höllenfahrt[116] wurden als konkretes Beispiel verstanden, was den Juden bevorstehen sollte.

3.1.1.6
Nicht weniger wichtig war die Betonung der Spott- und Lästerungsmotive, die in den Beziehungen der Christen zu den Juden eine so große Rolle spielten. Das Passionsspiel erweiterte, vermehrte und wiederholte die Szenen, in welchen diese Motive auch ohne Text eindrucksvoll wirken konnten. Wenn in den tragischsten Momenten der Kreuzigung die Juden auf der Bühne einen grotesken Tanz aufführten[117], wurde das als gewollte Läste-

---

108 *Froning*, Drama, 391 f, 463 ff, 502 ff, 719, 765; *Mone*, Schauspiele, II, 270 ff, 289 f, 297 ff. Vgl. *Creizenach*, Drama, I, 189 ff.
109 *Mone*, Schauspiele, I, 220–23, 235 f; II, 300 f; *Hartmann*, Passionsspiel, 32, 34, 52, 65–67.
110 *Andreas*, Ref., 117; *Rupprich*, Literatur, 254 ff.
111 *Hartl*, Drama, II, 49, 103 f, 231 f, 244; *Froning*, Drama, 296 f; *Mone*, Schauspiele, I, 117; *Hartmann*, Passionsspiel, 14, 34, 58, 67. Vgl. *Wackernagel*, Kirchenlied, Nr. 663, 799 u.a.
112 *Froning*, Drama, 673, 759–60, 777–92, 807–13.
113 *Hartl*, Drama, I, 80, 154, 225; *Breitenbucher*, Judasgestalt, 50 ff; *Rudwin*, Origin, 19.
114 *Hartmann*, Passionsspiel, 6; *Froning*, Drama, 443, 668. Vgl. *Graf*, Passion, T. 4.
115 *Froning*, Drama, 451 ff; *Lampe*, Darstellung, 55, 65; *Breitenbucher*, Judasgestalt, 15 f, 62 f; *Krüger*, Szenen, 54. Vgl. *Hartl*, Drama, I, 129 f.
116 *Mone*, Schauspiele, II, 281–285.
117 *Froning*, Drama, 756 f.

rung empfunden und mußte erschreckend und abstoßend wirken. In vielen Szenen wurde auch die Verhöhnung Jesu von den Römern auf die Juden übertragen[118], um sie als seine einzigen Feinde darzustellen.

3.1.1.7

Das äußere Aussehen der Juden auf der Passionsbühne war eine logische Folge aus ihrer bösen Tätigkeit und ausgeprägten Charakterzügen. Sollten die Juden, wie auch die Teufel, das Böse verkörpern, mußten sie vom Anfang des Spieles an als Böse erkennbar sein, was, wie schon vorher betont, sie als häßliche, entstellte und abstoßende Wesen kennzeichnete. Das Publikum erwartete, von vornherein vorbereitet, böse Handlungen von den Juden. Diese äußerliche Kennzeichnung war hauptsächlich bei den ›Anführern‹ der Juden ausgeprägt.[119] Im Gegensatz zu den Bösen wurden die Guten, also hier Jesus, seine Mutter und seine Jünger, immer als schöne und herrliche Gestalten dargestellt.[120]

3.1.1.8

Die Juden auf der Passionsbühne waren nicht die Juden des Heiligen Landes zur Zeit der Geschehnisse, die in den Evangelien beschrieben wurden. Das mittelalterliche, anachronistische Verstehen der Geschichte hatte nicht nur für die Juden konkretisierende Folgen. Pilatus wurde als Stadtrichter vorgestellt oder als Bürgermeister, die Hohenpriester waren ›Bischöfe‹ und die Schergen – die Henker der Stadt.[121] Leider hatte aber diese anachronisierende Tendenz viel schlimmere Folgen für die Juden als für die anderen Typen: Die Juden der Bühne glichen den Juden der deutschen Städte und Städtchen – dieselben Namen, dieselbe Kleidung, dieselbe Sprache, dieselben Gebete und natürlich auch dieselben Geldgeschäfte.[122] Die Bühnenleiter verlängerten und wiederholten die Szenen, in welchen man die Juden beim Geldgeschäft sah, weil man doch die Juden der Umgebung als Geldverleiher kannte und weil man diese Beschäftigung als negativ an den Pranger stellen wollte. Die Schaffung einer Verbindung zwischen der Christusfeindschaft der Juden im Passionsspiel mit ihrer ›schädlichen‹ Rolle als Wucherer war sicher nicht zufällig, und deshalb sollten Szenen wie die Vertreibung der Händler aus dem Tempel[123], die Bezahlung des Verräterlohns an Judas[124] und die Bestellung der Grabwache[125] diese Verbindung den Zuschauern deutlich machen.

118 *Mone*, Schauspiele, I, 106 ff; II, 202 ff, 239 ff, 269 ff, 281, 286, 293 ff, 300 f.
119 So z.B. Rufus im Passionsspiel von St. Gallen: *Mone*, Schauspiele, I, 57–59.
120 *Hartl*, Drama, I, 90 f, 127 f, 135; *Froning*, Geschichte, 22.
121 Am treffendsten trifft das für die Augsburger Passion zu: *Hartmann*, Passionsspiel.
122 *Krüger*, Szenen, 58 f; *Hartl*, Drama, I, 177 f; auch *Mone*, Schauspiele, II, 110 f. Vgl. die Namen der Juden auf der Frankfurter und Alsfelder Bühne: *Froning*, Drama, 340 ff, 375 ff, 562 ff.
123 *Hartmann*, Passionsspiel, 3, 31; *Froning*, Drama, 405, 662; *Creizenach*, Drama, I, 229.
124 *Froning*,Drama, 557, 682 f. Vgl. *Breitenbucher*, Judasgestalt, 15, 69; *Hartl*, Drama, I, 118 f; *Krüger*, Szenen, 53.
125 Z.B. im Wiener Osterspiel: *Hartl*, Drama, II, 87.

3.1.1.9

Die Passionsbühne diente dazu, wie schon vorher unterstrichen wurde, den fast kosmischen Kampf zwischen den zwei entgegengesetzten Kräften – Gott und Teufel, Güte und Bosheit, Liebe und Haß – dramatisch vorzustellen und didaktisch den Zuschauern nahezubringen. Alle Szenen der Passionsspiele waren gegensätzlich ausgebaut, bis zur Höllenfahrt des Judas im Gegensatz zur Selbstaufopferung Jesu am Kreuze. Diese fundamentale Gegensätzlichkeit, die die Juden vom Beginn an als Teufelsdiener[126] abstempelte, wurde in manchen Passionsspielen auch symbolisch hervorgehoben. Die Prophetenspiele[127], die in vielen geistlichen Spielen vorkamen, hatten den Zweck, den Gegensatz zwischen den Juden und ihren Lehrern aus der Bibel zu unterstreichen. So wurden dem Judentum die historischen und religiösen Wurzeln weggenommen und die zeitgenössischen Juden als ›entwurzelt‹ dargestellt.

Der symbolische Streit zwischen der Synagoge und der Ecclesia[128] kann als weiteres Beispiel dieses Gegensatzes dienen. Schon der Platz auf der Bühne war in diesem Falle symbolisch gemeint. Da der Streit meistens vor dem aufgerichteten Kreuz stattfand, stand der Schauspieler, der die Synagoge verkörperte, auf der linken Seite, der Seite der schlechten Eigenschaften, während die Ecclesia natürlicherweise rechts stand. Es sollte auch nicht vergessen werden, daß die Konnotation des Wortes Synagoge schon im NT mit dem Teufel verbunden war[129], und im 15. Jahrhundert wurde der Hexensabbat mit »Synagoge« bezeichnet.

3.1.1.10

Den Höhepunkt jedes Passionsspiels bildete selbstverständlich die Kreuzigung, der ›Gottesmord‹. Es muß beachtet werden, daß es auch in diesem Teil der Vorstellung eine klare Tendenz gab, die Rolle der Römer zu mindern oder gänzlich zu verschweigen, um das Verbrechen den Juden in die Schuhe zu schieben. In einigen Schauspielen ist der Anteil der Juden bei der Kreuzigung aufs Anspornen der Schergen beschränkt[130], und auch dies sollte ihre ›Grausamkeit‹ unterstreichen, aber der gesprochene Text stellte fest: »Die grausamen Juden kreuzigten Jesum. . .« In anderen Passionsspielen führten die Juden allein die Kreuzigung durch, wobei alle Einzelheiten mit übertriebener Genauigkeit dem Publikum vorgeführt wurden.[131] Inwiefern solche Vorstellungen zu konkreten judenfeindlichen Gewalttätigkeiten

---

126 Das Teufelsspiel am Beginn der Alsfelder Passion ist eine gute Illustration dazu: *Froning*, Drama, 562 ff.

127 *Mone*, Schauspiele, I, 132 ff; *Froning*, Drama, 328 ff, 373 ff, 877 ff. Vgl. *Creizenach*, Drama, I, 61 f, 91, 224; *Eckert*, Chancen, 37 f.

128 *Froning*, Drama, 372 ff, 732 ff; *Mone*, Schauspiele, II, 328. Vgl. *Pflaum*, Streit, 73 ff; *Seiferth*, Synagoge, passim; *Creizenach*, Drama, I, 122; *Molsdorf*, Symbolik, 179 ff.

129 *Offb* 2, 9; 3, 9.

130 Z.B. in der Augsburger Passion: *Hartmann*, Passionsspiel, 62. So auch in Alsfeld: *Froning*, Drama, 720, 767 ff.

131 Vgl. Donaueschingen: *Mone*, Schauspiele, II, 313 ff.

führten, ist heute nicht mehr festzustellen, aber daß sie die negativen Seiten des jüdischen Stereotyps verstärkten, kann nicht geleugnet werden.

3.1.2

Einen nicht viel kleineren Anteil an der Propagierung des jüdischen Stereotyps hatten die *Erbauungsliteratur*[132] und die *geistlichen Lieder* in deutscher Sprache.[133] Es muß beachtet werden, daß die Erbauungsbücher immer reichlich illustriert waren, um auch die des Lesens unkundigen Zuhörer am Inhalt zu interessieren. Das lesehungrige Publikum der Erbauungsschriften umfaßte nicht nur die Käufer, deren Anzahl stetig wuchs, sondern auch viele andere, die die Schriften ausborgten oder ihren Drang nach Frömmigkeit dadurch befriedigten, daß sie bei der Vorlesung einfach zuhörten.[134]

3.1.2.1

Die Leidensgeschichte Jesu war auch in den Erbauungsschriften und in den geistlichen Liedern einer der beliebtesten Gegenstände, da sich doch der fromme Leser oder Zuhörer mit diesen Leiden maximal identifizieren wollte. Die geschriebenen, gedruckten oder gezeichneten Materialien gaben die Möglichkeit, den Erzählungen des Evangeliums mystisch gefärbte, erfundene und weit übertriebene Episoden einzuflechten, in denen die Behandlung Jesu von den Juden bis zu den raffiniertesten Grausamkeiten gesteigert wurde.[135] Oft wurden die Leiden Christi, deren sich die Juden schuldigmachten, von den meistens anonym gebliebenen Schriftstellern Jesus selbst in den Mund gelegt.[136] Jede negative Einstellung der Juden zu Jesus und zum Christentum wurde sofort als ›Blasphemia‹ verurteilt.[137] Die Berührung Jesu mit den jüdischen Händen, oder auch mit ihren Blicken, sollte als ›unrein‹ empfunden werden.[138] Die Rolle der Juden bei der Mißhandlung Christi und bei seiner Tötung wurde auf die zeitgenössischen Juden übertragen, welche als ›Zeugen‹ die Christen indirekt zur Identifizierung mit dem Heiland ermahnen sollten.[139] Die Charakterisierung der Juden war in der Erbauungsliteratur noch viel schärfer als in den Passionsspielen, da hier ein größerer Wert auf die Worte gelegt wurde.[140]

132 *Rupprich*, Literatur, 290 ff; *Schmidt*, Erbauungslit., 437 ff u.a.
133 Eine große Auswahl bei *Wackernagel*, Kirchenlied, und *Böhme*, Liederbuch.
134 Die Rolle der Kirche bei der Verbreitung von Erbauungsschriften beschrieb *Falk*, Druckkunst, passim.
135 *Berger*, Muskate, Einl. 149. Vgl. *Pickering*, Leiden, passim.
136 *Banz*, Seele, 270 f; *Berger*, Muskate, Prol. Z. 8 ff; *Fridolin*, Schatz., 1v, 7r ff, 45v–46r, 76r–77r.
137 *Anon.*, Thalmut obiect., BIIr; *Fridolin*, Schatz., 26v, 75v, 161v; *Pickering*, Leiden, 42; *Pfefferkorn*, Libellus, BIVv; *Margaritha*, Glaub, Av–AIIr.
138 *Fridolin*, Schatz., IIIv, 126v, 140r; *Pickering*, Leiden, 42, 72, 76 f.
139 *Berthold v. Regensb.*, I, 363; *Cruel*, Predigt, 483 f.
140 *Pickering*, Leiden, 73; *Margaritha*, Glaub, V IVv; *Fridolin*, Schatz., 111v, 151r; *Berger*, Muskate, Comp. Z. 94 ff; *Schedel*, Chronic., XCVv. Vgl. *Wackernagel*, Kirchenlied, Nr. 511.

3.1.2.2

Die vielen Auflagen der ›Beichtbüchlein‹, ›Poenitentiarii‹ und ›Ars mo-
riendi‹[141] bezeugen, inwiefern die Massen von der Angst vor Gottes Gericht
beeinflußt waren oder in welchem Maß diese Angst der Kirche zu ihren
Zwecken diente. Die Gläubigen sollten die Zehn Gebote und die Sieben
Todsünden lernen, um sich vor den Sünden zu bewahren und um sich immer die Wirklichkeit der Strafe Gottes vor Augen zu halten. In dieser Gattung der Erbauungsliteratur gab es ebenfalls viele Möglichkeiten, die Juden
anzugreifen und sie den Lesern als ›schlechtes Beispiel‹ vorzustellen. Die
›mörderischen‹ Neigungen der Juden sollten als Beispiel der Verletzung des
Gebotes »Du sollst nicht töten« dienen[142], wobei nicht nur der Gottesmord
gebraucht wurde, sondern auch Ritualmorde und Vergleiche zwischen Juden und ›Blutsaugern‹. Der Wucher wurde als Beispiel der Geldgier gebraucht oder als Verletzung des Gebotes »Du sollst nicht stehlen«.[143]

3.1.3

Noch vor der Reformation und trotz aller Bedenken, die die Kirche dagegen erhob, wurde die *Bibel* dem weiten Publikum in verschiedenen Übersetzungen und Auszügen zugänglich gemacht. Die Übersetzer und Herausgeber sorgten sich keinesfalls um wissenschaftliche Kriterien bei ihrer Arbeit, und die Texte geben viele Verzerrungen wieder, da Bibeltext (aus der
Vulgata übersetzt), Auslegung, Glossen und persönliche Anmerkungen der
Übersetzer zu einem Ganzen vermischt wurden. Die Holzschnitte, die dem
Text beigefügt wurden, waren nur selten quellengemäße Illustrationen. Der
Phantasie des Zeichners wurde freier Lauf gelassen, wobei meistens zeitge-
mäße stereotype Begriffe zum Ausdruck kamen.[144]

Obwohl die Herausgeber vielleicht keine direkten judenfeindlichen Absichten hatten, mußten doch ihre Erläuterungen der christologischen Aussagen des AT das negative Stereotyp der Juden verstärken.[145] Mit allegorischen Mitteln ›entdeckte‹ man auch andere Symbole der christlichen Religion im Text[146] und griff dabei den ›eingewurzelten jüdischen Unglauben‹
an.[147] Ein viel benütztes Mittel, um die Juden zu verpönen, war der selekti-

---

141   *Falk,* Druckkunst, 38–41; *Geffcken,* Bildercathechismus, 21, 45 f; *Falk,* Sterbeb., 1, 3, 6 f.
Vgl. *Andreas,* Ref., 203 ff; *Preuß,* Antichrist, 7.
142   *Geffcken,* Bildercathechismus, Anh., 184; *Fridolin,* Schatz., 208v; *Karben,* Opus, ElVr.
Vgl. *Cruel,* Predigt, 161 ff.
143   *Schwartz,* Stern, 304v; *Geffcken,* Bildercathechismus, 80 f; *Mone,* Schauspiele, II, 108 f.
144   *Golther,* Dichtung, 530 f; *Rupprich,* Literatur, 342 ff; *Andreas,* Ref., 153; *Eckert,* Verhältnis, 174. Vgl. *Geffcken,* Bildercathechismus, 5, 9; *Moeller,* Life, 53.
145   *Dietenberger,* Bibel, Num 24 im Zusammenhang mit Offb 22, 5. Vgl. *Schwartz,* Stern,
16r, 44r.
146   *Dietenberger,* Bibel, 373r, 374v, 375r, 414r u.a.m. Es gab auch einen weitverbreiteten
Brauch, den Namen ›Jesus‹ in den Text des AT hineinzuschieben. Vgl. *Merzdorf,* Historienbiblien, II, 492.
147   *Fridolin,* Schatz., 5r, 14r; *Dietenberger,* Bibel, Ex. 16.

ve Gebrauch der Worte ›Juden‹ und ›Israel‹. Jedesmal, wenn das AT schlechte Handlungen des jüdischen Volkes angriff, gebrauchte man in den Übersetzungen das Wort ›Juden‹. Bei guten Dingen, wenn zum Beispiel das Volk als von Gott erkoren bezeichnet wird, findet man immer das Wort ›Israel‹.[148]

3.1.4

Zur indirekten Propagierung des jüdischen Stereotyps dienten auch die christlichen Selbstkritiken und Läuterungsversuche. Der Humanist Erasmus benützte judenfeindliche Klischees, nicht nur um seine eingewurzelte Angst vor der ›jüdischen Weltverschwörung‹ auszudrücken[149], sondern hauptsächlich, um das damalige Christentum vom ›jüdischen‹, legalistischen Formalismus zu säubern.[150] Den Verdacht, daß die Konvertiten ihre ›jüdischen‹ Eigenschaften nicht verloren und daß sie mit ihnen das Christentum beeinflußten, erhoben auch andere Humanisten.[151]

3.2
Die direkte judenfeindliche Hetze

3.2.1

In der *satirischen Literatur* und in einigen *Fastnachtsspielen*[152], deren Texte erhalten geblieben sind, spielten die Juden eine wichtige Rolle. Diese Gattungen hatten wahrscheinlich einen kleineren Einfluß auf die Massen als z.B. die Passionsspiele, sei es nur wegen der Dauer des Spieles oder des Witzes, des Ortes oder der herrschenden Stimmung. Es wäre jedoch falsch, ihre judenfeindliche Einwirkung zu unterschätzen.

3.2.1.1

In vielen komischen Situationen sollte der ›lächerliche‹ oder ›geprellte‹ Jude hervorgehoben werden, ohne dem Schwank oder dem Spiel einen tieferen Sinn zu verleihen, aber auch in diesen ›harmlosen‹ Witzen wurde oft die ›Christenfeindschaft‹ der Juden angegriffen.[153] Die meisten Satiriker jedoch, die außer Folz größtenteils anonym blieben, waren viel schärfer judenfeindlich eingestellt. Mit zeitgemäßen, grobianischen Ausdrücken wurden die Juden auf den Gelegenheitsbühnen und in den satirischen Flugblättern verlacht. Die Leser und Zuschauer bekamen ein verdrehtes und ver-

---

148 *Dietenberger*, NT, 146r; *Dietenberger*, Bibel, 372v, 382v, 405v, 406r, 406v.
149 *Erasmus*, Corr., 4, 279, 12–15 (1517). Vgl. *Kisch*, Erasmus, 37.
150 *Oberman*, Wurzeln, 50 f.
151 *Reuchlin*, Augenspigel, XXXIIv u.a.; *Reuchlin*, Epist., Nr. 114 (an Conrad Collin). Vgl. Ulrich von Huttens Meinung wegen Pfefferkorn: *Eckert*, Verhältnis, 170; *Poliakov*, Antisemitism, 215.
152 *Andreas*, Ref., 423; *Stadelmann*, Geist, 18; *Rudwin*, Origin, 3–4; *Froning*, Drama, 955; *Lenk*, Fastnachtspiel, 32 ff. Texte bei *Keller*, Fastnachtspiele.
153 So bei *Bebel*, Facetiae, I, Nr. 2; II, Nr. 46, 94.

stümmeltes Bild der jüdischen religiösen Bräuche. Die Gebete der Juden
sollten ein ›ungestümes, teuflisches Geheul‹ sein und ihr Benehmen in der
Synagoge – ›ungeheuerlich‹.[154]
    Beleidigende Vergleiche zwischen den Juden und verschiedensten Ver-
tretern des Tierreiches[155] waren in dieser Literaturgattung eine fast tagtägliche Erscheinung. Die Spielleiter der Fastnachtsspiele holten die ›Judensau‹[156] von den symbolischen Ornamenten der Kirche herunter und brachten sie auf die Bühne, wobei das Ekelhafteste gezeigt werden sollte und die
tierischste Erniedrigung der Juden vollbracht wurde.[157] Zur selben Zeit kam
die ›Judensau‹ auch in die Flugblätter, oft in Begleitung von Teufelsbildern
und Ritualmordmärchen.[158]

3.2.1.2

Die satirische Literatur und Bühne erweckten und verbreiteten das Mißtrauen gegen Juden, die zur christlichen Religion übertraten. Die ›jüdischen
Gewohnheiten‹ sollten, wie es auch viele Humanisten glaubten, zu eingewurzelt sein, um sie mit der Taufe ›abwaschen‹ zu können.[159] Im besten Falle hätten es die Täuflinge auf materielle Vorteile abgesehen.[160] Das Unehrliche bei den jüdischen Täuflingen wäre nur ein Aspekt der ›jüdischen Betrü-
gerei‹, die in den satirischen Schriften immer wieder betont wurde. Sogar
der jüdische Messias mußte ein Betrüger sein[161], wenn er nicht geradezu als
Antichrist vorgestellt wurde[162], der den Juden die Möglichkeit bieten sollte,
sich an den Christen zu rächen.[163] In komischen Zügen trat also wieder das
wohlbekannte Haßmotiv hervor.

3.2.1.3

Eine beliebte Weise der Satiriker, die Juden anzuschwärzen, war die
Selbstanklage. Alle möglichen Verbrechen wurden den ›Schauspieljuden‹
oder den Juden in den Flugblättern[164] in den Mund gelegt. Sogar der ›Gottesmord‹[165] hatte seinen Platz in diesen Selbstanklagen, aber auch kleinere

---

154 Z.B. ›Von der Juden Messias‹ von Folz, bei *Keller*, Fastnachtspiele, 1223 ff; ›Ein Spil von
dem Herzogen von Burgund‹, *ibid.*, 169 ff.
155 *Liebe*, Judentum, Abb. 29; *Liliencron*, Volkslieder, Nr. 336; aber auch in ernsteren Schriften: *Anon.*, Thalmut obiect., AVr; *Fridolin*, Schatz., 124r–v, 135r.
156 Vgl. die wichtige Untersuchung zu diesem Problem: *Shachar*, Judensau.
157 *Keller*, Fastnachtspiele, 184 ff.
158 *Shachar*, Judensau, passim; *Trachtenberg*, Devil, 26 ff, 47; *Liebe*, Judentum, Abb. 11.
159 *Keller*, Fastnachtspiele, 30–32.
160 Vgl. Lied der ›Schmoys‹ vor der Taufe, im Fastnachtspiel ›Der Juden und Christen Streit,
Kaiser Constantinus, ein fastnachtspiel‹: *Keller*, Fastnachtspiele, 817.
161 Vgl. Entlarvung des Messias als Schwindler im ›Spil des Herzogen von Burgund‹: *Keller*,
Fastnachtspiele, 175 ff.
162 So, z.B., im ›Nollhart‹ des Pamphilus Gengenbach (1517): *Rupprich*, Literatur, 287;
Preuß, Antichrist, 33 f. Vgl. *Keller*, Fastnachtspiele, 173.
163 *Keller*, Fastnachtspiele, 171 ff. Vgl. *Creizenach*, Drama, I, 238.
164 Z.B. im Pamphlet gegen Rabbi Jossel von Regensburg: *Liebe*, Judentum, Abb. 29.
165 *Keller*, Fastnachtspiele, 796 f, 807 ff.

›Sünden‹, wie Völlerei, Wucher, Kartenspiel und natürlich Christenhaß und Ritualmord.[166] Die Beschuldigung, daß die Juden den Türken gegen die Christen halfen, wurde von den ›Bühnenjuden‹ eingestanden[167], wie auch die verbreitete Meinung, daß sie die Christen in ihren Gebeten verspotteten und verfluchten.[168]

3.2.2

Viele *judenfeindliche Flugblätter*[169] waren nicht satirisch gefärbt, sondern sollten die Leser mit ernsteren Argumentationen auf die ›jüdische Gefahr‹ aufmerksam machen oder ihnen ›jüdische Nachrichten‹ vermitteln. Der Einfluß der Flugblätter auf die Leser müßte mit dem der heutigen Zeitungen verglichen werden und dürfte jedenfalls nicht unterschätzt werden. Die Propagierung der Ritualmordanklagen durch die Flugblätter wird später noch erwähnt werden, aber auch in ›leichteren‹ Angelegenheiten sind sie unter den effekvollsten Mitteln, die Juden anzufeinden, zu nennen. Im 15. Jahrhundert erschienen in zahlreichen Exemplaren Flugblätter gegen den Wucher[170], wobei die damit verwandten ›schlechten Eigenschaften‹ der Juden nie vergessen wurden: Christenfeindschaft, Faulheit, Laster, Teufelshilfe u.s.w.

Die *historischen Volkslieder*[171], eine verwandte Gattung, enthielten konkrete, bedeutende Ereignisse, die durch Bänkelsänger verbreitet wurden. Die Vertreibung der Juden aus einigen der deutschen Städte[172] wurde als genügend ›bedeutsam‹ geschätzt, um als Thema von Volksliedern zu dienen. Die Autoren bearbeiteten die Ursachen der Vertreibungen auf eine gründliche Weise: Es sollten der ›Wucher‹ und die ›Zersetzung‹ der städtischen Gesellschaft gewesen sein, die die Bürger gegen die Juden aufgebracht hätten, bis die ›spontane Volkswut‹ zur Judenvertreibung führte[173], um die Stadt von diesem ›Gottesfluch‹ zu säubern.[174] Die Volkslieder wurden meistens auch gedruckt und hatten dadurch den weitesten Vertrieb. Nicht nur der Text dieser zwei Gattungen erfüllte seine judenhetzerische

---

166 *Keller, Fastnachtspiele*, 4, 30–32.
167 *Keller, Fastnachtspiele*, 18.
168 *Keller, Fastnachtspiele*, 17 f.
169 *Schottenloher, Flugblatt*, 16 f, 21, 60; *Fehr*, Massenkunst, 3 f, 9; *Shachar*, Judensau, 40 f. Vgl. *Andreas*, Ref., 411–414.
170 Z.B. ›Die rechnung Ruprecht Kolpergers von dem gesuch der iuden auff 30dn‹, von H. Folz, Nürnberg 1490–91: *Schreiber*, Handbuch, Nr. 4025, 4026; *Liebe*, Judentum, Abb. 7, 32. Vgl. ›Der Jud stellt sein synne nacht und tag / wie er den cristen verderben mag‹, anonym, gedruckt bei *Fuchs*, Karikatur, Anh.
171 *Liliencron*, Volkslieder, Vorw.; *Rupprich*, Literatur, 183 ff; *Golther*, Dichtung, 435 ff; *Schottenloher*, Flugblatt, 48–52.
172 Die Vertreibung der Juden aus Regensburg: *Liliencron*, Volkslieder, Nr. 336 ff; aus Rothenburg o.d. Tauber: *ibid.*, Nr. 346 f. Manchesmal unterschrieben die Dichter ihre Lieder: Hieronimus Ell in Regensburg und Kuntz Hasz in Rothenburg.
173 *Liliencron*, Volkslieder, Nr. 339, 347.
174 *Liliencron*, Volkslieder, Nr. 336, 338.

Aufgabe: Die Holzschnitte, die ihren Inhalt erläutern sollten, hatten einen nicht weniger judenfeindlichen Einfluß.

3.2.3

Die zahlreichen *Volksprediger* und unter ihnen hauptsächlich jene, die den Bettelorden[175] angehörten, führten eine offene Hetze gegen die Juden. Die Prediger wirkten als beliebte Volkserzieher und -redner[176], die ihr persönliches Charisma ausnützten, um die Massen an sich zu fesseln, und die oft ›Wunder‹[177] hervorbrachten, um ihren Einfluß zu steigern. Die Kirche definierte das Zuhören bei Predigten als religiöses Gebot[178], mit dem oft auch die Juden zum Anhören von Missionspredigten gezwungen wurden.[179] Die Mittel, die diese Redner anwendeten, und die Erregung, die bei den Predigten die Masse aufpeitschte, muß zu einer Parallele mit den modernen Agitatoren führen.

3.2.3.1

Die Passionspredigten waren, auch von Luther scharf kritisiert[180], eine ausgezeichnete Gelegenheit, über die Juden herzufallen. So taten es zum Beispiel Kannemann[181], Dobler[182], Capistrano[183], Bernardino da Feltre[184] und viele andere, deren Predigten zu Verfolgungen und Vertreibungen führten. Diese Prediger, deren Namen die städtischen Chroniken da und dort erwähnten, nützten jede Gelegenheit aus, um die Zuhörer zur fanatischen Ekstase zu bringen, wobei die Verschärfung und Aktualisierung des Judenhasses ein willkommenes Mittel war, den Kampf mit Jesu Feinden wiederaufzunehmen. Immer wieder kamen die Prediger auf den ›Gottesmord‹ zurück und vergegenwärtigten die ›Schuld der Juden‹ in ihrer Zeit.[185]

---

175 Eine gründliche Untersuchung über die Einstellung der Bettelorden zu den Juden im 13. und 14. Jahrhundert, bei *Cohen*, Mendicants.

176 *Cruel*, Predigt, 295; *Bauer*, Meinung, 70, 165, 176; *Falk*, Druckkunst, 43. Vgl. *Rupprich*, Literatur, 311 ff; *Trachtenberg*, Devil, 166.

177 *Bauer*, Meinung, 170; *Moorman*, History, 518.

178 *Geffcken*, Bildercatechismus, 14 f, Anh. 12; *Andreas*, Ref., 107 f; *Moorman*, History, 457 ff.

179 In Deutschland kam das oft im 15. Jahrhundert vor: *Eckert*, MA, 248; *Browe*, Judenmission, 31 f, 38; *Hofer*, Capestrano, 325; *Würfel*, Nachrichten, 96. Enttäuschung und Zorn wegen seines Mißerfolgs bei den Judenpredigten: *Schwartz*, Stern, 80r. Pfefferkorn empfahl wieder den Zwang zum Anhören von Missionspredigten: *Pfefferkorn*, Libellus, Dr; Zu Lob, 19r.

180 In seiner Auslegung des 14. Psalms (1520): *Luther*, WA, V, 427 ff.

181 *Cruel*, Predigt, 582 f; *Baron*, SRH, IX, 225 f.

182 *Baron*, SRH, IX, 190.

183 *Elvert*, Mähren, 16, 101, 103; *Engel*, Ausweisung, 62; *Bretholz*, Brünn, 116 f; *Hofer*, Capestrano, 371 ff.

184 *AASS*, Sept., VII, 909 ff; *Menestrina*, Trento, 6 ff. Vgl. *Browe*, Judenmission, 37; *Eckert*, MA, 226.

185 *Berthold v. Regensb.*, I, 363; *Cruel*, Predigt, 483 f (Zitat aus J. Herolt, Sermones discipuli, Nr. 105). Vgl. *Eckert*, Verhältnis, 193, No. 28.

Die Judenverfolgungen sollten eine gerechte Gottesstrafe sein und wären deshalb als erwünscht anzusehen.[186]

3.2.3.2

Die Prediger sahen in der Ausstoßung der Juden aus der deutschen Stadtgesellschaft eine ihrer Hauptaufgaben. Die ›Verteufelung‹ der Juden und ihre ›Entmenschung‹[187] in den Predigten führten dazu, daß die Juden als ›gefährliche‹ und ›unreine‹ Wesen[188] erst *gezeichnet*[189], dann *abgesondert*[190] und schließlich *vertrieben*[191] oder gar *vernichtet*[192] werden mußten, um die christliche Gesellschaft vor ihnen zu schützen.

Der ›Wucher‹[193] war natürlich ein beliebtes Motiv in den Hetzpredigten des 15. und 16. Jahrhunderts, wobei auch die ›Helfer‹ der Juden, die Fürsten und Herren, die sie mit teuren Privilegien schützten, auf das schärfste angegriffen wurden.[194] Der Kampf gegen den Wucher verhalf den Predigern als Führern der ärmeren Volksschichten dazu, deren Streben nach gesellschaftlicher Gerechtigkeit zur Verschärfung des Kampfes gegen die Juden einzusetzen, der als ›Wundermittel‹ wirken sollte, alle Probleme der Stadtgesellschaft zu lösen.[195] In diesem Kampf zwischen Ungleichen hießen die Prediger die extremsten Mittel gut, wie Zahlverbot oder wirtschaftlichen Boykott.[196]

3.2.4

Die Druckkunst ermöglichte den Vertrieb zahlreicher judenfeindlicher *Streitschriften*, welche zum Teil aus früheren Zeiten und aus anderen europäischen Ländern stammten und noch lateinisch geschrieben waren.[197] Die

186 *Schwartz*, Stern, 259v. Vgl. *Fridolin*, Schatz., 167r, 206r, 319r.
187 *Schwartz*, Stern, 252r–v; *Tritemius*, Antwort, EIIr; *Karben*, Opus, SIIIr. Vgl. *Wackernagel*, Kirchenlied, Nr. 422; *Zasius*, De parv., CIIIv.
188 *Berthold v. Regensb.*, II, 63; Zitat von Kalteisen, bei *Stern*, Päpste, 48 ff (1449). Vgl. *Pfefferkorn*, Libellus, CIIIr; *Fridolin*, Schatz., 30v.
189 *Übinger*, Cusanus, 638–42; *Würfel*, Nachrichten, 95; *Stern*, Päpste, 58 ff, 62 ff. Vgl. *Singermann*, Judenabzeichen, 40 ff; *Kisch*, Badge.
190 Die kirchlichen Verordnungen betreffend das Getto: *Simonsohn*, Judengesetzgebung, 10 f, 41 f, 52; *Eckert*, MA, 248 f. Die Tätigkeit Capistranos in diesem Gebiet: *Hofer*, Capestrano, 134, 279; *Moorman*, History, 471. Die Gettoisierung der Frankfurter Juden: *Stern*, Päpste, 64 f; *Kracauer*, Juden, I, 197 ff.
191 Die Rolle der Prediger bei der Vertreibung aus Regensburg: *Straus*, Ukk., Nr. 1021, 1043; *Straus*, Regensburg, 28 ff. Vgl. Rothenburg o.d. Tauber: *Breßlau*, Rothenburg, 2–4.
192 *Schwartz*, Stern, 40v, 258r u.a. Vgl. *Wackernagel*, Kirchenlied, Nr. 421; *Eckert*, MA, 220.
193 *Schwartz*, Stern, 144v–145v, 303v ff; *Pfefferkorn*, Libellus, CIIIv; *Margaritha*, Glaub, AIVr; *Straus*, Ukk, Nr. 1152. Vgl. *Moorman*, History, 457, 463; *Andreas*, Ref., 372; *Hofer*, Capestrano, 191, 440.
194 *Schwartz*, Stern, 306r–v. Vgl. *Baron*, SRH, XI, 139 ff.
195 Am schärfsten formuliert bei *Straus*, Regensburg, 29.
196 In Regensburg kämpften die Prediger gegen die Richter, die die Juden in Geldangelegenheiten ›beschützten‹: *Straus*, Ukk, Nr. 567, Vgl. *Margaritha*, Glaub, I IIIv. Der ›Bäckerboykott‹ (schon 1435 von Eugenius IV. auf das strengste verboten): *Straus*, Regensburg, 87 ff.
197 Eine lange Liste bei *Browe*, Judenmission, 104 ff!

Herausgeber wollten den Streitschriften ein höheres Niveau geben als den vulgären Flugblättern, aber meistens kehrten sie zu den gewöhnlichen stereotypen Bezeichnungen der Juden zurück. Obwohl die altchristlichen judenfeindlichen Streitschriften meistens mit einer theologischen Abstraktion des Judentums disputierten, geben die moderneren Werke oder Bearbeitungen dieser Gattung ein konkreteres Bild des jüdischen ›Schädlings‹.[198]

3.2.4.1

Viele dieser Streitschriften waren das Werk von getauften Juden, die auf diese Weise ihre Superloyalität zu ihrem neuen Glauben demonstrierten. Die christlichen Missionare mußten zwar zugeben, daß sie keine großen Erfolge bei den deutschen Juden hatten[199], aber einige Täuflinge druckten am Anfang des 16. Jahrhunderts judenfeindliche Streitschriften, deren Einfluß, wenn die vielen Auflagen und Zitierungen in späteren Werken als Beweis dienen können, sich auf einige Jahrhunderte erstreckte. 1508 erschien das ›Opus aureum‹ des Exrabbiners Viktor von Karben[200] nach einer religiösen Debatte mit Juden im Erzstift Köln.

Die zahlreichen Schriften des Johannes Pfefferkorn[201], den die Kölner Dominikaner unterstützten, könnten am ehesten als Pamphlete klassiert werden, wenn auch der Mann vielleicht von einer ehrlichen religiösen Begeisterung für das Christentum inspiriert war.[202] Sein Kampf gegen die jüdischen Bücher und gegen Reuchlin, der sie verteidigte, ist zur Genüge bekannt.[203] Sein Schrifttum kann aber nicht nur in dieser Hinsicht untersucht werden, da er unaufhörlich seine Leser über die angeblichen Verbrechen und Laster der Juden ›aufklärte‹ und die Obrigkeiten vor ihrem ›Treiben‹ warnte.[204]

1530, zur Zeit des Augsburger Reichstags, erschien ›Der gantz jüdisch Glaub‹ des Anthonius Margaritha[205], der auch den Reichsrabbiner Josel von Rosheim[206] zu einer Disputation vor Kaiser Karl V. herausforderte. Obwohl der Täufling bei dieser Debatte dem Reichsrabbiner unterlag, wurde

198 Vgl. *Eckert*, Verhältnis, 144, 149; *Trachtenberg*, Devil, 163.
199 *Browe*, Judenmission, 193.
200 Über Viktor von Karben und sein Buch, Opus Aureum: *Brisch*, Cöln, 60 f; *Eckert*, MA, 252.
201 Eine Bibliographie seiner Schriften bei *Geiger*, Reuchlin, 211 ff.
202 Dieser Meinung ist *Oberman*, Wurzeln, 40 ff.
203 *Geiger*, Reuchlin: *Grätz*, Geschichte, IX, 477 ff; *Grätz*, Aktenstücke; *Kracauer*, Konfiskation; *Kracauer*, Actenstücke; *Kracauer*, Juden, I, 247 ff; *Spanier*, Pfefferkorn, u.a. Pfefferkorn war nicht der einzige Deutsche, der im Spätmittelalter den Talmud und andere jüdische Schriften angriff. Fridolin, Schwartz und Folz, um nur einige zu nennen, drückten sich nicht weniger scharf aus. Der Unterschied besteht in der *politischen Aktion*, die Pfefferkorn unternahm, um die Juden zu schädigen.
204 Vgl. *Spanier*, Pfefferkorn, 218 ff.
205 Er war ein Nachkomme des Regensburger Rabbiners Margolis und ließ sich 1522 taufen. Margaritha wurde von den Juden seiner Zeit als ›Angeber‹ an den Pranger gestellt.
206 Über ihn: *Feilchenfeld*, Josel; *Stern*, Josel.

sein Buch von vielen judenfeindlichen Schriftstellern bis in das 18. Jahrhundert zitiert. Margaritha, der wie andere Täuflinge als ›Sachverständiger‹ galt, griff die jüdische Religion als ›christenfeindlich‹ an[207], wobei er Pfefferkorns verlorenen Kampf gegen das jüdische Schrifttum weiterführte.[208] Karben, Pfefferkorn und Margaritha begnügten sich nicht mit der ›ideologischen‹ Auseinandersetzung mit ihren früheren Glaubensgenossen. Der Wucher war auch bei ihnen ein sehr beliebtes Thema[209], und den Obrigkeiten wurden ›gute Ratschläge‹[210] gegeben, wie die Juden zu behandeln wären.

3.2.4.2

Nicht nur getaufte Juden schrieben judenfeindliche Streitschriften. Im 15. Jahrhundert stammten die meisten Streitschriften von christlichen Autoren fremder Herkunft. Die ›Pharetra fidei catholicae contra Judaeos‹ schrieb der französische Geistliche Theobaldus im 13. Jahrhundert. Die deutsche Bearbeitung des 15. Jahrhunderts stammt von Folz.[211] Die Schrift sollte eine theologische Auseinandersetzung mit dem Judentum sein, wurde aber schon in ihrer französischen Form dazu gebraucht, um die verschiedenen negativen Attribute des jüdischen Stereotyps aus den Schriften zu beweisen.[212] Noch zu Luthers Zeiten wurde die Streitschrift des spanischen Dominikaners Alphonsus Buenhombre[213], ›Rabbi Samuel Marrochanus Epistola ad Rabbi Isaac...‹, wieder übersetzt und herausgegeben. Diese Streitschrift enthielt Briefe eines angeblichen marokkanischen Rabbiners an seine Kollegen, in welchen er seine Enttäuschungen über das Judentum und seinen Entschluß, schließlich zum Christentum überzutreten, zum Ausdruck brachte, wobei dessen Überlegenheit über das Judentum ›bewiesen‹ wurde. Die Juden jedoch gehörten dem Teufel an, der ihr ganzes Wesen und ihr Benehmen bestimmte.[214]

Das ›klassische‹ Werk des spanischen Franziskaners Alonso de Espina, ›Fortalicium fidei...‹[215], war zwar gegen alle ›Feinde der Christenheit‹ gerichtet, aber der Teil des Buches, der die Juden behandelte, war ausschlaggebend in seiner Schärfe und seinem haßerfüllten Ton. Sollte es wahr sein, daß Koberger das Buch im Jahre 1494 auf seine Kosten herausgab, wie das Grätz erwähnte[216], dann könnte es sich nur um absichtliche Bemühungen

207 *Margaritha*, Glaub, BIVr, CIIv, DIIv–DIIIr, EIIIr–v.
208 *Margaritha*, Glaub, AIIIr, FIIIv–FIVr.
209 *Karben*, Opus, MIVr; *Pfefferkorn*, Zu Lob, 4v; Libellus, CIV; *Margaritha*, Glaub, Hv, QIVb.
210 *Margaritha*, Glaub, AIIIv, AIVv, I IIIv; *Pfefferkorn*, Judenspiegel (1507!), 26v.
211 *Mayer*, Meisterlieder, Nr. 100, 103 (= HS Weimar, Qu. 566).
212 Bei Folz: *Mayer*, Meisterlieder, Nr. 100, Z. 408 ff; Nr. 103, Z. 492 ff.
213 Über den Verfasser und die deutschen Ausgaben seiner Schrift: *Marsmann*, Epistel.
214 *Buenhombre*, Samuel, Br.–v.
215 Über das Buch und seinen Einfluß: *Eckert*, Verhältnis, 149; *Kühner*, Kirche, 79; *Bär*, Spanien, 385 ff.
216 *Grätz*, Geschichte (hebr.), V, 55, 122.

handeln, die Nürnberger Juden verhaßt zu machen, um ihre Vertreibung zu beschleunigen.

Der deutsche Dominikaner Peter Schwartz – Nigri, der seine Kenntnisse des Hebräischen und des Judentums bei seinen Studien in Spanien erwarb, schrieb eine lateinische Streitschrift gegen die Juden[217], die er später verdeutschte und unter dem Titel ›Der Stern Meschiah‹[218] herausgab. Trotz seiner Bemühungen, sein Buch auf die christliche Bibelexegese und auf die Theologie zu beschränken, kam er jedoch bald zu den traditionellen stereotypen Motiven zurück, wie Blindheit[219], Verbrechertum[220], Teufelsangehörigkeit[221], Wucher und Grausamkeit.[222]

Reuchlins Streitschrift, der ›Augenspiegel‹[223], kann natürlich nicht als direkt judenfeindlich definiert werden, aber auch Reuchlin zögerte nicht, Pfefferkorn mit stereotypen jüdischen Attributen anzugreifen.

3.2.5

Die vielen judenfeindlichen *Aufrufe* und *Verordnungen* der Obrigkeiten und anderer offizieller Kreise spielten eine wichtige Rolle bei der Verbreitung des jüdischen Stereotyps. In den Aufrufen der Regensburger Bürgerschaft, die nicht nur an das kaiserliche Regiment zu Innsbruck abgesandt wurden, um die ›Ausschaffung‹ der Juden zu fördern, sondern wahrscheinlich an allen Straßenecken angeklebt oder verteilt wurden, kamen viele judenfeindliche stereotype Motive zur Geltung: Die Juden, die in die Stadt als Ärmste eingewandert wären, hätten auf unehrliche Weise unmäßige Reichtümer erworben, natürlich durch skandalöses Ausnützen der Bevölkerung.[224] Die Juden wären gefährliche ›Schädlinge‹, die die Wirtschaft der Stadt mit Wucher, Raub, Diebstahl, Hehlerei und Betrügereien zerstörten.[225]

Die kaiserlichen Befehle, die die Ausweisungen der Juden bestätigten und die oft mit ›Geldgaben‹ errungen wurden, kamen auf alle diese stereotypen Beschuldigungen zurück[226], und ebenso war es mit den städtischen Verordnungen.[227] Nicht nur im wirtschaftlichen Bereich wurden die Juden verdächtigt – oft sollten auch ›verbrecherische Machenschaften‹ zu ihrer Ausweisung geführt haben.[228]

Der ›gelbe Fleck‹, der im Jahre 1530 mit der Polizeiordnung Karls V. für

217 Der ›Tractatus...‹ von Schwartz wurde 1475 von Feyner in Esslingen herausgegeben.
218 Über Schwartz und seine Bücher: *Eckert*, Verhältnis, 149, 175; *Stern*, Josel, 44.
219 *Schwartz*, Stern, 14v, 250v.
220 *Schwartz*, Stern, 242r.
221 *Schwartz*, Stern, 252r–v.
222 *Schwartz*, Stern, 305v–306r.
223 Ausführliche Beschreibung bei *Geiger*, Reuchlin, 235 ff.
224 *Straus*, Ukk, Nr. 992 u.a.
225 *Straus*, Ukk, Nr. 979.
226 *Stern*, Nördlingen, 87 ff; *Würfel*, Nachrichten, 152; *Stern*, Varia, 5 ff (Ulm).
227 *Straus*, Ukk, Nr. 570, 571 (1488, lange vor der Vertreibung).
228 Vgl. *Würfel*, Nachrichten, 83; *Herzog*, Ukk, 10.

das ganze Reich offiziell verordnet wurde[229], sollte die Juden von der christlichen Bevölkerung gesellschaftlich isolieren, wie das die Kirche wiederholt forderte.[230] Diese Diskriminierung wurde jedoch auch anders erklärt und verstanden: Es wäre eine wohlverdiente Strafe und Schmach, die die Juden wegen ihrer ›Missetaten‹ verdient hätten, und deshalb müßten sie ›gezeichnet‹ werden, wie auch andere geächtete Gruppen – Aussätzige, Huren und unverbesserliche Verbrecher. Die Zwangsgettoisierung der Juden Deutschlands faßte man in ähnlicher Weise auf.[231] Das freie Wohnen der Juden, oft in der Nachbarschaft einer Kirche, wäre eine ›Schmach‹ für den christlichen Glauben.[232]

3.3

Die Propagierung der angeblichen *Ritualmorde, Hostienschändungen* und *Vergiftungen*, die die Juden verübt hätten, war von besonderer Wichtigkeit bei der Formulierung des jüdischen Stereotyps. Verschiedene abergläubische Motive[233], die durch die Fremdartigkeit ihres Glaubens und ihre gesellschaftliche Absonderung noch gefördert wurden, umhüllten jahrhundertelang die Juden, die ihre ›Zauberkraft‹ immer nur zum Schaden der christlichen Bevölkerung angewendet hätten.[234] Auch die jüdischen Ärzte, die mit ›Teufelshilfe‹ praktizierten und die die Kirche ergebnislos bekämpfte, sollten stets Pläne gehegt haben, die Christen zu vergiften.[235]

Die drei wichtigeren Beschuldigungen, die gegen die Juden vorgebracht wurden – Pesterregung, Ritualmord und Hostienschändung –, sind ebenfalls als Konsequenzen des Aberglaubens anzusehen, obwohl die judenfeindlichen Einstellungen und Aktivitäten der Kirche sie zu Hauptthemen in ihrem Kampf gegen die Juden machten.

Die Kreuzigung Jesu und die verallgemeinerte angebliche Christenfeindschaft der Juden wurde in der Volksphantasie zur ›Mordsucht‹[236] und zu einer leidenschaftlichen ›Zerstörungswut‹ gegen christliche Kultobjekte[237] erweitert. Christliche Dogmen würden auch von den Juden geglaubt werden, wie z.B. der Glaube an die Transsubstantiation. Deshalb hätten sie es

---

229 *Singermann*, Judenabzeichen, 43.
230 Seit dem 4. Laterankonzil (1215)! Vgl. *Awerbuch*, Begegnungen, 177, No. 3. In Deutschland wurden diese Maßnahmen erst im 15. Jahrhundert verschärft.
231 Vgl. *Mansi*, Conc., XXVI, 743; *Stern*, Päpste, 64 f.
232 *Kracauer*, Juden, I, 197 ff; *Baron*, SRH, IX, 35 f.
233 *Wuttke*, Volksaberglauben, 342; *Trachtenberg*, Devil, 67, 72 ff.
234 *Meyer*, Aberglaube, 193; *Trachtenberg*, Devil, 65.
235 *Karben*, Opus, CIVr; *Pfefferkorn*, Zu Lob, 18v ff; *Pfefferkorn*, Handtspigel, 10v ff; *Murner*, Entehrung, Z. 1486 ff u.a.
236 *Strack*, Blut, 13, 197 ff; *Lewin*, Blutbesch., 318; *Fridolin*, Schatz., 96r; *Straus*, Ukk, Nr. 328. Der Aberglaube wegen der angeblich *magischen* Eigenschaften des Blutes hatte sicher einen großen Einfluß auf die Entwicklung der Ritualmordmärchen: Vgl. *Wuttke*, Volksaberglauben, 134, 137 f, 300, 454; *Trachtenberg*, Devil, 141 ff.
237 *Murner*, Entehrung, Z. 116 ff.; *Schedel*, Chronic., CLVIIIr; *Mayer*, Meisterlieder, Nr. 103, Z. 501 und viele andere. Vgl. *Trachtenberg*, Devil, 118 ff; *Loewe*, Legende, 49 ff.

auf die Hostien abgesehen, um ›Christus noch einmal zu martern und zu töten‹, oder, was leider viele Christen taten, um mit den Hostien Zauberkünste zu treiben.[238]
Der psychologische Mechanismus, den falsche Beschuldigungen auslösen konnten, hat sich im Laufe der Zeit kaum gewandelt und wirkt heute noch mit voller Kraft.[239]

3.3.1

Die vielen Reliquien, die von angeblichen Missetaten der Juden herstammen sollten, wurden sorgfältig gesammelt, in Schreinen aufbewahrt und von unzähligen Wallfahrern[240] besucht, die dann die Geschichte des ›Ritualmordes‹ oder der ›Hostienschändung‹ in ihre Heimat mitnahmen. Wenn die Geistlichkeit nicht gewollt hätte, wäre es doch seltsam gewesen, daß am Ende des Mittelalters und noch am Beginn der Neuzeit so viele neue Wallfahrtsorte entstanden, die mit Wundererzählungen, Bildern und Mirakelspielen[241] die Pilger an sich zogen. Es scheint, daß wenigstens in einem Teil dieser Orte die Ritualmordmäre einfach fabriziert wurde.[242]

3.3.2

Die dem Schein nach mit allen gerichtlichen Regeln geführten Prozesse[243], bei denen aber alle möglichen Geständnisse[244] von den Angeklagten mit den härtesten Foltern erpreßt wurden, erwiesen die Glaubwürdigkeit der kollektiven Beschuldigungen wegen Ritualmords oder Hostienschändung. Oft kam es dabei zu einer Verkettung zwischen verschiedenen Gemeinden[245], da der Gefolterte in seinen Qualen etwa den Namen eines Bekannten nannte. Daß dabei das Motiv der ›Weltverschwörung‹ betont wurde, ist verständlich.

Trotz einiger päpstlicher oder kaiserlicher Aufrufe, die die Ritualmorde – ohne Erfolg – als Märchen verurteilten[246], und trotz seltener zaghafter Versuche, die Wahrheit auszusprechen, wurde der Glaube an die ›Missetaten‹ der Juden auch von offizieller Seite gestärkt. Die angeblichen Ritual-

238 *Meyer*, Aberglaube, 183 ff, 254 ff; *Wuttke*, Volksaberglauben, 140, 261 f; *Bauerreiss*, Pie Jesu, 101 f.
239 *Bauer*, Meinung, 40, 53 f.
240 Vgl. die Entwicklung der Wallfahrten nach Deggendorf, Trient, Regensburg, Passau, Endingen, um nur einige zu nennen.
241 Interessante Untersuchungen bei *Bauerreiss*, Pie Jesu, und *Bach*, Mirakelbücher.
242 So, z.B. die Legende vom ›Anderl in Rinn‹: *Kühner*, Kirche, 151 ff.
243 Vgl. *Murner*, Entehrung, Z. 559 ff.
244 Über die Foltern im deutschen ›Geständnisprozeß‹: *Fehr*, Rechtsgeschichte, 201 ff, 286 ff; *Roskoff*, Teufel, II, 97 ff, 343 ff.
245 So wurden Juden aus Frankfurt und Worms bei der Endinger Affaire beschuldigt: *Kracauer*, Endingen, 237, 242. Die Aussage des getauften Wolfgang von Trient wurde als wichtiges ›Beweismaterial‹ im Regensburger Ritualmordprozeß von 1476 gebraucht: *Straus*, Ukk, 234, 284.
246 *Stern*, Päpste, 5 ff, 31 ff; *Bondy*, Böhmen, Nr. 232. Vgl. *Baron*, SRH, IX, 40 ff; XI, 146 ff. Auch: *Stern*, Osiander; *Strack*, Blut, 85 ff, 104 ff.

morde oder Hostienschändungen waren jedenfalls eine oft gebrauchte Begründung[247] bei der Vertreibung vieler Gemeinden.

3.3.3

Die Volksprediger am Vorabend der Reformation entfalteten eine rege Tätigkeit bei der Verbreitung der Ritualmordmärchen und der Beschuldigungen wegen angeblicher Hostienschändungen. Schon die Ablehnung der Transsubstantiation wurde als Verhöhnung der Hostien angegriffen.[248] Murner, Schwartz und andere Prediger wiederholten in ihren Predigten und Schriften alle Fälle, in welchen die Juden ihre bösen Absichten gegen Jesus mit Hostienschändungen verwirklicht haben sollten und deshalb mit Verbrennung oder ›wenigstens‹ mit Vertreibung bestraft wurden.[249] Ähnlicherweise wiederholten die Volksprediger die Ritualmordmärchen, um ihre Zuhörer vor der ›jüdischen Grausamkeit‹ zu warnen, wobei sie ihnen die phantastischsten Erzählungen über den jüdischen Bedarf christlichen Blutes zum Besten gaben.[250] Capistrano verdächtigte die Juden, daß sie nur auf eine Gelegenheit warteten, alle Christen der Welt umzubringen, wie sie dazu in ihrer Lehre verpflichtet wären.[251] Meistens stellten die Prediger den Ritualmord als Wiederholung der Passion vor[252], obwohl er auch mit anderen Motiven erklärt wurde.[253]

Einige Volksprediger nahmen persönlich teil an Judenverfolgungen, die auf solchen falschen Beschuldigungen beruhten, wobei ihr Prestige deren Glaubwürdigkeit verstärkte. Capistrano hetzte 1453 die Breslauer gegen die Juden auf und prophezeite ihnen ›schreckliche Untaten‹, die die Juden in der nächsten Zukunft begehen würden. Etwas später nahm er als Inquisitor persönlich bei dem Schauprozeß der wegen Hostienschändung angeklagten Juden teil und ruhte nicht eher, bis er sie auf den Scheiterhaufen gebracht hatte.[254] Bernardino da Feltre benützte seine Fastenpredigten des Jahres 1475, um den berüchtigten Ritualmordprozeß von Trient anzuzetteln.[255]

3.3.4

Das zeitgenössische Schrifttum trug viel dazu bei, den allgemeinen Glauben an diese ›Missetaten‹ der Juden in der damaligen öffentlichen

247 *Herzog*, Ukk, 10; *Heise*, Brandenburg, 210 ff. Vgl. *Baron*, SRH, IX, 212 f.; XI, 279.
248 *Schwartz*, Stern, 214v–215v; *Murner*, Entehrung, Z. 1067–1080. Auch *Pfefferkorn*, Libellus, CIVr.
249 *Schwartz*, Stern, 218r; *Murner*, Entehrung, Z. 985 ff, 1012 ff, 1028. Vgl. *Hofer*, Capestrano, 490 ff.
250 *Stern*, Päpste, 48 ff (zitiert den Dominikaner Kalteisen); *Cruel*, Predigt, 582 ff.
251 *Hofer*, Capestrano, 498.
252 Z.B. *Murner*, Entehrung, Z. 1282–1343, 1347–55.
253 Das Motiv der jüdischen Christenfeindschaft und sogar das Motiv der Rache an ihren Unterdrückern sind bei den meisten Predigern vorhanden. Vgl. *Murner*, Entehrung, Z. 1100 ff.
254 *Brann*, Schlesien, 124 ff; *Oelsner*, Schlesien, 38 ff; Nr. 35 ff; *Hofer*, Capestrano, 476 ff.
255 *Menestrina*, Trento, 6 ff, 21 f.

Meinung zu verankern. Die sensationsgierige Masse, die die Geschehnisse, die in den Flugblättern und in den ›Neuen Zeitungen‹ ausführlich geschildert wurden, als absolute Wahrheit betrachtete, akzeptierte selbstverständlich auch die Schuld der Juden bei Ritualmordaffären oder Hostienschändungen.[256] Eine solche Verbreitung der Neuigkeiten konnte oft eine Kettenreaktion auslösen, wobei die Erregung und die Phantasie der Massen leicht neue Beschuldigungen gegen die Juden verursachten.[257] Trotz der Primitivität der damaligen Druckkunst verbreiteten sich die Nachrichten über ›neue Untaten‹ der Juden mit erstaunlicher Schnelle über das ganze Reich.[258]

Nicht nur die sensationssüchtige Presse jener Zeit beschäftigte sich mit Schilderungen angeblicher Ritualmorde oder Hostienschändungen. Wir finden dieselben Motive auch bei ernsthaften Historikern. Der Nürnberger Humanist Schedel Hartmann erzählte den gebildeten Lesern seiner Weltchronik alle älteren und neueren Geschichten über solche Affären. Der Sternberger Fall, der ein Jahr vor der Herausgabe des Buches stattfand, gab ihm die Gelegenheit, alle Hostienschändungen noch einmal in einer Liste zu wiederholen.[259] Er war nicht der einzige: Die Erinnerung an ›die Berner Ritualmordbeschuldigungen‹ vom Jahre 1294 wurde am Ende des 15. Jahrhunderts von Schweizer Historikern aufgefrischt, die Illustrationen aus Norditalien benützten, auf denen der Trienter Ritualmordprozeß dargestellt war.[260] Die angebliche Hostienschändung von Deggendorf, die zur Ermordung aller Juden dieser Gemeinde führte, verallgemeinerte man später als ›verbrecherische Gewohnheit‹ der Juden .[261] Einen großen Erfolg hatte die Trienter Ritualmordgeschichte: Mit Wort und Bild wurde sie in vielen Werken ausführlich beschrieben[262], und sogar ein Sebastian Münster schenkte ihr völligsten Glauben.[263]

Die Volkslieder, die schon oben erwähnt wurden, beschäftigten sich mit allen Ritualmordfällen und Hostienschändungen. Sie verbreiteten mündlich und schriftlich diese Beschuldigungen in weiten Kreisen und bewahrten das ›Andenken‹ der jüdischen ›Verbrechen‹ viele Generationen nach

256 Schottenloher, Flugblatt, 57; Andreas, Ref., 398; Bauer, Meinung, 262 ff; Eckert, MA, 265; Baron, SRH, XI, 168 ff.
257 Solche ›Wanderungen‹ von Hostienschändungen erklärte Bauerreiss, Pie Jesu, 104.
258 Die Verbreitung der Neuigkeit über die Sternberger Affäre kann hier als gutes Beispiel dienen (nur spezifische Schriften werden hier erwähnt!): Brandis, Lübeck 1492; Koch, Magdeburg 1493; Von Renchen, Köln 1493; Hist, Speyer 1494; Arendes, Lübeck 1500; Mareschalcus, Rostock 1510 und 1522. Die Trienter Ritualmordaffäre hatte einen noch größeren publizistischen ›Erfolg‹.
259 Schedel, Chronic., CCIv, CCXXXv, CCXLIVv, CCLIVr ff, CCLVIIIv.
260 Zafran, Iconography, I, 52 f, 91; II, ill. 97, 98, 153.
261 Krotzer, Judenmord, 311 ff.
262 Bibliographische Anweisungen u.a. bei Zafran, Iconography, I, 79; Eckert, Verhältnis, 155 ff; Eckert, Judenprozeß, 288.
263 Münster, Cosmographia, CXXXIXr.

den Geschehnissen.[264] Einige der größeren Affären führten zu einer richtigen Spezialliteratur, in der alle Gattungen der damaligen Publizistik und Illustrationsmöglichkeiten gebraucht wurden[265] und deren Einwirkung auf die Formulierung des jüdischen Stereotyps auch heute noch nicht genügend eingeschätzt werden kann.

4

Der junge Luther kann nicht von dieser allgemeinen judenfeindlichen Stimmung isoliert werden; sie mußte auf ihn einen bestimmenden Einfluß haben, obwohl seine persönlichen Erfahrungen mit Juden wahrscheinlich bis zu den zwanziger Jahren sehr beschränkt blieben. Es muß sogar sofort unterstrichen werden, daß Luther sich damals entschieden gegen volkstümliche grundfeindliche Bezeichnungen der Juden wehrte. Seine theologische Stellung zu ihnen schloß jedoch ihre stereotype Behandlung nicht aus.

4.1

Diese theologische Einstellung Luthers zu den Juden, die auf seiner Analyse von Bibeltexten beruhte, hat sich während seines ganzen Lebens niemals geändert.[266] Sollten wir Maurers Hauptthesen[267] folgen, finden wir in ihnen wichtige stereotype und gewissermaßen judenfeindliche Elemente, die Luther schon vor seiner reformatorischen Tätigkeit in seinen Schriften und Predigten verbreitete. Sie sind uns noch von der römischen und altchristlichen Periode her wohlbekannt, und Luther behielt sie bis zu seinem Tode bei. Luther sah in den Juden ›Erzfeinde‹ Christi und des Christentums[268], obwohl er zu ihnen oft die Türken, Heiden[269], Papisten, Schwärmer und andere Gegner gesellte. Obwohl er diese Feindschaft zunächst als theologische Maxime darstellte, konnten seine konkreten Schilderungen als ihre Übertragung in das tagtägliche Leben verstanden werden. Luther hatte das Exklusivitätsdenken des Katholizismus (und der meisten anderen Religionen) geerbt, das jedes Zusammenleben mit dem Gegner verneinte und ihn zum Feind stempeln mußte.

›Gottes Zorn, Fluch und Strafgericht‹ fanden ebenfalls ihren Platz in Luthers theologischen Grundzügen.[270] Deshalb sollten die Juden ›unverbesserlich‹ sein[271], trotz aller Leiden und Verfolgungen, die sie ertragen muß-

264 *Krotzer*, Judenmord, 312 f; *Liliencron*, Volkslieder, Nr. 128, 153, 336, 338, 347: *Lewin*, Blutbeschuldigung, 316 ff.
265 Eine reichhaltige Bibliographie bei *Hayn*, Übersicht.
266 So *Maurer*, Reformation, 375 ff; *Oberman*, Wurzeln, 135 ff. Eine wichtige Abhandlung, in der die verschiedenen Meinungen zu diesem Problem zu vollem Ausdruck kommen, schrieb *Brosseder*, Stellung.
267 *Maurer*, Reformation, 378 f.
268 *Luther*, WA, V, 534.
269 *Luther*, WA, VI, 82.
270 *Luther*, WA, I, 7; III, 434; IV, 468 ff.
271 *Luther*, WA, I, 7; III, 321.

ten.[272] Die Zerstreuung der Juden habe ihren göttlichen Zweck: Ihre ›Bosheit‹ und ›Treulosigkeit‹ solle auf der ganzen Erde bekannt werden.[273] Ihre ›Verstocktheit‹ und ›Hartnäckigkeit‹[274] gäbe ihnen die notwendige Kraft, körperliche Leiden für ihre ›falsche Lehre‹, zu der sie stets von ihren Lehrern ›verführt‹ würden[275], zu ertragen. Die ›Schriftverdrehungen‹, deren sie schuldig seien, ihre ›Lästerungen‹ des Namens Christi und ihr ›gottloser Aberglaube‹[276] führten sie dazu, beim Jüngsten Gericht verdammt zu werden.[277] Luther glaubte nicht an eine allgemeine Bekehrung der Juden. Höchstens ein kleiner Rest könne vielleicht durch die Taufe die Seligkeit erwerben.[278]

4.2

Wir finden jedoch beim jungen Luther auch grundsätzlich entgegengesetzte Motive. Luther forderte die Gläubigen auf, für das Heil der Juden und aller anderen ›irrigen‹ Menschen zu beten, da nur Gott allein ihr Los wenden könne. Man solle auch diese unglücklichen Menschen nicht gehässig verfolgen, sondern sie mit Freundlichkeit zum Christentum ziehen.[279] Sollten auch nur missionarische Absichten diese Gedanken bestimmt haben, zeugen sie doch von einer menschlicheren Haltung zu den Juden, als zu seiner Zeit meistens üblich war.

Das Motiv des ›Gottesmordes‹ wurde vom jungen Luther auf eine neue Weise erklärt, wobei er den Anteil der Juden auf alle Sünder erweiterte[280]; deshalb sollten die Christen die Juden nicht feindlich als Gottesmörder schelten.[281] Luthers kritische Gedankengänge brachten ihn auch einmal (Nov. 1531) dazu, die Geschehnisse der Evangelien auf die damaligen religiösen und historischen Verhältnisse zurückzuführen, um die Taten der Juden verständlich zu machen.[282]

In seinen Anschauungen über die Juden war also auch der junge Luther meistens ›ein Kind seiner Zeit‹.[283] Von Zeit zu Zeit kann man aber bei ihm Andeutungen finden, in denen er von dem gewöhnlichen Judenstereotyp abwich.

272 *Luther*, WA, III, 29.
273 *Luther*, WA, III, 596 ff.
274 *Luther*, WA, III, 583 ff.
275 *Luther*, WA, V, 43.
276 *Luther*, WA, II, 491; V, 184 ff, 632 ff.
277 *Luther*, WA, V, 43.
278 *Luther*, WA, III, 329.
279 *Luther*, WA, V, 427 ff; VII, 226; X, 403.
280 *Luther*, WA, II, 138.
281 *Luther*, WA, IX, 651.
282 *Luther*, WA, XXXIII, 623 ff.
283 So *Oberman* in seinem Referat in Mülheim, Februar 1983.

Literatur

(Konventionelle, in der geschichtlichen Literatur vorkommende Abkürzungen werden hier nicht aufgelöst.)

*Andreas,*Ref.: *Andreas, W.,* Deutschland vor der Reformation, Stuttgart ⁵1948.

Anon., Thalmut obiectiones: *Anonymus,* Thalmut obiectiones in dicta Thalmut seductoris Judaeorum, Augsburg 1498.

Aronius, Regesten: *Aronius, J.,* Regesten zur Geschichte der Juden im fränkischen und deutschen Reiche bis zum Jahre 1273, Berlin 1902.

Augustinus, Jud.: *St. Augustinus,* Tractatus adversus Judaeos, P.L., 42, 58 ff

Awerbuch, Begegnungen: *Awerbuch, Marianne,* Christlich-jüdische Begegnung im Zeitalter der Frühscholastik, München 1980.

Bach, Mirakelbücher: *Bach, H.,* Mirakelbücher bayerischer Wallfahrtsorte, Diss. München 1963.

Bächtold-Stäubli: Bächtold-Stäubli, H. (Hg.), Handwörterbuch des deutschen Aberglaubens, Bd. I ff, Berlin 1927 ff.

Banz, Seele: *Banz, P. R.* (Hg.), Christus und die minnende Seele (Mystische Gedichte), Breslau 1908.

Bär, Spanien: *Bär, F. I.,* Geschichte der Juden im christlichen Spanien (hebr.), Tel-Aviv ²1965.

Baron, SRH: *Baron, S. W.,* A Social and Religious History of the Jews, Vol. IX ff, Philadelphia ²1965 ff.

Bauer, Meinung: *Bauer, W.,* Die öffentliche Meinung und ihre geschichtlichen Grundlagen, Tübingen 1914.

Bauerreiss, Pie Jesu: *Bauerreiss, R.,* Pie Jesu – Das Schmerzensmannbild und sein Einfluß auf die mittelalterliche Frömmigkeit, München 1931.

Bebel, Facetiae: *Bebermeyer, G.* (Hg.), Heinrich Bebels Libri Facetiarum, BLVS 276, 1931 (= Straßburg 1514).

Benz, Legenda: *De Voragine, J.,* Legenda Aurea, übers. v. Benz, R., Heidelberg 1975.

Berger, Muskate: *Berger, L.* (Hg.), Die Goldene Muskate – ein spätmittelalterlicher Passionstraktat, Diss. Marburg 1969.

Berthold v. Regensburg: Pfeiffer, F. und Strobl, J. (Hg.), Berthold von Regensburg – Vollständige Ausgabe seiner Predigten, Wien 1862, 1880.

Blumenkranz, Perfidia: *Blumenkranz, B.,* Perfidia, in: Archivum Latinitatis Medii Aevi (Bulletin du Cange), XXII (1952), 157 ff.

Böhme, Liederbuch: *Böhme, F. M.* (Hg.), Altdeutsches Liederbuch, Hildesheim 1966 (= Leipzig 1877).

Bondy, Böhmen: *Bondy G. und Dworsky, F.* (Hg.), Zur Geschichte der Juden in Böhmen, Mähren und Schlesien, Prag 1906.

Brann, Schlesien: *Brann, M.,* Geschichte der Juden in Schlesien, Breslau 1896 ff.

Breitenbucher, Judasgestalt: *Breitenbucher, J. R.,* Die Judasgestalt in den Passionsspielen, Diss. Ohio State Univ. 1934.

Breßlau, Rothenburg: *Breßlau, H.,* Zur Geschichte der Juden in Rothenburg ob der Tauber, in: Zeitschr. f. d. Geschichte d. Juden in Deutschland, III (1889), 301 ff, IV (1890), 1 ff.

Bretholz, Brünn: *Bretholz, B.,* Brünn, Geschichte und Kultur, Brünn 1938.

Brisch, Cöln: *Brisch, C.,* Geschichte der Juden in Cöln und Umgebung, Cöln 1882.

Brosseder, Stellung: *Brosseder, J.,* Luthers Stellung zu den Juden im Spiegel seiner Interpreten, München 1972.

Browe, Judenmission: *Browe, P.,* Die Judenmission im Mittelalter und die Päpste, Univ. Gregoriana edit., Rom 1973.

Buenhombre, Samuel: (Buenhombre, A. – ohne Name im deutschen Titel), Rabbi Samuelis – Ein Sendbrieff . . . das Jhesus Nazarenus der ware Messia sey, übers. v. Linck, W., Wittenberg 1536.

Chrysostomus, Serm.: *St. Chrysostomus*, Sermones, P. G. 48.

Creizenach, Drama: *Creizenach, W.*, Geschichte des neueren Dramas, Halle a.d. Saale ²1911.

Cruel, Predigt: *Cruel, R.*, Geschichte der deutschen Predigt im Mittelalter, Hildesheim 1970 (= Detmold 1879).

De Espina, Fortalicium fidei: *De Espina, A.*, Fortalicium fidei contra Iudaeos, Saracenos aliosque Christiani fidei inimicos, Nürnberg 1494.

Delumeau, Peur: *Delumeau, J.*, La peur en Occident (14ᵉ – 18ᵉ siècles), Paris 1978.

Dietenberger, Bibel: *Dietenberger, D. J.*, Bibell, Köln ⁸1572.

Dietenberger, NT: *Dietenberger, D. J.*, Das gantz New Testament . . ., Cöln 1529.

Duns Scotus, Sent. dist.: *Duns Scotus, J.*, Liber IV Sententiarum, in: Opera omnia XVI, Paris 1894.

Eckert, Chancen: *Eckert, W. P.*, Verpaßte Chancen christlich-jüdischer Begegnung in der deutschen Geschichte, in: Eckert, W. P. und Ehrlich, E. (Hg.), Judenhaß – Schuld der Christen?!, Essen 1964, 23 ff.

Eckert, Judenprozeß: *Eckert, W. P.*, Aus den Akten des Trienter Judenprozesses, in: Wilpert, P. und Eckert, W. P. (Hg.), Judentum im Mittelalter, Miscellanea Medievalia IV, Berlin 1966, 283 ff.

Eckert, MA: *Eckert, W. P.*, Hoch- und Spätmittelalter – Katholischer Humanismus, in: Rengstorf, K. H. und von Kortzfleisch, S. (Hg.), Kirche und Synagoge, Stuttgart 1968, I, 210 ff.

Eckert, Verhältnis: *Eckert, W. P.*, Das Verhältnis von Juden und Christen im Mittelalter und Humanismus, in: Schilling, K. (Hg.), »Monumenta Judaica« – 2000 Jahre Geschichte und Kultur der Juden am Rhein (Handbuch), Köln 1963, 131 ff.

Elvert, Mähren: *D'Elvert, Chr. Ritter*, Zur Geschichte der Juden in Mähren und österreichisch Schlesien, Brünn 1895.

Engel, Ausweisung: *Engel, A.*, Die Ausweisung der Juden aus den königlichen Städten Mährens und ihre Folgen, in: Jahrbuch für die Geschichte der Juden in der Tschechoslovakei, II (1930), 50 ff.

Erasmus, Coll.: *Erasmus von Rotterdam*, Colloquia Familiaria (Hg. Welzig, H.), Darmstadt 1967.

Erasmus, Corr.: *D. Erasmus Roterdami*, The Correspondence, trad. Mynors and Thomson, Toronto 1974 ff.

Erasmus, Enchir.: *D. Erasmus Roterdami*, Enchiridion Militis Christiani, Imp. Orph. Glaucha Hallensis, Salfeld 1699.

Erasmus, Lob d. Th.: *Erasmus von Rotterdam*, Lob der Thorheit, übers. v. Becker, W. G., Basel 1780.

Ettinger, Antisemitismus: *Ettinger, Sch.*, Die Wurzeln des Antisemitismus in der Neuzeit (hebr.), in: Molad, II (5729), 323 ff.

Falk, Druckkunst: *Falk, F.*, Die Druckkunst im Dienste der Kirche, zunächst in Deutschland, bis zum Jahre 1520, Köln 1879.

Falk, Sterbeb.: *Falk, F.*, Die deutschen Sterbebüchlein von der ältesten Zeit des Buchdruckes bis zum Jahre 1520, Köln 1890.

Fehr, Massenkunst: *Fehr, H.*, Massenkunst im 16. Jahrhundert, Berlin 1924.

Fehr, Rechtsgeschichte: *Fehr, H.u.a.* (Hg.), Deutsche Rechtsgeschichte, Berlin ²1925.

Feilchenfeld, Josel: *Feilchenfeld, L.*, Rabbi Josel von Rosheim, Straßburg 1898.

Fischer, Reimpaarsprüche: *Fischer, H.* (Hg.), H. Folz – Die Reimpaarsprüche, München 1961.

Fridolin, Schatz.: *Fridolin, St.*, Der Schatzhalter, Nürnberg 1491.

Froning, Drama: *Froning, R.* (Hg.), Das Drama des Mittelalters, Stuttgart 1891.

Froning, Geschichte: *Froning, R.,* Zur Geschichte und Beurteilung der geistlichen Spiele des Mittelalters, insbesondere der Passionsspiele, Frankfurt a.M. 1884.

Fuchs, Karikatur: *Fuchs, E.,* Die Juden in der Karikatur, München 1921.

Funk, Zinsverbot: *Funk, F. X.,* Die Geschichte des kirchlichen Zinsverbotes, Tübingen 1876.

Geffcken, Bildercathechismus: *Geffcken, J.,* Der Bildercathechismus des 15. Jahrhunderts, Leipzig 1855.

Geiger, Reuchlin: *Geiger, L.,* J. Reuchlin – Sein Leben und seine Werke, Leipzig 1871.

Glaser, Straßburg: *Glaser, A.,* Geschichte der Juden in Straßburg, Frankfurt a.M. 1925.

Golther, Dichtung: *Golther, W.,* Die deutsche Dichtung des Mittelalters (800–1500), Stuttgart ²1922.

Graf, Passion: *Graf, U.,* Die Passion (1506), München 1923.

Grätz, Aktenstücke: *Grätz, H.,* Aktenstücke zur Confiscation der jüdischen Schriften in Frankfurt a. M. unter Kaiser Maximilian durch Pfefferkorns Angeberei, in: Monatsschrift für Geschichte und Wissenschaft des Judentums 24 (1875), 289 ff, 337 ff, 385 ff.

Grätz, Geschichte: *Grätz, H.,* Geschichte der Juden, 8/II ff, Leipzig ⁴1907 ff.

Grätz, Geschichte (hebr.): *Grätz, H.,* Geschichte der Juden, hebr. Ausgabe, V ff, Tel-Aviv ³1945.

Grayzel, Church: *Grayzel, S.,* The Church and the Jews in the 13th Century, New York 1966.

Hartl, Drama: *Hartl, E.,* Das Drama des Mittelalters, Leipzig 1937.

Hartmann, Passionsspiel: *Hartmann, A.* (Hg.), Das Oberammergauer Passionsspiel in seiner ältesten Gestalt – Das Augsburger Passionsspiel aus St. Ulrich und Afra, Wiesbaden 1968 (= Leipzig 1880).

Hayn, Übersicht: *Hayn, H.,* Übersicht der Literatur über die angeblich von Juden verübten Ritualmorde und Hostienfrevel, Jena 1906.

Hecker, Tod: *Hecker,* Der Schwarze Tod, Berlin 1832.

Heise, Brandenburg: *Heise, W.,* Die Juden in der Mark Brandenburg bis zum Jahre 1571, Historische Studien 220, 1932.

Herzog, D. Ukk.: *Herzog, D.* (Hg.), Urkunden und Regesten zur Geschichte der Juden in der Steiermark (1475–1585), Graz 1934.

Hofer, Capestrano: *Hofer, J.,* Johannes von Capestrano (1386–1456) – ein Leben im Kampf um die Reform der Kirche, Innsbruck 1936.

Karben, Opus: *von Karben, V.,* Opus Aureum, Köln 1509.

Keller, Fastnachtspiele: *von Keller, A.* (Hg.), Fastnachtspiele aus dem 15. Jahrhundert, BLVS 28–30, 36, 1853, 1858.

Kisch, Badge: *Kisch, G.,* The Yellow Badge in History, New York 1942 (Reprint from Historia Judaica IV, 1942).

Kracauer, Actenstücke: *Kracauer, I.,* Actenstücke zur Geschichte der Confiscation der hebräischen Schriften in Frankfurt a. M., in: Monatsschrift für Geschichte und Wissenschaft des Judentums 44 (1900), 114 ff, 167 ff, 220 ff.

Kracauer, Endingen: *Kracauer, I.,* L'affaire des Juifs d'Endingen de 1470, in: Revue des études juives XVI (1888), 236 ff.

Kracauer, Joselmann: *Kracauer, I.,* R. Joselmann de Rosheim, in: Revue des études juives XVI (1888), 84 ff.

Kracauer, Juden: *Kracauer, I.,* Die Geschichte der Juden in Frankfurt a. M., Frankfurt a. M. 1925.

Krauss, Geserah: *Krauss, S.,* Die Wiener Geserah vom Jahre 1421, Wien 1920.

Krotzer, Judenmord: *Krotzer, G.,* Der Judenmord von Deggendorf und die Deggendorfer Gnad, in: Eckert, W. P. und Ehrlich, E. (Hg.), Judenhaß – Schuld der Christen?!, Essen 1964, 309 ff.

Krüger, Szenen: *Krüger, E.,* Die komischen Szenen in den deutschen geistlichen Spielen des Mittelalters, Diss. Hamburg 1931.

Kühner, Kirche: *Kühner, H.*, Der Antisemitismus der Kirche – Genese, Geschichte und Gefahr, Zürich 1976.

Lampe, Darstellung: *Lampe, H. S.*, Die Darstellung des Teufels in den geistlichen Spielen Deutschlands, Diss. München 1963.

Lenk, Fastnachtspiel: *Lenk, W.*, Das Nürnberger Fastnachtspiel des 15. Jahrhunderts, Berlin 1966.

Lévy, Odeur: *Lévy, I.*, L'odeur des Juifs, in: Revue des études juives XX (1890), 249 ff.

Lewin, Blutbesch.: *Lewin, A.*, Die Blutbeschuldigung in oberbadischen Liedern aus dem 15. und 16. Jahrhundert, in: Monatsschrift für Geschichte und Wissenschaft des Judentums 50 (1906), 316 ff.

Liebe, Judentum: *Liebe, G.*, Das Judentum in der deutschen Vergangenheit, Jena ²1924.

Liliencron, Volkslieder: *von Liliencron, R.*, Die historischen Volkslieder der Deutschen vom 13. bis zum 16. Jahrhundert, Hildesheim 1966 (– Leipzig 1865–69).

Loewe, Legende: *Loewe, H.*, Die Juden in der katholischen Legende, Berlin 1912.

Lohse: Lohse, B., Die Paschahomilie des Bischofs Melito von Sardes, in: Textus Minores XXIV (1958).

Luther, WA: *Luther, M.*, Werke. Kritische Gesamtausgabe, Weimar 1883 ff.

Mansi, Conc.: *Mansi, G. D.*, Sacrorum Conciliorum nova et amplissima Collectio, T. l ff., Leipzig 1901 ff.

Margaritha, Glaub: *Margaritha, A.*, Der gantz jüdisch Glaub, Augsburg 1530.

Marsmann, Epistel: *Marsmann, Monika*, Die Epistel des R. Samuel an R. Isaak, Diss. München 1971.

Matthaeus, Chronica: *Matthaeus Parisiensis*, Chronica maiora, in: Rerum Britannicarum Medii Aevi Scriptores – Rolls Series 57.

Maurer, Reformation: *Maurer, W.*, Die Zeit der Reformation, in: Rengstorf, K. H. und von Kortzfleisch, S. (Hg.), Kirche und Synagoge, Stuttgart 1968, I, 363 ff.

Mayer, Meisterlieder: *Mayer, A. L.* (Hg.), Die Meisterlieder des Hans Folz, Berlin 1908.

Menestrina, Trento: *Menestrina, G.*, Gli Ebrei a Trento, in: Tridentum 6–10, 1903.

Merzdorf, Historienbiblien: *Merzdorf, Th.* (Hg.), Die deutschen Historienbiblien des Mittelalters, BLVS 100–101, 1870.

Meyer, Aberglaube: *Meyer, C.*, Der Aberglaube des Mittelalters und der nächstfolgenden Jahrhunderte, Basel 1884.

Moeller, Life: *Moeller, B.*, Religious Life in Germany on the Eve of the Reformation, in: *Strauss, G.* (Hg.), Pre-Reformation in Germany, New York 1972, 13 ff.

Molsdorf, Symbolik: *Molsdorf, W.*, Christliche Symbolik der mittelalterlichen Kunst, Graz ²1968.

Montagne, Apocr.: *Montagne, R. J.* (Übers.), The Apocryphal New Testament, Oxford ²1926.

Mone, Schauspiele: *Mone, F. J.* (Hg.), Schauspiele des Mittelalters, Karlsruhe 1848.

Moorman, History: *Moorman, J.*, A History of the Franciscan Order, Oxford 1968.

Münster, Cosmographia: *Münster, S.*, Cosmographia, Basel 1544.

Murner, Entehrung: *Klassert, A.* (Hg.), Thomas Murners Entehrung Mariä durch die Juden, in: Jahrbuch für Geschichte, Sprache und Literatur in Elsaß-Lothringen 21 (1905), 78 ff.

Murner, Narrenbeschwörung: *Spanier, M.* (Hg.), Thomas Murners Narrenbeschwörung, Berlin 1926 (– Straßburg 1512).

Oberman, Wurzeln: *Oberman, H. A.*, Wurzeln des Antisemitismus, Berlin 1982.

Oelsner, Schlesien: *Oelsner, L.* (Hg.), Schlesische Urkunden zur Geschichte der Juden im Mittelalter, Wien 1864.

Parkes, Synagogue: *Parkes, J.*, The Conflict of the Church and the Synagogue, Philadelphia ²1964.

Pickering, Leiden: *Pickering, F. P.* (Hg.), Christi Leiden in einer Vision geschaut (HS Bernkastel-Cues 115), Manchester 1952.

Pfefferkorn, Handtspigel: *Pfefferkorn, J.,* Handt Spigel / Wider und gegen die Jüden ..., Mainz 1511.

Pfefferkorn, Libellus: *Pfefferkorn, J.,* Libellus de judaica confessione ..., Köln 1508.

Pfefferkorn, Zu Lob: *Pfefferkorn, J.,* Zu Lob und Ere ... Maximilian ... den Juden alle falsche bücher zenemen, Augsburg 1510.

Pflaum, Streit: *Pflaum, H.,* Der allegorische Streit zwischen Synagoge und Kirche, Genf 1935.

Poliakov, Antisemitism: *Poliakov, L.,* The History of Antisemitism, Vol. I. (transl. Howard, R.), New York 1965.

Preuß, Antichrist: *Preuß, H.,* Die Vorstellungen vom Antichrist im späteren Mittelalter, Leipzig 1904.

Reinach, Textes: *Reinach, T.,* Textes des Auteurs Grecs et Latins, relatives au Judaisme, Paris 1895.

Rengstorf, NT.: *Rengstorf, K. H.,* Das Neue Testament und die nachapostolische Zeit, in: Rengstorf, K. H. und von Kortzfleisch, S. (Hg.), Kirche und Synagoge, Stuttgart 1968, I, 23 ff.

Reuchlin, Augenspigel: *Reuchlin, J.,* Augenspigel, Tübingen 1511.

Reuchlin, Epist.: *Geiger, L.* (Hg.), Johann Reuchlins Briefwechsel, Hildesheim 1962 (= BLVS 126, 1875).

Roskoff, Teufel: *Roskoff, G.,* Geschichte des Teufels, Aalen 1967 (= Leipzig 1869).

Rudwin, Origin: *Rudwin, M. J.,* The Origin of the German Carnival Comedy, New York 1920.

Rupprich, Literatur: *Rupprich, H.,* Die deutsche Literatur vom späten Mittelalter bis zum Barock, I. Teil (1370–1520), München 1970 (= De Boor, H. und Newald, R. [Hg.], Geschichte der deutschen Literatur, IV/1).

Salfeld, Martyr.: *Salfeld, S.,* Das Martyrologium des Nürnberger Memorbuches, Berlin 1898.

Schedel, Chronic.: *Schedel Hartmann,* Liber Chronicarum, Übers. von Alt, G., Nürnberg 1493.

Schmeck, Infidelis: *Schmeck, H.,* Infidelis – Ein Beitrag zur Wortgeschichte, in: Vigiliae Christianae 5 (1951), 157 ff.

Schmidt, Erbauungslit.: *Schmidt, W.,* Zur deutschen Erbauungsliteratur des späten Mittelalters, in: Ruh, K. (Hg.), Altdeutsche und altniederländische Mystik, Darmstadt 1964, 437 ff.

Schottenloher, Flugblatt: *Schottenloher, K.,* Flugblatt und Zeitung, Berlin 1922.

Schreiber, Handbuch: *Schreiber, W. L.,* Handbuch der Holz- und Metallschnitte, Stuttgart 1969 (= Leipzig 1926 ff)

Schwartz, Stern: *Schwartz, P.,* Der Stern Meschiah, Eßlingen 1477.

Seiferth, Synagoge: *Seiferth, W.,* Synagoge und Kirche im Mittelalter, München 1964.

Shachar, Judensau: *Shachar, I.,* The »Judensau« – a Medieval Anti-Jewish Motif and its History, London 1974.

Simonsohn, Judengesetzgebung: *Simonsohn, M.,* Die kirchliche Judengesetzgebung im Zeitalter der Reformkonzilien von Konstanz und Basel, Breslau 1912.

Singermann, Judenabzeichen: *Singermann, F.,* Über Judenabzeichen, Berlin 1915.

Spanier, Pfefferkorn: *Spanier, M.,* Zur Characteristik Johannes Pfefferkorns, in: Zeitschrift für die Geschichte der Juden in Deutschland NF 6 (1935–36), 209 ff.

Stadelmann, Geist: *Stadelmann, R.,* Vom Geist des ausgehenden Mittelalters, Halle a. d. Saale 1929.

Stern, Josel: *Stern, Selma,* Josel von Rosheim, Stuttgart 1959.

Stern, Nördlingen: *Stern, M.* (Hg.), Aktenstücke zur Vertreibung der Juden aus Nördlingen, in: Zeitschrift für die Geschichte der Juden in Deutschland 4 (1890), 87 ff.

Stern, Osiander: *Stern, M.* (Hg.), Andreas Osianders Schrift über die Blutbeschuldigung, Kiel 1893.

Stern, Päpste: *Stern, M.* (Hg.), Urkundliche Beiträge über die Stellung der Päpste zu den Juden, Kiel 1893.

Stern, Rom: *Stern, M.*, Die Judenfeindschaft in Rom (hebr.), in: Almog, S. (Hg.), Sin'at Israel le-Doroteha, Jerusalem 1980, 27 ff.

Stern, Varia: *Stern, M.*, Die israelitische Bevölkerung der deutschen Städte, VI – Varia, Berlin 1936.

Strack, Blut: *Strack, H. L.*, Das Blut im Glauben und Aberglauben der Menschheit, Leipzig ⁸1911.

Straus, Regensburg: *Straus, R.*, Die Judengemeinde Regensburg im ausgehenden Mittelalter, Heidelberg 1932.

Straus, Ukk: *Straus, R.* (Hg.), Urkunden und Aktenstücke zur Geschichte der Juden in Regensburg, München 1960.

Tiberinus, Geschicht: *Tiberinus, J. M.*, Die geschicht und legend von dem heyligen kind vnd marter genannt Symon . . ., Augsburg 1476.

Trachtenberg, Devil: *Trachtenberg, J.*, The Devil and the Jews, Philadelphia ²1961.

Tritemius, Antwort: *Tritemius, J.*, Antwort auff acht fragstuck . . ., Ingolstadt 1556 (— Speyer 1508).

Übinger, Cusanus: *Übinger, J.*, Kardinallegat Nicolaus Cusanus in Deutschland (1451–52), in: Historisches Jahrbuch der Görresgesellschaft VIII (1887), 629 ff.

Wackernagel, Kirchenlied: *Wackernagel, Ph.* (Hg.), Das deutsche Kirchenlied von der ältesten Zeit bis zum Anfang des 17. Jahrhunderts, Bd. II, Hildesheim 1964 (— Leipzig 1867).

Werner, Deicide: *Werner, E.*, Melito of Sardes, the First Poet of Deicide, in: Hebrew Union College Annual XXXVII (1966), 191 ff.

Wiessner, Monum.: *Wiessner, H.* (Hg.), Monumenta Hist. Ducatus Carinthiae, T. 11, Klagenfurt 1972.

Würfel, Nachrichten: *Würfel, A.*, Historische Nachrichten von der Judengemeinde in der Reichsstadt Nürnberg, Nürnberg 1755.

Wuttke, Volksaberglauben: *Wuttke, A.*, Der deutsche Volksaberglauben der Gegenwart, Berlin ³1900.

Zafran, Iconography: *Zafran, E.*, The Iconography of Antisemitism, Diss. Univ of N.Y., 1973.

Zasius, De parv.: *Zasius, U.*, De parvulis Judaeorum baptizandis, Straßburg 1508.

Johannes P. Boendermaker

Martin Luther – ein ›semi-iudaeus‹?
Der Einfluß des Alten Testaments und des jüdischen Glaubens auf Luther und seine Theologie

Sehr oft wird Luthers Haltung dem Alten Testament gegenüber noch abgetan mit der Bemerkung, für Luther gelte das Alte Testament nur, soweit es »Christum treibet«. Diese fatale, nur teilweise von Luther selbst verursachte Vereinfachung hat sich so ausgewirkt, daß im evangelischen Christentum das Alte Testament oft nur noch als beinahe überflüssiges Anhängsel angesehen wird, das man getrost beiseite lassen kann. Das, was im AT für uns noch von Bedeutung ist (sprich: was als Voraussetzung des Christuszeugnisses unseren dogmatischen Aufriß von Verheißung und Erfüllung bestätigt), das kann man ebensogut aus seinem Zusammenhang herauslösen und portionsweise dem NT einverleiben: ein paar Psalmen (und ja nicht alle!), einige Kapitel aus den Propheten und noch ein paar weitere Fragmentchen. Dementsprechend sieht es dann leider in den einzelnen Perikopenordnungen aus; auch in denjenigen, die wenigstens eine alttestamentliche Lesung aufweisen.

Es scheint auf den ersten Blick ja auch konsequent gedacht und gehandelt, daß man sich auf das NT beschränkt, wenn es ohnehin um das geht, »was Christum treibet«. Wer aber nun meint, eine solche Konsequenz aus diesem Kriterium Luthers ziehen zu müssen, der wird gerade in ihm einen entschiedenen Gegner finden. Und auch das dürfte hinlänglich bekannt sein.

An diesem Punkt der Diskussion befinden wir uns – ob wir nun wollen oder nicht – mitten in einer hermeneutischen Auseinandersetzung mit Luther, und die Schwierigkeiten fangen erst richtig an. Denn wenn man um Luthers große Wertschätzung des ATs weiß, dann weiß man auch, daß Luther überall im AT Christus begegnet ist – egal, ob nun in Form von Noahs Arche oder als brennendem Dornbusch. Uns stellt sich somit die Frage, wie er das, was er gesagt hat, gemeint hat und ob oder inwieweit wir seiner Hermeneutik folgen können. Dies ist übrigens eine Frage, die nicht wenig von den Folgerungen, die er gegenüber den Juden aus seinen exegetischen Ansichten gezogen hat, belastet wird, denn Luther hat sich eingehend mit der jüdischen Exegese auseinandergesetzt und sie überaus ernst genommen. Er konnte aber nicht verstehen, daß es Leute geben könne, die sich so sehr mit Moses und den Propheten befaßten und doch nicht von den s. E. klaren Christuszeugnissen überzeugt würden. Deshalb hatte er auch meist nur Kritik für die jüdische Exegese übrig. Dies ist aber eine Seite der Hermeneutik Luthers, die die unsere nicht mehr sein kann und darf und die teilweise auch den sonstigen Entwicklungen seiner exegetischen Arbeit um vieles nachsteht, so etwa in bezug auf die mosaischen Gesetzesanweisungen, über die wir noch sprechen werden.

Nun wird natürlich ohnehin seit geraumer Zeit das allgemeine Gefühl bestärkt, daß man seit der historisch-kritischen Exegese das Alte (und natürlich auch das Neue) Testament nicht mehr so ernst nehmen könne, wie man dies früher und somit auch zur Zeit Luthers getan habe – zumindest scheint dies dann zu gelten, wenn man nicht den Eindruck erwecken will, ein Fundamentalist zu sein. Und das hier über Luthers Hermeneutik Gesagte könnte auf den ersten Blick den Eindruck entstehen lassen, daß wir getrost seine Hermeneutik und die aus ihr erwachsenen exegetischen Ergebnisse verwerfen dürften, um dann unbeirrt weiter so zu exegesieren, wie wir es gewöhnt sind und es nach eigenem Gutdünken für richtig halten, ohne uns darum zu scheren, welche Bedeutung und welchen Gewinn Luthers exegetische Arbeit für unser eigenes theologisches Denken und Verstehen haben könnte. Es wird aber gerade heute und gerade an diesem Punkt der Ruf nach einer wahrhaft biblischen Theologie wach, die den Errungenschaften der Wissenschaft wirklich Rechnung tragen will, aber nicht lediglich analytisch und kritisierend arbeitet, sondern den Blick für die theologischen Zusammenhänge und Analogien in der ganzen Heiligen Schrift bewahrt und schärft.

So würde eine größere Offenheit für den jüdischen Charakter gerade auch des Neuen Testaments erreicht, und wir stießen damit endlich wieder auf eine alte Wahrheit, die vor allem von Luther ganz klar gesehen wurde. An diesem Punkt bekommt unser Thema ein mehr als nur historisches Gewicht, und Luthers Entwicklungsweg könnte für uns in mancher Hinsicht ein Spiegel für unser eigenes Verhalten in diesem Problembereich sein.

Ich möchte nun im folgenden zuerst auf Luthers Verhältnis zum AT und dann zugespitzter auf den Einfluß des ATs und des Judentums auf seine Theologie eingehen, wobei ich die Bedeutung des – wenn ich es so nennen darf – »hebräischen Denkens« bei Luther in den Vordergrund stellen möchte.

»Christum treiben«

Im Kleinen Katechismus begegnet uns etwas Rätselhaftes: im ganzen ersten Teil über die zehn Gebote kommt der Name »Christus« nicht ein einziges Mal vor. Man könnte denken, daß das daran liegt, daß es dort noch um das Gesetz gehe und daß das Evangelium erst im zweiten Teil behandelt werde. Das stimmt natürlich nicht, und es würde auch allem widersprechen, was Luther je über das erste Gebot gesagt hat. Aber der Wortlaut seiner ersten Auslegung genügt auch schon, um diesen Gedanken unmöglich zu machen: »Wir sollen Gott über alle Dinge fürchten, lieben und vertrauen.« Das ist eine klare Umschreibung des Glaubens: dieses »Sollen« ist ein »Dürfen«, aus dem gute Werke fließen, wie er es dann auch mit der durchgehenden Wiederholung von »fürchten und lieben« am Anfang seiner Erklärungen der Gebote deutlich macht; ebenso heißt es am Ende der Erklärung der Gebote: »Er verheißet aber Gnade und alles Guts allen, die solche Gebote halten, darum sollen wir ihn auch lieben und vertrauen und gerne tun nach seinen Geboten.«

Dieser Glaube ist für Luther ganz selbstverständlich mit dem christlichen Glauben identisch, und dennoch kann er über diesen Glauben reden, ohne den Namen »Christus« dabei ausdrücklich zu erwähnen. Das ist bestimmt kein Zufall, denn auch im Großen Katechismus ist es kaum anders. Luther zwingt das Christliche nicht immer in die Gebote hinein, sondern er läßt sie zuerst in ihrer Eigenheit ausreden, weil sie und gerade sie zur Mitte der Heiligen Schrift gehören – und: sollte die Schrift sich selbst grundsätzlich widersprechen können? Im ersten Satz der Zehn Gebote ist implizit die ganze Schrift zusammengefaßt, der ganze Glaube, wie es im Großen Katechismus heißt: »Darum ist es nun die Meinung dieses Gebotes, daß es fordert rechten *Glauben* und Zuversicht des Herzens, welche den rechten Einigen Gott treffe und an ihm hange.«

Sogar in der Vorrede zum Alten Testament, in der Luther den Unterschied zwischen dem Alten und Neuen Testament scharf unterstreicht, begrenzt er diesen Unterschied sofort wieder: Auch im NT gibt es Gesetze und Gebote, und im AT gibt es neben den Gesetzen (der Hauptlehre dort) auch, wie er es sagt, »Verheißung und Gnadensprüche, damit die heiligen Väter und Propheten unter dem Gesetz im Glauben Christi wie wir erhalten sind«[1]. Das heißt nicht, daß Luther die alttestamentlichen Väter im Glauben zu Christen ante Christum machte, denn er setzt die verschiedenen Epochen durchaus scharf voneinander ab. Wohl aber heißt das für Luther, daß eine vollgültige Analogie zwischen dem Glauben der Erzväter und Propheten einerseits und dem christlichen Glauben andererseits besteht; eine Analogie, die diesen Glauben für Christen exemplarisch macht. Darum kann die wahre Natur des Glaubens nicht verstanden werden, wenn man diese ganze Vorgeschichte des christlichen Glaubens nicht zu sich reden läßt so, wie er selbst es sagt: »Es ist kein Wort im Neuen Testament, das nicht hinter sich sieht in das Alte«[2]. In diesem Lichte müssen wir nun auch seine berühmte Aussage über das »Christum treiben« hören, die in seiner Vorrede zum Jakobusbrief wörtlich so klingt: »und darin stimmen alle rechtschaffene heilige Bücher überein, daß sie samt Christum predigen und treiben. Auch ist das der rechte Prüfstein alle Bücher zu taddeln, wenn man sieht, ob sie Christum treiben oder nicht«[3].

---

1 WA B 8, S. 12, Z. 17 f.
2 WA 10 I, 1, S. 181, Z. 21 f.
3 WA B 7, S. 384, Z. 26 f.

Was heißt das nun genau, und wie wirkt sich das bei Luther aus?

1. »Was Christum treibet« gilt also als Maßstab für alle Bücher, auch für die des Neuen Testamentes!

2. »Christum treiben« kann als Grundsatz auch bei Luther dazu führen, daß er alle, Juden und Christen, als Sehende blind erachtet, als solche, die nicht sehen, daß das Evangelium die klare Zusammenfassung des Alten Testamentes ist. Und die Konsequenz aus dieser seiner These ist, daß man beim rechten Verstehen des Alten Testamentes das Neue Testament eigentlich gar nicht nötig hätte!

3. »Christums treiben« umfaßt in der Praxis seiner Exegese – gerade auch in der Auslegung des Alten Testamentes – einen sehr weiten Bereich, es führt aber eben nicht immer dazu, daß das Alte Testament »verchristlicht« wird, sondern der Glaube der »Heiligen« des Alten Testamentes, und das sind die wahren Heiligen, wie er oft sagt, kann und muß den christlichen Glauben auslegen und deuten. Für das Ganze gesehen gilt der Grundsatz: »dass nun das Euangelium auch klarer und lichter werde, müssen wir hinter uns ins alte testament laufen, an die ort, da dies Euangelium sich auf gründet«[4].

4. Gerade hierin liegt der Grund für die merkwürdige Aussage in seiner Schrift »Daß Jesus Christus ein geborener Jude sei«, die lautet: »Ich hoffe, wenn man mit den Juden freundlich handelt und sie aus der heiligen Schrift säuberlich unterweist, so sollten ihrer viele rechte Christen werden und *wieder zu ihrer Väter, der Propheten und Patriarchen Glauben treten*«[5].

Luthers Arbeit am Alten Testament

Kein Wunder also, daß Luther sich viel Mühe gegeben hat, das Alte Testament, das für ihn im eigentlichen Sinne das »Erste Testament« war, zu verstehen und den Gläubigen, für die er sich verantwortlich fühlte, zugänglich zu machen.

Luther konnte viel eher und anfangs auch bedeutend besser Hebräisch als Griechisch, und er hat der Übersetzung des Neuen Testamentes sofort die der Fünf Bücher Mose folgen lassen: Das Neue Testament erschien im September 1522, die Fünf Bücher Mose erschienen im Juli 1523. In den darauffolgenden Jahren hat er zusammen mit seinen Kollegen die Übersetzungsarbeit fortgesetzt, bis dann 1534 die vollständige Bibel einschließlich der Apokryphen vorlag.

Für den Übersetzer selbst fängt mit der Übersetzungsarbeit die Auslegung schon an, aber denjenigen, für die die Übersetzung bestimmt ist, muß durch Auslegung und Predigt deutlich gemacht werden, was der Text ihnen heute zu sagen hat und warum dieser Text auch jetzt noch gelesen werden

4 WA 10 I, 1, S. 182, Z. 6 f.
5 WA 11, S. 315, Z. 16 f.

muß, um zum rechten Glauben zu verhelfen. So beginnt Luther also bereits 1523 in der Stadtkirche zu Wittenberg, während der Vesper, die Fünf Bücher Mose in lectio continua zu predigen. Er hat dies jahrelang mit nur wenigen Unterbrechungen getan, was bis dahin unerhört war. Kurz vor Ostern 1523 fing er mit Gen 1 an, ja selbst am Osternachmittag predigte er noch über dieses Kapitel und ebenfalls am Sonntag Quasimodogeniti. Am 18. September 1524 beendete er diese Predigtreihe und fing am 2. Oktober desselben Jahres an, das Buch Exodus auszulegen, was ihn bis 1527 beschäftigte; also genau in der Zeit der für die Auslegung des ATs so entscheidenden Diskussionen mit den Schwärmern nimmt er jeden Sonntagnachmittag – und ab und zu auch an Wochentagen – einen Teil dieses so umstrittenen Buches zur Hand und bringt es zu Gehör! Er liest dabei nicht eklektisch und fast immer ohne jeglichen Bezug auf das Kirchenjahr. Nur wenn es sich beinahe von selbst anbot, wurde eine Ausnahme gemacht: so z.B. als er, sicher nicht ganz zufällig, über die Einsetzung des Passahfestes (Ex 12) am Osterfest predigte, während er über den Lobgesang des Mose (Ex 15) bereits am Sonntag Laetare gepredigt hatte (dies ist allerdings die einzige Unregelmäßigkeit in der Kapitelfolge). Über das Buch Leviticus predigte er in den Jahren 1527 und 1528, allerdings unter Weglassung einiger Teile – gemäß seinem Prinzip, daß nicht alles »für den Haufen taugt«. Dennoch gibt es darüber nicht weniger als acht Predigten Luthers (über Lev 9 und 10; 11; 12–15; 19 – zweimal; 23; 25 und 27). Das Buch Numeri hat er (1528) wiederum fast vollständig ausgelegt, und über das Buch Deuteronomium (bis einschließlich Dt 9) liegen insgesamt 18 Predigten aus dem Jahre 1529 vor.

Danach wurde diese Predigtreihe von den Katechismuspredigten abgelöst. Daß diese Predigten viel zuwenig bekannt und beachtet sind, hat mehrere Ursachen. Zum einen liegt dies sicher an einer Überschätzung der akademischen Tätigkeit Luthers gegenüber seiner Predigtarbeit. Zum anderen aber meinen viele, die Predigten weniger ernst nehmen zu können, da sie uns lediglich in Nachschriften erhalten sind. Allerdings wurden die Predigten über das Buch Genesis immerhin 1527 mit Luthers Genehmigung gedruckt, zu welchem Zweck man aus den Nachschriften wieder einen laufenden Text erstellt hatte. Die Nachschriften dürften im übrigen eine sehr sorgfältige Wiedergabe des Originaltextes sein, da sie u.a. von Georg Rörer ausgeführt wurden, der ein äußerst genauer, ja fast minutiöser Mitschreiber war. Er schrieb lateinisch auf, was er auf deutsch hörte, wofür er eine Kurzschrift entwickelt hatte, und schrieb deutsch auf, was sich nicht übersetzen ließ. Somit liegt uns mit den Predigtnachschriften eine recht ernstzunehmende Wiedergabe dieser Seite der Predigtarbeit Luthers vor. Wer gut liest, wird sehen, daß sogar die später wieder zu einem laufenden deutschen Text umgestalteten Predigten den Geist Luthers atmen, was sich teilweise aus der Qualität der Nachschriften erklärt, aber sicher auch aus der Tatsache, daß diejenigen, die sich an dieser Arbeit beteiligten, Luthers Art zu predigen aus eigener Erfahrung gut kannten. Man könnte hier, wie auch bei Luthers Übersetzung der Bibel, von einer »Teamarbeit« sprechen.

Auf Luthers hermeneutische Methode ausführlich einzugehen, würde
hier zu weit führen, für unser Thema ist es jedoch wichtig, daß er in diesen
Jahren noch sorgfältig zwischen der Auslegung der »Historia« und der
»geistlichen Deutung«, der »Allegorie«, unterscheidet. Natürlich ist bei Luther auch die erste Auslegung im eigentlichen Sinne »geistliche« Deutung,
denn es geht nicht um das »Historische«, sondern um das »Exemplarische«
dieser Heilsgeschichte, in der er die »Spuren« findet, von denen er in seinen
letzten Worten redet[6]. Vor der im engeren Sinne »geistlichen Deutung«
warnt er selbst: sie muß immer »per analogiam fidei« geschehen. Aber auch
dann gibt es bei Luther noch ein »Hineininterpretieren«, das allerdings
dann doch oft einen interessanten Einblick in seine Theologie und in die
Begründung seiner Auffassungen gibt. Neben diesen Predigten gibt es die
vielen anderen Schriften über Teile des Alten Testamentes – sowohl Vorlesungen als auch Volksschriften. Doch gerade diese Predigten in jenen so
wichtigen Jahren der Aufbau- und Ausbauaufgaben in Wittenberg können
uns erneut die Augen öffnen für Luthers Wertung des alttestamentlichen
Zeugnisses einerseits, aber andererseits auch ganz besonders für den Einfluß dieser Bücher auf ihn *und* für die Bedeutung der hebräischen Grundbe-
griffe für ihn sowie die Entwicklung seiner Theologie. Dies möchte ich anhand der nun folgenden Beispiele verdeutlichen.

Wort und Glaube

Eine nicht nur vollständige, sondern auch gründlichst erforschte Übersicht über Kenntnis und Anwendung der hebräischen Sprache bei Luther
bis 1519 verdanken wir der dreibändigen Arbeit Siegfried Raeders[7].
    Aus dieser Studie ist zu ersehen, daß Luther bereits in den Randbemer-
kungen zu den Sentenzen des Lombardus das hebräische »dabar« mit »di-
cere est verbo« oder »verbum facere« erklärt[8]. Er weiß also um den für das
Verständnis des Alten Testamentes und der hebräischen Sprache so unverzichtbaren Zusammenhang zwischen Wort und Tat. Im Jahre 1513 sagt er
es noch deutlicher: »dabar« »verbum et factum significat«[9] oder: »verba =
res vel opera gesta«. Interessant ist, daß er dort auch schon auf Lk 2,15 verweist: »videamus hoc verbum quod fecit dominus, etc., teutonice: geschicht,
geschefft, handel«. Er hat dies bei Reuchlin gefunden[10].
    Diese Beobachtungen legen den Grundstein für Luthers Betrachtungen
über die Kraft des Wortes in den genannten Predigten, wie z.B. der folgenden:

6   WA T 5, S. 5468 und 5677.
7   *S. Raeder*, Das Hebräische bei Luther; Grammatica Theologica; Die Benutzung des Masoretischen Textes etc., 1961 (Bd. I), 1967 (Bd. II), 1977 (Bd. III).
8   Ebd., Bd. I, S. 63.
9   Ebd., S. 100.
10 Ebd.

»So ist nun die Erde ausgeschmücket, und das Wasser davon geschieden, welchs vorhun rings um sie ging, dass sie mitten darinnen schwebte. Da siehe, wie leicht es Gott zu tun wäre, dass er die Welt ersäufte; aber durch *Gottes Wort und Befehl* wird sie erhalten *wider ihr Natur,* sonst blieb sie wohl ungehalten und ging alles auf einen Klumpen.« – Und etwas weiter: »Wenn das Wasser herschlägt, so schützet *Niemand,* dass das Meer nicht Alles ersäuft, als *Gottes Wort,* dass es alles gewaltig in der Hand hat«[11].

Das Wort wirkt und es bleibt wirkungsvoll – Schöpfung und Erhaltung werden in ihrer Einheit in den einen Begriff des immer tätigen Wortes zusammengefaßt:

»Wir sollen nicht denken, dass Gott die Creaturen alsohin geschaffen habe, und sei hernach davon gangen, und lass sie forthin selbs handeln, sondern dass er sie gemacht habe, und noch immer mache und erhalte durch das Wort. Also: das Wort treibt die Sonn noch heut und immerdar von Morgen bis zum Abend, denn dass sie am Himmel alle Tag einmal herum läuft, ist nicht ihr eigen Natur oder Kraft, sondern des Worts, welchs sie geschaffen ist«[12].

Und zusammenfassend heißt es: »so lange die Erde trägt oder vermag zu tragen, so gehet immer das Sprechen ohn aufhören. Also verstehe Mosen, wie er uns Gott fürhält in allen Creaturen, und durch dieselbigen zu Gott führe: . . . siehe, da ist Gott, also dass alle Creaturen in ihrem Wesen und Werken ohn Unterlass getrieben und gehandhabt werden durch das Wort«[13].

Nichts hat nach Luther Kraft und Schöpfungsmacht von sich aus, sondern, wie er sagt, nur von Gottes Wort. »Wo das ist da folget auch die Kraft fruchtbar zu sein, also, dass die ganze Welt voll Worts ist, das alle Ding treibt«[14].

Also wirkt das Wort Gottes, es ist verläßlich, und es ruht nicht: es ist *efficax,* und es tut, was es verspricht, und zieht sich nicht zurück; der Mensch kann darauf bauen und vertrauen. Das Wort Gottes ist immer schöpferisch, und es läßt sich auch durch die Natur der Dinge nicht aufhalten. Das erinnert an die wunderbaren Zeilen aus Luthers Magnificatauslegung, in der er sagt: »Gott sieht in die Tiefe«, wir nicht, denn »in die Tiefe will niemand sehen, wo Armut, Schmach, Not, Jammer und Angst ist, da wendet jedermann die Augen ab. . . Es ist hier kein Schöpfer unter den Menschen, der aus dem Nichts wolle etwas machen. . .«[15].

Das ist auch die Kraft des Wortes und nicht nur des Schöpfungswortes, sondern eines jeden Gotteswortes, ob Gebot oder Verheißung, Anspruch oder Zusage. Es ist immer ein Wort als Tat, man muß auch gegen allen Anschein (contra speciem, contra apparitionem) darauf vertrauen, gerade auch dann, wenn es »widersinnisch« erscheint und gegen alle Vernunft und Natur geht. Das bestimmt auch unser Verhalten dem Worte Gottes gegenüber, und in Luthers Augen liegt hier das eine große Thema der Erzvätergeschichten vor. So sagt er über Noah: »darum lerne nun, was des Glaubens

11 WA 24, S. 38, Z. 28 f.
12 WA 24, S. 42, Z. 26 f.
13 WA 24, S. 37, Z. 28–S. 38, Z. 10.
14 WA 24, S. 38, Z, 16 ff.
15 WA 7, S. 547, Z. 30 f.

rechte Art sei, dass er keinem Ding folget ohn (denn) dem blossen Wort. Ists
doch widersinnig (contra sensum), strebt wider alle Vernunft der Menschen, ja wider seinen eigenen Sinn und alles was er sieht, fühlt und hört.
... Da steht der Glaube und spricht: Gott will und kann nicht lügen«[16].
Und dasselbe gilt auch von Abraham: »er folget dem blossem Wort, als
solt er sagen: du hast geredt, du wollest mich segnen, wenn mich gleich je-
derman verfluchet, so soll mirs nicht schaden, darum will ichs frisch darauf
wagen«[17]. Und dieses Vertrauen wiederum hat nach Luther exemplarischen
Charakter für uns: »das ist nun um unser willen geschrieben, dass wir auch
lernen an seinem Wort hangen, so er uns erhalten will, ob er leib, leben und
auch die seel genugsam versorgen und erhalten will, ob es gleich nicht fur
augen noch furhanden ist«[18]. Wort und Tat sind eins, das ist der Grund dieses Vertrauens. Am deutlichsten kommt dies in Luthers Auslegung von
Gen 22 zum Ausdruck: »wenn Gott das Maul aufthut und ein wort lässt gehen, so gilts«[19]. Und wenn er dann nach Ex 14,24 über Israels Rettung
spricht, werden beide genannt: das Tatwort, das Leben schenkt, und der
Glaubende, der auf das Wort baut: »Gottes Wort, so da *lebendig macht* und
der *recht* Glauben ist da gewesen«[20]. Das Schöpfungswort ist hier Rettungs-
tat, Errettung aus der Gefahr des Abgrundes: ja als sie sich diesem Wort anvertraut haben, da hatten sie einen »rechten Glauben.« Aber Luther macht
diese Glaubensväter und -mütter damit nicht etwa zu Christen ante Christum. Sie hätten sein Kommen höchstens implizit erwarten können, aber
darum geht es hier auch gar nicht. Es geht vielmehr um die exemplarische
Beziehung zum Worte Gottes, um die Art und Weise, in der sie diesem
Wort begegnet sind. Bereits darin sind sie exemplarisch für uns, denn dieses
Bundeswort, diese Heilszusage, ist dasselbe Wort, das sich dann in Christus
offenbart. In der Zeit post Christum kann Luther sich keinen »rechten
Glauben« ohne Christus denken, aber ante Christum? ... Selbstverständlich! Darum kann er sagen, daß die Juden zum Glauben ihrer Väter zurückkehren müßten. Daß das für ihn damals bedeutete, daß sie dann auch einse-
hen würden, daß Christus der Messias sei, dürfte deutlich sein. Aber es ist
doch schon allein bezeichnend, daß Luther mit einem vollgültigen, ja für
uns sogar exemplarischen Glauben ante Christum rechnen konnte. Das bekannte Bildnis von der »blinden Synagoge« hat für ihn in dieser Hinsicht
keine Gültigkeit, soweit es um die Synagoge vor Christus geht. Im Gegenteil: Dort findet er die Hauptthemen seiner Theologie, den Glauben gegen
den Augenschein, das Widersinnige, dasjenige, was er auch theologia crucis
gegenüber der theologia gloriae der selbstherrlichen Vernunft nennen
kann. Und dies alles ist eben gegründet im Vertrauen auf das »dabar«, das
Tatwort Gottes.

16   WA 24, S. 173, Z. 27–S. 174, Z. 10.
17   WA 24, S. 247, Z. 37 f.
18   WA 24, S. 248, Z. 11 ff.
19   WA 24, S. 390, Z. 29 f.
20   WA 16, S. 276, Z. 21 f.

Gesetz und Thora

Daß auch Luthers Gesetzesverständnis vom »hebräischen Denken« beeinflußt sein soll, dürfte für die meisten auf den ersten Blick unvorstellbar sein. Immerhin wurde das Thema »Gesetz und Evangelium bei Luther« doch schon zur Genüge verhandelt, und es scheint, als ließe sich seine Position im folgenden Satz aus seiner Vorrede zum Alten Testament zusammenfassen: »doch wie das Neue Testament als eigentliche Hauptlehre hat, Gnade und Frieden durch Vergebung der Sünde in Christus zu verkündigen, so ist es die eigentliche Hauptlehre des Alten Testaments, Gesetze zu lehren und Sünden aufzuzeigen und Gutes zu fordern«[21].

Eine solche Aussage scheint wenig Raum für ein so positives Verhältnis zum Gesetz zu lassen, wie es im AT und im Judentum zu finden ist. Immer wieder werden im Namen Luthers Gesetz und Evangelium als »negativ« und »positiv« einander gegenübergestellt. Aber sogar in der eben zitierten Vorrede klingt ein ganz anderer Luther an, als wir ihn zu kennen meinen. Dort nämlich sagt er vom NT, daß es »lehrt, wo man's hernehmen soll, daß das Gesetz erfüllt werde«[22]. Wie Paulus, der hier selbstverständlich sein großer Lehrer ist, weiß auch Luther, daß das Gesetz nie »abgetan« ist, sondern daß es gut ist und erfüllt werden muß. Wenn aber der Mensch dies aus eigener Kraft versuchen will, so zeigt ihm das Gesetz selbst, daß dies der falsche Weg ist. Den Kampf gegen jeden Legalismus und jegliches Verdienststreben gegenüber der »iustificatio impii« hat Luther immer als seine Hauptaufgabe gesehen. Und dieser Kampf hat auch stets Luthers Verhältnis zum Judentum seiner Zeit bestimmt, das er eigentlich nicht wirklich kannte, das er aber von der »theoretischen« Bekanntschaft aus, weil es doch die Rechtfertigung nicht anerkannte, als das Beispiel der Suche nach Gerechtigkeit aus den Werken abgeurteilt hat. Oft meint er allerdings mit »Juden« oder »jüdisch« ganz andere Kreise, die dasselbe tun oder noch schlimmer: die die Befolgung eigener »Gesetze« fordern: »Jene Juden hatten doch einen redlichen Schein, daß Gottes Gesetz sie band. *Unser Juden,* der Papst mit seinen Papisten, treyben uns auf lauter Menschengesetz«[23].

Aber dies alles ist nur die eine Seite seines Gesetzesverständnisses, denn es gibt auch ganz andere Aussagen Luthers, die sich aus seinem Wissen darum herleiten lassen, daß hinter dem deutschen Wort »Gesetz«, dem lateinischen »lex« und dem griechischen »nomos« der ganz anders geprägte hebräische Begriff »thora« steht.

Raeder verweist hierzu in seiner Arbeit auf die Auslegung von Ps 119,33 aus Luthers erster Psalmenvorlesung hin: »legem pone mihi, Domine, quod hebraice ›instrue mihi‹, domine dicitur. . . Quia nomen legis (in hebr.) a verbo instruere et docere venit, unde et a multis ›Instrumentum vetus‹ dicitur

21 WA B 8, S. 13, Z. 20 f.
22 WA B 8, S. 13, Z. 11 f.
23 WA 10 I, 1, S. 481, Z. 10 f.

lex Mosi, quia vere thora, quod lex dicitur etymologice instructionem, instrumentum vel doctrinam significat«[24]. »Thora« heißt also für Luther
»Lehre, Instruktion, Anweisung«, was Bubers Übersetzung »Weisung« sehr
nahekommt!

Man könnte nun fragen, warum Luther dann doch in seiner Übersetzung
das Wort »Gesetz« verwendet hat. Andererseits aber hat auch das Judentum das Wort »Gesetz« nicht gestrichen. Man kann also das Wort »Gesetz«
innerhalb des Alten Testamentes auch ganz anders hören als nur im »usus
elenchticus«. Das ist gerade das Paradoxe und zugleich Umfassende des Be-
griffes »thora«, daß von der »Freude des Gesetzes« die Rede sein kann, weil
hinter den Forderungen der Gebote das Angebot des Bundes steht. Luther
wußte darum, denn sogar der Ausdruck »Freude des Gesetzes« kommt bei
ihm vor. In einer Allegorese über Ex 15, wo ungenießbares Wasser durch
hineingeworfenes Holz wieder süß und trinkbar gemacht wird, deutet er
das Holz auf das Evangelium:

»Der Baum des Evangeliums ist das liebe Evangelium, das Wort von
Gottes Gnade, Barmherzigkeit und Güte, wenn das Evangelium ins Gesetz
und Erkenntnis der Sünde getaucht wird und rühret das Herz an, darinnen
das Gesetz Traurigkeit, Angst, Schrecken und Betrübnis anrichtet, da
schmeckt es ... durch dasselbige folgt Süssigkeit und Lust zum Gesetze ...
So auch kriegt man Lust und Liebe zu Gott, dem man zuvor Feind war.
Wenn denn Gott ihm gefället und diese Lust ist angegangen, denn ist Friede
und geschieht, was Gott heisset und gebeut und auch das Gesetz haben
will. Es ist ihm lieblich und lustig und höret gerne davon, dieweil das Gesetz
ist von einem Andern erfüllet; er ist gar ein ander Mensch geworden«[25].

In der lateinischen Nachschrift steht hier: »tum lex non facit malam
conscientiam, sed gaudium«[26]! Also bewirkt das Gesetz kein geängstetes
Gewissen, sondern Freude. Natürlich ist diese Freiheit ganz christozen-
trisch bestimmt, es geht hier wesentlich um die »Freiheit eines Christenmenschen«, aber diese Freiheit weist eine deutliche Analogie zu der Freiheit
auf, die Gott seinem Volk geschenkt hat, bevor er ihm im Bund, in der »be-
rith«, in Form von Verheißung und Geboten die Gestalt dieser Freiheit vor-
hält. Das Christus-Tatwort ist verwandt mit dem Verheißungswort »ich bin
der Herr, dein Gott«, ein Wort, das auch für Luther den Keim aller weiteren
Verheißungen und Heilstaten in sich trägt. Nun könnte man diese Frage getrost ad acta legen, wenn dieses »Wort der Freude« ein Einzelfall wäre, aber
dem ist gewiß nicht so, was ich mit folgenden Zitaten weiter belegen möchte.

In seiner Galatervorlesung von 1519 sagt Luther:

---

24 *S. Raeder*, a.a.O., Bd. I, S. 108.
25 WA 16, S. 285, Z. 24–36.
26 WA 16, S. 285, Z. 10 f.

»Ita nos fide acquisita. . . iam legem diligimus, laudamus et mire probamus rursum cupidi-
tates nostras eo magis damnamus et vituperamus, quo magis lex ipsa placet et nunc hilariter et
libenter facimus (wenn wir den Glauben erworben haben, lieben wir das Gesetz und erproben
es verwundert, wir verwerfen unsere falschen Begierden desto mehr, je nachdem das Gesetz
uns behagt, und nun tun wir es fröhlich und frei)«[27].

1537 sagt er:

»Ergo reddere legem iucundam, immaculatam est officium Christi impletoris legis« – also
das Gesetz lieblich und angenehm zu machen, ist das Amt Christi – »quantum spiritus est in
nobis, tantum delectationis est in lege« – je mehr Geist, desto mehr Liebe zum Gesetz[28].

Ebenfalls im Jahre 1537 sagt Luther:

»Christus tamen per hoc, quod legi sua sponte se subiecit et omnes maledictiones pertulit,
emeruit credentibus in se Spiritum, quo impellente incipiunt etiam in hac vita legem implere,
et in futura vita iucundissima et perfectissima obedienti legis erit in eis, ut corpore et anima
eam faciat, *ut nunc angeli*« (Christus aber hat, indem er sich freiwillig dem Gesetz unterwarf
und den ganzen Fluch des Gesetzes ertrug, denen, die an ihn glauben, den Heiligen Geist gegeben; dieser Geist treibt sie dazu, daß sie in diesem Leben anfangen, das Gesetz zu erfüllen, und
im zukünftigen Leben wird der Gehorsam des Gesetzes sehr lieblich und vollkommen sein,
dann werden sie das Gesetz erfüllen mit Leib und Seele, wie jetzt schon die Engel)[29].

Es dürfte somit deutlich geworden sein, daß Luther sich nicht von seinen
frühen Erkenntnissen entfernt hat. Er hat auch so über das Gesetz reden
können. Eigentlich ist es dann natürlich kein »Gesetz« mehr in landläufi-
gem Sinne, aber das Wort behält er bei sogar dann, wenn es um die Erfüllung des Willens Gottes durch die Engel geht! Er kann dies tun, weil er gelernt hat, den Begriff »hebräisch« zu denken. Er hat die Verheißung im ersten Gebot gehört, und von daher leitet sich alles weitere für ihn ab:

»Also das erste Gebot will: Glaubt und vertraut dem Herrn und lasst ihn euren einzigen
Gott sein. Und es ist die grösste Plage und uns angeboren, dass wir die Abgötterei nicht lassen
können. Darum muss man auf dieses Gebot achten als auf ein Hauptstück. Denn in ihm ist alle
Weisheit; und alle Kunst die man nennen kann ist nichts gegen dieses Gebot: Ich bin der Herr
dein Gott«[30]. (Predigt über Dt 4)
»Habe acht auf die Meinung dieses gebotes. Ich will, spricht er, dein Gott sein, will dich selig
machen, ich will dir helfen und das aus lauter Gnaden«[31]. (Predigt über Ex 20)

Es ist in diesem Zusammenhang sehr bedeutsam, daß Luther den zweiten Satzteil nach dem Anfang »Ich bin der Herr dein Gott«, nämlich »der
euch aus Ägypten geführt hat«, wegläßt. Wir dürfen seiner Meinung nach

---

27 ˙ WA 2, S. 528, Z. 30 f.
28   WA 39 I, S. 372, Z. 8 f.
29   WA 39 I, S. 365, Z. 2 f.
30   WA 28, S. 565, Z. 11 f.
31   WA 16, S. 444, Z. 18 f.

mit Israel mithören, weil das, was dort gesagt wird, für alle Menschen bestimmt ist, aber wir dürfen uns andererseits nicht so ohne weiteres mit Israel identifizieren. Wir sind nicht Israel, und wir brauchen auch nicht alle Gebote einzuhalten, die diesem Volk damals gegeben wurden; sie sind ja nicht
für uns bestimmt, bis auf das eine Haupt- und Grundgesetz, die Zehn Gebote. Ansonsten aber ist Mose für Luther ein »Prior in seinem eigenen Kloster«. Er mußte das so streng sagen, weil es Gruppen gab, die diesen Unterschied nicht machten und die sich als die neuen Auserwählten betrachte-
ten.

Es gibt bei Luther also in dieser Hinsicht bestimmt keine Identifikation
zwischen Israel und der Kirche, was ansonsten auch bei ihm ab und zu naheliegt. Hier gilt für ihn vollends, was er einmal so formuliert hat: »Die Juden sind der Schafstall, die Heiden sind die fremden Schaf, das sind wir«[32].

Damit ist jedoch noch nicht alles über Luthers Verhältnis zum mosaischen Gesetz gesagt. Das Gesetz ist ja nur der deutliche Ausdruck der göttlichen Weisung, die wir auch ohne Gebote mit der Vernunft erfassen könnten, wenn wir die Möglichkeit hätten, unbeirrt vernünftig zu sein. Weil
dem nicht so ist, brauchen wir die Gebote. Sie können uns »makro«- und
»mikro«-ethische Weisungen für diese Zwischenzeit geben – was natürlich
heißen will: »mutatis mutandis« und »in Freiheit und ohne Zwang« – in
Übereinstimmung mit Gal 5,1. Man könnte hier vom »politicus usus« oder
sogar vom »tertius usus« des Gesetzes sprechen, aber das würde das von
Luther Gemeinte in ein starres Schema pressen. Luther spricht hier ganz
pragmatisch und fragt, worin man sich denn besser spiegeln könne als in
dieser Ordnung des Lebens und der Gesellschaft? Wenn er Kaiser wäre, so
würde er gerne nach dem Gesetz des Mose regieren.

Natürlich sagt er wohl des öfteren, daß Moses der Juden Sachsenspiegel
sei, aber in einer Predigt über das Buch Exodus folgt unmittelbar nach diesem Ausspruch der folgende Satz: »Wenn aber ein Exempel zum Regiment
daraus genommen würde, möchte man dasselbige halten ungezwungen,
als lange man wollte«; und dann heißt es ganz konkret: »als mit den zehnten geben, das ist ein recht fein Gebot. Denn mit den zehnten geben würden
aufgehoben alle andere Zinse – als wenn ich zehn Kühe hätte, gäbe ich eine,
hätte ich fünf, gäbe ich nichts«[33].

Das entscheidende Wort ist hier natürlich das »ungezwungen«. Wir sind
durch die Gnade »legis amatores«, der »paedagogus« ist ein »amicus« (nach
Gal 3,24)[34]; und »wenn last nicht mehr last ist, ist's gut zu tragen, wenn Gesetz ist, ist's gut zu halten«[35]. Dürfen wir ergänzen: wenn Gesetz wieder
wirklich »thora« ist? Eine Weisung auf das Leben in Freiheit, für Anfänger,
die hier nie das »perfectissime« der Engel erreichen werden, aber ohne
Angst leben dürfen.

32 WA 10 III, S. 124, Z. 8 f.
33 WA 16, S. 278, Z. 24 f.
34 WA 2, S. 528, Z. 37.
35 WA 50, S. 565, Z. 19.

Semi-iudaeus?

Mit dieser letzten Frage wären wir wieder beim Zentralthema dieses Referates: Kann man also von einem Einfluß des Alten Testamentes und des Judentums bei Luther sprechen? Um mit dem letzten anzufangen: Luther ist einigen Juden persönlich begegnet, aber sie haben ihn kaum beeinflußt. Wohl aber hat er sehr viel vom jüdischen Umgang mit der hebräischen Sprache übernommen, mit der er vornehmlich in der Auseinandersetzung mit der jüdischen Exegese in Berührung gekommen ist – ja er kannte nachweislich sogar Midraschim. Von einem weitergehenden direkten Einfluß kann aber keine Rede sein. Allerdings war aber das, was er vom Judentum über das Studium des Alten Testamentes und der Apokryphen gelernt und übernommen hat, von *entscheidender* Bedeutung gerade für die Hauptgedanken seiner Theologie. Ich habe das hier nur andeutungsweise darstellen können, aber es wäre unbedingt notwendig, dem weiter nachzugehen. So ist z.B. auch eine Interpretation des Begriffs »Gerechtigkeit« bei Luther völlig unmöglich ohne die Kenntnis des hebräischen »zedaka« und ohne die Ausführungen zu diesem Wort, die uns von ihm vorliegen. Ich kann an dieser Stelle wiederum nur die mit aller Akribie geschriebene Untersuchung Raeders empfehlen (und zwar hierzu die Seiten 121–128 des dritten Bandes) und zitiere hier nur einige Zeilen:

> »Bemerkenswert ist auch, daß Luther den Tatcharakter des biblischen Begriffs der iustitia dei erkannt hat im Unterschied zu dem statischen Eigenschaftscharakter, der diesem Ausdruck nach dem üblichen Verständnis zukommt. Iustitia dei bezeichnet demnach ebenso ein Geschehen wie opus dei oder verbum dei: Wie Gott wirkt (opus) und redet (verbum), so ›gerechtet‹ Gott; Luther sagt dafür: rechtfertigt Gott«[36].

Das stimmt überein mit dem Charakter des hebräischen Wortes vom »Kleid der Gerechtigkeit« (Jes 61,10), das, wie auch Luther wußte, mit »misericordia« übersetzt werden kann[37] und daher bereits in der Septuaginta zu ἐλεημοσύνη geworden ist.

Man kann also sagen: Luthers Theologie kann nicht bis in ihre wirkliche Tiefe ergründet werden, wenn man diese entscheidende Bedeutung des Alten, Ersten Testamentes und der »hebräischen« Gedankenwelt für seine Theologie und für seinen Glauben nicht gelten läßt. Es ist – wenn auch ungerecht – in dieser Hinsicht schon sehr bezeichnend, daß man den Juden damals oft auch noch die Schuld an der Reformation gab! Für uns könnte das heute bedeuten, daß es zwischen Judentum und Reformation von diesem Ansatz aus zu wirklich fruchtbaren Gesprächen kommen könnte, denn »wir haben nit eynen andern Gott, denn der Israel Gott ist«[38].

36 *S. Raeder*, a.a.O., Bd. III, aus S. 121–128.
37 WA 5, S. 144, Z. 14 f.
38 WA 8, S. 35, Z. 11 f.

Stefan Schreiner

Was Luther vom Judentum wissen konnte

Daß die judaistischen Wissenschaften, insbesondere die christliche Hebraistik, die seit den Tagen Raymundus Martinis (gest. 1285) und Nicolaus' von Lyra (gest. 1340) auf der Stelle zu treten schienen[1], im Zeitalter des Humanismus und der Reformation zunächst in Italien und seit dem Ausgange des 15. Jhd. auch nördlich der Alpen einen gewaltigen Aufschwung genommen haben, ist eine Tatsache, die ebenso allgemein bekannt wie bemerkenswert ist. Immerhin hatten noch die Humanisten der älteren »Schule«, etwa Rudolf Agricola (1443–1485), Konrad Celtis (1459–1508) und Erasmus (1467–1536), verhältnismäßig geringes Interesse am Hebräischen; die »Fremdartigkeit der Sprache« und der »geringe Wert für philosophische Bildung« haben sie – wie Erasmus bekennt – von ihrem Erlernen abgehalten, wenngleich ihr Ethos als Humanisten es ihnen gebot, sich auch mit diesem »entlegenen Gebiet« zu befassen[2].

Die Geschichte der Hebraistik seit dem ausgehenden Mittelalter soll indessen hier nicht nachgezeichnet werden. Dies ist schon mehrfach ausführlich getan worden. Die Namen der Gelehrten, die hier zu nennen wären, sind hinlänglich bekannt; ihre Leistungen haben weithin die gebührende Würdigung erfahren[3]. Auch daß ohne Johann Gutenbergs geniale Erfindung, die sich sehr bald schon zahlreiche hebräische Drucker zunutze zu machen wußten, der eingangs erwähnte Aufschwung der Hebraistik kaum möglich gewesen wäre, ist dabei mit Recht ebenso hervorgehoben worden wie die Verdienste, die sich christliche Drucker um die Verbreitung hebräischer Werke (man denke nur an Daniel Bomberg in Venedig und seine Editionen der Biblia rabbinica [1517–1549], die beiden Talmudim sowie zahl-

1   Vgl. *I. und T. Willi*, Glaubensdolch und Messiasbeweis. Die Begegnung von Judentum, Christentum und Islam im 13. Jahrhundert in Spanien (Forschungen z. jüd.-christl. Dialog 2), 1980; *B. Walde*, Christliche Hebraisten Deutschlands am Ausgang des Mittelalters (Alttestamentl. Abhandlungen VI, 2–3), 1916, S. 1ff.
2   *O. Kluge*, Die hebräische Sprachwissenschaft in Deutschland im Zeitalter des Humanismus, in: ZGJD 3 (1931), S. 81–97. 180–193; 4 (1932), S. 100–129, bes. S. 84–87; *B. Walde*, a.a.O., S. 182–199; *S. W. Baron*, A Social and Religious History of the Jews, XIII, 5730/1969, S. 259f.
3   Vgl. dazu die bei *B. Walde*, a.a.O., S. IX–XVI, *O. Kluge*, a.a.O., S. 81–83, und *P. E. Lapide*, Hebräisch in den Kirchen (Forschungen z. jüd.-christl. Dialog 1), 1976, S. 17 Anm. 43 genannte Literatur. Einen instruktiven Überblick gibt *S. W. Baron*, a.a.O., S. 159–167 mit 389–397.

reiche Midraschim) und jüdische Drucker um die Verbreitung lateinischer Schriften (stellvertretend genannt sei Gershom b. Mosheh Soncino aus Brescia) erworben haben[4]. Und daß mancher christliche Hebraist bei einem Rabbiner zur Schule gegangen ist – Sebastian Münster (1489–1552) etwa bei Elia Levita (1469–1549); Johann Reuchlin (1455–1522) reiste sogar nach Rom, um bei Jacob Jechiel Loans und zwei Jahre lang (1498–1500) auch bei Obadjah b. Jacob Sforno (1475–1550) zu studieren –, ist ebenfalls nicht übersehen worden. Nicht unerwähnt geblieben ist schließlich auch die Tatsache, daß sehr häufig jüdische Konvertiten als Hebräischlehrer fungiert, dabei nicht selten allerdings eine wenig erfreuliche Rolle gespielt haben, indem sie mit ihren guten Kenntnissen des Hebräischen zugleich manch falsche Information über das Judentum vermittelt haben. Zu ihrer Ehrenrettung muß allerdings hinzugefügt werden, daß sie trotz allem einen intellektuellen Austausch angeregt[5] und als Hebraisten oft verdienstvolle Arbeit geleistet haben. Zu nennen wären hier etwa Matthäus Adrianus, der – von spanisch-jüdischen Eltern geboren, 1492 wohl aus der Heimat vertrieben dann zum Christentum übertrat – uns als unermüdlicher Lehrer des Hebräischen in Tübingen, Basel, Heidelberg, Lüttich, Löwen, Wittenberg und Leipzig begegnet (er war u.a. Lehrer Konrad Pellicans [1478–1556] und Mitarbeiter Reuchlins in Tübingen [1512]), und Johann Böschenstein (1472–1540)[6], der sich als Autor einer großen Elementargrammatik »Hebraicae grammaticae institutiones« (Wittenberg 1518), als Herausgeber der sechsten, verbesserten Auflage der »Rudimenta hebraica Mosche Kimchi« (Augsburg 1520) und ebenso als Hebräischlehrer in Wittenberg in die Annalen der Hebraistik eingeschrieben hat.

So unbestreitbar der Aufschwung der Hebraistik zur Reformationszeit auch war, so sollte die historische Einsicht – wie Otto Kluge mit Recht mahnte – doch »vor der falschen Schätzung bewahren, es sei die hebräische Sprachwissenschaft ein Produkt des Reformationszeitalters... In Wirklichkeit ist die hebräische Sprachwissenschaft ein Produkt des traditionstreuen Judentums. Die Reformation begegnete nur insofern der Entwicklung der hebräischen Studien, als durch sie die Aufmerksamkeit in höherem Grade als vorher auf das Original der biblischen Bücher gelenkt wurde.«[7] Indessen entschieden über den Fortgang und die Leistungen der Hebraistik fernerhin nicht primär die intellektuellen Möglichkeiten ihrer Vertreter, sondern die ihnen gezogenen Grenzen. Es waren dies Grenzen, die – wie noch zu sehen sein wird – weithin ein zum theologischen Urteil erhobenes religiöses (anti-

---

4   Vgl. den Überblick bei *S. W. Baron*, a.a.O., S. 168–171 mit 397–399.
5   Dazu *S. W. Baron*, a.a.O., S. 172–205 mit 400–414.
6   Johann Böschensteins Judentum ist allerdings umstritten; s. dazu *O. Kluge*, a.a.O., S. 181 und die dort Anm. 73 genannten Meinungen.
7   A.a.O., S. 83. Die Hebraisten des Mittelalters behandelt hat *B. Walde*, a.a.O., S. 8ff. Vgl. auch *W. Bacher*, Die Anfänge der hebräischen Grammatik, in: ZDMG 49 (1895), S. 1–62. 335–392, und *M. Thiel*, Grundlagen und Gestalt der Hebräischkenntnis des frühen Mittelalters, in: Studii Medievali X/3 (1969), S. 3–212.

jüdisches) Vorurteil festsetzte: Hebräisch war nun einmal nicht nur die
Sprache der Bibel, sondern eben auch die Sprache der Juden! Wenn wir im
folgenden also fragen, was Luther vom Judentum wissen konnte, dann
müssen wir weiter fragen, was er vom Judentum wissen wollte und warum
er nur das, was er gewußt hat, hat wissen wollen.

Das Niveau der Hebraistik bestimmten im ersten Viertel des 16. Jhd. Johann Reuchlin und im zweiten Viertel Sebastian Münster. Otto Kluge
nennt Reuchlin den »Erneuerer des hebräischen Studiums und der hebräischen Wissenschaft«, denn »ihm war die Wissenschaft nicht Einfall oder
Gelegenheitsarbeit (wie für Adrian), sondern Programm«[8]. Und Wilhelm
Bacher bescheinigt ihm: »Das hebräische Sprachstudium trat mit ihm aus
der Gemarkung der Synagoge hinaus, um in dem großen Kreise wissenschaftlicher Bestrebungen, die durch den Humanismus angebahnt wurden,
eine Stelle einzunehmen.«[9]

Reuchlin folgt in seinen »Rudimenta hebraica« (Pforzheim 1506), der ersten – sieht man von Konrad Pellicans »De modo legendi et intelligendi He-
braeum« (Strassburg 1504) ab[10] – von einem Christen verfaßten großen hebräischen Grammatik, noch ganz der jüdischen Überlieferung; insbesondere hält er sich an David Kimchis »Sepher Mikhlol«, wie schon Ludwig
Geiger nachgewiesen hat[11], und dies in seiner Darstellung des grammatischen Stoffes ebenso, wie in dem angefügten Wörterbuch, dennoch ist dieses Werk nicht nur als Zusammenfassung seiner hebraistischen Studien,
sondern weit mehr noch als Einführung der hebräischen Grammatik in die
lateinische Sprache von größter Wichtigkeit.

Bewegten sich Reuchlin und die ihm nacheifernden Hebraisten mehr auf
dem Gebiete der Sprachstudien, beschäftigten sie sich also primär mit der
Sprache um der Sprache willen, wie etwa Johann Böschenstein[12], so gingen
doch bald neben den grammatischen Studien auch Talmudstudien, Studien
der rabbinischen Literatur einher. Eine Brücke baute die Arbeit am
»Arukh« des R. Nathan b. Jechiel aus Rom (gest. 1106). Otto Kluge erwähnt
eine handschriftliche Bearbeitung dieses Arukh mit beigefügter deutscher
und teilweise lateinischer Übersetzung, die der Ulmer Priester und Kantor
Johann Beham (Böhm) um 1490 angefertigt und Reuchlin und Pellican zunächst zu Studienzwecken zur Verfügung gestellt hatte. Eine andere Handschrift des Arukh, die Regensburger, die später Sebastian Münster bei der
Abfassung seines chaldäischen Lexikons benutzte, studierten Johann Böschenstein und später auch Johann Buxtorf.

8   O. *Kluge*, a.a.O., S. 93.
9   Zit. nach O. *Kluge*, ebd.
10 Dazu s. *T. Willi*, Der Beitrag des Hebräischen zum Werden der Reformation in Basel, in:
ThZ 35 (1979), S. 139–154, bes. 139–144.
11 Johann Reuchlin, sein Leben und seine Werke, 1871, S. 112f; vgl. auch die bei O. *Kluge*,
a.a.O., S. 94f, angegebenen Beispiele.
12 O. *Kluge*, a.a.O., S. 180ff.

Eine andere Brücke baute die Beschäftigung mit der Kabbala, die seit Raymundus Martini und Raymundus Lullus immer wieder christliche Hebraisten in ihren Bann zog; doch nicht aus Interesse an der Kabbala als jüdischer esoterischer Überlieferung, sondern an der darin entdeckten Möglichkeit, Bibelgemäßheit und Wahrheit christlicher Dogmen mit Hilfe der kabbalistischen Gematria beweisen zu können. Welche Möglichkeiten diese Gematria etwa im Blick auf den »Beweis der Trinität aus jüdischen Quellen« bot, demonstrierte später höchst eindrücklich Petrus Piscator in seinem »Commentarius in Formulam Concordiae« (Jena 1610, S. 771–773). Freilich blieb der Rückgriff auf die Kabbala als Argumentationshilfe so unangefochten doch nicht. Trotz aller Begeisterung für diese »Überlieferung« gab es dennoch genügend, die sich ihr widersetzten[13], zu ihnen gehörte auch Luther[14].

Das Studium der rabbinischen Literatur trat mit Sebastian Münster in ein neues Stadium. Nicht daß er die Grammatik vernachlässigte, ganz im Gegenteil, er erwarb sich große Verdienste um sie (s.u.), wohl aber blieb er nicht bei grammatischen Studien stehen, sondern betrieb sie gleichsam als Mittel zum Zweck. Münsters Leistungen verdienen bis heute Respekt, zugleich liefern sie den Beweis für das, was ein Hebraist zur Reformationszeit vom Judentum hat wissen können. Die von ihm zitierten Quellen sind zugleich Beleg, welche jüdischen Autoren im Deutschland des frühen 16. Jhd. nicht nur bekannt, sondern auch zugänglich gewesen sind. Ihre Reihe ist so kurz gar nicht: Dazu gehört keineswegs nur Elia Levita mit seinen Werken, die teils von Münster herausgegeben, teils ins Lateinische übersetzt worden sind[15]. Unter den Autoren und Werken, die Münster bei der Erarbeitung seines Hauptwerkes, der Bibelausgabe mit lateinischer Übersetzung und Kommentaren (Basel 1534/35), zu Rate gezogen hat, befinden sich nach seinen eigenen Angaben (außer der Biblia Hebraica, den Talmudim und Targumim):»Raschi, David Kimchi, Ebenesra, R. Menachem, Abraham Hispanus, der Verfasser des Fasciculum Myrrhe, der ›Seder olam (minor)‹, Moses Gerundensis und die ›Arba Tura‹«; und am Endes seines »Dictionarium hebraicum, ex Rabinis praesertim ex Radibus David Kimchi« erwähnt er im Verzeichnis der benutzten Literatur darüber hinaus: »Abraham Jarchi, Levi ben Gerson, Saadias und viele andere«. Ohne hier nun alle Quel-

---

13 Vgl. den Überblick über die christliche Kabbalistik bei *S. W. Baron*, a.a.O., S. 172–181 mit 400–406 (Lit.!). S. ferner *G. Scholem*, Die Stellung der Kabbala in der europäischen Geistesgeschichte, in: *ders.*, Judaica IV, 1984, S. 7–18.
14 Beispiele bei *W. Bienert*, Martin Luther und die Juden, 1982, S. 42f. 162–166. Dabei meint der Begriff »Alfanzerei« (S. 164) jedoch im Munde Luthers kaum »Buchstabenspielerei« (so Bienert), sondern ist sicher eine Anspielung auf den Namen des jüdischen Konvertiten Petrus Alphonsi, der in seinem »Dialogus« als erster Christ sich kabbalistischer Argumentationen bediente.
15 Eine Aufzählung derselben schon bei *L. Geiger*, Das Studium der hebräischen Sprache in Deutschland vom Ende des XV. bis zur Mitte des XVI. Jahrhunderts, 1870, S. 60–65.

len aufführen zu wollen, aus denen Münster sein Wissen geschöpft hat[16], mag schon die Reihe der genannten einen Eindruck vom Umfang der Literatur geben, die nicht nur unter den Juden verbreitet, sondern auch demjenigen christlichen Hebraisten zugänglich war, der sich wirklich dafür interessierte. Zudem hat Münster selber noch etwa durch seine Übersetzung der »Logica Sapientis Rabi Simeonis« (Basel 1527 – das ist Maimonides' »Sepher ha-Higajon«[17]), der »Tredecim articuli fidei Judaeorum item compendium elegans historiarum Josephi (= Sepher Josippon), complectens Acta LXX Interpretum, Gesta Machabaeorum, facta Herodum, Excidium Hierosolymitanum, item decem captivitates Judaeorum« (Worms 1529) sowie seiner Ausgabe der 613 mizwot »Catalogus omnium praeceptorum legis mosaicae quae ab Hebraeis sexcenta et tredecim numerantur cum succincta Rabinorum expositione et additione traditionum quibus irrita fecerunt mandata dei« (Basel 1533 – mit teilweiser lateinischer Übersetzung) zur Verbreitung von jüdischen Quellen beigetragen.

Münsters Werke, und dies gilt vor allem für seine großen philologischen Schriften (außer dem schon erwähnten »Dictionarium hebraicum« seien hier noch das »Dictionarium trilingue in quo scilicet latinis vocabulis in ordinem alphabeticum digestis respondent Graeca et Hebraica« [Basel o.J.], das »Dictionarium Chaldaicum, non tam ad Chaldaicos interpretes quam Rabinorum intelligenda commentaria necessarium, ex Baal Aruch et Chald. bibliis atque Hebraeorum peruschim congestum« [Basel 1527], die »Tabula omnium hebraicarum coniugationum iuxta octo classes pulchre in ordinem digesta« [Basel o.J.] sowie seine »Chaldaica grammatica, antehac a nemine attentata« [Basel 1527][18] genannt), bezeugen zugleich auch, welche wissenschaftlichen Leistungen eine jüdisch-christliche Kooperation in der Erforschung und Bearbeitung jüdischer Quellen ermöglicht hatte[19]. Denn das fällt in der Tat auf, wie oft Münster seinen Lehrer Levita und die Kenntnisse, die er gerade ihm verdankt, herausstellte.

Freilich, in den Becher des Lobs über Münsters Werk werden unten noch einige Tropfen Wermut gegossen werden müssen. Denn schon der Untertitel zu seiner Ausgabe der 613 mizwot zeigt das Ziel an, dem er mit seinen

16   Diese untersuchte E. I. J. Rosenthal, Sebastian Muenster's Knowledge and Use of Jewish Exegesis, in: ders., Studia Semitica I: Jewish Themes, 1971, S. 127–145. Danach meinen die Namen, sofern die angegebene Form nicht eindeutig ist: R. Menachem di Recanati; R. Abraham Sephardi (Abraham Saba'), den Autor des »Zeror ha-mor«; R. Jacob Ba 'al ha-Turim. Zu den »vielen anderen« gehören: R. Eleazar von Worms; R. Moses von Coucy; R. Joseph b. Kalonymos; Abraham ha-Lewi ibn Daud.
17   L. Geiger, a.a.O., S. 79f.
18   O. Kluge, a.a.O., S. 189 Anm. 111, macht darauf aufmerksam, daß bereits Matthäus Aurogallus in der 2. Ausgabe seines »Compendium Hebraeae Grammatices« unter dem Titel »Compendium Hebraeae Chaldeaeque Grammaticarum« (Wittenberg 1525) das Aramäische mitberücksichtigt hat.
19   Ein ebenso leuchtendes Beispiel für die Frucht jüdisch-christlicher Kooperation ist Paulus Fagius (1504–1549), der sich als Schüler Levitas gleichfalls um den hebräischen Buchdruck verdient gemacht hat; vgl. O. Kluge, a.a.O., S. 186ff.

Schriften zustrebte. Zuvor jedoch wollen wir uns kurz den hebraistischen Kenntnissen Martin Luthers zuwenden.

Wenn von Luthers Haltung der Hebraistik gegenüber und seiner eigenen hebraistischen Bildung die Rede ist, wird gewöhnlich sogleich auf sein Bemühen um die hebräische Sprache und deren Wertschätzung verwiesen, wie sie etwa einmal in einem Brief an Wenzeslaus Link (vom 14. Juni 1528)[20] oder noch klarer in jener Tischrede zum Ausdruck gebracht ist, in der es heißt:»Die ebräische Sprache ist die allerbeste und reichste in Worten und rein, bettelt nicht, hat ihre eigene Farbe. (...) Wenn ich jünger wäre, so wollte ich diese Sprache lernen, denn ohne sie kann man die h. Schrift nimmermehr recht verstehen. Denn das neue Testament, obs wol griechisch geschrieben ist, doch ist es voll von Ebraismis und ebräischer Art zu reden. Darum haben sie recht gesagt: Die Ebräer trinken aus der Bornquelle; die Griechen aber aus den Wässerlin, die aus der Quelle fließen; die Lateinischen aber aus der Pfützen.« (WA Tischreden I, S. 524–525)

In der Tat hat sich Luther nicht nur mit Eifer für die Einführung des Hebräischen an der Wittenberger Universität eingesetzt[21], sondern bereits während seines Erfurter Klosteraufenthaltes mit dem Studium der hebräischen Sprache begonnen, ohne jedoch jemals etwa das Niveau Münsters auch nur entfernt erreichen zu können. Jedenfalls hat er Reuchlins »Rudimenta hebraica« bald nach Erscheinen erworben und durchgearbeitet und später seine Hebräischkenntnisse anhand der von Reuchlin besorgten, mit lateinischer Übersetzung und Kommentaren versehenen Separatausgabe der »Septem psalmi poenitentiales« (Tübingen 1512) erweitert[22]. Mit dem eigenen Studium hebräischer Texte begann Luther indessen erst 1516, und zwar anhand des von Konrad Pellican herausgegebenen »Psalterium hebraicum« (Basel 1516), das ihm mit der beigedruckten hebräischen Grammatik Wolfgang Capitos »Institutiuncula in Hebraeam linguam« sein Ordensbruder und Freund Johann Lang mit Widmung überreicht hatte[23]. Wann Luther die erste vollständige hebräische Bibel in die Hand bekommen hat, ist nicht sicher. Sicher ist aber, daß auf seine Veranlassung die Wittenberger Universität im September 1518 eine zweibändige Ausgabe

20   Zit, bei W. *Bienert*, a.a.O., S. 94.
21   Ausführlich dazu G. *Bauch*, Die Einführung des Hebräischen in Wittenberg. Mit Berücksichtigung der Vorgeschichte des Studiums der Sprache in Deutschland, in: MGWJ 48 (1904), S. 22–32, S. 77–86, S. 145–160, S. 214–223, S. 283–299, S. 328–340, S. 461–490, hier bes. S. 148ff. Vgl. auch W. *Friedensburg,* Geschichte der Universität Wittenberg, 1917, S. 122ff, und die Zitate bei W. *Bienert*, a.a.O., S. 49.
22   R. *Lewin*, Luthers Stellung zu den Juden (Neue Studien z. Gesch. d. Theol. u. Kirche), 1911 (Nachdruck: Aalen 1973), S. 10. Eine Abb. des Exemplars bei H. *Volz*, Martin Luthers deutsche Bibel, 1981, S. 32.
23   Abb. bei H. *Volz*, a.a.O., S. 37. Diese Ausgabe war Luthers Handpsalter auf der Wartburg, wo er – einem Brief an Spalatin zufolge – besonders emsig Hebräisch gelernt hat; vgl. dazu J. *Ficker*, Hebräische Handpsalter Luthers (Sitzungsberichte der Heidelberger Akademie der Wissenschaften, Phil.-hist. Klasse 1919/5. Abh.), 1919, S. 28 u. S. 30.

erworben hat. Im April 1520 ließ er durch Johann Lang eine weitere (andere?) Ausgabe besorgen[24]. Zu seiner Privatbibliothek gehörte schließlich u.a.
ein Exemplar der 1494 durch Gershom b. Mosheh Soncino in Brescia gedruckten hebräischen Bibel[25].

Es soll hier freilich keine Zusammenstellung der in Luthers Besitz befindlichen Bücher zum Studium der hebräischen Sprache und Ausgaben
der hebräischen Bibel gegeben werden[26]. Der Besitz von Büchern allein sagt
ohnehin nichts über die Vertrautheit des Besitzers mit deren Inhalten bzw.
den Umfang des daraus angeeigneten Wissens aus. Daß Luther indessen
den »Hebraeus«, den masoretischen Text, gründlich studiert hat, ist ebenso
an seinen Randbemerkungen in den in seinem Besitz gewesenen Ausgaben
wie an seinen Auslegungen der Texte ablesbar[27]; und welche hebräischen
Grammatiken er durchgearbeitet hat, bezeugen nicht zuletzt seine Bezug-
nahmen auf sie[28]. Zu diesen Grammatiken zählen Mosheh Kimchis »Sepher diqduq«[29], das er – es war im Januar 1519 in Hagenau erschienen – im
April 1519 seinem Freunde Johann Lang geschickt hat, von dem er sich später Wolfgang Capitos größere hebräische Grammatik »Hebraicae Institutiones« (Frankfurt/M. 1518) besorgen ließ[30]. Auch Johann Böschensteins
»Hebraicae Grammaticae institutiones studiosis sanctae linguae collectae«
(Wittenberg 1518) und Matthäus Aurogallus' »Compendium hebraeae
grammatices« (Wittenberg 1523) wird er ebenso studiert haben[31]. Später
konnte er dem, der sich dem Studium des Hebräischen widmen wollte,
empfehlen, mit Mosheh Kimchis »Sepher diqduq« und David Kimchis
»Mikhlol« zu beginnen[32].

Doch trotz dieser scheinbar ausgedehnten Sprachstudien sind Luthers
Hebräischkenntnisse gering gewesen, woraus er selber übrigens kein Hehl
gemacht hat[33]. Obwohl er immer wieder von der Notwendigkeit, Hebräisch zu lernen, gesprochen hat und sich, wo immer er konnte, wie oben erwähnt, intensiv um die Einrichtung eines entsprechenden Lehrstuhls an
der Wittenberger Universität und dessen kontinuierliche Besetzung bemüht hatte, hat er es doch selber nie so weit gebracht, jüdische Schriften
ohne fremde Hilfe im Original lesen zu können, wie er bei seiner Überset-

24   J. Ficker, a.a.O., S. 23.
25   Abb. zweier Seiten mit Luthers handschriftlichen Randbemerkungen bei H. Volz, a.a.O.,
S. 37.
26   Dazu J. Ficker, passim; weiter vgl. H. Volz, a.a.O., S. 23–34 mit den Abb. S. 52f, S. 56f, S. 62.
27   Dazu sei auf die zahlreichen Untersuchungen zu Luthers Exegese verwiesen.
28   Einige Belege bietet J. Ficker, a.a.O., S. 22–23.
29   Abb. bei H. Volz,, a.a.O., S. 58f (in der Bildunterschrift ist allerdings fälschlicherweise David Kimchi genannt!).
30   J. Ficker, a.a.O., S. 23.
31   Abb. bei H. Volz, a.a.O., S. 60–61.
32   R. Lewin, a.a.O., S. 52.
33   Ebd. S. 10. Die Aussagen gesammelt hat schon Fr. Grundt, Luthers Urtheile über seine hebräischen Kenntnisse, in: Jahresbericht der Lausitzer Prediger-Gesellschaft zu Leipzig 1886, S.
13–18.

zung des Alten Testaments auch auf die Hilfe seiner hebraistischen Kollegen zurückgreifen mußte. Als er im Januar 1525 von seinem Freunde Nikolaus von Amsdorf ein hebräisches Büchlein mit der Bitte um eine Inhaltsangabe bekam, gab er es mit derselben Bitte an den damaligen Wittenberger Hebraisten Matthäus Aurogallus weiter, indem er bekannte: excedit enim vires meas[34]. Aurogallus identifizierte das Büchlein dann als ein gewöhnliches Gebetbuch[35].

Zeit seines Lebens blieb Luther in seiner Kenntnis von Judentum und jüdischen Quellen auf Unterrichtung aus zweiter Hand angewiesen; die gelegentlichen Begegnungen mit Juden, sofern sie nicht überhaupt nur Fiktion sind[36], hat er kaum zu intensiver Wissenserweiterung genutzt. Weil er also – wann und wo immer er sich über Judentum und jüdische Literatur zu äußern veranlaßt sah[37] – nicht aus dem Fundus eigener Forschung heraus argumentieren konnte, war er gezwungen, zu Informationsquellen Zuflucht zu nehmen, die ihm »Argumentationshilfen« bequem an die Hand gaben bzw. von denen er meinte, die gewünschten »Argumentationshilfen« darin finden zu können. Die Quellen, aus denen er schöpfte, und ihr Wert sind hinlänglich bekannt[38]. Wie stark er von ihnen abhängig war, belegt im Blick auf Nikolaus von Lyra nicht zuletzt jener Vers, der wohl als Spottvers gemeint war: Si Lyra non lyrasset, Luther non cantasset[39].

Daß Luther in seinen hebraistischen Kenntnissen hinter sehr vielen seiner Zeitgenossen zurückblieb, ist so zufällig nicht, sondern hat durchaus einsichtig zu machende Gründe. Keineswegs sind sie darin zu suchen, daß

---

34   Zit. nach *de Wette*, Luthers Briefe II, S. 612 (bei *L. Geiger*, a.a.O., S. 5 Anm. 3).
35   *R. Lewin*, a.a.O., S. 10. Auf dieses (?) Gebetbuch nimmt Luther später Bezug, doch nur, um es als »abschreckendes Beispiel« zu zitieren; vgl. den Text Nr. 82 bei *W. Bienert*, a.a.O., S. 124, und dazu ebd. S. 136.
36   Wie etwa der Besuch der drei Rabbiner bei Luther (dazu *W. Bienert*, a.a.O., S. 120) oder die Legende von Luthers Handel mit Frankfurter Juden (Text bei *W. Bienert*, a.a.O., S. 58). Erwähnt sei hier schließlich der Besuch zweier Juden bei Luther in Worms im April 1521. Während sich *R. Lewin*, a.a.O., S. 15ff (ihm folgt *S. W. Baron*, a.a.O., S. 218 mit 423 Anm. 13), für die Historizität dieses Ereignisses eingesetzt hat, verweist sie *W. Bienert*, a.a.O., S. 56–58, ins Reich der Legende.
37   Mit Recht hat *R. Lewin*, a.a.O., S. 59, bemerkt: »Es ist fraglich, ob er den Rabbinen, wenn er sie auch nicht stillschweigend übergehen durfte, ein so intensives Interesse zugewandt hätte, wäre er nicht von außen dazu gedrängt worden. Bald nach 1530 regen sich gegen ihn Angriffe, die unter Berufung auf die jüdischen Kommentatoren eine Verbesserung seiner Bibelübersetzung anbahnen. Es ist nach Luthers eigenem Ausdruck die Schule der jüngeren Hebraisten, die gegen ihn mobil macht, und er verspürt ihre Attacken um so empfindlicher, als sie über die hebräische Gelehrsamkeit verfügen, auf die er in bescheidener Selbsterkenntnis keinen Anspruch erhebt.«
38   Vgl. die Zusammenstellung bei *W. Bienert*, a.a.O., S. 134–136. Zur Sache s. *S. W. Baron*, a.a.O., S. 226f mit 427f.
39   So zitiert bei *O. Kluge*, a.a.O., S. 95 Anm. 55; bei *L. I. Newman*, Jewish Influence on Christian Reform Movements, 1925, S. 624, hingegen: »Si Lyra non lyrasset, Luther non saltasset.« Zu Luthers Abhängigkeit von Lyra s. schon *C. Siegfried*, Raschis Einfluß auf Nicolaus von Lira und Luther in der Auslegung der Genesis, in: Archiv für wissenschaftliche Erforschung des Alten Testaments, hg. von A. Merx, 1869, Bd. I, S. 428–456, Bd. II, S. 39–65.

es ihm an erforderlichem Fleiß oder an Lernbereitschaft gefehlt hätte; vielmehr entpuppen sie sich als eine eigentümliche Mischung aus Aversionen
gegen das humanistische Ideal einer philologischen Gelehrsamkeit aus rei-
nem Interesse an der Sprache um der Sprache willen einerseits[40] und andererseits aus antijüdischem Vorurteil. Besonders deutlich zeigt sich das in
Luthers Urteil über Sebastian Münsters lateinische Bibelübersetzung von
1534/35 (s.o.). Nicht, daß er kein Verständnis für Grammatik aufgebracht
hatte, im Gegenteil, er bewunderte Münsters philologische Gelehrsamkeit
und die daraus resultierende grammatische Exaktheit seiner Arbeit. Indessen wollte Luther selbst kein Grammatiker sein; denn so sagte er in einer
Tischrede:

> »Ich habe mehr Ebräisch gelernt, wenn ich im Lesen einen Ort und Spruch gegen den an-
> dern gehalten habe. (. . .) Ich bin kein Ebräer nach der Grammatica und Regeln, denn ich lasse
> mich nirgendan binden, sondern ich geh frei hindurch.« Und weiter oben hieß es in derselben
> Tischrede: »Die Sprachen machen fur sich selbs keinen Theologen, sondern sind nur eine Hül-
> fe. Denn, soll einer von einem Dinge reden, so muß er die Sache zuvor wissen und verstehen.«
> (WA Tischreden I, S. 524–525)

Demzufolge ist das Kriterium seiner Beurteilung der Münsterschen
Übersetzung nicht die Grammatik, sondern die Kenntnis der »heiligen
Dinge«[41]. Reinhold Lewin charakterisiert Luthers Position in dieser Frage
treffend folgendermaßen:

> »Die Juden verspotten die Hebraisten, wenn sie ihnen einreden, man müsse die Bibel durch
> die grammatischen Regeln und die schwankende Punktation verstehen; keine Ansicht wäre so
> ungereimt, daß man sie hierdurch nicht verteidigen und verzieren könne. Wo gibt es eine
> Sprache, die die Menschen aus der Grammatik, nicht eher aus der Übung gelernt hätten? Es ist
> ein absurdes Verlangen, in der heiligen Sprache, welche die theologischen und geistlichen Din-
> ge behandelt, die Eigentümlichkeit der Dinge beiseite zu setzen und den Sinn aus den gram-
> matischen Regeln zu erschließen. Dazu gebraucht man den Geist Christi. Ohne das Neue Te-
> stament würde man sich nicht der hebräischen Sprache zu bedienen wissen; denn ihre Punkta-
> tion, von der die Bedeutung abhängt, entbehrt der Festigkeit und Bestimmtheit, sie hat zur
> Zeit des Hieronymus noch nicht existiert, und ein Protest ist gegen sie statthaft, solange sie
> nicht mit dem Evangelium übereinstimmt.« (S. 55–56)

Daher der Vorwurf an die Adresse Münsters, mit Reinhold Lewins Worten:

> »Allein die Gelehrsamkeit nützt für das Verständnis der Bibel nichts, wenn man sich über
> den Glauben hinwegsetzt, und in dieser Beziehung steht es mit Münster bedenklich. Er judai-
> siert ganz und gar, indem er weder Glauben noch Phraseologie beachtet, folgt zu sehr in seiner
> Ansicht den Rabbinen, bezieht alles auf die grammatischen Regeln, die zwar für Deklination,
> Konjugation und Konstruktion nötig sind, aber doch nicht über die Dinge und Sentenzen

---

40 Dies hatte man etwa Johann Böschenstein vorgeworfen; s. *G. Bauch*, a.a.O., S. 155f, und
    die dort zitierte Klage Luthers, sowie *S. W. Baron*, a.a.O., S. 237.
41 *L. I. Newman*, a.a.O., S. 623; *R. Lewin*, a.a.O., S. 55.

herrschen dürfen, rabbiniziert stark so, wie es das Kennzeichen der jüdischen Religion ist, und fügt oft seine eigenen Träume hinzu, hängt schlechthin an den Worten, ohne die Wortwendungen zu berücksichtigen, die in jedem Gespräch Beachtung verdienen, gibt den Rabbinen zu viel nach, wenn er auch der Juden Feind ist, er geht darauf aus, daß man das Neue Testament verlieren solle.« (S. 60)

Unmißverständlich sind hier die »Gefahren« ausgesprochen, die ein zu intensives Studium der hebräischen Sprache und ein zu intensives Studium der jüdischen Schriften in sich bergen. Das Hebräische ist nun einmal nicht nur die Sprache der Bibel, die heilige Sprache, sondern eben auch die Sprache der Juden, der Rabbiner vor allem, deren Werke Luther zwar nicht kennt, aber infolge der Auskünfte, die er aus zweiter Hand darüber hat, zutiefst verabscheut und entsprechend apostrophiert[42].

So überrascht es kaum, daß er Münster, »wenn er auch der Juden Feind ist«, bezichtigt zu »judaisieren«, zu »rabbinisieren«[43]. Später verallgemeinert Luther diesen Vorwurf; in einer Tischrede sagte er kurz nach Erscheinen seiner ersten antijüdischen Schrift: »O, die Hebräer – ich sag' auch von den unsern – judenzen sehr; drum habe ich sie auch in dem Buch, das ich gegen die Juden geschrieben habe, gemeint.«[44] Gleichwohl ist der Vorwurf des Judaisierens im Munde Luthers bemerkenswert.

Zunächst hatten den Vorwurf des Judaisierens die Repräsentanten des Katholizismus immer wieder aufgegriffen, um damit mißliebige Vertreter von Reformbestrebungen als Häretiker zu brandmarken; bis in die Scholastik galt das Studium des Hebräischen allein schon als »jüdische Häresie«[45]. Nun richtete sich der Vorwurf an die Adresse der Humanisten und Reformatoren, die alle, einschließlich Luther, als »Judaizantes«, als »Semi-Judaei« oder ähnlich tituliert wurden. Reuchlin mußte sich sogar gefallen lassen, von seinem Schüler Johann Eck als »judenvatter« bezeichnet zu werden. Und selbst ein Mann wie Erasmus hatte die große Sorge, daß zu viel Beschäftigung mit der hebräischen Sprache am Ende nur zur Verbreitung des Judentums unter den Christen führen könnte und würde[46].

Ist es auch nicht zu bestreiten, daß Humanismus und Reformation, wie alle voraufgegangenen Reformbewegungen (auch die sogenannten häretischen des Mittelalters) auch – dies hat Louis Israel Newman in seinem schon mehrfach zitierten Buche eingehend untersucht und nachgewiesen –, durchaus mit einer Neuentdeckung der hebräischen Bibel und einer Rückbesinnung auf den jüdischen Ursprung und das jüdische Erbe des Christentums und einer Belebung der Hebraistik (freilich ist der Begriff hier nur mit allem Vorbehalt zugelassen) einhergingen[47], so ist dennoch nicht zu

42 Eine Blütenlese liefert *R. Lewin*, a.a.O., S. 56f.
43 Zur Begriffsbestimmung s. *L. I. Newman*, a.a.O., S. 1ff.
44 Zit. nach *R. Lewin*, a.a.O., S. 61.
45 S. die bei *L. I. Newman*, a.a.O., S. 24, genannte Literatur.
46 Ebd.
47 Am Beispiel Basels hat das *T. Willi* in seinem o. Anm. 10 zitierten Aufsatz verdeutlicht. Umfassend *L. I. Newman*, passim.

bestreiten, daß keine der Reformbewegungen die anfängliche Hochschätzung der veritas hebraica tatsächlich durchgehalten hat, ganz zu schweigen von ihrem Unvermögen, den überkommenen Antijudaismus zu neutralisieren und zu beseitigen. Im Gegenteil, wie der Antijudaismus auch hier sehr bald stets neu aufblühte, so gerieten die Vertreter der Hebraistik ebenfalls nur allzu bald in den Verdacht, wie Erasmus sagte, das Judentum unter den Christen zu verbreiten[48]. In dieser Angst wußten sich auch die Reformatoren und Humanisten mit ihren sonst erbittert befehdeten katholischen Gegnern sehr schnell einig, und es bildeten sich hier sonst undenkbare Koalitionen. Das denkwürdigste Beispiel einer solchen Koalitionsbildung bietet der »Fall Andreas Osiander«.

Unter dem Eindruck eines angeblichen Ritualmordes in Pösing 1529 hatte Osiander eine kleine Schrift mit dem Titel »Ob es war un glaublich sey daß die Juden der Christen kinder heymlich erwürgen, und jr blut gebrauchen / ein treffliche schrifft / auff eines yeden vrteyl gestelt« verfaßt, der er das bezeichnende Motto voranstellte »Wer menschen blut vergeußt / des blut sol ouch vergossen werdē«[49]. Mit zwanzig Argumenten hat Osiander darin die Unsinnigkeit der Blutbeschuldigung aufzuzeigen und offen auszusprechen den Mut gehabt, daß, wo immer Juden eines Ritualmordes angeklagt werden, in Wahrheit Christen Mörder sind, indem sie unschuldi- ger Juden Tod verursachen.

Johann Eck, dem diese Schrift im Zusammenhang mit einem neuerlichen· angeblichen Ritualmord zur Begutachtung vorgelegt wurde, veranlaßte sie zu einer scharfen Replik, die 1541 in Ingolstadt unter dem Titel »Ains Judenbüechlins verlegung: darin ein Christ / gantzer Christenhait zu schmach / will es geschehe den Juden unrecht· in bezichtigung der Christen kinder mordt. Hierin findst auch vil histori / was übels vnd büeberey die Juden in allem teütschen land / vnd andern künigreichen gestiftt haben« erschienen ist. Darin schreibt er über den Autor unter anderem: »(Der Verteidiger der Juden sei) ein Zungenverkäufer, Märchenträger, Plauderer und Schwätzer, ein ungelehrter Wäscher, unseliges Lästermaul, ein mit Geld erkaufter Judenschützer, ein Judenvater, Mameluck, ein verruchter Schänder der Christenheit, ein Spitzbube, der die Christenheit schände und aus dem der Teufel rede« etc.[50]. In dieser Verurteilung Osianders weiß der Humanist und Reformator Johann Agricola (1494–1566) sich mit Eck einig. Agricola, zuvor selbst noch seiner Toleranzpredigten wegen als »von den Juden mit Geld bestochen« diffamiert, wirft nun seinerseits Osiander vor: »Die Katze läßt das Mausen nicht; er war ein Jude, ist ein Jude und wird ein

---

48 Unter dem Gesichtspunkt der Rezeption des mittelalterlichen Antijudaismus in der Zeit von Humanismus und Reformation eröffnet *H. A. Oberman,* Wurzeln des Antisemitismus, 1981, aufschlußreiche Einsichten.
49 Neu herausgegeben hat diese Schrift *M. Stern,* Andreas Osianders »Schrift über die Blutbeschuldigung«, 1893 (Neudruck der Ausgabe von 1540 jetzt: *A. Osiander,* Das Judenbüchlein. Schrift über die Blutbeschuldigung, Tel Aviv 1983).
50 Zit. nach *M. Stern,* a.a.O., S. IX.

Jude bleiben. (. . .) Der Teufel hat einen Ring durch Osianders Nase gezogen und führt ihn dorthin, wohin er will.«[51] Osianders kleine Schrift ist das beinahe einzige Beispiel dieser Zeit für ein wirkliches Verstehen des Judentums, oder doch mindestens für das Bemühen, das Judentum aus seinen eigenen Quellen und in seinem eigenen Selbstverständnis zu verstehen; aber genau dies machte ihn und seine Schrift den Zeitgenossen so verdächtig. Denn er hatte sein hebraistisches Wissen nicht gegen die Juden, sondern für ihre Verteidigung eingesetzt[52]. Freilich war Osiander nicht der einzige, der in dieser Weise angegriffen worden ist[53]. Seinen Lehrer Johann Böschenstein hatte derselbe Vorwurf, ein Jude zu sein und wie ein Jude zu lehren, den Lehrstuhl für Hebräisch an der Wittenberger Universität, den er als erster, aber eben nur für eine kurze Zeit innegehabt hatte, gekostet! Dagegen half auch seine Apologie nichts[54]. Luther, der zwar Böschensteins Hebräischkenntnisse schätzte, nannte ihn in einem Brief an Johann Lang (vom 13. April 1519) einen »Erzjuden«: »ille noster Bossenstein, nomine Christianus, re vera Judaissimus«[55]. Böschenstein selber klagte später, daß er seines Studiums des Hebräischen wegen vielen Anfeindungen ausgesetzt war: »Judaeis quia eorum literam discebam, Christianis quia cum Judaeis conversabar, odio maximo eram.«[56] Diese Erfahrung, infolge hebraistischer Bildung verunglimpft zu werden, mag auch erklären, warum etwa Konrad Pellican seinen 1508 für einen Ordensbruder verfaßten kurzen grammatischen Abriß mit der Klausel versah: »ut nemini unquam communicet, nisi vel in sacris literis alioqin erudito et studioso, vel erga eum seu ordinem nostrum optime merito.«[57] Osiander hatte seine o.e. Schrift als privates Gutachten für einen Freund verstanden und wollte sie zu befürchtender Anfeindungen wegen überhaupt nicht veröffentlichen. Freilich konnte ihn der Ärger, den er nach Bekanntwerden dieser Schrift dann auch hatte, nicht davon abhalten, später an Luthers Traktat über den »Schem Hamphoras« heftige Kritik zu üben[58]. Die genannte Erfahrung mag aber auch erklären, warum die meisten

51 Zit. nach S. W. *Baron,* a.a.O., S. 431 Anm. 30.
52 Von daher verständlich mag denn auch M. Sterns streckenweise »euphorisches« Vorwort sein, das er mit den Worten beschließt: »Meine innigsten Wünsche begleiten das Büchlein hinaus in's Leben. Wie es mir eine Erquickung in trüben Stunden war, so möge es überall, wohin es seinen Weg findet, Freude wecken und die Hoffnung auf den fortschreitenden Sieg der Erkenntnis und Wahrheit festigen.« (S. XX)
53 Den Vorwurf, »Judaisierer« zu sein, haben sich manche Reformatoren gegenseitig gemacht. Melanchthon beispielsweise mußte ihn sich von Karlstadt (1480–1541) gefallen lassen; Calvin nannte Michael Servet (1510–1553) einen »Häretiker und Judaisierer«, bevor er selber dieses »Vergehens« angeklagt wurde. S. dazu auch L. I. *Newman,* a.a.O., S. 617–618.
54 Die Auseinandersetzung um Böschensteins Weggang von Wittenberg ist sorgfältig untersucht worden von G. *Bauch,* a.a.O., S. 156ff, S. 216ff., S. 221ff.
55 Zit. nach O. *Kluge,* a.a.O., S. 181.
56 Zit. nach O. *Kluge,* a.a.O., S. 181 Anm. 74. Zu den Verunglimpfern Böschensteins gehörte übrigens auch Sebastian Münster; vgl. dazu G. *Bauch,* a.a.O., S. 156 Anm. 4.
57 Zit. nach T. *Willi,* a.a.O., S. 144.
58 R. *Lewin,* a.a.O., S. 99f.

1

70 Stefan Schreiner

christlichen Hebraisten zugleich die Verfasser antijüdischer Traktate waren. Das Argument eines Selbstschutzes allein genügt indessen zur Erklärung nicht. Solche Traktate zu liefern verlangte die Aufgabe, die ihnen als Hebraisten seitens Theologie und Kirche übertragen war.

Jedem, der sich mit der christlichen Hebraistik jener Zeit beschäftigt, fällt sehr bald auf, daß die Sprachkenntnisse der Hebraisten zumeist im krassen Gegensatz zu ihrem Wissen vom Judentum stehen. Obwohl manche von ihnen über ganz vorzügliche Hebräischkenntnisse verfügten, die ihnen mühelos Wege zum Verstehen des Judentums und seiner Quellen hätten eröffnen können, sucht man unter ihnen Vermittler jüdischen Wissens dennoch, von ganz wenigen Ausnahmen, Osiander etwa, abgesehen, vergeblich.

Seit Papst Clemens V. (1305–1314) auf dem Konzil von Vienne 1311 die Einrichtung von Lehrstühlen für Hebräisch, Chaldäisch und Arabisch an den Universitäten im christlichen Europa verlangt und das Konzil von Basel im September 1434 dieses Verlangen erneuert hatte, war das Studium des Hebräischen im Raum der Kirche nicht nur grundsätzlich geduldet und möglich, sondern aus apologetischen wie missionarischen Gründen sogar geboten[59]. An diesen Konzilsbeschluß erinnerte Reuchlin in seiner Forderung nach Errichtung von Lehrstühlen für Hebräisch an den deutschen Universitäten, an die er die Hoffnung knüpfte, daß auf diese Weise Studenten herangebildet werden, die »mit vernünfftigen und freundlichen Worten die juden künden und mögen senfftmüttigklich zu uns bringen«[60].

Die Bekehrung der Juden durch ihre eigene Sprache sollte denn auch die vordringlichste Aufgabe der nunmehr im akademischen Lehrbetrieb eingebetteten christlichen Hebraistik werden, ebenso wie sie es zuvor auch gewesen ist. Denn auch im Mittelalter hatten es die christlichen Hebraisten nicht als ihre Aufgabe angesehen, ihren christlichen Glaubensbrüdern Kenntnisse über das Judentum zu vermitteln, sondern umgekehrt, durch Übersetzung christlicher Schriften ins Hebräische das Christentum unter den Juden zu verbreiten; daß es dazu der hebräischen Sprache bedurfte, stand außer Frage, und daß die Missionserfolge im Mittelalter in bescheidenem Rahmen blieben, ist durch das niedrige Niveau der Hebraisten bedingt gewesen[61]. So überrascht es nicht, daß nun an die sich entfaltende Hebraistik große Erwartungen im Blick auf eine erfolgreichere Judenmission geknüpft wurden.

Geradezu programmatisch hat Petrus Nigri (um 1435 – um 1483), der darin zum Vorbild Späterer wurde, die Hebraistik in den Dienst der Juden-

59 Vgl. O. Kluge, a.a.O., S. 85.97; B. Walde, a.a.O., S. 8, und T. Willi, a.a.O., S. 140. Ausführlich dazu P. Browe SJ, Die Judenmission im Mittelalter und die Päpste, 1942, passim.
60 Zit. nach O. Kluge, a.a.O., S. 97.
61 Dazu s. P. E. Lapide, a.a.O., S. 16ff, und die dort S. 19ff sowie von B. Walde, a.a.O., S. 8–70, analysierten Übersetzungen. Einige andere Beispiele liefern E. Klibansky und L. Wallach, Beziehungen des christlichen Mittelalters zum Judentum, in: MGWJ 77 (1933), S. 456–463 (Lit.!).

mission gestellt, wie er auch selbst mehrere »Missionsreisen« zu den Juden von Frankfurt, Worms, Nürnberg und Regensburg unternommen hat[62]. »Auß dem alten gesecz czu einer erclerung und bestetigung deß kristlichen glaubens und czu einer besserung und bekerung der armen Jüden oder czu einer schendtung (Schändung) yrs valschen glaubens« die erforderlichen Argumente zu liefern war das Ziel, das sich Nigri am Ende der deutschen Ausgabe seines antijüdischen Traktates »eyn stern des Meschiah« (1477) für seine hebraistischen Studien gesetzt hat[63]. Eben darin ist ihm später Sebastian Münster gefolgt, wie schon aus dem Titel seiner diesbezüglichen Schrift zu entnehmen ist: »Messias Christianorum et Judaeorum Hebraice et Latine. Describitur in hoc libro ex prophetis Christus totius mundi verus salvator; et item larvatus ille Judaeorum Meschias qui a gente illa in hunc usque diem frustra expectatur. Videbis lector quam portentosae et absurdae de Christo opiniones sind apud hanc excoecatam gentem etquam violenter sacram interpretentur scripturam« (Basel 1539). Das Studium der jüdischen Quellen diente ihm einzig zu ihrer nur um so wirkungsvolleren Widerlegung, wie er im Untertitel seiner oben erwähnten Ausgabe der 613 mizwot selber gestanden hat. Das Judentum als Judentum interessierte ihn ebensowenig wie die anderen christlichen Hebraisten. Das ihm, dem Judentum, gegenüber gehegte religiöse Vorurteil verbot eine Beschäftigung mit seiner literarischen Überlieferung, der es auf deren Verstehen allein ankam. Daß schon die Zitation jüdischer Quellen für sich manchem Theologen unerträglich war, beweist nicht zuletzt Luthers oben erwähnte Kritik an Münsters Bibelausgabe und -übersetzung.

Die Ausgangsfrage, was Luther vom Judentum wissen konnte, kann nach allem also nur so beantwortet werden, daß er nur das, was er hat wissen wollen, gewußt hat, nämlich praktisch nichts Authentisches. Ihm genügten die Informationen, die ihm die antijüdische Polemik an die Hand gegeben hatte.

62 Nigris Werke, einschließlich seiner Übersetzungsmethoden, sind eingehend untersucht worden von *B. Walde*, a.a.O., S. 70–152.
63 Zit. nach *O. Kluge*, a.a.O., S. 87–88.

Ernst L. Ehrlich

Luther und die Juden

Es ist noch nicht allzulange her, daß nun ein weitgehender Konsensus unter den Forschern herrscht: 1. Luthers Haltung zu den Juden ist aufs Ganze gesehen im wesentlichen einheitlich, es gibt also keinen eigentlichen Bruch in seiner Einstellung zu diesem Thema, und 2. sein ganzes Denken in dieser Hinsicht ist theologisch ausgerichtet, selbst wenn gewisse Konsequenzen ins Politische einwirken. Schließlich – und das hängt auch mit dem theologischen Charakter seiner Stellungnahmen zusammen – ist das Problem von Juden und Judentum für Luthers Existenz von einer erstaunlichen, lange Zeit nicht erkannten Bedeutung. Äußerungen über die Juden finden sich in frühreformatorischer Zeit – um das Jahr 1515 bzw. schon etwas früher – bis zu seinem Tode im Jahre 1546, genauer bis zum 15. Februar 1546, 3 Tage vor seinem Tode. Sicher hat, wie wir sehen werden, der Ton in Luthers Äußerungen gewechselt. Die Gründe dafür werden aufzuzeigen sein. Die theologische Konzeption jedoch ist im wesentlichen gleich geblieben; es mußte so sein, weil mit dem Thema des Judentums ein Kernstück lutherischer Theologie berührt wurde, wenngleich auch im Negativen, in der Ablehnung, in der Ausscheidung. Luthers spezifischer Neuansatz war vor allem durch die Überwindung zentraler jüdischer Positionen möglich. Wir möchten dabei von einer Stelle im Römerbriefkommentar ausgehen. Es gäbe noch viele andere Beispiele aus dieser Frühzeit (1515/16), weil sich hier schon deutlich seine Theologie zeigt und zugleich die Frage, warum Luther notwendigerweise mit dem Judentum zusammenstoßen mußte. Das rechtfertigt sicher nicht seine späteren bösartigen und gefährlichen antijüdischen Ausfälle, zeigt aber deutlich seinen theologischen Ansatzpunkt. Wir gehen von Luthers Auslegung zu Röm. 11,26 aus. Dort heißt es: »Und das zeigt der Apostel an, wenn er Jesaja zu dem Satze beizieht: Und so wird ganz Israel gerettet werden« (Röm. 11,26). Die Jesajastelle aber lautet in unserer Übersetzung folgendermaßen: »Kommen wird aus Zion der Erlöser und zu denen, welche sich abkehren von ihrem gottlosen Wesen in Jakob« (Jes. 59,20). – Luther übersetzt hier hebräisch *pescha* – Auflehnung – mit »gottloses Wesen«. Er fährt fort: »Sie wenden sich aber nur dann von ihrem gottlosen Wesen ab, wenn sie darinnen stecken, wie jetzt die Juden. ›Gottlosigkeit‹ nämlich oder ›gottloses Wesen‹, griechisch ›asebia‹, bezeichnet nicht irgendeine beliebige Sünde, sondern die Sünde wider die Anbetung

Gottes, das heißt wider den Glauben, durch die eigene Gerechtigkeit. Im Hebräischen heißt diese Sünde ›rascha‹. Koh. 8,8: ›Das gottlose Wesen wird den Gottlosen nicht erretten‹, das heißt die eigene Gerechtigkeit wird ihn nicht, wie er meint, erretten, weil sie keine Gerechtigkeit, sondern Gottlosigkeit ist.« Soweit das Zitat. Hier findet sich Luthers Rechtfertigungslehre bereits völlig eindeutig, und er legt sich die biblischen Texte dementsprechend aus. Die hebräischen Worte haben nicht die von ihm behauptete Bedeutung, das eine – *pescha* – meint die Auflehnung gegen Gott, das andere – *rascha* – ist ein allgemeines Wort für Frevler, für schuldig werden. Luther bescheinigt hier den Juden expressis verbis ihre Gottlosigkeit, die darin besteht, daß sie durch ihr eigenes Tun, durch ihre Gerechtigkeit, errettet werden wollen. Darin besteht konkret ihre Gottlosigkeit. Die Juden sind also gottlos. – Natürlich läßt es Luther nicht bei dieser lapidaren Feststellung bewenden, zu Röm. 11,27 weiß er sich mit Paulus darin einig: »Durch den ganzen Text hindurch ist sein Absehen darauf gerichtet, jenes Volk zur Bekehrung anzutreiben«. Achten wir hier auf die Wortwahl: »zur Bekehrung anzutreiben«. Im übrigen hatte er schon etwas früher in der Psalmenauslegung das Judentum als verworfen erklärt: »Der Sturz der Juden ist ein Beispiel des Zornes Gottes« (Ps. 52,7), oder »ihr Talmud (sei) voller Lügen und Verdrehungen, ja Umkehrungen der Schrift« (zu Ps. 74,6), ihre Leugnung der Christologie sei »Bosheit und Treulosigkeit« (zu Ps. 78,66ff.). Es ist hier also deutlich, daß Luthers Judenpolemik sich aus seiner Christologie und der damit zusammenhängenden Rechtfertigungslehre ergibt. Diese eigentliche christliche Lehre ist für ihn der unantastbare Wahrheitsmaßstab. Wer diesen nicht akzeptiert, gilt als gottlos und unterliegt dem Regime, welches für Gottlose vorbehalten wird. Luther geht hier von seinem Schriftverständnis aus, nicht von mittelalterlichen antijüdischen Verleumdungen wie Hostienschändung oder Ritualmord, die bei ihm damals noch keine Rolle für das antijüdische Element in seiner Lehre gespielt haben. Diese Form der mittelalterlichen magischen Judenfeindschaft war für ihn in jenen Jahren unwesentlich. Im Kölner Dominikaner-Streit mit Reuchlin – die Dominikaner wollten die jüdischen Bücher vernichten, Reuchlin verteidigt die jüdischen Schriften – steht Luther auf dem Boden derer, die für Freiheit von Forschung und Lehre auch bei »Irrtum und Lästerung« eintreten. Auch im Römerbriefkommentar zu 11,22 wendet er sich gegen die Kölner Dominikaner, nennt ihr Tun »blöder Eifer« und ihre Schriften »alberne Machwerke«. »Mit Gewalt und mit Schmähreden wollen sie die Juden bekehren.«

Die theologische Haltung Luthers ist klar: Die Juden sind gottlos, weil sie das Erlösungswerk Christi ablehnen. Ihre Schuld an ihrem Frevel gegenüber dem, was doch zu ihrem Heile dienen soll, kann eingeschränkt werden. Gewisse Christen – an dem Streit mit den Kölnern im Pfefferkorn-Reuchlin-Konflikt wird es deutlich – tragen an der Sünde der Juden eine Mitschuld. Darüber äußert sich Luther nun in seiner Erklärung zu Ps. 14,7 um das Jahr 1520 wie folgt: »Diese gottlosen Namenschristen bereiten durch diese ihre Tyrannei dem christlichen Namen und Volk einen schweren Verlust. Auch sind sie schuld und teilhaftig an der jüdischen Ungläubigkeit. Durch solch ein Beispiel von Grausamkeit treiben sie diese gleichsam vom Christentum weg, obwohl sie diese doch mit aller Milde und Geduld, Bitte und Fürsorge anlocken müßten. . .« Juden, Ketzer und Türken, diese Zusammenstellung ist charakteristisch für Luther, könnten nicht durch »ekelhaften Hochmut« angezogen werden, sondern nur durch die »Liebe Gottes und Christi«. Das schließt Luther aus Ps. 14,7: »Ach, daß aus Zion das Heil käme und der Herr die Gefangenschaft seines Volkes wenden möge«. Dieses Heil für die Juden bestünde in Christus, und die Juden müßten zu Christus bekehrt werden, das aber kann nicht erfolgen, wenn man den Juden mit Haß begegnet.

Das Stichwort »Haß« weckt bei Luther noch andere Assoziationen, nicht nur angesichts des Hasses der Christen gegenüber den Juden. Auch die Synagoge haßt, sie legt ihren Haß nicht ab und erreicht dennoch nichts gegen die Kirche (zu Ps. 18,41). Gemeint sind hier Statuen an Kirchenportalen, wo der Kirche die Synagoge mit abgewendetem Gesicht und verbundenen Augen gegenübersteht. Warum nun diese Abwendung Haß ausdrücken soll, bleibt unerfindlich. Es ist jedoch ganz deutlich, daß der frühe Luther zwei Grundsätze hinsichtlich der Juden durchhält: 1. »Es ist öffentlich genug bekannt, daß die Juden allezeit die größten Feinde Christi gewesen sind« (Auslegung zu Ps. 67, 1521), und 2. »Darum sollen wir die Juden nicht so unfreundlich behandeln, denn es sind noch zukünftige Christen unter ihnen und werden es noch täglich. . . Unser Ding steht auf lauter Gnaden ohne Zusagen Gottes, wer weiß, wie und wann. Wenn wir christlich lebten und sie mit Güte zu Christus brächten, das wäre wohl das rechte Maß. . .« (Das Magnificat verdeutscht und ausgelegt, 1521). Die Juden sind also die größten Feinde Christi, Christen könnten sie jedoch zu Christus bringen. Feinde Christi sind sie nicht, weil sie seine Mörder gewesen wären, sondern weil sie meinen, durch gute Werke, was für ihn identisch mit »Gesetz« ist, erlöst werden zu können. Was die Werke angeht, sind sie den Papisten gleich. Juden und Papisten reden nur davon, tun sie aber nicht.

Luthers Hoffnung auf die Bekehrung der Juden zu seiner Form des Christentums war nicht völlig abstrakt. So gab es wenigstens einen Juden namens Jakob Gipher, der sich 1519 in Göppingen hatte taufen lassen und als Hebräisch-Lehrer wirkte. Seine Bekehrung soll unter Einfluß der Predigten Luthers erfolgt sein. Von 1521–1523 lehrte er in Wittenberg Hebräisch. An ihn schreibt Luther 1523 einen Brief, in dem er seine Auffassungen zu jener Zeit über das Judenproblem zusammenfaßt: »Starrsinn und Nichtsnutzigkeit der Juden sowie, was schlimmer ist, die höchst geschmacklose Roheit der Päpste, Priester, Mönche und Studenten, die weder durch die Lehre noch durch christliche Sitten auch nur einen Funken von Licht oder Wärme den Juden erweisen. . .« Und Luther bietet einen sehr eindrücklichen Vergleich: »Das ist so, als wenn eine Kupplerin ein Mädchen zum Unzuchtsgewerbe anlernt, sie hernach aber anklagt, nicht als Jungfrau zu leben. . . Jedoch, da jetzt aufgeht und leuchtet das goldene Licht des Evangeliums, besteht Hoffnung, daß viele Juden sich ernsthaft und gläubig bekehren und so von Herzen zu Christus hingerissen werden, wie du hingerissen worden bist.«

Das ist nun die Zeit, in der Luther sein wichtiges Missionsbuch schreibt, um die Juden zu gewinnen:»Daß Jesus Christus ein geborener Jude sei« (1523). Die Absicht ist deutlich und steht am Anfang: Luther möchte etliche der Juden »zum christlichen Glauben reizen«. Er versteht sehr wohl, daß sie noch nicht Christen sind, weil bisher »Tölpel und Knebel« den Christenglauben regiert hätten, aber nun bringt er ihnen das Evangelium. Man müsse nur freundlich zu den Juden sein und sie aus der heiligen Schrift säuberlich unterweisen. Damit meint Luther natürlich die typologische Auslegung, in der fast alles in der hebräischen Bibel bereits auf Jesus hinweise »und doch die Wahrheit ist, wer nicht Christum sucht oder sieht in der Bibel und hebräischer Sprache, der sieht nichts und redet wie der Blinde von der Farbe« (Dezember 1543). Das ist Luthers exegetisches Prinzip. Freilich: Immer, wenn Luther davon spricht, brüderlich mit den Juden zu handeln, folgt der Nachsatz »ob wir etliche bekehren möchten«. Sein Verhalten den Juden gegenüber ist also nicht zweckfrei. Er versteht, warum die Juden sich bisher nicht bekehrten, nun aber müßten sie es. Er will gern den Juden dienen, »ob wir ihrer etliche möchten zu ihrem eigenen rechten Glauben bringen...«. Luther kennt alle Argumente, die Juden gegen die Christologie einzuwenden pflegen. Eines der wichtigsten ist der Glaube, Jesus sei Gott und Mensch zugleich. Luther rät hier, mit den Juden pädagogisch umzugehen: Die Juden mögen zuerst den Menschen Jesus als den Messias erkennen, nachher können sie dann lernen, wie er wahrhaftiger Gott sei. Luther nennt diese Methode »zuerst Milch trinken«, das bedeutet Jesus als menschlicher Messias, »hernach Wein trinken«, das bedeutet die den Juden zuteil werdende Lehre über Jesus als Gott. Den Juden sei allzulange eingeprägt worden, Gott könne nicht Mensch sein, daher muß man mit den Juden säuberlich umgehen. Das wichtigste ist: Man muß sie aus der Schrift unterrichten, aber stets folgt der Nachsatz: »... so möchten ihrer etliche herbeikommen«, das ist Luthers Motto. Freilich, Luther geht noch einen Schritt weiter: Judenbekehrung ist zwar sein direktes Ziel, aber um hier weiterzukommen, muß man den Juden auch Gelegenheit geben, anständig zu arbeiten und vor allem dafür sorgen, daß ihnen nicht nur das Zinsnehmen, also das Wuchern, als einzige Erwerbsquelle bleibt. Juden sollen inmitten der Christen leben, um »unsere christliche Lehre und Leben zu hören und zu sehen«; Luther erweitert seine bisherigen Auffassungen: Sein Missionstrieb erstreckt sich nicht nur auf das Seelenheil der Juden, sondern auch auf ihre menschliche Existenz, freilich das Ziel ist immer deutlich und wird stets genannt. Dabei ist er anfangs bereit, auch in Kauf zu nehmen, daß »etliche halsstarrig sind, was liegt daran?«. Luther fordert, daß man keine Gewalt mehr gegen Juden anwendet, keine Lügen über sie verbreitet, daß man sie nicht »gleich Hunden hält«. So deutlich Luthers Bekehrungs-

absicht auch zutage tritt, kann nicht übersehen werden, daß mit dieser
Schrift aus dem Jahre 1523 auch ein neues, humanes Element in die Diskussion kommt. Luther selbst hat diese Haltung zwar recht bald nicht mehr
durchgehalten, aber die Hinwendung zu den Juden als Menschen ist hier
unternommen worden. Theologisch hatte Luther damit keinen Bruch vollzogen, aber er stellte – gleichgültig aus welchen Motiven – die Forderung
auf, der Jude sei der Mitbruder des Christen, und dieser müsse daraus konkrete politische und soziale Folgerungen für sein Verhalten gegenüber den
Juden ziehen. 150 Jahre später haben dann die Hallenser Pietisten an dieses
inzwischen verschüttet gewesene Erbe Luthers wieder angeknüpft.

Diese Lutherschen Forderungen an die Obrigkeit bzw. die Kirche haben
natürlich einen realen Hintergrund, das heißt das Verhalten der Christen
gegenüber den Juden, genauer die politische Situation der Juden zur Zeit
Luthers, die Verachtung, der die Juden ausgesetzt waren. Darüber ist nun
zum Verständnis von Luthers Versuch, den Juden ein menschenwürdiges
Dasein zu bieten, einiges zu sagen. Aus vielen Reichsstädten, Territorien
und Bistümern waren die Juden zu Ende des 15. und Anfang des 16. Jahrhunderts vertrieben. Die meisten Berufe waren ihnen versagt, sie wurden
zu Krämern, Hausierern, Geld- und Pfandleihern degradiert. Andererseits
hatte ihnen Karl V. auf dem Reichstag zu Augsburg (1530) und Regensburg
(1541) die Privilegien der mittelalterlichen Kaiser bestätigt. Eine ähnliche
Paradoxie herrschte in anderer Beziehung. Noch bis zu Beginn des 16. Jahrhunderts fanden Ritual- und Hostienschändungsprozesse statt, zu gleicher
Zeit aber predigten die Humanisten, daß jede Religion den gleichen Wahr-
heitsgehalt, das gleiche ethische Prinzip besäße, daß sich die Gottheit in
Plato wie in Christus, in Sokrates wie in Mose offenbart habe.

Johann Reuchlin bewahrte die heiligen Bücher der Juden vor der Vernichtung, und er interessierte sich für ihre mystischen Lehren, die Kabbala,
zu gleicher Zeit bedienten sich die Dominikaner des getauften Juden Pfefferkorn zur Vernichtung dieser Bücher. Die Gründe für diese Widersprüche
waren politischer, wirtschaftlicher, sozialer und religiöser Natur, ent-
stammten aber auch emotionalen und irrationalen Quellen. Sie waren alle
unlösbar miteinander verwoben, wenn auch bei einzelnen Ereignissen bald
das eine, bald das andere Motiv überwog.

Die kaiserliche Macht Karls V. hatte nach außen ihren Glanz zwar bewahrt, in Wirklichkeit war das Kaisertum jedoch in um die Vorherrschaft
miteinander ringende und sich befehdende Gewalten zerfallen. Dieser
Dualismus fand seinen Ausdruck in der Entstehung eines ständischen
Reichsregiments, das zugunsten der Unabhängigkeit der Einzelstaaten die
unbeschränkte Hoheit des Kaisers immer mehr einengte. Wenn die Kaiser,
so auch Karl V., gegen Judenverfolgungen einschritten, war es ihnen vor allem darum zu tun, ihre Rechtshoheit zu erhalten, das heißt das Judenregal
vor den Eingriffen der Reichsstände zu schützen und die Judenheit der Krone als alleiniges Eigentum zu erhalten. Der gleiche Dualismus, der zwischen dem Kaiser und den Reichsständen bestand, zeigte sich auch in den

neu sich bildenden Territorial- und Ständestaaten. Der betreffende Fürst dieser Territorien hatte mit seinen Untertanen, den Rittern und Prälaten sowie dem städtischen Patriziat, um die Wahrung seiner Hoheitsbefugnisse bitter zu kämpfen. In dem Bestreben der Stände, die Gewalt der Landesfürsten zu beschränken und selbst politische Rechte zu erlangen, spielte auch das Judenproblem eine Rolle. Das Judenregal wurde wie zwischen Kaiser und Reichsständen so auch zwischen den Landesfürsten und Landständen zu einem umstrittenen Kampfobjekt. Die Judenverfolgungen des 15. und 16. Jahrhunderts hatten weitgehend zwei Ursachen: Der handwerklich-gewerbliche Städter sollte von dem lästigen jüdischen Konkurrenten befreit werden, gleichzeitig wollte man den Fürsten durch die Entziehung des Judenregals schwächen, das heißt seiner finanziellen Machtmittel berauben. So war, um nur ein Beispiel zu nennen, der märkische Hostienschändungsprozeß von 1510, bei dem wirtschaftliche und religiöse Motive eine Rolle spielten, auch ein politischer Prozeß. Er bedeutete eine Auflehnung der Stände gegen den Kurfürsten Joachim I., der damals gegen den Willen des Landes einer Anzahl Juden den Aufenthalt gestattet hatte. Wenn im übrigen Standesherren und Reichsritter anderwärts vertriebene Juden aufnahmen, taten sie es, um neue Steuerträger und Verkäufer für ihre landwirtschaftlichen Produkte zu erhalten. Schließlich vollzog sich damals eine kommerzielle Revolution großen Ausmaßes. Der Agrarstaat begann sich in einen Handelsstaat, die Naturalwirtschaft in eine Geldwirtschaft zu wandeln. Die neue kapitalistische Wirtschaftsmethode unterhöhlte die alte Preis- und Gewerbeordnung des Mittelalters. Das Volk vermochte diesen tiefgehenden ökonomischen Wandlungsprozeß nicht zu verstehen und fand in den Juden Schuldige. Die vielen Judenaustreibungen, besonders die der Reichsstädte, sind durch diese wirtschaftlichen Veränderungen bedingt worden. In der Geschichte des Juden Josel von Rosheim (1478–1554) vermag man wie im Spiegel das ganze Geschehen des jüdischen Lebens und Leidens zu erkennen; er war der Anwalt der Juden, der überall eintrat, wo die Existenz der Juden gefährdet war. Wir werden von ihm bald im Zusammenhang mit Luther hören.

Luthers Haltung zu den Juden änderte sich zunächst nach 1523 kaum. Freilich fühlte sich Luther genötigt, anläßlich des Schutz- und Trutzbündnisses der protestantischen Fürsten in Schmalkalden (Thüringen) – es war ihnen inzwischen reichsrechtlich die Duldung der protestantischen Religion zugestanden worden – eine Bekenntnisschrift zu verfassen, die sogenannten »Schmalkaldischen Artikel« (1537). In diesen theologischen Äußerungen steht gar nichts, was Luther nicht auch schon vorher gelehrt hatte, aber was das Judentum anbetrifft, so mußte der apodiktische Ton Folgen haben, weil hier nun die entscheidenden – unüberbrückbaren – Unterschiede zwischen seiner Theologie und dem Judentum zum Ausdruck kommen:

Die Menschen sind allzumal Sünder und werden ohne Verdienst gerecht aus Gottes Gnade und durch die Erlösung Christi in seinem Blut. Gesetz,

Werk, Verdienst haben für die Erlösung keine Bedeutung, allein der Glaube mache gerecht. Abschließend heißt es: »Und auf diesem Artikel steht alles, was wir wider den Papst, Teufel und die Welt lehren und leben...« Im Grunde hatte Luther das längst mehr als 15 Jahre vorher in seiner Römerbriefvorlesung gesagt (vgl. etwa auch zu Röm. 9,6): »»Denn nicht alle, die von Israel sind«. Ein Wort wider die Anmaßung der Juden und zum Lobpreis der Gnade und zur Zerstörung jeglichen hoffärtigen Vertrauens auf die Gerechtigkeit und guten Werke...«

Die zentrale Stellung in der Lutherschen Theologie bleibt Jesus Christus; Luthers Schriftauslegung ist typologisch, das heißt Christus wird im Alten Testament nicht nur vorausgesagt, mehr noch, er ist in ihm enthalten, es bedarf nur der richtigen Exegese. Schließlich lehrte Luther schon immer, der Mensch könne sich nicht durch eigene Lebensführung gerecht machen; er ist allein von der Gnade Gottes abhängig. Diese drei Grundprinzipien stehen der jüdischen Lehre kompromißlos gegenüber. Der Gegensatz ist hier unüberbrückbar: Der jüdische Offenbarungsbegriff, das Verständnis der hebräischen Bibel, die Relevanz der Tora als Bund zwischen Gott und Israel, alles, was das Judentum als wesentlich begreift, wird von Luther deutlich und kompromißlos abgelehnt.

Diese zwar nicht neue, aber etwas schärfere Akzentuierung des protestantischen Propriums hat weitere theologische Folgen gehabt. Es ist die sogenannte Enterbungstheorie: Die Christen sind das wahre Israel. Die Juden dürfen nicht mehr hoffen, daß sie aus den Völkern gesammelt werden. Das erschließt Luther aus Ez. 38 u. 39 (1530). Sicher hat Luther die Hoffnung auf die Bekehrung der Juden nicht aufgegeben, in den Tischreden (vor 1538) heißt es einmal, wenn ein oder zwei Rabbiner vom Judentum abfielen, könnte der Bekehrungsprozeß vielleicht doch noch beginnen. Auch verspricht er sich einiges von seinen Predigten, die sollten die Juden hören, ebenso seine Auslegung des Alten Testamentes. Vom Disputieren hält er nichts.

Wir erwähnten vorher den Judenvorsteher Josel von Rosheim. Er ist zu Luther in Verbindung getreten und wandte sich mit der Bitte um Fürsprache beim Kurfürsten von Sachsen an Luther. Luther lehnte dieses Eintreten für Josel ab. Sein Brief vom 11. Juni 1537 ist uns erhalten. Luther teilt offen den Grund seiner Weigerung mit: Die Juden sollten »uns Christen nicht für Narren und Gänse halten«, und den Juden wird nicht geholfen, »ihr nehmet denn Euern Vetter und Herren, den lieben gekreuzigten Jesum mit uns Heiden an«. Und nun kommt noch einmal der entscheidende Satz, der sich ja auch etwas verhüllter in den früheren Äußerungen gefunden hatte: »Solches wollt von mir freundlich annehmen, Euch zu Eurer Vermahnung. Denn um des gekreuzigten Juden willen, den mir niemand nehmen soll, möchte ich Euch Juden allen gerne das Beste tun, ausgenommen, daß Ihr meine Gunst zu Eurer Verstockung gebrauchen sollt...« Luther spricht es unverhohlen aus: Hilfe von ihm für Juden ist nicht zu erwarten, wenn sie sich nicht bekehren. Der in einem freundlichen Ton gehaltene Brief spiegelt die Haltung Luthers zu den Juden deutlich wider. Früher hatte er versucht, ihnen Jesus als Mensch nahezubringen, um sie auf diese Weise an das Christentum heranzuführen. Jetzt kann er sie nur noch auf Christus, die Gottheit, verpflichten. Umwege geht er nicht mehr. Aber der Hauptgrund, warum er sich Josels Bitte verschloß, war seine Erregung, »daß dieses von einem Ort zum anderen getriebene, gescheuchte, gejagte Volk ohne einen gewissen bleibenden Ort« (Tischreden, Januar 1533), dieser »Weinstock, der nur noch zum Verbrennen taugt« (ebenda), noch immer die Kraft besaß, Früchte zu tragen, und daß sogar die Tora, die nach Luthers Auffassung aufgehört hatte zu existieren, immer noch Christen anzog. Luther hatte ja schon den Wiedertäufern vorgeworfen, sie judaisierten und der Münzersche Geist wolle aus Christen Juden machen. Gerade aber in jener Zeit, als sich Josel an ihn um Hilfe wandte, wurde ihm ein immer wieder verbreitetes Gerücht bestätigt, in Mähren sei eine Sekte, die Sabbather, von den Juden verführt, vom Christentum abgefallen. Sie feierten den Sabbath, ließen sich beschneiden, glaubten, der Messias sei noch nicht erschienen und bekannten sich offen zur Tora.

Es wäre falsch anzunehmen, Luther habe mit diesem Verweigerungsbrief, der äußerlich im Gegensatz zu seiner früheren Haltung zu stehen scheint, eine Wende vollzogen. Auch die bisherigen Stellungnahmen zu den Juden sind immer davon ausgegangen, die Juden müßten sich zu Jesus bekehren, vielleicht zuerst zum Menschen Jesus, dann zum Christus. Sein Wohlwollen gegenüber den Juden war nie bedingungslos, sondern hatte immer ein konkretes Ziel: sie zu Jesus zu führen. Die Juden jedoch hätten sich nicht nur Luthers Argumenten verschlossen, sondern über Jesus nichts anderes zu sagen gehabt, als daß er »ein gekreuzigter, verdammter Jude sei«, eine Formulierung, die Luther ausdrücklich in seinem Brief an Josel von Rosheim verwendet. Wenn der Ton Luthers gegenüber den Juden schärfer wird, und die Verweigerung gegenüber dem Judenvorsteher ist dafür charakteristisch, so hat das weder etwas mit einer theologischen Wende noch mit Altersstarrsinn zu tun, sondern liegt in Luthers Theologie: Für das Judentum hatte er niemals etwas übrig gehabt, für die Juden als Menschen schon, soweit sie sich zu seiner Lehre des Christentums bekehren. Das Verhalten der Juden in dieser Beziehung vermochte er nur als obstinat zu betrachten, als »verstockt«, denn Bekehrungen erfolgten kaum. Im Gegenteil, im fernen Mähren bekannten sich christliche Sektierer zu jüdischen Bräuchen und religiösen Vorstellungen.

Luthers Brief »Wider die Sabbather an einen guten Freund« erschien 1538. Der gute Freund ist Graf Wolfgang Schlick zu Falkenau in Nordböhmen, von dem die Nachrichten über die angeblichen Erfolge jüdischer Propaganda im böhmisch-mährischen Raum stammten. Über die wirklichen geschichtlichen Tatsachen haben wir aber keine Quellen, insbesondere wissen wir darüber wenig, welchen aktiven Anteil die Juden an der Formung dieser christlichen Sekte hatten. Jedenfalls ersucht der Graf Luther durch einen Boten, Luther möge das Tun dieser Christen mit Argumenten aus der

Heiligen Schrift widerlegen. Der Brief »Wider die Sabbather« enthält den Versuch, drei Grundfragen zu beantworten: Welches ist die Sünde, die das jetzt nun 1500 Jahre dauernde Elend des jüdischen Volkes herbeigeführt hat? Was bedeutet die Verheißung des Neuen Bundes (Jer. 31,31ff.) für das im Elend steckende Volk? Bleibt das mosaische Gesetz allezeit gültig?

Die 1. Frage beantwortet er damit, daß mit dem Untergang des Tempels für die Juden das gesamte Kultwesen vernichtet worden ist. Da dieser Zustand für sie schon so lange dauert, müssen die Juden ungeheuer gesündigt haben. Die Ursünde der Juden besteht darin, daß sie vor 1500 Jahren ihren Messias nicht erkannten. In Christus ist der von Jeremia verheißene Gnadenbund erfüllt worden. Die greuliche Sünde der Juden besteht also darin, daß sie diesen Gnadenbund nicht angenommen haben. Durch ihren Unglauben strafen sie Gott Lügen. Hier taucht wieder das Motiv aus der frühen Römerbriefvorlesung auf: Die Begründung ist an beiden Stellen die gleiche: Luthers Rechtfertigungslehre, die hier zwar nicht durch das Gesetz beeinträchtigt wird, sondern durch die Ablehnung des den Juden durch Gott angebotenen Heiles. Aber sofort gelangt Luther nun auch zum Gesetz: Das Kommen des Messias hebt die Autorität des Gesetzes auf. Das wird zudem noch dadurch bestätigt, daß durch die Zerstörung des Tempels nach Luthers Meinung das Gesetz ja ohnehin nicht mehr angewendet werden kann. Eine teilweise Erfüllung des Gesetzes (Speisegebote und Beschneidung) garantiert nicht den Fortbestand des ganzen. Wenn das Neue Testament die Gültigkeit des Gesetzes behauptet (Mat. 5,17), so bezieht es sich auf den Dekalog. Der ist aber vor Mose, Abraham und allen Patriarchen über die ganze Welt gegangen und regiert alle Menschen zu allen Zeiten. Nur das Sabbatgebot im Dekalog sei ein zeitgeschichtlich bedingter Zusatz. Auch andere Gebote seien mit spezifisch jüdischen, längst gegenstandslos gewordenen Zusätzen ausgestattet.

Luther äußert zum Schluß die Hoffnung, sein Freund habe nun Material genug, um sich wider die Sabbather zu schützen. Kann er die Juden nicht bekehren, so mag er sich trösten mit dem Gedanken an die Propheten, die ebensowenig ausrichteten. Da das Elend die Juden nicht gedemütigt noch das Bewußtsein, daß Gott sie verlassen hat, so mag man mit gutem Gewissen an ihnen verzweifeln. Die Arbeit ist keine tiefe theologische Analyse, sondern eine Gelegenheitsschrift. Erhellend, wie sehr Luther sich hier von den Juden abgewandt hat, ist die Reaktion seines Freundes Justus Jonas (1493–1555), Luthers lebenslanger Freund und Trauzeuge und zuständig für die lateinische Übersetzung von Luthers Schriften. Justus Jonas hatte von jeher eine judenfreundlich-missionarische Haltung vertreten, wie früher auch Luther, er meinte, die Juden würden das Licht der Wahrheit erblicken, wenn sie sich nur dem Mose und den Propheten unverfälscht anvertrauten, ohne das Beiwerk der Rabbiner. Für die lateinische Übersetzung von Luthers Schrift »Gegen die Sabbather« schreibt nun Justus Jonas ein Vorwort, in dem er mitteilt, durch die Vernachlässigung des Bibelstudiums unter dem Papsttum sei das jüdische Volk verachtet worden. Die Reformation erkenne mit der Wiederentdeckung der Heiligen Schrift auch den Wert des Volkes Israel. Es sei daher Pflicht der Kirche, unablässig an der Rettung der Juden zu arbeiten, um das jüdische Volk aus seiner Verirrung auf den rechten Weg zu führen. Jonas übersetzt nun dieses Büchlein ins Lateinische, damit das Buch vielleicht Nutzen erzielen könne auch bei den Juden in Italien, den Niederlanden oder sonst im Ausland, um einige vielleicht zu ihrem wahren Messias zurückzurufen.

Heiko Oberman (Wurzeln des Antisemitismus, S. 60ff.) hat gezeigt, daß die Haltung von Justus Jonas eine legitime aus der Reformation geborene Alternative zur Lutherischen Judenkonzeption darstellte. Nicht die Judenbekehrung, sondern die Heidenberufung ist der eigentliche Schlüsselgedanke von Jonas. Die durch Christus ermöglichte Aufnahme in das Volk Abrahams zu einem Leib ist das Thema. Christen sind also nach Röm. 11,17 auf den Baum Israel gepfropfte Heiden, zu einem Leib mit den Juden vereint, gemeinsam unter dem einen Haupt Jesus Christus. Das schließt natürlich Judenmission nicht aus, bedingt sie sogar, sie ist aber nicht die ausschließliche Aufgabe. Im übrigen zeigt sich hier durchaus eine mitbrüderliche Haltung gegenüber den Juden, das Fehlen jeder Selbstgerechtigkeit: »weil auch unter uns nicht alles christlich ist, was sich christlich gibt«. Jonas sieht, anders als Luther, einen inneren Zusammenhang zwischen Juden und Christen, ein Weg, den Luther nicht mehr mitzugehen bereit ist. Ob er jemals fähig gewesen wäre, die tieferen inneren Gemeinsamkeiten jüdisch-christlicher Vergangenheit und Zukunft zu begreifen, dürfte zweifelhaft sein. Seine Rechtfertigungslehre hat ihn daran bereits in der Frühzeit gehindert: »Juden, Häretiker und auch alle einzelnen Abergläubischen« wollen durch eigene Werke gerecht werden, nicht durch Christi Tod (zu Ps. 32,5). Das ist Luthers Kriterium.

Neben der menschlichen Enttäuschung, trotz seiner anfangs wohlwollenden Haltung gegenüber jüdischen Menschen keinen Erfolg bei der Judenmission gehabt zu haben, spielt ein weiteres Moment eine Rolle: Luther ist allmählich von einem Reformator, das heißt einem Kirchenerneuerer, zu einem Dogmenwächter geworden. Das bedeutet natürlich keine Änderung seiner Theologie, seiner Grundpositionen, aber er steht nun in einer neuen historischen Situation, da jetzt protestantische Landeskirchen entstanden sind. So ist ihm mit diesen eine neue Funktion zugewachsen. Luther spürt dieses neue lehramtliche Verantwortungsbewußtsein, und in diesem Zusammenhang kommt er zu der Schlußfolgerung: Wer beharrlich der Wahrheit des Evangeliums – und dazu gehören nach damaliger Auffassung auch die altkirchlichen Dogmen – die Anerkennung verweigert, der ist nicht anders zu verstehen, als daß er es aus bösem Willen tut. Zentrale Vorstellungen seines Glaubens werden von den Juden bestritten, obwohl sie diese doch aus ihrer eigenen Bibel, dem Alten Testament, herauslesen könnten: Gottheit Christi, Jungfrauengeburt, Trinitätslehre, alles für Juden unakzeptable Vorstellungen. Diese aber finden sich im Evangelium, ja nach seiner Exegese sogar schon im Alten Testament; die Juden hingegen lehnen alles das ab. Da nach Luthers Lehre nicht mehr die römische Kirche als die Alleinbesitzerin der Wahrheit gilt, muß jetzt die Heilige Schrift als die unbestreitbare Wahrheit entscheiden, was wahre Glaubenslehre ist. Diese biblische Glaubenslehre haben dann alle, Christen wie Juden, anzunehmen. Indem Luther nun den Juden diese christlichen Wahrheitslehren auch aus ihrer eigenen hebräischen Bibel nachzuweisen sucht und die oben erwähnten Dogmen konstitutive Elemente sind, die Juden diese Lehren aber nicht akzeptieren, ist für ihn das Tischtuch zerschnitten. Luther fühlt sich nicht mehr als Professor oder Prediger, er ist der Wächter geworden, damit sich durch ihn die ihm aus der ganzen Bibel gegebenen Glaubenswahrheiten durchsetzen. In seinem eigenen Umkreis stehen ihm dabei vor allem die Juden im Wege. Dabei kann er keine Rücksicht auf ihre Empfindlichkeiten nehmen. Als er von einigen einmal um Geleitbriefe gebeten wird, damit sie ohne Weggebühren reisen können, fügt er in den Geleitbrief ein: »um des Namens Jesu Christi willen«. Die Juden weigerten sich, das Papier anzunehmen und erklärten: »Die Briefe sind gut, aber dieser Name beleidigt uns.« Daher wollten sie lieber Weggebühren zahlen, als solche Briefe annehmen (Tischreden, 1540).

Im Grunde wunderte sich Luther wahrscheinlich mehr, als er enttäuscht gewesen sein mag, daß die Juden die ihnen von ihm gebotene Chance nicht ergreifen. Als er einmal (12.4.1539) ein hebräisches Buch zur Hand nimmt, das von den Gebeten und Festen der Juden handelt, offenbar ein Gebetbuch für Feiertage, hat er nur den folgenden Kommentar: »Sie verstehen nichts von Gottes Gnade, noch von der Gerechtigkeit des Glaubens wie Gott barmherzig sei, aus lauter Gnade um Christi willen, und daß der Glaube an Christus gerecht, fromm und selig mache. Davon wissen sie weniger denn nichts...« Diese Einschätzung des Judentums ist nicht neu, sie findet sich bereits 20 Jahre früher im Kommentar zum Römerbrief. Theologisch hat sich also wirklich nichts geändert.

Der unmittelbare Anlaß für Luthers berüchtigte antijüdische Schrift »Von den Jüden und ihren Lügen« (1543) war eine wahrscheinlich von einem Juden geschriebene Schrift, in der Luthers Brief wider die Sabbather kritisiert wurde. Diese Streitschrift ist uns aber leider heute nicht mehr erhalten, Luther bekam sie in Wittenberg am 18. Mai 1542. Offenbar wurde Luther hier zur Polemik getrieben, weil in jener angeblich jüdischen Streitschrift eine spezifisch jüdische Exegese betrieben wurde oder, wie Luther es formuliert, »die Sprüche der Schrift verdreht und des christlichen Glaubens Grund umgestoßen« wird. Luther fühlt sich hier theologisch angegriffen, die Juden haben sich also gegen seinen Wahrheitsanspruch zur Wehr gesetzt. Nicht nur, daß sie sich nicht bekehrten, sie widersprechen ihm, und dies erst noch auf seinem eigenen Boden, der Auslegung der Heiligen Schrift. Dadurch ist Luther nun vollends zur Erkenntnis gelangt, eine Bekehrung sei aussichtslos. Diese antijüdische Schrift ist weniger Zeichen der Enttäuschung, sondern mehr noch das offene Eingeständnis des Scheiterns gegenüber den Juden. Luther hatte vorher – wenn auch fälschlich – gemeint, in einem Dialog mit den Juden zu stehen, nun will er nur noch über die Juden reden und seine Mitchristen vor ihnen warnen, damit sie nicht die Schrift »verkehren«, »unseres Glaubens Grund umstoßen«. Offenbar fühlt er sich einmal mehr von der Existenz der Juden geistig bedroht. Seine Bekehrungsversuche sind gescheitert, die Juden bleiben, was sie sind, setzen sich theologisch auch noch zur Wehr und bestreiten damit Luthers Wahrheitsanspruch. Er hat erkannt, die Bekehrung der Juden ist unmöglich: »daß ich die Juden bekehren wolle; denn das ist unmöglich«. Luther hat für sein Pamphlet Quellen benutzt: Nikolaus von Lyra (1270–1349). Das 1497 in Nürnberg gedruckte Werk trägt den Titel:»Gegen die Treulosigkeit der Juden«. Paulus von Burgos (1351–1435), ein Konvertit, wurde 1415 Erzbischof von Burgos und schrieb ebenfalls ein 1475 in Mantua erschienenes antijüdisches Werk. Luther folgte ferner Salvagus Porchetus aus Genua, »Sieg über die ungläubigen Hebräer« (Paris 1520). Am wichtigsten wurde für Luther aber das Buch von Antonius Margaritha, eines zum Christentum übergetretenen Juden, Professor für Hebräisch in Wien. Sein Hauptwerk »Der ganze jüdische Glaube« erschien 1530 in Augsburg.

Luther versucht nicht mehr, exegetisch zu argumentieren, weil er das nunmehr für sinnlos hält, sondern nimmt die alte mittelalterliche Judenfeindschaft auf. Selbst Anspielungen auf Ritualmord tauchen jetzt auf, nachdem Luther früher derartigen Anschuldigungen entgegengetreten war. »(Sie) bleiben gleichwohl im Herzen unsere täglichen Mörder und blutdürstigen Feinde. Solches beweisen ihr Beten und Fluchen und soviel Historien, da sie Kinder gemartert und allerlei Laster geübt, darüber sie oft verbrannt und verfolgt sind.« Ferner behauptet er: Sie verfluchen die Christen in ihren Synagogen und wünschen alles Unglück auf sie herab. Sie treiben Abgötterei mit Zeichen und Figuren, nennen Christus einen Zauberer, den Fürsten aller Teufel, den Sohn einer Hure, die mit einem Schmied Ehebruch begangen habe. Was sollen die Christen tun, um ihre Schuld zu büßen, daß sie Christi Blut noch nicht gerächt haben? Daß sie trotz allen Mordens und Schändens der Juden Synagogen und Häuser, Leib und Gut beschützen und sie frei in ihren Ländern wohnen lassen? Sie müßten, antwortete Luther, »mit Gebet und Gottesfurcht eine scharfe Barmherzigkeit üben, ob sie doch etliche aus den Flammen und Glut erretten könnten«. Für die Ausübung dieser »scharfen Barmherzigkeit« gibt er folgenden Rat:

1. Man soll ihre Synagogen mit Feuer anstecken, Schwefel und Pech dazu werfen, und was nicht brennen will, mit Erde überschütten, damit kein Stein mehr zu sehen sei ewiglich.

2. Man soll ihre Häuser zerstören, sie in einem Stall wie Zigeuner zusammentreiben, damit sie einsähen, sie seien nicht die Herren im Lande, sondern Gefangene im Exil.

3. Man soll ihnen ihre Gebetbücher, den Talmud und die Bibel wegnehmen, damit sie nicht mehr Gott und Christus zu verfluchen die Macht hätten.

4. Man soll ihren Rabbinern bei Todesstrafe verbieten, Unterricht zu

erteilen, Gott öffentlich zu loben und zu ihm zu beten, damit sie keine Got-
teslästerei mehr betreiben könnten.

5. Man soll ihnen das Geleit und das Recht, die Straßen des Reichs zu
befahren, aufkündigen.

6. Man soll ihnen den Wucher untersagen, ihnen ihr Geld und ihre
Kleinodien, ihr Gold und Silber abnehmen, da alles, was sie besitzen, durch
Wucher geraubt und gestohlen ist.

7. Man soll den jungen starken Juden und Jüdinnen Flegel, Axt, Spaten, Rocken und Spindel geben, damit sie im Schweiße ihres Angesichts ihr
Brot verdienen, obwohl es für das Wohl der Untertanen das Beste sei, sie
wie in Spanien, Frankreich, Böhmen und den Reichsstädten aus dem Lande
zu jagen.

Zum Schluß stellt Luther fest, über die Juden sei der Zorn Gottes gekommen, ihr Glaube sei falsch, sie seien von allen Teufeln besessen. Und er kann
sich nur noch an Christus wenden und ihn bitten, er möge sie barmherzig-
lich bekehren. Stand früher die Bekehrungssehnsucht am Anfang und war
sie das erhoffte Ziel seiner Beschäftigung mit den Juden, so steht sie jetzt
nur noch als formelhafte Eulogie am Schlusse in einem Buche, das im
Grunde nichts anderes darstellt als Verfluchungsarien über Menschen, die
sich der Annahme von Luthers Glauben widersetzten und dafür noch eigene, aus der hebräischen Bibel entnommene Argumente anführen.

Drei Tage vor seinem Tode, am 15. Februar 1546, verlas Luther nach seiner Predigt in der Andreaskirche zu Eisleben eine »Vermahnung wider die
Juden«. Es ist seine letzte Äußerung über dieses Thema: Anfangs ruft er seine Mitchristen auf, den Juden anzubieten, sich taufen zu lassen. Wenn sie es
aber nicht tun, sind sie »unsere öffentlichen Feinde, hören nicht auf, unsern
Herrn Jesus Christus zu lästern, heißen die Jungfrau Maria eine Hure, Christum ein Hurenkind...«. Und sein letztes Wort lautet: »Wollen sich auch
die Juden zu uns bekehren und von ihrer Lästerung und was sie sonst getan
haben, aufhören, so wollen wir es ihnen gern vergeben. Wo aber nicht, so
sollen wir sie auch bei uns nicht dulden noch leiden.« In dieser »Vermahnung wider die Juden« kehrt fast formelhaft diese Terminologie 5mal wieder: »Wo sie sich aber bekehren... und Christus annehmen, so wollen wir
sie gern als unsere Brüder halten.«... »wo nicht, so wollen wir sie nicht leiden«.

Nun ist es bekanntlich nicht so, daß Luther sich allein gegen die Juden gewandt hätte. Neben den Juden hat er früh schon den Islam in der Gestalt
der Türken anvisiert und als Teufelsdiener verstanden. Zu den Türken gehört auch der Papst, der Papst ist der Geist, der Türke das Fleisch des Antichristen. Bald nun gesellt sich zu Papst und Türke jener Dritte im diabolischen Bunde, der unbekehrte, ja offensichtlich unbekehrbare Jude.

Grundmerkmal des alten Luther bleibt bis zu seinem Tode der nicht
nachlassende Einsatz gegen die Ballung der diabolischen Attacken an allen
Fronten. Im Jahre 1537 faßt er in einem Satze zusammen, wie sehr er die
Kirche bedroht sieht: »Und dies ist ein nötiger Trost für die Christen, daß sie

nicht zweifeln, daß die christliche Kirche bleibt·in der Welt, mitten unter den Ungläubigen, Türken, Heiden, Juden, Ketzer, und Rotten, auch mitten unter dem leidigen Teufel und seinen Engeln ... Der Heilige Geist wird euch alles lehren und erinnern.« Luther hat für sich die Heilige Schrift entdeckt, und mit ihr die Juden. Aber von ihnen kann er nur die Bekehrung zu seinem Wahrheitsanspruch fordern, gerade weil er sich als der Entdecker des Evangeliums versteht.

Fassen wir zusammen: Luther hat die Bekehrung der Juden erhofft, weil diese wesentlich zum Siege seiner reformatorischen Tat beigetragen hätte. Wäre ihm in wenigen Jahren gelungen, was dem Papsttum in vielen Jahrhunderten mißlang, so wäre augenfällig die Überlegenheit seines neuen reformatorischen Glaubens bezeugt worden. Eine solche Bestätigung lag für ihn besonders nahe, weil er in den Juden »Blutsfreunde, Vettern und Brüder des Herrn« erkannte, und ihre Zuwendung zu seiner Lehre hätte für ihn die innerste Rechtfertigung seiner eigenen Loslösung von der katholischen Kirche bedeutet. Dazu kommt, daß Luthers Weltanschauung und Weltgefühl weitgehend noch im Mittelalter wurzelten. Er lebte in der Vorstellungswelt von der Sündhaftigkeit und Wertlosigkeit diesseitigen Lebens, das ihm nur eine Zeit der Prüfung, Vorbereitung und Bewährung für das jenseitige bedeutete. Nichtchristen und Heiden wären im übrigen ohnehin verdammt und verloren.

Stimmen der Judenfreundschaft sind im frühen Protestantismus spärlich, doch es gibt sie. Justus Jonas wurde schon erwähnt. So distanzierte sich Andreas Osiander, der Reformator Nürnbergs, von den antijüdischen Schriften Luthers. Der wohl judenfreundlichste Reformator war Wolfgang Capito aus Straßburg, der seinerzeit Josel von Rosheim bei Luther eingeführt hatte. An den frühen Luther mit seiner Bekehrungssehnsucht haben dann die Pietisten im 17. und 18. Jahrhundert angeknüpft, die in ihrem Missionsstreben die persönlichen Beziehungen zu Juden gefördert hatten und in mancher Beziehung, freilich ungewollt, zugleich auch Wegbereiter der Judenemanzipation geworden sind, indem sie das menschliche Kennenlernen und die Begegnung zwischen Juden und Christen herbeiführten.

Fragen wir uns, inwieweit Luthers Auffassungen in der Theologie nachwirkten, so lassen sich einige Stränge bloßlegen, die teilweise bis heute sichtbar sind:

1. Das Judentum sei durch das Christentum überholt und abgelöst.

2. Das Judentum besitze daher keine heilsgeschichtliche Daseinsberechtigung.

3. Verglichen mit dem Christentum sei es ethisch minderwertig und der Lehre Christi unterlegen. Freilich spielt bei Luther selbst die theologische Ethik keine zentrale Rolle, weil er alles allein auf den Glauben anlegt.

4. Gewisse christliche Theologen glauben wie Luther weiter an ihr Recht, über das Judentum, sein Schicksal und seine Aufgabe in der Welt urteilen zu dürfen.

5. Das jüdische Selbstverständnis wird selten zur Kenntnis genommen, die authentischen jüdischen Quellen werden kaum berücksichtigt, die Existenz des jüdischen Menschen in seiner eigenen Identität als Jude wird nicht verstanden oder ernst genommen.

Solche theologischen Fehlurteile über das Judentum – wir nennen sie Antijudaismus – haben im Laufe der Geschichte Folgen gehabt. Die theologische Abwertung des Judentums hat wenigstens teilweise auch dem modernen Antisemitismus den Weg geebnet. Luther ruft gewiß nicht zur Ermordung der Juden auf, aber er entwertet sie zuerst theologisch und rät hernach, man möge sie vertreiben. Man darf sich der Tatsache nicht verschließen, daß in möglichen praktischen Konsequenzen die theologische Parole, die Juden seien verworfen, oft nicht von einem biologisch begründeten Antisemitismus unterschieden wird. Hier handelt es sich vielmehr um die Säkularisierung der alten mittelalterlichen Pseudotheologie der Kirche, die auch Luther teilweise weiterführt. Freilich hat er dabei ihre magischen Elemente entfernt.

Schließlich werden wir uns auch dem Problem zu stellen haben, daß durch Luthers Judenlehre Abwehrkräfte gegen Judenfeindschaft geschwächt worden sind. Wir können den theologischen Antijudaismus der Kirche nicht streng von rassistischen Spielarten trennen. Sicher hat Luther den bekehrten Juden von seinem strengen Regime ausgenommen, ja um ihn bis zuletzt geworben, aber dem jüdischen Menschen hat er sein Recht auf eigene Existenz nicht zugestanden. Der Jude war für ihn kein Partner, sondern bestenfalls Objekt der Bekehrung, zu Luthers und der Welt Heile wie zu dem des Juden.

Als im September 1941 im NS-Deutschland der sogenannte »Judenstern« eingeführt wurde, haben 7 evangelisch-lutherische Landeskirchen, diejenigen von Sachsen, Hessen-Nassau, Mecklenburg, Schleswig-Holstein, Anhalt, Thüringen und Lübeck, dazu Stellung genommen und gemeinsam das Folgende am 17. Dezember 1941 verkündet: ». . . Als Glieder der deutschen Volksgemeinschaft stehen die unterzeichneten deutschen Evangelischen Landeskirchen und Kirchenleiter in der Front dieses historischen Abwehrkampfes, der u.a. die Reichspolizeiverordnung über die Kennzeichnung der Juden als der geborenen Welt- und Reichsfeinde notwendig gemacht hat, wie schon Dr. Martin Luther nach bitteren Erfahrungen die Forderung erhob, schärfste Maßnahmen gegen die Juden zu ergreifen und sie aus deutschen Landen auszuweisen. Von der Kreuzigung Christi bis zum heutigen Tage haben die Juden das Christentum bekämpft oder zur Erreichung ihrer eigennützigen Ziele mißbraucht oder verfälscht. Durch die christliche Taufe wird an der rassischen Eigenart eines Juden, seiner Volkszugehörigkeit oder seinem biologischen Sein nichts geändert. . .«

Aus diesem sowie aus anderen Dokumenten läßt sich unschwer zeigen, wie der theologische Antijudaismus Luthers sich im gegebenen Augenblick ohne weiteres mit dem Rassenhaß verbinden ließ, der die theologische Judenfeindschaft säkularisiert hatte. Es ist also keineswegs so, wie heute oft behauptet wird, Antijudaismus der Kirchen und biologischer Rassenantisemitismus kämen aus grundsätzlich verschiedenen Quellen. Dieser ist die Fortsetzung des anderen, und beide konnten dann auch, wie die Judenpolitik der sogenannten Deutschen Christen zeigt, harmonisch verbunden werden. Man darf nicht behaupten, das eben erwähnte Dokument stelle eine einmalige Entgleisung während des 2. Weltkrieges dar. Bereits am 23. Juni 1939 hatten sich die Landeskirchenführer von Hannover, Braunschweig und Kurhessen sehr ähnlich geäußert, wenn es in ihrer gemeinsamen Erklärung u.a. heißt: »Die nationalsozialistische Weltanschauung bekämpft mit aller Unerbittlichkeit den politischen und geistigen Einfluß der jüdischen Rasse auf unser völkisches Leben. Im Gehorsam gegen die göttliche Schöpfungsordnung bejaht die evangelische Kirche die Verantwortung für die Reinerhaltung unseres Volkstums. Darüber hinaus gibt es im Bereich des Glaubens keinen schärferen Gegensatz als den zwischen der Botschaft Jesu Christi und der jüdischen Religion der Gesetzlichkeit und der politischen Messiashoffnung.« Auch hier konnte der Rassenhaß der Nationalsozialisten mit der Pseudotheologie des Antijudaismus nahtlos verbunden werden. Man wird schließlich nicht leugnen können, daß die zuletzt zitierten Ausführungen über die jüdische Religion sich durchaus im Rahmen lutherischer Theologie bewegen.

Ich schließe mit dem Wort eines protestantischen Theologen, Peter von der Osten-Sacken (Anstöße aus der Schrift, 1981, S. 150f.): »Der Apostel Paulus schließt das Preislied der Liebe mit den Worten: ›Nun aber bleiben Glaube, Hoffnung, Liebe, diese drei‹ (1Kor 13,13). Wohl niemand von uns vermag heute zwingend zu sagen, *warum* sie bleiben. Doch so viel ist deutlich: Alle drei gehören – unter dem Vorrang der Liebe – untrennbar zusammen... Nach Ausweis der jüdischen Bibel wie der christlichen gilt: Gott braucht den Menschen, damit Glaube, Hoffnung und Liebe bleiben. So sind jüdische und christliche Gemeinde je auf ihre Weise gerufen, in Vertrauen und Zuwendung einen Vorgeschmack ihrer Hoffnung auf die kommende Gottesherrschaft zu vermitteln. Im Zeichen der Zeit, das der Name ›Auschwitz‹ bzw. ›Holocaust‹ bedeutet, kann diese gemeinsame Hoffnung nur das Kennzeichen haben, das ihr seit Abraham eignet: Sie ist Hoffnung gegen Hoffnung, Hoffnung, obwohl vieles, wenn nicht alles gegen solche Hoffnung spricht, und glaubwürdig nur, soweit sie gegenwärtig gelebt wird.«

Vielleicht kann uns ein solcher Gedanke gerade angesichts dieses wenig erbaulichen Themas »Luther und die Juden« weiterhelfen. Nur auf dem Wege, der vom Hören und Lernen zum gegenseitigen Verstehen führt, wird man in der Zukunft verhüten können, daß unsere Wege derart weit auseinanderführen. Dieser Irrweg ging für die Juden zuerst, dann aber auch für viele andere in die Katastrophe. Ein Besinnen auf Luthers Wege und Irrwege kann uns vielleicht helfen, unseren eigenen Standort besser zu bestimmen.

Literatur

Bienert, Walther: Martin Luther und die Juden, Frankfurt/M. 1982.
Boendermaker, Johannes Peter: Luther, die Juden und wir, in: Frieden über Israel 2/1979.
Deppermann, Klaus: Judenhaß und Judenfreundschaft, in: Die Juden als Minderheit in der Geschichte, hg. von B. Martin/E. Schulin, München 1981.
Lewin, Reinhold: Luthers Stellung zu den Juden, Berlin 1911.
Maurer, Wilhelm: Kirche und Synagoge, Stuttgart 1953.
– Die Zeit der Reformation, in: Kirche und Synagoge, hg. von K.H. Rengstorf und S. von Kortzfleisch, Band 1, Stuttgart 1968.
Meier, Kurt: Kirche und Judentum, Halle 1968.
Oberman, Heiko A.: Wurzeln des Antisemitismus, Berlin 1981.
Rupp, E. Gordon: Martin Luther and the Jews, Robert Waley Cohen Memorial Lecture, London 1972.
Stern, Selma: Josel von Rosheim, Stuttgart 1959.
Stöhr, Martin: Martin Luther und die Juden, in: Christen und Juden, hg. von W.-D. Marsch und K. Thieme, Mainz/Göttingen 1961 (in diesem Band S. 89–108).

Martin Stöhr

Martin Luther und die Juden*

Am 29. April 1946 verhörte der Internationale Gerichtshof in Nürnberg den Herausgeber des nationalsozialistischen Hetzblattes »Der Stürmer«, Julius Streicher. Streicher gab an, er habe nicht aufhetzen, sondern nur aufklären wollen. Auf die Frage seines Verteidigers, ob es in Deutschland noch andere Presseerzeugnisse gegeben habe, die die Judenfrage in judengegnerischem Sinne behandelten, erklärte Streicher, sofort ein Alibi in der Vergangenheit suchend und sich des Einverständnisses mit einem ihrer großen Männer schmeichelnd: »Antisemitische Presseerzeugnisse gab es in Deutschland durch Jahrhunderte. So wurde bei mir zum Beispiel ein Buch beschlagnahmt von Dr. Martin Luther. Dr. Martin Luther säße heute sicher an meiner Stelle auf der Anklagebank, wenn dieses Buch von der Anklagevertretung in Betracht gezogen würde«[1]. – Streicher denkt an Luthers Schrift aus dem Jahre 1543: »Von den Juden und ihren Lügen«, der er auch den Titel eines üblen Bilderbuches für die Jugend entnahm, das in seinem Verlag erschien: »Trau keinem Fuchs auf grüner Heid' und keinem Jud' bei seinem Eid.«

Die Erinnerung an diesen Tatbestand geschieht nicht, um auf literarischem Wege den Nürnberger Prozeß fortzusetzen und seine Anklagebänke mit Figuren der Kirchengeschichte zu füllen. Aber Luther ist ein Vater und ein (für manche: getrennter) Bruder im Volke Gottes auf dieser Erde, gleichgültig, ob wir mehr oder weniger durch die Reformation geprägt sind. Deswegen ist es notwendig, mit ihm zu reden, denn einmal hat er seine bösen Äußerungen sehr ernst, man kann sagen: blutig ernst gemeint, und zum anderen wurden Menschen, unter ihnen auch Julius Streicher, durch ihn zum Schuldigwerden ermuntert, zum mindesten wurde ihr Gewissen erleichtert durch den beruhigenden Blick auf einen weithin anerkannten Mann. Darüber hinaus ist es Aufgabe der christlichen Gemeinde, mit dem irrenden und den Irrgang anderer Menschen verursachenden Bruder zu re-

* Zuerst veröffentlicht in: W.-D. Marsch / K. Thieme, Christen und Juden. Ihr Gegenüber vom Apostelkonzil bis heute, Mainz/Göttingen 1961.

1 Der Prozeß gegen die Hauptkriegsverbrecher vor dem Internationalen Militärgerichtshof Nürnberg, Nürnberg 1947, Bd. XII, S. 346. Vgl. auch die Kurznachricht in der FAZ Nr. 74 vom 28.3.1961.

den². So reden wir heute mit Luther, der schließlich mit seinen Schriften und Predigten, mit den gewollten und den nur zugelassenen Folgen seines Wirkens, mit unserem Urteilen über ihn und unseren Vorurteilen gegen ihn noch unter uns existiert. Die Dringlichkeit eines Gespräches mit ihm liegt auf der Hand, seitdem unsere Gegenwart die größte und die einzige total geplante Vernichtung des jüdischen Volkes erlebt hat, ohne daß von den Christen, in deren Mitte die zum Mord führende Verachtung der Juden aufgekeimt war, ein allgemeingültiger oder grundsätzlicher Widerspruch öffentlich laut geworden wäre. Diese Unterlassung ist historisch erklärbar, aber keineswegs entschuldbar, zumal sie sich im Falle Luthers nicht nur in unterlassener Hilfeleistung, sondern auch in aktiver Stellungnahme gegen die Juden auswirkte³.

Luther teilt seine Position den Juden gegenüber mit der ganzen bisherigen Heiden-Christenheit. Es ist eine zutiefst zwiespältige Stellungnahme, die in ihrer negativen Ausprägung mehr von Emotionen als von theologischer Reflexion bestimmt ist, die ihr Ohr leichter den gängigen Meinungen über die Juden leiht als dem Wort der Bibel. Außer diesen leicht feststellbaren Tendenzen wird in der Kirchengeschichte deutlich, daß sich die positiven Stellungnahmen zu den Juden – die sich durchaus finden – weniger geschichtsmächtig ausgewirkt haben als die negativen. Die letzteren – das läßt sich auch im Blick auf Luther feststellen – bestimmten wesentlich stärker das Denken und das Verhalten der Christen.

Die Frage nach der Existenz der Juden beschäftigte Luther sein Leben lang. Es war für ihn keine nebensächliche Frage, sie bewegte ihn stets im Zentrum seines praktisch-kirchlichen Handelns wie seiner theologischen Arbeit. Er stieß auf sie beim Lesen der Schriften des Alten und des Neuen Bundes, die ihm in ihrer Wirkkraft der Verheißungen Gottes nicht lügen und nicht unwirksam bleiben konnten. Gottes Verheißungen können nicht hinfällig werden⁴. Die Schriftauslegung auf dem Katheder wie auf der Kanzel, seine Briefe und seine Tischreden zeigen deutlich, daß man ihm zumindest Gleichgültigkeit in dieser Frage nicht vorwerfen kann. In seinen letzten Jahren scheinen ihm die Juden die dritte Front zu sein (neben Rom und Schwärmertum), gegen die er sich meint wehren zu müssen. Die Polemik wird immer schärfer, er hört aus den gegnerischen Fronten keine aktuellen Einzelstimmen mehr. Was er hört, wird für ihn sofort zum Typus für eine dem Evangelium drohende Gefahr. Im Falle der Juden sieht er das Gespenst einer Vergesetzlichung gefährlich auf sich und sein Werk zukommen. Er

2   Mt 18,15ff.
3   Nach 1933 wurden Luthers Schriften eifrig zitiert und herausgegeben. *E. Vogelsang,* Luthers Kampf gegen die Juden, Tübingen 1933; *W. Linden,* Luthers Kampfschriften gegen die Juden, Berlin 1935; *W. Meyer-Erlach,* Juden, Mönche und Luther, o. J.; *R. Thiel,* Luther, Bd. 1, Berlin ²1936. In Massen werden die Pamphlete verbreitet: M. Luther über die Juden: Weg mit ihnen! usw.
4   Vgl. etwa seine Auslegung des Magnificat (WA 7, 600): »Es ist aber allis eine warheit des zusagens, alßo auch ein glaub, ein geist, ein Christus, ein her heut wie zu der zeit un in ewigkeit.«

meint, hier sei nur schärfstes Nein am Platz, ein Nein, dem man auch mit
anderen als geistigen Waffen Nachdruck verleihen müsse. Die Obrigkeit
wird als mächtiger Helfer angerufen und sie läßt sich in diesem auf geistiger
Ebene begonnenen Kampf nicht zweimal bitten. Luthers letzte Entscheidungen gegenüber dem Judentum lieferten einen leicht zu aktivierenden
Zündstoff gegen die Juden. Wir haben es erleben müssen, daß seine und anderer Theologen Meinungen eine Jahrhunderte überdauernde tödliche Ex-
plosionskraft besaßen.

Luthers Stellungnahme zu den Juden hat sich gewandelt. Beispielhaft
klar wird das an zwei Schriften, die nicht nur durch zwanzig Jahre, sondern
auch durch Geist und Konsequenz ihrer Aussagen scharf voneinander geschieden sind. Es handelt sich um die beiden Schriften: *Daß Jesus Christus
ein geborener Jude sei*[5] aus dem Jahre 1523 und *Von den Juden und ihre Lügen*[6] aus dem Jahre 1543. Beide Schriften markieren deutlich die wechseln-
den Positionen Luthers und schließen exemplarisch seine verschiedenen
Äußerungen zu diesem Thema in sich.

I (1523)

Wenden wir uns zunächst der erstgenannten Schrift zu. Sie erschien im
Frühjahr jenen Jahres und erlebte erfreulicherweise neun rasch aufeinan-
derfolgende Auflagen. Die Diskussion der Zeit kam ihrer Verbreitung entgegen. Noch war die Erinnerung an den Streit der Humanisten unter
Reuchlins Führung gegen die »Dunkelmänner«, wie der im selben Jahr verstorbene Hutten die Parteigänger der inquisitorischen Dominikaner und
des getauften Juden Pfefferkorn nannte, nicht vergessen. Er war eigentlich
nicht einmal zu Ende ausgetragen, sondern untergegangen in den Wellen,
die die reformatorische Bewegung schlug, die ihrerseits von Reuchlin und
seinen Freunden die Hochschätzung der hebräischen Sprache, der jüdischen Bibelwissenschaft und Gelehrsamkeit übernahm.

Luther hatte einen ganz bestimmten Anlaß zu diesem nicht sehr um-
fangreichen Büchlein. Auf dem Reichstag in Nürnberg hatte Erzherzog Ferdinand von Österreich, der dort seinen Bruder Karl V. vertrat, den versammelten Ständen eine Interpretation der Absichten Luthers gegeben, die Luther nicht ruhig hinnehmen konnte. Er meinte, Luther lehre, Christus sei
Abrahams Same und könne mit dieser Lehre doch nur die Jungfrauengeburt leugnen, noch mehr die Jungfräulichkeit Marias vor und nach der Geburt Jesu. Letztlich versuchte diese Beschuldigung, Luther der Leugnung
der vollen Göttlichkeit und Menschlichkeit Christi zu bezichtigen. Als Luther dieser mit großer Öffentlichkeitswirkung abgegebene Vorwurf zu Ohren kam, meinte er jedenfalls, ihn nur so verstehen zu können. Da er nicht

5 WA 11, 307ff.
6 WA 53, 417ff.

daran dachte, diese auch von ihm verurteilte Irrlehre zu vertreten, setzte er
sich mit seiner Schrift öffentlich zur Wehr.

Aber dabei ging es ihm rasch schon nicht mehr um seine Person. Seine
Antwort ging sofort zum Angriff über: Er wollte jetzt gar nicht so sehr gegen jene in Nürnberg sich zeigenden Gegner auftreten. Er sprach viel mehr
»um anderer willen«. Er richtete plötzlich seinen Blick auf das jüdische
Volk. Dessen größter Sohn schien ihm angegriffen zu sein, und so traten auf
einmal nun auch dessen Brüder in sein Gesichtsfeld. Er will »aus der schrifft
ertzelen die ursach, die mich bewegen, tzu gleuben, das Christus eyn Jude
sey von eyner jungfrawen geporn, ob ich vielleicht auch der Juden ettliche
mocht tzum Christenglauben reytzen«[7].

Damit stellt er sich auf den Boden der Heiligen Schrift, von wo aus ihm
zwei Ziele sicher erreichbar erscheinen: Einmal wollte er seine Auffassung
zu der strittigen Frage aus der Schrift offen darlegen und zum anderen auch
den Juden diese selbe Heilige Schrift, die ja auch ihre Heilige Schrift war,
öffnen. Die Verteidigung gegen die erhobenen Beschuldigungen war dann
sozusagen nur noch das Abfallprodukt dieser positiven Zielsetzungen. Luther meinte, wenn er nur das Alte Testament richtig und klar, das heißt von
seinem in Christus erfüllten Ziel her, auslege, dann sei auch für das alttestamentliche Bundesvolk der Schritt in den Neuen Bund eine notwendige und
eigentlich selbstverständliche Sache. Er ist sich seiner, das heißt der Bibel
Sache so sicher, daß jeder, dem er diese Sache »ertzelt«, ihr beistimmen
muß. Auf diesen Ton ist sein ganzes Buch gestimmt, wie der Schlußsatz
deutlich macht: »Hier will ichs dis mall lassen bleyben, bis ich sehe, was ich
gewirckt habe. Gott gebe uns allen seyne Gnade. Amen«[8]. Man hat die
Schrift oft eine Missionsschrift für die Juden genannt[9]. Diese Bezeichnung
trifft Luthers Veröffentlichung nicht. Sie ist mehr. In ihr findet, wie es wohl
selten geschah, ein Gespräch zwischen gleichberechtigten Partnern statt.
Juden und Christen besitzen dasselbe Buch, die Bibel, als Magna Charta ihrer von Gott bestimmten Existenz. Daß der Juden Bibel nur das Alte Testament umfaßt und daß zu der Christen Bibel noch das Neue Testament hin-
zukommt, stört Luther nicht. Seine christologische Auslegung etwa des
Psalters oder der Genesis beweisen, daß für ihn derselbe Gott in beiden »Bi-
beln« redet. Dieser Gott ist für ihn der Vater Jesu Christi. Luther ist sehr unbefangen in dieser Meinung und zieht doch revolutionäre Folgerungen daraus. Er nimmt die Juden heraus aus der mittelalterlichen kirchlichen Sondergesetzgebung, die zugleich ihre gesellschaftliche und bürgerliche Sonderstellung – durchweg eine Deklassierung – bedingte. Das Modell einer
neuen Rechtsordnung zwischen Juden und Christen *auf dem gemeinsam*

7   WA 11, 314; vgl. die Argumentation des Paulus, Röm 11,11ff.
8   A.a.O. S. 336.
9   *W. Holsten*, Luthers Schriften wider Juden und Türken, ²München 1936, S. 525; *W. Walther*, Luther und die Juden, in: Allg. Ev. Luth. Kirchenzeitung 54 (1921) Sp. 217; *H. Hug*, Das
Volk Gottes, Zollikon-Zürich 1942, S. 106. Nicht so *K. Holl*, Ges. Aufsätze zur Kirchengeschichte, Bd. III, ³Tübingen 1923, S. 234ff (Luther und die Mission).

Boden der Heiligen Schrift wird, noch völlig ungesichert, wenigstens einen Augenblick sichtbar. Seine jüdischen Zeitgenossen spüren die sich anbahnende Revolution. Sie danken ihm durch Übersendung einer säuberlichen Abschrift des 130. Psalms in deutscher Übersetzung, aber mit hebräischen Buchstaben geschrieben. Holländische Juden schicken Luthers Schrift als Zeichen des Anbruchs einer neuen Zeit ihren gepeinigten Brüdern nach Spanien[10]. Der jüdische Historiker Graetz schrieb: »Das war ein Wort, wie es die Juden seit einem Jahrtausend nicht gehört hatten«[11]. Das so dankbar als sensationeller Fortschritt empfundene Neue an den Äußerungen Luthers war eben die gleichberechtigte Anerkennung der jüdischen Gesprächspartner auf einem gemeinsamen Boden. Gewiß, noch standen die Juden nicht im Sinne der Auslegung Luthers auf diesem Boden der Schrift, deren grundlegende Gemeinsamkeit von Luther hier herausgestellt wurde. Aber für Luther schien es nur eine Frage der Zeit zu sein, daß sie diese Basis auch ihrerseits anerkannten. Es war hier in der Tat etwas theologisch Neues geschehen, wie es in unseren Tagen etwa in der holländischen Kirchenordnung von 1949 zum erstenmal kodifiziert wurde[12]. Für das Verhältnis von Kirche und Israel und ihre Begegnung ist das Gespräch bestimmend und nicht mehr die bis dahin übliche »Missionierung«, die nie den Geruch der Propaganda das faktisch mächtigeren und sein Recht postulierenden Christen verlor, und die zudem den nicht überzeugten Gegner zu den endgültig Verstockten zu rechnen geneigt war, wenn er nicht der eigenen Position beitrat.

Luther steht auf dem Standpunkt des Evangeliums, das schon »die Veter von Adam an gepredigt und getrieben« haben, und die »sind auch rechte Christen geweßen wie wyr«[13]. Wohlgemerkt: Luther reduziert die Gesprächsbasis nicht durch den Rückzug auf ein allgemeines »höheres Wesen«. Die Verständigung beginnt nicht bei der religionsgeschichtlichen Feststellung eines gemeinsamen Monotheismus. Er beruft sich sofort auf die Propheten, die sagen ihm in gleicher Deutlichkeit wie die Evangelien des Neuen Testamentes das Evangelium von Jesus Christus.

An diesem Punkt liegt, verdeckt von der so naiv einebnenden Voraussetzung Luthers, heute die Schwierigkeit des christlich-jüdischen Gespräches.

10 S. *Stern*, Josel von Rosheim, Stuttgart 1959, S. 83; eine sehr illustrative Schilderung eines oft übersehenen Bereiches reformatorischer Zeitgeschichte!
11 H. *Graetz*, Geschichte der Juden, ³Leipzig 1891, Bd. IX, S. 197.
12 Das Gespräch mit Israel ist aus der Mission der Kirche ausgenommen. Vgl. *O. Weber* (Hrsg.), Lebendiges Bekenntnis, ²Neukirchen 1959, S. 18f: » Als Christus bekennende Glaubensgemeinschaft, die in die Welt gestellt ist, um Gottes Verheißungen und Gebote gegenüber allen Menschen und Mächten zu bezeugen, erfüllt die Kirche in der Erwartung des Reiches Gottes ihren apostolischen Auftrag insbesondere durch ihr *Gespräch* mit Israel, durch das Werk der Mission, durch die Ausbreitung des Evangeliums und die fortdauernde Arbeit an der christlichen Durchdringung des Volkslebens im Sinne der Reformation.« Siehe auch *H. Dürr*, Zur Neuordnung des Verhältnisses von Kirche und Mission in der »Nederlandse Hervormde Kerk«, in: Ev. Missions-Magazin (1948) S. 153ff.
13 WA 11, 317.

Auch wenn wir nur das Alte Testament als gemeinsame Gesprächsbasis benutzen, ist die Schwierigkeit nicht beigelegt, da die Klärung der Frage: Wer
spricht im Alten Testament, und von wem spricht das Alte Testament, die
unerläßliche Voraussetzung eines fruchtbaren Gespräches bleibt – aber die
Klärung dieser Frage birgt auch alle Verheißungen eines gemeinschaftsstif-
tenden Hörens und Redens in sich[14].

Die reformatorische Theologie kann uns an diesem einen Punkt nicht
viel weiterhelfen. Das hat zwei Gründe: Bei der notwendigen Betonung der
Rechtfertigungslehre und der Rückkehr zu paulinischem Gedankengut
wurde einmal das Alte Testament hauptsächlich unter dem Leitwort »Gesetz« oder »Weissagung« gelesen. Es verfiel damit in einer ihm selbst sehr
wichtigen Intention der Antiquiertheit. Das Evangelium, als die abschließende Erfüllung des Gesetzes und der Weissagung, hatte es überholt. Als
Buch des Gesetzes verfiel es dem gleichen Verdikt wie jede Gesetzesfröm-
migkeit. Luther kann »Rom« und »Judentum« mit den gleichen Verdam-
mungsurteilen belegen. Auf der anderen Seite wurde das Alte Testament
von allen Reformatoren eifrigst geschätzt, ausgelegt und gepredigt. Aber
das geschah so, daß es seine eigene Stimme gewissermaßen nur im Chor
der neutestamentlichen Stimmen hören lassen durfte. Es sagte dann im
Grunde nichts anderes und nichts anders als das Neue Testament: Jesus
Christus. Das Bekenntnis und die Predigt des Neuen Testamentes hatten
die Geschichte und den Bericht des Alten Testamentes aufgesogen. Die er-
wählende Liebe Gottes, der die allzumenschliche Verstocktheit ihre
Fleisch- und Blutwerdung im Volk Israel verwehrt zu haben schien, hatte
dann mit dem Gesetz, den zehn Geboten etwa, nur einen sekundären Zusammenhang. Damit aber war die unlösbare Verbindung von Erwählung
und Weisung, Evangelium und Gesetz, Weissagung und Erfüllung, die sich
beide immer schon grundlegend im Alten Testament finden (etwa im ersten Gebot, sodann im 5. Buch Mose und in der Verkündigung und Geschichte der Propheten) aus dem Blickfeld geraten[15]. Das lebenspendende
Blut des Evangeliums wird dem Neuen Testament entnommen und durch
den herrlichen Organismus des Alten Testamentes gepumpt, ohne daß vorher genau hingehört und beobachtet worden wäre, ob dort nicht ein eigener Blutkreislauf im Gange war, der ganz gewiß mit dem neuen in einem
Zusammenhang stand, aber auch ohne die neutestamentliche Blutübertra-
gung schon eigenes Leben bedeutet hatte und bedeutet. Das genauere Hin-
hören und Beobachten hat uns inzwischen eine zweihundertjährige historisch-kritische Auslegungsgeschichte dankenswerterweise gelehrt. Das
verpflichtet uns, ohne allzu viel Hilfe von unseren reformatorischen Vätern
zu erwarten, auch dem Zusammenhang und Zueinandermünden beider

14   C. *Westermann*, Das Alte Testament als Buch der Juden und Christen, in: Luth. Rund-
schau 8 (1959) 11ff.
15   Vgl. M. Luthers Vorrede zum Alten Testament und die beiden Schriften: Wider die himmlischen Propheten, und: Unterrichtung, wie die Christen sich in Mose schicken sollen (WA
24,1ff).

Lebensströme theologisch nachzugehen. Die Reformatoren waren bei der Spannung von Antiquiertheit des Alten Bundes und Gleichheit des Alten Bundes mit dem Neuen nicht grundsätzlich dagegen geschützt, die zeitgenössischen Väter und Brüder des Alten Bundes unter dem Gesichtspunkt der Antiquiertheit, der Enterbten zu sehen, da ihnen das Bekenntnis zu Christus nicht gegeben schien. Der dritte Weg, die von Gott geöffnete Zukunft Israels (von der Paulus etwa Röm 9–11 spricht)[16] in gegenwärtiges Leben und Zusammenleben von Juden und Christen umzusetzen, wurde noch nicht als aufgegeben sichtbar. Die Frage, was es eigentlich für die jüdisch-christliche Gemeinschaft bedeutet, daß sie große Teile der Bibel gemeinsam haben, ist noch nicht genügend geklärt. Es sei hier nur daran erinnert, daß das Gespräch des Juden Jesus und der in den Neuen Bund eingetretenen Juden mit den nur im Alten verwurzelten Juden auch das vorliegende Alte Testament zur Basis hatte.

Aber, so fragt Luther sich weiter: Wenn die Juden das Evangelium haben, warum sind sie nicht Christen? Antwort: Das Evangelium wurde den Juden, wie auch Luther, zum Gesetz verkehrt, von der in Christus erschienenen Freiheit wurde ihnen nichts gesagt, dafür hat man sie der »Pepsterey und muncherey untherworffen«. Aber nun ist diese Mauer des Gesetzes und der Menschensatzungen, die sich zwischen Christus und die Menschen geschoben hatte, für die er gestorben war, gefallen. Jetzt kann klar und überall »bey unser tzeyt das Evangelion gehort« werden. Gott erwartet keine Vorleistungen und stellt keine Bedingungen, damit ein Heide oder Jude Christ werden kann. Diese befreiende Solidarität des Evangeliums, die Luther in Gegensatz stellt zum distanzschaffenden Gesetz, hat sogleich auch ihre Folgen für die Gemeinschaft zwischen Juden und Christen. Luther beruft sich auf die Apostel, die brüderlich zu uns Heiden getreten seien. Also ist uns auch den Juden gegenüber verboten, uns auf irgendeinen Punkt des sicheren Habens zurückzuziehen, »denn wyr sind auch selb noch nicht alle hynan, schweyg den hyn uber«. Aus dieser Solidarität im gemeinsamen Hören auf das »ertzelen« aus der »schrifft« ist es unmöglich, die Juden so zu behandeln, wie es im allgemeinen bisher geschah. Die Juden wurden behandelt »als waren es hunde«, und Luther wäre unter solcher Missionierung »ehe eyn saw geworden denn eyn Christen«[17]. Hier wird deutlich, wie befreiend neu Luthers Rückgriff auf das Evangelium der Bibel sich auswirkte. Aus dem neuentdeckten Wort wird unmittelbar Leben, auch neues Leben mit den Juden.

Für Luther ist das Alte Testament hier also nicht zuerst als Gesetzbuch

16 Sowohl Luthers als auch Calvins Auslegung dieser Kapitel machen deutlich, daß ihr Interesse bei den Fragen der Erwählung und der Rechtfertigung allein aus dem Glauben liegen (*M. Luther,* Vorlesung über den Römerbrief, hrsg. v. E. Ellwein, ⁴München 1957; *J. Calvins* Römerbrief-Kommentar, hrsg. v. F. A. G. Tholuck, 1834, und: Institutio II, 22,4ff). Beide bekämpfen damit einen falschen, als Geschichtsspekulation und Rechenkunst wuchernden Chiliasmus.
17 WA 11, 315.

und der Glaube des Alten Bundes als Gesetzesreligion charakterisiert. Natürlich finden sich auch solche Äußerungen bei ihm. Das Alte Testament ist ihm zunächst ein Buch der Verheißungen – so legt er es aus, so predigt er es. Das bedeutet ihm nicht, daß er in diesem Buch nur zukunftsbezogene Voraussagen eines kommenden Messias findet. Alle Stellen (es sind vor allem im Gefolge der altkirchlichen Auslegung Gen 3,15; 22,18; 2 Sam 7,12; Jes 7,14), die von dem Messias reden, verkündigen ihn bereits; er steht schon im Mittelpunkt des Alten Testamentes. Hier kommt Luther den Juden nicht entgegen. Hier bleibt er um so fester bei seiner Position, als ihm klar erscheint, daß es ja auch die (nur noch nicht erkannte) Position der Juden ist, die er hier vertritt. Von der Selbstevidenz der von ihm angeführten Stellen ist er fest überzeugt – jetzt noch nicht im Sinne logischer oder rationaler Überzeugungskraft, sondern im Sinne wirkungskräftiger Verkündigung und wirkungskräftiger christlicher Existenz aufgrund dieser Verkündigung. Die Messiasfrage wird ihm zur Zentralfrage, und da gibt es keine Beweise mehr. Es gilt: *Scriptura scripturae interpres* – und dann lautet die Alternative für Christen und Juden dem in den Schriften des Alten und Neuen Bundes bezeugten Christus gegenüber nur: in sich, das heißt im Bezeugten gegründete Gewißheit oder aber Ungehorsam und Unglauben. Übersieht man diese Prämisse Luthers, könnte man meinen, Luther versuche, die Juden auf dem Weg des rational einsichtigen und überzeugenden Beweises zu gewinnen. Diesen verschmäht Luther freilich nicht, und dazu gehört die Typologie und die Historie, mit der er, der exegetischen Tradition folgend, argumentiert.

Zum Beispiel führt er an, daß Israel doch seit 1500 Jahren keinen König mehr habe, keine Propheten mehr; er bringt eine zeitgeschichtliche Auslegung von Dan 9,24ff., um zu beweisen, daß auch die Geschichte die ihm an erster Stelle stehende Schrift bestätigt, so daß den Juden nichts bleibt, »das sie da widder mugen sagen«[18].

Auf eine Formel gebracht, hieße das: Christus allein, das Wort Gottes, das Fleisch wurde, das jetzt als *viva vox evangelii* lebendige, gegenwärtige, unreflektierte Gewißheit ist, diese Wahrheit war bisher den Juden verborgen, weil sie auch in der christlichen Kirche verdunkelt war. Aber jetzt steht die Schrift allein wieder auf dem Leuchter, und es ist gar nicht einzusehen, daß sie nicht jedermann überzeugen sollte. Wie Jesus und die Apostel kann er eigentlich gar nichts anderes erwarten, als daß die Juden diesen Messias erkennen und anerkennen. Von der Einzigartigkeit des Geschenkes her wird Luther befreit, nun »christlicher Liebe gesetz« an den Juden zu üben[19]. Er kennt die alteingefressene Feindschaft gegen die Juden. Es sind »die heyden allzeyt keynem volck feynder geweßen... denn den Juden...«[20]. Aber den ganzen Judenhaß und seine Vorwürfe fegt er beiseite mit dem Wort:

18   WA 11, 335.
19   WA 11, 336.
20   WA 11, 331.

»Lugentheydinge«. Er weiß, daß zum Beispiel der Vorwurf des jüdischen Wuchers eigentlich die Christen treffen müßte, denn sie treiben durch ihre Feindschaft und Gesetzgebung die Juden zu solchen Geschäften[21]. Der Gedanke der brüderlichen Solidarität des Predigers mit dem Hörer, besser beider Gesprächspartner miteinander unter dem Wort der Schrift, wird noch einmal stark betont: »Ob ettliche halsstarrig sind, was ligt daran? Sind wyr doch auch nicht alle gutte Christen!« Er sieht die Juden nicht an, wie sie sind, beziehungsweise scheinen. Er sieht sie unter der Bestimmung, die Gott für alle Menschen in seinem Wort bereithält.

Luther bringt sich selbst einen Einwand: Verstehen die Juden die Gottheit Christi? (Daß er sie leugne, hatte man ihm selber vorgeworfen). Ehe sie die Heilsbedeutung Christi begriffen, müßten sie zuvor herbeikommen und erkennen, daß Christus nach diesem Spruch (Gen 42,10) gekommen sein müsse. Deshalb lasse man sie »tzuvor milch saugen und auffs erst dißen mensch Jhesum für den rechten Messias erkennen«[22]. Aber Luther bleibt nicht bei diesem Programm eines theologischen Liberalismus, der sich mit der Menschheit Christi begnügen will. Es ist gewissermaßen nur eine methodische Überlegung, dazu dienend, das Gespräch mit den Juden anzufangen. Die Einheit des Christus und des Christuszeugnisses erlaubt es ihm nicht, den Menschgewordenen gewissermaßen unter Absehen von seiner Gottheit zu predigen. Theologisch wichtig ist – wie bei Paulus 1 Kor 9,20 – für Luther der bereits erwähnte Gedanke der Solidarität von Prediger und Hörer. Er scheint für ihn von entscheidender Bedeutung für seine Verkündigung an die Juden gewesen zu sein und hat seinen Ursprung in dem jetzt über alle Vergesetzlichung siegreichen, neu verkündigten Evangelium. Die Solidarität ist nicht bloß die des Sünders mit dem Sünder, des Hörers aus Gottes Wort mit dem Mithörer, sondern auch die der gemeinsam *Verführten*. Er, Luther, und die Juden, beide waren einer entsetzlichen Verteufelung des Evangeliums verfallen. Gegen diesen Teufel der Vergesetzlichung half kein anderer Teufel, sondern nur »Gottis finger«, und das heißt: Gottes frohe Botschaft an die Menschen[23]. Luther und die Juden stehen beide in gleicher Weise vor der faszinierenden Neuheit des einen, alten Evangeliums, dem doch jeder beistimmen muß. Die Schuld für den Unglauben der Juden liegt also nicht in erster Linie bei den Juden selbst, sondern bei denen, denen die Botschaft zu wahren und weiterzugeben aufgetragen war: Die bisherige Kirche hatte die Juden alle »tzu tieff und tzu lange verfurt«[24]. Es ist von keinem *rätselhaften* Schicksal die Rede, sondern von mangelnder Predigt und mangelndem Hören. Die Verführer sind die, denen das Evangelium anvertraut war und die es aus Eigennutz nicht weitergaben.

Luther beruft sich nicht auf ein positives oder negatives absolutes Dekret

21 WA 11, 336.
22 WA 11, 336.
23 WA 11, 325.
24 WA 11, 336.

Gottes, auf eine in jenseitigem Ratschluß geheimnisvoll verankerte Verdammung der Juden, die oft zu einem Freibrief für einen menschlichen und unmenschlichen Vollzug dieses angeblichen Gerichts Gottes über die Juden wurde. Eine Sonderstellung der Juden unter den Völkern ruht für Luther nicht in ihrer bei der Kreuzigung Christi auf sich genommenen Schuld und einer damit sie treffenden Verfluchung. Es wird viel von einer Sonderstellung Israels in diesem negativen Sinn gesprochen, die sich etwa auf Stellen wie Mt 21,39ff.; 1 Thess 2,14ff. und Mt 27,25 stützt. Nichts dergleichen findet sich in dieser Schrift Luthers. Luther weiß, daß Christus für die Sünder ans Kreuz ging und daß es entweder die durch Christi Sterben *aufgehobene* Schuld gibt – oder aber die ungesühnte Schuld *aller* Menschen am Tode dieses Messias und Königs Israels. Das erste ist mit Freimut zu verkünden und zu glauben, und das zweite wird mit eben dieser Verkündigung dauernd überholt. Das Besondere bei den Juden liegt für Luther aber auch nicht in ihrer Zukunft begründet, die Paulus in Röm 11,25f. als offenbares Geheimnis kundtut, sondern in ihrer herrlichen Vergangenheit, den Verheißungen und der Geschichte Gottes als des Herrn dieses Volkes und in »yren Vettern, der Propheten und Patriarchen glauben«[25]. Diese herrliche Vergangenheit ist die ewige Gegenwart Christi! Ein Gefahrenpunkt wird hier sichtbar. Es war bei dieser retrospektiven Sicht ein leichtes, die Herrlichkeit der Vergangenheit Vergangenheit sein zu lassen, sie nur pietätvoll und museal zu betrachten und mit dem Etikett »verworfen« zu kennzeichnen, die Röm 9,4f. genannten Gnadengaben von Israel wegzunehmen und sie auf ein »Israel nach dem Geist« zu übertragen, das dann (in einer unbiblischen Trennung von Leib und Geist, nicht ohne Stolz: Röm 11,20) den Platz des Verheißungsvolkes einnimmt und Gottes Verheißungen für sich allein beansprucht und damit einschränkt.

Der Universalität des Heilsangebotes Gottes entspricht die Bedürftigkeit *aller* Menschen, die alle auf dieses Heil angewiesen sind. Keiner ist da ausgeschlossen in der Haltung des sicheren Besitzers oder aber auch in der vermeintlichen Verdammnis. . . Alles Haben der Botschaft – und das gab es für Luther allerdings aufgrund seiner reformatorischen Entdeckung, und dies macht sein Selbstbewußtsein aus – kann kein Besitz zum Ruhm und zum Ausruhen sein, sondern nur ein Weitergeben dessen, was man selbst empfängt: »Gott gebe uns *allen* seyne Gnade, Amen«[26]. Damit schließt Luther diese Schrift.

II (1543)

Zwanzig Jahre später hat sich sodann das Bild völlig gewandelt. Eigentlich wollte Luther zu dem Thema Juden schweigen, nachdem er 1538 *Wider*

25   WA 11, 315.
26   WA 11, 336.

die Sabbater geschrieben hatte und damit einer Bitte des Grafen Schlick zu Falkenau gefolgt war, der um Hilfe und Belehrung im Kampf gegen einen in Böhmen auftretenden schwärmerischen »Judaismus« gebeten hatte[27]. Dort hatten Juden Missionserfolge unter den Christen gehabt und sie auf das mosaische Gesetz, die Beschneidung und die Sabbatfeier festlegen können. Eine jüdische Gegenschrift und die neuerliche Anfrage des Grafen Schlick führten jedoch zu einer erstaunlichen einschlägigen Produktivität Luthers im Jahre 1543, die sich mit der »Judenfrage« befaßt. 1543 erschienen außer dem genannten Buch noch die in gleicher Tonart abgefaßten Schriften: *Vom Schem Hamphoras und dem Geschlecht Christi*[28] und *Von den letzten Worten Davids*[29]. Dieser Produktion geht voraus und läuft parallel eine sich steigernde Beschäftigung mit dem Schicksal der Juden in den *Tischreden,* auch in einzelnen Briefen und in Vorlesungen bis hin zu der bewußt als Vermächtnis gehaltenen letzten Predigt in Eisleben, einige Tage vor seinem Tode (über Mt 11,25ff.) mit einem Anhang: *Eine Vermahnung wider die Juden*[30].

In allen Stellungnahmen wird deutlich: Die Judenfrage ist für ihn keine Frage mehr. Was bleibt, ist lediglich der literarische Vollzug und die Kundgabe eines bereits feststehenden Urteils über das jüdische Volk. Es gab für ihn keine denkbare Möglichkeit mehr, am Schicksal der Juden noch etwas zu ändern. Gott allein könnte es noch – so gibt er fatalistisch Auftrag und Verantwortung zur Verkündigung an Gott zurück. Als ob Gottes Wort auf eine andere, mirakulöse Weise, nicht durch Menschen den Menschen gesagt werden könnte! In einer eigentümlichen Sicherheit redet Luther *nur* zu den Christen[31], unter ihnen sind besonders die Prediger[32] und die Obrigkeit angesprochen[33]. Damit sind die Verantwortlichen in »beiden Reichen« der Herrschaft Gottes auf dieser Erde, in Gemeinde und Staat, angesprochen. Sie sollen zu dem in ihrem Bereich jeweils üblichen Mittel, kurz gesagt also zu Predigt und Gewaltanwendung greifen, ohne die Frage nach der den ›beiden Reichen‹ übergeordneten Autorität des Evangeliums zu stellen oder sich der Diskrepanz dieses doppelten, jeweils eigenen Gesetzes gehor-

27 WA 50, 312ff.
28 WA 53, 579ff. ›Vom Schem Hamphoras und dem Geschlecht Christi‹ stützt sich auf die gleichen mittelalterlichen Schriften wie ›Von den Juden und ihren Lügen‹. Es ist gewissermaßen eine Ergänzungsschrift zu der letztgenannten. Sie knüpft an das Buch des Kartäusers Salvagus Porchetus de Salvaticis aus dem 14. Jahrhundert: ›Victoria adversus impios Hebraeos‹ an, dessen 11. Kapitel Luther zum größten Teil übersetzt und abdruckt.
29 WA 54, 28ff. Diese Schrift ist (in einer Auslegung von 2 Sam 23, 1–7 und 2 Sam 7) ganz dem Nachweis gewidmet, daß das Alte Testament ein rein christliches Buch sei.
30 WA 51, 187ff. – Über das Weiterwirken dieser Schriften berichtet M. Lidzbarski in seinen Lebenserinnerungen ›Auf rauhem Wege‹ (Gießen 1927) aus einer polnischen Kleinstadt: »Meine Mutter sagte mir einmal von einem Manne, einem Juden, er sei ein Luther. Ich fragte sie, was ein Luther wäre, da sagte sie mir, ein Luther sei ein jähzorniger, leicht aufbrausender Mensch. In dieser Form habe ich zuerst von Luther gehört« (S. 97).
31 WA 53, 519.
32 WA 53, 527.
33 WA 53, 528 und 541.

chenden Verhaltens bewußt zu sein. Gehörte es konstitutiv zu den Äußerungen von 1523, daß sie als Triebkraft und Ziel hatten, die Juden zur Annahme des ihnen ›eigentlich‹ bekannten Evangeliums zu führen, so wird
das Gespräch jetzt in einer besonderen Weise introvertiert im christlichen
Raum geführt. Luther führt es nicht »umb anderer willen«, sondern um
»unsern Glauben zu stercken«. »Wir reden jetzt nicht mit den Jüden, sondern von den Jüden und von jrem thun«[34]. Vom Partner des Gesprächs ist
der Jude zum Objekt eines innerkirchlichen Redens geworden. Und so kann
es gar nicht die Absicht sein, sie auch zum Glauben an das Evangelium auf-
zurufen.

Statt dessen gliedert sich die Absicht von Luthers Schrift »Von den Juden
und ihren Lügen« dreifach:
1.   Es soll der *Glaube der Christen gestärkt* werden. Wie kann das geschehen? Wenn Luther in seinem messianischen Schriftbeweis (etwa an
Hand von Jer 33,17ff.) die These aufstellt, daß der Messias gekommen sein
muß und daß Gottes Wort »nicht liegen« kann[35], so sagt er solches »zu ehren und stercke unsers Glaubens und zur schande dem verstockten unglauben der verblendten, halsstarrigen Jüden«[36]. Der Glaube wird also durch die
Schlagkraft der biblischen Beweisstellen gestärkt – das geschah auch 1523,
aber nur, um von der damit gewonnenen Position aus zum Vormarsch
überzugehen und den Zugang zum eigenen Glauben für die anderen zu öffnen. Jetzt wird die eigene Stellung behauptet – sie erscheint mehr der Verteidigung und weniger der Ausweitung fähig zu sein. Damit hängt noch ein
anderer Aspekt an den Äußerungen Luthers zusammen. Merkwürdig oft
spricht er in der sicheren Pose des Besitzers den Juden gegenüber: Wir Christen »gleuben recht« und »*Wir* Christen haben unser new Testament, wir
haben die Schrift besser«[37]. An dieser Sicherheit wäre nichts auszusetzen,
wenn Luther sie nicht verbände mit einer erschreckenden Gebärde der Ver-
antwortungslosigkeit sowohl dem eigenen Besitz als auch dem Nächsten,
dem Juden, gegenüber. Luther weiß, was ihm die Gewißheit der Seligkeit
durch die Gnade des Messias bedeutet: »Solchen Messias haben wir Christen, und dancken Gott, dem Vater aller Barmherzigkeit«. Nun kann »mein
Hertz für freuden springen und mit eitel lust truncken werden...«[38]. Das,
was dem Christen zur Freude und zum Heil dient, gereicht dem Juden »zur
Schande«[39]. Hat der von Luther hier so freudig beschriebene Glaube es nötig, zu seiner Stärkung sich eines solch negativen Gegenübers zu bedienen,
sich so pointiert vom Unglauben zu distanzieren? Kränkelt er nicht, wenn
er einen so eng begrenzten und scharf bewachten Naturschutzpark
braucht? Damit ist die Frage nach der (1523 so gut gewahrten) Solidarität

34   WA 53, 519 und 449 u.ö.
35   WA 53, 469.
36   WA 53, 471.
37   WA 53, 450 u.ö.
38   WA 53, 543.
39   WA 53, 471.

von Prediger und Predigthörer gestellt. Diese Solidarität ist hier schon
durch die völlig andere Absicht des Buches: *über* die Juden zu schreiben,
zerbrochen. Aber sie ist auch im letzten theologischen Sinne nicht gegeben
und wird (mit der Kainsfrage) abgewiesen: Daß dem Messias »die Jüden
nicht gleuben, da fragen wir nichts nach... und lassen sie jmer hin faren
und harren jres Messia. Ir unglaub schadet uns nicht...«. Es sei so, daß »wir
doch irer bekerung gar nichts begeren noch bedürffen zu unserem vorteil,
nutz oder hülffe, sondern alles, was wir des thun, jnen zum besten thun,
wollen sie des nicht so mügen sie es lassen wir sind entschüldigt und können jr wol emperen mit allem das sie sind, haben, vermugen zur Seligkeit«[40].

2. Luther ist, wie das letzte Zitat es anklingen läßt, jetzt daran interessiert, daß er *nicht mitschuldig* wird *an der Schuld der Juden,* die Christus und
die Christen lästern und in ihrem Unglauben verharren. »Wir haben zuvor
eigener sunde gnug auff uns noch vom Bapsttum her, thun teglich viel dazu
mit allerley undanckbarkeit und verachtung seines wortes und aller seiner
gnaden, das nicht not ist, auf diese frembden, schendliche laster der Jüden
auff uns zu laden...«[41]. Luther ist sich des eigenen Unglaubens der Christenheit durchaus bewußt; aber der Unglaube und Ungehorsam der Christen ist nicht von solcher Gewichtigkeit wie der der Juden, und er fordert
nicht so scharfe Urteile und Maßnahmen heraus. Der Unterschied des Sün-
derseins ist gegeben durch den Unterschied von Glaubenden und Nicht-
glaubenden, von solchen, die den Messias »haben« und allein haben können, und denen, die verdammt sind und ihn folglich unmöglich haben können. Die Grenze zwischen beiden ist unübersteigbar. Sie ist durch Gottes
Verdammungsurteil von letzter Gültigkeit.

Er, als Prediger, verschafft sich das Alibi von der angeblichen, dauernd
praktizierten jüdischen Gotteslästerung dadurch, daß er warnt und anzeigt, welche Teufelskinder die Juden sind. Jeder Christ möge zusehen, daß
er rein bleibe von dieser Sünde der Juden. Denn, »wenn nu Gott jtzt oder
am Jüngsten tage mit uns Christen also wird reden: Hörestu es, Du bist ein
Christ und hast gewust, das die Jüden meinen son und mich öffentlich gele-
stert und geflucht haben, du aber hast jnen raum und platz dazu gegeben
... Sage mir, Was wollen wir hie antworten?«[42] Unglaube und Gottlosigkeit
der Juden werden für den Christen durch Distanzierung von solchen Dingen bekämpft. Von dem im letzten Sinn Gottlosen kann ich mich nur
schärfstens absetzen, es gibt keinerlei Solidarität mit einem solchen Sünder. Weil es um das ewige Heil oder die ewige Verdammnis geht, redet Luther mit letztem Ernst, und deswegen ist ihm jedes Mittel recht, die Gefahr
für das ewige Heil seiner ihm anvertrauten Christen zu bannen. Auch die
Obrigkeit ruft er zur Hilfe. Zur Stärkung und Bewahrung des Glaubens

40 WA 53, 450.
41 WA 53, 527.
42 WA 53, 531.

greift er über das hinaus, was allein stärken und bewahren kann: das Wort, der Heilige Geist, Christus selber. In sieben Punkten gibt Luther seinen »trewen rat« an die Christen, in Sonderheit an die Obrigkeit. Das den Anweisungen zur Kristallnacht in nichts nachstehende Programm ist schauerlich. Es lautet:

»Erstlich, das man jre Synagoga oder Schule mit feur anstecke und, was nicht verbrennen will, mit erden überheufe und beschütte, das kein Mensch ein stein oder schlacke davon sehe ewiglich. Und solches sol man thun, unserm Herrn und der Christenheit zu ehren damit Gott sehe, das wir Christen seien.

Zum anderen, das man auch jre Heuser des gleichen zerbreche und zerstöre, Denn sie treiben eben dasselbige drinnen, das sie in jren Schülen treiben. Dafur mag man sie etwa unter ein Dach oder Stall thun, wie die Zigeuner, auff das sie wissen, sie seien nicht Herren in unserem Lande...

Zum dritten, das man jnen nehme all jre Betbüchlein und Thalmudisten, darin solche Abgötterey, lügen, fluch und lesterung geleret wird.

Zum vierten, das man jren Rabinen bey leib und leben verbiete, hinfurt zu leren...

Zum fünften, das man den Jüden das Geleid und Straße gantz und gar auffhebe...

Zum sechsten, das man jnen den Wucher verbiete und neme jnen alle barschafft und kleinot an Silber und Gold, und lege es beiseit zu verwaren...

Zum siebenden, das man den jungen, starcken Jüden und Jüdin in die Hand gebe flegel, axt, karst, spaten, rocken, spindel und lasse sie jr brot verdienen im schweis der nasen...«[43].

Das alles zeigt, wie weit Luther von seinem ursprünglichen Vertrauen ins Wort, das alleine schafft, was es will, entfernt ist. Oder doch nicht? Denn Luther weiß wie früher, und es ist für ihn die Summe seiner theologischen Erkenntnis: »Messia kennen mus durchs Predigen komen... Da sihe, ob der Pfarrherr Schwert oder Spies führe, wenn er in die kirchen geht, prediget, teufft, Sacrament reicht, Sünde bindet und löset, den bösen steuret, die fromen tröstet und jedermans seele leret, weidet und bessert. Thut er das nicht alles allein mit der zungen oder Wort? Desgleichen bringt der Hauffe auch kein Schwert noch Spies zu solchem Ampt, Sondern allein die ohren«[44]. Das gilt nach Luther bis heute – aber nicht für die Predigt an die Juden! Für sie kam überhaupt keine Predigt mehr in Frage. Sie waren für ihn lebende, aber nicht mit Gottes Wort zu belebende Reliquien einer endgültig vergangenen Epoche der Kirchengeschichte.

3.   Die *Wahrung der Ehre Jesu Christi* und Gottes will Luther damit befördern – aber so, als läge sie in der Hand der Christen[45]. Hier wird deutlich,

43   WA 53, 523ff. und 536 wiederholt.
44   WA 53, 545.
45   WA, 53, 523 u.ö.

wie wenig berechtigt die Belehnung Luthers mit dem Ruhm »eines führenden Antisemiten« ist. Ein rassisches Judenproblem gab es für ihn nicht, und die wirtschaftlich begründete Ablehnung der Juden ist bei ihm auch nicht das Besondere (seine Schriften gegen den Wucher richten sich mit gleicher Schärfe gegen christliche, bürgerliche und adlige Wucherer). Die Juden und ihre Existenz waren für ihn zunächst ein, wenn auch zu rasch gelöstes, *theologisches* Problem. Daß Luther sich dabei weltlicher Mittel und Mächte bediente, liegt auf einer Linie mit der Zuhilfenahme des landesherrlichen Kirchenregimentes zur nötigen Sicherung seines reformatorischen Werkes und kann nicht allein mit seinem konservativen Grundcharakter erklärt werden. Es kommt noch etwas anderes hinzu, was 1523 nicht sichtbar ist: Luther will den Juden das Alte Testament entwinden, weil es das Evangelium enthält. Dessen Verheißungen sind an den Juden wirkungslos vorübergegangen, und für Verdammte gibt es kein Besitzrecht an Gottes Wort. Vier Gründe zum Rühmen führen die Juden aus ihrer Bibel gegen die Christen ins Feld:

a) ihre großen Vorfahren, die Erzväter, Propheten und Könige; b) die Beschneidung; c) das Gesetz; d) das Land, Jerusalem und den Tempel[46]. Mit grimmigem Spott beschlagnahmt Luther all die Vorzüge der Juden für sich, beziehungsweise die Christen. Dabei übersieht er die Besonderheit der Offenbarung und der Geschichte Gottes mit seinem auserwählten Volk. In dem Kampf gegen jede Gesetzesgerechtigkeit, die aus Gnadengaben Gottes Ansprüche vor Gott herleitet, steht Luther mit Paulus auf Jesu Seite – geht allerdings über sie hinaus, wenn er feststellt, daß es keine Sonderstellung der Juden gebe und daß sie »des keine verheissung (haben), der sie sich trösten köndten, on was sie aus jrem jrrigen dunckel in die Schrifft schmieren«[47]. In seinem Kampf gegen die Juden kämpft Luther so auch (ungewollt) gegen das Alte Testament – aber mit Hilfe des Alten Testaments! Er setzt das auserwählte Volk den anderen Völkern gleich, nicht nur durch die Bestreitung der Zeichen seiner Erwählung, sondern auch unter Zuhilfenahme der prophetischen Botschaft[48].

Luther übersieht, daß die Mahnungen der Propheten gerade das einmalige Faktum der Erwählung Israels und die unwiderruflichen Verheißungen Gottes zur Voraussetzung haben. Die Gefahr einer Spiritualisierung der alttestamentlichen Botschaft – unter Verleugnung ihrer konkreten Gestalt in der Geschichte und deren Besonderheit – liegt nahe. All die Herrlichkeiten, die jetzt den für Luther verdammenswerten Ruhm der Juden ausmachen, waren ihm 1523 Anlaß, mit den Juden darüber zu reden und sie auf ihren ungenutzten Schatz aufmerksam zu machen. Davon ist nichts mehr zu spüren. Lediglich die alten Juden, wenige Ausnahmen, hatten ein rechtes Verständnis ihrer Schriften. Das ist aber hoffnungslos vergangen[49]. Geblieben

46 a) WA 53, 419ff.; b) WA 53, 427ff.; c) WA 53, 440ff.; d) WA 53, 446ff.
47 WA 53, 447f.
48 Z. B. Dt 10,16; Jer 4,4; Hos 1,9; 2,25 (WA 53, 430 und 483).
49 WA 53, 438 und 450.

sind »hole und lehre hülsen« – und dazu gehört auch das Gesetz Moses, sofern es Grund zum Ruhm und Pochen auf Ansprüche vor Gott gibt[50]. Damit mögen sich die Juden nach Kanaan begeben. Das mosaische Gesetz hat dort als konstitutive Größe Geltung, es gilt nur in ihrem eigenen Land. Luthers Stellungnahme zum mosaischen Gesetz ist nicht eindeutig, wohl aber die zum Alten Testament: Es ist für ihn Zeugnis des Messias[51]. Deswegen muß er es den Juden entreißen oder aber sich mit den Juden gemeinsam zu ihm bekennen. Die ganze Geschichte zielt auf den Messias, »der welt Heiland, um welches willen er solchs alls jnen beweisete«. Nichts liegt ihm ferner, als gegen dieses Buch vorzugehen. Aber die Juden, denen es gehörte, sind »alt geworden«, die Christenheit hat sie beerbt[52].

Hier spielt bei Luther noch ein Gedanke hinein, der sich verhängnisvoll auswirkte. Luther setzt voraus: Das Evangelium (auch hier kann er es mit der Proklamation der Herrschaft Gottes gleichsetzen) ist bekannt in aller Welt – soweit sie für es in Frage kommt! Die Juden leben in einem christlichen Raum, wobei »christlich« nicht in erster Linie auf Kultur und Geschichte bezogen ist, sondern auf das laut und öffentlich verkündigte Wort Gottes. So kann man Gott nicht »schuld geben, als habe er solchs heimlich, oder im finstern gethan, oder sey den Jüden, oder irgend einem Volck nie fur komen«. So ist es also jedermann in diesem Corpus Christianum schuldig, zu wissen, wer und was Gottes Wort sei[53]. Es liegt nach Luthers Meinung nicht an der mangelnden Verkündigung, wenn die Juden im Unglauben bleiben.

Weil zu dieser Christenheit auch die Obrigkeit gehört, gebührt ihr, »scharffe barmhertzigkeit« gegen die Juden zu üben und die vorgeschlagenen schärfsten Unbarmherzigkeiten Luthers zu praktizieren. Daß Luther hier auch auf dem Boden gewisser Bereiche des spätmittelalterlichen Rechts steht, beweist die Tatsache, daß er demgemäß obrigkeitliche Maßnahmen gegen Ketzer fordern kann und sich gewisser Ausdrücke aus dem mittelalterlichen Recht bedient. Er hegt sogar noch die Hoffnung, daß sich durch diese Maßnahmen der Härte einige Juden bekehren[54]. Aber dieser Gedanke ist wohl nicht mehr als ein, in des Wortes übelster Bedeutung, ›frommer Wunsch‹. Dieser im doppelten Sinne ›fromme Wunsch‹ liefert manchem Interpreten Luthers den Brückenkopf, von dem aus eine unhaltbare Position Luthers gehalten werden, zumindest aber entschuldigt werden soll. Keine noch so beachtliche Virtuosität, mit theologischen Begriffen oder frommen Vokabeln umzugehen, machen aus Luthers »scharffer Barmhertzigkeit«, das heißt also aus seinen Kristallnachtvorschlägen, »Barmherzigkeit«. Ein so eindeutiger Begriff wie Barmherzigkeit läßt sich schlechterdings nicht mit so eindeutigen Vorschlägen vereinen. Man sollte

50   WA 53, 436f.
51   *H. Bornkamm*, Luther und das Alte Testament, Tübingen 1948.
52   WA 53, 438.
53   WA 53, 532.
54   WA 53, 337.

auch bei Luther mit der Möglichkeit »frommer Wünsche« rechnen, zumal er mehrfach beteuert, daß die Bekehrung eines Juden unmöglich sei[55]. Gehört das Volk Israel einer abgeschlossenen Epoche der göttlichen Geschichte mit den Menschen und nicht der Gegenwart und Zukunft an, so steht fest, daß die Kirche das Erbe des auserwählten Volkes als Alleinerbin angetreten hat! Hans Ehrenberg charakterisiert die hier offenkundige Konzeption Luthers richtig: »Das Judentum ist von der Kirche als Sprungbrett benutzt worden, um von ihm in die Vollendung und Vollkommenheit, ins Himmelreich hineinzuspringen, und wenn es diesen Dienst geleistet hat, bekommt es einen Fußtritt. Und dieser Fußtritt hat offenbar gemacht, daß es mit dieser Exegese nicht recht ist«[56]. Die Juden stehen für Luther völlig außerhalb der Wirkungsmacht des göttlichen Wortes. In den Reihen der Christen ist für sie kein Platz, weder in der Gemeinde noch in der als christlich angesehenen Gesellschaft, wo, wenn nicht die Frohe Botschaft regiert, doch Gottes Arm durch staatliche und gesellschaftliche Gesetze für Ordnung sorgt. Ein Platz könnte sich bestenfalls in Kanaan finden; dort mag – für Luther am Rande der Welt – ein Ort zu finden sein, wo sie mit ihrem Gesetz leben können. Es gibt hier für Luther kein Außerhalb von Geschichte und Raum, die er sich beide nur noch christlich denken kann. Mit massiver theologischer Untermauerung werden die Juden für vogelfrei erklärt. Jer 31,31ff. ist in Erfüllung gegangen, und der neue Bundespartner ist die Kirche – aber mit der Folge, daß das alte Bundesvolk verworfen und »mit allen Teufeln besessen ist«[57]. Damit ist das Stichwort gefallen, das Luthers Äußerungen bestimmt und das stärker als alle psychologischen und historischen Erklärungsversuche den theologischen Hintergrund der Gedanken Luthers aufzeigt. Die Juden sind für ihn »ein erschrecklich Exempel Göttlichs zorns«, sie sind »dahingegeben«, sie sind Teufelskinder, blind, verstockt, schlimmer als der Teufel in der Hölle. Sie sind »verdampt«[58]. Über sie ist das letzte Urteil gesprochen.

Von daher kann Luther, letztlich wider besseres Wissen, den Juden allein die Schuld an der Kreuzigung Jesu geben. Er zerschneidet damit das gemeinsame Band der Schuld aller Menschen am Tode Jesu – aber auch das Band der Erlösung durch diesen Tod!

Für die Juden kommt Glaube und damit Erlösung nicht mehr in Frage. Glaube der Juden ist unmöglich, denn »den Teufel und die seinen zu bekeren ist nicht müglich, uns auch nicht befohlen«[59]. Der hier auftretende Dualismus, in der Verbindung mit einer bestimmten Prädestinationslehre, erlaubt Luther, seiner Erlösung ebenso gewiß zu sein wie der Verdammung der Juden.

---

55   Z.B. WA 53, 437.
56   H. *Ehrenberg*, Die Paradoxien des Evangeliums, in: Theol. Ex. heute NF. 58, München 1957, S. 15.
57   WA 53, 551f.
58   WA 53, 522.
59   WA 53, 448.

Ein Gespräch mit ihnen ist so »als wenn du fur ein Saw das Evangelium« predigst[60]. Es bleibt Luther nichts anderes übrig, als eine Propagandaschrift zu schreiben. Das tut er, und das bedeutet für ihn: Verzicht auf das Gespräch mit dem Nächsten und seine Gewinnung, Selbstverteidigung, den Willen, sich möglichst scharf vom anderen abzusetzen, statt im Gespräch auf dasselbe Wort zu hören. Die Gewißheit der eigenen Erwählung und der jüdischen Verworfenheit wird bei Luther noch gefestigt durch seine Naherwartung des Jüngsten Tages[61]. Die Kirchen- und Weltgeschichte scheint ihm vor dem Abschluß zu stehen. Reichweite und Erfolg des Evangeliums sind bereits fixiert. Das oft beschworene Apfelbäumchen wird gerade nicht gepflanzt! Luthers harte Aussagen gewannen ihre letzte, ausschließende Schärfe dadurch, daß er des Glaubens war, das Ende der Welt stehe unmittelbar bevor. Diese Naherwartung des Endes bewirkte bei ihm, im Gegensatz zum Neuen Testament, zumindest in der Judenfrage einen unbiblischen Fatalismus. Die Aufweisbarkeit des Glaubens ist bei den Juden, nicht bei den Christen, gleichsam ein Probierstein für die göttlichen Verheißungen. Ihre Gültigkeit hängt daran. In der sich daraus ergebenden Betrachtungsweise fragt er: »Wie gehets denn zu, das er (Gott) diese Jüden nicht hören will? ... Wenn ein einiger fromer Jüde unter jnen were, ... der müste erhöret werden... Daraus schleust gewaltiglich, das sie nicht die fromen Jüden, sondern der verlorn hauffe des Hürischen und Mörderischen Volcks sein müssen«[62].

Die Verkündigung des Wortes Gottes verliert damit ihre zwar unnützen, aber doch verantwortlichen menschlichen Knechte, und Gott selber wird für die Ausrichtung seiner Botschaft und seiner Verheißungen verantwortlich gemacht. Mit einem entsprechenden Gebet schließt Luthers Schrift: »Christus, unser lieber Herr, bekere sie barmhertzigklich und erhalte uns in seiner Erkenntnis, welche das ewige Leben ist, fest und unbeweglich. Amen«[63].

Die Angst um die Stärke des christlichen Glaubens, die Angst vor der Solidarität der Gläubigen mit den Schuldigen und Gottlosen und die Angst um die Ehre Gottes und Christi lassen Luther nicht mehr recht an seinen eigenen Glauben glauben (dessen Herr Jesus Christus ihm im Alten und Neuen Testament doch so eindeutig und klar bezeugt ist[64]), wonach selbst Unglauben nur in der höheren Gewalt Gottes (der sie auch an den Teufel abtreten kann im Fall der Juden) begründet liegt. Was 1523 (aber nach den

---

60   WA 53, 444.
61   Vgl. *Luther*, Supputatio annorum mundi (WA 53, 28ff.), eine Chronologie seit der Schöpfung der Welt bis hin zum bald erwarteten Ende. »Hoc anno 1540 numerus annorum Mundi precise est 5500. Quare sperendus est finis mundi, nam sextus Millenarius non complebitur, sicuti tres dies mortui Christi non sunt completi...« (a.a.O. S. 171). Zur Frage vgl. *T. F. Torrance*, Die Eschatologie der Reformation, in: Ev. Theol. 14 (1954) S. 334ff.
62   WA 53, 442.
63   WA 53, 552.
64   Vgl. Anm. 4!

Bauernkriegen nicht mehr) gewahrt blieb bei Luther, ist dieses: Die befreiende und neues Leben aus sich selbst schaffende Sprengkraft des Evangeliums kannte keine vom Menschen zu bedenkenden Grenzen, die durch Gottes ewigen Ratschluß oder durch menschliches Verhalten einsichtig und fixierbar wären. Drei Gedanken, die bisher durch die überall und immer gewagte Verkündigung offengehalten wurden, verhärteten sich in der Folgezeit zu exklusiv abgrenzenden Dogmen[65]: Die doppelte Prädestination zum Heil und zum Unheil schlug im Blick auf die Juden in einen Determinismus um. Das räumliche Denken in zwei Bereichen unterstellte die Juden als Gottlose der Zornausübung Gottes und gab der staatlichen Gewalt freie Hand, Ratschlag und gutes Gewissen, diesen Bereich unter Absehung vom Evangelium zu regulieren. Was so in der Horizontalen galt, galt auch in der Vertikalen der Geschichte, wo es auch von Gott verlassene Epochen gibt, etwa die jüdische Geschichte seit der Zerstörung Jerusalems. Hierzu kam endlich eine starke, aber starre Hoffnung auf das baldige Weltende.

In diesen festgespannten Rahmen zeichnete Luther dann das Bild des jüdischen Volkes. Es ist ein trostloses Bild, ohne Hoffnung. Da es theologisch präjudiziert war, fühlte Luther sich frei, es mit den Farben auszumalen, die die lange Geschichte des christlichen Judenhasses, seine eigenen Enttäuschungen mit Juden, das mittelalterliche Ketzerrecht, seine gesellschaftliche Vorstellungswelt, sein Fremdenhaß, sein Alter und was man hier schlagwortartig nennen könnte, ihm boten.

Material für seine unsachliche Argumentation in dem starr festgelegten Rahmen eines beim status quo seiner alten Lebenstage fixierten Erwählungs- und Glaubensstandes der Menschheit lieferte Luther eine Schrift *Der ganze jüdische Glauben* von Anton Margaritha, des zum Christentum übergetretenen Sohnes eines Regensburger Rabbiners[66]. Er fand dort alles aufgehäuft, was an Verleumdungen und Haß gegen die Juden bekannt und im Umlauf war, verschärft durch den Haß des Getauften gegen seine früheren Glaubensbrüder. Luthers Schrift war überdies die Antwort auf eine Schutzschrift des lutherischen Pfarrers Osiander in Nürnberg, die dieser 1541 (allerdings anonym) hatte erscheinen lassen. Luthers scharfer Gegner Dr. Eck traf sich mit ihm in der wütenden Widerlegung dieser Veröffentli-

65   Den Grundstein für eine psychologische Erklärung der Wandlungen in Luthers Anschauungen über die Juden, der die meisten Interpreten dieses Sachverhaltes bis heute folgen, legte Magister *Johann Mathesius*, Luthers Schüler und erster Biograph (D. Martin Luthers Leben in 17 Predigten, hrsg. von G. Buchwald o.J.). Er macht die Griesgrämigkeit des Alters und die Enttäuschungen, die Luther durch Juden widerfuhren, verantwortlich für seine späteren scharfen Äußerungen. – Die beste und umfangreichste Untersuchung dieser Frage schrieb R. *Lewin*, Luthers Stellung zu den Juden, Berlin 1911. Zum gleichen Problem, außer dem bereits genannten W. *Walther* (Anm. 9) vgl. W. *Holsten*, Christentum und nichtchristliche Religionen nach der Auffassung Luthers, Gütersloh 1932; W. *Maurer*, Kirche und Synagoge, Stuttgart 1952; E. *Wolf*, Luther und die Juden, in: Freiburger Rundbrief 1952 (Nr. 17/18), S. 18ff.; K. *Kupisch*, Das Volk der Geschichte, Berlin 1960.
66   Weitere Gewährsleute sind für Luther vor allem Nikolaus von Lyra und Paulus von Burgos.

chung Osianders. Eck schrieb *Aines Juden Büchlein Verlegung*. Luther und
Eck spielen beide das beschämende Spiel (mit den gröbsten Mitteln, die das
Zeitalter des Grobianismus zu bieten hatte), die Irrlehre des jeweils anderen aus dessen Hinneigung zum Judentum zu erklären. Zwinglis Nachfolger in Zürich, Bullinger, nannte Luthers Schriften von 1543 »sehr schmut-
zig geschrieben« und Luther selbst einen wiederaufgelebten Pfefferkorn.
Calvin hatte wenig Berührung mit Juden in Genf, von ihm liegen wenig
Äußerungen zu dieser Frage vor. (Genf war 1500, wie auch Zürich, den Juden verboten worden, womit ein Beschluß der Tagsatzung von 1450 verwirklicht wurde, in der ganzen Eidgenossenschaft den Juden den Aufenthalt zu verwehren.) Seine Theologie jedoch bot durch die stärkere Betonung des Bundesgedankens, der Verbindung mit erasmischem, humanisti-
schem Gedankengut und der stärkeren Hochschätzung des Alten Testaments für Glauben und Leben der Christen (deutlicher erst in ihren Auswirkungen auf die Niederlande und das puritanische England), insgesamt
gesehen, die Basis für ein positiveres Zusammenleben mit den Juden, wenn
auch nicht übersehen werden darf, daß er und seine Schüler in dem Kampf
gegen die Antitrinitarier auch manchmal die Juden mit angriffen. Obwohl
Melanchthon Bedenken zu haben schien, ließ er »Von den Juden und ihren
Lügen« sofort dem Landgrafen von Hessen zugehen wegen »wahrlich viel
nützlicher Lehre«. Dieser erließ daraufhin einen Ausweisungsbefehl, wie
auch Luthers Landesherr jedem Juden Aufenthalt und sogar Durchzug verbot. Das waren die unmittelbaren Folgen der Äußerungen Luthers. Die indirekten wirkten länger, bis in die Gegenwart nach[67]. Die lutherische und
reformierte Orthodoxie, hervorragend gerüstet mit hebräischen Sprach-
kenntnissen und mit jüdischer Bibelauslegung vertraut, trat die unab-
weisliche Pflicht, ein Neues zu pflügen, an die Brüdergemeine und den Pietismus ab. In beiden Richtungen der Orthodoxie machte sich, knapp ausgesprochen, die Angst vor jedem Chiliasmus lähmend bemerkbar. Für die lutherische Orthodoxie blieb weitgehend Luthers Wort maßgebend: »Denn
das sollt yhr wissen Gottis wort und Gnade ist ein farender platz regen, der
nicht wider kompt, wo er eyn mal gewesen ist. Er ist bey den Juden gewest,
aber hyn ist hyn; sie haben nu nichts«[68].

---

67   H. *Graetz*, a.a.O. S. 316: »Wie der Kirchenvater Hieronymus die katholische Welt mit seinem unverhüllt ausgesprochenen Judenhasse angesteckt hat, so vergiftete Luther mit seinem
judenfeindlichen Testamente die protestantische Welt auf lange Zeit hinaus.«
68   WA 15, 32 (An die Ratsherren aller Städte deutschen Landes, 1524).

Johannes Brosseder

Luther und der Leidensweg der Juden*

Das Thema »Luther und der Leidensweg der Juden« wird hier der Sache nach nicht zum ersten Mal erörtert. Schon im 19., vor allem aber im 20. Jahrhundert hat dieses Thema das besondere Interesse der Forschung gefunden.[1] Evangelische und katholische Theologen, Kirchenhistoriker wie Systematiker, Profanhistoriker, unter ihnen zahlreiche jüdische, Philosophen, Kulturphilosophen, Germanisten, Psychologen u.a. haben sich mit diesem Themenbereich befaßt. Aber nicht nur die Forschung hat sich für dieses Thema interessiert. Gerade in der Zeit der nationalsozialistischen Gewaltherrschaft hat das Thema Luther und die Juden größte Aufmerksamkeit und unterschiedliche Verwendung einschließlich höchst dubioser Aktualisierungen von Luthers Ratschlägen an die Obrigkeit von 1543 gefunden. Neben dem antisemitischen Hetzblatt Julius Streichers waren es insbesondere Mitglieder der Reichsbewegung und der Kirchenbewegung Deutsche Christen, die sich hier hervorgetan haben, aber ebenso darf der ganze Sumpf der vielfältig sich gliedernden völkischen Bewegung für die Strapazierung dieses Themenkreises nicht verschwiegen werden. Doch zurück zur Forschung: Von einer umfassenden wissenschaftlichen Erforschung des Themas »Luther und die Juden« kann erst im 20. Jahrhundert gesprochen werden. Grundlegend ist hier nach wie vor die Arbeit des Rabbiners Reinhold Lewin »Luthers Stellung zu den Juden. Ein Beitrag zur Geschichte der Juden in Deutschland während des Reformationszeitalters«, Berlin 1911 (Neudruck Aalen 1973). Alle späteren wissenschaftlichen Untersuchungen fußen in Zustimmung, in Modifikationen oder in Ablehnung auf seinen Ergebnissen. In einer ersten Phase der von Lewin initiierten umfassenden wissenschaftlichen Erforschung des Themas wird insbesondere darauf aufmerksam gemacht, daß für eine sachgerechte Darstellung des Themas »Luther und die Juden« Luthers Theologie konstitutiv miteinbezo-

* Zuerst erschienen in: Martin Luther in beiden deutschen Staaten, Helmstedter Beiträge, 1983, 69–97.

[1] Das Folgende ist ausführlich belegt und dokumentiert bei *J. Brosseder*, Luthers Stellung zu den Juden im Spiegel seiner Interpreten. Interpretation und Rezeption von Luthers Schriften und Äußerungen zum Judentum im 19. und 20. Jahrhundert vor allem im deutschsprachigen Raum (Beiträge zur Ökumenischen Theologie, Bd. 8), München 1972.

gen werden muß, die Lewin in seiner historischen Arbeit im ganzen unberücksichtigt gelassen bzw. in ihrem Gewicht nicht erkannt hatte. In dieser ersten Phase der wissenschaftlichen Forschung, die man mit guten Gründen mit dem Beginn des 2. Weltkrieges als abgeschlossen betrachten darf, verdienen folgende Namen hervorgehoben zu werden: Wilhelm Walther, Ferdinand Cohrs, Werner Elert, Walter Holsten, Heinrich Bornkamm, Erich Vogelsang, Theodor Pauls. Dabei ist insbesondere das umfangreichste Werk dieser Epoche, das dreibändige Werk von Theodor Pauls (1939), so stark der nationalsozialistischen rassistischen Ideologie und Praxis verhaftet, daß trotz vieler richtiger Einzelanalysen kein gültiges Bild, sondern letztendlich ein Zerrbild gezeichnet wird.

Die Forschung nach 1945 mußte also das Thema noch einmal gründlich erörtern und dieses selbst aus den Aktualisierungen in der Zeit des »Dritten Reiches« herauslösen. Gleichzeitig wird aber auch die tiefe Betroffenheit darüber sichtbar, daß in den nationalsozialistischen Vernichtungskampf gegen das Judentum zahlreiche antijüdische Stimmen aus der gesamten christlichen Tradition herangezogen werden konnten, die zwar theoretisch den Mord an Juden, erst recht die planmäßige Ausrottung nicht kannten (was einzelne Exzesse nicht verhinderte), Stimmen, die aber streckenweise doch so geartet waren, daß Juden unter Christen keinen Platz zum Leben hatten, wie zahlreiche Judenvertreibungen des 15. und 16. Jahrhunderts beweisen. In der Forschung, die derzeit noch keinen Konsens in unserer Thematik gefunden hat, herrscht aber nach 1945, wenn ich nichts übersehen habe, ein Konsens darüber, daß eine wie auch immer geartete Aktualisierung eines Antijudaismus der christlichen Tradition, sei dieser altkirchlich, früh-, hoch- und spätmittelalterlich, reformatorisch, humanistisch oder gegenreformatorisch, theologisch nicht mehr hingenommen und legitimiert werden kann. Einer naiven, vorwissenschaftlichen Lektüre der christlichen Tradition für unseren Fragenbereich spricht in der wissenschaftlichen Theologie jedenfalls niemand mehr das Wort.

In der Forschung nach 1945 verdienen vor allem folgende Wissenschaftler genannt zu werden: Karl Kupisch, Wilhelm Maurer, Martin Stöhr, Carl Cohen, Aarne Siirala, Kurt Meier, Joachim Rogge, Heiko Augustinus Oberman. Auf meine eigene Studie darf ich in diesem Zusammenhang hinweisen. Den Arbeiten von Walther Bienert (Martin Luther und die Juden, 1982) und von C. Bernd Sucher (Luthers Stellung zu den Juden, 1977) vermag ich nicht den gleichen wissenschaftlichen Rang zuzusprechen, weil hier Luthers Theologie in ihrem sachlichen Gewicht für eine angemessene Sehweise seiner Äußerungen zum nachbiblischen Judentum entweder verkannt (so Sucher) oder völlig abwegig (so Bienert) artikuliert ist und auf diese Weise Urteile gefällt werden, die weit hinter die schon erreichten Einsichten wieder zurückfallen.

I

Das hier genannte Thema kann nur sachgerecht behandelt werden, wenn Luthers Äußerungen zum nachbiblischen Judentum in den allgemeinen Zusammenhang der christlichen Äußerungen zum nachbiblischen Judentum gerückt werden und die Praxis mitberücksichtigt wird, die im Spätmittelalter Christen den Juden angedeihen ließen. Thesenartig seien daher einige wichtige Daten genannt, die Luther vorfand und in deren sachlichen Kontext er steht. Ausdrücklich sei hinzugefügt, daß hiermit nichts Neues gesagt, sondern Bekanntes in Erinnerung gerufen werden soll. Von ganz besonderer Bedeutung ist in diesem Zusammenhang der ganze Komplex der Heiligen Schrift Alten und Neuen Testamentes.[2] Daß Martin Luther an der Einheit der Hl. Schrift festgehalten und das Alte Testament als Christuszeugnis liest und lesen kann, bedarf hier keiner Erörterung. Im Neuen Testament begegnet Martin Luther aber schon einer Fülle von Äußerungen zum neutestamentlichen zeitgenössischen Judentum, die ihrerseits Reflex der Tatsache sind, daß die Verfasser des Neuen Testamentes sich mit dem Problem auseinanderzusetzen hatten, warum die Juden in ihrer Gesamtheit sich Jesus Christus versagten. Ganz besonders wichtig werden in diesem Zusammenhang Paulus, die Synoptiker und das Corpus Johanneum. Immerhin begegnet man schon hier der These von der Verstockung, der sogenannten Selbstverfluchung (Mt 27,25), der Verbindung von Juden mit dem Teufel (Joh 8,44f.), der Redeweise von den Juden als der Synagoge des Satans (Offb 2,9f. und 3,8f.), der Verantwortlichkeit von Juden für den Tod Jesu (1Thess 2,14ff.: »Juden, die den Herrn Jesus getötet und die Propheten und uns verfolgt haben, Gott nicht gefallen, und allen Menschen feind sind«), der Scheidung von Juden und »Christen« aufgrund von jüdischen Lästerungen (Apg 18,4ff.: Paulus in Korinth. »Und er [= Paulus] lehrte in den Synagogen an allen Sabbaten... und bezeugte den Juden, daß Jesus der Christus sei. Als sie aber widerstrebten und lästerten, schüttelte er die Kleider aus und sprach zu ihnen: ›Euer Blut komme über euer Haupt, rein gehe ich von nun an zu den Heiden.‹«). In solchen Äußerungen spiegelt sich die zeitgenössische Auseinandersetzung zwischen den Juden, die Jesus, den Gekreuzigten und Auferstandenen, als den gekommenen Messias bezeugten, als einer Minorität, und den Juden, die dies nicht taten, als der Majorität. Es verzerrt die Perspektiven, ohne daß ich dies hier näher darlegen kann, würde man hier schon von Antijudaismus oder sogar schon von einem Antisemitismus sprechen. Von einem solchen kann noch nicht einmal bei Melito von Sardes gesprochen werden (um 180), der in einer Passah-Homilie[3] erstmals in der Alten Kirche vom »Gottesmord« spricht, der

2 Für das Folgende siehe ausführlich K.H. *Rengstorf*, Das Neue Testament und die nachapostolische Zeit, in: Kirche und Synagoge. Handbuch zur Geschichte von Christen und Juden. Darstellung mit Quellen, hrsg. v. K.H. *Rengstorf* / S. v. *Kortzfleisch*, Bd. I; Stuttgart 1968,S. 23–83.
3 B. *Lohse*, Die Passah-Homilie des Bischofs Meliton von Sardes, Leiden 1958.

damals in Jerusalem geschah, ohne damit die Juden seiner Zeit allgemein
noch auch die Juden seines Bistums im Blick zu haben.[4] Bis zum Toleranz-
edikt von Mailand (313) waren die Christen zu Beginn des 3. Jahrhunderts
in der Minorität gegenüber dem Judentum[5] und obendrein nur geduldete
und nicht erlaubte »Religion«, eine Religion, die unter Septimus Severus
(193–211) planmäßiger Verfolgung ausgesetzt war, deren Ursachen wohl in
verleumderischen Nachreden zu suchen sind, die einer entrechteten Minorität entgegengebracht wurden: Bei Tertullian, der sich gegen Heiden, Häretiker und Juden (gegen die letzteren allerdings nur in einer einzigen
Schrift) wendet, werden einige Anschuldigungen sichtbar, gegen die sich
die Christen zu verteidigen hatten: Ritualmord, Unzucht, asoziales Verhalten, Schuld an allem Unheil, was 1000 Jahre später dann von Christen den
Juden entgegengehalten wird. Im 4. und 5. Jahrhundert hat sich für die
Christen das Blatt endgültig gewendet. Seit 313 (Bekehrung Konstantins)
werden die Christen anerkannte Religionsgemeinschaft; aus der Toleranz
wird aber seit der Mitte des 4. Jahrhunderts eine Begünstigung der Christen, die Ambrosius 388 anläßlich der Synagogenzerstörung im mesopota-
mischen Grenzstädtchen Kallinikon[6] um ein juristisches Element anrei-
chert: Straffreiheit für alle diejenigen, die die örtliche Synagoge in Brand
gesteckt und sie ausgeraubt haben. Theodosius hatte hier der Forderung
des Ambrosius entsprochen, wenngleich der gesetzliche Schutz der Synagogen verschärft wurde (393, 397, 412 und 423). Dies ist um so beachtlicher, als immerhin Ambrosius schon mit dem Argument arbeitete, die
Synagoge sei in Brand gesteckt worden, um den Ort zu beseitigen, an dem
Christus geleugnet wird. Die Synagoge wird dabei bezeichnet als Ort des
Unglaubens, die Heimstatt der Gottlosigkeit, der Schlupfwinkel des Wahn-
sinns. Während Theodosius dem Statthalter von Kallinikon bedeutete, die
Synagoge solle auf Kosten des Bischofs wieder aufgebaut werden, die ge-
stohlenen Gegenstände zurückerstattet und Brandstifter und Diebe der
verdienten Strafe zugeführt werden, und dies der konkrete Anlaß für die
Intervention des Ambrosius gewesen ist, hat Augustinus in einer Predigt
wider die Juden ausführlich dogmatisch Stellung bezogen.[7] Diese Stellungnahme hat nachhaltige Auswirkungen gehabt. Bedeutsam ist hierbei, daß
die »Zerstreuung der Juden« theologischer Beweisgrund für die Wahrheit
des Christentums wird, auf welches die Erwählung übergegangen ist, was
die Juden in ihrer Blindheit nicht zu sehen vermögen. Juden sind nicht
durch ihre Erwählung ausgezeichnet, sondern durch ihre Verblendung:
»Sagt dann, wir sind es, wenn ihr hört ›Ihre Augen mögen umdüstert werden, daß sie nicht sehen, und ihr Rücken sei stets gebeugt‹« (Ps 69,24). Seine

4   K.H. Rengstorf, a.a.O. S. 72–74.
5   Dieses und das Folgende ausführlich erörtert unter Zitation der wichtigsten Quellen bei B.
Blumenkranz, Patristik und Frühmittelalter, in: Kirche und Synagoge, Bd. I, Stuttgart 1968, S.
84–135.
6   B. Blumenkranz, a.a.O. S. 91–93.
7   Ausführlich B. Blumenkranz, a.a.O. S. 93–97.

theoretische Judenfeindschaft hat Augustinus allerdings nie in eine praktische ausarten lassen. Augustinus ist es aber, dessen Theorien im Mittelalter immer wieder herangezogen werden als theoretische Begründung für das Rechtlosmachen der Juden und ihre Verfolgung.

Im Anfang des 5. Jahrhunderts verschlechtert sich dann auch die rechtliche Lage der Juden zusehends: Verbot der Mission, des Haltens christlicher Sklaven, Mischehen als Verbrechen gegen öffentliche Ordnung, Verbot des Bekleidens öffentlicher Ämter – und letzteres mit Rückgriff auf eine theologische Forderung schon Tertullians, nämlich Unterordnung des jüdischen unter das christliche Volk. Wenn Kinder jüdischer Eltern Christen geworden waren, dann war der jüdische Familienvater bei der freien Verfügung über sein Vermögen in der Nachlaßordnung beschränkt.

Die in den Nachfolgestaaten des Römischen Reiches anfangs herrschende neue Toleranz wird im westgotischen Spanien, nachdem die Könige katholisch geworden waren, zunehmend preisgegeben. Hier gibt es die erste Verordnung zur Zwangstaufe durch Sisebut (um 612/20).[8] Juden bekamen aber auch als Zwangsbekehrte keine Ruhe, so daß es zu einem theologischen Kampf (z.B. Isidor v. Sevilla) und zur gesetzlichen Verfolgung kam, was hier nicht näher darzulegen ist. Im übrigen christlichen Westen (ohne Spanien) geht es zunächst friedlicher zu. Papst Gregor der Große (540–604)[9] garantiert den gesetzmäßigen Schutz der freien Religionsausübung, verbunden mit verstärkter Werbung, ohne Zwang die Juden dem Christentum zuzuführen. Nachdrücklich vertritt Gregor der Große aber die allgemein menschliche Schuld am Kreuzestod Jesu – im Unterschied zu anderen Kirchenschriftstellern.

Das Entstehen des Islam und dessen Übergreifen auf Spanien läßt in der Mitte des 9. Jahrhunderts die Behauptung entstehen, Juden und Moslems hätten sich in Spanien verbündet – und die islamischen Machthaber hätten den Christen nur die Wahl gelassen, entweder zum Islam oder zum Judentum sich zu bekehren; der Fall Barcelonas 852 sei nur durch jüdischen Verrat möglich geworden.

Im 11. Jahrhundert wird sodann der Kreuzzugsgedanke entwickelt.[10] Die Zerstörung der Grabeskirche durch den Kalifen El Hakim wird, als die Nachricht 1007 im Abendland eintrifft, den Juden in die Schuhe geschoben. Die Juden werden dafür verantwortlich gemacht, und zwar durchaus nicht die Juden im Heiligen Land, sondern diejenigen im eigenen Land, die dann verfolgt werden. Kreuzzugsgedanke und Judenverfolgung werden miteinander verknüpft, und 1096 (1. Kreuzzug) ist es mit dem, angesichts dessen, was nun kommt, relativ friedlichen Zusammenleben von Christen und Juden endgültig vorbei. 1096 ist das Jahr der großen Judengemetzel durch undisziplinierte Kreuzfahrergruppen in Speyer, Worms (800 Tote), Mainz

8 B. *Blumenkranz*, a.a.O. S. 102f.
9 B. *Blumenkranz*, a.a.O. S. 108f.
10 Die Zeit der Kreuzzüge bei B. *Blumenkranz*, a.a.O. S. 111–124.

(1100 Tote), Köln, Neuß, Wevelinghoven, Altenahr, Xanten, Moers. Die Begründung für dieses Gemetzel lautete: »Wir wollen bis in den Orient ziehen, um gegen die Feinde Gottes zu kämpfen... da doch hier vor unseren Augen sich Juden finden, die übelsten Feinde Gottes, die es geben kann«, ein Argument, das dann in verschärfter Gestalt immer neu variiert erscheint.

Dem 2. Kreuzzug geht ein scharfer theologischer Disput zwischen Peter von Cluny (1092–1156) und Bernhard von Clairvaux (1090–1153) voraus. Die scharfe Linie vertritt Peter von Cluny, Bernhard von Clairvaux dezidiert die gegenteilige. Bernhard konnte zwar 1146 nicht alle Ausschreitungen verhindern; diese hatten aber nicht mehr das Ausmaß des Jahres 1096.

In der Mitte des 12. Jahrhunderts tauchen sodann die ersten Ritualmordbezichtigungen auf[11], die im 13. Jahrhundert um die Blutbeschuldigungs- und Hostienfrevel-Legende und im 14. Jahrhundert (1348/49) beim Ausbruch der Pestepidemien um die Brunnenvergiftungs-Legende bereichert werden.[12]

Die kanonische Gesetzgebung hatte sich ebenso mit den Juden befaßt. Zu Beginn des 2. Kreuzzuges (1146) erläßt Papst Eugen III. die Bulle »Sicut Judaeis«[13], deren Text seine Nachfolger immer wieder in Kraft setzen und der Aufnahme in das Corpus Juris Canonici fand: Im 12. Jahrhundert waren es 6 Päpste, 10 während des 13. Jahrhunderts, 4 während des 14. Jahrhunderts und 3 während des 15. Jahrhunderts, die immer wieder die Sicut-Judaeis-Bulle erneuerten.[14] In den »Sicut-Judaeis-Bullen« wird die Zwangstaufe verworfen, angestammte jüdische Rechte dürfen nicht verletzt werden, ohne Urteil der Behörden darf Juden kein Leid geschehen, ihre Feste dürfen Juden ungestört feiern, ihre Friedhöfe sind zu schützen. Juden dürfen in allem, was ihnen gestattet ist, keine Schmälerung erleiden. Wer dawider verstößt, soll die Ehrenstellung einbüßen oder exkommuniziert werden – es sei, er leiste zuvor Wiedergutmachung. Die Judenschutzbullen hatten allerdings nur höchst begrenzte Wirkung; sie waren nämlich nur soweit wirksam, wie Obrigkeiten sie zu respektieren bereit waren.

Das 4. Laterankonzil von 1215 führt eine Reihe antijüdischer Bestimmungen ein[15]: Juden, aber auch Christen, wird das Wuchern verboten. Juden und Sarazenen wird vorgeschrieben, eine Kleidung zu tragen, durch die sie sich von den Christen unterscheiden. Hiermit wird die Isolierung der Juden eingeleitet, die in der 2. Hälfte des 15. Jahrhunderts durch die Einrichtung der Gettos und durch die Ausweisung aus vielen Städten und Ländern zum Abschluß kommt. Den Juden wird schließlich verboten, öffentliche Ämter zu übernehmen.

11 Ausführlich bei *B. Blumenkranz*, a.a.O. S. 124–126.
12 *W.P. Eckert*, Hoch- und Spätmittelalter – Katholischer Humanismus, in: Kirche und Synagoge, Bd. I, Stuttgart 1968, 210–306, hier 213f. und 265–270; S. 270–272.
13 Text bei *B. Blumenkranz*, a.a.O. S. 126f.
14 Ausführlich erörtert von *W.P. Eckert*, a.a.O. S. 215–217.
15 Ausführlich mit Zitation der Quellen bei *W.P. Eckert*, S. 222–224.

Im 13. Jahrhundert wird ausführlich die Frage des Glaubenszwanges diskutiert, wobei zwischen direktem und indirektem Zwang unterschieden wird. Der direkte Zwang ist auf jeden Fall abzulehnen. Die Frage, ob Unglaube überhaupt geduldet werden darf, beantwortet Thomas[16] mit dem Hinweis darauf, daß er zuzulassen sei, um ein größeres Unheil zu vermeiden. Interessant ist aber, daß Thomas im jüdischen Gottesdienst eine Fortsetzung des alttestamentlichen Gottesdienstes sieht, der seinerseits Vorbild des christlichen Gottesdienstes ist – und aus diesem Grund kann der jüdische Gottesdienst auch heute geduldet werden.

Bei der Frage, ob jüdische Kinder gegen den Willen ihrer Eltern getauft werden dürfen, antwortet Thomas[17] unter Berufung auf das Kirchenrecht und das Naturrecht (Herrschaft, Sorge und Verantwortung der Eltern gegenüber den Kindern) eindeutig mit Nein, während Duns Scotus[18] (Sentenzenkommentar) ein ebenso entschiedenes Ja spricht, weil Gottes Wille, welchem der Glaube der Juden widerspricht, höher steht als der Elternwille.

Besonders schlimm wurden auch die Judenverfolgungen und Judenvertreibungen, die im 13., 14., 15. und 16. Jahrhundert von der Obrigkeit verfügt wurden[19]: so am Ende des 13. Jahrhunderts und im 14. Jahrhundert in England und Frankreich, 1492 in Spanien, 1497 in Portugal sowie im Laufe des 15. Jahrhunderts in vielen deutschen Städten und Ländern. Papst Pius V. weist sie 1569 mit Ausnahme von Rom und Ascona aus dem gesamten Gebiet des Kirchenstaates aus; Pius IV. hatte aber schon 1555 das römische Getto errichtet.[20]

Die Religionsgespräche (z.B. Ende des 11. Jahrhunderts in England[21]: Ein Jude diskutiert mit Gislebertus Crispinus [1046–1147], Prior der Westminster-Abtei) wurden zunehmend ausschließlich ein Mittel zur Mission. Während das englische noch ein wirkliches Gespräch war, so kann das von Barcelona 1263, erst recht aber das von Tortosa (1413/1414) ein solches nicht mehr genannt werden.[22]

Ein besonders trübes Kapitel in der Geschichte der christlich-jüdischen Auseinandersetzung schrieb das Baseler Konzil[23] mit der 1434 verfügten Zwangspredigt für Juden, die allerdings in Spanien schon eine jahrhundertelange Vorgeschichte hatte, aber auch in anderen Ländern seit dem 2. Drittel des 13. Jahrhunderts allmählich in Übung kam und sich auf ein Breve Papst Nikolaus' III. vom Jahre 1278 stützen konnte, das Franziskaner und Dominikaner aufgefordert hatte, geeignete Männer auszusuchen, die den Juden predigen oder sie geeignet unterrichten sollten. Zwangspredig-

16 Bei *W. P. Eckert*, a.a.O. S. 217–219 (mit Quellen).
17 *W. P. Eckert*, a.a.O. S. 219.
18 Belege bei *W. P. Eckert*, a.a.O. S. 219f.
19 Bei *W. P. Eckert*, a.a.O. S. 214f.; 261–265.
20 Bei *W. P. Eckert*, a.a.O. S. 287–290.
21 *B. Blumenkranz*, a.a.O. S. 114.
22 *W.P. Eckert*, a.a.O. S. 239–245.
23 *W.P. Eckert*, a.a.O. S. 247–252.

ten in Deutschland sind vom dem Dominikaner Petrus Nigri bekannt: Regensburg (1474), Nürnberg, Frankfurt, Bamberg und Worms.

Neben all den genannten dunklen Seiten gibt es aber gelegentliche Lichtblicke, die allerdings ihrerseits ebenso zunächst im dunkeln begannen. Im Streit um den Talmud im 13. Jahrhundert[24] mit Talmudverbrennung in Paris 1242 und Talmudbekämpfungen in Spanien und vereinzelten talmudfeindlichen Äußerungen in Deutschland versuchte man, den Talmud in den Dienst christlicher Apologetik zu stellen. Hier ist zu nennen der Dominikaner Raimund Martini (1220–1284)[25], der Hebräisch und Arabisch beherrschte und den Talmud nicht als Ganzes verworfen sehen wollte. Man entdeckte, daß es für christliche Theologen nützlich sein könnte, die hebräische Sprache zu erlernen. Die Dominikaner errichteten einige Sprachschulen, und Raimund von Penaforte[26] setzte sich eifrig für dieses Anliegen ein. Roger Bacon OFM (1220–1292)[27] anerkannte durchaus, daß es nötig war, die Texte der Hl. Schrift mit dem Original zu vergleichen und zu verbessern. 1312 wurden auf Beschluß des Konzils von Vienne Sprachstudien in Paris, Oxford, Bologna, Salamanca und an der Kurie errichtet (auf Empfehlung von Raimundus Lullus[28], 1232–1316, von dem allerdings nicht nur Rühmliches berichtet werden kann). Gelegentlich gibt es Freundschaften zwischen christlichen und jüdischen Gelehrten, vor allem in humanistischen Kreisen Italiens des 15. Jahrhunderts. Versuche, einer »Universalreligion«[29] zu dienen, werden greifbar bei Nikolaus von Cues (De pace fidei; 1453 Eroberung Konstantinopels durch die Türken), der seinerseits auf eine Jugendschrift von Raimundus Lullus, »Buch von den Heiden und den Drei Weisen«, ja sogar auf Fragestellungen Abaelards (12. Jahrhundert) zurückgreifen konnte.

Pico della Mirandola[30] (1463–1494), der von namentlich bekannten Männern (Elia del Medigo, Flavius Wilhelmus Mithridates und Jochanan die Isacco Alemanno) in die hebräische Sprache und in das Gedankengut der Kabbala eingeführt worden war, entwickelte eine christliche Kabbala, in der Spekulationen über das Tetragramm bedeutsam wurden, welches auf den Namen Jesu, Gott, der Sohn Gottes, die Weisheit des Vaters und die dritte Person der Gottheit hinweise. Solche Spekulationen finden sich auch bei Johannes Reuchlin[31] (1455–1522): IHVA–IHSVH; Einfügung eines *schin*, und: in hoc signaculo vince. Christliche Kabbala soll durch Reuchlin in ihrer Allgemeingültigkeit dargetan werden als Weg zur Erleuchtung. Da der Talmud und die Bücher der Talmudisten von dem Inquisitor Jakob v.

24 *W.P. Eckert*, a.a.O. S. 227–233.
25 Ausführlich bei *W. P. Eckert*, a.a.O. S. 233–235.
26 Ebd. S. 235.
27 Ebd. S. 236.
28 A.a.O.
29 *W.P. Eckert*, a.a.O. S. 272–274.
30 *W.P. Eckert*, a.a.O. S. 238f.
31 *W.P. Eckert*, a.a.O. S. 274–278.

Hochstraten und dem Konvertiten Pfefferkorn bedroht sind, versucht Reuchlin[32], möglichst viele Bücher als kabbalistisch zu erklären. Dennoch geriet auch er in einen Kampf mit Jakob von Hochstraten und Pfefferkorn um den Talmud und die Bücher der Juden. Pfefferkorn, getaufter Jude, veröffentlichte von 1507–1509 vier scharfe antijüdische Schriften: Judenspiegel, Judenbeichte, Osternbuch, Judenfeind. Der eigentliche Grund für die Verstocktheit der Juden, so Pfefferkorn, seien ihre Bücher. Deshalb solle man sie ihnen wegnehmen, dann würden die Juden Christen werden. 1509 erließ Maximilian I. den Befehl an alle Juden, ihre Bücher zur Prüfung an Pfefferkorn zu schicken. Der Kurfürst von Mainz sah darin seine eigenen Rechte beschränkt; der Kaiser übertrug ihm daher die Rechte, und der Erzbischof holte sich Gutachten von den Universitäten Erfurt, Heidelberg, Köln, Jakob v. Hochstraten, Johannes Reuchlin, Viktor von Garben ein. Nur Reuchlin sprach sich für die Erhaltung der talmudischen Schriften uneingeschränkt aus. Der Streit, der ausbricht, braucht hier nicht geschildert zu werden; er endet schließlich auf dem Hintergrund der Reformation 1520 zuungunsten Reuchlins. In dem Streit aber hatten sich Erasmus und Luther auf die Seite Reuchlins gestellt.

Wie steht es nun mit Luthers Zeitgenossen in ihrer Beurteilung des nachbiblischen Judentums? Hier kann ich mich sehr kurz fassen, weil wichtige Gesichtspunkte von H.A. Oberman hierzu neu ermittelt worden sind.[33] Kräftiger, als Oberman dies tut, sei allerdings betont und hervorgehoben, daß auf dem Hintergrund der überkommenen theologischen Sehweise des nachbiblischen Judentums, das ja keineswegs in der christlichen Theologie der primäre Gegenstand theologischen Nachdenkens gewesen ist, sondern bei den Theologen ein Randthema geblieben ist, was mir bei Oberman zu wenig deutlich herausgearbeitet wird, keine neue theologische Grundeinstellung zum nachbiblischen Judentum erwartet werden kann. Sie wäre nur dann erwartbar gewesen, wenn das Sinnen und Trachten der Christenheit in ihren besten und stärksten Teilen auf eine theologische Neueinstellung der Christen zum Judentum *das* Hauptthema der durch die christliche Theologie zu bedenkenden Gegenstände geworden wäre und die besten Kräfte des Geistes auf die Erörterung dieser Frage hätten konzentriert werden können. Bei theologischen Randthemen ist aber von vornherein ein akribischer und ein in jeder Hinsicht umfassende Perspektiven erörtern wollender Wille nicht zu erwarten. Hier wird leichtfertiger an Überkom-

32 Zum Reuchlinstreit *W.P. Eckert*, a.a.O. S. 278–284; *G. Kisch*, Zasius und Reuchlin. Eine rechtsgeschichtlich vergleichende Studie zum Toleranzproblem im 16. Jahrhundert. Konstanz – Stuttgart 1961; *H.A. Oberman*, Wurzeln des Antisemitismus. Christenangst und Judenplage im Zeitalter von Humanismus und Reformation, Berlin 1981.
33 *H.A. Oberman*, Wurzeln des Antisemitismus, Berlin 1981; Obermans Werk kommt auf folgende »handelnde Personen« zu sprechen: M. Bucer, J. Calvin, W. Capito, Herzog Eberhard im Bart, Johannes Eberlin von Günzburg, J. Eck, Erasmus v. Rotterdam, Kurfürst Friedrich der Weise, Jakob v. Hochstraten, B. Hubmaier, Ulrich von Hutten, Justus Jonas, Josel von Rosheim, Martin Luther, Ph. Melanchthon, A. Osiander, J. Pfefferkorn, J. Reuchlin, H. Zwingli.

menes angeknüpft und dieses mitgeschleppt, leichtfertiger auch und oft
wenig intensiv bedacht, eher beiläufig etwas eingetragen, das dann auf einmal erst später unheilvolle Wirkungen zeitigt. Und das überkommene, mit
dem Christentum mitgeschleppte antijüdische theologische Gedankengut
erlaubte durchaus auch eine judenfreundliche Politik oder wenigstens eine
amtliche Judenschutzpolitik, die angesichts der thematischen Randfunk-
tion des Judenthemas keinen solchen theologischen Leidensdruck erzeugte,
daß man hier in der Theologie auf eine Neubesinnung aus war.

So gilt auch für Reuchlin[34], daß die Juden – theologisch – Feinde des
christlichen Glaubens sind. Auch er kennt ein »Bessert euch oder hinaus«
(etwa in der Wucherfrage). Reuchlin kämpfte letztlich nicht für die Juden,
sondern »für den ungehinderten Zugang zu den Quellen der christlichen
Kabbala«. Pfefferkorn (1469–1522/23), getaufter Jude, ergreift deshalb literarische Maßnahmen gegen die Juden, weil er sich selbst – da das Weltende
unmittelbar bevorsteht und für die Endzeit die Bekehrung aller Juden erwartet wird – als den Beginn einer Massenbekehrung zum christlichen
Glauben sieht; zum Heil der Juden solle man ihnen ihre Bücher abnehmen.
Für Johann Eck sind die Juden ein gotteslästerliches Volk. Auch Erasmus
von Rotterdam – Guido Kisch hat über ihn geforscht[35] – ist keineswegs ein
Judenfreund: Er freut sich über das ketzer- und »judenfreie« Frankreich,
und auch für ihn bleibt ein getaufter Jude halb Jude und wird nie ganz
Christ: »Wenn Judenhaß der Ausweis echter Christen ist, dann sind wir alle
vorzügliche Christen.« Auch für Zwingli kann eine wirkliche, theologische
Neueinstellung zum Judentum nicht ermittelt werden. Mit Martin Bucer
teilt er die Überzeugung, daß die Juden als Ungläubige das Gemeinwohl bedrohen, und das sagt Martin Bucer, obwohl Bucer Luthers scharfe Judenschriften von 1543 nicht teilt und als maßlos kritisiert. Auch Osiander in
Nürnberg und Capito in Straßburg haben *theologisch* die Schallmauer nicht
durchbrochen, trotz des Eintretens für Juden und des Zurückweisens von
Verleumdungen. Insgesamt kann man sagen, daß die auch im Mittelalter
gegebene Bandbreite der theologischen Sehweise des nachbiblischen Judentums wie auch die Bandbreite der praktischen Behandlung insgesamt
weder von Humanisten noch von den Gegnern Luthers, noch von Luther
selbst, noch von den Mitreformatoren im wesentlichen verlassen wurde –
natürlich bei im einzelnen individuellen Akzentsetzungen.

II

Nach dem Versuch, die Frage »Luther und der Leidensweg der Juden«
sachlich und historisch zu plazieren, kann nun vor diesem Hintergrund
Martin Luther dargestellt werden.

34 Zum Folgenden siehe H.A. *Oberman*, Wurzeln des Antisemitismus, Berlin 1981; G. *Kisch*,
Erasmus' Stellung zu Juden und Judentum, Tübingen 1969.
35 G. *Kisch*, Erasmus' Stellung zu Juden und Judentum, Tübingen 1969.

Luther hat sich zeit seines Lebens mit dem theologischen Problem des nachbiblischen Judentums beschäftigt, wenngleich dieses als solches nie in seinem Leben das zu lösende Zentralproblem theologischen Nachdenkens gewesen ist.[36] Das nachbiblische Judentum war ihm vielmehr immer *ein* Exempel des Menschen neben anderen Exempeln wie Türken, Rotten und Papisten, die meist in einer Reihe zusammen erscheinen und ihre Gerechtigkeit vor Gott nicht auf den von Gott vorgezeichneten Bahnen (über Christus), sondern auf eigene Faust suchen. Schon beim Streit Reuchlins mit den Kölner Dominikanern (1514) hat sich Luther auf die Seite der Humanisten gegen die Dominikaner gestellt, allerdings mit einer unhumanistischen Begründung, wenn er sagt, man soll nicht äußerlich gegen die Juden vorgehen, sondern mit geistlichen Mitteln. In Luthers Gutachten von 1514 werden vier Grundzüge sichtbar, die er zeit seines Lebens aufrechterhalten hat[37]:

1.   Gottes Zorn waltet über dem ungläubigen Volk der Juden, der allein von Gott selbst aufgehoben werden kann. Sie sind verstockt.

2.   Aus sich selbst heraus sind die Juden unbekehrbar – sie können nicht durch Maßnahmen von Menschen gebessert werden.

3.   In der jüdischen Religion wird Christus und damit Gott selbst unaufhörlich gelästert – jüdischer Glaube ist christusfeindlich. Die Juden haben Christus ans Kreuz geschlagen, die eigene Sünde ihn aber ebenso.

4.   Zwischen Christen und Juden besteht eine Solidarität der Schuld. Der nachbiblische Jude ist ein Exempel des im Kampf gegen Gott stehenden Menschen.

36   *H.A. Oberman*, Wurzeln des Antisemitismus, Berlin 1981, bemerkt, es sei an der Zeit, sich der Tatsache zu stellen, »daß die Judenfrage keine schwarze Sonderseite in Luthers Werk bildet, sondern zentrales Thema seiner Theologie ist« (S. 125). Diese Sehweise vermag ich für die zweite Hälfte des zitierten Satzes so nicht zu teilen. Nach meinem Urteil ist die »Judenfrage« als solche in der Theologie Luthers eine Randfrage, die allerdings nur vom Zentrum des theologischen Denkens Martin Luthers aus angemessen begriffen werden kann. Daß man bei *jedem* Thema, das Luther erörtert, sehr rasch ins Zentrum seines theologischen Denkens geführt wird, kann überhaupt nicht strittig sein. Nach der Lektüre von Obermans Buch habe ich den Eindruck gewonnen, daß Oberman dies eigentlich genauso sieht – und deshalb habe ich diesen Satz schlicht nicht verstanden und wäre für eine ihn interpretierende Verstehenshilfe dankbar. – Falls Oberman mit seiner Bemerkung S. 169, Anm. 24, in neueren Literaturverzeichnissen werde *J. Rogges* bedeutender Aufsatz über Luthers Stellung zu den Juden (Luther 40 [1969] 13–14) übergangen, mich mit gemeint haben sollte – und dieser Eindruck kann entstehen, da außer der Studie von Sucher, für die das zutrifft, nach 1954 nur meine eigene Untersuchung von 1972 erwähnt wird –, so sei lediglich vorsorglich auf das Kapitel über Joachim Rogge in meiner Studie von 1972 (vgl. Anm. 1), S. 328–331, verwiesen; ebenso Literaturverzeichnis S. 20. Im übrigen stimme ich mit Obermans Urteil über die Studie von *Bernd Sucher* (1977) vollkommen überein (*Oberman*, S. 169, Anm. 24; S. 170/171, Anm. 29). Lohnend wäre es im übrigen, mit Oberman die Rolle des Teufels in Luthers theologischem Denken in seiner Bedeutung auch für die »Judenfrage« zu diskutieren, da dieser nach meinem Eindruck insgesamt zu stark gewichtet wird. Aber ich lasse mich gerne belehren, wenn mein Eindruck nicht zutreffend sein sollte.

37   Ausführlich *W. Maurer*, Die Zeit der Reformation, in: Kirche und Synagoge, Bd. I, Stuttgart 1968, S. 363–452, hier S. 378f.

Die ausführliche theologische Begründung dafür liefert Luther im einzelnen in Nebensätzen und beiläufig in seiner ersten Psalmenvorlesung[38] von 1513–1515 sowie in der Römerbriefvorlesung von 1515/16.[39] Obwohl die zweite Psalmenvorlesung (1518–21) und Luthers berühmte Magnificatauslegung[40] (1521) manche anderen Töne anschlagen, bleiben die Grunddaten bestehen. Die für die damalige Zeit ungewöhnlichen anderen Töne sind vor allem Sanftmut, Geduld und fürbittende Sorge, mit denen man Juden begegnen soll, um »etliche« aus der Masse der Verstockten erretten zu können. Die »Masse« als solche bleibt unter Gottes Zorn. Freundliche Behandlung sei jedoch erforderlich, weil unter den Juden noch etliche künftige Christen seien, Grausamkeit gegen die Juden steigere nur den gegenseitigen Haß. Hinzu kommt, daß Luther zunächst die Bekehrung der Juden am Ende der Tage festhält, die von Gott selbst herbeigeführt werden wird, eine Hoffnung, die er dann aber später aufgegeben hat, weil in ihm die Überzeugung wuchs, daß die Endzeit jetzt schon da ist, in der sich jedoch nirgends die Judenbekehrung einstellt. Diese Endzeiterfahrung hatte er, weil er sah, daß mitten in der Kirche der Antichrist herrscht, der das Wort Gottes niederhält und sich selbst an Gottes Stelle setzt.

Diese theologischen »Daten« lagen also vor, als Luther im Jahre 1523 seine oft so bezeichnete judenfreundliche Schrift »Daß Jesus Christus ein geborener Jude sei«[41] verfaßte. Obwohl Luther 1523 schon 40 Jahre alt war, wird diese Schrift gegenüber den 20 Jahre später erschienenen »Judenschriften« oft als »Jugendwerk« ausgegeben. Was war der Anlaß für diese Schrift? Wer sind die Adressaten? Mit welchen Problemen beschäftigt sie sich?

Am 22. Januar 1523 schreibt Luther an Spalatin, daß er von Fürst Johann von Anhalt die Nachricht erhalten habe, Erzherzog Ferdinand, der Bruder Karls V., habe Luther öffentlich eines »neuen Artikels« beschuldigt: Luther lehre, Christus sei Abrahams Same. Gleichzeitig sei er vom Fürsten aufgerufen worden, sich von dieser Schmach reinzuwaschen. Zunächst habe er diesen Unsinn für einen Scherz gehalten, sei aber dann gezwungen gewesen, ihn angesichts der Zeugen für wahr zu halten. Die Antwort Luthers auf diesen Vorwurf ist seine Schrift »Daß Jesus Christus ein geborener Jude sei«.[42] In dem katholischen Vorwurf, Luther lehre, Christus sei Abrahams Same, muß, wenn er überhaupt sinnvoll sein soll, mitgemeint sein, Luther leugne die Jungfrauschaft Mariens und behaupte die natürliche Vaterschaft des Joseph. Luther verstand diesen Vorwurf in diesem Sinne und mußte darin einen Angriff auf die Orthodoxie seiner Christologie sehen. Luther fand diese Lüge so unglaublich, daß er sie zunächst verachtete und nicht

---

38 Dictata super Psalterium, in WA 3, (1) S. 11–652; 4, S. 1–462.
39 Vorlesung über den Römerbrief, in: WA 56/1, (XI) S. 3–154; S. 157–528; WA 57, (XI) S. 5–127; S. 131–232.
40 Das Magnificat verdeutscht und ausgelegt, in: WA 7, (538) S. 544–604.
41 Daß Jesus Christus ein geborener Jude sei, in: WA 11, (307) S. 314–336.
42 Ausführlich erörtert bei *J. Brosseder*, Luthers Stellung zu den Juden . . ., a.a.O. S. 345–355.

darauf antworten wollte. Weil er aber »um anderer willen« auf diese Lüge antworten muß, will er daneben auch etwas Nützliches schreiben, auf daß er den Lesern »mit solchen faulen losen Zoten die Zeit nicht vergeblich raubt«. Dieses »Nützliche« besteht darin, daß Luther die Gründe darlegen will, die ihn bewegen zu glauben, daß Christus ein Jude, von einer Jungfrau geboren, sei. Luther verbindet damit die Absicht: »ob ich villeicht auch der Juden ettliche mocht tzum Christen glauben reytzen«.[43]

Entsprechend der in der Einleitung von Luther ausgesprochenen Zielsetzung zerfällt diese Schrift in zwei Teile: In einem ersten Teil wird der gegen ihn erhobene Vorwurf widerlegt, in einem zweiten Teil wird Luthers Nebenabsicht realisiert. Wer aber ist mit Luthers Schrift angesprochen? Für den ersten Teil dieser Schrift ist die Frage rasch behandelt: Angesprochen sind diejenigen, die gegen Luther diesen Vorwurf erhoben bzw. diejenigen, die als Anhänger Luthers sich mit dem gleichen Vorwurf auseinanderzusetzen haben. Wichtig ist, daß es auf jeden Fall Christen sind, die Luther anspricht. Sind nun aber im zweiten Teil dieser Schrift wirklich die Juden so selbstverständlich die Adressaten, wie alle jene annehmen, die die These von Luthers ein- bzw. zweimaligem Wandel in seiner Stellung zum Judentum vertreten und dabei die Tatsache verschweigen, daß Luther sich hier vor allem mit einem katholischen Vorwurf auseinandersetzt? Es muß beachtet werden, daß Luther weder eine bestimmte Gruppe von Juden noch mehrere jüdische Einzelpersonen, noch einen bestimmten Juden anspricht. Luther spricht vielmehr von den Juden *immer* in der dritten, von den »Heiden«, den Christen, meist in der ersten Person: wir, die Christen – sie, die Juden. Daraus ergibt sich, daß Luther das Problem des nachbiblischen Judentums im *innerchristlichen Bereich* und eingebettet in die innerchristliche Auseinandersetzung um seine Reformation behandelt. Diese Frontstellung wird dort ganz deutlich, wo Luther die »päpstliche Behandlung« des Judentums von der seinigen abgrenzt. Er sagt:

»Denn unsere narren die Bepste, Bischoff, Sophisten und Munche, die groben esels kopffe, haben bis her also mit den Juden gefaren, das, wer eyn gutter Christ were geweßen, hette wol mocht eyn Jude werden. Und wenn ich eyn Jude gewesen were und hette solche tolpell und knebel gesehen den Christen glauben regirn und leren, so were ich ehe eyn saw worden denn eyn Christen.

Denn sie haben mit den Juden gehandelt als weren es hunde und nicht menschen, haben nichts mehr kund thun denn sie schelten und yhr gutt nehmen, wenn man sie getaufft hat, keyn Christlich lere noch leben hat man yhn beweyset, sondern nur der Bepsterey unnd muncherey untherworffen. Wenn sie denn gesehen haben, das der Juden ding so starck schrifft fur sich hat und der Christen ding eyn lautter geschwetz gewesen ist on alle schrifft, wie haben sie doch mugen yhr hertz stillen und recht gutte Christen werden? Ich habs selbst gehort von frumen getaufften Juden, das, wenn sie nicht bey unser tzeyt das Euangelion gehort hetten, sie weren yhr leben lang Juden unter dem Christen

*mantel blieben. Denn sie bekennen, das sie noch nie nichts von Christo gehort
haben bey yhren teuffern und meystern«. (WA 11,314, 28–315,13)*

*»Ich hoff, wenn man mit den Juden freuntlich handelt und aus der heyligen
schrifft sie seuberlich unterweyßet, es sollten yhr viel rechte Christen werden
und widder tzu yhrer vetter, der Propheten und Patriarchen glauben tretten,
davon sie nur weytter geschreckt werden, wenn man yhr ding furwirfft und ßo
gar nichts will seyn lassen und handelt nur mit hohmut und verachtung gegen
sie. Wenn die Apostel, die auch Juden waren, also hetten mit uns heyden gehandelt, wie wyr heyden mit den Juden, es were nie keyn Christen unter den
heyden worden. Haben sie denn mit uns heyden so bruderlich gehandelt, so
sollen wyr widderumb bruderlich mit den Juden handeln, ob wyr etlich bekeren mochten, denn wyr sind auch selb noch nicht alle hynan, schweyg denn
hyn uber. Und wenn wyr gleych hoch uns rhumen, so sind wir dennoch heyden und die Juden von dem geblutt Christi, wyr sind schweger und frembdling,
sie sind blut freund, vettern und bruder unsers hern. Darumb wenn man sich
des bluts und fleyschs rhumen solt, so gehoren yhe die Juden Christo neher tzu,
denn wyr, wie auch S. Paulus Roma. 9. sagt. Auch hats got wol mit der that be-
weyszet, denn solche grosse ehre hat er nie keynem volck unter den heyden gethan als den Juden. Denn es ist yhe keyn Patriarch, keyn Apostel, keyn Prophet aus den heyden, datzu auch gar wenig rechter Christen erhaben. Und ob
gleych das Euangelion aller welt ist kund gethan, ßo hat er doch keynem volck
die heyligen schrifft, das ist das gesetz und die Propheten befolhen denn den Juden, wie Paulus sagt Roma. 3. und Psalm 147. ›Er verkundigt seyn wort Jacob
und seyne rechte und gesetze Israel. Er hat keynem volck also gethan noch seiner recht yhn offinbart‹. Ich bitte hie mit meyne lieben Papisten, ob sie schir
mude weren, mich eyn ketzer tzu schelten, das sie nu anfahen, mich eyn Juden
zu schelten. Denn ich werde villeicht auch noch eyn turck werden und was
meyn junckern nur wollen«. (WA 11,315, 14,316,4)*

Blickt man auf die in dieser Schrift Angesprochenen, dann ergibt sich erstens, daß Luthers Schrift »Daß Jesus Christus ein geborener Jude sei« *primär* eine Verteidigungsschrift genannt werden muß, die den Vorwurf der
Ketzerei mit Recht zurückweist.

Von der *Nebenabsicht* dieser Verteidigungsschrift ergibt sich zweitens,
daß sie *sekundär* in einer *innerchristlichen* Reflektion, in der die Predigt des
reinen Evangeliums gegenüber der Verkehrung durch das Papsttum zur
Geltung gebracht werden soll, eine *Neuorientierung in den Methoden* der
Auseinandersetzung mit dem Judentum anstrebt. Im Ziel dieser – hier nur
sekundär durchgeführten – Auseinandersetzung ändert sich gegenüber
dem Mittelalter nicht das Geringste: nämlich Bekehrung von Juden zum
christlichen Glauben, wobei beachtet werden muß, das Luther nur mit »et-
lichen« rechnet. Das *Corpus* dieser Schrift beschäftigt sich nun inhaltlich im
wesentlichen mit zwei Problemkreisen: Aus dem Alten Testament wird
ausführlich herausgearbeitet, daß Christus in ihm verheißen ist; in ihm ist
ebenso verheißen (Jes 7,14) die Jungfrauschaft Mariens. Weiter stellt Luther
heraus, daß diese Verheißung in Christus eingetroffen und erfüllt ist. Der

Schriftbeweis selbst braucht hier nicht dargestellt zu werden. Luther geht es in dieser Schrift um eine christologische Studie über die menschliche Natur Jesu, wie schon Wilhelm Maurer zu Recht festgestellt hatte. In der Durchführung seines Schriftbeweises weist Luther dabei gleichzeitig die jüdische Exegese zurück: »Gegen die Juden will er (Luther) hier . . . nachweisen, daß die alttestamentlichen Verheißungen sich nicht innerhalb der jüdischen Geschichte erfüllt haben, sondern an Christus und seinem Reich. Durch exakte chronologische Berechnungen sollen hier die Juden davon überzeugt werden, daß ihre Deutung des Alten Testamentes falsch, die christliche richtig sei.«[44]

Die christologische Studie über die menschliche Natur Jesu ist nun, und damit realisiert Luther seine Nebenabsicht, verbunden mit einer apologetisch-missionarischen Tendenz gegenüber dem Judentum, wobei Luther die Hoffnung hegt, einige wenige Juden zum christlichen Glauben bekehren zu können; aber auch unter Christen rechnet Luther immer nur mit wenigen, die rechte Christen sind, so daß Christen und Juden hinsichtlich der Möglichkeit eines rechten Christseins in die gleiche Perspektive eingerückt werden.

Für Luthers Hoffnung auf Bekehrung etlicher Juden ist nun charakteristisch, daß für ihn grundsätzlich jede Bekehrung der Juden zum Christentum Rückkehr zum eigenen Glauben des Alten Testaments ist. Luther »verlangt« also von den Juden, daß ihr eigener Ursprung in ihnen wieder lebendig werden möge; Luther sagt: Die Juden mögen wieder »tzu yhrer vetter, der Propheten und Patriarchen glauben tretten« (WA 11,315,16f.). Die Frommen des Alten Testamentes sind für Luther fraglos Christen.

Für Luthers Hoffnung auf die Bekehrung etlicher Juden sind nun zwei Ratschläge charakteristisch: 1. die Juden freundlich zu behandeln und sie in das Leben der damaligen Welt voll aufzunehmen, um einige dadurch leichter dem Christentum näherzubringen; 2. den Juden zunächst aufzuzeigen, daß der Mensch Jesus der rechte Messias ist, und ihnen erst später, wenn sie dies erkannt haben, darzulegen, daß dieser Mensch Jesus auch wahrhaftiger Gott ist.

Luthers Rat, die Juden freundlich zu behandeln und sie in das Leben der damaligen Welt voll aufzunehmen, war der Grund für die These, Luther sei zeitweilig Judenfreund gewesen. Die »judenfreundlichen« Vorschläge sollen hier nicht minimalisiert werden; die Charakterisierung dieser Schrift als judenfreundlich reicht aber nicht aus, um Luthers Stellung zum Judentum in den hier angedeuteten Dimensionen zum Ausdruck zu bringen. Vor allem wird seine *gegen* die jüdische Exegese gerichtete Schriftauslegung – und das ist, soweit sie diese tangiert, der Hauptinhalt von Luthers Schrift – kaum als »judenfreundlich« ausgegeben werden können.

In dem Versuch, Juden zu ihrem eigenen Glauben zurückzuführen und zum christlichen Glauben zu bekehren, möchte Luther schrittweise vorge-

---

44 W. Maurer, a.a.O. S. 389.

hen. Es wäre im Anfang zu hart, die Juden mit der ganzen Christologie bekannt zu machen; zuerst sollten sie Milch trinken und erkennen, daß der Mensch Jesus der rechte Messias ist. Erst später sollen sie Wein trinken und lernen, daß dieser Mensch Jesus auch wahrhaftiger Gott ist.

Von diesem Ratschlag aus, den Luther im Zusammenhang seiner Hoffnung auf Bekehrung etlicher Juden aussprach, hat man vielfach gesagt, Luthers Schrift von 1523 sei ein »Aufruf zur Judenmission« bzw. sie sei eine Judenmissionsschrift. Dieser These kann nicht zugestimmt werden. Überzeugungen und Themen der Theologie Luthers, die im unmittelbaren Kontext des anderweitigen Schrifttums der frühen zwanziger Jahre stehen und in welchem eine theologische Beurteilung des Judentums vorgenommen wird, sind nämlich dadurch nicht aufgehoben, daß sie in dieser Schrift nicht genannt sind, so vor allem das Zorngericht der göttlichen Verwerfung, die Verstockung der Juden und die Feindschaft gegen die Christen. Die Tatsache, daß diese Themen in dieser apologetischen Schrift nicht genannt sind, heißt nicht, daß Luther sie aufgegeben hat.

Des weiteren ist darauf hinzuweisen, daß Luthers Hoffnung sich nur auf die Bekehrung etlicher und nicht auf die Bekehrung des ganzen jüdischen Volkes bezieht. Ferner muß gesagt werden, daß Luthers Schrift von 1523, von der Adressatenfrage sowie vom Hauptinhalt aus gesehen, eine innerchristliche Reflexion über das Judentum ist, in der die Juden nicht primär und direkt, sondern sekundär und indirekt angesprochen sind. Eine regelrechte Mission unter den Juden, wie sie der Pietismus unternommen hat, kennt Luther nicht. Die genannten Gründe sind so gewichtig, daß Luthers Schrift von 1523 weder als »Aufruf zur Judenmission« noch als »Missionsschrift« gewertet werden kann, wenngleich sie durch eine apologetisch-missionarische Tendenz gekennzeichnet ist, die Luther allerdings auch in dem Schrifttum kennt, welches sich mit seinen altgläubigen Gegnern befaßt. Wichtig ist noch, daß Luther in dieser Schrift von 1523 mit Nachdruck die biblische Vorrangstellung des Judentums herausstellt.

Nach dieser Erörterung der wichtigsten Gesichtspunkte von Luthers vielfach gerühmter judenfreundlicher Schrift aus dem Jahre 1523 seien nun Luthers Spätschriften des Jahres 1543 zu den Juden in den Blick genommen, in denen im Bereich des praktischen Umgangs mit den Juden – und nur hier – eine vom Jahre 1523 grundlegend andere Position vertreten wird.[45] Wie kommt es dazu? Was sind die Anlässe? Was wird in ihnen erörtert? Gehen wir der Reihe nach:

Im August 1536 erließ Kurfürst Johann Friedrich von Sachsen ein Edikt, in welchem den Juden verboten wurde, sich in Sachsen aufzuhalten und dort zu arbeiten; ebenso wird ihnen die Durchreise verboten und jeglicher Geleitschutz entzogen. Ob Luther hierbei seine Hand im Spiel gehabt hat, ist nicht erwiesen. Auf jeden Fall dürfte Luther von den Gründen erfahren haben, die den Kurfürsten zu diesem Edikt bewogen haben. Der bedeu-

---

45 Ausführlich erörtert bei *J. Brosseder*, a.a.O. S. 355–380.

tendste Jude des 16. Jahrhunderts, Josel von Rosheim im Unterelsaß, will sich für seine bedrängten Glaubensgenossen in Sachsen einsetzen. Persönlich will er beim Kurfürsten Johann Friedrich zugunsten der Juden intervenieren. Doch bevor er zum Kurfürsten gehen will, möchte er zu Martin Luther, damit dieser – der 1523 so freundlich über die Juden sich geäußert hat – sich für Josel beim Kurfürsten verwendet. Der Straßburger Rat hatte ein Empfehlungsschreiben an Kurfürst Johann Friedrich abgefaßt und bittet für Josel um Geleit sowie darum, daß der Kurfürst Josel anhöre. Ein vom 26. April 1537 datiertes Schreiben des Straßburger Reformators Wolfgang Capito an Martin Luther bittet den Wittenberger Reformator, Josel selbst anzuhören oder seine Supplikation an den Kurfürsten weiterzuleiten, damit die Juden spürten, daß die Christen nicht allein den Fremden, sondern auch den Feinden Gutes tun. Luther hat nun – aus welchen Gründen auch immer – Josel von Rosheim nicht empfangen, sondern ihm, seinem »guten Freund, seinem lieben Josel«, einen Brief geschrieben[46], in welchem er ihm die Gründe darlegt, weshalb er sich nicht beim Kurfürsten für die Juden verwenden könne. Luther legt dar, daß er den Juden immer gut gesinnt gewesen sei und auch jetzt noch wünsche, daß man ihnen freundlich begegne, in der Hoffnung, Gott möge sie einmal gnädig ansehen und zu ihrem Messias bringen. Er habe aber nicht die Absicht, die Juden durch seine Gunst in ihrem Irrtum zu bestärken. Wenn Gott ihm Zeit gebe, wolle er ein Büchlein schreiben, um etliche aus dem Samen der heiligen Propheten zu gewinnen und zu ihrem ihnen verheißenen und schon gekommenen Messias zu bekehren.

Diese Absicht bekräftigt Luther in seiner im Zusammenhang der Konzilsvorbereitungen für Mantua geschriebenen Schrift »Die drei Symbole oder Bekenntnis des Glaubens Christi«[47], 1537 verfaßt, aber erst 1538 im Druck erschienen.

Zwischen der Durchführung dieser Absicht liegt Luthers Schrift »Wider die Sabbather an einen guten Freund«[48] (Graf Wolf Schlick zu Falkenau), die Luther 1538 geschrieben hat, um den Einfluß mährischer Christen, die Juden geworden waren, abzuwehren. Indirekt wird am Ende dieser Schrift der Wunsch, ein Büchlein zu schreiben, erneut bestätigt. Das dreifach angekündigte Buch erscheint Anfang Januar 1543 unter dem Titel »Von den Juden und ihren Lügen«.[49] Der unmittelbare Anlaß war eine jüdische Schrift, die Luthers Schrift »Wider die Sabbather« vom Jahre 1538 angriff. Diese jüdische Gegenschrift erhielt Luther vom Grafen Wolf Schlick zu Falkenau zugeschickt. Sie versuchte, die Schrift so auszulegen, daß der christliche Glaube in ihr keinen Anhalt fand. Diese Schrift ist nicht mehr erhalten, ihr Verfasser ist unbekannt. Graf Schlick hatte Luther jedoch gebeten, diese jü-

46 In: WA Br 8, 89–91.
47 In: WA 50, (255) S. 262–283.
48 In: WA 50, (309) S. 312–337.
49 In: WA 53, (412) S. 417–552.

126   *Johannes Brosseder*

dische Schrift zu widerlegen, was Luther in »Von den Juden und ihren Lügen« tat. Wie schon bisher in seiner Bibelerklärung stützt sich Luther auf
den bekanntesten mittelalterlichen Exegeten, nämlich auf Nikolaus von
Lyra, sowie auf Paulus von Burgos. Neu hat Luther Antonius Margaritha
sowie Salvagus Porchetus herangezogen. Möglich ist auch, daß Luther Raimund Martinis Schrift »Pugio Fidei« benutzt hat.

In seiner Schrift »Von den Juden und ihren Lügen« hatte Luther ange-
kündigt, daß er im Anschluß an diese Schrift »in (= ein) sonderlicher Zedel
lassen ausgehen«, in dem im Anschluß an Porchetus die Lügen des Schem
Hamphoras aufgedeckt werden sollten. Das Schem Hamphoras ist eine Bildung von 72 dreibuchstabigen Engelsnamen, die sich durch Buchstaben-
kombinationen aus den Versen 2. Mose 14,19–21 ergeben, aus denen das
Tetragramm erstellt werden konnte.

In unmittelbarem Anschluß an die Schrift »Von den Juden und ihren Lügen« muß Luther seine Absicht, das dort übergangene Problem des Schem
Hamphoras gesondert zu behandeln, ausgeführt haben, denn schon Anfang März 1543 ist die Schrift vollendet und liegt Ende März gedruckt vor.[50]
In der Schrift »Vom Schem Hamphoras und vom Geschlecht Christi« beklagt sich Luther bitter darüber, daß die Juden das Alte Testament »mit
puncten, Distinction, coniugation etc. haben können von unserm Messia
und glauben wenden und dem newen Testament unehnlich machen«. Auch
er selbst sei »irer translation etwa zu viel gefolget, das ich mus widerrufen,
sonderlich 2. Reg. 22. in verbis novissimis David, wie ich bald thun wil«.
Hier kündigt Luther seine Schrift »Von den letzten Worten Davids«[51] an,
die ursprünglich den Titel tragen sollte: »Über die Gottheit Christi aufgrund der letzten Worte Davids«. Schon im August 1543 liegt auch diese
Schrift gedruckt vor. Allen drei großen Judenschriften des Jahres 1543 ist
gemeinsam, daß sie nicht unabhängig von Luthers intensiver und lange
dauernder Arbeit an der Revision seiner Bibelübersetzung gesehen werden
können, sondern in deren Kontext. Luthers letzte Äußerung zum Thema
des nachbiblischen Judentums liegt vor in seiner »Vermahnung wider die
Juden«, eine Predigt aus dem Jahre 1546, die er wenige Tage vor seinem Tod
in Eisleben gehalten hat.

Die Frage, wer mit Luthers späten Judenschriften angesprochen werden
soll, ist einfach zu beantworten. Nur die Christen sind angesprochen. Ihren
Glauben will Luther angesichts jüdischer Gegenmission in Mähren schützen, und nur zu diesem Zweck rät Luther der Obrigkeit, an den Juden eine
»scharfe Barmherzigkeit«, auf die noch einzugehen ist, zu üben.

Wovon sprechen nun Luthers späte Judenschriften? Dargelegt sei dies im
wesentlichen an der Schrift »Von den Juden und ihren Lügen«. Hier will Luther »den falschen Ruhm und den Hochmut der Juden« aufzeigen. Er be-

50   In: WA 53, (573) S. 579–648. Die beiden folgenden Zitate im Text WA 53, 646, 27ff. und
647, 31ff.
51   In: WA 54, (16) S. 28–100.

handelt vier Themenkreise: a) die Abstammung von den Vätern; b) die Beschneidung; c) das Gesetz des Moses am Sinai; d) Besitz des Landes Kanaans, Jerusalems und des Tempels. Die Ausführungen über die Abstammung von den Vätern beginnt Luther mit der Erörterung von Röm 9,5 und Joh 4,22. Was er dabei aufzeigen will, sei an der Frage der Abstammung von den Vätern und der Beschneidung erörtert. Hatte Luther 1523 gesagt: »Darumb wenn man sich des bluts und fleysches rhumen solt, so gehoren yhe die Juden Christo neher tzu denn wyr, wie auch S. Paulus Roma. 9. sagt«[52], so sagt er 1543: »Sie haben einen grund, darauff pochen und trotzen sie aus der massen hoch, Das ist, Sie sind von den höhesten Leuten auff erden geborn, von Abraham, Sara, Isaac, Rebeca, Jacob, und von den zwelff Patriarchen, und so fort an von dem heiligen volck Israel, wie das S. Paulus Ro. IX. auch bekennet und spricht: ›Quorum Patres‹, Das ist: ›Sie sind aus den Vetern, aus welchen Christus etc.‹ Und er selb Christus, Joh. III.: ›Aus den Jüden kompt das Heil.‹«[53] Diese biblischen Aussagen als solche stößt also Luther nicht um. Jedoch sind die hierin angesprochenen Inhalte freie Gnadenwahl Gottes, aber kein Grund, sich dessen zu rühmen und vor Gott damit zu prahlen.

Diese Haltung des Prahlens und Sich-Rühmens greift Luther an, ganz gleich, wer dies tut. Für Luther hat diese Erkenntnis Allgemeingültigkeit: Vor Gott sind alle Menschen nichts. Am Thema der Beschneidung zeigt Luther, wie sehr die Juden aus ihr das Gegenteil dessen gemacht haben, was Gott wollte; Gott wollte, daß die Juden sein Wort hörten; als äußeres Zeichen des Hörens des Wortes Gottes hat er die Beschneidung eingeführt; die Juden aber haben die Propheten (»das ist Gott selbs, des Wort sie predigten«) verfolgt und »gewürgt«. Damit ist die Beschneidung ihres Zeichencharakters verlustig gegangen. Luther vergleicht dieses Tun mit dem Sakrament und sagt, auch hier sei das Zeichen vom Wort getrennt worden, wodurch das Sakrament eine »lehre hülsen« geworden sei, »da nichts mehr Göttliches jnnen ist«. »Eben so ists mit dem Volck Jsrael auch gangen, jmer haben sie die Beschneittung als ein opus operatum, eigen werck, vom wort Gottes gesondert und alle Propheten, durch welche Gott mit jnen wolt (lauts der eingesetzten Beschneittung) reden, verfolget. Und doch jmer stöltziglich sich Gottes Volck, der Beschneittung halben, gerhümet. Also stossen sie sich an einander (= die Juden und Gott), Gott wil, Sie sollen jn hören und die Beschneittung recht und gantz halten. Das wollen sie nicht thun, Sondern, Sie wollen, Gott solle jr werck der Beschneittung, das ist die halbe Beschneittung (ja die hülsen von der Beschneittung) ansehen, Das wil er auch nicht thun, So komen si je lenger je weiter von einander, Und ist ummüglich, sie zu vereinigen oder zu versünen«[54] Der letzte Satz macht verständlich, warum Luther von der Verstockung des jüdischen Volkes

52   WA 11, S. 315.
53   WA 53, S. 419.
54   WA 53, S. 437.

überzeugt sein mußte. Denn dem in diesem Zitat geschilderten Tun der Juden stellt Luther Gottes Tun gegenüber:

Fur war, Gott hatte sie hoch geehret durch die Beschneittung, das er fur allen Völckern auff Erden mit jnen redet, und sein Wort vertrawet. Und solch sein Wort bey jnen zu erhalten, gab er jnen ein sonderlich Land ein, thet grosse wunder durch sie. Setzet Könige und Regiment, Uberschüttet sie mit Propheten, die jnen nicht allein gegenwertiger zeit das beste sagten, Sondern auch den künftigen Messia verhiessen, der welt Heiland, umb welches willen er solchs alles jnen beweisete, und hies sie auff den selbigen harren und sich desselbigen gewislich versehen, unverzuglich. Denn umb desselbigen willen ists Gott alles zu thun gewest, umb des willen ist Abraham beruffen, die Beschneittung gegeben und das Volck Israel so hoch erhaben, Auff das alle Welt wissen künde, aus welchem Volck, aus welchem Lande, zu welcher zeit, ja aus welchem Stam, Geschlecht, Stad, Person er komen solt, damit er nicht von den Teufeln und Menschen getaddelt möcht werden, Als keme er aus einem finstern winckel oder unbekanten vorfahren, Sondern seine vorfahren müssen sein grosse Ertzveter, herrliche Könige, Treffliche Propheten, die von jm zeugen.«[55]

Nachdem Luther den Stolz und den Ruhm Israels – den Christen zur »Information«, als Warnung und zur Stärkung des Glaubens – aufgewiesen hat, geht er daran, das »Heubtstück« zu behandeln, nämlich Israels Bitte an Gott, den Messias zu schicken. Hier ist vor allem wichtig, daß Luther die Ansicht vertritt, die Juden wüteten wissentlich wider erkannte Wahrheit. Die Schuld schiebt er auf die Rabbinen, die wissen, daß der Messias gekommen ist, und die den gemeinen Mann und die Jugend verführen. Hier wird deutlich, daß die späten Judenschriften Luthers – von der theologischen Argumentation aus gesehen – in keiner Weise die Folge eines blinden Wütens gegen das Volk der Juden sind, sondern in ihrer Spitze die jüdische Exegese bekämpfen wollen mit der Intention, den Glauben der Christen zu stärken, wie Luther immer wieder unterstreicht. Diese These soll besagen, daß Luthers Auseinandersetzung mit der jüdischen Exegese – und das bleibt sie, obwohl Luther versichert, es nicht zu tun – kein Spezifikum in Hinsicht auf das Judentum ist, sondern jeder Exegese gilt, die den »hellen klaren Text« der Schrift verwirft. Dies wird auch dadurch deutlich, daß Luther im unmittelbaren Anschluß an diese Erwägungen in längeren Ausführungen über das, was *in der Kirche* seiner Zeit geschehen ist, nachdenken kann:

»Und wenn ich meine Papisten nicht hette erfaren, So were mirs ungleublich gewest, das auff Erden so böse Leute sein solten, die öffentlicher, erkanter warheit, das ist Gott selbs ins Angesicht, wissentlich solten widerstreben. Denn ich solchen verstockten mut in keines Menschen Hertz, Sondern allein in des Teufels hertz, mich hette versehen. Aber nu verwunder ich mich nicht, weder der Türcken noch der Jüden blindheit, hertigkeit, bosheit. Weil ich solchs mus sehen in den aller heiligsten Vetern der Kirchen, Bapst, Cardinal, Bisschoven. O du schrecklicher zorn und unbegreiflich Gericht der hohen

55 WA 53, S. 438.

Göttlichen Maiestet, Wie kanstu so veracht sein bey menschen Kindern? Das wir nicht des Augenblicks schlecht zu tod *fur dir erzittern, Wie gar ein untreglicher Blick bistu, auch in der aller heiligsten Hertzen und Augen, Wie man in Mose und den Propheten sihet, Aber diese Steinhertzen und Eisene seelen dich so trötzlich verspotten.«*[56]

Wie Luther im einzelnen den Nachweis führt, daß Christus im Alten Testament verheißen und vor 1500 Jahren gekommen ist, braucht hier nicht dargestellt werden. Wesentlich ist, daß Luther die Meinung vertritt, daß die Juden wissentlich irren, denn Gott hat ihnen 1500 Jahre lang gepredigt, daß sie es wissen müssen. Wer nämlich Gottes Wort 1500 Jahre lang hört und immer spricht, ich wills nicht wissen, dem wird seine Unwissenheit nicht nur nicht zur Entschuldigung, sondern zur siebenfältigen Schuld werden: *»Und ob sie, oder jemand von jren wegen wolt furgeben, Sie meineten es nicht also böse, wüsten auch nicht, das sie mit solchem lestern und fluchen Gott den Vater lesterten und fluchten, Denn, ob sie gleich Jhesum lestern und uns Christen, So loben sie doch und ehren Gott auffs höhest und schönest. Ist droben gesagt, wie du gehört hast, Wollens die Jüden nicht wissen, oder gebens gut fur, So müssens aber wir Christen wissen, So sind die Juden mit jrem unwissen nicht entschüldigt, weil Gott nu bey 1500. iaren solchs hat predigen lassen, das sie solchs zu wissen schüldig sind, Gott auch solchs von jnen fordert. Denn, Wer Gottes Wort 1500. iar höret und jmer spricht: Ich wils nicht wissen, dem wird sein unwissenheit freilich eine schlechte entschüldigung, Das ist: ein siebenfeltige schuld verdienen.«*[57]

Aus den bisher genannten Texten dürfte deutlich geworden sein, daß für Luther die jüdische »Religion« die Inkarnation des Suchens nach der Gerechtigkeit Gottes über den Weg der Werke ist: Die Prärogativen, die von Gottes freier Gnade geschenkt wurden und die nicht rückgängig gemacht werden, sind nach Luther den Juden zu Gegebenheiten geworden, mit denen sie vor Gott treten und auf diese pochen. Dadurch, daß sie den Messias nicht ehren, vielmehr ihn sogar lästern, verspotten und heuchlerisch um sein Kommen flehen, verspotten und lästern sie Gott selbst; dadurch, daß sie sein Wort, die Schrift, verkehren, die über 1500 Jahre lang ergangene öffentliche Predigt der Kirche ablehnen, stellen sie sich wider den ersten Artikel: Ich bin der Herr, dein Gott. Jüdische Religiosität – und alle Frömmigkeit, die den Weg der Werke geht – ist für Luther identisch mit der Nichtanerkennung der Gottheit Gottes.

Aus diesen theologischen Prämissen zieht Luther bestimmte Ratschläge[58], wie die Obrigkeit mit den Juden verfahren soll: Man solle die Synagogen mit Feuer anstecken, denn Moses schreibt (Dtn 13,13ff.), daß man eine Stadt, die Abgötterei treibt, mit Feuer ganz zerstören soll; ebenso auch die Schulen, da dort nur die Zusätze der Rabbinen zur Schrift gelehrt würden, so daß der ganze Moses unkenntlich geworden ist und geschändet wird. Zu

---

56 WA 53, S. 449.
57 WA 53, S. 537.
58 Das Folgende WA 53, S. 523–526,6.

solcher Abgötterei seien eigene freie Kirchen nicht notwendig. Des weiteren solle man die Häuser der Juden zerstören, denn sie treiben darinnen
dasselbe wie in den Schulen; die Juden soll man unter ein Dach oder in einen Stall tun, wie die Zigeuner, damit sie wissen, daß sie nicht Herren in
unserem Land sind, wie sie rühmen, sondern in der Verbannung, im Exil,
wie sie ohn Unterlaß vor Gott sich beklagen. Ferner soll man den Juden ihre
»Betbüchlin und Thalmudisten« nehmen, darinnen die Abgötterei, das Lügen, das Fluchen und Lästern gelehrt wird. Weiter soll man den Rabbinen
verbieten »bey leib und leben«, weiterhin zu lehren, da sie nicht das Gesetz
des Herrn, Gottes Wort, lehren. Weiterhin soll man den Juden das freie Geleit bei ihren Reisen aufheben, denn sie haben auf dem Lande nichts zu
schaffen, weil sie keine Herren noch Amtsleute, noch Händler sind. Sie sollen vielmehr zu Hause bleiben. Ferner soll man den Juden das Wuchern verbieten und ihnen alle Barschaft sowie das Kleinod aus Silber und Gold wegnehmen, da es doch bloß gestohlen sei; sie mögen auswandern nach Palästina. Endlich soll man den jungen und starken Juden »flegen, axt, spaten,
rocken, spindel« in die Hand geben, damit sie so ihr Brot verdienen können,
wie »Adams kindern aufgelegt ist« (Gen 3,19). Ziel von Luthers Vorschlägen
an die Obrigkeit (– und mehr sind sie nicht –) ist es, die Juden rechtlos zu
machen (das aber waren sie auch schon bisher) bzw. sie aus dem Lande auszuweisen. Sind nun Luthers »Ratschläge« im 16. Jahrhundert singulär? Zunächst ist darauf hinzuweisen, daß Luther hier mit seinen Vorschlägen zur
Vertreibung der Juden, die in dieser Schrift mehrmals ausgesprochen ist, eine Praxis aufgreift, die im katholischen West- und Südwesteuropa (Spanien
und Portugal seien genannt) schon längst angewandt und in einzelnen
deutschen – katholischen – Territorien (so 1519 in Regensburg) bereits
übernommen worden war. Des weiteren verdient außerordentliche Beachtung, daß einer der größten Rechtsgelehrten des 16. Jahrhunderts, der Katholik und Humanist Ulrich Zasius, dreieinhalb Jahrzehnte vor Luther die
wichtigsten der hier dargestellten Ratschläge Luthers schon vorweggenommen hat, worauf Guido Kisch hinwies.[59]

Diese beiden Fakten zeigen, daß Luther mit seinen Ratschlägen in keiner
Weise singulär dasteht, vielmehr im Strom der abendländisch-christlichen
Tradition schwimmt. Dies ist nicht gesagt, um damit aufzuzeigen, wie »katholisch« (und wie »richtig« deshalb) Luthers Vorschläge sind – wie man gelegentlich auf katholischer Seite geäußert hat.

Aus welchen theologischen Gründen aber gibt Luther diese brutalen
Ratschläge? Ausschlaggebend ist, daß die Christen sich nicht fremder Sünde teilhaftig machen sollen und dürfen. Wenn sich die Christen nämlich
fremder Sünde teilhaftig machen – und das tun sie, wenn sie die öffentliche
Gotteslästerung dulden –, dann fallen auch sie, schlimmer als die Juden,
unter Gottes Zorn.

So jedenfalls sieht es Luther. Bringt man nun diese seine Überzeugung in

---

59   *G. Kisch,* Zasius und Reuchlin, Konstanz/Stuttgart 1961, S. 13.

Verbindung mit seiner wachsenden Überzeugung, daß wir jetzt schon in der Endzeit leben, weil in der Kirche der Antichrist herrscht, der das Evangelium niederhält, der nicht die Rechtfertigung des Sünders allein aus Glauben, sondern die Werkgerechtigkeit predigt, lehrt und praktiziert, der Menschensatzungen statt Gottes Wort in der Kirche herrschen läßt, dann hat man den Grund benannt, von dem her sich Luthers außerordentliche Schärfe erklären läßt, die sich nicht nur gegen Juden, sondern auch gegen Rotten, Türken, Papisten, Scheinchristen und Heiden richtet. Da Gottes Gericht nahe ist und das Judentum sich trotzdem nicht bekehrt, kann Luther sich unter diesen Voraussetzungen nicht auch noch fremder Sünde teilhaftig machen, da das Gericht über die eigene Sünde schon schrecklich genug sein wird. Deshalb will Luther mit seinem Rat an die Obrigkeit zur »scharfen Barmherzigkeit« alles getan haben, um das göttliche Gericht zu vermeiden, um Gottes Zorn über die öffentliche Gotteslästerung der Juden noch einmal abzuwenden. Daher ist Heinrich Bornkamm voll zuzustimmen, wenn er schreibt: »Die Nähe des Jüngsten Tages wurde ihm immer gewisser. Um so mehr hielt er die Obrigkeit dazu an, das ihre zur Vermeidung des göttlichen Gerichtes zu tun. Dazu gehört auch, daß sie nach der Messe und der Täuferpredigt der dritten Form öffentlicher Gotteslästerung ein Ende machte, dem Gottesdienst der Synagoge.«[60] Eindrücklich sind gerade die endzeitlichen Perspektiven in ihrer Bedeutung für Luthers Beurteilung des nachbiblischen Judentums von Heiko Augustinus Oberman dargestellt und entwickelt worden, der im übrigen wichtige Ergebnisse auch der älteren Forschung bestätigt, seinerseits verteidigt und viele neue Zugänge, auch aus dem zeitgenössischen Umfeld Luthers, erschließt.

Ein ganz wichtiger Gesichtspunkt wäre ausgelassen, würde nicht erwähnt, daß Luther auch in diesen späten »Judenschriften« für die Juden um Gottes Erbarmen bittet:

»Gott erbarme sich uber sie, wie er uns gethan hat und thun wird, Amen« (53,550,19f.); – »Christus, unser lieber Herr, bekere sie barmhertziglich und erhalte uns in seiner erkenntnis, welche das ewige Leben ist, fest und unbeweglich. Amen« (53,552,36–38).

Wer den Ernst dieses Gebetes bezweifelt und dieses als fromme Floskel bewertet, hat von Luthers theologischem Denken nichts begriffen, hat das »Exemplarische« für die Kirche an Luthers Beurteilung des nachbiblischen Judentums nicht begriffen. Bemerkenswert bei Luthers späten Judenschriften bleibt aber, daß weder Mord noch systematische Vernichtung, noch auch Zwangsbekehrung zum Christentum bei ihm einen Platz haben. Auch hetzt Luther keineswegs das christliche Volk gegen die Juden auf, sondern gibt seine schrecklichen – und das sind sie wirklich – Ratschläge an die Obrigkeit, in deren Ermessen es steht, sie zu befolgen oder nicht: Getaufte Juden haben selbstverständlich sämtliche Rechte und Pflichten wie alle übrigen Christen in Kirche und Gesellschaft. Sie sind voll integriert. Diese Be-

---

60 *H. Bornkamm*, in: RGG 4 (3. Auflage 1960), S. 493.

merkungen seien gemacht, um denjenigen, die es für erforderlich halten, von Luther eine direkte Linie zu Hitler zu ziehen, wenigstens deutlich zu machen, daß Mord, systematische Judenvernichtung in Gaskammern und planmäßig betriebene Volksverhetzung gegen die Juden (dasselbe als ganzes auch gegen getaufte Juden!) selbst in Luthers schärfstem antijüdischen Schrifttum unbekannt sind und sowohl vom Boden seiner Theologie wie seines praktischen Verhaltens aus kritisierbar bleiben.

Blickt man nun auf Luthers Theologie des Jahres 1523 und auf diejenige des Jahres 1543 sowie auf diejenige, die in seinem übrigen Schrifttum immer wieder Juden, Türken, Rotten, Papisten, Heiden usw. in eine Reihe stellt, dann muß man sagen, daß Luther in all den vielen Jahren keinen Wandel in den seine Theologie bestimmenden Daten (Rechtfertigungslehre) kennt. Sehr wohl kennt Luther einen Wandel in der praktischen Behandlung der Juden, die durch die Eckdaten »volle Integration in die christliche Gesellschaft« und »Vertreibung« markiert sind. (Dasselbe Los der Vertreibung wie Juden hatten aber später Katholiken in protestantischen und Protestanten in katholischen Territorien zu erleiden; erinnert sei nur an das spätere Prinzip cuius regio eius religio.) Beide Positionen hat Luther bruchlos mit seiner sich im wesentlichen gleich gebliebenen Theologie vereinbaren können. Dies ist uns heute nicht mehr möglich.

Fassen wir die wichtigsten Gesichtspunkte noch einmal zusammen:

1.   Luthers Stellung zum nachbiblischen Judentum wird nur dann sachgerecht dargestellt, wenn sie in seiner *Theologie* verankert und von ihr aus erschlossen wird. Alles, was sonst noch gesagt werden muß (biographische, psychologische, wirtschaftliche, politische, gesellschaftliche u.a. Perspektiven bzw. Luthers Anschauungen darüber), fließt in eine *theologische* Argumentation ein und ist als dieses weder einzeln noch insgesamt die das theologische Argumentieren *bestimmende* oder dafür ausschlaggebende Größe.

2.   Luthers Stellung zum nachbiblischen Judentum wird nur dann sachgerecht dargestellt, wenn dieses Thema – und das ergibt sich aus Punkt 1 – nicht isoliert wird: Für Rotten, Türken, Papisten, Häretiker, Scheinchristen, Heiden gilt dasselbe, was Luther über die Juden sagt. Eine isoliert gesehene »Judenfrage«, wie sie der neuzeitliche Antisemitismus, gar etwa noch im Sinne eines völkischen Rassenantisemitismus kennt, gibt es bei Luther nicht.

3.   Luthers ganzes Interesse ist darauf gerichtet, dem Gottsein Gottes, dem Herr-Sein Gottes in der ganzen Breite kirchlicher und christlicher Lebenswirklichkeit (Lehre, Verfassung der Kirche, Gottesdienst, Verkündigung, Sakramente, Katechese, Frömmigkeit usw.) öffentlich und im Glaubensvollzug des einzelnen Geltung zu verschaffen. Das intendierte Ziel seiner Ausführungen über Juden, Türken, Rotten, Papisten, Heiden, Scheinchristen ist die Kirche, die am Exempel »der Ungläubigen« ihren eigenen Unglauben entdecken und bekennen kann (und soll).

4.   Zwang in Glaubensfragen lehnt Luther wie sonst auch gegenüber dem Judentum ab. Mord, Judenvernichtung, Volksverhetzung gegen die Juden kommen bei Luther nicht vor.

5. Getaufte Juden sind volle Mitglieder der christlichen Kirche mit allen Rechten und Pflichten – und deshalb, wie alle anderen, volles Mitglied in Staat und Gesellschaft, auch hier mit allen Rechten und Pflichten.

6. Juden werden dann Christen, wenn sie nach Luthers Überzeugung zu ihrem eigenen Glauben des Alten Testaments zurückkehren, in welchem Jesus Christus verheißen ist. Die ganz besondere Hochschätzung des Alten Testaments braucht für Luther nicht erst bewiesen zu werden. Sie liegt offenkundig zutage.

7. Judenhaß ist Luther fremd. Der weitaus größte Teil seiner Darlegungen auch in den sogenannten Judenschriften, auch in denjenigen der Spätzeit, richtet sich gegen die rabbinische *Exegese* und verteidigt die christliche; sie sind historische Dokumente christlichen Ringens um die christliche Deutung des Alten Testaments, um dessen christologische Interpretation und wollen von sich aus insgesamt verstanden werden als solche, die im Dienst des Glaubens an Jesus Christus stehen.

8. Es bleibt aber festzuhalten, daß sich durch die Reformation die Lage der Juden gegenüber dem früheren Zustand nicht grundlegend geändert hat, weder in der reformatorischen Theologie noch auch im praktischen Verhalten der reformatorischen Christenheit. Diese Änderung der Lage der Juden beginnt erst im Zeitalter der Aufklärung.

III

Wer Martin Luther in seiner Stellung zum nachbiblischen Judentum beurteilen will, hat die Tatsache zu berücksichtigen, daß im Urteil über Luther ein Urteil über einen breiten Strom christlicher Sehweise des nachbiblischen Judentums gleichzeitig mitgesagt wird und mitgesagt werden muß. Keine christliche Theologie, die eine solche sein will, kann heute mehr in die antijudaistische und antijüdische Sprechweise der christlichen Tradition sachlich einstimmen und mit ihr die Äußerungen zu Juden und Judentum aus Schrift und theologischer Überlieferung auf das nachbiblische Judentum als ganzes bzw. auf das zeitgenössische Judentum beziehen. Auch kann keine christliche Theologie, die eine solche sein will, daraus das praktische Verhalten gegenüber den Juden bestimmt sein lassen. Verstockung, Gotteslästerung, wissentlicher Irrtum, Lügen, Gottesmord, Rabbinen als Verführer usw. usw. können auf das Judentum nicht mehr bezogen und angewandt werden. und zwar nicht etwa deshalb, weil Juden sich hätten »bessern« müssen und dies heute endlich getan hätten, sondern weil Christen lernen müssen, die Sache, die sie zu sagen haben, nicht auf Kosten anderer und zu Lasten anderer zu sagen. Ebenso können aus demselben Grund Juden nicht mehr als Exempel des vor Gott sich rühmenden Menschen bezeichnet werden, bloß deshalb, weil sie Juden sind. Die in diesen Benennungen sichtbar werdende Einstellung von Christen gegenüber Juden ist grundlegend zu revidieren; die Benennungen selbst müssen als historisch bedingte Fehlentwicklung theologischer Sprechweise bezeichnet werden, die ihrerseits verantwortlich zu machen ist für all das Unrecht, das Christen Juden zugefügt haben. Trotz der historisch bedingten Fehlentwicklung christlicher Sprech- und Handlungsweisen gegenüber dem jeweils zeitgenössischen Judentum und dem nachbiblischen Judentum als ganzem muß aber auch der tiefgreifende Unterschied zwischen dem Antijudaismus der überkommenen christlichen Sprech- und Handlungsweise und dem Rassenantisemitismus des 19. und 20. Jahrhunderts gesehen werden. Der gesamte Rassenantisemitismus funktionierte einschließlich der nationalsozialistischen planmäßigen und systematischen Judenvernichtungspolitik in sich selbst; der überkommene christliche Antijudaismus – auch derjenige Luthers – war in diesem Zusammenhang für den Rassenantisemitismus nur höchst willkommenes *Ornament*, aber nie ein *Konstituens*, ein Ornament, das meistens herangezogen wurde, um den Christen des 20. Jahrhunderts zu demonstrieren, wie schlechte Christen sie doch geworden seien, da sie die »besten« Stücke ihrer Tradition »verraten« hätten. Dabei kann selbstverständlich nicht geleugnet werden, daß es auch Christen gegeben hat, die den Nationalsozialisten diese ihre Traditionsstücke besonders gern vorzeigten, um ihrerseits zu dokumentieren, wie gute Nationalsozialisten sie doch eigentlich seien. Christen können aber die Irrwege, die sie gegangen sind, von ihrem eigenen Boden aus als Irrwege benennen und kritisieren, während die NS-Ideologie nicht einmal den leisesten Anflug von Selbstkritik vom eigenen Boden aus zu artikulieren in der Lage *war* (und denjenigen, die nichts dazulernen, sei gesagt:) und *ist.*

Exkurs:

Für ein Urteil über die christliche Tradition im Hinblick auf den Nationalsozialismus muß weiter bedacht werden, daß es zwar für die Opfer keinen Unterschied macht, sehr wohl aber bei den Tätern, ob ungeordnete Kreuzfahrerbanden im 11. Jahrhundert Juden mordeten (wogegen die Obrigkeit einschritt, wenngleich die Morde nicht verhindert werden konnten) oder ob die Obrigkeit des 20. Jahrhunderts systematisch und planmäßig 6 Millionen Juden umbrachte und ein gesamtes Volk weltweit ausrotten wollte. Wer im 20. Jahrhundert noch nichts dazugelernt hatte, ist durchaus anders zu bewerten als ein Täter aus dem 11. Jahrhundert (womit selbstverständlich nicht im nachhinein die Judenmorde des 11. Jahrhunderts gerechtfertigt, verharmlost oder verteidigt werden sollen).

Ferner muß berücksichtigt werden, daß weder das Mittelalter noch auch Luther eine solche wissenschaftliche Erforschung des Neuen Testaments kannten, die es verhindert hätte, Aussagen der Bibel unkritisch auf die zeitgenössischen Juden zu beziehen. Zu beachten ist auch das noch unwissenschaftliche Weltbild insgesamt, in welchem z.B. der Teufel durchaus als leibhaftige Gestalt gesehen, geglaubt und erfahren wurde.

Wenn die christliche Theologie nicht wieder die Fehler machen will, die sie selbst gemacht hat, und wenn sie dem Mißbrauch ihrer Theologie künftig besser wehren will, dann bedarf es einer gründlichen Neubesinnung.

Zunächst einmal halte ich es für unabdingbar, daß sämtliche kulturge-
schichtlich zugewachsenen Erkenntnisse über das Humanum voll in den
Ansatz des theologischen Nachdenkens aufgenommen werden müssen.
Viel zu selbstverständlich war die Theologie lange Zeit der Meinung, auf
Erkenntnisse, auf Wahrheitserkenntnisse, die außerhalb ihrer Mauern
vollzogen wurden, verzichten zu können. Weiterhin kann eine Theologie
nicht mehr umhin, den möglichen Mißbrauch und die möglichen Wirkungen ihrer Aussagen schon von vornherein mitzubedenken. Mit dieser Forderung wende ich mich u.a. gegen Emanuel Hirsch, der 1939 in seinem
»Wesen des Christentums« formuliert hatte, daß es seine Aufgabe sei, das
niederzuschreiben, was er aus Verantwortung gegenüber der Wissenschaft
glaubt schreiben zu müssen (so weit, so gut); wenn er aber fortfährt, die
Wirkungen gingen ihn nichts mehr an, so muß dem widersprochen werden.
Daß dem zu widersprechen ist, lehren die Wirkungen der christlichen Behandlung des Judentums.

Das wichtigste Desiderat, das an die christliche Theologie gerichtet werden muß, ist dies, ihre eigene Sache positiv zu sagen, ohne dabei einen Antijudaismus mitzusagen. Die Rechtfertigungslehre kann z.B. artikuliert
werden, ohne daß deshalb von den Juden gesagt werden muß, sie stünden
unter Gottes Zorn. Die Rechtfertigungslehre ist nicht eine Auskunftei, welche die Neugier christlicher Menschen befriedigt, wie es um das Heil von
Menschen anderer Glaubensüberzeugungen bestellt sei. Rechtfertigungs-
glauben ist und bleibt das Herzstück christlichen *Glaubens*, den wir zu leben und zu bezeugen in Dienst genommen sind; Rechtfertigungsglaube ist
nicht das stolze christliche *Wissen* über Gottes Handeln an Nichtchristen.
Ähnliches müßte mit anderen, antijudaismusanfälligen Themen der christlichen Theologie versucht werden (Kirche aus »Juden und Heiden« als das
»Neue Israel«, »Neuer Bund«, Christologie, Trinitätslehre, Mission usw.
usw.). Damit aber wird deutlich, daß das Thema »Luther und der Leidensweg der Juden« nur in einem höchst begrenzten Ausmaß ein eigenständiges
Thema ist[61], es ist auch sehr viel mehr als das Thema »Die Christen des 15.
und 16. Jahrhunderts und die Juden«; es ist ein Thema, das in seiner eigentlichen Tiefe erst dann erfaßt ist, wenn es wirklich eingebettet wird in die
allgemeine theologische Thematik »Christen und Juden«. Die dann zu erör-
ternden Sachfragen können allerdings nicht historisch entschieden werden.
Sie können nur verhandelt werden in einem langen theologischen
Gespräch der beiden Glaubensgemeinschaften, das freilich nur dem wird
sinnvoll erscheinen können, der einen inneren Zugang zu dem, wovon der
Glaube zu sprechen sich bemüht, besitzt. Der Glaube Abrahams, *die* große
Gestalt des Glaubens für Martin Luther, vermag allein die gegenüber den
jeweils zeitgenössischen Juden blinden Christen sehend zu machen. Haben
Christen nicht allzulange eine sie diesbezüglich blind machende Binde vor
ihren Augen gehabt?

61 Auch *H.A. Oberman* betont dies in seinem Werk »Wurzeln des Antisemitismus« immer
wieder mit Nachdruck.

Heiko A. Oberman

Die Juden in Luthers Sicht*

I
Am Vorabend der Reformation

Das von den Ereignissen im Dritten Reich aufgenötigte Problem »Deutschland und die Juden« wird in der Feuilletonkultur des Abendlandes mit immer weniger Zögern unter Verweis auf Luthers nachhaltige Wirkung erläutert oder sogar gelöst.[1] Dieser Herausforderung war gerade jene Lutherforschung am wenigsten gewachsen, die den Reformator vom Kontext seiner Zeit zu isolieren bereit war, um ihn als einsamen Künder der Neuzeit herauszustellen. Zugang zu Luthers Beurteilung von Juden und Judentum wird man jedoch nur finden können, wenn das spezifische Thema »Luther und die Juden« zum Thema »Die Juden im Zeitalter der Reforma-

---

* Zuerst veröffentlicht unter dem Titel »Luthers Stellung zu den Juden: Ahnen und Geahndete«, in: Leben und Werk Martin Luthers von 1526 bis 1546. Festgabe zu seinem 500. Geburtstag, 2 Bde., hrsg. von Helmar Junghans. Göttingen 1983, 519–530, 894–904.
1 Siehe z.B. William L. *Shirer*: The rise and fall of the Third Reich: a history of Nazi Germany. New York 1960, und die deutsche Übersetzung William L. *Shirer*: Aufstieg und Fall des Dritten Reichs. Köln 1961, 232. Hier ist auch bezeichnenderweise der ganze folgende Passus weggelassen: »It is difficult to understand the behavior of most German Protestants in the first Nazi years unless one is aware of two things: their history and the influence of Martin Luther. The great founder of Protestantism was both a passionate anti-Semite and a ferocious believer in absolute obedience to political authority. He wanted Germany rid of the Jews and when they were sent away he advised that they be deprived of ›all their cash and jewels and silver and gold‹ and, furthermore, ›that their synagogues or schools be set on fire, that their houses be broken up and destroyed. . . and they be put under a roof or stable, like the gypsies . . . in misery and captivity as they incessantly lament and complain to God about us‹ . . . Luther employed a coarseness and brutality of language unequaled in German history until the Nazi time« (*Shirer*: The rise and fall . . ., 236). Karlheinz *Deschner*: Abermals krähte der Hahn: eine Demaskierung des Christentums von den Evangelisten bis zu den Faschisten; eine kritische Kirchengeschichte von den Anfängen bis zu Pius XII. Stuttgart 1962, zeigt ein Jahr später noch weniger Zurückhaltung: ». . . in späteren Jahren wurde Luther ein rabiater Antisemit. . . und Hitler brachte dann den Antijudaismus zur letzten Entfaltung« (zitiert nach der 1. Taschenbuchausgabe. Reinbek bei Hamburg 1972, 457f). Wie spekulativ und wohl gar der Nazipropaganda verpflichtet diese Losung ist, zeigt die Klage aus eben jenem Lager über die Luthervergessenheit: »Es ist ein unerträglicher Zustand, daß dieses wichtige und heute noch vollauf gültige völkisch-religiöse Bekenntnis [»Von den Juden und ihren Lügen«] des großen deutschen Reformators bei fast allen Deutschen höchstens dem Namen nach bekannt und nur von wenigen gelesen ist« (*Luthers Kampfschriften gegen das Judentum* /hrsg. von Walter Linden. Berlin 1935, 7).

tion«[2] historisch erweitert und die Arbeitsmethode vertieft wird um die Rückführung der Judenfrage in den Gesamtzusammenhang von Luthers Theologie einschließlich der von ihm fortgeschriebenen mittelalterlichen Denkraster. Es ist mehr zu leisten, als die in dem stetig anwachsenden Literaturstrom bereitgestellten Lesefrüchte aus Luthers Judenschriften neu aufzubereiten.

Im voraus ist zu warnen, daß diese Weise, das Profil von Luthers Denken nachzuzeichnen, nicht dazu entwickelt oder auch dazu angetan ist, ihn nachträglich zu »retten«. Das Urteil sollte aber wohl erst am Ende des Verstehensvorganges ausgesprochen werden.

Am Vorabend der Reformation konnte die Lage der Juden in Westeuropa zu Recht mit der Vokabel »Elend« bezeichnet werden, ein Wort, das die althochdeutsche Sprache als Äquivalent für »Exil« geprägt hatte. Eduard I. veranlaßte die Vertreibung aller Juden aus dem Königreich England zu Allerheiligen 1290, der französische König Philipp der Schöne (1285–1314) dekretierte zwar nur die Vertreibung aller dieser »englischen« Juden, initiierte aber eine so konsequente Judenpolitik, daß Erasmus von Rotterdam im Jahre 1517 Frankreich in höchsten Tönen dafür loben konnte, daß das Königreich sich im Gegensatz zu allen anderen Ländern feinsäuberlich (purissima) judenfrei gemacht hatte.[3] Am 2. Januar 1492 erließen Ferdinand und Isabella das Vertreibungsmandat für ganz Spanien; fünf Jahre später mußten die nach Portugal Geflohenen erneut fliehen, falls sie nicht bereit waren, sich der Taufe zu unterziehen. Aber auch so waren die Neuchristen Pogromen ausgesetzt mit dem fürchterlichen Höhepunkt des Massakers von Lissabon im Jahre 1506.[4]

2 Für diesen »erweiterten« historischen Kontext siehe Heiko A. *Oberman*: Wurzeln des Antisemitismus: Christenangst und Judenplage im Zeitalter von Humanismus und Reformation. Berlin ²1983; *Ders.*: Zwischen Agitation und Reformation: die Flugschriften als »Judenspiegel«. In: Flugschriften als Massenmedium der Reformationszeit — Beiträge zum Tübinger Symposion 1980/ hrsg. Hans-Joachim Köhler. Stuttgart 1981, 269–289. Für den jüdisch-mittelalterlichen Kontext ist zu verweisen auf die vorzügliche Ausgabe (mit ergiebiger Bibliographie) *The Jewish-Christian Debate in the high Middle Ages*: a critical edition of the Nizzahon Vetus/ hrsg. von David Berger. Philadelphia, Pa. [5739] 1979.
3 Desiderius *Erasmus Roterodamus*: Opus epistolarum, hrsg. v. P. S. Allen, Bd 2. Oxford 1910, 501, 10–13 (549), an Richard Bartholinus am 10. März 1517 / *The Correspondance of Erasmus*. Bd. 4: Letters 446 to 593: 1516 to 1517/ übers. von R. A. B. Mynors and D. F. S. Thomson. Kommentiert von James K. McConica. Toronto 1977, 278f (549). – Simon *Markish*: Erasme et les Juifs. Lausanne 1979, hat sich bemüht, Erasmus gegen Guido *Kisch*: Erasmus' Stellung zu Juden und Judentum. Tübingen 1969, in Schutz zu nehmen. Wie in der traditionellen Lutherapologetik heißt es auch bei Markish: A.a.O. 171, Erasmus ist überhaupt nicht an Juden interessiert, sondern »luttait inlassablement contre le ›judaisme‹«. Gestraffter und wesentlich geschlossener argumentiert Cornelis *Augustijn*: Erasmus und die Juden. Nederlands archief voor kerkgeschiedenis 60 (Leiden 1980), 22–38. Kisch hat jedoch nur einen Teil des belastenden Materials zusammengetragen.
4 Yosef Hayim *Yerushalmi*: The Lisbon massacre of 1506 and the Royal image in the Shebet Yehudah. Cincinnati 1976, 6–34; siehe weiter *Geschichte des jüdischen Volkes* (Toldot 'am Jisrael [dt.])/ hrsg. von Haim Hillel Ben-Sasson. Bd. 2: Haim Hillel *Ben-Sasson*: Vom 7.–17. Jahrhundert: das Mittelalter. München 1979, bes. 276–332.

Die Land- und Stadtvertreibungen im Deutschen Reich nehmen zwar im 15. Jahrhundert ein schreckliches Ausmaß an, sie erscheinen aber geradezu human im Vergleich zu den »spontanen« lokalen Judenverfolgungen mit Plünderungen und Mord in der vorhergehenden Zeit. So wurde in den Fasten des Jahres 1349 in ganz Thüringen, in Gotha, Eisenach, Frankenhausen, einen Monat später auch in Erfurt die jüdische Einwohnerschaft getötet oder zur Selbstverbrennung gehetzt. Durchweg wurde, umwogt von der größten Pestepidemie Europas, als Grund »Brunnenvergiftung« angegeben, aber – so fügt der unbekannte Chronist aufgeklärt hinzu – der eigentliche Grund wird wohl in der hohen Verschuldung der ganzen Bevölkerung zu suchen sein.[5]

Am Vorabend der Reformation ist die städtische Vertreibungswelle bereits nahezu abgeschlossen. Nach 1520 werden die Juden nur noch aus einer relativ kleinen Zahl von Städten vertrieben, während in der vorhergehenden Periode, von 1388 (Straßburg) bis 1519 (Regensburg, Rothenburg ob der Tauber), nahezu neunzig Vertreibungen durchgeführt wurden.[6] In den entstehenden Territorialstaaten scheint die Judenpolitik noch längere Zeit zu schwanken: Sollte angesichts der Schwächung der Zentralgewalt im Reich das finanziell ergiebige kaiserliche Schutzamt übernommen werden, wozu auch die Führungsschicht in den Städten geneigt gewesen wäre, oder sollte die Judenvertreibung, von den Zünften im Namen der Gottesgebärerin und mit dem Ziel der Wucherbekämpfung gefordert, durchgesetzt werden, um Ruhe und Frieden zu sichern?

Württemberg war seit den Tagen von Eberhard im Bart († 1496) offiziell »judenfrei«, eine Rechtslage, die vom Kaiser 1530 von Augsburg aus als »Privileg« bestätigt wurde.[7] Der Bischof Georg von Speyer, Pfalzgraf bei Rhein († 1529), ordnete am 4. April 1519 die völlige Isolierung der Juden in seiner Diözese an, seien sie doch »keine Menschen, sondern Hunde«.[8] Hessen und Sachsen suchten noch in den dreißiger Jahren ihren Weg. Philipp von Hessen ließ sich zunächst von Martin Bucer, Kurfürst Johann Friedrich

---

5   »Sed magis credendum foret exordium calamitatis eorum fuisse magnam et infinitam pecuniam eorum, quam barones cum militibus, cives cum rusticis ipsis solvere tenebantur. Deo autem gratias semper, qui civitatem Erffurdensem populumque Christianum ibidem inter tot incendia tantaque homicidia sua pia misericordia custodivit« (*Erphurdianus Antiquitatum Variloquus Incerti Auctoris* [Johann Werlich?]: nebst einem Anhange historischer Notizen über den Bauernkrieg in und um Erfurt i.J. 1525/ hrsg. von der Historischen Kommission für die Provinz Sachsen ... Bearb. von Richard Thiele. Halle 1906, 133).

6   Philipp N. *Bepp:* Jewish policy in sixteenth century Nürnberg. Occasional papers of the American Society for Reformation Research 1 (1977), 125–136, bes. 132f; vgl. Helmut *Veitshans:* Die Judensiedlungen der schwäbischen Reichsstädte und der württembergischen Landstädte im Mittelalter. Stuttgart 1970, 12–43, bes. 38.

7   Siehe Ludwig *Reyscher:* Vollständige, historisch und kritisch bearbeitete Sammlung der württembergischen Gesetze. Bd. 4. Tübingen 1831, 60–65.

8   »Quocirca officii nostri esse visum est tante hominum seu potius canum perversitati quocumque modo resistere...« (*Georg*, Bischof von Speyer, Pfalzgraf bei Rhein: Mandat gegen die Juden. Hagenau [Heinrich Gran] [4. April] 1519 – Universitätsbibliothek Tübingen: Sign. Gb 599. 2⁰).

von Luther beraten. Im Jahre 1539 ergreift König Sigismund von Polen Maßnahmen, die sich nicht wie auf der Iberischen Halbinsel am Anfang des Jahrhunderts gegen die *Neuchristen,* sondern diesmal gegen die *Neujuden* richteten – jetzt wurde eine jüdische Bekehrungswelle und Schwächung der Christenheit befürchtet.[9] Damit ist der politische Kontext skizziert, in den Luthers Judenschriften hineingewirkt haben. Deutschland war nicht »judenfrei«, die aus den Städten vertriebenen Juden wichen auf die Dörfer aus und konnten sich dort, trotz Verschiebungen im einzelnen, halten, ohne sich je der Zwangstaufe unterziehen zu müssen. Die immer nur auf Zeit gewährten Aufenthaltsgenehmigungen wie auch die unberechenbare, weil dezentralisierte Besteuerungspolitik bedeuteten jedoch einen ständigen Konversionsdruck. Nicht die soziale und politische Diskriminierung, sondern die Identitätsstärke und Perseveranz der jüdischen Gemeinschaften muß ins Auge stechen.

II
Die Juden als Eckstein in Luthers Theologie

Die Frage nach der Kontinuität in Luthers Denken über die Juden hat in zunehmendem Maße die Forschungsenergien auf sich gezogen. Diese Engführung wurde eben dadurch provoziert, daß Ferdinand Cohrs im Jahre 1929 in dem bislang knappsten Überblick eine »zweimalige Wandlung« zur Judenfeindschaft bei Luther meinte feststellen zu können.[10] Wir werden ge-

---

9 Siehe die Literatur, die Ernst-Wilhelm *Kohls* zur Edition von Martin *Bucer:* Ratschlag, ob Christlicher Oberkait gebüren müge, das sye die Juden undter den Christen zu(o) wonen gedulden, und wa sye zu(o) geduldet, wo(e)lcher gstalt und maß (1538/1539), anführt (BDSch 7, 321, Anm. 3); besonders hervorzuheben ist der Aufsatz von Wilhelm *Maurer:* Martin Butzer und die Judenfrage in Hessen (1953). In: Wilhelm *Maurer:* Kirche und Geschichte. Gesammelte Aufsätze, Bd. 2. Göttingen 1970, 347–365, und die allgemeine, historische Übersicht: *Ders.:* Kirche und Synagoge: Motive und Formen der Auseinandersetzung der Kirche mit dem Judentum im Laufe der Geschichte. Stuttgart 1953; vgl. [Carl August Hugo] *Burkhardt:* Die Judenverfolgungen im Kurfürstentum Sachsen von 1536 an. Theologische Studien und Kritiken 70 (1897), 593–598, bes. 597. – Für die judaisierende »Ansteckungswelle« in den dreißiger Jahren siehe das Schreiben des Königs Sigismund von Polen an den Senat von Litauen vom 10. Juli 1539: »Wir tuen kund Eueren Liebden mit diesem unseren Briefe, daß. . . gewisse Leute christlichen Glaubens in diesem unserem Reiche, der Krone Polen, aus der Stadt Krakau und anderen Städten der Krone [Polen], zum jüdischen Glauben übergetreten waren und die Beschneidung angenommen hätten« (zitiert nach: E[zechiel] *Zivier:* Jüdische Bekehrungsversuche im 16. Jahrhundert. In: Beiträge zur Geschichte der deutschen Juden — Festschrift zum 70. Geburtstag Martin Philippsons. Leipzig 1916, 96–113, bes. 102).
10 WA 54, 16–24, bes. 23f. – Selma *Stern–Taeubler:* Die Vorstellung vom Juden und vom Judentum in der Ideologie der Reformationszeit. In: Essays presented to Leo Baeck on the occasion of his eightieth birthday. London 1954, 194–211, bes. 202, spricht sogar von Luthers Schwanken zwischen Liebe und Haß. Auf die weitere Anführung von Sekundärliteratur muß hier verzichtet werden; ich verweise auf die umfassende Arbeit von Johannes *Brosseder:* Luthers Stellung zu den Juden im Spiegel seiner Interpreten: Interpretation und Rezeption von Luthers Schriften und Äußerungen zum Judentum im 19. und 20. Jahrhundert vor allem im

wiß auf Varianten und eventuelle Umbrüche zu achten haben, müssen aber
bereits anfangs klarstellen, daß uns vielerlei Verwirrungen und zum Teil
heftige Diskussionen erspart bleiben können, wenn zwei Grundvorausset-
zungen in der Forschung durchgehalten werden:
  1. Wie zu zeigen sein wird, ist Luthers »Judenschau« über die Jahre
hinweg konstant und unauflösbar mit seiner Geschichtsschau verschlungen. Geändert haben sich hingegen die taktische Judenpolitik und die Konsequenzen, die er für sich selbst oder für andere gezogen hat. Sein theologisches Denken über die Juden ist also nicht ipso facto mit seinen Empfehlungen zur praktischen Judenpolitik, zur Toleranz oder Vertreibung, in eins zu
setzen.
  2. Es ist immer wieder einzuprägen, daß Luther bei »Juden« nicht eine
Rasse vor Augen hat, bei getauften und ungetauften Juden nicht von einer
ethnologischen Einheit ausgeht: Getaufte Juden gehören ohne Einschränkung zum neuen Volk Gottes, genauso wie die getauften Germanen, die
Heiden. Er denkt somit bei den ungetauften Juden an eine Religion, und
zwar an jene Gesetzesreligion, auf der nicht nur die ungetauften Juden beharren, sondern die – so wird ihm in seiner reformatorischen Entdeckung
gewiß – innerhalb der päpstlichen Kirche ihre Tausende geschlagen und die
später genauso die evangelische Kirche unterwandert hat. Über Jahre hinweg hat sich an dieser Sicht des Zusammenpralls von Gesetzesreligion und
Evangelium, von Heils- und Unheilsgeschichte, Gott und Widergott, Christus und Antichrist nichts geändert.
  Der Einstieg in die Quellen ist mit Sorgfalt zu wählen: Würden wir von
den Judenschriften der letzten Lebensjahre ausgehen[11] – und dies läge nahe
angesichts der furiosen Zuwendung zur Judenfrage durch den alten
Luther –, so könnte man die frühen Äußerungen als rein theoretisch, als
überholt erklären. Spätere persönliche Erlebnisse und eigenes Studium jüdischer Schriften hätten ihn dann aus seinen Toleranzträumen der jungen
Jahre gerissen.[12] Geht man dagegen von seiner Anklage aus gegen das

deutschsprachigen Raum. München 1972, samt der dort angeführten Literatur; Curt Bernd
Sucher: Luthers Stellung zu den Juden: eine Interpretation aus germanistischer Sicht.
Nieuwkoop 1977, konnte aus seiner potentiell ergiebigen, germanistischen Perspektive keine
neuen Gesichtspunkte zur Geltung bringen. In neueren Bibliographien wird ein bedeutender
Aufsatz übergangen: Joachim Rogge: Luthers Stellung zu den Juden: Vortrag zu Luthers 485.
Geburtstag und aus Anlaß des 30. Jahrestages der Kristallnacht. Luther. Zeitschrift der Luther-
gesellschaft 40 (1969), 13–24.
11 Wider die Sabbather an einen guten Freund, 1538 – WA 50, (309) 312–337; Von den Juden und ihren Lügen, 1543 – WA 53, (412) 417–552; Vom Schem Hamphoras und vom Geschlecht Christi, 1543 – WA 53, (573) 579–648, 679; Von den letzten Worten Davids, 1543 –
WA 54, (16) 28–100.
12 So Alfred Falb: Luther und die Juden. München 1921 (2. Aufl. München 1936), 11–28,
29–73, der eine erste Periode »als Judenfreund« (vor und im Jahre 1523) scharf von der Restpe-
riode »als Judengegner« abgrenzt. Dieser Ansatz bestimmt auch den Aufruf von Martin Sasse:
»In dieser Stunde muß die Stimme des Mannes gehört werden, der als der Deutschen Prophet
im 16. Jahrhundert aus Unkenntnis einst als Freund der Juden begann, der, getrieben von seinem Gewissen, getrieben von den Erfahrungen und der Wirklichkeit der größte Antisemit sei-

»christliche« Benehmen den Juden gegenüber in der Schrift vom Jahre 1523
– »Daß Jesus Christus ein geborner Jude sei« –, so könnte man die Härte der
Spätschriften als Alterserscheinungen[13] begütigen und ihnen genauso Autorität absprechen, wie das schon für seinen reformatorischen Rückblick
vom Jahre 1545 suggeriert worden ist. Überhaupt besteht die Gefahr, die
Lutherschriften der zwanziger Jahre zum Kanon im Kanon zu erheben und
das Spätwerk, nahezu unbekannt, als »Rückfall ins Mittelalter« erleichtert
im Regal zu belassen.[14]

Das fundamentale Problem liegt darin, daß bei Einschränkung des Be-
legmaterials auf thematische Sonderschriften, ob nun früh oder spät, von
Anfang an die Verankerung der Judenfrage im Grundmuster der Theologie
Luthers übergangen wird.[15] Die Judenfrage wird dann zum beliebigen Sonderthema, wie tragisch auch in den Auswirkungen, so verhaftet doch der
zufälligen Zeitkonstellation. Es wird angebracht sein, genau an jenem
Punkt anzusetzen, der nicht nur zeitlich, sondern vor allem auch gattungs-
mäßig als »Mitte« Luthers bezeichnet werden muß, nämlich die von ihm
selbst als katechetische Kurzform und Glaubensbekenntnis vorgelegten
Schriften.

In der ersten Hälfte des Jahres 1520 faßt Luther zwei früher erschienene
Schriften, die Erläuterungen der Zehn Gebote (1518) und des Vaterunsers
(1519) zusammen und fügt zwischen beide die Erklärung des »Apostoli-
cum«. Dort heißt es zum dritten Glaubensartikel: Kein Jude, Ketzer, Heide
oder Sünder wird selig, ohne sich mit der Gemeinde der Gläubigen versöhnt und vereint zu haben.[16] Neun Jahre später wird diese Grenzmarkie-

ner Zeit geworden ist, der Warner seines Volkes wider die Juden« (Martin Luther über die Juden: Weg mit ihnen!/ hrsg. von Martin Sasse. Freiburg i.B. 1938, 2). Auch in der jüngsten Forschung gibt es Beispiele für die Isolierung der thematischen Spätschriften als Basis einer Ge-
samtbeurteilung. So Peter Maser: Luthers Schriftauslegung in dem Traktat »Von den Juden
und ihren Lügen« (1543): ein Beitrag zum »christologischen Antisemitismus« des Reformators.
Judaica 29 (1973), 71–84, 149–167.

13 Paul J. Reiter: Martin Luthers Umwelt, Charakter und Psychose sowie die Bedeutung dieser Faktoren für seine Entwicklung und Lehre: eine historisch-psychiatrische Studie. Bd. 2: Luthers Persönlichkeit, Seelenleben und Krankheiten. Kopenhagen 1941, 205–220, bes. 210, beobachtet für die Jahre nach 1540 ein »Gefühl der Altersschwäche« bis zur »depressiven, pessi-
mistischen Bitterkeit«, die Wiederbelebung der »Dämonomanie« und eine »Vorliebe für nicht
ganz[!] stubenreine Ausdrücke«. In den späten Judenschriften begegnet man einem »selbst im
Verhältnis zu dem, was man sonst von ihm gewohnt ist, auffälligen Schwelgen in vulgären und
schmutzigen Ausdrücken«.

14 Auch für die spätere Abendmahlslehre Luthers ist diese Lösung angeboten worden; siehe
meine Widerrede in Werden und Wertung der Reformation. 2. Aufl. Tübingen 1979, 368f.

15 Sucher: A.a.O. 292, macht die Ausgrenzung wenigstens explizit und geradezu zum Programm. Aus seinen einzelnen kritischen Äußerungen geht hervor, daß er sich besonders absetzen möchte von Wilhelm Maurer: Kirche und Synagoge. . ., dessen kirchenhistorischer Längs-
schnitt in theologicis jedoch eine ebenso zuverlässige Einführung bringt wie Reinhold Lewin:
Luthers Stellung zu den Juden: ein Beitrag zur Geschichte der Juden in Deutschland während
des Reformationszeitalters. Neudruck der Ausgabe Berlin 1911. Aalen 1973, in der Darbietung
des Luthermaterials.

16 WA 7, 219, 6–10 (Eine kurze Form der 10 Gebote, D. M. Luther. Eine kurze Form des
Glaubens. Eine kurze Form des Vaterunsers).

rung der Kirche Christi im Großen Katechismus gefestigt und ausgebaut –
die Türken werden jetzt eingefügt[17] – unter Beibehaltung der deutlich er-
kennbaren Grundstruktur: Dieser Glaubensartikel scheidet uns Christen
von allen Menschen auf Erden, es seien Heiden, Türken, Juden oder falsche
Christen und Heuchler.[18]

Geht es im Bekenntnis um die Abgrenzung der Kirche des Glaubens, so
wird in der Verkündigung eben diese Grenze zusehends zum Kampfgebiet
erklärt. In den späteren Predigten ruft Luther zum Kampf unter dem »Feld-
heubtman« Christus gegen die wachsenden Angriffe des Satans auf die zentralen Glaubensstücke.[19] Der Streit des Widersachers gegen die wahre Kirche ist gewiß kein neues Thema[20], aber nachdem das Evangelium entdeckt,

17 In dem »Bekenntnis«, mit dem Luther seine große Abendmahlsschrift (Vom Abendmahl
Christi, Bekenntnis, 1528) abgeschlossen hat, sind die Juden nicht eigens benannt; vgl. WA 26,
506, 40 bis 507,6. Die Erklärung für diese »omissio« ist wohl darin zu suchen, daß an dieser
Stelle das Papsttum hervorgehoben wird: Gemäß spätmittelalterlicher Antichristvorstellun-
gen werden die Juden allererst sich dem Antichrist als »sein Volk« anschließen; siehe Christoph
Peter Burger: Endzeiterwartung im späten Mittelalter. In: Der Antichrist und die Fünfzehn
Zeichen vor dem Jüngsten Gericht: Faksimile und Kommentarband/ mit Beiträgen von Karin
Boveland, Christoph Peter Burger und Ruth Steffen. Hamburg 1979, Kommentarbd., 18–53,
bes. 39–43. – Die früheste Verbindung zwischen Türke und Antichrist findet sich in den »Dictata super Psalterium« – WA 55 II I, 129. 22–25, Scholion zu Ps 18 (Vg 17), 3.
18 WA 30 I, 192, 9–16 / Die Bekenntnisschriften der Evangelisch-Lutherischen Kirche. Göttingen 1967, 661, 5–18. – Wie eine gezielte Antwort liest sich der entsprechende Passus in Sebastian *Francks* Apologie aus »Das verbüthschiert mit siben Sigeln verschlossen Buch« (1539):
»Darumb ist mein hertz von niemand gesündert / gwiß das ich meine brueder noch vnder dem
Türcken / bapstumb / Juden vnd allen secten vnd voelckern habe / sie sind aber nit Türcken /
Juden / Papisten / Rottisch etc. oder werdens yhe nit biß zum end bleiben / sonder doch zur
vesperzeyt inn weinberg beruefft / gleichen lon mit vns entpfahen / ja vile der besten die ersten
werden / . . .« (zitiert nach *Toleranz und Reformation*/ hrsg. von Manfred Hoffmann. Gütersloh
1979, 73); vgl. Thomas *Müntzer* in der »Ausgedrückten Entblößung« (1524): »Mit solcher
leychtfertiger ankunfft tichtet die truncken welt eynen vergifftigen glauben, der do vil erger ist
dann der Tu(e)rcken, heyden und Juden glaube« (Thomas *Müntzer:* Schriften und Briefe, hrsg.
v. P. Kirn, G. Franz. Gütersloh 1968, 272, 6–11). – Die Zusammenschau von Juden, Heiden und
Häretikern als Feinde Gottes findet sich, allerdings vereinzelt, bereits bei Augustin; siehe
Bernhard *Blumenkranz:* Die Judenpredigt Augustins: ein Beitrag zur Geschichte der jüdisch-
christlichen Beziehungen in den ersten Jahrhunderten. Basel 1946, 194–198. Die unvergleich-
bar härtere pseudo-augustinische Schrift »De altercatione ecclesie et synagoge dialogus« wurde aber in der von Luther benutzten Amerbachedition (*Augustinus:* [Prima-undecima pars] li-
brorum divi Aurelii Augustini. Bd. 11. Basileae 1506, p2^{ra}–p5^{ra}) als genuin »autorisiert«.
19 WA 49, 580, 26–37 (Drucklegung der Predigt vom 29. September 1544); vgl. 54, 37,
33–36 – 1543. Eben im Kontext des Glaubensbekenntnisses »Die drei Symbola oder Bekenntnis des Glaubens Christi. . .« (1537, Druck 1538) kündigt Luther erstmals seinen Plan an, ». . .
unsern glauben gegen der Ju(e)den thorheit zu halten, ob etliche unter jnen mochten gewonnen werden« (50, 280, 9f).
20 »Hoc enim maxime tempore phariseorum et hereticorum necessarium fuit et est, ubi
multi boni homines seducuntur, qui prius in simplicitate deo servierunt et timuerunt. Sed tunc
orta et revelata veritate, que prius latuit, sicut semper ab initio magis ac magis veritas est revelata, ad quam priores non tenebantur explicite, et sicut semper veritas nova revelata suos simul excitat impugnatores et defensores: tunc inquam isti simplices sunt in periculo. Quia superbi cum potestate et iactantia, immo et magna specie resistunt veritati et impugnant. Quia
magis placet eis sua vetustas et ignorantia, quam nova veritas: sicut Iudeis sua litera olim et
nunc« (WA 4, 345, 11–19 – Dictata . . ., Scholion zu Ps 119 [Vg 118], 79 – 1514/1515).

im Bekenntnis formuliert und zum Grundstein des Aufbaus einer evangelischen Kirche geworden ist, erlebt Luther die in der Schrift angekündigte Intensivierung des diabolischen Großangriffs, der zum entschlossenen Vorgehen gegen Papst, Sakramentarier, Türken und Juden zwingt. Die harten Judenschriften stehen keineswegs vereinzelt da, sondern sind Ausdruck von Luthers Gesamtbetrachtung der dritten und letzten Phase des reformatorischen Geschehens.

Schauen wir jetzt zurück auf die Anfänge, so ist festzustellen, daß die Reihung von Juden, Häretikern und Abtrünnigen[21] bereits ein Grundmotiv der Theologie des jungen Luther ist. Sie ist zunächst *exegetischer* Schlüssel, »Canon« in Luthers eigenen Worten: Was wörtlich von den Juden gesagt ist, gilt im übertragenen, allegorischen Sinn für alle »aufsässigen Christen« und zielt tropologisch oder ethisch auf die Sündenmacht im Menschen.[22] Dabei ist zu beachten, daß diese Zusammenschau nicht zu seinen Neuentdeckungen gehört; er hat sie sowohl in der mittelalterlichen Exegese formelhaft geprägt antreffen[23] als auch bereits in Augustins Psalmenkommentar anschaulich ausgeführt finden können.[24]

Die Unheilskette ist aber bei Luther nicht nur eine hermeneutische Reihung von antigöttlichen Mächten, sondern sie wird *historisch* eingesetzt als Interpretationsraster der Weltgeschichte im »Fortschritt« des Unglaubens.

---

21 Siehe Scott H. *Hendrix:* Ecclesia in via: ecclesiological developments in the medieval psalms exegesis and the Dictata super Psalterium (1513–1515) of Martin Luther. Leiden 1974, 249–256.
22 WA 3, 177, 25–30 – Dictata . . ., Scholion zu Ps 32 (Vg 31), 10; vgl. Operationes in psalmos, zu Ps. 3,1 (Archiv zur Weimarer Lutherausgabe, Bd 2. Köln 1981, 122, 19–23/ WA 5, 76, 21–25).
23 Siehe Bernhard *Blumenkranz:* Les auteurs chrétiens latins du moyen âge sur les juifs et le judaïsme. Paris; La Haye 1963, 216; vgl. WA 55 I 1, 60, 37–61, 4 (Anm. zu Ps 8,3); weiter Ulrich *Mauser:* Der junge Luther und die Häresie. Gütersloh 1968, 33–49, bes. 46. – In dem Luther wohlbekannten Meßkommentar Gabriel *Biels* wird lect. 67 D »Wachstum der Kirche« so mit dem Kommen des Reiches Gottes gekoppelt: »ut infideles ecclesie membra efficiantur conversique in fide et charitate proficiant, ut regnum synagoge et antechristi necnon et diaboli infirmetur et dissipetur« (Gabriel *Biel:* Canonis misse expositio, hrsg. v. H. Oberman, W. J. Courtenay, Bd 3. Wiesbaden 1966, 98).
24 *Augustinus:* Enarrationes in psalmos, Ps 52, 4 – Corpus Christianorum / Series latina, Bd 39, 640, 4–13. – Biel beruft sich auf (*Pseudo-)Augustinus:* De fide ad Petrum cap. 38 (*Patrologiae cursus completus,* Series latina, Bd 40, hrsg. von J. P. Migne [Paris 1861], 776) für die Auffassung, daß außerhalb der Kirche als congregatio fidelium zu finden sind: »Paganos, iudeos, hereticos, scismaticos. . .« (lect. 22 C – *Biel,* Canonis misse Bd 1, 198). Die Fürbitte der Kirche dient somit nicht den »infideles, idolatre, gentiles, iudei, heretici et pessimi ac obstinatissimi christiani. . .« (lect. 56 N – *Biel,* Canonis misse Bd 2, 381). Um die Beständigkeit dieser Kette bis ins 17. Jahrhundert hinein zu illustrieren, verweise ich auf die »Missionsgeschichte« der Jesuiten von Mathias *Tanner:* Societas Jesu usque ad sanguinis et vitae profusionem militans in Europa, Africa, Asia et America contra gentiles, Mahometanos, Judaeos, haereticos, impios: pro Deo, fide, ecclesia, pietate; sive vita et mors eorum, qui ex Societate Jesu in causa fidei et virtutis propugnatae violenta morte toto orbe sublati sunt. Prag [Johannes Nicolaus Hampel] 1675. Das traditionelle Element in dieser Typologie der »Feinde Gottes« sticht um so mehr hervor, da Juden als Personen oder geschichtliche Gruppen in diesem hochinteressanten Märtyrerbuch keine Rolle spielen.

Unglaube und Gottvergessenheit umstellen schon immer die Kirche, finden aber je nach Epoche neue »Bannerträger«: Die Juden zur Zeit Christi, dann die Häretiker zur Zeit der patres und doctores und schließlich am schlimmsten, »wir elenden Christen selber«.[25] Alle drei, »wir elenden Christen« nicht ausgenommen, haben über die Zeiten hinweg den Bund Gottes nicht bewahrt, haben sein Wort und Werk vergessen und so das Gericht Gottes herabgezogen.[26]

Auch diese Dreiteilung der Geschichte hat die Tradition vorgegeben. Bei Augustin sind es in der ersten Epoche der Kirchengeschichte die Christenverfolger, in der zweiten die Häretiker und die Scheinchristen, die dritte Epoche steht noch aus, wenn durch den Antichrist alle Bedrohungen der Vorzeit geballt auf die Kirche einstürmen werden.[27] Das mittelalterliche Paradigma für Luthers 92. Ablaßthese – »pax, pax et non est pax« – findet sich bereits bei Bernhard von Clairvaux, verbunden mit einer Zerfallstheorie, mit deren Hilfe Augustin fortgeschrieben und zugleich markant umgedeutet wird: Die frühe Kirche hat unter den Verfolgungen der Heiden ausgeharrt; bis ins 11. Jahrhundert haben die Kirchenlehrer die kirchliche Mauer gegen den äußeren Ansturm der Häretiker zu schützen gewußt; jetzt aber, in der dritten Epoche, ist die Zeit des Zerfalls von innen her gekommen.[28]

In dem Moment, in dem beide Interpretationsschemata, die diabolische Kette und das schrittweise Nahen des Antichrist, in Kurzschrift: »Augustin« und »Bernhard«, Exegese und Geschichte, ineinandergreifen, sind die Juden nicht mehr nur zurückgelassene Vorläufer in der Geschichte der Unterwanderung des Evangeliums, sondern sie markieren zugleich die präzisen Koordinaten, um die Einbrüche des Bösen in der Kirche der eigenen Zeit recht zu orten. Nicht am Brunnenvergifter, auch nicht am Wucherer und schon gar nicht am Volks- und Artfremden entzündet sich Luthers Judenbild; entscheidend sind allein die Juden als prototypischer »Meßkanon«,

---

25 »Et quidem Iudei tempore Christi et Apostolorum hoc primo fecerunt. Deinde Heretici. Tertio nos miseri pessimi Christiani« (WA 3, 564, 31f – Dictata..., Scholion zu Ps 78 [Vg 77], corollarium).

26 Vgl. WA 3, 563, 31–564, 16.

27 »Prima enim persecutio ecclesiae violenta fuit, cum proscriptionibus, tormentis, caedibus, christiani ad sacrificandum cogerentur; altera persecutio fraudulenta est, quae nunc per cuiuscemodi haereticos et falsos fratres agitur; tertia superest per antichristum ventura, qua nihil est periculosius, quoniam et violenta et fraudulenta erit. Vim habebit in imperio, dolum in miraculis« (*Augustinus:* Enarrationes in psalmos, Ps. 9,27 – Corpus Christianorum, Series latina, Bd 38, 70, 5–11; vgl. WA 55 I 1, 67, 22–29, Anm. zu Ps 9,4).

28 Bernhard *von Clairvaux:* Sermones super Cantica Canticorum 33, 15f: »Omnes amici, et omnes inimici... Ministri Christi sunt, et serviunt Antichristo... Olim praedictum est, et nunc tempus impletionis advenit: ›Ecce in pace amaritudo mea amarissima.‹... Sed in qua pace? Et pax est, et non est pax. Pax a paganis, pax ab haereticis, sed non profecto a filiis« (Bernhard *von Clairvaux:* Opera omnia/ hrsg. von John Leclerq; H. M. Rochais; C. H. Talbot. Bd. 1. Romae 1957, 244, 6–25); siehe Heiko A. *Oberman:* The shape of late medieval thought: the birthpangs of the modern era. Archiv für Reformationsgeschichte 64 (1973), 13–33, bes. 24f, Anm. 20/ in: The pursuit of holiness in late medieval and Renaissance religion ▬ Papers from The University of Michigan conference/ hrsg. von Charles Trinkaus und Heiko A. Oberman. Leiden 1974, 3–25.

um die Einbruchstellen des Teufels in die zeitgenössische Kirche zu sondieren. Nicht der »Jud«, sondern die »Juden« bestimmen das Suchen des in den Jahren von 1513 bis 1515 bereits um die rechte Kirche Kämpfenden. In den »Dictata super Psalterium« (1513–1515) begegnet uns der Einsatz dieser Meßsonde auf Schritt und Tritt. Was jeweils von den Juden zu sagen ist, gilt auch für die Häretiker und entlarvt zugleich die Abirrung der bestehenden Kirche in Lehre und Sitte. Die ersten zwei Glieder, Juden und Häretiker, fungieren als die statischen Meßdaten; die volle Aufmerksamkeit des Exegeten gilt der Applikation auf die eigene Zeit, gewandelt je nach dem Kontext des zu deutenden Psalmverses. Folgende – wie ich meine – repräsentative Auswahl bieten uns Luthers Meßergebnisse:

Juden, Häretiker – jetzt: dissensionum filii[29]

caro, Demon, mundus[30]

Antichristus[31]

antichristiani[32]

superstitiosi in singularitate[33]

falsi (pestilentes) doctores[34]

mali[35]

Maomet[36]

transgressores, sc. sui iustificatores[37]

rebelles, inoboedientes sub specie boni[38]

29 Sie verzerren die Schrift und formen sie um zu Gesetzen im eigenen Interesse (WA 55 II 1, 69, 8–10 – Dictata . . ., Scholion zu Ps 4,3).

30 Sie wollen die Kirche vom Glauben und von Christus trennen (WA 55 II 1, 107, 4 – Scholion zu Ps 9,4).

31 Der den Weg zum ewigen Leben verbaut (WA 3, 143, 20f – Randglosse zu Ps 25 [Vg 24], 4).

32 Sie hassen die wahre Gerechtigkeit und verfolgen die »pauperes«, d.h. die wahren Gläubigen (WA 3, 145, 13 – Zeilenglosse zu Ps 25 [Vg 24], 19).

33 Sie wollen durch ihre Verdienste vor Gott bestehen oder die Schrift eigensinnig deuten (WA 3, 172, 33–35 – Randglosse zu Ps 32 (Vg 31], 2; vgl. 645, 16 – Scholion zu Ps 84 [Vg 83], 4).

34 Die moralischen Verführer und schlauen Irrlehrer (WA 3, 297, 19f – Glosse zu Ps 53 [Vg 52], 5; 4, 69, 12f – Scholion zu Ps 91 [Vg 90], 6).

35 Die Geliebten des Teufels (WA 3, 643, 6–11 – Scholion zu Ps 84 [Vg 83], 2; vgl. 4, 133, 39–134, 1 – Scholion zu Ps 101 [Vg 100], 1).

36 Der eigene Weg zur Gerechtigkeit: »Hoc primum Iudaei, deinde heretici, tandem Maomet et omnes superbi« (WA 4, 136, 29f – Scholion zu Ps 101 [Vg 100], 3).

37 Die wahrhaften Sünder, die sich zu rechtfertigen suchen (WA 4, 171, 14f – Glosse zu Ps 104 [Vg 103], 35).

38 Das unscheinbare Wort Gottes bringt die Widerspenstigen zu Fall (WA 4, 248, 29–34 – Randglosse zu Ps 112 [Vg 111], 9). Nicht direkt, sondern in längerer Beweisführung verbindet Luther die Juden mit dem ihm Eigenen, den Observanten. Er deutet »opera manuum eorum« (Ps 28 [Vg 27], 4) im Gegensatz zu den »opera Dei« zunächst auf die Juden (WA 55 II 1, 156, 7–26), dann auf die Häretiker: »Horum [der Juden] studia et idolatriam imitantur omnes Heretici« (157, 1). Voller Vorahnung folgt dann: »Tales hodie esse timendum est omnes obseruantes et exemptos siue priuilegiatos. Qui quid noceant Ecclesie nondum apparuit, licet factum sit. Apparebit autem tempore suo« (157, 17–19/3, 155, 8–10). Bernhard *Lohse:* Mönchtum und Reformation: Luthers Auseinandersetzung mit dem Mönchsideal des Mittelalters. Göttingen 1963, 267–272, hat nicht nur Parallelstellen zusammengetragen, sondern auch die »Reihung« als Rahmen der Observantenkritik berücksichtigt.

increduli et rebelles[39]
scioli superbi[40]
Bohemi et sectae scholasticae[41]
coacti et qui non sponte in ipsa [lege] sunt[42]
schismatici et singularitatis amatores[43]
superbi

Die letzte Bezeichnung (superbi) erscheint in den »Dictata...« bei weitem am häufigsten; sie ist gleichsam die Zusammenfassung aller Einzeldiagnosen im dritten Glied. Die Aufsässigen weichen ab »vom rechten Glauben«[44], indem sie sich nicht Gottes Urteil, der Schrift oder dem Zeugnis der sancti patres beugen. Im Bestehen-Wollen vor Gott liegt aber der Ansteckungsherd jener Vielfalt von lebensgefährlichen Krankheiten, die jetzt diagnostiziert werden können: An den Juden wird sichtbar, daß das Festhalten an der eigenen Gerechtigkeit zu Widerspruch, Widerstand und letztlich zur Gewalt gegen Gott führt.[45] An den Juden leuchtet auch die Negativfolie des »simul iustus et peccator« auf, die Luther – wie ich meine, in Anlehnung an Augustin – auf den Begriff »duplex peccatum« bringt: Nicht nur Sünder (impius) sein, sondern auch noch sich selbst rechtfertigen (se iustificare) und damit Gott in seinem Urteil widersprechen[46], das ist Atheis-

---

39　Ohne Vertrauen auf Schrift und kirchliche Tradition, ja ihr widerstehend unter dem Motto: »Got sall eym Jdlichen eyn besunderns machen« (WA 3, 577, 38–578, 20, bes. 578, 17 – Scholion zu Ps 78 [Vg 77]). Dieser ganze Psalm ist einschlägig für unser Thema. Zu beachten ist, daß das, was Luther später als (verfehlten) Ratschlag Bartholomäus Arnoldis aus Usingen beschreibt, hier als Luthers eigene Überzeugung erscheint. Die Häretiker, bereits als »rebelles« charakterisiert, verlassen sich auf das wortwörtliche Zeugnis der Schrift, sollten sich aber dem Lehramt der Vorgesetzten anvertrauen: ». . .in homines officiis et ministeriis prepositos, ut ex illorum ore requiratur. Alioquin quid facilius diabolo quam seducere eum, qui suus Magister esse nititur in Scripturis reiecto hominis ministerio? Unum verbum male intellectum in tota Scriptura confusionem facere potest« (der letzte Satz ist hervorgehoben; WA 3, 579, 3–7; vgl. WA TR 2, 5, 38–6,5 [1240], vor 14. Dezember 1531).

40　Die Schriftausleger kreuzigen die Schrift genauso wie die Juden Christus (WA 4, 318, 7, 22f – Scholion zu Ps 119 [Vg 118], 15f); vgl. die Parallelstelle zu dem oben Anm. 39 über »increduli et rebelles« Gesagten: »Quia sic principes sedent primo Iudeorum, post hereticorum: et tandem omnes, qui veritatem in humilitate proponunt, non solum contemnuntur, sed et opprobriis saturantur ab iis, qui sapientes sunt apud semetipsos. . . Nam etiam si veritas nobiscum sit: si enim privata et propria fit, iam nec veritas est, que omnino communis omnium est, esse vult et debet« (317, 9–11, 19f – Scholion zu Ps 119 [Vg 118], 23).

41　Die scholastischen Schulen, hier die Dominikaner als Makulisten, sowie die Böhmen als Verächter des Sakraments und des Prinzipats der römischen Kirche – sie hängen an dem Buchstaben der Vergangenheit (WA 4, 345, 19–28 – Ps 119 [Vg 118], 79).

42　Sie haben nicht den Geist, der Lust am Gesetz schenkt (WA 4, 387, 6–13 – Scholion zu Ps 119 [Vg 118], 165).

43　Die Unbußfertigen wegen Eigenweisheit und Eigenwilligkeit (WA 56, 192, 26–28 – Vorlesung über den Römerbrief, Scholion zu R 2,5; vgl. 348, 18f – Scholion zu R 7,8).

44　WA 3, 181, 15f – Dictata. . ., Scholion zu Ps 33 [Vg 32], 1.

45　WA 3, 202, 35–37 – Scholion zu Ps 36 [Vg 35], 12; 203, 4–6, 13–15. Zwar bezeichnet Luther hier die superbia, welche die Juden zu perfides macht, als »pertinax«; nach Gottes Vorsatz werden sie aber gemäß R 11,11 wieder auferstehen »ad vitam gratie« (203, 27–32, bes. 29).

46　WA 55 II 1, 3, 2–10 – Scholion zu Ps 1,1. – Bereits *Augustin* hatte diese »Duplex-Dimension« an den Juden entdeckt, den Schuldigen an der Kreuzigung Christi: ». . . simulata aequitas

mus, denn das bedeutet, Gott selbst zu verneinen. An den Juden wird schließlich ein Drittes sichtbar: Wenn wir uns von Christus abwenden, wendet sich der Zorn Gottes uns zu, wir werden in die Captivitas Babylonica getrieben oder bleiben in ihr zurück. Nur wenn wir uns zu ihm bekehren lassen, genauer: überwältigen lassen, wird der Zorn abgewendet.[47]

Es bedeutet somit keine Änderung in Luthers Denken, wenn er sich, anläßlich der Bekehrungsoffensive des Kölner Theologenkreises um den getauften Juden Johannes Pfefferkorn, gegen die Verteufelung der Juden wehrt. Mit Feuer und Schwert sind sie nicht zu bekehren. Sie wissen genausowenig, was recht vor Gott stehen heißt, wie die Christen; wir sollten deshalb vielmehr in Solidarität mit ihnen leiden und Gottes Zorn fürchten.[48] Noch bevor die Theologie des jungen Luther ihr kirchenkämpferisches Profil erhielt – und erhalten konnte –, ist ihm an den Juden schon aufgegangen: Der Zorn Gottes gilt allen, Juden und Christen, allen, die seinem Wort widerstehen.

III
Die babylonische Gefangenschaft von Juden und Christen

Der Dreischlag Juden, Häretiker, superbi oder Scheinchristen, wobei es sich nicht um harmlose Karteichristen, sondern um des Teufels fünfte Kolonne handelt, bleibt die Konstante in Luthers Theologie bis in seine Spätschriften hinein. Alle drei sind Handlanger des Satans, gerichtet gegen den populus fidelis, das wahre Israel, gegen die gläubige Kirche aller Zeiten.[49] Seit der Konfrontation mit Cajetan (Oktober 1518) wird es ihm immer mehr zur Gewißheit, daß der Antichrist den Heiligen Stuhl in Rom usurpiert. Angebrochen ist jetzt die letzte Epoche der Weltgeschichte; sie verläuft für Luther in drei Phasen: vor, während und nach der ersten öffentlichen Verkündigung des wiederentdeckten Evangeliums in Vorreformation, Reformation und Gegenreformation. Die konstante Präsenz des Satansreichs in allen Epochen der Weltgeschichte bricht nun aber in der letzten Epoche der Endgeschichte – nochmals gesteigert in ihrer allerletzten Phase – mit ungekannter Vehemenz hervor.

Für den jungen Luther in den »Dictata...« und in den frühen Paulus-

non est aequitas, sed duplex iniquitas...« (Enarratio in psalmos, Ps 69 [Vg 68], 11 – Corpus Christianorum, Series latina, Bd 39, 814, 7f).
47   WA 4, 7, 28–30 – Dictata..., Scholion zu Ps 85 [Vg 84], 5. Die Fortsetzung findet sich in der Römerbriefvorlesung im Scholion zu R 10,14: Die Juden, Häretiker und Schismatiker können Gott nicht anrufen, solange sie nicht durch die wirksame Verkündigung befreit werden: »Quando enim Deus verbum emittit, So geets mit gwalt, ut non tantum amicos et applaudentes, Sed inimicos et resistentes conuertat« (56, 422, 7–9).
48   WA 56, 436, 7–20, bes. 16f – Scholion zu R 11,22; vgl. Luthers Gutachten über die Reuchlinsache WA Br 1, 27–29 (9), Luther an Georg Spalatin am 5. August 1514.
49   Zu diesem Thema siehe bes. Josef *Vercruysse:* Fidelis populus. Wiesbaden 1968, 39–51; Hendrix: Ecclesia in via:..., 249–256.

kommentaren, vor den »Operationes in psalmos« (1519–1521), zieht der
Widersacher seine Spuren noch wie einst. Die Juden liefern das Anschauungsmaterial und das diagnostische Instrumentarium für die (noch) verdeckte christliche Krankheit zum Tode.[50] Sie sind ihm Seite um Seite der
Schlüssel für die Interpretation der eigenen Zeit, die wie zuvor umtobt,
aber noch nicht überrannt ist vom Antichrist. Während Gott gemeinhin
»sub contrario« und somit verborgen vorgeht, zeigt er öffentlich an den Juden, die nicht nur verhüllt im Geiste, sondern auch vor aller Augen in der
Welt unter seiner Strafe stehen, wie es um die ganze Kirche in Wirklichkeit
bestellt ist: »experientia patet«.[51] In dieser *ersten* Phase gilt das Interesse
nicht den zeitgenössischen Juden. Es ist vielmehr die in ihrer Gottvergessenheit bis in die Fundamente gefährdete Kirche, deren Bild sich spiegelt in
Geschichte und Gegenwart der jüdischen Gesetzesreligion. Die heutigen
Christen sind den Juden ähnlich, ja noch schlimmer – »immo peiores«.[52]

Ohne daß die beispielhafte, diagnostische und abschreckende Funktion
der Juden je verschwindet[53], wird von Luther in der *zweiten* Phase das Elend
des gemeinsamen Geschickes, der gemeinsamen Blindheit hervorgehoben
und damit die letzte Chance auf Bekehrung für beide, für irregeleitete Juden und Christen. In dem Maße, in dem die Meßergebnisse ein deutliches
Bild fügen und die Teilbeobachtungen im Judenspiegel eine eindeutige
Identifizierung der falschen Kirche hergeben[54], wird die biblische babylonische Gefangenschaft der Juden als diabolisches Gefängnis für Christen und
Juden entdeckt.[55] Die babylonische Gefangenschaft bezieht sich somit nur

50   WA 55 II 1, 69, 8–11 – Dictata. . ., – Scholion zu Ps 4,3; 3,501, 31f – Scholion zu Ps 74 [Vg
73], 9; 4, 315, 20–25 – Scholion zu Ps 119 [Vg 118], 20.
51   WA 55 I 1, 104, 18–22 – Randglosse zu Ps 14 (Vg 13), 3. Dieser – für die Gläubigen nicht
zulässige – Rückschluß aus dem historischen Verlauf auf Gottes Zorn trifft später auch auf die
»häretischen Rottenführer« Müntzer, Ulrich Zwingli, Ludwig Hätzer »et alii plures, manifeste
Deo monstrante istis monstris irae suae. . .« zu (WA Br 6, 403, 10f [1984], Luther an Bernhard
Rothmann am 23. Dezember 1532). Wie *Blumenkranz: Die Judenpredigt Augustins:. . .*,
175–181, gezeigt hat, ist dieser »Dienst der Juden« als Zeugnis ein Sonderthema Augustins,
das im Mittelalter verdrängt wurde. Das Gesamtbild Augustins ist hier aber zu schonend gezeichnet; vgl. z.B. oben Anm. 46.
52   »Quia illi contra Christum in carne, hii contra Christum in spiritu et veritate bellant«
(WA 3, 568, 10f – Dictata. . ., Scholion zu Ps 78 [Vg 77], 9).
53   Ein gutes Beispiel aus dem Frühjahr (?) 1520: »Quid enim Iudaeorum infoelix populus hodie habet, nisi nubes et pluvias impietatis? Tales haeretici, tales omnes humanarum legum tyranni et quicunque veritati non acquiescunt: Hi sunt immissiones et angeli mali, qui percusserunt Aegyptum, quae figura fuit pereuntis synagogae« (WA 5, 363, 13–16 – Operationes in
psalmos, zu Ps 11 [Vg 10], 6).
54   WA 10 I 1, 481, 11 – Kirchenpostille, 1522; vgl. die ansprechende Zusammenfassung in
der Tischrede vom Mai 1532: »Iudaei dixerunt ad Christum: Nos sumus populus Dei. Christus:
Ego sum Filius Dei. Iudaei: Nos sumus semen Abraham. Christus: Ego Filius Dei. Sic dicit iam
papa: Nos sumus ecclesia. Nos dicimus, quod non mentiatur, quod sit ecclesia, sed Sathanae«
(WA TR 2, 143, 21–24 [1586]). Der Vergleich mit den Juden konnte bereits zuvor (Anfang?
1520) ungünstig für die »papales Christiani« ausfallen (WA 5, 449, 14–20 – Operationes in
psalmos, zu Ps 16 [Vg 15], 4).
55   WA 2,215,2 – Resolutio Lutheriana super propositione sua decima tertia de potestate papae, 1519; vgl. 226, 22; vgl. Archiv zur Weimarer Lutherausgabe, Bd 2. Köln 1981, 600, 6–18 /

übertragenerweise und sekundär auf das »Elend« des Papsttums zu Avignon während des abendländischen Schismas, wurzelhaft und primär auf das alte und neue Israel, dessen »Rest« von Gott zurückgeführt wird.[56]
Nur wenn die von Luther nie aufgegebene, eindeutig negative Auffüllung des Begriffs »Juden« uns klar vor Augen steht, erfassen wir vollends die Wucht der Kirchenkritik in der folgenden, sonst leicht mißverständlichen Aussage: »Wenn Haß auf Juden, Häretiker und Türken einen zum Christen macht, dann sind wir mit all unserer Wut die allergrößten Christen. Falls dagegen die Liebe zu Christus entscheidendes Merkmal ist, dann sind wir zweifellos schlimmer als Juden, Häretiker und Türken zusammen.«[57] Es handelt sich nicht um Wandel in Luthers Denken und ebensowenig um eine Aufwertung der Juden: Es geht vielmehr um die Entlarvung der Haß-ansteckenden Vergiftung, verbreitet von den kirchlichen Trägern der jüdischen Pest – »participes impietatis Judaicae«.[58]

In der *dritten*, der Schlußphase, nach Wiederentdeckung des Evangeliums, muß der Antichrist sich mit allen Kräften wehren. Er ist zum äußersten gereizt.[59] Juden, Türken, Rotten und Papst bilden die große Koalition, der es gilt, mit letztem Einsatz zu widerstehen. Nicht mehr Spiegel, nicht mehr Sonde, sondern jetzt als historische Realität sind die Juden, wie schon immer im Bündnis mit allen Gottesfeinden, angetreten, das Volk Gottes in die Gefangenschaft zurückzuführen. In der Klimax der dritten Epoche erweitern die Juden ihre Fehde von der Kirche auf Kaiser und Reich, aber – wie schon immer – nur als Satelliten und Handlanger des Urbösen: Die vielen – Jude, Türke, Papst – sind als der eine anstürmende Gegner jetzt ausgemacht.

Die Schriften, die im Zuge der Neuentdeckung des Evangeliums geschrieben wurden, bezeugen ein konstantes Urteil über die Gegenkirche; sie umfaßt als Grundkonstituenten mit den Juden auch die Häretiker und Scheinchristen. Was hat diese Zusammenschau theologisch an Früchten eingebracht? Drei Gedankenschritte auf einem einzigen Weg sind hier herauszuheben.

Die jüdische Abweisung von Christus wird erneuert in der »Sautheologie« der eigenen Zeit[60], die in ihrem Bestehen auf der Selbstgerechtigkeit gleichfalls dem Kommen Gottes in Christus widerspricht und widersteht.

WA 5, 343, 4–17 – Operationes in psalmos, zu Ps 10 [Vg 9], 9. Von Nikolaus von Lyra her war Luther die Deutung von Ps 74 [Vg 73] auf die »captivitas babylonica« geläufig. Die Freilegung der »syncera scripturae intelligentia« in »De captivitate Babylonica ecclesiae praeludium« von 1520 entspricht hier bereits der Vorstellung der Schrift (3, 492, 17; vgl. 6, 572, 35f).
56   WA 5, 428, 21–25. – In einer Glosse zu Ps 59 (Vg 58), 7 » convertentur« bezeugt Luther explizit, daß er die These einer »universalis conversio«, der Bekehrung aller Juden, als nicht schriftgemäß zurückweisen muß. Nur der Rest Israels (Is 10,21) wird gerettet werden (3, 329, 26–29).
57   WA 5, 429, 9–12 – Operationes in psalmos, zu Ps 14 (Vg 13), 7.
58   WA 5, 429, 1.
59   WA 56, 274, 14 – Römerbriefvorlesung, Scholion zu R 4,7.
60   Siehe oben Anm. 54.

Zweitens entdeckt Luther an der falschen Sicherheit der Juden, für ewig zum Samen Abrahams zu gehören und somit korporativ »Volk Gottes« zu sein, die Grundlosigkeit der Gleichung »Ubi papa, ibi ecclesia«: Papsthörigkeit und Bauen auf den Konsensus der Kirche sichern die Wahrheit ebensowenig wie Blutsverwandtschaft mit Abraham.[61]

Die Verbindung von evangelischer Rechtfertigungslehre und neuer Ekklesiologie führt zu einer dritten Konsequenz, die, nur wenn man sie isoliert betrachtet, als Wandlung oder gar als Wende gedeutet werden kann. Der Zugang zum Evangelium ist nicht länger blockiert – die Zeit der Judenbekehrung ist jetzt gekommen. Doch diese Bekehrung ist nicht eine umfassende Judenbekehrung und gilt nicht nur den Juden. Es ist vielmehr der Rest Israels, die wahre Kirche aus Juden *und* Heiden, der aus der Gefangenschaft befreit und heimgeführt wird – genauso diktiert es Luther seinen Studenten im Römerbriefkolleg (1515/1516), signifikanterweise in freier Rede seinen schriftlich vorbereiteten Kurztext weiterdenkend.[62]

In den Jahren von 1519 bis 1523 ist Luther von dem Gedanken vorwärtsgetrieben, daß Gott den Rest Israels aus der babylonischen Gefangenschaft herausführt. Durch die Wiederentdeckung des Evangeliums kann Christus jetzt unverzerrt verkündigt werden.[63] Dadurch wird der Glaube geweckt, welcher der wahren Kirche aus Heiden und Juden den einzigen Ausweg bahnt.[64] Ihn bewegt keineswegs ein Anflug von Judenmissionsoptimismus, den wir erklären könnten aus ermutigenden Erfahrungen mit Juden auf dem Wormser Reichstag.[65] Seine Erwartungen gelten der Wirkung des Wortes auf Juden, Häretiker und sogar Türken insgesamt. Als Gruppe stehen zwar alle unverändert unter der Ägide des Antichrist. Es gilt jetzt aber, dem »Rest« den Zugang zum Wort zu öffnen. Trotz Verstockung der großen Mehrzahl, so heißt es in der Schrift »Das Magnificat verdeutscht und ausgelegt« (1521), sollten wir die Juden nicht unfreundlich behandeln, »denn es sind noch Christen unter yhn zukunfftig. . .«.[66] Das ist keine Sondertheologie für Juden. Parallel dazu heißt es, daß die Häretiker nicht durch das Feuer

61 WA DB 7, 17, 20–29 – 1546.
62 WA 57 I, 87, 21–24 – Römerbriefvorlesung (Nachschrift), Glosse zu R 9, 28f; vgl. 56, 95, 25f.
63 Archiv zur Weimarer Lutherausgabe, Bd 2, 230, 27–231, 2/WA 5, 131, 23–29 – Operationes in psalmos, zu Ps 5,4f.
64 Archiv zur Weimarer Lutherausgabe, Bd 2, 103, 3–7/WA 5, 66, 38–67,4 – zu Ps 2,9; vgl. 7, 486, 6–16 – Enarrationes epistolarum et evangeliorum quas postilla vocant, 1521.
65 So lautet – seit *Lewin:* A.a.O. 15–17 – die gängige Erklärung. Damit möchte ich das Faktum solcher Begegnungen nicht bestreiten. Das Interesse an Luther ist gut belegt. Haim Hillel *Ben-Sasson:* The reformation in contemporary Jewish eyes. In: Proceedings of the Israel Academy of Sciences and Humanities. Bd. 4. Jerusalem 1971, 239–326, bes. 264–271, hat in dieser eminenten Untersuchung die Hoffnungen auf das Ende des »Elends« dokumentiert, die in der jüdischen Gemeinschaft mit dem Auftreten Luthers verbunden wurden.
66 WA 7, 600, 34. – Dieser Gedanke wird 1523 in der Schrift »Daß Jesus Christus ein geborener Jude sei« thematisiert (11, [307] 314–336, 485f); in einer Predigt vom 25. September 1538 klingt dieselbe Anklage an, ist aber bereits als vergangene Phase dargestellt (47, 470, 40–471, 7).

der Scheiterhaufen, sondern nur durch das Feuer der Liebe überwunden werden[67]; die Türken sollten wir, genauso wie unsere eigenen großen Hansen, durch Mission bekehren, nicht aber mit Gewalt überwinden.[68] Das Thema der Invocavitpredigten (1522), daß die Altgläubigen durchs Wort gewonnen werden sollten, war mit seinem Zielpunkt, die Schwachen zu schonen, kein Sonderwort, das nur zu erklären wäre aus der prekären Lage der Wittenberger Wirren. »Schonung der Schwachen« ist vielmehr organischer Teil einer einzigen Gesamtschau. Es sind noch Christen unter «yhn«![69]

IV
Das Werden des alten Luther

Haben wir diese heilsgeschichtliche und zugleich weltgeschichtliche Schau richtig erfaßt, so läßt sich der in der Forschung bislang noch unbestimmte Begriff »der alte Luther« von Luther selbst aus betrachtet mit Inhalt füllen und mit genaueren Zeitkoeffizienten versehen. Nachdem das vom jungen Reformator entdeckte Evangelium seit 1519/1520 öffentlich verkündigt und in der Volkssprache verbreitet worden ist, hat der Gemeindeaufbau durch Katechismus und Bekenntnis, durch Liturgiereform und Visitation (1523–1529) zu jener äußeren Form der gläubigen Kirche, zur »Kirche der Welt« (Johannes Heckel) geführt, gegen die jetzt in der Endphase der dritten kirchengeschichtlichen Epoche sich alle Gegenkräfte verschworen haben. Alle Angriffe der Vorzeit konzentrieren sich jetzt in der einen Endzeit. Die frühchristliche Verfolgung durch die einstige römische Obrigkeit während der *ersten* Epoche wird in vielen Territorien Deutschlands erneuert und in ganz Europa, von den Niederlanden bis Spanien und Italien, grausam durchgeführt. Der Großangriff, mit dem die Häretiker die Kirche in der *zweiten* Epoche gefährdeten, bedroht die Beständigkeit im Glauben allenthalben: Die Zentrallehren der Trinität und Christologie sind wie einst in Gefahr. Schließlich, in der *dritten* Epoche, bleibt auch die aus der Gefangenschaft herausgeführte Kirche nicht verschont von dem Bernhardinischen Gesetz, daß am Ende der Kirche am meisten Gefahr droht von den eigenen Söhnen.[70] Deshalb hat Luther auch so vehement auf Dis-

---

67 Archiv zur Weimarer Lutherausgabe, Bd 2, 62. 13–63,2/WA 5, 46, 20–23 – Operationes in psalmos, zu Ps 1,6.
68 Archiv zur Weimarer Lutherausgabe, Bd 2, 96. 17–97, 3/ WA 5, 63, 17–20 – zu Ps 2,9.
69 In diesem Sinne möchte ich die These von James S. *Preus*: Carlstadt's ordinaciones and Luther's liberty: a study of the Wittenberg movement 1521–22. Cambridge, Mass; London 1974, 80, beantworten, dergemäß Luther im Jahre 1522 »willkürlich« verwarf, was er dann Ende 1523 selbst einführte: »The reality at Wittenberg was that the law became incarnated in Luther, himself functioning freely.«
70 »Et vide etiam nos ita premi, primum ab hostibus [wie Moses von den Ägyptern und Juden] et deinde a propriis et amicis« (WA TR 3, 137, 6f [3000], 2. bis 13. März 1533); vgl. oben Anm. 28.

senz in den eigenen Reihen reagiert, sei es gegen Andreas Bodenstein aus
Karlstadt, Ulrich Zwingli oder Johann Agricola.

Grundmerkmal des alten Luther bleibt bis zu seinem Ende der nicht
nachlassende Einsatz gegen die Ballung der diabolischen Attacken an allen
Fronten zugleich, die durch Provokation zu entlarven und der durch Verkündigung zu begegnen nur mit noch vehementerer Abwehrkraft möglich
ist. Im Jahre 1537, in der Mitte seines letzten Lebensabschnittes, faßt er in
einem Satz zusammen, wie sehr die Kirche bedroht ist, mit welcher Zuversicht aber auch wir diesen Kampf aufnehmen können: »Und dis ist ein noti-
ger trost fur die Christen, das sie nicht zweiveln, das die Christliche Kirche
bleibe inn der welt, mitten unter allen ungleubigen, Tu(e)rcken, Heiden,
Ju(e)den, Ketzer und Rotten, auch mitten unter dem leidigen Teuffel und
seinen Engeln, Denn hie stehet die verheissung, die nicht leugt noch feilet:
Der Heilig Geist ›wird euch alles leren und erinnern‹ (et)c. [J 14,26].«[71]

Eine ganze Reihe signifikanter Ereignisse konvergieren im Jahre 1530,
mit denen sich die Anfänge des alten Luther in Verbindung bringen lassen.
Der Psychohistoriker wird darauf achten wollen, daß Luther in diesem Jahre seinen Vater verliert. In tiefe Trauer gestürzt durch den Bericht, daß sein
Vater am 29. Mai gestorben ist, schreibt er sofort an Melanchthon: »Nun
trete ich die Erbschaft unseres Namens an, jetzt bin ich der alte Luther in
meiner Familie.«[72] Diese Erbschaft bedeutet keinen Besitzzuwachs, sondern eben das Recht, dem Vater als nächster »durch den Tod zu Christus
nachzufolgen«.[73] Aber weit mehr als von seinem Psychogramm, weit mehr
als von den oft bemühten Alterserscheinungen (Paul J. Reiter) oder sogar
Altersregressionen (Curt Bernd Sucher), wird seine unanzweifelbare Ver-
härtung bestimmt von der Sorge um die Sache des Evangeliums in einem
Land, das dabei ist, schon wieder zu vergessen, aus welcher elenden Gefangenschaft Gott sein Volk gerettet hat.[74] Jetzt häufen sich jene Darstellungen
seines reformatorischen Durchbruchs, den er im Jahre 1545 in klassischer

71 WA 45, 615, 1–5; angeführt in Johannes *Heckel:* Lex charitatis, hrsg. v. M. Heckel. 2. Aufl.
Köln 1973, 146, Anm. 765 c.
72 WA Br 5, 351, 29f (1584), am 5. Juni 1530/ *Melanchthons* Briefwechsel: Regesten, hrsg. v.
H. Scheible, Bd 1. Stuttgart 1977, 388f (922); vgl. WA Br 5, 348, 15f (1582), an Katharina Luther am 5. Juni 1530; vgl. bereits am 12. Mai 1530: 316, 16f / *Melanchthons* Briefwechsel: Regesten, hrsg. v. H. Scheible, Bd 1. Stuttgart 1977, 383 (906).
73 WA Br 5, 351, 30f (1584)/*Melanchthons* Briefwechsel: Regesten, hrsg. v. H. Scheible, Bd 1.
Stuttgart 1977, 388f (922).
74 Im Jahre 1521 läßt Luther voller Hoffnung die lateinische Adventspostille (Enarrationes
epistolarum et evangeliorum. . . – WA 7, [458] 463–465. 466–537. 893) als »Probelauf« heraus-
gehen, um die Chance der »Entbabylonisierung« der Kirche wahrzunehmen und zu ermessen,
». . ., quo vultu Evangelium Christi excepturi sint Christiani post longam istam et durissimam
Babyloniae captivitatem« (537,13f). Im Jahre 1533 betrachtet er jedoch die Gesamtreforma-
tion von Kirche und Welt als gescheitert und zitiert dazu Jr 51,9 (38, 73, 29f. 38–40). Jr 51,9
hatte zwar schon 1520 ais Abschwörungsformel gedient, aber damals wurde nur die römische
Kurie – und fast schon der Papst – als »Synagoga Diaboli« wie im Taufritus renuntiiert (6, 329,
17–24; 7, 44, 19–31). 1533 handelt es sich dagegen nicht mehr um die Irreformabilität der Kurie, sondern der römischen Kirche insgesamt.

Form zusammenfassen wird, um der heranwachsenden Jugend die Dimensionen der vorherigen Finsternis und der neugewonnenen Freiheit lebendig vor Augen zu führen. Die Hilfe in dem angehenden Großkampf seitens seines geistlichen Vaters, Johannes von Staupitz, über den er sich seit dessen Tod (1524) ausgeschwiegen hatte, beschäftigt ihn in den Tischreden und Vorlesungen erneut.[75] Es ist nicht damit getan zu halten, daß sein geistlicher Vater verständlicherweise die Lücke ausfüllt, die der Tod seines leiblichen Vaters geschlagen hat: Die Autobiographie wird bereits zum Testament, sein Testament zur letzten Kampfansage gegen den Erzfeind Christi.

Auf das Jahr 1530 zurückschauend deutet Luther die Verlesung der »Confessio Augustana« vor Kaiser und Reich (25. Juni) als letzten und äußersten Punkt der Annäherung. Seitdem ist die Trennung der Papstkirche vom Evangelium zum definitiven Riß geworden.[76] Hatte er bereits Ende 1518 im Papsttum das Wirken des Antichrist gewittert[77], so steigert er nunmehr seine Angriffe bis zum Trommelfeuer »Wider das Papsttum zu Rom, vom Teufel gestiftet« (1545)[78] und im selben Jahr grob in den unverblümten Versen zu Lukas Cranachs ebenfalls massiven Spottbildern in »Abbildung des Papsttums«.[79]

Dieselbe Zuspitzung gilt für Luthers Reaktion auf die Türkenbedrohung. In den Jahren von 1519 bis 1529 hat er die Türken bereits als »Teufelsdiener«, als höllische, zerstörerische Macht verstanden: sie sind für die Christen nicht blindes Schicksal, sondern die »Zuchtrute Gottes«, der gegenüber die Kirche anders als die Obrigkeit agieren sollte. Deshalb kann Luther einen religiösen Kreuzzug ablehnen und dennoch bestehen auf der Rechtmäßigkeit eines Verteidigungskrieges.[80] In der Einsamkeit der Co-

75 WA 40 I, 131, 3f. 21–24 (1531, Druck 1535); 40 II, 92, 5f; vgl. WA TR 2, 374, 1f (2241), 18. August bis 26. Dezember 1531; 379, 7–24 (2255 a.b), 18. August bis 26. Dezember 1531; 227, 20–228,2 (1820), 20. September bis 21. Oktober 1532; 665, 27–667, 3 (2797 a–c), 28. September bis 23. November 1532.
76 WA 38, 195, 17–22 – 1533; vgl. Heiko A. *Oberman:* Dichtung und Wahrheit: das Wesen der Reformation aus der Sicht der Confutatio. In: Confessio Augustana und Confutatio, hrsg. v. E. Iserloh. Münster 1980, bes. 228f.
77 Das letzte Zögern Luthers – in wachsender Sorge seit Ende 1518 (WA Br 1, 282, 17–22 [125], an Spalatin am 21. Dezember 1518) - ist m.E. belegt in einem Brief an Spalatin vom 24. Februar 1520 unter dem Eindruck der soeben gelesenen Schrift des Laurentius Valla über die Konstantinische Schenkung (mit Widmung des Ulrich von Hutten, 1520) (2, 48, 26f [257]). Während Luther seine Antichristdeutung auf den Papst von Anfang an biblisch begründet (siehe 1, 270, 12f [121], an Wenzeslaus Linck am 18. Dezember 1518 – 2 Th 2,4), zeigt er hier auf jenen Antichrist, »quem vulgata opinione« die Welt erwartet. Für eine zuverlässige Analyse der Entwicklung von Luthers Papstbild siehe Scott H. *Hendrix:* Luther and the papacy: stages in a Reformation conflict. Philadelphia, Pa. 1981.
78 Wa 54, (195) 206–299.
79 WA 54, (346) 361–373; vgl. dazu auch Luthers »Satirische Umdichtung des Benedicite, Gratias, Vaterunsers und Ave Maria auf den Papst« von 1546 (60, [173] 177–179).
80 ,/A 30 il, 116, 16f – 1528; angeführt von Helmut *Lamparter:* Luthers Stellung zum Turkenkrieg. München 1940, 20. Genauso wie Luther in der Frühphase der Reformation die Juden *relative* zu verteidigen bereit ist, heißt es im Brief vom 15. Dezember 1518 über die Türken: »Peiorem Turcis esse Romam hodie puto me demonstrare posse« (WA Br 1, 270, 13f [121]).

burg beginnt er im April 1530 Ez 38 und 39 zu übersetzen und auszulegen. Hier deutet er die endzeitlichen Figuren »Gog« und »Magog«, in der Apokalyptik des späten Mittelalters mit den roten Juden verbunden[81], auf die Türken.[82] Nachdem der Teufel gesehen hat, daß Papst, Kaiser, Könige und Fürsten das Evangelium nicht einzudämmen vermögen, »denckt ers mit macht durch seinen Gog zu vertilgen«.[83] Während Melanchthon sich nur um interne politische Probleme des Reiches kümmere, befasse er sich, so schreibt ihm Luther in diesen Tagen nach Augsburg, mit dem Satansreich, das Leib *und* Seele zu verschlingen sucht. »Ich beginne jetzt [incipio] mit allen meinen Kräften, mich gegen die Türken und Mohammed zu richten. . .«[84]

Papst und Türke, gegen beide wendet sich Luther tatsächlich mit neuer, wütender Schärfe. Die zwei gehören zusammen, denn »der Papst ist der Geist, der Türke das Fleisch des Antichrist«.[85] Aber bald gesellt sich zu Papst und Türken jener Dritte im diabolischen Bunde, der schon längst als Vorläufer in der Ahnengalerie der Gegner des Evangeliums ausgemacht war: der unbekehrte, ja offensichtlich unbekehrbare Jude. Judenzitate aus

Überhaupt ist das »Türkengutachten« Luthers für Spalatin vom 21. Dezember 1518 (282, 3–14 [125]) das Seitenstück zu der Judenschrift vom Jahre 1523; siehe weiter Harvey *Buchanan*: Luther and the Turks 1529–1529. ARG 47 (1956), 145–160. Für die Deutung der Türken als »Werkzeug Gottes« in der Apokalyptik des 16. Jahrhunderts siehe Klaus *Deppermann*: Melchior Hoffmann: soziale Unruhen und apokalyptische Visionen im Zeitalter der Reformation. Göttingen 1979, 183, 186.

81 Für das Bündnis mit »Gog« und damit dem Antichrist ist der getaufte Jude *Johannes Baptista Gratia Dei*: Liber de confutatione hebrayce secte. Rome 1500, 78ᵛ, zu beachten: ». . . non dubitatur quin ipse [Gog] sit, quem Christiani ›Antichristum‹ appellant, qui a maiori parte vestrum [ihr unbekehrten Juden] sequetur putantes ipsum esse Messiam, quem frustra expectatis.« Die Verbindung mit den Türken ist dadurch gegeben, daß die endzeitliche Rückkehr der Juden nach Jerusalem durch Türkenland erfolgen muß. Die »roten Juden«, 500000 bis 600000 an der Zahl, sollten im Jahre 1523 aus Afrika kommend in Ägypten eingetroffen sein, nur noch dreißig Tagesreisen von Jerusalem entfernt. So lautet die Nachricht, abgedruckt in *Flugschriften aus den Ersten Jahren der Reformation* / hrsg. von Otto Clemen. Bd. 1. Nachdruck der Ausgabe Leipzig; New York 1907. Nieuwkoop 1967, 442–444, Anm. 40.

82 Siehe bereits WA Br 5, 28, 22f (1388), Luther an Linck am 7. März 1529; 166, 13f (1484), Luther an Nikolaus Hausmann am 26. Oktober 1529.

83 Das 38. und 39. Kapitel Hesekiel vom Gog. Luthers Vorrede – WA 30 II, (220) 223–236; WA DB 2, 149–153; 4, 168–171, bes. WA 30 II, 225, 17; vgl. WA DB 7, 416, 3–6. – Im April 1529 hatte Luther in seiner großen Schrift »Vom Kriege wider die Türken« konkludiert: ». . . wie der Bapst der Endechrist, so ist der Tu(o)rck der leibhafftige Teuffel. . . Summa wie gesagt ist: Wo der lu(e)gengeist regirt, da ist der mordgeist auch bey, . . .« (WA 30 II, [81] 107–148, bes. 126, 1–7). Die Zusammenschau von Türke und Antichrist findet sich bereits in den »Dictata. . .« (3, 505, 26) – selbstverständlich wiederum im Kontext von Juden und Irrlehrern; vgl. die Einstufung mit Türken und Papisten über Tisch WA TR 3, 34, 27–29 (2863a); 35, 14–16 (2863 b), 11. Dezember 1532 bis 2. Januar 1533.

84 WA Br 5, 285, 7–10 (1552)/ *Melanchthons* Briefwechsel 1, 377 (891), am 24. April 1530.

85 WA TR 1, 135, 15f (330), Sommer und Herbst 1532; angeführt von Ulrich *Asendorf*: Eschatologie bei Luther. Göttingen 1967, 205. *Asendorf* bietet eine vorzügliche Darstellung der Zusammenhänge zwischen Sophisten und Schwärmern, Papst und Türken aus der Sicht Luthers (ebd. 187–207), ohne allerdings die Juden mit einzubeziehen.

dem Spätwerk Luthers können zwar säuberlich registriert, nicht aber recht bewertet werden, wenn man sie vom endzeitlichen Großkampf isoliert. Türke, Papst und Juden waren schon immer die Sturmtruppen der Teufelsarmee. In der theologischen Deutung längst in Rüstung gesichtet, werden sie jetzt militärisch handgreiflich erfahren.

V
Die Juden in der Endzeit

Es ist nicht mit letzter Sicherheit der Anlaß auszumachen, der die Aktualisierung des jüdischen Vorläufers zum Vorkämpfer des Urbösen bewirkt hat. Vieles spricht dafür, daß es gerade jene exegetische Verkettung mit Heiden, Ketzern und Papst ist, welche die Juden nun in den Endkampf hereinzerrt. Neben der erwähnten Lokalisierung des Antichrist in Rom beschäftigt Luther das Bündnis der Juden sowohl mit den Ketzern als auch mit den Türken. Zudem kommt in der Zeit, in der die Auseinandersetzung mit den Täufern sich zuspitzt, der Verdacht auf, daß sie sich vom Judentum haben anstecken lassen, daß sie Christus im Sakrament genauso »lästern« wie die Juden noch immer Christus im Fleisch. Die Schwärmer, die Sakramentsverächter, sind den Juden heutigen Tages zum Verwechseln ähnlich.[86] Als sich dann in den Jahren von 1532 bis 1539 die Gerüchte verdichteten, daß Juden in weiten Teilen Europas, von Böhmen und Mähren bis nach Polen, viele Christen beschnitten hatten[87] und ganze Gruppen zum jüdischen

---

86   Von der Wiedertaufe an zwei Pfarrherrn, Anfang 1528 – WA 26, 171, 1. – Die, anders als im Alten Bund, den Sakramenten des Neuen Bundes innewohnende Heilseffizienz ist ein festgefügtes Thema der scholastischen Theologie, das, anfangs gegen Luther eingesetzt, ebenfalls in der antijüdischen Polemik zum Tragen gebracht wurde; siehe die hochinteressante »Dogmatik« des bekehrten Juden Hadrianus *Finus Ferrariensis: In Iudaeos flagellum ex sacris scriptis excerptum*. [ca. 1520 in Ferrara]/hrsg. von Daniel Finus [Sohn des Vf.]. Venetiis 1538, bes. 117ᵛ–120ʳ (pars 4 cap. 8 concl. 4–10).

87   WA 50, 309; siehe auch Desiderius *Erasmus Roterodamus:* Berichte aus den Jahren 1533 und 1535: »Nunc audimus apud Bohemos exoriri novum Judaeorum genus, Sabbatarios appellant, . . .« (Desiderius *Erasmus Roterodamus:* Opera omnia, Bd 5. Lugduni Batavorum 17, 505 D – 506 A – *Liber de sarcienda ecclesiae concordia deque sedandis opinionum disidijs, cum alijs nonnullis lectu dignis*. Basileae 1533 (Desiderius *Erasmus Roterodamus:* Opera omnia, Bd 5. Lugduni Batavorum 17: *De amabili ecclesiae concordia liber: enarratio psalmi LXXXIII*), mit Widmungsbrief an Julius von Pflug vom 31. Juli 1533) und: »Dicuntur [et] hodie repullulascere Sabbatarii, qui septimi diei otium incredibili superstitione observant« (Desiderius *Erasmus Roterodamus:* Opera omnia, Bd 5. Lugduni Batavorum 17, 1038 B – *Ecclesiastes sive concionator euangelicus de dignitate, puritate prudentia, caeterisque virtutibus ecclesiastae lib 3*, mit Widmungsschreiben an Christoph von Stadion, Bischof von Augsburg, vom 6. August 1535 [Desiderius *Erasmus Roterodamus:* Opera omnia, Bd 5. Lugduni Batavorum 17, 767f]). – George H. *Williams:* Protestants in the Ukraine during the period of the Polish-Lithuanian commonwealth. Harvard Ukrainian studies 2 (Cambridge, Mass. 1978), 41–72, bes. 46, hat die »Sabbatarii« in den Kontext einer umfassenden Judaisierungsbewegung gestellt, die »sprang up all over Christendom in the late fifteenth century«, mit einem wichtigen Zentrum in Nowgorod in den Jahren 1470 bis 1516 und in Litauen seit etwa 1530. *Williams* charakterisiert

Ritus übergetreten waren[88], reift bei Luther der Entschluß, gegen diesen
»Abfall und Rückfall« öffentlich vorzugehen. Daraus erwächst seine Schrift
»Wider die Sabbather an einen guten Freund« (1538), die zwar die erste einer bis zu seinem Tode nicht mehr abreißenden Reihe von Judenschriften
ist, die aber, noch anders gezielt, mit dem Nachweis der Grundlosigkeit der
Erwartung eines messianischen Reichs vor allem die Neujuden überzeugen
will.[89]

Sosehr »Sakramentarier« und Juden zusammengeschaut werden, sind
sie doch, so heißt es noch in einer Tischrede aus der ersten Hälfte der dreißiger Jahre, unterschiedlich zu behandeln. Auf die Frage, ob nicht die »Sakra-
mentarii« zu tolerieren seien wie die Juden doch auch, antwortet Luther:
Die Juden sind offenkundig (aperte) Blasphemiker, werden deshalb gemie-
den und können somit nicht schaden. Überdies wollen sie keine eigene Obrigkeit oder Kirche (Priesterstand) etablieren, »ideo possunt tolerari«.[90] Die
andere Religion kann so lange toleriert werden, so lange sie die Ordnung
des Reiches achtet. Die »Sakramentarier« sind schon längst als Reichsfeinde
geächtet. Luther fügt dann auch jenen Grundsatz hinzu, der die Basis bilden wird für die von ihm in den letzten Jahren befürwortete Judenpolitik:
»Wenn aber iemand, es sey wer da wolle, sive Iudaeus sive christianus, wil
den predigtstuel oder keyserstuel einnehmen, non est ferendum hoc.«[91]

Wie von Anfang an, jetzt aber intensiviert, ist mit der Judengefahr die
Bedrohung durch die Türken direkt verbunden. Ihr Einbrechen in »Germa-
nia« hat Luther wie kaum ein anderes Ereignis tief geschockt. Es bewirkt bei
ihm zwar nicht den Rückfall in mittelalterliche Kreuzzugsvorstellungen[92],
aber er befragt die Zeichen der Zeit mit dem Instrumentarium der mittelalterlichen, ausgebauten Apokalyptik: Jetzt, im Jahre 1529, naht der »finalis
furor Dei« (vgl. Ap 16,1).[93] Auch nachdem ihn die Nachricht erreichte, daß
am 18. Oktober 1529 die Belagerung von Wien aufgehoben ist, betrachtet
er das nicht als Gegenbeweis, sondern als Gnadenfrist. Die Teufel wüten
wie zu erwarten in den letzten Tagen.[94] In seiner Lageanalyse taucht,
scheinbar nebenher, eine Erklärung für das Ausmaß der nationalen Gefährdung auf. Deutschland wimmelt von Verrätern, die die Türken unterstüt-

---

(ebd. 47) die Sabbatarier als den extremen Flügel dieser pan-europäischen Bewegung, und
zwar als diejenigen, »who were virtually converts to Judaism«. Möglicherweise hat König Sigismund somit weniger »unorthodoxe« Einflüsse aus Deutschland (Preußen) als aus der Ukraine und Litauen abwehren wollen; vgl. oben Anm. 9.
88   *Zivier:* A.a.O. 96–113.
89   WA 50, (309) 312–337, bes. 312, 8–14.
90   WA TR 1, 427, 6–10, bes. 8 (864).
91   WA TR 1, 427, 9f (864).
92   Griffig und genau zugleich faßt Heinrich *Bornkamm* den »modernen Ertrag« der Türken-
schriften zusammen: »Luther setzt an die Stelle des Kreuzzugs den eschatologischen Krieg.
Darin liegt eine tiefgreifende Verwandlung der Motive« (Heinrich *Bornkamm:* Martin Luther
in der Mitte seines Lebens. Göttingen 1979, 519–526, bes. 525).
93   WA Br 5, 166, 13f (1484).
94   WA Br 5, 175, 12f (1492), an Jakob Propst am 10. November 1529.

zen[95] – ein Verdacht, der in der Sprache der Zeit gemeinhin gegen die Juden gerichtet war. Johannes Pfefferkorn,»der es wissen konnte«, bezeugt, daß die Juden das Ende ihres Elends von nichts anderem erwarteten »dann allein durch zerstörung des heiligenn Romischen reichs«.[96] Luther braucht aber nicht diesen Verschwörungsverdacht; Juden und Türken sind durch tragfähigere Bande verbunden als durch Opportunität.

Als im August 1536 Kurfürst Johann Friedrich ein Ausweisungsmandat gegen die Juden erläßt[97], sucht Josel von Rosheim, weit über seine elsässische Heimat hinaus als »regierer gemeiner judischait im reich« betrachtet, zu intervenieren. Vermittelt durch den Straßburger Reformator Wolfgang Capito[98], bekannt als christlicher Hebraist[99], will Josel mit Luthers Hilfe den Kurfürsten umstimmen. Des Wittenbergers Ablehnung ist oft als die entscheidende Wende zur Judenfeindschaft gedeutet worden. Tatsächlich gibt Luther selbst Anlaß zu dieser Auffassung. Er verneint keineswegs, daß er immer der Überzeugung war – und noch ist –, daß die Juden »freundlich« behandelt werden sollten, um ihrer Bekehrung durch Gott nichts in den Weg zu legen. Sie sind nun aber, durch Luther offenbar ermutigt, »ärger« geworden, sie lästern und fluchen Jesus von Nazareth und halten die Christen für ihre »höchste[n] Feinde«, so sehr, daß »wenn Jhr könntet« alle Christen jetzt »umb alles brächtet, was sie sind und was sie haben«.[100] Drei Tage vor seinem Tode fügt Luther seiner letzten Predigt (15. Februar 1546) eine »Vermahnung wider die Juden« hinzu, in der beide Gesichtspunkte noch einmal gebündelt werden: Die Juden sind unsere öffentlichen Feinde, hören nicht auf, unseren Herrn Christum zu lästern, heißen die Jungfrau Maria eine Hure, Christum ein Hurenkind »und wenn sie uns kondten alle to(e)dten, so theten sie es gerne, Und thuns auch offt...«.[101] Dennoch »wollen wir die Christliche liebe an jnen uben und vor sie bitten, das sie sich bekeren...«.[102]

Neu ist ein Drittes: Hatte er im Brief àn Josel von Rosheim den Führer der Juden ermahnt, sich zu bekehren, so ermahnt er jetzt die christliche

95 WA Br 5, 175, 7f (1492).
96 Johannes *Pfefferkorn:* Speculum adhortationis iudaice ad Christu(m). Colonie 1507, C4ᵛ–D1ʳ. Wahrscheinlich wurden nach 1497 mehr verbannte spanisch-portugiesische Juden in der europäischen Türkei aufgenommen als in allen anderen Ländern zusammen: siehe die Aufstellung bei Wlad[imir] W[olf] *Kaplun-Kogan:* Die Wanderbewegungen der Juden. Bonn 1913, 43. Die Juden beherrschten bald die türkischen Handelsbeziehungen (ebd. 156, Anm. 56).
97 Siehe *Burkhardt:* A.a.O. 596–598.
98 WA Br 8, 76–78 (3152), Wolfgang Capito an Luther am 26. April 1537.
99 Selma *Stern:* Josel von Rosheim: Befehlshaber der Judenschaft im Heiligen Römischen Reich Deutscher Nation. Stuttgart 1959, 83; vgl. Raphael *Loewe:* Christian hebraists (1100–1890). In: Encyclopaedia Judaica. Bd. 8. Jerusalem 1971, 10–72; siehe vor allem Jerome *Friedman:* Sixteenth century Christian-Hebraica: Scripture and the Renaissance myth of the past. Sixteenth century journal 11 (Kirksville, Mo. 1980), Heft 4, 67–85.
100 WA Br 8, 89, 9–90, 13, 46–50 (3157), Luther an Josel von Rosheim am 11. Juni 1537.
101 WA 51, 195f, bes. 195, 29–32.
102 WA 51, 195, 39f.

Obrigkeit, sich nicht auch noch der öffentlichen Blasphemie der Juden wegen den Zorn Gottes aufzuladen. Neu ist hier die befürwortete Judenpolitik, nicht aber die Judenschau in der Verkettung »Juden, Papst und Türken«, die drei jetzt entbundenen Knechte des »furor finalis«. Ihr, christliche Obrigkeit, solltet »euch frembder su(e)nde nicht teilhafftig machen, Ir habt gnugsam Gott zu bitten, das er euch gnedig sey und ewer Regiment erhalte. . .«. Die Juden sollten sich bekehren, ». . . Wo aber nicht, so sollen wir sie auch bey uns nicht dulden noch leiden«.[103] Das ist kein Aufruf an den Pöbel, sich an den Juden zu vergreifen, sondern, explizit gerichtet an beide, »Herrn und Untertanen«[104], harte Kritik an Obrigkeit, Fürsten und Adel, von ihrer geldgierigen, eigennützigen Judenpolitik abzustehen, ein Thema, das wir bis in die sozial-reformerischen vorreformatorischen Flugschriften zurückverfolgen können.[105]

Das Drängen auf Judentoleranz, allerdings nur Toleranz im Sinne der Koexistenz zum Zwecke der Bekehrung, ist bis zum Lebensende beibehalten. Das Nahen der Letzten Tage hat aber der Toleranzfrist auch zeitlich die Grenzen eng gezogen.

Die fremden Sünden, die eine Obrigkeit nicht tolerieren sollte, beziehen sich gewiß auf angebliche Rechtsverbrechen der Juden[106], so wie sie von Johann Eck eben im Jahre 1542 erneut kolportiert worden waren.[107] In seiner härtesten Schrift, »Von den Juden und ihren Lügen« (1543), hatte Luther bereits vor der Kriminalität der Juden[108] gewarnt und deshalb geraten, die Synagogen zu verbrennen, die rabbinischen Bücher zu konfiszieren oder – falls kein anderes Mittel hilft – die »perfidi« als Verbrecher sogar völlig auszutreiben.[109]

103   WA 51, 196, 4–17.
104   WA 51, 196, 14.
105   Siehe *Oberman:* Zwischen Agitation und Reformation, 277–281.
106   Vgl. die ausführliche Erläuterung in WA 53, 527, 15–31.
107   Vgl. WA 53, 482, 12–14, Anm. 6; der WA-Editor verweist hier zwar punktuell auf Eck, aber ein durchgehender Vergleich legt nahe, daß Luther diese Schrift gegen Andreas Osiander d. Ä. – von Eck hier als »Luthersohn« und »Judenvater« gescholten – auf seinem Schreibtisch hatte.
108   Es dürfte auch an Bestechung und Privilegienkauf zu denken sein, wodurch – wie Luther am 9. Februar 1544 gegenüber Anton Lauterbach klagt – die Juden in der Mark und in Prag mit ihrem Geld »regieren« (WA Br 10, 526, 8–13 [3967]); vgl. den von Agricola in seiner Lebensbeschreibung notierten Vorwurf Luthers: »Me insimulavit, quod et munus acceperim a Judaeis. Et quod depravatis scripturis defenderem Judaeos« (E[rnst] *Thiele:* Denkwürdigkeiten aus dem Leben des Johann Agricola von Eisleben: von ihm selbst aufgezeichnet. Theologische Studien und Kritiken 80 [1907], 246–270, bes. 270 und Anm. 2); vgl. Corpus Reformatorum 4, 761.
109   WA 53, 256, 7–16; 528, 31–34; vgl. 520, 33–521,7. – Im selben Jahre, 1543, sind noch zwei weitere Judenschriften erschienen: »Vom Schem Hamphoras. . .« und – relativ milde – »Von den letzten Worten Davids« (siehe oben Anm. 11), in denen Luther seine Argumente gegen die rabbinische Schriftauslegung ausbaut, um die Messiaserwartung als Christusverkündigung auszuweisen. Da Johannes *Reuchlin* gemeinhin als »aufgeklärter Christ« Luther gegenübergestellt wird, dürfte seine nicht gern beachtete Aussage im »Augenspiegel« stellvertretend für den hier nicht eigens thematisierten Zeitgeist stehen: Wenn die Juden, vielleicht gegen ihre

Es gibt aber noch die andere Dimension der fremden Sünde, nämlich die Christusverleugnung, die eben nicht allein den Juden eigen ist, sondern die der Endchrist durch Papst, Türken und Juden bewirkt: »Aber nu verwunder ich mich nicht, weder der Tu(e)rcken noch der Ju(e)den blindheit, hertigkeit, bosheit, Weil ich solchs mus sehen in den aller heiligsten Vetern der Kirchen, Bapst, Cardinal, Bisschoven. O du schrecklicher zorn und unbegreifflich Gericht der hohen Go(e)ttlichen Maiestet...«[110] Diese Verknüpfung war schon längst durchschaut, ohne daß Luther zur Austreibung aufgerufen hätte. Beim Nahen des Antichrist bleibt aber kein anderer Ausweg, als die letzte Trennung zu vollziehen – nicht nur von den Juden! Als für den alten Luther die Welttage sich kürzen, geht es nicht um Türkenzug, um Rom- oder Judenhaß, sondern um die Aufrechterhaltung des Evangeliums in den Wirren der Endzeit.

VI
Der Jud und die Juden

Das schauderhafte welthistorische Drama des Verhältnisses von Juden und Christen begegnet uns noch einmal konzentriert in dem Werdegang dieses einzelnen Mannes. Als Reformator »hervorgegangen aus den Juden«, und zwar aus dem Nachsinnen über Israel als Volk Gottes zwischen Glauben (populus fidelis) und Selbstbestimmung (iustificatio sui), sieht er in dem Widerstand gegen das neuentdeckte Evangelium die hartnäckig durchgehaltene Abkehr von Gott und damit die neu aufbrechende Allianz mit den Gott-widrigen Mächten.[111] In »Von den Juden und ihren Lügen« und noch einmal zusammengefaßt in seiner letzten Vermahnung (1546), bleibt gewiß jene Toleranz, die Raum läßt für Bekehrung. Aber die mittelalterlich apokalyptische Ausformung[112] seiner biblischen Naherwartung läßt

Intention, mit ihrem Wucher der Gemeinschaft schaden, »essent per superiores nostros emendandi et reformandi seu expellendi...« (Johannes *Reuchlin:* Augenspiegel / mit einem Nachwort von Josef Benzing. Nachdruck der Ausgabe Tübingen 1511. München [1961], H2ʳ).
110 WA 53, 449, 26–29. – Wie gesagt, können auch die Täufer als Repräsentanten der »haeretici« in dieser Kette erscheinen; so WA 53, 572, 9–12 – Vorrede zu Theodor Biblianders Koranausgabe.
111 Es ist die Leistungsreligion, jenes »vernünftige« do-ut-des-Prinzip, das an Christi Person und Werk vorbei durch eigene Riten, Gesetze und Werke den gnädigen Gott für sich gewinnen will: »Das ist religio Papae, Iudaeorum, Turcarum..., si sic fecero, erit mihi deus clemens« (WA 40 I, 603, 6–10 – zu G 4,8); vgl. 10 I, 465, 4f (1522); zur Zweinaturenlehre: 20, 345, 19–37; 54, 37, 29–38 – 1543; zusammenfassend: 49, 580, 26–37 – Predigt am 29. September 1544.
112 Zur Reichweite der mittelalterlichen Antichrist-Vorstellung siehe Marjorie *Reeves:* The influence of prophecy in the later middle ages: a study in Joachimism. Oxford 1969, bes. 358–374; *Dies.:* Some popular prophecies from the fourteenth to the seventeenth centuries. In: Studies in church history. Bd. 8: Popular belief and practice. Cambridge 1972, 107–134, bes. 122f; Bernhard *McGinn:* Visions of the end: apocalyptic traditions in the middle ages. New York 1979.

ihn die »Zeichen der Zeit« so deuten und kalkulieren[113], daß die Spanne der Toleranz engstens bemessen ist, die allerletzte Chance vor der Ausweisung. Für die politische und soziale Lage der Juden hat Luthers Reformation keine Besserung gebracht. In seinem letzten Lebensabschnitt hat sich Luther vollends mit jener spätmittelalterlichen Judenpolitik identifiziert, die uns zur Zeit der beginnenden Reformation ungebrochen im Judenmandat des Bischofs von Speyer (1519)[114] entgegentritt und die im selben Jahr zur Austreibung aus Regensburg und Rothenburg ob der Tauber geführt hat.[115]

Dennoch hat Luther in zweierlei Weise über sich hinausgeführt. Einmal darf »die Reformation« nicht mit der Gestalt Luthers so identifiziert werden, daß die eigene Linie einer Reihe von bedeutenden Lutherschülern[116] übersehen wird: Die Perspektiven von Justus Jonas († 1555) und Andreas Osiander († 1552) sind nicht ausgerichtet auf den apokalyptischen Endkampf, sondern auf die gemeinsame endzeitliche Befreiung von Juden und Christen.[117] Zweitens: Nicht erst im späteren reformatorischen Liedgut eines Paul Gerhard († 1676) oder eines Jacobus Revius († 1658) ist eingeprägt worden: »Es sind nicht die Juden, Herr Jesu, die dich kreuzten.«[118] Schon in den 1544 von Georg Rauh in Wittenberg herausgegebenen »Neuen deutschen geistlichen Gesängen für die gemeinen Schulen« war eine Strophe aufgenommen, die dort zwar nicht ausdrücklich Luther zugeschrieben, aber von ihm in Schriften und Predigten über die Jahre hinweg so wortnah ausgesprochen worden war[119], daß sie als genuines Luthergut gelten muß.

---

113 »Hoc anno (1540) numerus annorum Mundi precise est 5500. Quare sperandus est finis mundi. Nam sextus Millenarius non complebitur, Sicuti tres dies mortui Christi non sunt completi. . .« (WA 53, 171, 1–9).

114 Siehe oben Anm. 8.

115 *Urkunden und Aktenstücke zur Geschichte der Juden in Regensburg* 1453–1738 / hrsg. von Raphael Straus. München 1960, bes. 385–388. Für Rothenburg ob der Tauber vgl. *Veitshans:* A.a.O. 16–18.

116 Siehe *Oberman:* Wurzeln des Antisemitismus, 58–61.

117 Für England ist die Erforschung dieser Tradition bereits in Angriff genommen worden: Bryan W. *Ball:* A great expectation: eschatological thought in English protestantism to 1660. Leiden 1975, 146–155; Paul *Christianson:* Reformers and Babylon: English apocalyptic visions from the Reformation to the eve of the Civil War. Toronto, Buffalo 1978, 210–212; Mel *Scult:* Millennial expectations and Jewish liberties: a study of the efforts to convert the Jews in Britain, up to the mid nineteenth century. Leiden 1978, 15–34.

118 Jacobus *Revius:* Over-ysselsche sangen en dichten / hrsg., mit ungedruckten Gedichten vermehrt und erklärt von W. A. P. Smit . . . Amsterdam 1930, 222; vgl. *Protestantse poëzie der 16de en 17de eeuw,* hrsg. von K[laas] Heeroma. Amsterdam 1940, 179; L[eendert] *Strengholt:* Bloemen in Gethsemané: verzamelde studies over de dichter Revius / mit einem Geleitwort von W. A. P. Smit. Amsterdam 1976, 116–120.

119 Soweit ich sehen kann das erste Mal in »Ein Sermon von der Betrachtung des heiligen Leidens Christi«, 1519: »Alßo vill engster soll dir werden, wan du Christus leyden bedenckst, Dan die ubeltether, die Juden, wie sie nu gott gerichtet und vortrieben hatt, seynd sie doch deyner sunde diener gewest, unnd du bist warhafftig, der durch seyn sunde gott seynen sun erwurget und gecreutziget hatt, wie gesagt ist« (WA 2, 138, 29–32); vgl. 9, 652, 16–24 – 1521; 28, 233, 1f – 1528.

»Unser grosse sunde und schwere missethat
Ihesum, den waren Gottes Son, ans Creutz geschlagen hat.
Drumb wir dich armer Juda[s], darzu der Jüden schar,
Nicht feintlich dürffen schelten, die schult ist unser zwar [nämlich].«[120]

Die alle Zeiten übergreifende Allianz von Juden, Ketzern und »uns argen
Christen«[121] hat in der Drangsal der Endzeit Luther zur radikalen Gegnerschaft herausgefordert. Es ist aber genau diese Geschichtsschau, die gleichermaßen dazu geeignet war[122], jener Haß einpeitschenden Passionsfrömmigkeit[123] an die Wurzeln zu gehen, die im christlichen Europa die Karwoche für Juden jahrhundertelang zur besonderen Schreckenszeit gemacht
hat.[124] Die Solidarität in der Sünde von uns »argen Christen« mit den Juden

---

120 WA 35, 576; vgl. WA TR 6, 257, 6–10 (6897).
121 Siehe oben Anm. 25.
122 Im 18. Jahrhundert wird die »Judensonde« von Johann Georg *Hamann:* Sämtliche Werke / hrsg. von Josef Nadler. Bd. 2: Schriften über Philosophie, Philologie, Kritik 1758–1763.
Wien 1950, 40, 25–29, völlig im Sinne Luthers autobiographisch eingesetzt: »Ich erkannte
meine eigenen Verbrechen in der Geschichte des jüdischen Volkes, ich las [darin] meinen eigenen Lebenslauf, und dankte Gott für seine Langmuth mit diesem seinem Volk, weil nichts als
ein solches Beyspiel mich zu einer gleichen Hoffnung berechtigen konnte« (angeführt von Os-
wald *Bayer:* Wer bin ich?: Gott als Autor meiner Lebensgeschichte. Theol. Beiträge 11 [1980],
245–261, bes. 254).
123 *Blumenkranz:* Les auteurs chrétiens. . ., 86 (Nr. 92f: Gregor der Große); 134 (Nr. 119g:
Beda Venerabilis); 262 (Nr. 226 b: Kardinal Humbert), hat eine interessante, keine Vollständigkeit von diesbezüglichen Zitaten beanspruchende Zusammenstellung gebracht; vgl. auch das
Ergebnis seiner Untersuchung der Auslegung des Gebets »Pro Iudaeis« im Gründonnerstags-
offizium: *Ders.:* Perfidia. Archivum latinitatis medii aevi 22 (Bruxelles 1952), 157–170; wieder
abgedruckt in: *Ders.:* Juifs et Chrétiens: patristique et moyen âge. London 1977, Nr. VII. – Biel
braucht keinen Autoritätsnachweis für die Überzeugung, daß die Freiwilligkeit des Opfertods
Christi die Juden von ihrer Alleinschuld keineswegs entlastet: ». . . ut voluntarie seipsum pro
nobis offerret, non excusat iudeos ab homicidio, quod fecerunt maliciose; . . .« (lect. 82 D – *Biel,*
Canonis misse Bd 4, 50; vgl. lect. 87 D-F – *Biel,* Canonis misse Bd 4, 144, 146); so auch *Reuchlin:* A.a.O. H 3ᵛ. Luthers Lehrer und Ordensvorgesetzter, Johann von Staupitz, hat in seinen
Passionspredigten aus dem Jahre 1512 in gleicher Weise die Juden der Alleinschuld bezichtigt:
»O du pöser Jud! Pilatus gibt dir zu erkennen, das dein natur ist herter dann ain swein; das hat
erparmung mit seiner natur« (Salzburger Passionspredigten 1512, Predigt 10 – Salzburg: Klo-
sterbibliothek St. Peter b. V. 8, 39ʳ; erscheint in: Johannes *von Staupitz:* Sämtliche Schriften:
Abhandlungen, Predigten, Zeugnisse / hrsg. von Lothar Graf zu Dohna und Richard Wetzel.
Bd. 3: Deutsche Schriften I. Berlin). Mit Berufung auf L 23, 25 wird den Juden vorgeworfen,
Christus gezielt und willentlich Grausamkeiten zugefügt zu haben: ». . . die juden haben in allen dingen und in allen peinen dem herrn das hertist auftan und also hertiklich durch hent und
füess geschlagen, das alles das erpidemt [erbebt] ist und erzitert, das an Christo was« (Predigt
11 [47ᵛ]); zu L 23, 25 siehe Predigt 10 (41ᵛ–43ʳ); vgl. *von Staupitz:* A.a.O. 3. Bereits der Erfurter
Augustinermagister Johannes *von Paltz:* Opera. Bd. 1: Coelifodina / hrsg. von Christoph Peter
Burger und Friedhelm Stasch. Berlin 1982, 50, 28f, hat den Juden zur Last gelegt, den Herrn
ganz bewußt gequält zu haben: ». . . quidquid erat poenalius et confusibilius, Iudaei in poena
Christi elegerunt.«
124 »Hic est locus, ex quo debemus facere canticum et frolich sein, ut non sic recordemur
passionis Christi, quomodo zusingen ›der arm Judas‹, und stechen den Iudaeis die augen aus.
. . . Yhr habt wol uber euch [Christen] zu weinen, quod estis damnatae et peccatrices. Ideo ipse
flet et patitur pro nobis« (WA 36, 136, 29–32; 136, 36–137,2 – Predigt am 24. März 1532).

verliert dann aber ihre Buß- und Reformkraft, wenn »Reformation« verstanden wird als *vollzogene* Herausführung aus der babylonischen Gefangenschaft. Dieser reformatorische Triumphalismus läßt nämlich mit Häretikern und Papisten auch die Juden als dunkle Vergangenheit zurück. Dann ist die »Judensonde«, einst in einer kategorial anderen urchristlichen Vorstellungswelt entstanden, nicht mehr gefeit, für eine rassistische Endlösung vereinnahmt zu werden. Nur bei Verdrängung von Luthers theologischer Grundstruktur kann der bei ihm – wie im christlichen Glauben überhaupt – angelegte Antijudaismus zum Spielball des neuzeitlichen Antisemitismus werden. Das ist geschehen.

Adam Weyer

Die Juden in den Predigten Martin Luthers

Für die Reformation Martin Luthers ist das Wort »das schöpferische und lebenspendende Geheimnis der Kirche«, deshalb müssen »die Aufgabe der Theologie und die Aufgabe der Predigt ganz nahe aneinanderrücken«[1]. Sehr oft ist bedauert worden, daß Luther so wenig systematisch gearbeitet habe, daß er kein grundlegend – zusammenfassendes Werk – ähnlich den »loci« Melanchthons – hinterlassen habe. Wer derartiges Bedauern äußert, der hat den Grundansatz Luthers nicht verstanden. Für Luther ist Theologie nämlich Predigt. Wenn wir also nach der Art, wie Juden in Luthers Predigten vorkommen, fragen, dann befragen wir das Zentrum der Theologie Luthers und keine peripheren Zufallsprodukte.

Luther hat weit über 2000 Predigten hinterlassen. Der überwiegende Anteil seiner Veröffentlichungen sind also seine Predigten. Diese Predigten sind allerdings äußerst unzulänglich dokumentiert: Sie liegen zum großen Teil nur in Nachschriften oder in bearbeiteter Fassung vor. Dies ändert jedoch nichts daran, daß es sich vom Umfang und von den theologischen Prämissen her in den Predigten Luthers um die Äußerungen des Reformators handeln muß, in denen sowohl qualitativ als auch quantitativ seine Theologie am besten faßbar wird. Der zum Teil desolate Zustand der Predigten Luthers erschwert nur die Aufgabe, die grundlegenden Aussagen als die Luthers eindeutig zu fixieren.

Ich erlaube mir, zunächst einige Ausführungen zur Predigt Luthers zu machen, dann einige Hinweise auf das historische und homiletische Umfeld Luthers zu geben, um schließlich mich der eigentlichen Aufgabe zu stellen, die Juden in Luthers Predigten zu analysieren.

1

Der Prediger Luther

Johannes Mathesius hat Luthers Leben in Predigten nachgezeichnet, weil seiner Ansicht nach auch das Leben des Predigers Luther eben nur in Predigten recht gewürdigt werden könne. Diese bereits zwanzig Jahre nach

---

1 Doerne, Martin: Luther und die Predigt. In: Luther, 22. Jahrgang, Berlin 1940, S. 36

Luthers Tod erstmalig in Nürnberg 1566 erschienenen Predigten schildern jahrgangsweise den Lebens- und Predigtweg Luthers. Sie ordnen jeder dieser Epoche wesentliche Ereignisse und wichtige theologische Aussagen zu. Im Eingang der vierten Predigt, die die Jahre 1521 und 1522 darstellen soll, gibt Mathesius folgende gebetsartige Zusammenfassung:
»Weyl aber D. Luther dich, Herre Christe, sein lebenlang trewlich bezeuget, Hilff, Herre Jesu, das wir deines bekenners zeugnus und außsag fein erkleren unnd uns allein deines bluts und ewiger Collecten und nicht der verstorbenen heyligen meriti & intercessionis trösten. So wöllen wir inn deiner erkentnus bey deinem Vatter gerecht und angenem sein und tröstlich beten und dich wider bekennen und drauff seligklich einschlaffen und sanffte ruhen und frölich aufferstehen und wirdigklich für deinem gerichtstul erscheinen und mit ehrn inn volkommener weißheyt, gerechtigkeyt, unsterbligkeyt bey dir als deine lieben brüder ewig sein und bleiben. amen«[2].
    In dieser Zusammenfassung des Mathesius sind vier Grundzüge der Predigt Luthers wiedergegeben. Diese vier Grundzüge sind:
    a)   Predigt ist treuliche Bezeugung des Herrn Christus und dementsprechend Schriftauslegung. Allerdings darf bei Schriftauslegung nicht an neuzeitliche Exegese gedacht werden; Schriftauslegung ist für Luther nur christologisch möglich.
    b)   Dementsprechend hat Predigt eine Zentralaussage, die immer wieder betont werden muß, nämlich die der Gewißheit des Trostes durch Christi Blut und durch Christi ewige Collecten.
    c)   Predigt zieht dementsprechend immer eine scharfe Scheidelinie zwischen Glauben einerseits und Aberglauben, Irrglauben und Unglauben andererseits.
    d)   Predigt hat das Ziel und die Absicht, die Gemeinde und die Außenstehenden an dieser Erkenntnis der Vollkommenheit teilhaben zu lassen. Anders gesagt: Luthers Predigten werden bestimmt von seinem Willen, dem Volk die Schrift auszulegen, und von seiner Absicht, das Volk zu belehren, ihm katechismusartig die grundlegenden Wahrheiten christlichen Glaubens, der Schriftglauben ist, zu vermitteln.
    Diese vier Grundzüge bedürfen der Erläuterung, deshalb werde ich einige Anmerkungen hinzufügen.
    Luthers Predigt ist »entschlossene Bibelpredigt«[3], ist »schriftauslegende Predigt«[4]. Statt der mittelalterlichen Praxis, der Predigt ein Thema – meist in Gestalt eines Väterzitats, seltener eines Bibelzitats – zugrunde zu legen und dieses Thema nach allen Regeln der mittelalterlichen Predigtkunst abzuhandeln, legt Luther seinen Predigten etwa seit 1520/1521 grundsätzlich einen längeren Bibeltext zugrunde, der im Laufe der Predigt erklärt wird,

2   Mathesius, Johannes: Luthers Leben in Predigten. Nürnberg 1566. Zitiert nach: Bibliothek deutscher Schriftsteller aus Böhmen. Band IX, Prag 1906, S. 68
3   Doerne, a.a.O. S. 38
4   Hirsch, Emanuel: Luthers Predigtweise. In: Luther, 25. Jahrgang, Berlin 1954, S. 2

wobei »alles Gesagte der Erklärung des Textes dient«[5]. Indem Predigt als Bibelauslegung geschieht, rücken Exegese und Predigt eng zusammen. Wie in der Exegese kann nun auch in der Predigt nur das, was Christum treibet, vorkommen. Der Prediger Luther stellt, um dies zu verdeutlichen, in der Regel am Anfang der Predigt die Hauptaussage des auszulegenden Textes heraus. Hierbei wird deutlich, daß der Prediger nicht nur dem Text zu folgen hat, sondern die Grundsituation der doppelten Offenbarung Gottes in Gesetz und Evangelium, die in der vorangestellten Hauptaussage den Ton angibt, voraussetzen und berücksichtigen muß. Weil die ganze Schrift Christus und sein Heil bezeugt – dokumentiert in seinem Blut, d.h. in seinem Kreuz –, darum ist Predigt immer Christuszeugnis. Dabei ist es unerheblich, ob der Predigttext den Propheten, den Paulinen oder der Chronik entnommen ist.

Deutlich ist die Doppelfunktion der Predigt bei Luther. Seine Predigten sind immer »Erbauung« und »Harnisch«, Verkündigung Christi und Warnung vor dem Antichrist, anlockende christliche Lehre und verdammende theologische Polemik. In der Welt und in den Menschen ist immer entweder Christus oder Satan am Werk. Wo Christus am Werk ist, da entsteht Glauben; wo Unglauben, Irrglauben oder Aberglauben ist, da ist Satan am Werk. Papisten, zudem Schwärmer, Heiden, Juden, Türken oder Namensaufzählungen wie Karlstadt, Münzer, Zwingli bezeichnen in Luthers Predigten das Jenseits der rettenden Scheidelinie. Da ist Satan am Werk. Davor muß gewarnt werden. Man mag diese deutliche Schwarz-Weiß-Malerei in Luthers Predigten für falsch ansehen, sie ist konstitutives Element der Predigt Luthers und soll offensichtlich pädagogische Funktionen übernehmen[6].

In dieser pädagogischen Funktion spiegelt sich Luthers Absicht, so einfach wie möglich und so einleuchtend wie möglich zu predigen. Er wollte so predigen, daß ihn Knecht und Magd, ja jedes Kind verstehe. Nicht für die Gelehrten, sondern für das einfache Hänslein und für das schlichte Elslein sollte das Wort ausgelegt werden. Luther hat sich dabei an der einfältigen Predigt Jesu orientiert.

Wenn allerdings Luthers Predigten diese verallgemeinernde Absicht hatten, dann ist ihren Aussagen wirkungsgeschichtlich besondere Bedeutung zuzumessen. Um diese wirkungsgeschichtliche Bedeutung herausfinden zu können, scheint es mir notwendig zu sein, das Umfeld Luthers zu diesem Thema kurz darzustellen, um die Besonderheiten Luthers besser herausstellen zu können.

5 Hirsch, a.a.O.
6 vgl. Gensichen, Hans-Werner: Damnamus. Die Verwerfung von Irrlehre bei Luther und im Luthertum des 16. Jahrhunderts. Berlin 1955; Diem, Hermann: Luthers Predigt in den zwei Reichen. München 1947; Steck, Karl Gerhard: Luther und die Schwärmer, Zürich 1955; Gogarten, Friedrich: Nachwort, in: ders., Martin Luther Predigten, Jena 1927, S. 520ff.

2
Das Umfeld Luthers

Ich beschränke mich auf zwei Bereiche, die mir zur Charakterisierung
des Umfeldes Luthers notwendig zu sein scheinen, nämlich zum einen auf
einen Abriß der Vertreibungsgeschichte der Juden zu Luthers Lebzeiten
und zum anderen auf eine knappe Skizze der Judenpredigt vor Luther.

Die Vertreibungsgeschichte der Juden in deutschen Ländern zu Luthers
Lebzeiten liest sich wie ein fast vollständiger Katalog der Städte und Länder
Deutschlands. Es gibt kaum ein Jahr, das nicht neue Verfolgungen, Verja-
gungen und Rechtsübergriffe bringt. In den neunziger Jahren des 15. Jahrhunderts werden Mecklenburg (1492), das Erzstift Magdeburg (1493),
Reutlingen (1494), Steiermark, Kärnten und Krain (1496) und Nürnberg
und Ulm (1499) von Juden »gesäubert«, indem man sie kurzerhand ausweist. Dieses Verzeichnis läßt sich – mit anderen Städten und Herrschaften
– für jedes der folgenden Jahrzehnte in vergleichbarer Schrecklichkeit aufstellen. Luthers Land fehlt in dieser Reihe keinesfalls: Im August 1536 ordnet der Kurfürst von Sachsen, Johann Friedrich – mit dem bemerkenswerten Beinamen: Der Großmütige – an, daß ein Edikt veröffentlicht wird,
durch das allen Juden sofort Sachsen verboten wird. Wer im Lande wohnt,
muß es sofort verlassen; nicht einmal Durchreise wird Juden gewährt. Wer
zuwiderhandelt, wird mit dem Tode bedroht.

Diese angedeutete Vertreibungsgeschichte der Juden in deutschen Ländern zu Luthers Lebzeiten zeigt an, daß ›Juden‹ und ›schutzlos, heimatlos‹
identisch zu werden drohen. Die Rücksichtslosigkeit, mit der die Verfolgung größtenteils betrieben wird, rührt hier und dort sogar Herzen – der
Widerspruch gegen diese rücksichtslosen Verfolgungen wird aber weit
mehr bei den Humanisten laut als bei denen, die sich mit Stolz Christen
nennen.

Daß die Christen in der überwiegenden Zahl durch Verfolgungen und
Bedrohungen der Juden sich nicht betroffen wußten, lag nun wiederum an
den deutlichen antijüdischen Tendenzen der Predigten des 15. und des frühen 16. Jahrhunderts. Die antijüdischen Tendenzen der Predigten münden
daher oft in offenem Judenhaß, wie die Studie von Herde für Regensburg
nachweist[7].

Wesentliche Argumente dieser judenfeindlichen Predigt sind zunächst
der Ritualmordvorwurf[8], dann aber vor allem wirtschaftliche Vorwürfe gegen die Juden (Wucher, Hehlerei) und angebliche, z.T. dem Volksaberglauben entstammende jüdische Beleidigungen des Christentums (Jesus als
Schwindler oder Betrüger, Maria als Hure usw.)[9]. Diese jüdischen Beleidi-

---

7 Herde, Gestaltung und Krisis des christlich-jüdischen Verhältnisses. In: Zeitschrift für
bayerische Landesgeschichte, Band 22, München 1959
8 a.a.O. S. 372, besonders in den Jahren 1476–1480
9 a.a.O. S. 377

gungen werden in Missionspredigten vor Juden zurückgewiesen[10]; neben Belehrungen über Trinität und Christus sind derartige Zurückweisungen Thema der Missionspredigt, die allerdings in dem Zeitraum nur eine untergeordnete Rolle spielte. Luthers Beteiligung am Edikt seines Landesfürsten im Jahre 1536 gegen die Juden ist nicht eindeutig nachgewiesen. Eindeutig ist jedoch, daß in seinen Predigten die landläufigen antijüdischen Tendenzen nur eine untergeordnete Funktion einnehmen. Luther versucht auch hier, stärker theologisch zu argumentieren.

3
Die Juden in den Predigten Luthers

Mathesius soll auch hier mit seiner Predigt über Luthers Predigten an den Anfang gestellt werden. In seiner vierzehnten Predigt[11], die die Ereignisse der letzten Lebensjahre Luthers von 1543–1546 nachzeichnet, steht Luthers Verhältnis zu den Juden im Vordergrund. Es ist einerseits bezeichnend, daß Mathesius die Judenfrage bei Luther den späten Lebensjahren zuweist. Er hat damit schon frühzeitig den Thesen Nahrung gegeben von der zunehmenden Bedeutung dieser Frage für Luther bzw. von dem Wandel der Haltung des die Bekehrung der Juden erwartenden jungen Luther hin zu dem sie verachtenden und sie ausschließenden alten Luther. Zum anderen ist diese Zuweisung der Judenfrage an den späten Luther verständlich, wenn man sich vergegenwärtigt, daß Luthers letzte Predigten in Eisleben alle Judenpredigten gewesen sind.

Auch in diesen letzten Jahren redet Luther »seinem Herren unnd Heyland Christo das wort mit höchstem ernst und vertheidiget des ehr unnd namen wider der alten Schlangen gericke und geschmeyß«. Das Wichtigste ist Luther, »das er seinem Herre Christo wider die schendtlichen lesterer und stachlichten distelköpffe, wie sie David, ir eygener König, inn sein letzten worten nennet, das wort redet unnd viel schöner Sprüch im alten Testament reyniget von der Juden und jrer Rabinen geschmeiß und unflat und, das er die Christglaubigen warnet für jren groben und schendtlichen Lügen«[12]. »Inn seiner letzten predigt, so er zu Eyßleben Sontag vor seim absterben gethan, beschleust er mit einer ernstlichen vermannung, da Juden sich nicht zu unserm Messia bekeren, das sie die Obrigkeyt inn jren landen nicht dulden solle, als öffentliche feinde und lesterer unsers Herren, und gemeine landscheden und flüche; darum stedt und flecken und alle Juden würden entlich zu grund und boden gehen müssen«[13].

10   a.a.O. S. 376f.
11   Johannes Mathesius: Ausgewählte Werke. Hg. von Georg Loesche. Prag ²1906, S. 341
12   a.a.O. S. 341
13   a.a.O. S. 347

Diese Eislebener Predigten[14] zeigen tatsächlich eine Massierung der Auseinandersetzung Luthers mit den Juden, die auf den ersten Blick zu bestätigen scheint, daß Luther einen tiefgreifenden Wandel mitgemacht habe
vom Wohlwollen gegenüber den Juden zu einem vernichtenden Haß.
In der ersten Predigt am 31. Januar 1546 stehen Unglauben und Irrglauben für Luther mit der Trias »Türken, Heiden, Juden«[15] fest. Zwar sind auch
sie von Gott geschaffen[16], aber der Selbstruhm von Juden und Türken, einen Gott anzubeten, ist tödlicher Irrtum[17]. Weil es ihnen am Heiligen Geist
mangelt, ist ihr Selbstrühmen nichts anderes als blinder und törichter Leute nichtige Gedanken[18]. Mit diesen ihren Lügen lästern sie nicht uns, sondern Gott[19].
   Die zweite Predigt vom 2. Februar 1546 schlägt den Juden jede Entschuldigung für ihr gottloses Verhalten aus der Hand: Gott hatte alles vorher
weissagen lassen, so daß die Juden es als erste hätten wissen müssen. Sie
sind blinde Gotteslästerer[20].
   Zwar haben die Christen viel von den Juden, selbst Christus kommt von
ihnen; aber die Juden wollen Abel, d.h. alle Nichtjuden, morden und verhalten sich wie der leidige Satan, der sich auch über Gottes Sohn erheben wollte[21].
   In der dritten Predigt warnt Luther vor dem Teufel, der überall zur Stelle
ist, wo Christen sind. Der Teufel macht sich an die Christen heran »hie mit
Jüden, Türcken, Spaniolen, dort mit des Bapsts und anderer Rotten«[22].
   Angesichts dessen fragt Luther – er predigt über Mth. 13, 24ff –, ob er
nicht die Juden wie das Unkraut unter dem Weizen ausreißen und ausrotten soll, und erhält die Antwort »Nein«[23].
   An die vierte Predigt, in der er die Juden grobe Narren schimpft, die keine Köpfe haben, nichts wissen und nicht verstehen[24], hängt Luther eine
Vermahnung wider die Juden an[25]. In dieser letzten zusammenhängenden
Äußerung Luthers wird den Juden vorgeworfen, daß sie großen Schaden
anrichten, während die Christen ihnen den Christenglauben anbieten. Allerdings, wenn die Juden sich jetzt nicht zu ihrem Vetter, dem Messias bekehren, dann können wir sie nicht länger bei uns ertragen. Wir können es
nicht länger leiden, daß sie unseren Herrn lästern und schänden. Dulden
wir das, so machen wir uns fremder Sünden mitschuldig. Noch gilt ihnen

14   31.1.1546; 2.2.1556; 7.2.1546 und 15.2.1546
15   WA 51, 150; 151; 155
16   WA 51, 150
17   WA 51, 150
18   WA 51, 151
19   WA 51, 152
20   WA 51, 166
21   WA 51, 172f.
22   WA 51, 175
23   WA 51, 184
24   WA 51, 190
25   WA 51, 195f.

unsere christliche Liebe. Aber wenn die Juden sich nicht bekehren, dann sollen wir sie bei uns nicht dulden noch leiden.

Trotz dieser Massierung müssen wir dem Urteil Lewins folgen: Es »geht dem, was Luther hier vorträgt, der Reiz der Neuheit fast gänzlich ab«. Es »lassen sich nahezu sonder Ausnahme aus der vorangegangenen Entwicklung ... mehr oder minder wörtliche Parallelbelege beibringen«[26].

Es ist nicht so, daß diese Massierung von Belegen gegen das Judentum in den Predigten Luthers einen Beweis für einen Wandel in dessen Haltung abgeben könnte. Vielmehr wird in den Predigten Luthers von Anfang an der Grundgegensatz zu den Juden deutlich, der bei den Voraussetzungen der Predigt Luthers im christologischen Schriftverständnis sich nicht wesentlich ändern kann. Die Bibel hat nach Luther eine Mitte: Christus. Wer diesen Schlüssel des Wortes für das Wort der Schrift nicht hat, der kann die Schrift auch nicht entschlüsseln. In der Predigt vom 15.10.1529 kann Luther sagen, daß der wie ein Mohammedaner und Jude glaubt, der das Wort nicht hat. Solcher Glaube aber ist nichts, denn Gott will außerhalb Christi nicht gnädig sein. Weil auch das Alte Testament nur von Christus redet – wie die ganze Bibel nur von ihm spricht –, darum können die Juden die Bibel nur falsch interpretieren. Die Juden leugnen, daß die Propheten nur von Christus reden – weil die Propheten ihr Volk doch mit dem kommenden Messias bestens vertraut machen wollen. Nicht hebräische Grammatik, sondern »die Kenntnis der heiligen Dinge«[27], die Kenntnis Christi ist das Erklärungsprinzip der Schriftauslegung, ist einziges Prinzip der Predigt. Weil hier die Juden andere Voraussetzungen haben, darum muß Luther vor ihnen warnen, muß er die Juden abwehren. Er kommt sogar zum Urteil, daß die Juden dann, wenn sie Exegese treiben, den Säuen gleichen, die in die Schrift einbrechen[28]. Deshalb herrscht die Polemik vor, wenn er auf die Juden zu sprechen kommt, die ihrem Messias »mit höchstem Undank« begegnen, ihn gar »verachten«[29]. Deshalb kommt ein Wohlwollen den Juden gegenüber nur dort auf, wo sie als Exempel zum Anreiz für mehr Aktivität der Christen herhalten können. Wenn Luther die christliche Feier aktivieren will, dann kann er auf den Fleiß der Juden hinweisen, die vor ihren Feiertagen Mose und die Propheten eifrig studieren, um richtig zu feiern[30], und im Hinweis, daß die Juden ihrer Jugend hervorragenden Unterricht geben, liegt die Aufforderung an die Christen zu besserem und fleißigerem Katechismusgebrauch[31].

Diese Ablehnung einer falschen (weil un-christlichen) Schriftauslegung

26 Lewin, Reinhold: Luthers Stellung zu den Juden. (Neudruck der Ausgabe Berlin 1911) Aalen 1973, S. 85
27 a.a.O. S. 55
28 ˙ WA 49, 439; in dieser Predigt bezeichnet Luther den Glauben der Juden, weil er ohne Christus ist, als Sauglauben
29 WA 10, 434, Predigt am 15.12.1522
30 WA 2, 540
31 WA 1, 540

in der Predigt wird bei Luther dadurch verstärkt, daß er zunehmend in allen Gegnern – in den Papisten, in den Schwärmern und in den Sektierern – Sympathisanten des Judentums entdeckte. Auch hier wurde doch die Bibel nicht streng von Christus her ausgelegt. Ist Satan zunächst als Jude erschienen, so nimmt er nun immer neue Verkleidungen an. Die kluge Deutelkunst der Ketzer scheint ihm von den Juden abgeguckt[32].

Den Wiedertäufern wirft er vor, nichts anderes als Juden oder Türken aus uns machen zu wollen[33].

Deshalb sind in weiten Teilen der Predigten Luthers die Juden nichts anderes als die Gottlosen – von denen alle anderen Gottlosen abstammen. Die Unchristen sind die Juden[34]. Aus diesem Grund werden die Stereotypen des Unglaubens situationsgerecht variiert: »Papst, Türk, Juden«[35], »Türken, Heiden, Juden«[36] – aber immer bleiben die Juden als die Ungläubigen vor allen anderen in dieser Reihung.

Freilich – eins gesteht Luther in seinen Predigten immer wieder ein: Die Christen haben die Juden beerbt[37]. Dies aber hindert Luther nicht daran, die Juden als die Satanskinder zu zeichnen, die die Gegenspieler der Christen als der Gotteskinder sind.

32   WA 37, 652
33   WA 37, 661
34   WA 15, 749
35   WA 49. 762 u.ö.
36   WA 51, 150 u.ö.
37   WA 12, 400ff. u.ö.

Pinchas E. Lapide

Stimmen jüdischer Zeitgenossen zu Martin Luther

Es ist wohl allgemein bekannt, daß Julius Streicher, der selbsternannte »Judenfresser« des Dritten Reiches, sich angesichts der Anklage des Völkermordes vor dem Internationalen Gerichtshof anno 1946 auf die theologische Autorität Martin Luthers berief[1].

Vom Verbrennen der Synagogen und jüdischen Gebetsbücher, der Ausweisung der Juden und ihrer Konzentration in besonderen Lagern, »damit sie wissen, daß sie keine Herren sind in unserem Lande«, bis hin zur Einrichtung eines Sklaven-Arbeitsdienstes für »junge starke Juden und Jüdinnen« fanden ja Hitlers Schergen einen kompletten Plan für ihre »Arisierung« in Luthers Spätschrift »Von den Juden und ihren Lügen«[2].

Was weniger bekannt zu sein scheint, ist die Tatsache, daß der Landesbischof Martin Sasse eine tiefe Bedeutung der Tatsache zumaß, daß die berüchtigte »Kristallnacht« der Massenpogrome anno 1938, an Luthers Geburtstag, dem 10. November, stattfand. »Der Geburtstag Martin Luthers!« – so jubelte er vor 45 Jahren – »wahrlich, kein größerer Dienst hätte ihm geleistet werden können!«[3]

Was jedoch so gut wie unbekannt geblieben ist, ist die Welle jüdischer Sympathie, von Beifall und gespannter Erwartung, die das Auftreten des jungen Luther einst begrüßte. Seine Auflehnung gegen die Römische Kirche, die um die Wende des 16. Jahrhunderts als Hauptschuldige für die Vertreibung der Juden aus Spanien galt, gab den ersten Antrieb. Hinzu gesellte sich bald Luthers Betonung des Alten Testaments und die Rückkehr zu seinem hebräischen Urtext, bei der jüdische Gelehrte unentbehrliche Vorarbeiten leisten konnten. All denen, die »die Bibel Jesu« und der ersten Christenheit »geringhalten«, liest der junge Luther in seiner Vorrede zur Verdeutschung der Schrift die Leviten:

1 »Dr. Martin Luther säße heute an meiner Stelle auf der Anklagebank, wenn dieses Buch von der Anklagevertretung in Betracht gezogen würde. In dem Buch ›Die Juden und ihre Lügen‹ schreibt Dr. Martin Luther, die Juden seien ein Schlangengezücht, man solle ihre Synagogen niederbrennen, man solle sie vernichten . . .« (aus: Der Prozeß gegen die Hauptkriegsverbrecher vor dem Internationalen Militärgerichtshof, Nürnberg 14.11.1945–1.10.1946, Bd. 2, S.346, Zeugenschaftliche Vernehmung von Julius Streicher)
2 WA 53, S. 522–526
3 M. Sasse, in: Deutscher Sonntag am 20.11.1938

»Dies ist die Schrift, die alle Weisen und Klugen zu Narren macht ... Darum laß Deinen Dünkel fahren und halte von dieser Schrift als von dem allerhöchsten und edelsten Heiligtum, als von der allerreichsten Fundgrube, die nimmermehr ausgegründet werden kann; auf daß du die Göttliche Weisheit finden mögest, welche Gott dir so schlicht und einfach vorlegt, daß Er allen Hochmut dämpft.«[4]

Luther geht es, wie er schon früh betont, um die unzertrennliche Einheit der Schrift, weil er von der zuverlässigen Einheit des wirksamen Gotteswortes ausgeht. Indem er betont, daß Wort und Tat bei Gott eins sind, bezeugt er, daß er diese inhaltliche Fülle des hebräischen »davar« verstanden hat. Ebenso versteht er, von der Bedeutung der Vokabel »zedaka« ausgehend, daß es bei Begriffen wie Gerechtigkeit und Rechtfertigung um eine gottgewollte Einheit von Gnade und Leben geht.

Nicht zuletzt hat Luther bewiesen, daß er hinter der Fehlübersetzung »Gesetz« das viel umfassendere Wort »Tora« gehört hat, das er mit den lateinischen Ausdrücken »instructio« und »doctrina« beschreibt – ganz im jüdischen Sinne der Bibel als Göttliche Weisung. So kann er also mit den Rabbinen von seiner »Freude am Gesetz« predigen[5] und folgenden Lobpreis des Gesetzes singen: »Christliche Freiheit ist es, wenn nicht das Gesetz sich ändert, sondern wenn Menschen sich ändern, denn dann wird dieses Gesetz ... angenehm und lieblich. So werden wir also ›legis amatores‹, die das Gesetz von Herzen lieben.«[6]

In einer frühen Predigt ging er so weit, zu behaupten: »Wenn ich Kaiser wäre, so wollt' ich nach dem Gesetze Mosis regieren.«[7] In seiner Bejahung der Hebräischen Bibel konnte Luther sagen, daß man ungezwungen das mosaische Gesetz befolgen dürfe, sich sogar beschneiden lassen könne »sine periculo«[8] – ohne Gefahr für das Seelenheil! Eine Bemerkung, auf welche die französischen Theologen der Sorbonne wutschnaubend reagierten: »Fovens judaicam perfidam«, so heißt es: er fördere die jüdische Falschheit! Von hier war es nur ein kurzer Schritt zur Pauschalanklage der Gegner Luthers, die Juden seien schuldig an der Reformation. So sehr sah man damals in der Wiederentdeckung des AT und der jüdischen Wurzeln des Christentums einen Auswuchs der jüdischen Weltverschwörung, daß es nicht an Versuchen fehlte, die Reformatoren als »Judenzer«, als »Judasse« oder als »Juden-Sektierer« zu verleumden.

Daß diese Auseinandersetzungen in breiten jüdischen Kreisen interessierte Aufmerksamkeit erweckten, bedarf wohl keiner Erwähnung. Nicht zuletzt aber war es der judenfreundliche Ton von Luthers Frühschriften, die schon um 1522 für jüdische Ohren wie eine himmlische Frohbotschaft klingen mußten.

4   *M. Luther,* Vorrede auff das Alte Testament, in: Die Gantze Heilige Schrift, 1545 (Neudruck 1972), S. 8f.
5   Vgl. WA 16, S. 285f. und WA 2, S. 560
6   WA 2, S. 498, 528 und 560
7   WA 16, S. 378
8   WA 50, S. 313f.

»Die Synagoge hat die Erstgeburt«, so heißt es in seiner Vorlesung über das Buch Deuteronomium, und er fährt fort: »Denn aus ihr ist Christus kommen, die Apostel und das Wort, und
nicht aus den Heiden. Denn Johannes sagt: ›Das Heil kommt von den Juden‹ Darum soll man
heutigen Tags die Juden nicht verachten, dieweil aus ihnen, nicht aus uns, die Herrlichkeit
kommen ist. Denn sie sind die ersten Christen gewesen und ihnen sind versprochen die Gespräche Gottes.«[9]

Als den »leiblichen Brüdern« seines Heilands ist Luther sogar bereit, ihnen eine Zwischenstellung in seiner Zwei-Reiche-Lehre einzuräumen. Dieses »Dritte Reich der Juden« beschreibt er mit folgenden Worten:

»Das sind nun zwei Reiche: Weltlich, das mit dem Schwert regiert und äußerlich gesehen
wird; das geistliche regiert allein mit Gnaden und Vergebung der Sünden, und dasselbige Reich
sieht man nicht mit leiblichen Augen, sondern wird allein mit dem Glauben erfaßt. Zwischen
den beiden Reichen ist noch ein ander Reich, in die Mitte gesetzt; halb weltlich und halb geistlich, das fasset die Juden mit Geboten und äußerlich Zeremonien, wie sie sich halten sollen gegen Gott und den Menschen vor der Welt im äußerlichen Wesen.«[10]

Judenfeindschaft, so betont der junge Luther, ist »keine christliche Lehre
noch Leben«[11], wobei er insbesondere gegen die alljährlichen Ausschreitungen am Karfreitag zu Felde zieht. Um die uralte Mär vom Christusmord zu
widerlegen, verfaßt er ein Kirchenlied für Ostern, das auch heute nichts an
theologischer Aktualität eingebüßt hat:

»Unsere große Sünde
und schwere Missetat
Jesum, den wahren Gottessohn
ans Kreuz geschlagen hat,
Drum wir dich, armer Judas,
dazu der Juden Schar
nicht feindlich dürfen schelten
die Schuld ist unser gar.«[12]

Die sprachliche Konsequenz aus dem gebürtigen Judesein Jesu zog Luther ganz unzweideutig – nicht ohne die Gelegenheit für einen Seitenhieb
in Richtung Rom zu benützen. In dieser Erkenntnis, wie sie in seinen Tischreden zum Ausdruck kommt, bleibt er bis heute vielen Neutestamentlern
noch immer voraus.

»Die ebräische Sprache ist schlicht und wenig von Worten, aber da viel hinter ist; also, daß
es ihr keine nachtun kann. . . wenn ich jünger wäre, so wollt ich diese Sprache lernen, denn ohne sie kann man die Schrift nimmer mehr recht verstehen. Denn das Neue Testament, obs

9 Die Gantze Heilige Schrift, a.a.O., S. 11f.
10 *H.H. Borcherdt/G. Merz* (Hrsg.), Martin Luther. Ausgewählte Werke, 1957, S. 179f.
11 *Martin Luther*, Ausgewählte Werke, Bd. 3 der Ergänzungsreihe, 1938, S. 2
12 EA 56, S. 359

wohl Griechisch geschrieben ist, doch ist es voll von Ebraismis und ebräischer Art zu reden. Darum haben sie recht gesagt: Die Ebräer trinken aus dem Bornquell; die Griechen aber aus den Waesserlin, die aus der Quelle fließen; die Lateiner aber aus den Pfuetzen.«[13]

Am rückhaltslosesten hat Luther seiner Entrüstung über die Christenschuld am Antijudaismus in seiner Schrift »Daß Jesus Christus ein geborener Jude sei« Ausdruck verliehen.

Warum dieses Buch von den Juden verbreitet, in Auszügen auf Spanisch und teilweise auch auf Hebräisch übersetzt worden ist, mögen folgende Stellen erhellen:

> »Unsere Narren, die Papisten, Sophisten und Mönche haben bisher also mit den Juden verfahren, daß, wer ein guter Christ gewesen, hätte wohl mögen ein Jude werden, ... Wer wollte Christ werden, so man sieht Christen so unchristlich mit Menschen umgehen? ... Wenn die Apostel, die auch Juden waren, also hätten mit uns Heiden gehandelt, es wäre nie ein Christ unter den Heiden geworden. Haben sie denn mit uns Heiden so brüderlich gehandelt, so sollten wir wiederum brüderlich mit den Juden handeln ... Und wenn ich ein Jude gewesen wäre und hätte solche Tölpel und Knechte den Christenglauben regieren und lehren gesehen, so wäre ich eher eine Sau geworden als ein Christ. Denn sie haben mit den Juden gehandelt, als wären sie Hunde und nicht Menschen, haben nicht mehr tun können, als sie schelten, und ihr Gut nehmen; ... die Juden sind Blutsfreunde, Vettern und Brüder unseres Herrn. Darum, wenn man sich des Blutes und Fleisches rühmen sollte, so gehören die Juden Christus näher zu denn wir ... Ich bitte daher, meine lieben Papisten, wenn ihr müde geworden, mich Ketzer zu schimpfen, daß ihr anfangt, mich einen Juden zu schelten.«[14]

Die Papisten nahmen diese Herausforderung mit Gusto an. Seit 1524 brandmarkt Rom den Reformator als »semi-judaeus«. Etliche Juden nahmen diesen Beinamen für bare Münze. Schon im Jahre 1522 besuchten Luther zwei Juden in Worms, um den »Halb-Juden« mittels eines Religionsgespräches zum vollen Judentum zu bekehren. Daß einige Zeit nachher ein jüdischer Doktor aus Polen nach Wittenberg gekommen sei, angeblich »um Luther zu vergiften«, mag zu den damals über die Juden verbreiteten Schauermärchen gehören – oder auf einen zweiten Bekehrungsversuch hinweisen, denn jedwede Verführung zum »Judenzen« galt ja allerorts als »geistige Vergiftung«.

Tatsache ist es, daß Luther im zweiten Falle den Verdächtigen vor der Folter bewahrte, wobei jedoch beide Besuche in ihm offensichtlich den Wunsch erweckten, den theologischen Spieß umzudrehen.

Fünfzehn Jahre lang, so scheint es in der heutigen Rückschau, beruhte das Verhältnis zwischen Luther und den Juden auf einer gegenseitigen Hoffnung der Bekehrung des anderen. Noch anno 1536 kommen drei gelehrte Juden zu Luther und versuchen, ihn zu überzeugen, daß einem, der sich so einfühlsam in die Hebräische Bibel vertieft, die Augen aufgehen müßten. Luther hat von seinem Standpunkt aus genau das Gegenteil er-

13   WA TR I, S. 525f.
14   WA 11, S. 314ff.

wartet – und das auch in seinen zornerfüllten Spätschriften, wo die Hoffnung noch immer Ausdruck findet, daß doch zumindest einige der Juden den sogenannten »wahren Sinn« ihrer eigenen Bibel entdecken würden. So wurde er später zum eifrigen, zuerst gutmütigen, dann grollenden und zuletzt zum enttäuscht-verbitterten Judenmissionar. Doch all dies war in den zwanziger Jahren des 16. Jahrhunderts noch im Schoß der Zukunft verborgen.

Um die Reaktion vieler Juden auf Luthers Frühwerk richtig zu verstehen, bedarf es einer Vergegenwärtigung der blutigen Vertreibung der jüdischen Gemeinden aus ganz Spanien und Portugal – die Elite des damaligen Judentums –, die zum Ende des 15. Jahrhunderts als nationale Heimsuchung empfunden wurde. Die Vernichtung dieser Horte jüdischer Hochkultur wurde in ihren katastrophalen Folgen nicht nur mit der Zweiten Tempelzerstörung verglichen, sondern verlieh auch der nie verstummenden Sehnsucht nach dem Messias neue Dringlichkeit. Wie so oft zuvor in der jüdischen Leidensgeschichte waren es gerade die Schrecken des Untergangs, die neue, akute Messiaserwartung zur Welt zu bringen vermochten.

Zu den zahlreichen Schriftgelehrten, die die Austreibungen aus Spanien und Portugal als »die Wehen der kommenden Erlösung« deuteten, gehörte *Rabbi Abraham Farrisol* (1421–1525), eine der Leuchten des Florentinerhofes der Medici und der Autor der ersten umfassenden hebräischen Geographie, die von den Entdeckungen in Amerika in wissenschaftlichen Einzelheiten zu berichten wußte. Unter den aus Spanien Verbannten gab es schon seit 1492 mehrere Kabbalisten, die aus dunklen Bibelstellen und astrologischen Prognosen ihre eigenen Endzeitberechnungen erarbeitet hatten.

Seit 1520 wurden etliche dieser Weissagungen hoffnungsvoll auf Martin Luther umgedeutet. So ändert Rabbi Abraham um 1524 eine damals unter Juden populäre Prophezeiung, wie aus einer Handschrift hervorgeht, die *Ch. H. Ben-Sasson* in Jerusalem ediert hat:

»Ich sage, daß ein Mann auftauchen wird, der groß, tapfer und mächtig ist. Er wird Gerechtigkeit üben und Unsitten verabscheuen. . . Zuerst dachten wir, der Mann, den die Sterne vordeuten, wäre der Messias, Sohn des Joseph, doch nun erweist es sich, daß er der Mann ist, von dem alle sprechen, der edel ist in all seinem Unterfangen . . .«[15]

Über Martin Luther, »den Mann, dessen Ruhm sich über alle Länder verbreitet«, sagt Rabbi Abraham, »er habe geheime Dinge enthüllt und öffentlich die Falschheit ihres Glaubens bewiesen . . . Gottes Hand hat ihn von« seinen Feinden errettet und von all den Gegnern seiner Lehre«.[16] Insbesondere beeindruckt war der Autor von den Bilderstürmern: »Mit Macht und Kraft zerstören und verbrennen sie die Bildnisse ihrer Götter,

---

15   Hebräische Handschrift der Hebräischen Nationalbibliothek, Jerusalem Nr. 3⁰ 3925 fol. 5r II 10–19
16   G. *Scholem*, Ha-Mequbbal R. Avraham b. Eliezer Ha-Levi, in: Kiriath-Sefer 72 II, S. 271

und ihre Götzen werden in allen Teilen des Reiches vernichtet.«[17] So frohlockt er ganz unverholen. Die verbesserte Behandlung der Juden wird löblich hervorgehoben:

»Alle Christen in allen Ländern ... beeinflußt von diesem edlen Mann, begegnen den Juden mit Wohlwollen. Während es früher Länder gab, wo jeder reisende Jude umgebracht wurde, ja sogar ein Land, wo ein Pfund Fleisch von jedem durchfahrenden Juden erzwungen wurde (!), laden sie uns nun zum Gottesdienst ein, freudig und mit höflicher Miene.«[18]

Nach einem längeren Absatz, der den »Abscheu« der Lutheraner vor dem katholischen Klerus beschreibt, erörtert Rabbi Abraham seine Überzeugung, Luther sei ein verkappter Jude oder ein Krypto-Israelit, der behutsam seinen Weg zum Judentum zurück taste – wie es zu jener Zeit Tausende von zwangsgetauften Flüchtlingen aus Spanien und Portugal in Mitteleuropa taten. Mit Genugtuung sah er im Bildersturm, in der Rückkehr »zu den Quellen«, in den hebräischen Studien Luthers und seiner Anhänger sowie in den Niederlagen Roms die ersten Vorzeichen des Messianischen Zeitalters:

»Gottes rechte Hand ist ausgestreckt, um sich ihrer anzunehmen, noch vor der Ankunft des Messias, denn nachher werden sie nicht mehr aufgenommen«[19], so schreibt er in Anspielung auf die talmudische Ansicht, daß »Proselyten in den Tagen des Messias nicht mehr aufgenommen würden« (Jeb 24 b).

»Durch diesen Mann (Luther)«, so fährt er fort, »wenden sich zahlreiche angesehene Männer in die Richtung auf dieses Ziel. Ich weiß nicht, ob Gott ... sie auf den rechten Pfad führen wird ... Letztlich wird uns die Zukunft belehren, mit Gottes Hilfe, welches Schicksal diesen Männern bestimmt ist ...«[20]

Wenn Rabbi Abrahams Stellung zum jungen Luther apokalyptisch angehaucht ist, wie Gershom Scholem mit Recht behauptet, so mutet die Schrift eines seiner anonymen Zeitgenossen fast ökumenisch an. Es handelt sich um die Schrift eines spanischen Flüchtlings in Italien, der in seiner Paraphrase des Buches Hiob seiner Sorge um das Fortleben des jüdischen Glaubens inmitten einer immer militanter werdenden Christenheit Ausdruck verleiht. Der Trialog findet zwischen Gott, Israel – in der Person des hart geprüften Hiob – und Hiobs Gefährten statt, die die Religionen in Israels Umwelt personifizieren. Was den Autor beunruhigt, sind die zahlreichen Parallelen zwischen Judentum und Christentum, die durch beredsame Missionare zum Seelenfang mißbraucht werden:

17 Ebd.
18 G. *Scholem*, in: Kiriath-Sefer VII (1930/31), S. 442f.
19 Ebd., S. 445.
20 Ebd., S. 445f.

»Eliphas, Bildad und Zophar sind die Nationen, aus deren Mitte Israel verbannt worden ist. Sie wurden ›die Freunde Hiobs‹ genannt (Hiob 2,11), da allen gewisse Glaubensartikel gemeinsam sind, wie etwa: die Einzigartigkeit Gottes, die Schöpfung aus dem Nichts, die Göttliche Vorsehung, die Prophetie, die Auferstehung der Toten und das Letzte Gericht. Die Völker der Antike waren hierin ganz anders ...«[21]

Im Laufe der religiösen Auseinandersetzung kommt der Autor jedoch zur Einsicht, daß die Reformation ein akzeptableres Christentum darstelle, als die Römische Kirche es tat. So sagt er:

»Zophar der Na'amite (Hiob 2,11) stellt den neuen Glauben dar, der unlängst in Deutschland entstand. Zophar ist ja auf Hebräisch dem ›Licht‹ und der ›Morgendämmerung‹ ähnlich, denn der neue Glaube strahlt wie das Morgenlicht. Sein Gründer heißt auch Luther, was in der deutschen Zunge ›Licht‹ bedeutet (scheinbar auf das Wort ›lauter‹ anspielend!). Der Na'amite andererseits heißt auf Hebräisch ›Lieblichkeit‹, was an die Fülle des Wohlgefallens erinnert, die die Proklamationen der neuen Religion hervorgebracht haben. .. Ein weiteres Omen finden wir in der Tatsache, daß Luther aus Sassonia (Sachsen) stammt, was dem hebräischen Wort für ›Freude‹ (Sasson) gleichkommt. ..«[22]

Ohne messianischen Überschwang zählt der Autor mit Genugtuung die Neuerungen der Lutheraner auf – wie die »Abschaffung des Mönchtums«, der Askese, des Zölibats, der Fasttage –, Neuerungen, die Christentum und Judentum einander geistlich näher brachten, wie es die hebräische Handschrift des öfteren lobend betont.

Rabbi Abraham Ibn Megas, der Leibarzt des Sultans Suleiman des Herrlichen, war vor allem von der geistigen Zersplitterung der Reformation beeindruckt, deren Vorteile und Schattenseiten er zu analysieren versuchte:

»Gott hat den Geist der Lutheraner erweckt. .., um ihre Bilder zu zerstören, ihre Türme niederzureißen und die Götzen zu verbrennen. So vernichten sie viel von dem unwürdigen Aber· glauben, den sie besaßen. Von Tag zu Tag gewinnen sie an Stärke, so daß sie mächtig und zahlreich werden. Ihr Glaube ist nun zum Zustand frühzeitiger Formlosigkeit zurückgekehrt Wo tausend Menschen sich treffen, kann man keine zehn finden, die in einer einzigen Doktrin übereinstimmen. .. So werden sie vorbereitet, neue Form anzunehmen, sobald sie Gunst in Gottes Augen finden – nachdem sie von ihren Sünden und den Sünden ihrer Vorväter geläutert werden, die sie gegen Israel begangen haben. ..«[23]

Was Ibn Megas löblich hervorhebt, ist der echte Wahrheitsdurst, der alle fehdenden »Sekten der Erneuerer« beseelt. Ch. H. Ben-Sasson faßt die Heilslehre dieser ausführlichen Schrift mit folgenden Worten zusammen: »Die Reformation muß durch die läuternden Flammen der Religionskriege gehen, um von dem Frevel ihrer Barbarei gereinigt zu werden.«[24]

21 *MS Adler* 1283, The Schechter Jewish Theological Seminary Library, New York, fol. 10v II, S. 1–5
22 *MS Adler* 1253, a.a.O. fol 10v I, S. 15ff.
23 Das Buch »Kevod Elokim«, gedruckt in Konstantinopel im Jahre 1585/86, III. Teil, Kap. III, fol. 127–128r
24 *Ch.H. Ben-Sasson*, The Reformation in Contemporary Jewish Eyes, The Israel Academy of Sciences and Humanities, 1970, S. 36

Samuel Usque, ein portugiesischer Marrane, der in Südfrankreich zum Glauben seiner Väter zurückkehren konnte, sah in der Reformation eine »himmlische Heimzahlung«, die, wie auch etliche Kirchenfürsten behaupteten, von den Juden in die Wege geleitet worden war:

»Dieses Land ist mit jüdischem Samen besät – und viele Nachkommen dieser Krypto-Juden fühlen sich sehr unbequem in dem Glauben, den ihre Väter so widerwillig annehmen mußten. Es wäre nicht undenkbar, daß aus ihrer Mitte die Lutheraner hervorkamen, die sich nun überall in der Christenheit vermehren. Da im ganzen Bereich der Christenheit Juden gezwungen worden waren, ihren Glauben zu wechseln, scheint es wie göttliche Vergeltung, daß Juden nun mit Waffen zurückschlagen, die man ihnen aufgedrängt hat . . . Als Urteilsspruch über ihren neuen Glauben brechen die Juden aus dem Kreis christlicher Einheit heraus, um so den Weg zurück zum eigenen Glauben zu finden, den sie ehedem verlassen mußten.«[25]

Soweit die Worte eines Zurückkehrers zum Judentum, der sein eigenes Schicksal in die Reformation hineinprojiziert. Einerseits führt Usque die Reformation auf jüdische und marranische Einflüsse zurück, die die Kirche als himmlische Straffolge für ihre Zwangsbekehrung der Juden in ihrer eigenen Mitte hochgezüchtet hatte; andererseits lobt er die freie Toleranz der Reformation, die den Täuflingen die Rückkehr zum Judentum ermöglichte[26].

Während Usque – aus Portugal kommend – nicht umhin konnte, die Reformation aus katholischer Sicht zu betrachten, vermochte *Rabbi Joseph Ben Rabbi Joschua Hakohen* sich in die Mentalität der Reformation einzufühlen.

Obzwar er sich von Luther weder die endzeitliche Erlösung noch eine theologische Annäherung ans Judentum erhofft, sieht er in der Reformation einen Sieg der Vernunft über »veralteten Aberglauben«, in dessen Fahrwasser die Vorbedingungen für eine friedliche jüdisch-christliche Koexistenz entstehen konnten. Nach einer bissigen Beschreibung der Sündenablaßverkäufe als »Buß–Ersatz«, die aus der Feder eines Melanchthon hätte stammen können, schreibt er:

»Der Priester Martin, ein weiser und besonnener Mann, . . . öffnete seinen Mund und predigte gewaltig gegen den Papst und die Mißbräuche Roms . . .«[27]

»Und viele zog er an sich, denen er Gesetze und Anleitungen gab . . . Er bestand auch darauf, die Hl. Schrift und die Aussagen des Paulus nach eigenem Gutdünken auszulegen . . . Und sie weigerten sich, den päpstlichen Befehlen zu folgen, so daß ihre Religion sich entzweit hat, bis auf den heutigen Tag . . . So wuchs Martin Luther in Weisheit und in Einsicht und verbesserte viele ihrer Werke und Glaubenssatzungen in ganz Deutschland . . .«[28]

25 S. Usque, Consolation for the Tribulations of Israel, übersetzt aus dem Portugiesischen von A.M. Cohen, Philadelphia 1965, Dialog III, Nr. 20, S. 193
26 Vgl. ebd., S. 195ff.
27 Divré Ha-Jamim le-Malché Zorfat ule-Malché Bet Ottoman Ha-Toger, British Museum MS Or. 3656 Teil I fol. 150r-v
28 Ebd., Teil I fol., S. 151f.

In der Folge lesen wir:

»Nun wird sie ihre Schuld treffen (Hos 10,2), denn ihr Herz ist entzweit. Einer sagt da: Ich bin für den Papst; während ein anderer sich auf Luther beruft. Doch ihre (katholischen) Priester sind schuld daran, sie gieren alle, klein und groß, nach unrechtem Gewinn (Jer 4,13).«[29]

In den Kriegen der Reformation sieht Rabbi Joseph die Hand der göttlichen Vorsehung auf seiten der Lutheraner:

»Und schwerer Krieg brach aus gegen die Anhänger Luthers zu dieser Zeit. Und der Papst sandte Geld für die Söldner, doch er wußte nicht, daß die himmlischen Heere im Kampf eingegriffen hatten und daß der Herr seiner lacht (Ps 37,13). So gewannen die Lutheraner die obere Hand und befreiten ihr Land.«[30]

In einer Schwarz-Weiß-Malerei, die des öfteren der Übertreibung zum Opfer fällt, sieht Rabbi Joseph in den Auseinandersetzungen zwischen Rom und Wittenberg meist nur »römische Brutalität« und »lutherisches Heldentum«, dessen Großtaten er mit Begeisterung in den Farben der Kriege Israels gegen Amalek, Midian und Moab schildert[31]. In seiner Solidarität mit den Reformatoren verfaßt Rabbi Joseph sogar eine Martyrologie der gefallenen »Lutheraner« (mit denen er alle Protestanten meint), deren Opfertod er mit den Ausdrücken der jüdischen Liturgie betrauert[32].

In den dreißiger Jahren kam es, wie bekannt, zum radikalen Umschwung in Luthers Haltung, der teilweise auf jüdische »Hartnäckigkeit« angesichts von Luthers Bekehrungseifer und teilweise vielleicht auf jüdische Einflüsse auf die Bauernbewegung und die Reformation in Mähren, Böhmen und Polen zurückzuführen war. Ebenso scheint der Übertritt etlicher Christen zum Judentum sowie die Sabbath-Einhaltung einiger Gruppen von Christen, wie es ja auch Karlstadt empfohlen hatte, seine Empörung hervorgerufen zu haben. Wutentbrannt mußte Luther zur Kenntnis nehmen, daß der Staat der Wiedertäufer, die Stadt Münster, anno 1534 den neuen Staat »Israel« nannte, »der für die aufrichtigen und unverfälschten Israeliten gegründet ist«[33].

Nicht zuletzt verstärkte sich im alternden Luther das Gefühl, daß hinter dem Treiben seiner Gegner, dem zunehmenden Sektierertum und dem Ausbleiben moralischer Erfolge seiner reformatorischen Erwartungen sich eine teuflische Strategie abzeichnete, in der er Juden verdächtigte, die Hände im Spiel zu haben.

Ungeachtet dessen beweist eine hebräische Handschrift, die nach 1539 niedergeschrieben wurde, daß viele Juden Luther nicht nur hochschätzten,

29 Ebd., Teil II fol., S. 262v
30 Ebd., Teil II fol., S. 292v
31 Vgl. ebd., Teil II fol., S. 289v–290r
32 Vgl. ebd., Teil II fol., S. 177r–179r
33 K. Löffler, Die Wiedertäufer zu Münster 1534/35, 1923, S. 84

sondern auch seine Schriften lasen. In seinem Sendbrief »Wider die Sabbather« (1538) eröffnet Luther die Disputation gegen jüdische Messiaserwartungen mit dem klassischen Kirchenargument des jüdischen Elends, der
Qualen Israels und seiner langen Verbannung:

»Die Juden sind nun 1500 Jahre außer Jerusalem im Elend, daß sie weder Tempel, Gottesdienst, Priestertum noch Fürstentum haben. Und liegt also ihr Gesetz mit Jerusalem und allem
jüdischen Reich in der Aschen, so lange Zeit her.
Solchs können sie nicht leugnen, weil sie ihr jämmerlicher Stand und Erfahrung, und der
Ort, der heute noch Jerusalem heißt, vor aller Welt Augen Wüste und ohne Jerusalem da-
liegt . . .«[34]

Worauf ein annonymer Rabbiner sich auf einen Brief Luthers an seinen
Vater beruft – datiert 15. Februar 1530 –, in dem es heißt:
». . . Es ist doch ja dies verfluchte Leben nichts anders denn ein rechtes
Jammertal. Darin man je länger je mehr Sünde, Bosheit, Plage und Unglück
siehet und erfahret. Und ist des alles kein Aufhören noch Abnehmen
da . . .«
Hiermit erweist es sich – so der Rabbiner –, daß Qualen, Schmerz und
Elend »nicht nur das Schicksal der Juden sind, wie Luther meint, sondern
Teil unseres gemeinsamen Menschenloses«, womit er nicht ohne Genugtuung Luther gegen Luther zitiert.
Der endgültige Stein des Anstoßes, der Luther zum unversöhnlichen Judenfeind machte, bestand nach Ansicht namhafter Historiker in der Messiaserwartung, die damals eine besondere Intensität erreicht hatte. Auf das
Jahr 1532 errechnete Rabbi Isaak Abrabanel die Ankunft der Erlösung, für
die die Plünderung Roms anno 1527 als bestätigendes Vorzeichen galt.
1531 gelang es dem Marranen Salomo Molcho, der zum Judentum zurückgekehrt war, Papst Clemens von seiner prophetischen Begabung zu
überzeugen. Im Jahre 1532 trug der aus dem Jemen kommende David Reu-
beni ähnliche Hoffnungen Kaiser Karl V. auf dem Regensburger Reichstag
vor und suchte ihn zur Eroberung Jerusalems aus Türkenhand zu veranlassen.
Daß all diese und andere lebendige Messiaserwartungen zur leidenschaftlichen Ablehnung christlicher Missionspredigt über einen schon gekommenen Heiland führen mußten, hören wir deutlich aus den enttäuschten Zornausbrüchen des Reformators: »Entweder Messias muß vor 1500
Jahren gekommen sein, oder Gott müsse gelogen . . . und seine Verheißung
nicht gehalten haben.«
Dennoch scheint die religiöse Ausstrahlung des zeitgenössischen Judentums den alternden Luther nicht unberührt gelassen zu haben. Zusammen
mit vielen Tausenden von Juden erwartet er um die Jahreswende 1537/38
die bevorstehende Vollerlösung. Auf die Frage nach der Ursache, warum die
Brunnen austrocknen, antwortete Luther zu jener Zeit: Das hängt zusam-

men mit dem kommenden Feuer, das die Welt vernichten wird[35]. Die Bosheit der Menschen habe so arg zugenommen, so meint er, daß »die Welt nicht könne bestehen über fünf oder sechs Jahre«[36]. Daß Luther in dieser Endzeitstimmung auch die Hoffnung auf die Erfüllung des Pauluswortes hegte: »Und also wird ganz Israel selig werden« (Röm 11,26), ist mit großer Wahrscheinlichkeit anzunehmen. Nicht von der Hand zu weisen ist andererseits die Möglichkeit, daß er jenen geheimnisvollen »Aufhalter«, dem im zweiten Thessalonicherbrief die Schuld an der Pausieverzögerung zugeschrieben wird (2Thess 2,6), in der Unbekehrbarkeit der Juden sah.

In der letzten großen Auseinandersetzung seines Lebens prallten also zwei zutiefst gläubige Naherwartungen aufeinander – ein Zusammenstoß, der den Reformator zum Kronzeugen des modernen Antisemitismus machen sollte.

Und dennoch handelt es sich – bis zum heutigen Tag – um die gemeinsame Erwartung ein und desselben Messias aus dem Volke Israel, der diese Welt samt ihren Juden und Christen vom »Jammertal der Sünde, Bosheit, Plage und Unglück« erlösen soll. Während Christen die Wiederkunft des Nazareners erwarten, überlassen Juden – damals wie heute – die Identität des künftigen Erlösers dem Ratschluß Gottes.

Wie dem auch sei, stellt sich die Frage: Wie konnte so viel Liebeshoffnung zu so finsterem Haß führen?

Zutiefst verletzt von Luthers Umschwung war Rabbi Josel von Rosheim, das anerkannte Haupt der deutschen Juden. Anno 1537 schrieb ihm Luther einen im ganzen recht herzlichen Brief, auch wenn er zu seinem Bedauern nicht auf Josels Bitte eingehen kann, den Kurfürsten von Sachsen davon abzubringen, die Juden aus seinem Land zu verjagen. Dennoch läßt er ihn in Wittenberg vergeblich anreisen – und unwirsch abweisen. In einem weiteren Brief an den amtlichen »Befehlshaber« der Juden im ganzen Reich wird in schrillen Tönen der Vorwurf der Verstockung laut; die 1500-jährige Verbannung wird als gerechte Gottesstrafe hervorgehoben, und die Rabbiner, ihre Bücher und ihre Schriftauslegung werden zur Zielscheibe unflätiger Wutausbrüche[37].

Josel von Rosheim kann sich diese Wandlung nicht erklären. »Im 30. Jahre«, so erinnert er sich wehmütig, »waren wir hart zur Rede gestellt worden, wie wir hätten den Lutherischen ihren Glauben gelehrt«[38].

Ein Jahrzehnt später mußte er den Stadtrat von Straßburg ersuchen, die Veröffentlichung der Schmähschrift »Von den Juden und ihren Lügen« zu verbieten, denn niemals habe »ein Hochgelehrter solch grob unmenschlich Buch mit Scheltworten und Laster uns armen Juden auferlegt, von dem

---

35 Vgl. WA TR 5, S. 621
36 WA TR 6, S. 677
37 Vgl. *S. Stern,* Josel von Rosheim, 1959, S. 110ff.; *L. Feilchenfeld,* Rabbi Josel von Rosheim, 1898, Suppl. XVI, S. 182
38 *L. Feilchenfeld,* a.a.O., S. 183

sich, Gott weiß es, in unserem Glauben und in unserer Jüdischkeit in der Tat auch nicht das Geringste finden läßt«[39].

Der Religionswissenschaftler kann nicht umhin, eine auffallende Analogie in den Einstellungen Luthers und Muhammads, des Propheten, zum Judentum festzustellen: Beide bezeugten eindeutige Sympathie während ihrer Jugendjahre sowie Bereitschaft, von Juden zu lernen. Beide umwarben die Juden ihrer Heimat, um ihre Anerkennung oder Bekehrung zu erwirken. In beiden Fällen führte jedoch die jüdische Treue zu Israels Glaubensgut, die in den Augen Luthers und Muhammads nur als Halsstarrigkeit gelten konnte, zu einer Abkehr vom Judentum, die zuletzt zu einer militanten Judenfeindschaft ausarten konnte.

Martin Luther, dessen Name um 1525 von Rabbinen als vielversprechendes »Licht« gedeutet wurde, wird 1543 vom hebräischen Wort »*lotahor*« als »unrein« abgeleitet[40].

So endete ein hoffnungsvoller Anfang jüdisch-christlicher Annäherung, der nach viel Verbitterung und Vergiftung zur Verteufelung der Juden und schließlich zu ihrer Ausmerzung im Herzen eines christlichen Europas führen sollte.

All dies hat Martin Luther nie gewollt. Auch in seinen gehässigsten Spätschriften ging es ihm vor allem um die Vertreibung und Absonderung der Juden als angebliche »Lästerer Christi« – was schlimm genug war –, nicht aber um ihre Vernichtung als sogenannte »Untermenschen«, als »Nicht-Arier« oder »Parasiten«. Die »scharfe Barmherzigkeit«, zu der der Reformator einst geraten hat, ist gegen seinen Willen zur brutalen Bestialität entartet. Was einst als leidenschaftlicher Bekehrungseifer begann, wurde in unseren Tagen als Freibrief zum Völkermord mißbraucht.

In der nüchternen Rückschau muß also festgestellt werden, daß die Judenkarikaturen der Reformation zwar nicht viel mit Rassenideologie oder mit Nazi-Antisemitismus gemein haben, daß aber die Vorstellungen vom Juden als Prototyp aller Feindbilder und als Inbegriff des Bösen schlechthin wie zugeschnitten schienen, um den geistigen Boden für Hitlers Völkermord vorzubereiten. Ein halbes Jahrtausend später, nach dem »Golgatha unserer Tage«, wie ein Papst Auschwitz genannt hat – was sollen wir *jetzt* mit all dieser Widersprüchlichkeit anfangen? Vielleicht kann Luther selbst, der sich zeitlebens für einen fehlbaren Sünder hielt, den Lutheranern weiterhelfen. In seiner Vorrede zu den Episteln St. Jacobi und Judae heißt es:

»Auch ist das der rechte Prüfstein, alle Bücher der Schrift zu tadeln, wenn man siehet, ob sie Christum treiben oder nit. Was Christum nicht lehret, das ist nicht apostolisch, wennsgleich Petrus lehret. Wiederum, was Christum predigt, das ist apostolisch, wenngleich Judas, Annas, Pilatus und Herodes es tut.«

39 *H. Breslau*, Aus Straßburger Judenakten, in: Zeitschrift für die Geschichte der Juden in Deutschland V (1892) Suppl. 5, S. 331
40 *Kracauer*, Revue des Etudes Juives XVI, Nr. 22, S. 92

Wenn dem so ist, drängt sich die Frage auf: Was treibet Christum denn? Als jüdischer Theologe würde ich antworten: Vor allem die Frohbotschaft der großen, all-umfassenden Liebe Gottes und die Christenpflicht, sie nachzuahmen, so wie Jesus sie seinen Jüngern vorgelebt hat. Sicherlich *nicht* Haßtiraden und Schmähschriften, noch rabiater Antijudaismus, Dinge, die Christum eher vertreiben als zu treiben vermögen. Und was für Jesus gilt, sollte auch für seinen Knecht Martin Luther gut und billig sein. Was Liebe mehrt, Frieden schafft und Eintracht fördert, das allein sollte als gut lutherisch gelten. Alles Gegenteilige müßte als Wildwuchs, Entgleisung oder als zeitbedingte Polemik beurteilt werden. Woran wir uns heute, im Lutherjubiläumsjahr, erinnern sollten, ist sein Ernstnehmen der Hebräischen Bibel als unvergängliches Gotteswort, seine Wiederentdeckung der jüdischen Wurzeln des Christentums und des unverzichtbaren Judeseins Jesu sowie die Wichtigkeit der hebräischen Sprache für ein vertieftes Verständnis des NT. All dies sollten wir umsetzen in praktische Konsequenzen zur konstruktiven Intensivierung des christlich-jüdischen Dialogs.

Zu Martin Luther würde ich heute sagen, was Jeremia einst im Namen Gottes zu ganz Israel sprach: »Ich gedenke der Treue deiner Jugend und der Liebe deiner Frühzeit« (Jer 2,2). Mögen die Samen jener Frühzeit endlich aufgehen und uns den Weg zu einer ökumenischen Zukunft weisen.

Epilog: Martin Luther und die Folgen

Um Luther in der heutigen Rückschau eines Juden gerecht zu werden, bedarf es des Versuches einer ausgewogenen Bilanz, die sowohl seine Licht- wie auch Schattenseiten in Kürze zusammenfaßt.

In diesem Sinne sind seine auch für Juden zu bejahenden Beiträge:

1.   Seine Rechtfertigungslehre – einschließlich der Juden, im Rahmen des biblischen Erwählungsglaubens (Röm 9,4 und 11,29).

2.   Sein »sola scriptura«-Prinzip, soweit es die Hebräische Bibel als unvergängliches Gotteswort anerkennt.

3.   Seine (sporadische) Demut, die zum Beispiel in seiner Selbstbezeichnung als »armer Sünder« und »stinkender Madensack« sowie in seinem Sterbewort »Wir sind Bettler« zum Ausdruck kommt.

4.   Die Kernaussagen in seinem Buch »Daß Jesus Christus ein geborener Jude sei«, die Jesu Judesein als konstitutives Element der Christologie anerkennen.

5.   Sein Sprachgefühl und seine Wortgewalt, die die Bibel zum Buch des deutschen Volkes gemacht und die deutsche Sprache mit Hunderten von Hebraismen bereichert hat.

6.   Sein Prinzip »sola fide« – mit dem Jakobusbrief als biblischem Korrektiv.

7.   Sein Streben, »ad fontes« zu gelangen, das dem Protestantismus den Ansporn gibt, zum historischen Jesus und seiner ursprünglichen Lehre zurückzugelangen.

8. Seine Impulse zur katholischen Autoreformation.

9. Sein Ringen um die Wahrheit, das ihn stets weitertrieb und zur häufigen Selbstkorrektur bewegte.

10. Sein vorgelebtes Beispiel, das besagt: Wer glaubt, denkt weiter. In diesem gläubigen Weitergehen sollten die Protestanten es ihm nachtun, indem sie nicht bei Luther stehenbleiben, sondern über ihn hinweg vorwärts gehen, in der ewig unvollendeten Suche nach dem Sinn der Schrift.

Ohne seinem Verdienst Abbruch zu tun, müssen ihm folgende Vorwürfe gemacht werden:

1. Die Inkonsequenz: Er predigt einen allgütigen und allbarmherzigen Gott, der ausgerechnet Sein Bundesvolk verwirft – im Gegensatz zu den Verheißungen der Hebräischen Bibel und zu Röm 11,1 und 11,11.

2. Die Untreue, die er implizit Gott zuschreibt.

Wenn Gott die Juden wirklich verworfen hätte, so widerspricht dies nicht nur den paulinischen Aussagen: »Treu aber ist Gott« (2Kor 1,18) und der Unwiderruflichkeit der Göttlichen Berufung (Röm 11,29), sondern stellt auch die Heilszukunft der Christenheit in Frage. Denn, wenn Gott seinen »Alten Bund« bricht, den er den Vätern zugeschworen hat, ist dann die Kirche gegen den Bruch des »Neuen Bundes« gefeit, dem sie ihre Eingemeindung in das »Israel Gottes« verdankt?

3. Der Heilschauvinismus, der behaupten kann, Gott liebe nur »die rechten Christen« und habe kein Herz für Andersgläubige – im Widerspruch zum allumfassenden Heilsuniversalismus der Propheten (z.B. Jes 2,2–4; 25,6–8) und Jesu von Nazareth (z.B. Mt 7,21).

4. Die Selektivität in seiner Bibel-Rezeption.

Worte wie »Das Heil kommt von den Juden« (Joh 4,23), »Vater, vergib ihnen, denn sie wissen nicht, was sie tun!« (Lk 23,34), »Gott will, daß alle Menschen das Heil erlangen« (1Tim 2,4) und »Ganz Israel wird gerettet werden« (Röm 11,26) kommen in seiner Theologie kaum zur Geltung.

5. Die Anmaßung einer Mitwisserschaft im Ratschluß Gottes, die behaupten kann, Gott wolle keine Juden mehr, die Juden hätten außerhalb der Kirche keine Zukunft und Jerusalem werde für ewig »judenrein« bleiben.

6. Ein fundamentales Mißverständnis von Röm 9–11, wo doch das Nein der Juden zu Christus als ein Akt des Glaubens, nicht des Unglaubens, als ein Teil der Heilsgeschichte und nicht der jüdischen Unheilsgeschichte gedeutet wird.

7. Ein unfaires Messen mit zwei Maßen.

Das von Christen verursachte Elend der Juden erhebt er zum Vollzug einer göttlichen Bestrafung; im Überleben der Juden und ihrer Treue zum Glauben Israels sieht er nichts anderes als »Halsstarrigkeit« und »Verrat«.

8. Eine »solus Christus«-Theologie, die Jesus so zentral und ausschlaggebend setzt, daß »der Vater im Himmel« in den Hintergrund gedrängt wird – im Widerspruch zu Jesus selbst, der all sein Leben und Streben dem Gott Israels unterwarf.

9. Die Schrumpfung des allmächtigen Gottes zu einem himmlischen Buchhalter, der Israels Sünden aufs genaueste verrechnet und auf Israels Nein zu Christus mit einem Nein zu Israel reagiert – ohne Barmherzigkeit, Gnade oder Langmut.

10. Theologische Phantasielosigkeit, die Gottes Heilshandeln zu einer Art von höherer Mathematik reduziert: Es darf nur *ein* Bundesvolk geben, nur die patristische *Zwei*-Naturen-Lehre, die dogmatische *Drei*faltigkeit und nur die *vier* Evangelien des Neuen Testaments. Außerhalb dieser Kirchenlehre kann und darf es keine gültigen Heilswege zu Gott geben.

– Das Ergebnis dieser zehn Schattenseiten war ein oft militanter Antijudaismus, der häufig zu einer Hetzpredigt gegen Jesu leibliche Brüder und Schwestern ausarten konnte.

– Auf daß die Liebesbotschaft seines Glaubens vom Gift der Gehässigkeit geläutert werde, bedarf es eines lutherisch-jüdischen Dialogs, dem hoffentlich eine protestantische Neubesinnung folgen wird.

II

Wirkungsgeschichte

Günther B. Ginzel

Martin Luther: »Kronzeuge des Antisemitismus«

Das mir gestellte Thema bedarf zweier Vorbemerkungen:
1. Martin Luther und die Juden, das ist ein ähnlich kompliziertes und
komplexes Verhältnis wie Richard Wagner und die Juden. Zumindest bis
zur NS-Zeit existierte eine jüdische Luther-Verehrung, die sich auf bestimmte Wirkungsbereiche Luthers konzentrierte. »Unserm teuern Doktor
Martin Luther«, schrieb Heinrich Heine, haben wir »die Geistesfreiheit (zu)
verdanken«[1]. Mit Moses wurde Luther von dem Neukantianer Hermann
Cohen verglichen, da Luther für die Überwindung des Unterschieds zwischen Geistlichen und Laien nach biblisch-jüdischem Verständnis eingetreten sei[2]. Rosenzweig zollte dem Bibelübersetzer Luther Respekt[3]. Diese drei
Beispiele müssen genügen, denn im Rahmen meines Beitrags ist nicht die
Stellung der Juden zu Luther (und umgekehrt), sondern die der Antisemiten, der Judenfeinde, zu erörtern.
2. Die Wirkungsgeschichte Luthers wird auf das Phänomen des Antisemitismus beschränkt. Der Terminus »Antisemitismus« deutet die Epoche
an, mit der ich mich beschäftige: 19. und 20. Jahrhundert. Die Berücksichtigung eines »Zeitindex«, wie ihn Ernst Bloch zu Recht forderte, muß hier
entfallen, da nicht die Berechtigung einer antisemitischen Vereinnehmbar-
keit Luthers untersucht, sondern das Faktum als solches dargestellt werden
soll. Dabei wird deutlich werden, daß für die Epoche der modernen Judenfeindschaft die gängige Unterteilung in Antijudaismus (als »nur« religiös
bedingter Abneigung) und Antisemitismus (als politisch-völkischer Judenfeindschaft) eher der Verharmlosung einer weitverbreiteten antijüdischen
Einstellung dient, was an anderer Stelle ausführlicher erörtert wird[4]. Bewußt werden die Erzeugnisse des politischen Antisemitismus für diese Untersuchung auf ein unumgängliches Minimum beschränkt. Auch werden
alle NS-Propagandaschriften – wie »Der Stürmer«, der »Völkische Beob-

1   H.Heine, Zur Geschichte der Religion und Philosophie in Deutschland, 1970, S.88.
2   H.Cohen, Deutschtum und Judentum, in: Jüdische Schriften, Bd. 2, 1924, S.255. Siehe
auch: R.R.Geis, Hermann Cohen und die deutsche Reformation, in: LBI – Year Book, 1959,
Bd.4, S.81–91.
3   F.Rosenzweig, Die Schrift und Luther, 1926.
4   G.B.Ginzel, Von der religiös motivierten Judenfeindschaft zum völkischen Antisemitismus, in: Phänomenologie des Antisemitismus, Bd.2, hrsg. v. G.B.Ginzel, 1983.

achter« und die übrigen Hetzschriften nicht berücksichtigt. Nicht tumbe
Toren stehen im Mittelpunkt dieses Beitrags.

»Der Luther, welcher die zwei Schriften ›Von den Juden und ihren Lügen‹
und ›Vom Schem Hamphoras und dem Geschlecht Christi‹ niedergeschrie-
ben hat, ist zum Kronzeugen des modernen Antisemitismus geworden.«
Diese Feststellung traf 1928 Eduard Lamparter in seiner Abhandlung
»Evangelische Kirche und Judentum. Ein Beitrag zum christlichen Verständnis von Judentum und Antisemitismus«[5]. Der evangelische Pfarrer,
Vorsitzender des »Vereins zur Abwehr des Antisemitismus e.V.«, Eduard
Lamparter, distanzierte sich kompromißlos von den judenfeindlichen Aus-
brüchen des alten Luther. Lamparter war sich bewußt, daß er mit dieser
Haltung zu einer Minderheit innerhalb der evangelischen Kirche gehörte,
um so mehr als den Judenschriften Luthers das antitalmudische Monu-
mentalwerk Eisenmengers und die Polemik von Stoecker folgten, wobei
der Hofprediger Stoecker von seinen antisemitischen Anhängern als »zweiter Luther« verehrt wurde.

Diese drei, so Lamparter, »haben Gesinnung und Haltung der evangelischen Geistlichkeit gegenüber dem Judentum nachhaltig beeinflußt. Mag
die Zahl der Pfarrer, welche einem ausgesprochenen Antisemitismus huldi-
gen, verhältnismäßig klein sein, so herrscht doch noch unter ihnen die Neigung, das Judentum als einen Fremdkörper innerhalb des deutschen Volkes
zu betrachten und es für allerlei Schäden, die unserem Volksleben anhaf-
ten, verantwortlich zu machen.«[6] Immerhin gehörten dem Reichstag zeitweilig nicht weniger als fünf antisemitisch agierende Pfarrer an[7]. Insbesondere in konservativen und reaktionären Kreisen, in denen Liberalismus,
Demokratie, Gewerkschaften und Sozialismus als Werke des Teufels abgelehnt wurden, war man nur allzu gerne bereit, diese als bedrohlich empfun-
denen Erscheinungen – 1869 bezeichnete Wolfgang Menzel dies als »Mas-
senschweinerei«, als »Kakokratie«(!) – dem – auch nach Luther – Christen
hassenden Juden anzulasten. So forderte 1893 ein Pastor Matthes in einer
Versammlung: »Wie man die Seide aus dem Klee mit eisernen Harken ausreißen müsse, so müsse man auch die Juden mit eisernen Harken ausrotten.«[8] Damit man aber nicht der irrigen Annahme verfalle, es handele sich
hier um eine nur bei Protestanten anzutreffenden Haltung, sei die katholische Kirchenzeitung »Das neue Reich« aus dem Jahre 1925 zitiert: »Demokratie und ihr gesamter Klüngel werden zur Blendlaterne, unter deren
Scheine das zielsichere Streben Zions vollends geraten muß.«[9] Und um

---

5   *E.Lamparter*, Evangelische Kirche und Judentum. Ein Beitrag zum christlichen Verständnis
von Judentum und Antisemitismus, 1928, S.17.
6   Ebd., S.38.
7   *W.Altmann*, Die Judenfrage in ev. und kath. Zeitfachschriften zwischen 1918 und 1933,
(Theol. Diss) 1971, S.67. Siehe auch: *H.Greive*, Theologie und Ideologie. Katholizismus und Judentum in Deutschland und Österreich 1918–1935, 1969.
8   *W.Altmann*, a.a.O., S.64.
9   Ebd., S.227.

weiterhin deutlich zu machen, daß wir derzeit zwar von der Vergangenheit, nicht aber über Vergangenes sprechen, sei der Ausspruch eines führenden Neonazis in der Bundesrepublik angefügt, der lapidar feststellt: »Demokratie ist gleich Zionismus«[10], womit er die gleiche Abscheu gegen ein parlamentarisches System zum Ausdruck bringen will wie seine geistigen Vorläufer.

Wen also wundert's, daß das Jahr 1933 im doppelten Sinne als ein Schicksalsjahr betrachtet wurde. Denn auch vor 50 Jahren feierte man das Luther-Jubiläum. Und es war zugleich das Jahr der sogenannten Machtergreifung Adolf Hitlers, ein Jahr, in dem Gott Deutschland »Volk werden ließ«. Letzteres schrieb Joachim Hossenfelder von der Glaubensbewegung Deutscher Christen. Er sprach aus, was sicher nicht wenige dachten: »Das hat Gott durch Adolf Hitler getan, den wir deshalb getrost den größten Mann nach Dr. Martin Luther nennen können.«[11] Ebenfalls 1933 veröffentlicht im Mohr Verlag, Tübingen, Erich Vogelsang seine Schrift »Luthers Kampf gegen die Juden«. Einleitend stellte er fest, »gerade das (gemeint ist Luthers Judenfeindschaft) greift unsere Zeit – abseits aller Theologie – mit leidenschaftlichem Verstehen auf, hier glaubt sie Luther, dem deutschen Luther nahe zu sein!«[12].

»Dem deutschen Luther«, in dieser Umschreibung liegt ein beträchtlicher Teil der Wirkung verborgen, die Luther, und in unserem Kontext Luthers judenfeindliche Äußerungen, in der Geschichte des politischen Antisemitismus spielten. Erst die Kombination aus deutsch-nationalen, deutsch-völkischen und christlich-heilsgeschichtlichen Elementen erklärt die Wirkung Luthers, oder anders ausgedrückt: erklärt den Reiz, weshalb sich Antisemiten gerne mit Luther schmückten.

»Der deutsche Luther«

Im Jahre 1912 wurde der Band »Der deutsche Himmel. Weihegedichte aus den Werken des Dichters Max Bewer« veröffentlicht. Eines war Luther geweiht:
Der die seelenvollsten Lieder
sang aus streitbarem Gemüt –
Luther, sende Kämpfer nieder,
Bis das dritte Reich erblüht.
Als Kämpfer Luthers im Bewer'schen Sinne verstanden sich seit langem Deutschlands national gesinnte Studenten. Am 1. April 1886 erschien zum

---

10 *G.B.Ginzel,* ›Wer Deutscher ist, kann kein Demokrat sein‹. Anmerkungen zum rechtsextremen Weltbild, in: *W.Filmer / H.Schwan,* Was von Hitler blieb. 50 Jahre nach der Machtergreifung, 1983, S.157. Siehe auch: *G.B.Ginzel,* Hitlers Ur-Enkel – Neonazis: ihre Ideologien und Aktionen, ³1983.
11 *J.Hossenfelder,* Unser Kampf, Schriftenreihe der Deutschen Christen Nr.5, 1933, S.15.
12 Ebd., S.5.

ersten Mal das »Verbandsorgan der Vereine Deutscher Studenten«, die »Akademischen Blätter«. Zehn Jahre später, 1896, brachten die jungen Kyffhäuser, die sich selbst als »nationale Bewegung in der Studentenschaft des deutschen Reiches« bezeichneten, eine Sammlung der wichtigsten Veröffentlichungen der verflossenen Dekade heraus. Sie nannten diesen Jubiläumsband »Deutschland, Deutschland über alles!«[13]. Hier finden wir die Wirkung der Philosophien von Herder und Fichte, von Arndt und de Lagarde, den Niederschlag von Treitschke und Stoecker, um nur diese zu nennen. Wie also definierten sie ihr Deutschlandbild? Nichts, heißt es im Eröffnungsbeitrag, »was wir wollen«, sei in Deutschland »mächtiger als der religiöse Gedanke, der sich im Laufe der Zeit zum christlichen entwickelt hat. Ohne die Religion kann der deutsche Geist nichts schaffen, denn ohne sie hört er auf deutsch zu sein«[14]. In dem Aufsatz »Deutsche Männer« wird unter Bezugnahme auf Ernst Moritz Arndt eine Kurzformel für das ideale Deutschtum aufgestellt. Deutsch sein, setze sich aus den folgenden Eigenschaften zusammen: »Der Geist glühendster Vaterlandsliebe, der urdeutsche Freiheitsgeist, der Geist deutscher Mannhaftigkeit und Geradheit, der Geist tiefwurzelnder christlicher Frömmigkeit.« Die Reformation – so die nationalistische Interpretation der Bedeutung des Christentums – sei die »große, alles beherrschende Geistesströmung« gewesen, »an der das ganze Volk in allen seinen Gliedern teilnahm, sich fühlend als ein Volk von Brüdern«.

Im Mittelpunkt steht nicht Luthers christliche Botschaft, sondern Martin Luther als »ein Riese«, der das »von außen Dargebrachte« beseitigte. Entsprechend wird der Reformator gerühmt: »Martin Luther ist der erste, der mit mächtigem Hammer die deutsche Nation geschmiedet hat.« Die »deutsche Reformation« habe in ihrer »Hauptmasse« die Germanen erfaßt; das Christentum sei »im großen und ganzen auf die arischen Volksstämme beschränkt geblieben«[15].

Zu dieser »echt deutsch-nationalen Gesinnung« gehört ein Feind, der »furchtlos zu bekämpfen« ist: »Im Judentume (erblicken wir) einen solchen Feind.« Die Juden seien eben Feinde »des idealen deutschen Charakters«[16].

Deutsche Weltanschauung

Vierzig Jahre später konkretisiert der Jeaner Philosophieprofessor Max Wundt diese Auffassung. Das Wirken Luthers definiert Wundt als den Beginn einer »deutschen Weltanschauung«. So fügen sich die Elemente ineinander. Deutschtum bedeute immer auch Christentum, aber ein antirömisches Christentum: Durch das »Werk Martin Luthers (sei) der christliche

13 Deutschland, Deutschland über alles!, 1896.
14 Ebd., S.2.
15 Ebd., Zitate von S.109 und S.126 f.
16 Ebd., S.3.

Glaube aus deutschem Geist wieder geboren worden«[17], »vor allem auf protestantischem Boden und durch protestantischen Geist geschaffen«[18]. Darüber hinaus will Wundt »aus dem Werke des größten Reformators« eine für die Neuzeit gültige »Deutung (›wenigstens in ihren allgemeinen Grundlinien‹) ableiten«[19]. Schließlich habe »die Tat Martin Luthers unserem Volke die einheitliche Sprache« geschaffen und damit die »Sprachgemeinschaft« gebildet[20]. Aus der Sprachgemeinschaft sei die »völkische Gemeinschaft« erwachsen, eine »Gemeinschaft der Gesinnung«, die »nur aus dem gemeinsamen Blute« erstehen konnte[21]. Wundt übernimmt – wie auch andere – die alte christliche Vorstellung von den Juden als Gottesmördern und transformiert diese Gottesmörder-Vorstellung im Kontext seiner »deutschen Weltanschauung« aus Sprach-, Gesinnungs- und Blutgemeinschaft zu einer aktuellen und tödlichen Gefahr. Dabei stuft er die jüdische »Gefährdung unserer Sprachgemeinschaft« und die »Verjudung unseres Geistes« als »viel schwerer zu bekämpfen« ein als die »Verjudung unseres Blutes«[22].

Wie vierzig Jahre zuvor der Kyffhäuser-Student in seinem Beitrag ein allgemeines antijüdisches Ressentiment voraussetzte, das eine Definition der antijüdischen Position überflüssig machte, so setzt auch Wundt eine umfassende antijüdische Einstellung beim Leser seiner Machwerke als gegeben voraus. Jüdisches Blut »ist zu verwerfen«, weil es »dem eigenen (Blute) gefährlich« sei. Aus diesem Grund stelle »der Gebrauch unserer Sprache in dem Munde Blutsfremder« ebenfalls eine Gefährdung dar. Denn »daß der Jude ein völlig anderes Sprachgefühl besitzt als wir, ist selbstverständlich«[23]. – Antisemitische Logik und Gedankentiefe in Reinkultur.

Christentum und Luther werden in der »deutschen Weltanschauung« des völkischen Lagers auf zwei Elemente reduziert:

1. Die sakrale Überhöhung des Deutschtums. Entscheidend: der heilsgeschichtlich gedeutete Ursprung – christliche Gedanken, protestantischer Geist auf protestantischem Boden. Das wird von Wundt (u.a.) »als die wahre Grundhaltung dieser (deutschen) Geisteswelt« verstanden, die »das Werk Martin Luthers« sei. Durch ihn bleibe der »religiöse Gedanke ... der ganzen Art deutschen Denkens entsprechend im Mittelpunkt«. Von diesem Fundament aus schweife dieser Geist »in einem noch viel umfassenderen Ausmaße« ab und werde »die Gesamtheit der neueren Lebensgebiete« durchleuchten«. Das aber heißt: Übertragung des »religiösen Gedankens«

---

17   *M.Wundt*, Deutsche Weltanschauung. Grundzüge völkischen Denkens, 1926, S.16.
18   Ebd., S.30.
19   Ebd.
20   *M.Wundt*, Volk, Volkstum, Volkheit, Schriften zur politischen Bildung, 7. Reihe: ›Volkstum‹, H.3, hrsg.v.d. Gesellschaft Deutscher Staat, 1927, S.19.
21   Ebd., S.11.
22   Ebd., S.10 (»Wenn durch ein Wunder der Vorsehung alle Juden aus unserem Volke verschwänden«, bleibe die »Verjudung« des Geistes, die auch ohne Juden fortwirke. Ebd.).
23   Ebd., S.18.

auf die Volks- und die Blutsgemeinschaft[24]. Deutschland, das neue, das wahre, auserwählte Volk.

2. So wie Deutschland durch Luther eins mit dem Christentum wurde, so setzt sich auch das Ringen zwischen dem alten Israel (den Juden) und dem neuen Israel (Deutschland) fort. Es könne, hatte Adolf Hitler folgerichtig erklärt, nur ein auserwähltes Volk geben, Deutschland oder Israel.

Auf diese Weise kann die gesamte christliche Judenfeindschaft aus 1800 Jahren übernommen, aktualisiert und politisiert werden. Daher ist es für völkische, rassische, selbst für antichristlich eingestellte Antisemiten selbstverständlich, christlich-theologische Argumente gegen »die Juden« anzuführen. Womit wir wieder bei Luther sind.

Die Dichotomisierung der christlichen Judenfeindschaft – hier Licht-Zukunft-Erlösung-Christentum, dort Finsternis-Vergangenheit-Verwerfung-Judentum – exemplifiziert Wundt am Beispielspaar Ehre und Unehre. Wie in vielen christlichen Predigten (zumindest der damaligen Zeit) benutzt er »das Volk der Juden« als »ein warnendes Beispiel« für das deutsche Volk[25]. »Sie (die Juden) stießen (im Gegensatz zu den Germanen/Deutschen) das göttliche Heil, das ihnen in Christus angeboten war, von sich und sagten sich damit von dem göttlichen Segen, dem höchsten Quell aller Ehre, los. Da sanken sie in Unehre und Schmach.« Die christliche Verwerfungstheologie bleibt auch im politischen und rassistischen Judenhaß wirksam. Wundt weiter: »Der lebendige Strom des Lebens versiegte ihnen und ihr Dasein brach in tote Stücke auseinander. Als die Zeugen göttlichen Zornes führten sie fortan ihr Leben unter den Völkern.«[26]

Der Rückbesinnung auf Jesus kommt im antisemitischen Lager durchaus exemplarische Bedeutung zu! Antisemiten identifizieren sich häufig mit Jesus. So auch Theodor Fritsch, ein Rassenfanatiker, den man nicht nur als Antisemiten, sondern auch als dezidierten Antichristen bezeichnen kann. Dennoch ist auch für ihn die Tradition des Antijudaismus unverzichtbar zur Legitimierung seiner eigenen Anschauungen und seines Auftretens. In seinem Buch mit dem bezeichnenden Titel »Der falsche Gott, Beweismaterial gegen Jahwe« beruft er sich u.a. auf Joh 8,44 und führt dann aus: »So kennzeichnet Christus den Judengott Jahwe als den Urvater der Lüge und Falschheit.«[27] Nichts anderes vertrete auch er, Fritsch. Doch dafür habe er dreimal »in's Gefängnis wandern müssen«. Entsprechend, lamentiert er, »müßten sie auch ihren Heiland Christus (man beachte: er spricht nicht von unserem Heiland!), wenn er heute wieder käme, in's Gefängnis stecken«. Fritsch weiter: »Nicht minder deutlich (antijüdisch als er selbst) redet ein anderer, der auch voll christlichen Geistes war – Dr. Martin Luther.«[28]

24 M.Wundt, Deutsche Weltanschauung, a.a.O., S.31.
25 M.Wundt, Die Ehre als Quelle des sittlichen Lebens in Volk und Staat, Schriften zur politischen Bildung, 10. Reihe: ›Weltanschauung‹, H.5, hrsg.v.d. Gesellschaft Deutscher Staat, 1927, S.52 f.
26 Ebd., S.53.
27 Th.Fritsch, Der falsche Gott. Beweismaterial gegen Jahwe, 9.Aufl., o.J. (nach 1910), S.192.

Dieser Luther sei »mit den schärfsten Waffen gegen die ehrlosen Fremdlinge zu Felde gezogen«[29]. Ausführlich zitiert er aus Luthers Schrift »Von den Juden und ihren Lügen« und aus den Tischreden. Eine Kommentierung hält er nicht für angebracht. Luthers Zitate sind an Schärfe auch von einem Theodor Fritsch nicht zu überbieten und Luthers Schlußfolgerungen, von der Verbrennung der Synagogen bis zur Austreibung werden genüßlich und ausführlich angeführt. Luther als Alibi für einen Kampf gegen die – Luther-Zitat von Fritsch – »giftigen, hämischen Schlangen, Meuchelmörder und Teufelskinder«[30]. Unter Berufung auf den »deutschen Luther« wird Judentum als allgegenwärtiger Weltfeind dargestellt, ein »Beispiel der Entmenschung«, eine »über die ganze Welt verbundene Verbrecher-Genossenschaft«. Solange »der Ruchlose frei einher geht«, könne es »kein Glück und keinen Frieden mehr in der Menschheit geben«. Der Kampf gegen das Judentum, »gegen die Nation der Menschheitsverräter«, wird somit im völkischen Antisemitismus zur »heiligen Verpflichtung eines jeden Deutschen, ja zu seiner eigentlichen Lebensaufgabe«[31]. Denn dieser Kampf habe im Rassegenossen der Deutschen, dem Arier und Germanen Jesus von Nazareth, bereits begonnen. Jesus, der Galiläer, wird in unzähligen Schriften als antisemitischer, arischer Held gegen die jüdisch-semitische Verworfenheit gefeiert. Die römisch-südländische Kirche, das Papsttum, selbst verjudet, machte aus Jesu rein arischer Heilslehre eine orientalische Fremdlehre, bis dagegen Luther und die arischen Völker aufstanden. Gegen das übermächtige Papsttum ankämpfend, sei das Christentum von Luther untrennbar nicht nur mit dem Deutschtum verwoben, sondern wieder auf eine klare antijüdische Basis gestellt worden. Soweit Fritsch, der hier für den rassischen Antisemitismus steht[32].

All diesen Pamphleten des späten 19. und des 20. Jahrhunderts ist eines gemeinsam, die Sehnsucht, daß nach Jesus und nach Luther abermals ein Germane aufstände, um das durch die Aufklärung und Leute wie Lessing und Heine gefährlich »verjudete« Deutschland und damit die Welt zu retten.

Vor diesem Hintergrund mag es kaum noch verwundern, daß Luther auch zur Legitimierung diktatorischer Herrschaft bemüht wurde. Am 14. Oktober 1923 erklärte ein Parteiredner in Nürnberg: »Meine Lieben! Ein wahrer Staatsmann, ein wahrhaftiger Diktator stützt sich auf niemand, sondern er stützt die Nation, richtet sie auf und führt sie dann den von ihm als richtig erkannten Weg. Das ist es ja, was drei unserer größten deutschen Männer ... so groß gemacht hat, weil sie für sich gegen den Willen aller ein tatsächliches Heldenleben führten. Hier der kleine unbedeutende Mönch, der es wagt, weil er es für richtig erkannt, den Kampf aufzunehmen gegen

28 Ebd.
29 Ebd., S.133.   30 Ebd., S.189.
31 Ebd., Zitate von 186, 190 und 193.
32 Hierzu siehe auch: Der Deutsche Christus, in: *G.B.Ginzel*, Phänomenologie des Antisemitismus, a.a.O.

die damals allgewaltige katholische Kirche. Und doch hat Luther sich durchgerungen, weil er sich auf niemand gestützt, sondern gegen eine ganze Welt von Feinden kämpfte.«[33] Der Redner hieß Adolf Hitler. Zehn Jahre später wurde er als der neue Luther gefeiert. In einem vom Reichsjugendführer Baldur von Schirach herausgegebenen Jugendbuch mit dem Titel »Der Führer« wird Hitlers »Mein Kampf« wie folgt der deutschen Jugend angelobt: »Und Jahrhunderte später (nach Luthers Bibelübersetzung), als sich die Zeit erfüllt hat, ist wieder ein einzelner, welcher Sieger über die Mächte der Erde ist, der berufene Vollstrecker dieses Testaments der Sprache ... In der Gefangenschaft der Festung Landsberg schafft der Führer das Buch aller deutschen Bücher: ›Mein Kampf‹.«[34]

Täuschen wir uns nicht, die wirtschaftlichen und sozialen Probleme, die nach wie vor ungewohnten und häufig ungeliebten Formen demokratisch-parlamentarischer Arbeit, der Zusammenbruch einer obrigkeitsstaatlich organisierten Welt- und Lebensordnung ließen in vielen die Sehnsucht nach einer neuen emotionalen Heimat, nach Geborgenheit und klaren Verhältnissen ebenso wachsen wie den Wunsch, einen Feind dingfest zu machen, dem man alle Übel anlasten konnte. In dieser Situation wird im völkischen Lager Martin Luthers Judenfeindschaft popularisiert.

»Ob ich die Juden lieben kann?«

Antisemitismus – oder Voreingenommenheit gegenüber Juden war (und ist) nicht nur ein Problem von Radau-Antisemiten vom Schlage eines Fritsch. Das zeigt in deprimierender Deutlichkeit ein Umfrageergebnis, das vom Institutum Judaicum in Berlin durchgeführt und in der von Hermann L. Strack herausgegebenen Schriftenreihe veröffentlicht wurde: »Die Juden und das Evangelium. Äußerungen hervorragender evangelischer Christen der Gegenwart, veranlaßt und zum Erwägen für Christen und Juden, herausgegeben von G.M.Löwen«, Leipzig 1913.

Superintendent und Oberpfarrer Richard Bieling aus Soldin beginnt seinen Beitrag mit der Frage: »Ob ich den Juden lieben kann?«, um sich sogleich eine Antwort zu erteilen: »Von Natur nicht. Allzuviel trennt mich von ihm. Seine Art ist nicht meine, er hat einen anderen Geist ..., sie (die Art) ist meinem deutschen Empfinden zuwider.« Und er fügt hinzu, »jüdische Gesinnung« – wobei völlig offenbleibt, was er darunter versteht – beeinflusse »die Gesinnung und Gesittung meines Volkes ...; das muß ich bedauern.« Eine emotionale und irreale Ablehnung kommt hier zum Ausdruck. Bieling ahnt sein Problem, gegen Menschen eine Voreingenommenheit zu besitzen, ohne konkret eine Begründung liefern zu können. Er stehe eben »vor einer Kluft, die mich von dem Juden trennt«. Dabei sage man

---

33 *E.Jäckel / A.Kuhn,* Hitler. Sämtliche Aufzeichnungen 1905–1924, 1980, S.1032.
34 *E.W.Möller,* Der Führer, hrsg. v. B.v.Schirach, 1938.

ihm, »der Jude (sei) auch ein Mensch«. »Gewiß«, sucht er seine Position zu bestimmen, »aber wie ›das Ding an sich‹ besteht auch der Mensch an sich nur als ein Gedankenbild«, und »auch als Mensch bleibt der Jude eben Jude und ich bleibe Deutscher. Darüber kann ich nicht hinweg.« Dann aber bricht der evangelische Pfarrer durch. Denn da sei ja einer, der ihm diese Liebe schenken könne. »Als Jünger Jesu, als Christ, kann ich den Juden lieben«, weil eben auch Jesus ihn geliebt habe[35]. Gerne würde er den Juden »die Freiheit und Freudigkeit« seiner Seele schenken, seine »Gottinnigkeit«, die nämlich habe der Jude nicht. Der Grund? »Sie haben mit Jesus gebrochen. Das war ein Bruch mit Gott.« So müsse man warten, »bis die Juden sich in die Gewalt Jesu begeben«[36].

Der Präsident des Protestantischen Oberkonsistoriums in München, Hermann von Bezzel, analysiert die innerjüdische Zerrissenheit zwischen Liberalen und Orthodoxen und kommt dann zu dem Schluß: »Eins sind beide Richtungen im Streben nach Weltherrschaft.«[37] Auch für Professor Martin Kähler aus Halle gilt die antisemitische Behauptung einer »Herrschaft der jüdischen Internationale auf dem Geldmarkt« als Tatsache. Zugleich macht er eine »unleugbare Wahlverwandtschaft« der Juden mit »dem politischen Radikalismus und dem diesem eigenen fanatischen Haß« aus. Als Bibelverehrer sehe er deutlich, wie sich hier der Fluch »bis in kleine Züge hinein« zu erkennen gebe. Kähler vertritt eine v.a. im 19. Jahrhundert verbreitete Meinung der Judenmission, »daß ein Jude erst ein bloßer Mensch werden muß, um ein Christ zu werden . . ., der nichts anderes braucht als unseren Heiland«[38]. Die Definition, die Professor Ludwig Lemme, Geheimer Kirchenrat aus Heidelberg, zum Thema »Judentum in seiner gegenwärtigen Gestalt und Lage« gibt, könnte einer antisemitischen Schrift entnommen sein. Die Juden »gebärden sich überall möglichst modern« und der »ganze Bestand des Judentums (sei) ein Anachronismus«. Ein Volk »von leidenschaftlicher Erwerbsgier«, das zu Recht »überall als Element der Zersetzung und Zerrüttung« betrachtet werde, was »angesichts der jüdischen Presse und der jüdischen Demagogen der Sozialdemokratie« als ein berechtigter Vorwurf anerkannt werden müsse[39]. Sein Rezept erinnert an Luthers »scharfe Barmherzigkeit«. Man müsse, fordert Lemme, Antisemitismus und Philosemitismus verbinden; wobei sich der Antisemitismus gegen die Sache zu richten habe, »wie die schlechte jüdische Presse und den jüdischen Wucher«. Philosemitisch und missionarisch sei der einzelne Jude zu behandeln (»mit herzlicher Nächstenliebe«)[40].

Israel steht nach Oberamtsrichter a.D. Seebaß aus Helmstedt »jetzt un-

35 G.M.Löwen (Hrsg.), Die Juden und das Evangelium. Äußerungen hervorragender evangelischer Christen der Gegenwart . . ., 1913, alle Zitate S.11.
36 Ebd., S.12.
37 Ebd., S.9.
38 Ebd., S.19.
39 Ebd., S.24 f.
40 Ebd., S.26.

ter Gottes Gericht«. Es erfülle sich die Selbstverfluchung vor Pilatus: »Sein
Blut komme über uns und unsere Kinder!« Seebaß geht dann auf Luther
ein: »Ob die Juden auch noch so viel klagen über das Elend ihrer Verbannung, ob sie noch so viel flehen und bitten, daß Gott ihnen gnädig sein solle:
Er erhört sie nicht, da sie das Blut verschmähen, das allein sie rein waschen
könnte von all ihrer Sünde, das Blut Jesu, des Gekreuzigten.« Schließlich
habe auch Martin Luther »von der Vergeblichkeit aller jüdischen Gebete
seit der Verwerfung des Messias« geschrieben[41].

All diese Zitate stammen, dies sei wiederholt, von einigen führenden
evangelischen Christen aus der Zeit vor Ausbruch des Ersten Weltkrieges.
Es gilt festzuhalten, in welchem Ausmaß sich hier religiöse, wirtschaftliche,
politische und kulturelle Vorurteile verbunden haben. Die Anklagen, die
da gegen Juden erhoben wurden, sind allerdings auch Selbstanklagen. Die
Existenz der Juden wird auf das Versagen der Christen zurückgeführt. Diese
theologische Grundhaltung mündet daher in die Judenmission und sieht
keinerlei Existenzrecht für ein Israel nach Jesus oder gar die Fortdauer eines
jüdischen Heilsweges vor. Das Vorhandensein der Juden wird auch als eine
Demonstration christlicher Kleingläubigkeit und Unfähigkeit aufgefaßt,
denn – so Professor Lemme – »wenn alle Christen wirklich Christen wären,
gäbe es keine Juden mehr«[42].

Um die Hebung des »christlichen Selbstbewußtseins« gegenüber den Juden ging es Pastor E. Schaeffer in seiner Schrift »Luther und die Juden«, die
im Kriegsjahr 1917 erschien. Schaeffer hat die berechtigte Sorge, daß der
Verlauf des Weltkrieges die Judenfrage erneut angefacht habe, und die Erwartung, daß »nach dem Kriege eine scharfe Auseinandersetzung mit dem
Judentum stattfinden« werde[43]. Allerdings kommt es ihm darauf an, in welchem Geist das geschehen werde. Soll der junge oder der alte Luther »den
evangelischen Christen ihre Stellung in der Judenfrage weisen?« Daher
schildert er – durchaus mit viel Verständnis für die Situation der Juden –
die theologischen und sozialen Hintergründe, die zu den unterschiedlichen
Stellungnahmen Luthers geführt haben. Ja, er kritisiert verhalten den alten
Luther, der »den biblisch-religiösen Standpunkt des Propheten in der Judenfrage aufgegeben und den gewiß berechtigten, aber kurzfristigeren des
deutschen Patrioten eingenommen« habe[44]. Für ihn, den Judenmissionar,
stehen Luthers frühe Schriften zum Judentum im Mittelpunkt seiner Aufgabe. Es scheint, daß sich Luthers Erfahrungen bei Schaeffer im Jahre 1917

---

41 Ebd., S.34.
42 Ebd., S.25.
43 *E.Schaeffer*, Luther und die Juden, in: Christentum und Judentum. Zwanglose Hefte zur
Einführung der Christen in das Verständnis ihrer wechselseitigen Beziehungen, hrsg. v. d. Gesellschaft zur Beförderung des Christentums unter den Juden in Berlin, Serie 5: ›Geschichte der
Judenmission‹, H.1, 1917, S.6. Siehe auch: *J.Brosseder*, Luthers Stellung zu den Juden im Spiegel
seiner Interpreten, in: Beiträge zur ökumenischen Theologie, Bd.8, hrsg. v. H.Fries, 1972,
S.218 ff.
44 *E.Schaeffer*, a.a.O., S.57.

wiederholten: die »große Enttäuschung . . . (die Luther erfuhr, als seine) Missionsschrift von 1523 die Juden in keiner Weise dem Christentum zugänglicher machte«[45]. Das deckt sich mit seinen Erfahrungen: »Das Gebiet der Judenmission« gehöre »zu den dornenvollsten Missionsgebieten überhaupt«. Anders als Luther, der – so klagt Schaeffer – »Lügen und Narrheiten« wie »Mord von Christenkindern, Brunnenvergiftung, Hostienschändung . . ., Landesverrat an die Türken« in seinem Alter »immer selbstverständlicher als erwiesene Tatsachen hinstellt«, will Schaeffer »diesen Fehler des großen Mannes vermeiden«[46]. Schaeffer erkennt die Wandlungen im modernen Judentum, die ihn außerordentlich irritieren. Vergessen wir nicht, daß die Herausbildung einer jüdischen Gläubigkeit – von den Reformern bis zur Neu-Orthodoxie Samson Raphael Hirschs, die Entstehung einer blühenden Wissenschaft des Judentums – bei vielen Christen die bereits angesprochene Verunsicherung auslöste. So lebendig hatte man sich nicht die Vertreter einer abgestorbenen Religion vorgestellt. Schaeffer versteigt sich sogar zu der Vermutung, dieses »so erneuerte Judentum« fühle sich berufen, das Christentum (und den Islam) als Weltreligion abzulösen[47]. Diese irreale Existenzangst, dieser für viele Christen heute wohl nur schwer nachvollziehbare Minderwertigkeitskomplex gegenüber gläubigen und selbstbewußten Juden sind eine konstante Triebfeder des »christlichen Antisemitismus«. Prompt verfällt an dieser Stelle auch Schaeffer in den Wortschatz des politischen Antisemitismus. »Gegen jüdische, das Christentum zersetzende Einflüsse ist die lebendige Heilsgeschichte der Christen immer der sicherste Schutz.« Für Schaeffer gilt als »zersetzend« ausschließlich das Faktum der unerwarteten Vitalität des deutschen Judentums. Dieser Eindruck verstärkt sich, wenn er als Aufgabe der Judenmission eine Form der Christenmission anspricht: »Darum geht das Bestreben aller Judenmissionsgesellschaften immer auch dahin, das christliche Selbstbewußtsein gegenüber den Juden zu stärken.«[48]

Was Schaeffer allerdings übersah, war die Tatsache, daß die Postulierung eines christlichen Absolutheitsanspruchs und die jüdische Weigerung, diesen durch den Übertritt, die Taufe, zu akzeptieren, immer wieder zu einer voreingenommenen Haltung gegenüber den »verblendeten«, »halsstarrigen« Juden verführte und dazu beitrug, daß Männer wie Stoecker die »jüdische Anmaßung« in allem entdeckten, was ihnen gegen die subjektiv als christlich definierte Ordnung verstieß (Pressefreiheit, Sozialismus, Kapitalismus).

45 Ebd., S.56.
46 Ebd., S.54 und 61.
47 Ebd., S.62.
48 Ebd.

»Luthers Tat für die arische Menschheit«

Diese weitverbreitete Grundhaltung, die Lamparter bei seinen Amts-
brüdern kritisierte, wurde nun – wie von Schaeffer vorhergesehen – durch
die moralische und vor allem wirtschaftliche Misere, die Orientierungslo-
sigkeit und Verunsicherung nach dem Ersten Weltkrieg verstärkt. Es mehrten sich die Versuche, die aktuelle Situation im tradierten Muster als Folge
einer »jüdisch-orientalischen Wesensvergewaltigung« zu deuten und die
Verunsicherten dem antisemitischen und völkischen Lager zuzuführen. In
diesem Sinne veröffentlichte 1921 Alfred Falb die für unsere Thematik
wohl wichtigste Schrift »Luther und die Juden«[49]. Für Falb ist Luther »der
größte Deutsche«. Daher verdiene sein Urteil besondere Beachtung. Außerdem könne man Luther, dem Bibelübersetzer, sicher nicht den »Vorwurf
unchristlicher Gesinnungsart«[50] machen. So abgesichert beginnt Falb seine
Analyse, wobei kein Zweifel aufkommt, daß es ihm nicht um die Vergangenheit, sondern um die Gegenwart zu tun ist. »Damals bot nun aber
Deutschland ... ähnlich wie heute ein trauriges Bild und eine fette Weide
für die geschäftliche Ausbeutung dar!«[51] Luther habe gegen den Papst, gegen König Franz I. von Frankreich und Karl von Spanien und gegen den Ab-
laßhandel gekämpft. Das »Wuchergeschäft des Ablaßhandels« dokumen-
tiere »das Eindringen jüdischen Geistes in die christliche Kirche« und stelle
eine »echt kapitalistische Vorstellungsweise« dar, die aus der »talmudisch-
midrasischen Theologie« stamme[52]. Das war zu Luthers Zeiten. Heute würden Frankreich und Rußland »um die Herrschaft über das deutsche Volk«
streiten. Falb sieht eine Kontinuität: »Die Grundzüge des heutigen Bolschewismus (der Deutschland gefährde) seien schon in der alttestamentlichen
Geschichte Judas zu erkennen.« Nur daher könne man es verstehen, so eine
gewagte Beweisführung, »warum die katholische Kirche bis zu Luthers Zeiten die Bibelkenntnis dem Volke vorenthielt«[53]. Im übrigen sie auch der »Je-
suitismus ... als ein Kind talmudischen Geistes zu betrachten«[54]. Hinter
beiden Erscheinungen, Bolschewismus und Papstkirche, stehe die »jüdisch-
orientalische Wesensvergewaltigung«[55]. Falb wertet die Bedeutung »von
Luthers Tat für die arische Menschheit« als »Erwachen germanischer Seele
zu arischer Gotteserkenntnis und Wiedergeburt«[56]. Es folgen die üblichen
antijüdischen Zitationen aus Luthers einschlägigen Werken, die für Falb
»geradezu erschütternd in ihrer lebendigen Wahrheit klingen«. Besonders
beeindruckt ihn – wie alle Antisemiten – Luthers »scharfe Barmherzig-

49 A.Falb, Luther und die Juden, 1921.
50 Ebd., S.10.
51 Ebd., S.14 f.
52 Ebd., S.16.
53 Ebd., S.59.
54 Ebd., S.43.
55 Ebd., S.59.
56 Ebd.

keit«. Luther selbst, kommentiert Falb, habe die Judenausweisung »als unbedingte Notwehrmaßnahme eines ausgeplünderten Volkes erkannt«[57]. Im Rückgriff auf de Lagarde und Eugen Dühring fordert er die Ausscheidung der »Keimverderber«, die Unschädlichmachung »der eingedrungenen Bakterien«[58].

Bei aller Bewunderung für Luther, den er als Alibi für seinen Feldzug gegen Judentum und Bolschewismus benutzt, sieht Falb dennoch Anlaß zu einer vorsichtigen Kritik an Luther, »denn zu dem letzten Schritt der Erkenntnis, daß im Alten und Neuen Testament verschiedene Götter herrschen, daß Schaddaj, Jaho oder Jawe nur der Stammesgötze der Juden, niemals der Gottvater Christi ist«, sei Luther nicht vorgedrungen[59]. Eine ähnliche Kritik übte auch Artur Dinter an Luther, vor allem in seinen »197 Thesen zur Vollendung der Reformation«[60]. Für Dinter hat Luther nur »einen unzulänglichen Anlauf genommen, die Heilandslehre von der jüdisch-römischen Fälschung zu befreien«[61]. Während für Dinter Luther daher Katholik geblieben und »innerlich vom Mosaismus nicht losgekommen« sei und damit »für uns heute keine Autorität mehr, ... sondern ... nur noch geschichtliche Größe« besitze[62], urteilt Falb zurückhaltender: Luther sei eben »bis zu diesem letzten Schritte ... in den Kämpfen seines vielbestürmten Lebens« nicht gekommen. Gleichwohl habe er das Neue Testament »hoch über das Alte« gestellt[63].

Der Streit um das jüdische Erbe im Christentum

Mit großer Sorge betrachtete man in weiten Teilen der evangelischen Kirche, wie Antisemiten gegen das Alte Testament agierten, wie sich die Schriften mehrten, die die Einheit von Altem und Neuem Testament aufzubrechen trachteten. Alfred Falb schätzte am Alten Testament »in Wahrheit nur Luthers Dichterwort und Luthers Seele«, die »wir in seiner Übersetzung lieben«, dahinter sich aber heimlich der Juden Götzendienst verberge[64]. Der Polemiker Dinter zählt zu den frühen Wegbereitern des Gedankens einer Deutschen Kirche, aus der die »jüdisch-paulinische Theologie auszumerzen« sei. Für den »einzig möglichen Weg zu dieser Vollendung der Reformation« stellte Dinter drei Thesen auf: »Fort mit dem Alten Testament! Fort mit Paulus! Zurück zu Christus!«[65] Gegen diese, auch von

57   Ebd., S.61 f.
58   Ebd., S.57.
59   Ebd., S.52.
60   A.Dinter, 197 Thesen zur Vollendung der Reformation. Die Wiederherstellung der reinen Heilandslehre, 1.–5. Tausend, 1926.
61 ˙ Ebd., S.36.
62   Ebd., S.158.
63   A.Falb, a.a.O., S.52.
64   Ebd., S.53.
65   A.Dinter, a.a.O., S.123.

Falb vertretenen Positionen tritt der Rostocker Theologieprofessor Wilhelm Walther mit einer Artikelserie im März 1921 in der Evangelisch-Lutherischen Kirchenzeitung an. Im gleichen Jahr noch bringt er diese Beiträge als Sonderdruck unter dem Titel »Luther und die Juden und die Antisemiten« heraus[66].

Zu Beginn stellt er klar: »Das ist das Erschütternde an dem heutigen Antisemitismus, daß er sich nicht damit begnügt, den Juden, mit denen wir es heute zu tun haben, ihre Fehler vorzuhalten, sondern auch für geboten hält, das Alte Testament der Verachtung, ja dem Haß preiszugeben.«[67] Sehr bald einigt er sich aber mit Falb – und mit Luther –, daß die Rabbinen, vor allem im Talmud und den übrigen Kodizes, die Juden verdorben hätten: »Wie man sieht, ist man berechtigt . . ., die Moral der heutigen Juden an den Pranger zu stellen. Aber die alttestamentliche Moral soll man ungeschmäht lassen.«[68] Allerdings glaubt er bereits im Alten Testament »die Nationalfehler des jüdischen Charakters« zu erkennen. Trotzdem »beklagt (er) tief«, daß der »heutige Antisemitismus« sich in »seinem berechtigten Kampfe« der »Siegeskraft« beraube, wenn er, »um die Juden gründlich schlecht zu machen, auch das ganze Alte Testament in Verachtung zu stoßen nicht müde« werde[69]. Dadurch würden »unzweifelhaft viele Christen . . . in nicht geringe Not geraten«[70]. Denn für Christen bezeuge das Alte Testament auch »eine Offenbarung des lebendigen Gottes«, und Jesus habe sich »mit Wort und Tat . . . zu dem Alten Testament bekannt«. Eine Überbetonung des alten Bundes, wie sie der Calvinismus vertrete, sei hingegen eine »falsche Auffassung der Bibel«. Und er vertritt auch hier Luthers Position, denn: »Wir dürfen das Alte Testament nicht auf die gleiche Stufe stellen wie das Neue; wir müssen jenes als die Vorbereitung für dieses auffassen lernen.«[71] Aus dem Alten Testament ströme andererseits noch heute der »sprudelnde Brunnen lebendigen Wassers«, insbesondere aus dem Psalter, der uns »Labung und Stärkung« bringe[72]. Doch jeder lobenden Erwähnung des Alten Testaments, jeder Zurückweisung von Angriffen fügt Walther mit schon penetranter Beharrlichkeit eine an Anbiederung an die Antisemiten grenzende religiöse, politische und völkische Bejahung des Judenhasses an. Er geht nach dem Motto vor: Wir sind doch in bezug auf Luthers Judenfeindschaft einer Meinung; ich bestätige euch als Theologe die Notwendigkeit des Antisemitismus. Kann man dann, im Gegenzug, nicht das Alte Testament, die Grundlage des Christentums, aus dem Spiele lassen? Anders vermag ich Walthers Ausfälle gegen das »gefahrbringende Juden-

66 W.Walther, Luther und die Juden und die Antisemiten, 1921. Siehe auch: Altmann, a.a.O., S.273–278; Brosseder, a.a.O., S.114 f.
67 W.Walther, a.a.O., S.4.
68 Ebd., S.5.
69 Ebd., S.6.
70 Ebd.
71 Ebd., S.7.
72 Ebd., S.8.

tum«, die »drohende Gefahr«, die Berechtigung zum »Kampfe gegen den jüdischen Geist« nicht zu deuten. Und er bescheinigt den Antisemiten eine »Bestätigung« ihrer Judenfeindschaft durch die »Aussagen Luthers«, insbesondere in bezug auf »jüdische Revolutionsführer«, vor allem in Rußland[73]. Zwar wendet er sich gegen Dinter und die These von der jüdischen Weltverschwörung, meint aber im gleichen Absatz, es sei »wertvoll, wenn das Walten des semitischen Geistes und Einflusses aufgedeckt wird«[74]. Dennoch warnt er die Antisemiten, daß Luther »nichts von einem ›deutschen‹ Gott‹ gesagt habe«, »nichts von einer ›deutschen Religion‹«. Wer das behaupte, so fürchtet er, trage »zur Beseitigung des Christengottes« bei und leiste »also wider Willen der jüdischen Bekämpfung des Christentums Handlangerdienste«[75].

»Auf den Bahnen der reifen Erkenntnis des großen Reformators«

Im antisemitischen Verlag Deutsche Nachrichten, Berlin, erschien 1931 die Agitationsschrift »Luther als Judenfeind« von Karl-Otto v. d. Bach. Während sich Pastor Schaeffer auf den jungen Luther als den maßgebenden beruft, ist für v. d. Bach nur der alte Luther von Interesse. Denn in seiner Jugend habe er »das Judentum aus eigener Erfahrung zunächst nicht gekannt«[76]. Erst nachdem er es näher kennenlernte, beginne »der reife Luther« die Juden zu hassen, »aus nationalen und religiösen Gründen«[77]. Eine Einstellung, die aus naheliegenden Gründen bei allen antisemitischen Autoren, die sich auf Luther berufen, anzutreffen ist. Für sie beginnt »die völkische Bedeutung der Reformation« erst mit den judenfeindlichen Schriften des älteren Luther. V. d. Bachs Schrift ist nichts anderes als eine antisemitische Zitatensammlung von »Luthers Worten«. Nach Stichworten aufgelistet stellt sie eine Agitationshilfe gegen »die jüdische Plage« dar. Es sei nötig, so der Autor, »die Stellung unseres Glaubenserneuerers zur Gegenrasse weitesten Kreisen bekannt zu machen«[78]. Er schließt seine Spruchsammlung mit dem Kommentar, es sei nun an der Zeit, »vor Gott und der deutschen Zukunft« die »weitsichtige Warnung« Luthers zu befolgen und »auf den Bahnen der reifen Erkenntnis des großen Reformators zu wandeln«[79].

---

73 Ebd., S.35.
74 Ebd., S.39.
75 Ebd., S.38.
76 *K.O.v.d.Bach*, Luther als Judenfeind, 1931, S.2.
77 Ebd., S.4.
78 Ebd., S.4 f.
79 Ebd., S.12.

Von der »deutschen Reformation« zur »deutschen Revolution«

Zwei Jahre später wandelte man auf diesen Bahnen, und dem deutschen
Luther sollte nunmehr die deutsche Kirche im Dritten Deutschen Reich
folgen. Das war das Ziel des »Bundes für Deutsche Kirche«, der anläßlich
des 450. Geburtstages Luthers die Schrift »Luther und die Juden. Dargestellt nach Luthers Schrift ›Wider die Jüden und ihre Lügen‹ von 1543« vor-
legte[80]. Luther war hier nicht nur als Kronzeuge des Antisemitismus bemüht, sondern zugleich als Rammbock gegen die evangelische Kirche
Deutschlands eingesetzt. »Völlige Entartung und sittlicher Verfall« sei eingetreten, weil die evangelische Kirche abseits gestanden habe, als der »ge-
sunde deutsche Sinn anfing, sich aufzubäumen gegen jüdischen Geist und
jüdische Vergewaltigung«[81]. Und das, obwohl dank Luther gerade dieser
Kirche die Verwerflichkeit der Juden hätte bekannt sein müssen. »Diese
Kirche«, folgern aus ihrem Verhalten die Autoren, »war reif zum Abbruch,
sie verdiente nicht mehr den Namen ›Deutsche Evangelische Kirche‹«. Jetzt
gelte es, »Versäumtes nachzuholen« und mit Luther als einem »lauten Ru-
fer im Streit gegen die Feinde unseres Volkes« anzutreten[82]. Das Alte Testament sei endgültig »aufzuheben«. Es folgt die übliche judenfeindliche Zita-
tionsabfolge aus Luthers Schriften. Das Ergebnis war vorauszusehen: »Was
Luther vor 400 Jahren bereits erkannt hatte«, trete heute wieder hervor,
»nur eben mit dem Unterschied, daß heute die Lösung dieser Frage nicht
von der Kirche in Angriff genommen wird ... Deshalb setzen wir an die
Stelle des jüdischen Alten Testamentes deutsches Geistesgut. Wir wissen,
daß wir im Geiste Luthers handeln.«[83] Die Schrift schließt mit Luthers Aufruf, »ein Christ (habe) nächst dem Teufel keinen giftigeren, bitteren Feind
denn einen Jüden«. Fettgedruckt, versteht sich.

Man hätte annehmen können, daß ein Luther-Forscher wie Erich Vogelsang machtvoll den völkischen Luther-Interpreten entgegentritt. Doch
Zweifel kommen bereits angesichts der Widmung, die er seiner Schrift vor-
anstellt: »Dem ersten Deutschen Evangelischen Reichsbischof Ludwig Müller«[84]. Gleich zu Beginn solidarisiert er sich mit dem »heute volksnotwendi-
gen Antisemitismus«. Lewins Luther-Darstellung charakterisiert er mit
den Worten, daß »Reinhold Lewin als Rabbiner trotz versuchter Objektivität und wissenschaftlicher Methode kaum etwas erfassen konnte, dürfte
nicht verwunderlich sein«[85]. Zur Judenfrage interpretiert er Luther sicher
zu Recht: »Das ist der rätselhafte Fluch über dem jüdischen Volk seit Jahr-

80   J.Noack, Luther und die Juden. Dargestellt nach Luthers Schrift ›Wider die Jüden und ihre
Lügen‹ von 1543, hrsg. v. Bund für Deutsche Kirche, 1933.
81   Ebd., S.4.
82   Ebd., S. 4 f.
83   Ebd., S.11.
84   E.Vogelsang, Luthers Kampf gegen die Juden. Sammlung gemeinverständlicher Vorträge
und Schriften aus dem Gebiet der Theologie und Religionsgeschichte, Bd. 168, 1933.
85   Ebd., S.8 f.

hunderten: In Wahrheit eine Selbstverfluchung. An Christus, dem Stein des Anstoßes, sind sie zerschellt, zermalmt, zerstreut.«[86] Die »ganze innere Verstörung im Glauben, Hoffen und Handeln«, womit Vogelsang die »jüdischrabbinische Sittlichkeit« meint, sei »der eigentliche Fluch des jüdischen Volkes, der es seit den Tagen Jesu Christi umtreibt«. Daher sei die Emanzipation der Juden ein vergeblicher Fluchtversuch gewesen[87]. Heftig polemisiert er gegen Lamparter und Lessing wie gegen den Liberalismus und die Aufklärung, die »niemals Luther und dem Neuen Testament« gerecht würden, da sie übersähen, »daß das jüdische Volksschicksal nur in den Kategorien Fluch und Verblendung, Zorn und Gericht Gottes« zu beschreiben sei. Die Reverenz vor dem Dritten Reich folgt auf dem Fuße. Mit der Judenfrage habe die »deutsche Revolution 1933 eine 150 Jahre lang verschleierte welthistorische Frage wieder sichtbar gemacht«[88]. Das »Judentum als Ganzes« bleibe »die offene Wunde am Körper der Menschheit bis zum Ende aller Dinge, bleibt das verkörperte Ärgernis am Kreuz, bleibt der sichtbare Gottesfinger des Zornes in der Menschheitsgeschichte«[89]. Die Kirche dürfe keineswegs, wie von Lamparter gefordert, der jüdischen Religion neben der christlichen ein göttliches Daseinsrecht zugestehen. Sie müsse auf dem »gänzlich verschiedenen Wesensgrunde der Synagoge, Scheidung der Geister und entschiedenen Abwehrkampf gegenüber der inneren Zersetzung durch jüdische Art, gegenüber allem ›Judaisieren‹ und ›Judenzen‹« bestehen[90]. Verantwortliches Eingreifen und Durchgreifen gegenüber den Juden könne natürlich nur durch die weltliche Obrigkeit erfolgen. »Ihr das Gewissen zu schärfen und ihr unmittelbar Ratschläge zu geben, ist das eigentliche Anliegen von Luthers Judenkampfschriften.« Konkret spricht er in diesem Zusammenhang die von Luther geforderte »scharfe Barmherzigkeit« an[91]. Vogelsang vertritt bis in die Terminologie (»Brechung der Zinsknechtschaft«) den Antisemitismus, wie er im Jahre 1933 propagiert wurde. Zwar spricht er nicht von Rasse – obwohl auch dies anklingt –, doch bringt er dafür um so stärker Theologie unter Berufung auf Luther ins Spiel: An Luthers Leidenschaft – so Vogelsangs Quintessenz zum Verhältnis zu den Juden – könne man »alles Entscheidende lernen«, nämlich daß die Judenfrage »nicht im Umkreis der reinen Humanität, sondern ... im Angesicht des Kreuzes Christi gesehen werden muß«[92].

1936 veröffentlicht Walter Gabriel, Pastor an der St. Laurentius Kirche zu Halle, seine Abhandlung »Dr. Martin Luther. Von den Jüden. Luthers

86 Ebd., S.10.
87 Ebd., S.16.
88 Ebd., S.18.
89 Ebd., S.21.
90 Ebd., S.25.
91 Ebd., S.30.
92 Ebd., S.35 (»Es bedurfte nicht erst des erst spät bei Luther auftretenden Verdachtes des Landesverrates, um das Judentum als eine staatspolitische Gefahr des christlichen und deutschen Volkskörpers zu erkennen.« Ebd., S.30).

christlicher Antisemitismus nach seinen Schriften«[93]. Eine merkwürdige
Schrift. Unmißverständlich widerspricht er den Germanisierungsversuchen
Jesu mit der Begründung, Luther liebte die Juden, »zumal sie Blutsbrüder
Jesu sind«[94]. Dennoch tritt er für einen »christlichen Antisemitismus« ein,
den Luther auf biblischer Grundlage entwickelt habe. Christlich verstandenen Antisemitismus vertrete der, »der den Feind liebt, den er bekämpfen
muß«[95]. Begründung: Die Juden seien als »Volk« »verworfen«. Nur »einige,
wenige fromme Juden (glauben) wirklich an Gott«, jene, die sich jetzt zu
Christus bekehrten. Mit den Juden zu diskutieren habe keinen Zweck, man
müsse sie aber »auf das Gericht Gottes über ihr Volk« hinweisen. Und wörtlich: »Da die Juden aber als ein christus- und christenfeindliches Volk, das
dem Geld ergeben ist, durch ihren geistigen wie wirtschaftlichen Einfluß
nur schädliche, Kirche und Gastvolk zerstörende Wirkung haben, muß
nicht nur die Kirche durch die Judenmission an den Juden arbeiten, sondern
auch die weltliche Obrigkeit, der Staat, auf die Juden sorgfältigst achtge-
ben.« Es folgt sodann der übliche Katalog lutherischer Empfehlungen.
Schon eine merkwürdige Einerseits-Andererseits-Haltung, die Gabriel vertritt, die aber im Kontext der obrigkeitsstaatlichen Fixierung nicht weniger
evangelischer Theologen gesehen werden sollte. So lehnt er eine Ausweisung der Juden ab, um sofort abzuschwächen: »Wenn der Staat glaubt, gegen die Juden als staatsgefährlich ... vorgehen zu sollen, so wird das die
Kirche dem Staat überlassen müssen.« Als Lösung empfiehlt er Staat wie
Kirche Luthers Haltung: »Nicht wütender Haß, sondern der heilige Zorn
der christlichen Liebe.«[96]
    Im nächsten Jahr (1937) erschien im Kirchenblatt »Das Evangelische
Westfalen« ein Aufsatz unter dem Titel »Luthers christlicher Antisemitismus heute«[97]; Autor: Hansgeorg Schroth. Es ist eine unglaublich mutige
Schrift zur Verteidigung der Judenmission und der Judenchristen. Radikal
wird das Recht etwa eines getauften Juden, als Pfarrer zu amtieren, verteidigt, ein klares Bekenntnis zur Bekennenden Kirche abgelegt und ein offe-
ner Widerstandsaufruf gegen das »völkisch-nationale Christentum« erhoben. Hier schreibt ein Mann, der ohne jeden Zweifel bereit ist, für sein lutherisches Christentum einzutreten, auch wenn dies den Weg ins Martyrium bedeuten würde. Aber es fällt kein Wort der Verteidigung für Juden.
Seine Solidarität erstreckt sich ausschließlich auf Juden, die sich haben taufen lassen. Den Nicht-Getauften gegenüber vertritt er den »christlichen
Antisemitismus«: Sie führten ein Parasitendasein, seien von Gott verwor-

93   W.*Gabriel*, Dr. Martin Luther. Von den Jüden. Luthers christlicher Antisemitismus nach
seinen Schriften, 1936. (»Christlicher Antisemitismus« war seit dem Ende des 19. Jh.'s ein fest-
stehender Begriff christlicher, insbesondere christlich-theologisch-politischer Judenfeinde.
Hierzu: *G.B.Ginzel*, Phänomenologie des Antisemitismus, a.a.O.)
94   Ebd., S.42.
95   Ebd., S.42 f., weitere Zitate ebd.
96   Ebd., S.45.
97   *H.Schroth*, Luthers christlicher Antisemitismus heute, in: Das Evangelische Westfalen,
1937.

fen und bedeuteten »eine Frage für jedes Volk der Erde auf Leben und Tod«[98]. Für Luther in seiner Zeit und die Menschen heute laute die Frage: »Entscheidet sich ein Volk gegen diesen Herrn Christus, so wird es ein jüdisches Volk . . ., teilt es das Schicksal des rassischen Judentums: Verwerfung durch Gott, d.h. aber Entziehung der Qualität und des Grades als Volk.«[99] Und er schließt seinen Aufsatz mit der Aufforderung an die Kirche, ihre Aufgabe sei es, »allem Antichristentum oder völkisch nationalem Christentum Widerstand zu leisten, so wie es Luther gegenüber den Juden tat«[100].

»An Luthers Geburtstag brennen . . . die Synagogen«

Ein Jahr später, im November 1938, brennen in Deutschland die Synagogen. Am 23. November 1938 verfaßt der Landesbischof Martin Sasse die Schrift »Martin Luther über die Juden: Weg mit ihnen!«[101]. Vorangestellt ist als Leitwort Joh 8,44. Sasses erster Satz hat den Wortlaut: »Am 10. November 1938, an Luthers Geburtstag, brennen in Deutschland die Synagogen.« Welch eine Verbindung – hier, von Sasse, als Erfüllung Luthers verstanden. »Die Macht der Juden auf wirtschaftlichem Gebiete (1938!) im neuen Deutschland (ist) endgültig gebrochen und damit der gottgesegnete Kampf des Führers zur vollen Befreiung unseres Volkes gekrönt.« Und weiter: »In dieser Stunde muß die Stimme des Mannes gehört werden, der als der Deutsche Prophet im 16. Jahrhundert aus Unkenntnis einst als Freund der Juden begann, der, getrieben von seinem Gewissen, getrieben von den Erfahrungen und der Wirklichkeit, der größte Antisemit seiner Zeit geworden ist, der Warner seines Volkes wider die Juden.« Bevor Sasse unter der Überschrift »Luther klagt an: Von den Juden und ihren Lügen – Die Notwendigkeit der Judenbekämpfung« entsprechend der antisemitischen Praxis ein Lehrbuch zum Judenhaß aus Luther-Zitaten zusammenstellt, erklärt er dem Leser seine Absicht: »In dieser Schrift soll nur Luther mit seinen eigenen Worten zu uns reden. Seine Stimme ist auch heute noch gewaltiger als das armselige Wort gottferner und volksfremder internationaler Judengenossen und Schriftgelehrter (womit der »Oxford-Weltprotestantismus« gemeint ist), die nichts mehr wissen von Luthers Werk und Willen.«

1939 wurde die Verbindung aus »christlichem Antisemitismus« und NS-Ideologie institutionalisiert. Geistiger und geistlicher Wegbereiter des »Instituts zur Erforschung und Beseitigung des jüdischen Einflusses auf das deutsche kirchliche Leben« in Eisenach war Professor Walter Grundmann.

---

98   Ebd., S.2.
99   Ebd., S.23.
100 Ebd., S.29.
101 *M.Sasse*, Martin Luther über die Juden: Weg mit ihnen!, 1938, S.10. Alle Zitate aus der Einleitung S.2f.

In seinem Eröffnungsvortrag »Die Entjudung des religiösen Lebens als Aufgabe deutscher Theologie und Kirche«, erschienen im gleichen Jahr im »Verlag Deutscher Christen, Weimar«, zieht Grundmann einen Vergleich zwischen der Reformation und der NS-Zeit: »Die Reformation Martin Luthers hatte als Grundlage ihre Auseinandersetzung mit dem Katholizismus«[102]. Aus »dem einsamen Gotteskampf des Mönches Martin Luther«, den er »stellvertretend« für das deutsche Volk kämpfte, schuf er dreierlei[103]:

1. »Wiedergewinnung ewiger Wahrheit«.
2. Das vom Katholizismus gereinigte Christentum und damit die Ablösung bisheriger Selbstverständlichkeiten.
3. Er schuf die Voraussetzung für den preußisch-brandenburgischen Staat und »die Grundlage und Keimzelle des Zweiten Deutschen Reiches«[104].

Über die Jahrhunderte hinweg schaffte nunmehr, in der Reformation Luthers wurzelnd, »einer der größten Söhne des deutschen Volkes überhaupt, unser Führer«, eine »neue Erfüllung«; die »Erfüllung deutscher Geschichte« schlechthin: »Das großdeutsche Volksreich«[105]. Die wiedergewonnene Wahrheit heute sei die »völkische Wahrheit«, die rassische Gemeinschaft des Volkes[106]. Der große Gegner seien die Ideen der Französischen Revolution, die »ihren die Welt erobernden, das Völkische auslöschenden und die Weltherrschaft des Judentums herbeiführenden Ausdruck« in den »Ideen im Bolschewismus gefunden« hätten. »Aus diesen Gründen«, folgert Grundmann, sei »der Gegensatz gegen das Judentum geradezu die Voraussetzung für die Erkenntnis und Verwirklichung des völkischen Gedankens und damit des Anbruches einer neuen Epoche innerhalb der Weltgeschichte«[107]. Da »dem deutschen Volk der Kampf gegen das Judentum unwiderrufbar aufgegeben« sei, müsse gerade die Kirche eine »reformatorische Entscheidung« treffen[108]. Der geschichtliche Ausgangspunkt des Christentums sei »jüdischen Ursprungs«, »in weiten Partien jüdischen Geistes«. Gefordert sei jetzt die »Ablösung bisheriger Selbstverständlichkeiten«, die »Ablösung des heilsgeschichtlichen Zusammenhangs von Abraham auf Christus«[109]. Grundmann nennt diesen Zusammenhang »eine dogmatische Konstruktion der ersten Christenheit, die der Freiheit der Erscheinung Jesu Christi . . . nicht gerecht wird«[110]. Und weiter: »So wenig die Menschen zu Luthers Zeit sich vorstellen konnten, wie man ohne die Autorität des Papstes

102 W.Grundmann, Die Entjudung des religiösen Lebens als Aufgabe deutscher Theologie und Kirche, 1939, S.10. Zu Grundmanns Rolle ausführlich: L.Siegele-Wenschkewitz, Mitverantwortung und Schuld der Christen am Holocaust, in: EvTh 42, 1982, S.171–190.
103 W.Grundmann, a.a.O., S.6.
104 Ebd., S.7.
105 Ebd., S.5 und 7.
106 Ebd., S.9.
107 Ebd.
108 Ebd., S.10.
109 Ebd., S.10 und 15.
110 Ebd., S.15.

Christ sein könne, . . . so wenig können es sich heute viele vorstellen, wie man ohne den heilsgeschichtlichen Bezug auf die Geschichte des Alten Testaments und ohne das Heil monopolisierenden Kirchenbegriff noch Christentum und Kirche erhalten könne«.[111] Gefordert sei also eine »Ablösung der Grundlagen des bisherigen Kirchenbegriffs – Kirche als geistiges Israel«, woraus sich ein »in der Linie der Anschauungen Luthers liegendes Neuverständnis der Kirche« bilde, »das sich der gesamtpolitischen Idee der Deutschen, der Idee des Reiches, einordnet«[112]. Daher müsse auch ein »inneres Problem der deutschen Reformation« gelöst werden. Grundmann meint mit dieser Forderung, die in der bereits mehrfach angesprochenen Tradition des völkischen Antisemitismus steht, die Zurückdrängung des »fundamentalen Einflusses der paulinisch geprägten Form des Christentums«[113]. Dem Arier Jesus wurde als Gegenspieler der Semit Paulus gegenübergestellt.

In dem Sammelband, den das Institut im Jahr darauf vorlegt, wird dieser Punkt konkretisiert[114]. Autor des Aufsatzes »Der Einfluß der Juden auf das evangelische Christentum« ist Professor Wolf Meyer-Erlach. Als Ausgangspunkt wählt er Martin Luther (»größter Antisemit des ganzen Abendlandes«[115]). Luther sei zu dieser »großen, judenfreien Haltung gekommen, weil für ihn das Neue Testament, weil für seinen Glauben einzig und allein Christus der Maßgebende war«[116]. Daher schrieb er die »leidenschaftlichste, judenfeindlichste Schrift«, denn man könne sich nicht zu Christus bekennen »und es zur gleichen Zeit mit seinem Mörder, mit Judas, halten«[117]. Weil Jesus der »Heiland der Völker« und nicht der »jüdische Messias, der Mörder aller Völker« gewesen sei, habe Luther diesen »grundlegenden Unterschied zwischen Altem und Neuem Testament« gemacht[118]. Daher habe »Luther die Freiheit eines Christenmenschen an sich erfahren«, und »deshalb mußte der Deutsche Prophet schreiben: ›Moses ist nicht der ganzen Welt zum Lehrer gegeben . . . Die Gebote, dem Volke Israel gegeben, . . . lasse ich fahren.‹«[119] Die Quintessenz, die man sicher als das Dogma der Deutschen Christen einstufen kann, lautet nach Meyer-Erlach: »In Luther machte sich der deutsche Mensch frei von Gewissenszwang und Priesterherrschaft, um Gott und dem eigenen Volk dienen zu können in königlicher Freiheit.«[120]

111   Ebd., S.17.
112   Ebd., S.19.
113   Ebd., S.21.
114   Christentum und Judentum. Studien zur Erforschung ihres gegenseitigen Verhältnisses, 1940.
115   W.Meyer-Erlach, Der Einfluß der Juden auf das evangelische Christentum, in: Christentum und Judentum, a.a.O., S.8.
116   Ebd.
117   Ebd., S.9.
118   Ebd., S.8.
119   Ebd.
120   Ebd., S.9.

Von dieser Position aus greift Meyer-Erlach frontal Großbritannien an,
was man nur als den Versuch werten kann, auch der antienglischen Politik
des NS-Regimes eine theologische Rückendeckung zu verschaffen. In England feiere »das Tier mit seiner wilden, hemmungslosen Brunst
Triumph«[121]. Anders als in Deutschland habe »Luthers Kampf gegen das
Alte Testament . . . in England nicht den geringsten Widerhall gefunden«,
und damit habe dort das »Alte Testament und damit der Judaismus Geist
und Gesicht des englischen Christentums entscheidend geprägt«[122]. Und
dann das Verdammungsurteil über die Briten: »Ihr Gott ist der Gott des Alten Testamentes, ihr Glaube ist der Glaube der Juden vor Christus. Ihre
Ethik ist vollendetes Judentum. Ihr rasender Enthusiasmus ist die Glut des
jüdischen, diesseitigen Messianismus im Herzen von Engländern.«[123] »Der
Gott Israels, nicht der Gott Jesu Christi, wurde ihr Gott.«[124] Konsequenz:
»So stehen wir in Deutschland auf gegen jede christliche Vernebelung und
Tarnung des englischen Imperialismus und reißen den in christlichen Phrasen eingehüllten . . . englischen Staatsmännern und ihren ›Seidenpudeln‹,
den Bischöfen und Erzbischöfen, die Maske des Christentums vom Gesicht.
Aber dann starrt uns das vom Judentum zerfressene England an.« Die Stunde sei nahe, die England das Ende bringe: »Helfen wir mit zu diesem Ende,
wie Luther auf der Kanzel seinen Fürsten gegen die Juden half.«[125]

121 Ebd.
122 Ebd., S.10.
123 Ebd.
124 Ebd., S.12.
125 Ebd., S.27.

Eberhard Bethge

Dietrich Bonhoeffer und die Juden*

I
Probleme des Themas

1
Veranlassung

Mit Zögern mache ich mich an einen ersten Versuch über »Bonhoeffer und die Juden«. Dazu gehört ein Stück weit auch das eventuell noch schwierigere Thema »Die Juden und Bonhoeffer«. Das Zögern ist von den beiden Beziehungsgrößen veranlaßt: den Juden und Bonhoeffer. Was Bonhoeffer anbetrifft, müßte ja wiederum die Ganzheit eines Menschen bedacht werden, das Geflecht seiner Herkunft, historisch, kirchlich, theologisch, seines Milieus, seiner Theologie und Ethik, seiner geschichtlichen Stunde, die Verzweigungen seiner kirchlichen und politischen Einsätze, das letzte Opfer an Leben und Reputation, das er als einer unter vier Männern seiner Familie gebracht hat.

Was die Juden anbetrifft, müßte bedacht werden, was unsere bisherigen Dimensionen von »Bedenken« weit übergreift. Wer sind in diesem Beziehungsfeld eigentlich »die Juden«? Hier wird vieles unbefriedigend bleiben, und zwar nicht nur aus Gründen einer schwierigen Definition, sondern darum, weil wir erst damit beginnen, die Erschütterung durch den Holocaust an uns herankommen zu lassen und seine Folgen zu bedenken für die Krise von Zivilisation, Kultur (Sprache, Universität), Politik und Religion. Der Nichtjude bedarf ständig erneuerter Begegnung mit Juden und ihrer kritischen Hilfe. Jedes Teilergebnis muß sich gefallen lassen, noch einmal in Frage gezogen zu werden. Wer sich hier beteiligt, läßt sich auf ein Wagnis ein; er wird genötigt, wieder einmal den Ausgangspunkt bei der Gegenwart zu nehmen, Vergangenes aus der Rückschau zu begreifen und Ereignisse mit ihrem verbalen Niederschlag auch mit der Elle ihrer Wirkungsgeschichte zu messen.

Das Wagnis einzugehen, erzwang die Anfrage eines Juden zur Bedeutung Bonhoeffers in bezug auf eine künftige jüdische wie christliche »Theologie nach dem Holocaust«. Sie wird meine Frageweise und Darstellung

* Erweiterte Fassung des Aufsatzes, der zuerst erschien in: *E. Feil / I. Tödt* (Hg.), Konsequenzen. Dietrich Bonhoeffers Kirchenverständnis heute, München 1980, 171–214.

weithin bestimmen. Dr. Emil Fackenheim, Professor der Philosophie in Toronto, einst KZ-Insasse in Sachsenhausen, dort 1938 Haftgenosse von
Ernst Tillich und Werner Koch, den Veröffentlichern der BK-Denkschrift
an Hitler von 1936, fragte im Frühjahr 1979 bei der English Language Sec-
tion der Bonhoeffer Society an (Übersetzung E.B.):

»1. Ich erinnere mich einer Stelle bei Bonhoeffer, in der er die Kirche anklagt, die wehrlosesten Brüder Jesu, die Juden, verraten zu haben. Ich finde die Stelle nicht wieder ... Das
würde nämlich einiges aussagen über Bonhoeffer den *Menschen* angesichts der Juden als solchen.
    2. Folgenreicher für die Zukunft ist Bonhoeffer der *Theologe*. Ich hörte Christen sagen,
Bonhoeffer der Mensch sei besser gewesen als Bonhoeffer der Theologe; daß er nämlich theologisch allein für die nicht-arischen Christen gestritten habe. Wenn man zeigen könnte, daß er
darüber hinausgegangen ist, würde ich das gern hervorheben. Das wäre außerdem von nicht
zu überschätzender Bedeutung für die christliche Theologie. Bis jetzt formuliere ich meiner-
seits: Bonhoeffer sagte, daß nach Hitler Deutsche nicht mehr evangelisierend mit Juden sprechen können.
    3. Wenn Bonhoeffer so etwas gesagt hat, erhebt sich die weitere Frage, was genau er ge-
meint hat. Meinte er, daß unter entsprechenden existentiellen Bedingungen eine evangelisie-
rende Anrede an Juden unmöglich ist? Oder daß der Holocaust ein epochales Ereignis darstellt,
welches für immer die jüdisch-christlichen Beziehungen verändert hat? Oder daß dieses Ereignis nur aufgedeckt hat, was von Anfang an eine christliche Abirrung gewesen ist?
    Wie sich das auch verhalten mag – ich denke, Sie wissen, daß ich selbstverständlich Bon-
hoeffer mit großem Respekt behandeln und ausführen werde, daß, wenn er *nicht* zu den radikalen Schlüssen gefunden haben sollte, die aus meinem Blickwinkel notwendig sind, dies
kaum überraschend ist im Blick darauf, wie wenig er von den Fakten des Holocaust hat wissen
können. Andererseits wäre es natürlich höchst ermutigend, wenn er sie gefunden hätte – und
zwar so weit voraus. Schlüsse, die ihn selbst jetzt noch nicht nur zu einem persönlichen Märty-
rer machten, sondern auch zu einem theologischen Pionier.«

Den Zusammenhang mit den eigenen Plänen schilderte Fackenheim
dann in einem persönlichen Brief (29. Juni 1979) folgendermaßen:

»Rosenzweig schrieb zum ersten Mal eine jüdische Hermeneutik des Christentums, die von
einem jüdischen Standpunkt das Christentum für Christen anerkannte. Mir geht es darum, innerhalb eines Gesamtwerkes über jüdische Existenz nach dem Holocaust eine jüdische Hermeneutik des Christentums nach dem Holocaust zu wagen, natürlich nur in kurzem Aufriß.
Dies setzt voraus, daß der Holocaust ein Elementarereignis auch für das Christentum ist, daß
aber die christliche Hermeneutik nur von seiten der Christen selbst getan werden kann.«

Wie Fackenheim hier eine Antwort erhofft, werde ich sie wahrscheinlich
kaum schon geben können. Um meine These vorwegzunehmen: Bonhoeffer hat sich den fast nahtlosen Anschluß an 1932 von Theologie und Kirche
nach 1945 überhaupt nicht vorzustellen vermocht. Gleichwohl hat er selbst
noch keine »Theologie nach dem Holocaust« explizit ins Auge gefaßt; man
kann ihn nur beschränkt unter die Entwerfer einer solchen Theologie zählen. Er gehört aber zu ihren stärksten Auslösern auf christlicher Seite. Seine
Gruppen-, Orts- und Zeitzugehörigkeit stellte ihn in die Solidarität derer,
die Opfer des Holocaust wurden, wenn auch die Leiden von Juden und

deutschen Widerstandskämpfern unterschieden blieben. Die Aufgabe einer Theologie nach dem Holocaust ist erst uns gestellt – sie ist unsere Sache auch wegen, durch und mit Bonhoeffer. Wir werden sehen, wie so etwas wie eine Hermeneutik des Holocaust existentiell und sprachlich für Bonhoeffer wirksam wurde. So wird man bei Bonhoeffer von einem Durchbruch zu einer kommenden Theologie nach dem Holocaust sprechen können, zu einer Theologie, die den epochalen Charakter dieses Ereignisses für das jüdisch-christliche Verhältnis erkennt und in die Interpretation des christlichen Glaubens einbringt zur Verminderung seiner antijüdischen Elemente. Dahin führt aber bei Bonhoeffer ein kostspieliger Weg und bei uns selbst ein kontrovers geladener langer Prozeß.

2
Untersuchungen

Zur Geschichte des Verhältnisses »Bonhoeffer und die Juden« gibt es auf deutscher Seite noch keine eingehende Studie. Doktoranden haben das Verhältnis der Bekennenden Kirche oder auch der Ökumene zur »Judenfrage« bearbeitet und unter anderem Bonhoeffer als Aktivum auf der christlichen Seite aufgeführt (A.Boyens, W.Gerlach). R.Gutteridge hat eine Gesamtschau des Problems für den Abschnitt 1879–1950 vorgelegt, deren Titel er sich durch ein Schriftwort geben ließ, das Bonhoeffer öfter gebrauchte: »Open thy mouth for the dumb.« Kaum schon aufgenommen sind dort aber kritische Anfragen durch Juden oder Christen, die den theologischen Bonhoeffer in einer antijudaistischen Front der Kirche vermuten oder sehen, Vorwürfe, wie sie etwa Eva Fleischner erhebt[1]:

»Man könnte kaum eine bezeichnendere Illustration finden, wie tiefe Wurzeln der ›Unterricht zum Verachten‹ (teaching of contempt) geschlagen hat, als den folgenden Text Dietrich Bonhoeffers, eines großen Christen und großen Gegners des Nationalsozialismus« – sie zitiert aus GS II, 49f: »Niemals ist in der Kirche Christi der Gedanke verloren gegangen, daß das ›auserwählte Volk‹, das den Erlöser der Welt ans Kreuz schlug, in langer Leidensgeschichte den Fluch seines Tuns tragen muß … Aber die Leidensgeschichte dieses von Gott geliebten und gestraften Volkes steht unter dem Zeichen der letzten Heimkehr des Volkes Israel zu seinem Gott. Und diese Heimkehr geschieht in der Bekehrung Israels zu Christus … Die Bekehrung Israels, das soll das Ende der Leidenszeit des Volkes sein. Von hier aus sieht die christliche Kirche die Geschichte des Volkes Israel mit Schauern als Gottes eigenen, freien, furchtbaren Weg mit seinem Volk. Sie weiß, daß kein Staat der Welt mit diesem rätselhaften Volk fertig werden kann,« – diesen Halbsatz läßt Eva Fleischner aus ihrem Zitieren aus – »weil Gott noch nicht mit ihm fertig ist. Jeder neue Versuch, die ›Judenfrage‹ zu ›lösen‹, scheitert an der heilsgeschichtlichen Bedeutung des Volkes« – von »an der …« bis ». … Volkes« durch Eva Fleischner ausgelassen –, »dennoch müssen immer wieder solche Versuche unternommen werden«.

---

[1] In: Judaism in German christian theology since 1945, 1975, 24f; Übersetzung E.B.

Das sind Auszüge aus »Die Kirche vor der Judenfrage«, die andere Töne wegfallen lassen. Weiter in Eva Fleischners Text:

»Es stimmt, Bonhoeffer schrieb diese Zeilen in der Frühzeit der nationalsozialistischen Machtergreifung, 1933. Freilich trotz seines ständigen und heroischen Widerstandes gegen den Nationalsozialismus, der ihm schließlich das Leben kostete, gibt es keinen Beleg dafür, daß er das Konzept von dem göttlichen Fluch, der über dem jüdischen Volke hängt, je widerrufen (verworfen, repudiated) hätte.«

Ich widerstehe der Versuchung, hier sofort defensive und doch wohl auch berechtigte Einwände zu erheben, sei es aus systematischen, sei es aus historischen Erwägungen heraus. Zwei Amerikaner und ein Jude haben bisher speziell zum Thema Aufsätze veröffentlicht.

(1)   William J. Peck schrieb als erster eine eindringliche Studie »From Cain to the death camps: an essay on Bonhoeffer and Judaism«[2]. Wie das Geschick Kains an Abel, sieht Peck das des christlichen Westens zutiefst an das der Juden gebunden. Bonhoeffers wachsende Ablehnung des »Religiösen« versteht Peck als die erschrockene Wahrnehmung des Faktums, daß und wie das Christentum gerade als »Religion« »zum Antisemitismus und zur Endlösung beigetragen« habe (546). Bonhoeffers neue »Beziehung zum weltlichen Menschen und zum Judentum findet ihren Ausdruck in demselben Handeln«, in der Verschwörung.

»In einer mutmaßlich nichtreligiösen Welt würde dann die Arkandisziplin notwendig werden als Verehrungsort der christlichen Botschaft und des kirchlichen Lebens, sofern nämlich ihr öffentliches Auftreten für die weltlichen Menschen und für die Juden als fatale Wiederholung der alten christlichen Geschichte erschiene« (547).

(2)   Während Peck einige der scharfen Kritiker an offenen oder schlummernden Antijudaismen Bonhoeffers schon beachtet, seinerseits freilich versucht, Ungerechtigkeiten oder gar Kurzschlüsse nachzuweisen, hat Ruth Zerner letzteren breiteren Raum gegeben[3]. Als Historikerin will sie zunächst Blindheiten in Bonhoeffers theologischem Weg stehenlassen und damit zu spüren geben, wie jüdische Gelehrte nach Auschwitz sensibel auf christliche Konzepte reagieren müssen. Sie führt Walter Harrelson vor: Bonhoeffers »Bemerkungen über den Fluch, der Israel auferlegt sei – natürlich nicht ohne Rechtfertigung aus dem Neuen Testament –, sollte besser gnädig vergessen sein«[4]. Ruth Zerner selbst möchte vorsichtiger verfahren:

2   Deutsch in: EvTh 32, 1972, 530–549, Vortrag auf dem Internationalen Bonhoefferkongreß Kaiserswerth, Oktober 1971.
3   Dietrich Bonhoeffer and the Jews: Thoughts and Actions, 1933–1945, in: Jewish Social Studies, 1975, Vol. XXXVII, 3–4, 235–250. Vortrag auf der Conference on the Church Struggle and the Holocaust, New York 1974, Übersetzung E.B.
4   Übersetzung E.B. aus: The place of Bonhoeffer, problems and possibilities in his thought, ed. by Martin E. Marty, 1962, 141.

»Bonhoeffers verstreute Beoachtungen über Juden und jüdische Erfahrung schließen problematische Passagen ein, Mehrdeutigkeiten, Widersprüche. In vielen Fällen können Spannungen, Auslassungen nur teilweise damit erklärt werden, daß sie durch praktische Vorsicht und häßliche (verderbliche) Dringlichkeiten des Lebens im nationalsozialistischen Deutschland verursacht waren. Ich habe nicht vor, Bonhoeffer zu einem Antisemiten zu erklären. Eher möchte ich sagen, daß er wie wir alle zu einem gewissen Grade ein Opfer seines Herkommens und dessen Perspektiven gewesen ist« (236).

So sucht sie abzustufen: »Zuerst muß der Scheinwerfer auf Bonhoeffers Aktionen gerichtet werden, eher als auf seine Theologie« (237).

Ähnlich formulierte einmal auch Franklin Littell: Bonhoeffers Taten waren besser als seine Theologie. Zum Schluß bezieht Ruth Zerner sich auch auf W. Peck:

»Wir haben beide gleiche Entwicklungslinien entdeckt und eine wahrscheinlich erhöhte Sensibilität in Bonhoeffers Haltung zu den Juden ... Wir differieren in dem Ausmaß einer radikalen Verschiebung in der schließlichen Haltung Bonhoeffers zum Judentum. Peck betont eine tiefere Veränderung, weg von einer traditionellen lutherischen Position« (250).

(3)   Pinchas E. Lapide untersucht explizit keine historischen Gebundenheiten in Bonhoeffers Entwicklung. Er geht aus von dem Gefangenen in Tegel, dem unter der hermeneutischen Wirkung eines solidarisierenden Märtyrertums Einsichten zuwachsen, die eine überraschende Nähe zu Thora und Mischna zeigen, wie sie traditioneller reformatorischer Theologie verlorengegangen waren[5]. Lapide hält sich an Bonhoeffers Satz aus dem Herbst 1940: »Eine Verstoßung der Juden aus dem Abendland muß die Verstoßung Christi nach sich ziehen; denn Christus war Jude« (E 95); er entdeckt auch in theologisch ambivalenten Texten wie Bonhoeffers Bibelarbeit über den König David von 1936 (der Christus, der in David war) positive und damals in der Tat unpopuläre Sätze wie: »Das Volk Israel wird das Volk Gottes bleiben in Ewigkeit« (GS IV, 310). Lapide sucht angesichts des Weges Bonhoeffers auf, was er statt an Trennendem an Verbindendem zum Judentum in Bonhoeffers Werk finden kann. Er zieht den Schluß – und das ist das Wort eines Juden:

»Aus jüdischer Sicht ist er der Pionier und Vorläufer einer schrittweisen Re-Hebraisierung der Kirchen in unseren Tagen« (129).

---

5   Bonhoeffer und das Judentum, in: *E. Feil* (Hg.), Verspieltes Erbe. Dietrich Bonhoeffer und der deutsche Nachkriegsprotestantismus, München 1979, 116–130. Vortrag Hofgeismar, Mai 1976.

II
Voraussetzungen

1
Milieu

Ehe die Ereignisse von 1933 Dietrich Bonhoeffer zwangen, Stellung zum Problem der Juden zu nehmen beziehungsweise schnell zu finden – theologisch, kirchlich, moralisch, existentiell –, existierten Juden kaum für ihn als solche, die in ihrem Judentum etwa stigmatisiert seien. Das zeigt ein Blick in die Welt seines familiären, aber auch seines kulturellen und kirchlichen Milieus.

In seiner Familie ging man auf den Ebenen von Freundschaft, Beruf und Bildung völlig selbstverständlich mit Juden um. Unmöglich, eine Auswahl unter dem Gesichtspunkt der Herkunft aus dem Judentum zu treffen! Gerhard Leibholz erinnert sich freilich, daß seine Verlobung mit Dietrichs Zwillingsschwester Sabine nicht ohne familiäre Kritik blieb, an der sich allerdings nicht alle beteiligten, auch Dietrich nicht.

Der Vater hatte immer eine Reihe von Assistenzärzten jüdischer Herkunft in der neurologischen Klinik der Charité; seine Distanz zu Freuds damals noch neuen Lehren hatte nichts mit Freuds Judesein zu tun. Die sieben Geschwister hatten von Kindheit an engste Freunde aus jüdischen Häusern im Grunewald, so auch Dietrich. Ihre Beziehungen überstanden alle Bedrohungen und haben bis in die Gegenwart gehalten, soweit die Freunde noch am Leben sind – zumeist in Amerika und England.

Natürlich hatte man wahrgenommen, daß es seit einigen Generationen einen lauten Antisemitismus gab. Aber bis 1933 glaubte man kaum daran, daß hier eine dauerhafte und gar noch gesetzliche Wieder-Diskriminierung von Juden wirklich durchsetzbar werden könnte. Als das Unglaubliche dennoch Realität zu werden begann, suchte die Familie sich sofort nach Kräften zu widersetzen.

Nachdem man sich solange nicht dazu herabgelassen hatte, den romantisch-brutalen und pseudowissenschaftlichen Rassentheorien Aufmerksamkeit zu leihen, erkannte man diese nun erst recht nicht an. So erklärt sich schon von dieser Seite her, daß Dietrich Bonhoeffer in seinen ersten Äußerungen zur sogenannten »Judenfrage« 1933 – wohl noch üblichen lutherischen Staat-Kirche-Konzepten verhaftet, wiewohl er selbst diese bereits zu erweitern im Begriffe stand – niemals rassische Gesichtspunkte übernahm, wenn er zunächst gewisse Rechte des Staates für die Behandlung von Juden zu begründen suchte; dies sehr im Unterschied zu anderen, die 1933, zwar im kirchlichen Bereich oft ähnlich argumentierend (etwa Walter Künneth u.a.), für das staatliche Handeln aber durchaus rassische Prinzipien übernahmen und gelten ließen. Dies erlaubte Dietrich Bonhoeffer einfach die ständige jüdische Präsenz in der Familie nicht. Hier war niemals Mommsen gegen Treitschke eingetauscht worden.

Freilich, die nahen Beziehungen der Familie bestanden zu assimilierten,

liberalen Juden; andere traten nicht in das Gesichtsfeld; solche also, die etwa Wert auf erkennbare religiöse Bräuche gelegt hätten. Wenn denn überhaupt einmal Unterschiede zu beobachten waren, dann wurden sie mehr
als interessant denn als problematisch, mehr als amüsant denn als aufregend erfahren.

Man mußte sich also 1933 ziemlich plötzlich einem fremden, ungeliebten und aufgezwungenen Thema stellen, als die Freunde unversehens auf
ein sogenanntes »Nicht-Ariersein«, auf ihr Judesein festgelegt und dafür
gebrandmarkt wurden. Hans Jürgen Schultz' ausgezeichnete Sammlung
autobiographischer Studien »Mein Judentum« (Stuttgart 1978) illustriert
diesen Vorgang aus jüdischer Sicht höchst lebendig.

Daß und wie in der liberalen Nichtbeachtung des Judeseins dieser Freunde auch eine Art subtiler Antisemitismus liegen konnte – von Uriel Tal
überzeugend verdeutlicht[6] –, war diesen christlich-liberalen Kreisen kaum
bewußt, um so weniger, als ihre jüdischen Freunde sich zumeist selber in erster Linie als liberale Deutsche fühlten. Daß Harnacks Liberalismus erhebli-
che Elemente von Antisemitismus enthielt, habe ich selbst erst lange Jahre
nach dem Krieg allmählich lernen müssen.

2
Jüdische Renaissance?

Dem Faktor dieses familiären Einflußfeldes muß ein zweiter aus der Stu-
dien- und Lernzeit hinzugefügt werden. Es handelt sich um eine Fehlmel-
dung. Kaum erkennbar ist, daß Bonhoeffer in den Zwanzigern Beziehungen aufgenommen hätte zu jener für uns heute religiös und philosophisch
so spektakulären jüdischen Erneuerung, welche damals, sozusagen um die
Hausecke herum, vor sich ging und die um Namen wie Franz Rosenzweig,
Martin Buber, Eugen Rosenstock, Leo Baeck kreiste. So bekannt zum Beispiel Harnacks »Wesen des Christentums« war, so unbeachtet blieb damals,
daß und wie Leo Baeck mit einem »Wesen des Judentums« in die Debatte
eingriff.

In Dietrich Bonhoeffers Lehrjahren verfestigte sich dieser Tatbestand
noch dadurch, daß die Entdeckung seiner Jugend seine Interessen aus der
Richtung des Berliner theologischen Liberalismus in diejenige der jungen
dialektischen Theologie wendete. Dort aber wurde man nicht auf Buber
und Rosenzweig verwiesen. Wo er dennoch Bubersche Elemente aufnahm,
kamen sie bei ihm von Gogarten und Grisebach. Von den lebhaften Beziehungen der zwei Vettern Hans Ehrenberg und Franz Rosenzweig – kontrovers natürlich – nahm die Gruppe der Dialektiker noch keine weiterreichende Notiz. Wer wußte damals schon von solchen Dingen?

Wer außerdem, wie Bonhoeffer in seiner Studienzeit, sich der Lutherrenaissance zugewendet hatte, wozu ihm in Berlin Holl und auch Seeberg an-

---

6   Christians and Jews in Germany. Religion, Politics and Ideology in the Second Reich 1870–
1914, Ivrith, jetzt auch in Englisch, London 1975.

ziehende Hilfen boten, erhielt auch von dort keine Hinweise auf jene später
einmal so wirksam werdende jüdische Renaissance.

Es waren nicht Barth und nicht die Lutheraner, es war aber etwa Karl
Heim in Tübingen, der sich in den Zwanzigern mit Martin Buber tief ein-
ließ. Der freilich meinte 1934 im Vorwort zur 3. Auflage von »Glauben und
Denken«: »Millionen von Menschen (sind) aus diesem lähmenden Geistes-
zustand (des ›Kulturbolschewismus‹) emporgerissen und mit einem neuen
Lebensinhalt beschenkt worden« und pries 1935 in USA das Führerprinzip.
Dann aber begannen die Barthianer damit, ihr Verhältnis zu den Juden neu
anzugehen.

3
Das Alte Testament

Eigentlich wäre hier eine eigene Untersuchung zu leisten – und zwar in
Durcharbeitung von Bonhoeffers Studentennotizen und seiner reichlich
vorhandenen Seminararbeiten –, wie er damals über »Früh- und Spätjudentum« unterrichtet wurde und was er davon aufnahm. (Siehe etwa die
jetzt in GS V, 17–63 zugängliche Arbeit über »Das jüdische Element im 1.
Clemensbrief« aus dem Harnack-Seminar 1924/25, die Harnack entzückte,
so daß er hoffte, Bonhoeffer würde sich der Alten Kirchengeschichte zuwenden.) Das muß späterer Gelegenheit überlassen bleiben.

Neben die genannten Faktoren – einerseits der selbstverständliche Umgang mit assimilierten Juden und dessen Folge 1933 für die Abwehr einer
Rassenideologie, andererseits die Nichtwahrnehmung der jüdischen Renaissance bei Dialektikern und Luthererneuern und die entsprechende
Unvorbereitetheit beziehungsweise Unangefochtenheit in Fragen einer jüdischen Theologie – tritt ein dritter Faktor in Bonhoeffers früher Entwicklung. Er zeigt zunächst zwar kaum erkennbare Auswirkungen, schafft eine
ganze Weile auch noch gewisse Introvertiertheiten, ja veranlaßt Rückzüge
in theologische »Orthodoxien«; dann aber erweist er sich doch als immer
stärkerer Motor in Richtung auf eine positivere theologische Wahrnehmung der Juden. Ich meine Bonhoeffers schon lange vor 1933 einsetzende
Kritik an seinen Lehrern Seeberg und Harnack, vor allem seine Kritik an
dem Marcionismus des letzteren und damit zusammenhängend die Kritik
an beider Abwertung des Alten Testaments. Dagegen setzt Bonhoeffer
mehr und mehr seine Erkenntnis von dem unteilbaren ganzen Bibelbuch.

Die, gewiß ambivalente, Rückgewinnung des Offenbarungsbegriffes bei
den Dialektikern hatte nun eben auch diese Wirkung, die abwertende Stu-
fentheorie »religiöser Entwicklung« vom Alten Testament über das Neue
Testament über die Kirchengeschichte bis in die Neuzeit unhaltbar werden
zu lassen und die Gültigkeit der Offenbarung im Bundesschluß, bezeugt in
der Thora, mitzudenken. Das half zweifellos trotz aller krausen Wege dahin, ein neues Verhältnis zu den Empfängern und zeitgenössischen Pflegern
dieses Bundesschlusses vorzubereiten.

Harnack, dessen Schüler gewesen zu sein Bonhoeffer sich immer mit

Dankbarkeit erinnert (GS III, 19, Dezember 1929), hatte unter anderem gesagt:

>»Das Alte Testament im 2. Jahrhundert zu verwerfen, war ein Fehler, den die große Kirche mit Recht abgelehnt hat; es im 16. Jahrhundert beizubehalten, war ein Schicksal, dem sich die Reformation noch nicht zu entziehen vermochte; es aber im 19. Jahrhundert als kanonische Urkunde im Protestantismus noch zu conservieren, ist die Folge einer religiösen und kirchlichen Lähmung.«[7]

Martin Kuske stellt in seiner subtilen Arbeit[8] zu Recht fest:

>»Harnacks Vermächtnis tritt Bonhoeffer stolz an. In Sachen Altes Testament aber hat er es nicht angetreten.«

Bei den Berliner Lehrern, bei Seeberg und dem Alttestamentler Ernst Sellin, gab es in der einen oder anderen Form ebenfalls zu lernen, die alttestamentliche Religion sei eine »Vorstufe des Christentums« und das Neue Testament allein »schöpferische wie maßgebende Autorität«[9] beziehungsweise »daß von einer Gleichwertigkeit des Alten mit dem Neuen Testament nimmermehr die Rede sein könne«[10]. Bei solchen Lehrern, in Tübingen wie in Berlin, hatte Bonhoeffer gelernt, durchaus versiert mit den historisch-kritischen Werkzeugen zur Erforschung der Religionsquellen Altes Testament und Neues Testament umzugehen. Aber schon zur Zeit der Promotion im Dezember 1927 kämpfte er, wie sein Freund Franz Hildebrandt berichtet, entschlossen gegen jeglichen Marcionismus.

So steht denn auch in der Vorlesung von 1932/33 »Schöpfung und Fall« zu lesen:

>»Daß Gott der eine Gott ist in der ganzen Heiligen Schrift, mit diesem Glauben steht und fällt die Kirche und die theologische Wissenschaft« (SF,8).

In einer der erhaltenen Nachschriften zur Vorlesung von 1932/33 »Jüngste Theologie« (GS V.306) von E. Hunsche heißt es: »Der Judengott ist auch der Gott des Neuen Testamentes.« So konnte Bonhoeffer auch nicht die verbreitete Meinung vertreten, die Liebe Gottes sei dem Neuen, sein Zorn und das Gesetz dem Alten Testament vorbehalten.

Dem Problem von Bonhoeffers Schriftgebrauch hier differenzierter nachzugehen (Christus *im* Alten Testament, das Alte Testament von Christus her lesen, Christus vom Alten Testament her verstehen – so zuletzt) kann jetzt nicht geleistet werden. Martin Kuske hat dazu nützliche Analysen vorgelegt. An dieser Stelle muß nur noch hervorgehoben werden, daß

7 A. *von Harnack*, Marcion. Das Evangelium vom fremden Gott, 1921, 248f.
8 M. *Kuske*, Das Alte Testament als Buch von Christus. Dietrich Bonhoeffers Wertung und Auslegung des Alten Testaments, Göttingen 1971, 15.
9 R. *Seeberg*, Christliche Dogmatik II, 1925, 241 und 412.
10 E. *Sellin*, Das Alte Testament und die evangelische Kirche der Gegenwart, 1921, 93.

auch noch in Bonhoeffers am meisten kontroversen, weithin abgelehnten Formen alttestamentlicher Auslegungen (König David, Esra und Nehemias Mauerbau, Rachepsalmen und anderes mehr) zu beachten bleibt, daß jenes neu entdeckte Interesse am Alten Testament und jenes pointierte Festhalten an der ganzen Schrift historisch ein Bekenntnisakt gewesen ist, der damals allenthalben als lebendiges Eintreten für Juden verstanden worden ist[11]. Dahinter stand mehr und anderes zur Diskussion als eine exegetische Methodenfrage. Noch nicht etwa schon eine »Theologie nach dem Holocaust«; aber deutlich eine mögliche Revision der Vorstufen- und Ersetzungstheologie der Kirchen. Es stand an das Bekenntnis zum Zusammengehören mit bedrohten Juden.

Der rüde und versierte SS-Journalist Friedrich Imholz hat das ganz richtig gespürt, als er der schließlich in einem ziemlich remoten Blatt gedruckten Bibelarbeit Bonhoeffers auf die Spur kam und im »Durchbruch« (Stuttgart, 26. März 1936) schrieb:

»Das Lob Judas im Dritten Reich ... Unser Papier ist uns zu lieb, das widerwärtige Geseire um den König David (dessen Handlungsweise übrigens zweifellos gegen das Sittlichkeits- und Moralgefühl der germanischen Rasse verstößt) hier abzudrucken. Der Schlußabsatz aber ist mehr als bezeichnend: ›V. 23ff: Das Volk Israel wird das Volk Gottes bleiben, in Ewigkeit, das einzige Volk, das nicht vergehen wird, denn Gott ist sein Herr geworden, Gott hat in ihm Wohnung gemacht und sein Haus gebaut ...‹ ... Aus diesem Artikel ist wohl klar zu erkennen, was dieser Bekenntnispfarrer Bonhoeffer vom Grundgedanken des nationalsozialistischen Aufbruchs hält: nämlich vom Rassegedanken. Ob es nicht angebracht ist, daß man sich mit der ›Bibelarbeit‹ einer solchen ›Bruderschaft‹ von Vikaren befaßt? Es gibt vieles, was harmlos zu nennen ist gegenüber solchen Vertretern einer orientalischen Glaubenslehre, welche den Weltfeind Juda noch im Jahre 1936 als das ›ewige Volk‹, das wahre ›Adelsvolk‹, das ›Gottesvolk‹ hinzustellen sich erdreistet« (GS II,292f).

III
Stellungnahmen

Von den vier Schlagworten, mit denen die Deutschen Christen im Frühling 1933 in der evangelischen Kirche Unruhe, Reaktionen und Impulse auslösten, nämlich »Gleichschaltung«, »Reichskirche«, »Führerprinzip« und »rassische Reinheit« (»Arierparagraph«), verursachte das letzte bei kirchlichen Behörden und oppositionellen Bewegungen zunächst die geringste Beunruhigung und fand die wenigste Beachtung. Der »Gleichschaltung« maß man die größte Bedeutung zu und leistete hier mehr oder weniger erfolgreichen Widerstand. Der Sucht nach der »Reichskirche« und nach dem »Führerprinzip« begegnete man mit neuen konstitutionellen Versuchen und verzögerte damit eine Weile den Zusammenbruch des kirchlichen

---

11 Siehe jetzt *E. Busch*, Juden und Christen im Schatten des Dritten Reiches, München 1979, 47ff.

Gefüges. Erst als dieser im Sommer eintrat, wurde für die Mehrheit plötzlich auch der vierte Komplex, »rassische Reinheit«, bedeutsam. Aber auch dann noch hielten viele diese Forderung für marginale, vorübergehende Auswüchse. Vorstellungen, die Worte wie »Endlösung«, »Auschwitz«, »Holocaust« heute vermitteln, gab es damals weder bei Juden noch bei den wenigen wachen Christen. Überschätzung wie Unterschätzung des Gegners konnten außerdem ihren Platz durchaus in der gleichen Brust behaupten. Sie waren sogar Kampfmittel. Im Kreis halb- oder ganzherziger Kooperatoren von Kirchenräten und Bischöfen (auch katholischerseits; siehe Klaus Scholder) verwies man ganz vernünftig darauf, der Kanzler erweise sich nun doch als Staatsmann, der den lärmenden Parteiführer transzendiere und der die radikalen antisemitischen Sprüche tatsächlich der zweiten und dritten Reihe in der Partei überließe. Allerdings in Bonhoeffers Familie ließ man sich über Hitlers wahren Charakter von Anfang an nicht täuschen.

So läßt sich die Zahl derer, die gleich im März und April 1933 den vierten Komplex, die sogenannte Nicht-Arier-Frage, als fatal zentral, ja kirchenentscheidend ansprachen, an den Fingern einer Hand abzählen. Selbst als im September mit der Einführung des Arierparagraphen für Amtsträger in der altpreußischen Kirche und in einigen anderen Provinzen der Tatbestand unübersehbar wurde, lehnte sogar Karl Barth noch ab, diesen Punkt zum Anlaß des Schrittes in ein Schisma werden zu lassen. Wenn man genau hinsieht, spielen ja auch in Barths so wirksamer Fanfare »Theologische Existenz heute« von Ende Juni 1933 »Gleichschaltung«, »Reichskirche« und »Führerprinzip« die entscheidende Rolle; der Nicht-Arier-Frage ist nahezu keine besondere Aufmerksamkeit gewidmet. Im Blick auf Barmen haben zwar Arthur Cochrane und Eberhard Busch mit Recht herausgearbeitet, wie die »Judenfrage« implizit natürlich einen entscheidenden Hintergrund bildet; aber expressis verbis spielt sie keine Rolle. Karl Barth hat 1969 dann ja auch mit bewundernswerter Nüchternheit bekannt, daß es falsch war, damals die Barmer Synode nicht mit einem Bekenntnis zu den Juden beschwert zu haben. Das heißt nicht, daß Barth etwa den NS-Arierparagraphen nicht von Anfang an verworfen und daß er nichts für Juden getan habe – im Gegenteil. Aber in der kirchlichen Diskussion des Sommers 1933 sah er in ihm noch nicht die Kernfrage. Barth gestand 1967 offen zu, daß ihm noch nicht klar gewesen sei, wie früh und wie scharf eben Bonhoeffer diesen Punkt als entscheidend erkannt und angesprochen habe.

1

Aufsatz vom April 1933

Zur gleichen Zeit, als Kaplers Behörde in Berlin vom damaligen Leiter der apologetischen Zentrale in Spandau Walter Künneth ein Gutachten zur Forderung eines Arierparagraphen in der Kirche erbat (von Künneth dort abgeliefert am 11. April 1933), saß Bonhoeffer – nicht in offiziellem Auftrag – an einem Vortrag über die »Judenfrage« (diesen Terminus gebrauchte er damals, obwohl der Inhalt dann schon zeigt, daß es tatsächlich·

in diesem Problemkreis um eine »Christenfrage« ging). Er schrieb ihn für einen theologisch interessierten Pfarrerkreis bei Gerhard Jacobi. Hier ging es zunächst auch um die Frage, die später fast allein die kirchliche Diskussion beherrschte: das Problem der Mitgliedschaft getaufter Nichtarier beziehungsweise eventuell betroffener Amtsträger in den Gemeinden und ihres Spezialstatus, wie von den DC gefordert.

Als Bonhoeffer nur gerade seine sechs Diskussionssätze zur letzteren Frage entworfen hatte, erfolgten der Judenboykott und die Gesetzgebung vom 7. April (»Wiederherstellung des Berufsbeamtentums«). So schaltete Bonhoeffer in diesen Tagen vor die sechs Thesen zur Kirchenmitgliedschaft von Nichtariern einen ganzen Abschnitt, der sich allein mit der allgemeinen Frage der Behandlung der Juden durch den neuen Staat befaßte; ohne Bezug auf Getauftsein oder nicht. (In dieselben Tage fiel übrigens der Besuch Paul Lehmanns aus New York bei Bonhoeffer, der kaum ohne Einfluß gewesen sein wird, weil Lehmann schon immer höchst politisch fragte.)

Tatsächlich waren es die Sätze dieses vorgeschalteten, nun ersten Teiles, die im amtsbrüderlichen Kreis Aufregung verursachten, so daß einige die Versammlung verließen. Sie wollten mit so revolutionären Sätzen nichts zu tun haben, nach denen (1) die Kirche den Staat daran zu erinnern habe, ob er zuviel oder zuwenig an Staatlichkeit übe, das heißt jüdische Bürger terrorisiere oder ihnen Schutz vorenthalte, (2) die Kirche jedwedem Opfer einer Gesetzgebung diakonisch Hilfe schulde ungeachtet seiner Konfession – und dieser Fall sei jetzt akut, sie habe also uneingeschränkte Solidarität mit Unterdrückten und Leidenden zu üben; nach denen (3) der Fall eintreten könne, in dem die Kirche »nicht nur zu verbinden, sondern dem Rad in die Speichen zu fallen« habe[12].

Das wurde in jenem Pfarrerkreis als der Kernpunkt gehört, und das hörten wir fast ausschließlich, als wir den Aufsatz nach 1945 wiederentdeckten. Denn dies war damals und auch nach 1945 in der Tat noch ein ganz vereinzeltes Wort. Die Aufmerksamkeit, die es nach der Hitlerzeit erhielt, ward ihm jedoch auch im Juni 1933 noch nicht zuteil, als es gedruckt erschien im bald eingehenden Monatsblatt »Der Vormarsch« (Herausgeber Gehard Kunze und Fritz Söhlmann; dann abgelöst durch die Gründung der »Jungen Kirche«)[13]. Goebbelssche Zensur war noch nicht allgegenwärtig durchorganisiert.

Als aber in den Sechzigern nach Erscheinen von GS II und der Übersetzung des Aufsatzes in »No Rusty Sword« der Text vom April 1933 weltweit zugänglich geworden war, schienen viele Augen für ganz andere Partien in ihm sensibilisiert. Aufregend war an dieser ersten Stellungnahme Bonhoeffers zum Judenproblem im Dritten Reich offenbar nur, (1) daß Bonhoeffer hier als hartnäckiger Lutheraner dem Staat so viel Ordnungsrecht zugestehe – selbst in der Judenbehandlung, (2) daß er sich hier als gänzlich unbe-

lehrter Beerbungstheologe am Judentum und als Verkünder einer Straftheologie entpuppte, der er dann bis zum Schluß auch geblieben sei[14].
So betrachtet, unterscheidet sich Bonhoeffer allerdings in diesen beiden Punkten wenig von lutherischen, aber auch calvinistischen und erst recht dialektischen Kollegen, die sich einer reformatorisch angeleiteten Schriftexegese verpflichtet wußten. Auf den ersten Blick scheint die überkommene Zwei-Reiche-Lehre kaum hinterfragt und das Theologumenon von der jüdischen Leidensgeschichte als Fluch für die Kreuzigung des Erlösers überhaupt noch nicht kritisch thematisiert. Dennoch zeigt eine genaue Analyse des Textes, daß die Aussage in Wahrheit gar nicht auf diese beiden Theologumena hinausläuft, daß vielmehr in nuce schon ihre Überwindung angegangen wird. Keinesfalls werden diese Theologumena herangezogen, um die Deklassierung der Juden zu rechtfertigen, sondern sie werden dazu eingesetzt, dieser Deklassierung entgegenzutreten. Aus der auf die differenten Mandate von Staat und Kirche hinweisenden Zwei-Reiche-Lehre wird im Ziel dieses Textes durchaus nicht auf die Erlaubnis geschlossen, zur neuen Gesetzgebung von der Kirche her zu schweigen, sondern das Gegenteil wird gesagt:

>»In der Judenfrage werden für die Kirche heute die beiden ersten Möglichkeiten verpflichtende Forderungen der Stunde« (GS II, 49).

Die üblicherweise diastatisch benutzte Zwei-Reiche-Lehre erweitert sich hier bei Bonhoeffer zum Grund souveräner Kritik, indem sie die Kirche in die Pflicht nimmt, den Staat – das Dritte Reich! – an die Beschränkung seiner Kompetenz zu erinnern, und zwar an dem konkreten Punkt der Behandlung der Juden. Dies wirkte damals erregend genug. Und die Erwähnung des Gerichtes über das »auserwählte Volk« wird im Ziel ja auch nicht zu einem selbständigen Wort an oder über dieses Volk, sondern sie dient als warnendes Wort an die eigene Kirche. *Sie* weiß »sich selbst als immer wieder ihrem Herrn untreue Kirche mitgedemütigt«, *sie* soll jetzt in der Furcht Gottes darauf trauen, »daß kein Staat der Welt mit diesem rätselhaften Volk fertig werden kann, weil Gott noch nicht mit ihm fertig ist« (GS II, 50).
So bringt schon dieser erste Aufsatz an den Tag, daß für Bonhoeffer die »Judenfrage« viel weniger eine Juden- als eine Christenfrage ist. Das zeigen die sechs Thesen zum Mitgliedsproblem von Judenchristen mit wünschenswerter Deutlichkeit. Und dieser Teil erfährt mit den Flugblattaktionen von Bonhoeffer und Hildebrandt vor und bei der tatsächlichen Einführung des Arierparagraphen in die Kirche immer neu verschärfte Wendungen. Selbst die Lutherzitate vor und hinter dem Aufsatz enthalten ja nicht Verfluchungen, sondern die Vermahnung, für Brüder zu halten, die gerade aus jeder

---

14 Vgl. die Erwähnung eben dieses Textes durch Eva Fleischner, oben Anm. 1, aber auch andere jüdische und englischsprachige Stimmen.

Bruderschaft entfernt werden sollten, und sich ihnen gegenüber christlich-brüderlich zu benehmen[15].

15 Bonhoeffers selektive Verwendung von Lutherzitaten zu jener Zeit erscheint uns heute erstaunlich. E.A. *Scharffenorth* konstatiert (»Die Kirche vor der Bekenntnisfrage«, in: IBF 4, München 1982, S.220): »Luther galt in jener Zeit gerade als Gewährsmann der Antisemiten und Blutschwärmer. Was tut Bonhoeffer? Diesem Luther, dem Feind der Juden, will er einen ganz anderen Luther gegenüberstellen, indem er einige – tendenziös ausgewählte – Aussagen Luthers aufgreift.« Gibt uns der Nachlaß Aufschluß, wie es zu dieser Selektion gekommen ist, die im heutigen Druck des Aufsatzes von Anfang April 1933 – nämlich in den GS II,44–53 (erschienen 1959) – so stark ins Auge fällt?

Die gedruckte Endfassung 1933 stand in der Juni-Nummer des »Vormarsch« (Hg. Gerhard Kunze und Fritz Söhlmann) und trägt dort am Schluß die Bemerkung »(Manuskript fertiggestellt am 15.IV.1933.)«, was Bonhoeffer im Blick auf die rapide Entwicklung jener Wochen des April und Mai 1933 offensichtlich wichtig war, bei der Lektüre zu bedenken, weil für ihn inzwischen evt. noch deutlichere Formulierungen nötig geworden sein mögen, zu deren Ausarbeitung ihm aber keine Zeit und Gelegenheit mehr zur Verfügung gestanden hatte.

Die beiden Zitate, die den selektierten Juden-freundlichen Luther zeigen, stehen im »Vormarsch«, S.171 deutlich eingerückt als Vorspann und durch einen gedruckten Strich abgesetzt vom Beginn des eigentlichen Aufsatztextes. Das Zitat am Schluß, Vormarsch S.176, erscheint als Platzfüller, weil die Seite noch leeren Raum bot, ebenfalls eingerückt und unter einem Strich abgesetzt; über dem Strich aber – und so deutlich dem Aufsatzende zugeordnet – steht noch jene Bemerkung von der Fertigstellung am 15.IV. Dieses Schluß-Zitat spricht freilich weniger das Verhältnis zu den Juden an als vielmehr das Problem des im Aufsatz angekündigten »status confessionis«, der mit Luther noch dringlicher gemacht werden soll, weil die Kirche »das Häuflein derer ist, so dieses Herrn Wort annehmen, rein lehren und bekennen wider die, so es verfolgen, und darob leiden, was sie sollen«.

Im Wiederabdruck der Gesammelten Schriften von 1959 kommt dieser Vorspanncharakter bzw. die Schlußplatzfüllung in der Vormarsch-Juni-Nummer von 1933 nicht mehr visuell zum Ausdruck.

Solche tüfteligen Beobachtungen sind ein bißchen wichtiger geworden, seit nun die Frage gestellt ist, zum einen die nach dem Ursprung dieser Zitate, d.h. wie mag Bonhoeffer zu ihnen gekommen sein, zum anderen die nach der erstaunlich einseitigen Selektion. Letztere Frage freilich scheint Bonhoeffer für sich selbst kaum zugelassen bzw. gestellt zu haben. Ist ihm überhaupt das Problem deutlich gewesen?

Im Nachlaß befinden sich teils mit der Hand geschriebene Manuskriptseiten und teils solche mit Maschine getippt, offensichtlich für den Druck, aber auch mit der Hand kürzer oder länger korrigiert; an keiner Stelle gibt es die Vorspannstelle bzw. das Schlußzitat Luthers. D.h. mindestens in der eigentlichen Vorbereitungsphase des Textes für den Vortrag, Anfang April 1933, scheint Bonhoeffer an kein derartiges Lutherzitat gedacht bzw. kein solches parat gehabt zu haben. Aber auch bei der Vorbereitung für den Druck danach kann der Gedanke an solche Zitate erst spät aufgetaucht sein. Außer den in diesen Stadien fehlenden Zitaten weisen die Nachlaßblätter noch eine weitere Lücke auf: nämlich der letzte Absatz von Teil I des veröffentlichten Aufsatzes (im Vormarsch S.174f und in den GS II S.49f) fehlt auch ganz und gar in den Vorbereitungsskizzen und in dem Druckmanuskript (d.h. wohl den Durchschlägen dazu) des im Archiv befindlichen Nachlasses; dabei handelt es sich um den Absatz, in dem das Zitat von Menken und das aus Luthers Tischreden über die Leiden der jüdischen Zerstreuung steht. Wann ist dieser Abschnitt dazugekommen, der ja auch die Erwähnung des Fluches bringt? Darüber gibt der Nachlaß leider keine Auskunft. Die Vorspannzitate müssen dann ja wohl in der Phase der Verhandlung über den Druck zwischen Bonhoeffer und Söhlmann aufgekommen sein, d.h. in der Zeit zwischen Mitte April und dem Fertigstellen der Druckfahnen für die Juninummer. Auf jeden Fall gehören sie zu einem Nachtragsvorgang, der dann nicht mehr zu Bonhoeffers Nachlaßpapieren gekommen ist. Im Nachlaß gibt es leider auch keine Korrespondenz mit Söhlmann darüber bzw. irgendeinen Zettel. Fritz Söhlmann lebte damals in Berlin und pflegte engen Kontakt mit Bonhoeffer. Vielleicht finden sich einmal weitere Aufschlüsse, falls sich jemand daran macht, den Weg Söhlmanns, d.h. aber den Weg vom »Vormarsch« zur »Jungen Kirche« und die Geschichte der letzteren zu erforschen. Bis dahin muß wohl offenbleiben, wie Bonhoeffers Aufsatz – ich sage vorsichtig nicht: »Bonhoeffer selbst« – zu diesen Zitaten gekommen ist. In jedem Fall hat er den Aufsatz so und nicht anders damals veröffentlichen lassen.

Man wünschte, Bonhoeffer hätte mehr Sorgfalt auf die Quellenangabe verwandt oder verwenden lassen. Hier hat sich *J.Brosseder* verdient gemacht (siehe sein »Luthers Stellung zu den Juden im Spiegel seiner Interpreten« von 1972). Demnach findet sich das erste Vorspannzitat in »Eine Vermahnung wider die Juden« von 1546 in WA 51,195,39–41 und 25–27; das zweite in »Daß Jesus Christus ein geborener Jude sei« von 1523 in WA 11,315,19–24 und 336,24.27–29. Das hat E.A. *Scharffenorth* in seinem wichtigen Aufsatz zu Bonhoeffer und Ehrenberg 1933 (siehe oben) aufgenommen; er beobachtet, daß die Zitierung bei Bonhoeffer kaum aus der WA stammt, sondern eine modernisierte Lutherausgabe als Grundlage gehabt haben muß. Aber welche? Solch eine kann ich bisher in den verbliebenen Bibliotheksresten von Bonhoeffer nicht auffinden. Bonhoeffer besaß einmal die ganze Erlanger Ausgabe. Davon sind noch drei Bände vorhanden; unter diesen findet sich Band 40, in welchem das Schlußzitat in der »Auslegung des 110. Psalms von 1939« steht, Erl. 40,113. Aber leider zeigt diese Seite keinen Strich oder Spuren einer Benutzung, wie sonst öfters in anderen Büchern der Bonhoefferschen Bibliothek. So ist es auch unwahrscheinlich, daß die verlorenen Bände solche Spuren bei unseren Stellen trugen (in der Erlanger Ausgabe Zitat von 1546: 65,188, und Zitat von 1523: 29,47).

Nun ist es eine Tatsache, daß Bonhoeffer sich in jeder seiner theologischen oder kirchenpolitischen Arbeiten nachweislich auf niemand so oft und gern gestützt hat wie auf Martin Luther. Aber es gibt kaum Anzeichen, daß Bonhoeffer eine gute Kenntnis der einschlägigen Stellungnahmen Luthers zu den Juden besessen habe. Seine Studienausgabe des Clemen aus den zwanziger Jahren hatte damals 4 Bände, die er mit vielen Strichen ziemlich gut traktierte; aber jener Clemen enthielt damals keine der Judenschriften Luthers. So ist ihm wohl der heute ziemlich plötzlich so geläufig gewordene antijüdische Luther einfach kaum begegnet.

Bonhoeffer hat im Kontakt mit Freunden gern Luther-Lesefrüchte ausgetauscht und vor allem von Franz Hildebrandt damals manche angenommen. Auf Befragung hat Hildebrandt aber geantwortet, daß er bei unseren Zitaten vom April oder Mai 1933 bestimmt keine Vermittlerrolle gespielt habe. Ob Fritz Söhlmann hier aktiv geworden sein könnte? Wenn ja, dann ist es unwahrscheinlich, daß dieser die Zitate hinzugesetzt hat, ohne das Einverständnis von Bonhoeffer zu haben.

So scheint mir, daß Bonhoeffer wohl ganz gern diese selektierten Zitate hat dazusetzen lassen. Das geschah dann aber, ohne daß er sich von Mitte April bis zum Redaktionsschluß (Ende Mai?) nochmal hat Zeit nehmen können, um die Quellen und ihr Umfeld (d.i. ihre Einbettung in Luthers antijudaistische Sätze) näher zu recherchieren; dazu hätte außerdem wohl ein Problembewußtsein bei Bonhoeffer lebendig sein müssen, wie wir es erst heute entwickeln konnten.

Wie auch immer, Bonhoeffer ging es in jenem Frühjahr überhaupt noch nicht um einen Beitrag zum Problem »Luther und die Juden«. Es ging ihm um die »Kirche vor der Judenfrage«, d.h. um seine Kirche von 1933 und um das Judenproblem seit 1933. Dafür war ihm im Jahre der großen 450sten, eher »deutschen als christlichen« Geburtstagsfeiern und -kundgebungen für Luther diese Selektion nur recht. Bonhoeffer lag daran zu sagen: Seht, dies steht bei Luther! Er kümmerte sich nicht darum, etwa: Seht, da steht auch noch ganz »Antisemitisches« bei Luther! Er sagt aber mit seiner Selektion deutlich genug: Ihr Arisierer der Kirche und Martin Luthers dazu, seht doch, wie ihr hinter solchen Beobachtungen und solchen Ermahnungen des Reformators fatal zurückbleibt! So identifizierte sich Bonhoeffer jetzt für seinen Zweck, in der Situation dieses Frühjahrs, mit diesen ausgeschnittenen Luthersätzen.

Brosseder formuliert, Bonhoeffer habe »hier bewußt Luther vor dem völkischen Mißbrauch in Schutz nehmen« wollen. Und *Scharffenorth* präzisiert noch konkreter: »Der frühe Luther erscheint (i.e. bei Bonhoeffer) als der, der die rechtliche und gesellschaftliche Absonderung der Juden kritisch hinterfragt. Durch diese Zitate wird Luther also als Gegner der antisemitischen Maßnahmen von 1933 in Anspruch genommen. Antisemitische Einstellungen in der Kirche, aber auch Gewalt und Terror oder eine gesetzliche Diskriminierung der Juden werden so kritisiert.«

Ohne Frage hat Bonhoeffer festgehalten an dem, was bereits mit diesem
Aufsatz vom April 1933 entschieden ist: an der Priorität eines Eintretens
für die gehetzten Juden – diese Einstellung fand er in seiner Familie vor –,
auch wenn die beruflichen Kämpfe für getaufte Nichtarier in der Kirche li-
terarisch reichlicher belegt sind. Bei der Beurteilung späterer Bekenntnis-
synoden war es sein Kriterium, ob diese eben nicht nur für die getauften
Nichtarier eingetreten waren; die Urteile – ich erinnere mich an unsere
Enttäuschung, wenn er so viel bedenklicher als seine Kandidaten urteilte –
mußten meistens negativ ausfallen. Hier liegt letzten Endes auch eine Motivation dazu, daß Bonhoeffer eines Tages seiner Familie in den Widerstand
einer politischen Konspiration folgte.

Walter Künneth scheint in vielen Punkten seines parallel erstellten Gut-
achtens ähnlich wie Bonhoeffer zu sprechen – Anerkennung des von der
Kirche nicht anzutastenden Mandats des Staates zum Schutze der Nation;
Unmöglichkeit, die christlichen Nichtarier von der Gemeinde zu trennen.
Dennoch lassen sich Sätze wie etwa folgender bei Künneth kaum bei Bonhoeffer denken: daß nämlich die Ausnahmeregelungen für Juden als »gesetzliche Schutzmaßnahmen, das deutsche Volk vor Überfremdung zu sichern«, auch von der Kirche gewertet werden sollten und daß die Kirche für
eine dem christlichen Ethos nicht widersprechende Weise der »Ausschal-
tung der Juden als Fremdkörper im Volksleben« eintreten müsse. In Kategorien wie »Überfremdung« und »Fremdkörper im Volksleben« hat Bonhoeffer von seinem Familienmilieu her wie von seiner Theologie her nie gedacht noch gesprochen. Bonhoeffer schaltete im Gegenteil im April 1933
»die biologisch fragwürdige Größe der jüdischen Rasse« (GS II,51) aus der
Erörterung des Judenproblems aus. Künneth dagegen spricht für die Kirche
Rasse und Volkstum als »Ordnung Gottes« an und begrüßt – trotz seiner
natürlich auch geäußerten Proteste – die »staatliche Selbstbesinnung auf
die Eigenart des deutschen Volkstums«.

Eine Mitarbeiterin in Heinz Eduard Tödts Seminar, Marikje Smid,
schließt eine auf der Bonhoeffer-Konferenz in Wilhelmsfeld im April 1979
vorgetragene Thesenreihe zutreffend:

»Bonhoeffer faßt das Judenproblem als ein staatlich-politisches Problem auf aus einer 1933
ungewöhnlich kritischen Distanz zu den völkisch-biologischen Rassentheorien und aus der
konsequenten Weiterführung der Zwei-Reiche-Lehre durch Einbeziehen eines möglichen
staatlichen Fehlverhaltens heraus.«

Heinz Eduard Tödt selbst stellt in seinem Vortrag »Ethik im Ernstfall«
(Erlangen, 17. Mai 1979) fest:

»1933 stand Bonhoeffer mit seinen Auffassungen nahezu allein; nur hat die Solidarität
mit den Juden, insbesondere mit den nichtchristlichen Juden als eine Sache verstanden, in welcher die christlichen Kirchen das existenzgefährdende Risiko eines massiven Konfliktes mit
dem Staat eingehen mußten.«

Abschließend: Von einer »Theologie nach dem Holocaust« zeigt der Aufsatz vom April 1933 nach Lage der Dinge noch keine Spur; andere Spuren darin erschrecken Juden nach dem Holocaust. Und dennoch ist er angesichts des damaligen Kontextes ein allererstes Zeichen. Wenn Littell die Taten Bonhoeffers seiner Theologie vorzieht, so bedeutet das hier: Dieser Aufsatz mit seinen heute befremdend, ja unheimlich klingenden theologischen Sätzen war dennoch eine Tat, eine der sehr raren Taten in jenen Tagen.

Bonhoeffer hatte sich bisher und auch nach 1933 kaum berufen gefühlt, das jahrtausendealte Problem des jüdisch-christlichen Verhältnisses neu aufzuarbeiten. Das war einfach noch nicht in sein Blickfeld getreten. Plötzlich stand er vor der praktischen Frage, was zu geschehen habe und wie zu urteilen sei, nachdem eine rassenideologische Bewegung das Staatsschiff zu steuern begann. Für dieses akut aufgenötigte Thema griff er mehr spontan als sorgfältig vorbereitet nach Denk- und Reaktionshilfen, die auch ihm ungewohnt waren. Dabei war wohl tatsächlich die Klärung der diakonischen Seiten des Problems den theoretischen Kategorien um Längen voraus. Daß und wie mit dem Geschehen vom April 1933 eine neue Epoche für christliche Theologie im Bereich der tausend Jahre festgefahrenen Beziehungen zu den Juden eröffnet war, das sah noch niemand – ja wohl auch nicht die Opfer dieses Monats selbst, die Juden.

So beobachten wir, wie Bonhoeffer auf tradierte Muster zurückgriff und in ihnen Möglichkeiten suchte, die einmal darin vorgesehen sein mochten, inzwischen vergessen waren, nun aber vielleicht sich für die neue Lage entfalten ließen. Noch konnte man hoffen, daß der April 1933 ein Sonderfall jüngster Kirchengeschichte bleibe, der bald dem alten Lauf der Dinge wieder Platz machen würde. Der Unsinn der Rassentheorien und die Unhaltbarkeit des Arierparagraphen in der Kirche schienen zu klar, zu überzeugend, ihre Vertreter zu berauscht, zu borniert und unbedeutend, als daß hier wirklich eine totale Änderung auf Dauer anzunehmen war. Daß gar Zusammenhänge bestehen könnten zwischen neuer rassischer Diskriminierung und uralter theologisch-kirchlicher Ghettoisierung der Juden – und daß beide, zivil exekutiert, von Juden kaum sauber auseinandergehalten werden konnten –, darüber fehlten einfach noch die Reflexionen.

2
Betheler Bekenntnis

Wir werden hier nicht mehr Bonhoeffers Mitarbeit bei den einzelnen Stationen des Ringens der Kirche um Schutz nichtarischer Christen im Amt und in der Versammlung der Gemeinde analysieren – auf dem Gebiet also, das die ersten Jahre des Kirchenkampfes der Bekennenden Kirche charakterisiert. Wiewohl wir heute deutlich sehen, wie wenig dieser Kampfausschnitt das gestellte Problem der Juden im Dritten Reich erfaßte und ihm gerecht wurde, bleibt doch festzustellen, daß im herrschenden Klima des NS-Staates schon dieser höchst partielle Widerspruch gegen die totale

Diskriminierung auf rassischer Basis ein mit erheblichem persönlichen Einsatz verbundenes Signal gewesen ist, das auch weit über seine objektive Bedeutung hinaus sowohl Furcht wie Dankbarkeit erzeugte. Die Nationalsozialisten identifizierten von sich aus auch diesen kleinen, durch die Auswahl so fragwürdigen Widerspruch sofort mit einer schändlichen Solidarisierung mit »Deutschlands Unglück«, den Juden.

Noch kurz verweilen wollen wir bei dem Betheler Bekenntnis, das ein knappes halbes Jahr nach dem Essay vom April entstand. Wilhelm Vischer entwarf hierzu im August 1933 in völliger Übereinstimmung mit Bonhoeffer das Kapitel »Die Kirche und die Juden« (GS II, 115–117). Um der Verwässerung dieses Kapitels willen (und natürlich auch wegen Änderungen in anderen Abschnitten) verweigerte schließlich Bonhoeffer seine Unterschrift unter das Bekenntnis, als Niemöller es endlich im November veröffentlichte.

Vischers und Bonhoeffers Entwurf zeigt dem heutigen Beobachter das Nebeneinander von scharfen anti-deutsch-christlichen und damit anti-nationalsozialistischen Formulierungen einerseits und andererseits von Theologumena, die wir heute kaum ohne Bedenken lesen. Nimmt man derartige theologische Formeln isoliert aus dem Text heraus, dann können sie schwerlich so stehenbleiben. Da ist das Pauschalurteil: »das Volk der Juden . . ., das den verheißenen Jesus Christus verworfen hat«. Da ist die Enterbungslehre: »An die Stelle des alttestamentlichen Bundesvolkes tritt . . . die christliche Kirche.« Da ist die nun besonders betonte und scheinbar nicht hinterfragte »Judenmission«. Das Auge, das ohne Bemühung um den Kontext diese Stichwörter findet, kann sich nur immer von neuem an diesen Antijudaismen der christlichen Bekenner stoßen.

Anlaß, Adressat und Zusammenhang des Bekenntnisses zeigen jedoch, daß ein Weg betreten ist, der eines Tages von dem kleinen Stück auch hierin schon enthaltener Solidarisierung mit Juden zu noch anderen Einsichten führen konnte. Adressaten dieses Kapitels sind die Deutschen Christen, welche im August und September Leitungssessel und Synoden eroberten und die Einführung des Arierparagraphen in die Kirche ankündigten, die den Glauben an die auserwählte deutsche Herrenrasse mit besonderer Weltmission predigten und »Nationalkirche« und »artgemäßes Christentum« durchsetzen wollten. Auf diesem Hintergrund klingt jener »Enterbungssatz«, im vollen Wortlaut zur Kenntnis genommen, doch ein wenig anders:

An die Stelle des alttestamentlichen Bundesvolkes tritt nicht eine andere Nation, sondern die christliche Kirche aus und in allen Völkern« (GS II, 115).

Und »Judenmission« meint hier nicht mehr den Weg *weg* vom Judentum. Sie erhält unter dem Ansturm des rassischen Antisemitismus in der Kirche eine verschobene, bisher so kaum ausgesprochene Akzentuierung: Nun wird die Treue Gottes zu seinem Bundesvolk herausgestellt und nicht mehr pietistisch-individualistisch eine »Bekehrung« gewünscht, die hiervon abwendig machen würde. William Peck hat recht:

> »Harrelson schreibt Bonhoeffer den Wunsch ›einer uneingeschränkten Mission an den Juden‹ zu; darin verfehlt er völlig den Angelpunkt in Bonhoeffers Wunsch, die Kirche für die Mission an den Juden offenzuhalten, daß dies nämlich zu einer Zeit geschah, als die Kirche unter den Druck geriet, Juden auszuschließen und der Glaubensgemeinschaft damit rassische Grenzen zu setzen« (aaO. 533).

Wie das ganze Kapitel (GS II, 115–117) mit dem Fanfarenstoß beginnt: »Die Kirche lehrt, daß Gott unter allen Völkern der Erde *Israel* erwählt hat zu seinem Volke«, so kommt es zur Wiederentdeckung von Römer 9–11:

> Gott »will die Erlösung der Welt, die er mit dem Herausruf Israels angefangen hat, mit den Juden auch vollenden«, »ihr heiliger Rest ... kann weder durch Emanzipation und Assimilation in einer anderen Nation aufgehen ... noch durch pharaonische Maßnahmen ausgerottet werden ... Es kann nie und nimmer Auftrag eines Volkes sein, an den Juden den Mord von Golgatha zu rächen ... Wir verwerfen jeden Versuch, das Wunder der besonderen Treue Gottes gegenüber Israel nach dem Fleisch als einen Beweis für die religiöse Bedeutung des jüdischen oder eines anderen Volkstums zu mißbrauchen.«

Es waren denn auch solche Sätze, die nach der Redaktion im gedruckten Text des Betheler Bekenntnisses nicht mehr stehen sollten; ihre Streichung veranlaßte Bonhoeffer, seinen Namen nicht mehr herzugeben – auch wenn der revidierte Text in der damaligen Lage immer noch eines der deutlichsten Oppositionsworte vor der Barmer Erklärung darstellte.

Abschließend: Die dogmatischen Sätze des Betheler Bekenntnisses weisen Interpretationselemente, die lediglich von einem Trennungs- und Beerbungsverhältnis zwischen Christen und Juden ausgehen, noch nicht explizit ab. Ein Problembewußtsein an dieser Stelle ist weder in der Ekklesiologie noch in der Christologie ausgebildet; kein Zweifel etwa in dem Sinne wird laut, daß Sätze der Trennung doch wohl in Spannung zu halten wären mit Sätzen der gegebenen und bleibend verbindenden Abhängigkeit der Christen von den Juden durch Christus, den Messias Israels, den Herrn der Kirche. Trotzdem haben die polemischen und jeden Bekenner dieser Sätze gefährdenden Betonungen einer nie gebrochenen Erwählungstreue Gottes zu Israel, ja seiner Unvernichtbarkeit, eine veränderte Klangfarbe in die Formeln gebracht. Sie hatten bisher fast nur Abgrenzung bedeutet; jetzt verraten sie eine neue Ehrfurcht vor den Trägern des Namens Israel. Damit ist aber auch schon eine theologische Qualität der Beziehung zu Juden am Horizont, die von rein humanitär motivierten Handlungen für Juden unterschieden ist.

3
Entscheidungen

Nach dem Jahr 1933 finden wir Bonhoeffer kaum noch beteiligt an Versuchen, das Verhältnis zwischen Juden und Christen in systematisch-lehrmäßigen Erklärungen weiter zu erarbeiten. Erst als er Anfangs des Krieges am Manuskript der Ethik sitzt, erscheinen wieder prononcierte Aussagen, nicht eigens thematisiert, aber, wie wir noch sehen werden, nun nicht mehr auf Abgrenzung hin formuliert, sondern in Richtung auf eine Verpflichtung der Christen den Juden gegenüber.

Zunächst aber schien das Theoretische unwichtig geworden angesichts der praktischen Nöte. Während das Haus brennt, ist nicht Zeit, über allgemeine Brandverhütung zu diskutieren. Eva Fleischners in der Rückschau so evidente Erwartung, hier hätten doch bald die theologischen Korrekturen am »teaching of contempt« kommen müssen, überspringt den – zugegebenermaßen allzu schrecklichen – Prozeß des Heranreifens in Tat und Opfer, ehe wieder an glaubwürdigen Formulierungen gearbeitet werden konnte.

Etwa weiterzugehen als das Betheler Bekenntnis, dazu war jetzt jedenfalls niemand in der Lage; und in der Kirche waren ja nicht einmal seine Standards erreicht. Erst gegen Ende der Hitlerzeit entstand außerhalb Deutschlands eine neue, auch doktrinal formulierende Entwicklung: in Holland um K. H. Miskotte und in der Schweiz in den Kreisen um Karl Barth und Paul Vogt[16]. 1942 erschien Barths KD II,2 mit dem Kapitel über die unaufhebbare Abhängigkeit und Gegründetheit der Kirche von und in Israel. Dieser Band konnte in Deutschland jedoch – abgesehen von wenigen geschmuggelten Umdrucken – erst nach dem Krieg langsam zur Kenntnis genommen werden. Sogar bei Barth selbst dauerte es nach dieser Arbeit noch Jahre, bis er auch die Konsequenz expressiv verbis veröffentlichte, daß der vom Pietismus geprägten Judenmission eine Absage zu erteilen sei. Die Erklärung, daß Judenmission in dieser Form theologisch unmöglich ist, steht in KD IV,3, und dieser Band erschien erst 1959.

Was nun Bonhoeffers Anteil an jenem Reifungsprozeß angeht, so sah er sich im Tageskampf der Bekennenden Kirche immer wieder genötigt, daran zu erinnern, daß der Einsatz wider die Gleichschaltung in Synodalbeschlüssen nur legitim bleibe, wenn damit nicht nur das Aufrechterhalten der vollen, auch sozialen, Beziehungen zu getauften Nichtariern gemeint sei, sondern wenn die Kirche ihre Stimme auch für die Juden als Juden erhebe. In der »Nachfolge« (N. 103) sagte er 1935, »daß der Bruder ... nicht nur der Bruder in der Gemeinde ist«.

Explizite Korrekturen oder Widerrufe – wie sie Eva Fleischner erwartet – von Formeln, in denen Beerbungstheorie, Strafkonzeption und Missionserklärungen vorkamen, finden sich als solche tatsächlich nicht. Allerdings werden solche Formeln in späteren Manuskripten, Artikeln, Predigten und Briefen auch kaum noch wiederholt. Statt dessen zeigen gewisse Schlüssel-

16   Siehe *E. Busch*, aaO. (Anm. 11) 67ff.

worte einen neuen Grad der Solidarisierung mit Juden an, mit dem ein
Denken in Kategorien einer simplen Enterbungs- und Straftheorie und eine Behandlung der Juden als Missionsobjekte nur schwer vereinbar wäre.
In diesem Sinne vollzieht sich mit dem Fortschreiten der Entrechtung und
Verfolgung der Juden eben doch auch eine hermeneutische Wandlung. Die
sich verändernde Lage läßt bestimmte Konzeptionen einfach nicht mehr
über die Lippen kommen, nicht mehr in Erklärungen für den eigenen Haus-
gebrauch und noch viel weniger in solchen für jüdische Adressaten. Schlüs-
selworte in dieser Entwicklung stellen zwar noch keine Weiterentwicklung
von so etwas wie einer »Theologie nach dem Holocaust« dar, aber nachträglich offenbaren sie sich als Anzeichen ihrer Inkubationszeit.

Im Abhorchen einiger der auf 1933 folgenden Aktionen, Exklamationen
und auch literarischen Fragmente Bonhoeffers werden wir jene Annäherung an alttestamentliche, ja jüdische Denkformen des Glaubens finden,
die Lapide zu seinen positiven Beurteilungen veranlaßt haben – und das,
obwohl sich bei Bonhoeffer kaum ernsthaftere Kenntnisse von Mischna
und Talmud nachweisen lassen. Am Ende steht dann die Option für die Re-
duzierung alles unglaubwürdig gewordenen Evangelisierens und für das
notwendige »Beten und Tun des Gerechten«. Der Weg dahin ist durch die
»Biographie« vielfach belegt. Im Folgenden soll mit Beobachtungen an bekannten Fakten und Stationen angedeutet werden, wie sich in ihnen Veränderungen im Verhältnis zwischen Christen und Juden ankündigen.

(1) *Sprüche 31,8*

Der Vers »Tue deinen Mund auf für die Stummen« taucht bald nach Bonhoeffers Wechsel von Berlin nach London (Herbst 1933) auf, und wir finden
ihn von nun an wiederkehren in allen möglichen Zusammenhängen. Er
klagt sich selbst damit an; er benutzt ihn als Stachel zum Antreiben von
Verantwortlichen. Im Januar 1934 steht das Wort in einem Brief an George
Bell, den Bischof von Chichester, damals Präsident des Ökumenischen Rates von Life and Work; in diesem Brief bedankt sich Bonhoeffer für Bells
Schreiben an den Reichsbischof Ludwig Müller, nachdem letzterer den sogenannten Maulkorberlaß verhängt hatte (GS II, 144). Im September 1934
benutzt Bonhoeffer das Wort in einem Brief von London in die Schweiz an
Erwin Sutz, als er diesem seinen Zorn über die Zurückhaltung seiner Kirche in der Heimat schildert gegenüber den Taten des Staates (20. Juni; Doll-
fuß-Mord, Hindenburgs Tod und »Führer«-Gesetz):

»Wer weiß denn das heute noch in der Kirche, daß dies die mindeste Forderung der Bibel in
solchen Zeiten ist?« (GS I, 42)

Am deutlichsten wird Bonhoeffer schließlich, als er – wieder in Deutschland – im August 1935 vor Kandidaten der Provinz Sachsen über die »Vergegenwärtigung neutestamentlicher Texte« vorträgt und das Glaubwür-
digkeitsproblem anspricht; da heißt es nach dem Zitat von Sprüche 31,8:

»Hier wird wahrscheinlich die Entscheidung fallen, ob wir noch Kirche des gegenwärtigen Christus sind. Judenfrage!« (GS III, 324)

(2) Emigranten

In der Londoner Zeit (Oktober 1933 bis April 1935) erlebte Bonhoeffer in täglicher eigener Praxis eine andere Seite der neuen deutschen Problematik. Während ihm in Berlin 1933 die gesellschaftlich-staatliche Dimension der Nichtarier-Gesetzgebung sofort am eigenen Schwager, Gerhard Leibholz, damals Staatsrechtler an der Universität Göttingen, konkret wurde, während die kirchliche Dimension entsprechend am nächsten Freund, dem Pastor Lic. Franz Hildebrandt, ihm schmerzhaft anschaulich wurde, rückte nun das Emigrantenschicksal von indirekter Kenntnis aus Zeitungen und Gerüchten in die Erfahrungspraxis des Auslandspfarrers – das Elend von Dissidenten und Juden, vertrieben und nun beruflich ohne Arbeitserlaubnis, finanziell ohne Quellen, familiär auseinandergerissen, mit dem erschütternden Erlebnis, ohne Echo zu existieren, sprachlich ohne Ausdrucksmöglichkeit. Für Bonhoeffers Hilfsaktivitäten gab es, wie vielfach bezeugt, keine konfessionellen, politischen oder weltanschaulichen Begrenzungen[17]. Die Londoner deutsche Gemeinde, klein wie sie war, wurde wieder und wieder in Trab gesetzt, um zu kollektieren und Asyl zu bieten. Auch in Predigten schlug sich die Sorge für die Stummgemachten nieder, wie in einer englischen Abendpredigt in der deutschen reformierten St. Paulskirche:

»Andere sind brutal aus dem Lauf ihres Lebens herausgeschleudert worden und müssen einen völlig neuen Anfang finden« (GS IV, 175; Übersetzung vom Autor).

Angefüllt mit solchen Erfahrungen konnte Bonhoeffer nicht unterlassen, seiner Grabrede für die Großmutter, Julie, geb. Tafel, pointiert einzufügen – so daß ihm Zuhörer nach der Feier am 15. Januar 1936 die Hand verweigerten:

»Sie konnte es nicht ertragen . . . wo sie das Recht eines Menschen vergewaltigt sah. Darum waren ihre letzten Jahre getrübt durch das große Leid, das sie trug über das Schicksal der Juden in unserem Volk, an dem sie mittrug und mitlitt« (GS IV, 459).

(3) Gregorianik?

Hierher gehört das oft zitierte Wort Bonhoeffers: »Nur wer für die Juden schreit, darf auch gregorianisch singen.« Man fand heraus, daß ich die mündlich tradierte Formel einmal auf 1935, ein anderes Mal auf 1938, das heißt in die Nähe der sogenannten »Kristallnacht«-Ereignisse datierte. Ich denke jetzt, daß sie doch an das Ende von 1935 gehört.

17 Siehe u.a. den Brief an Reinhold Niebuhr vom 13.7.1934 mit der Bitte um Hilfe z.B. für Armin T. Wegner (GS VI, 295) oder den Brief der Großmutter, Julie, geb. Tafel, an Bonhoeffer, die ihn noch antreibt anläßlich des Schicksals des Rechtsanwaltes Hans Wedell aus Düsseldorf (GS VI, 300).

Das war einerseits die Zeit der Nürnberger Gesetze, die Bonhoeffer – schon im Gedanken an die Geschwister Leibholz – außerordentlich erregten. Noch dachten letztere nicht wirklich daran, eine Auswanderung vorzubereiten. Das war die Zeit, als Leute wir Franz Hildebrandt, Martin Albertz, Hans Böhm und andere darauf hofften, die Steglitzer Bekenntnissynode würde ein Wort zu den Nürnberger Gesetzen finden – vergeblich –, und als manche immer noch hofften und wohl auch glaubten, man könne Korrekturen am System erreichen oder doch wenigstens Einfluß auf individuelle Notlagen bekommen. Der bayrische Bischof Meiser warnte noch vor der Steglitzer Synode vor jeder Behandlung der »Judenfrage« im September 1935:

> »Ich möchte meine Stimme erheben gegen ein selbstverschuldetes Martyrium. Ich sehe mit einiger Sorge auf die kommende preußische Synode, wenn sie solche Dinge anschneiden will wie zum Beispiel die Judenfrage.«[18]

Das war andererseits auch die Zeit, in der wir in Finkenwalde Asmussens neue Gottesdienstlehre für uns eroberten und eifrig mit Gregorianik experimentierten; dies hatte 1938 aufgehört, weil schon die verringerte Zahl der Kandidaten in den Sammelvikariaten solche Übungen nicht mehr erlaubte. Und 1935 war die Zeit, in welcher die immer bitterer werdenden Risse innerhalb der Bekennenden Kirche – die Kirchenausschüsse wurden allenthalben gebildet und machten uns nervös und aggressiv – unsere Abgrenzungsbedürfnisse von liturgischen Bewegungen akuter gemacht hatten, wie etwa von den Berneuchenern, die nicht viel mit unserer Barmer und Dahlemer Konsequenz im Sinn hatten. Das Datum der »Kristallnacht«, also spät 1938, signalisiert bereits eine gewisse Verschiebung in Bonhoeffers Bewußtsein. Damals wußte er durch seinen Schwager Hans von Dohnanyi schon von zwei aussichtsreichen, allerdings gescheiterten Versuchen zu einem Putsch, anläßlich der Fritzschkrise im Frühjahr und anläßlich der Sudetenkrise im Herbst 1938. Er war also nun im Stande einer Mitwisserschaft. Dies hätte zwar ein Wort wie das behandelte nicht ausgeschlossen, schränkte jedoch das Öffentlichkeitsmoment im Blick auf Proteste oder Kanzelworte schon ein – nicht etwa für die Kirche, aber doch für Bonhoeffer, nunmehr unwiderruflich Mitglied einer konspirierenden Familie und damit unter andere Widerstandsgesetze geraten, einer anderen Widerstandslogik verpflichtet als der öffentliche Prediger der Bekennenden Kirche.

(4) Denkschrift
Um die Zeit der Nürnberger Gesetze war um und durch Martin Albertz in Spandau Vorarbeit geleistet für eine genauere Erhebung dessen, was teils

18 W. *Niemöller,* Die deutsche Evangelische Kirche im Dritten Reich, 1956, 383.

geplant, teils wild an Juden verbrochen worden war[19]. Zur Enttäuschung
Bonhoeffers faßte die Steglitzer Synode noch keinen Beschluß in dieser Sache, sondern bekannte lediglich von neuem die fortdauernde Praxis der Judentaufe – auf das Risiko selbst solch einer Erklärung verwiesen wir
schon[20]. Sie regte aber einen Ausschuß an, aus dem schließlich die berühmt
gewordene Denkschrift der zweiten VL (»Vorläufige Leitung der DEK«) an
Hitler vom Frühsommer 1936 hervorging. Diese Denkschrift enthielt zum
ersten Mal einen allerdings immer noch recht vorsichtig abgefaßten Abschnitt über die Behandlung der Juden als solche, die man jetzt ja »hassen«
solle. Bonhoeffer gehörte weder zu den Verfassern beziehungsweise Aus-
schußmitgliedern noch zu den Unterzeichnern. Aber Franz Hildebrandt
war intensiv beteiligt, und so hatte Bonhoeffer ständig Kontakt mit den
Phasen des Entstehens und der Beratungen. Beide waren froh, daß die Sache endlich zur Sprache gebracht werden sollte, wenn auch in jener geplanten Mitteilungsform allein vertraulich an den »Führer«. Aber auch bei der

19 Vgl. *M. Meusel*, »Zur Lage der deutschen Nichtarier«, mit der Frage: »Wo ist dein Bruder
Abel? Es wird auch uns, auch der Bekennenden Kirche keine andere Antwort übrig bleiben als
die Kainsantwort ... Daß es aber in der Bekennenden Kirche Menschen geben kann, die zu
glauben wagen, sie seien berechtigt oder gar aufgerufen, dem Judentum in dem heutigen historischen Geschehen und dem von uns verschuldeten Leiden Gericht und Gnade Gottes zu
verkündigen, ist eine Tatsache, angesichts der uns eine kalte Angst ergreift ...« (*E. Bethge*,
Dietrich Bonhoeffer. Eine Biographie [im Folgenden: DB], 557f). Also doch schon im Sommer
1935 eine Art Absage an eine Judenmission und an eine Straftheorie! Aber wer nahm diese
frühe Erkenntnis auf?
20 Zum Judenproblem auf der Steglitzer Synode findet sich eben in einem Brief eines Finkenwalder Kandidaten an seine Eltern vom 27. Sept. 1935 (Gerhard Vibrans) folgende Beschreibung, wie die Kandidaten jene Verhandlungen erlebten: »Bonhoeffer fürchtete, die ganze Synode werde ... in der Judenfrage ... überhaupt nichts wagen, und er beschloß hinzufah-
ren und seinen Einfluß geltend zu machen ... Vogel wollte in seinem Referat über die Judenfrage mehr, als bloß die Sakramente in Schutz zu nehmen, sagen, daß auch das Liebesgebot gegenüber den Juden gilt. Koch (Präses der Synode, E.B.) drohte mit Rücktritt ... Daher sagte
Vogel nur: Ich sage nur das Minimum, ach, vielleicht das nicht einmal. So kämpfte man nur
um die Judentaufe. Hier war Siegfried Knak ganz unmöglich, so daß Bonhoeffer tobte und immer wieder seinen Ausschluß aus der Bekennenden Kirche forderte ... Er drohte, im Plenar
aufzutreten und die Sache zum Platzen zu bringen. Man einigte sich schließlich im Ausschuß,
daß die Taufe keinerlei politische, wirtschaftliche Folgen habe. Der Jude würde kein Deutscher.
Nun wurde sehr stark betrieben, daß dieser Satz dann schon überhaupt fiel, was durch Einga-
ben (schon die zweite Eingabe von uns) und durch einen letzten sehr ernsten Brief Bonhoeffers
an Koch auch erreicht wurde ...
Die Judenfrage soll der dringend einzuberufenden Reichssynode vorgelegt werden ... Der
umstrittene Satz in der Judenfrage fiel. Die Synode tagte bis 1 Uhr nachts ... Die Beschlüsse
dürfen laut Vertrag erst in 10 Tagen veröffentlicht werden! Unser letzter Brief noch in der Ple-
narsitzung verlesen von Koch!«
Bleistift-Anmerkung am Briefrand zu Vogels Vortrag beim Thema »Freiheit der Sakra-
mentsverwaltung« (Judentaufe): »Ich sage nur das Minimum, ach, vielleicht das nicht einmal:
Hier überblätterte Vogel 3 Seiten, wo er ausführen wollte, daß das christliche Liebesgebot auch
Nichtchristen gegenüber zu betätigen ist, also auch Nichtariern! Das hatte ihm Koch nach unseren Informationen verboten. Andernfalls wollte er den Vorsitz niederlegen.«
(Siehe zu diesem Komplex: DB, Biographie, 555ff; *W. Niemöller*, Wort und Tat im Kirchen-
kampf, Histor. Theologie, Theologische Bücherei Bd. 40, München 1969, 162ff, jetzt auch *W.
Niesel*, Kirche unter dem Wort, Göttingen 1978, 78ff.)

vorzeitigen Veröffentlichung durch die Aktion von Friedrich Weißler, Ernst Tillich und Werner Koch gab es für Bonhoeffer eine gewisse Nähe zur Krise um diese Denkschrift (siehe DB, 604–611). Die beiden »Missetäter« Tillich und Koch gehörten zu seinen engsten Schülerkreisen; Tillich war zum Beispiel Glied seiner Studentengruppe bei der Konferenz in Fanö 1934, Koch Finkenwalder des Winters 1935/36.

Eine Verurteilung seiner Schüler durch Bonhoeffer wegen ihrer Aktion (der Auslieferung der Denkschrift an die Auslandspresse) hat es nie gegeben. »Sie gehören in diesen Tagen noch mehr zu uns als zuvor« (Weihnachtsbrief an Koch 1936 ins Gefängnis, GS II, 513). Finkenwalde nahm sie in das tägliche Fürbittengebet auf. Werner Kochs Befreiung aus dem KZ veranlaßte eine spontane Korrespondenz zwischen Koch und Bonhoeffer (Dezember 1938, GS II, 545).

(5) *Eigentliche »Sachfrage«?*

Im Oktober 1938, also noch vor der »Kristallnacht«, macht Bonhoeffer in einem Vortrag fast wie nebenbei eine Bemerkung, die trotz ihrer unbefriedigenden Kürze anzeigt, wie ihm inzwischen eine mögliche Revision des christlich-jüdischen Verhältnisses auf den Nägeln brennt – und zwar in theologicis und nicht mehr nur im karitativen Bereich, nicht nur ethisch, sondern ekklesiologisch. Nichts ist schon ausgearbeitet, aber das unausweichliche Kommen der Aufgabe signalisiert.

Es handelt sich um einen Vortrag vor den pommerschen Bekenntniskandidaten, unter denen das Abbröckeln zum Konsistorium, die leidige Legalisierung durch die staatstreuen Kirchenbehörden, immer versuchlicher um sich greift (siehe GS II, 320–345). Der Vortrag »Unser Weg nach dem Zeugnis der Schrift« machte schnell in verschiedenen Formen von Vervielfältigungen in der ganzen Bekennenden Kirche der altpreußischen Union die Runde. Gegen Ende des Vortrags spricht Bonhoeffer aus, daß der ganze Kirchenkampf eigentlich allein auf dem Rücken der sogenannten Illegalen, der Kandidaten, ausgetragen würde. Dieser Kampf um die Geltung von Barmen und Dahlem sei zwar notwendig und richtig. Dennoch:

»Seit drei Jahren fast wird nun hier von fast nichts anderem mehr gesprochen als von der Frage Bruderrat oder Konsistorium. Das war nicht nur eine ungesunde Entwicklung, sondern es war Schuld ... Wäre es nicht auch Euch willkommener, wir könnten heute, statt immer wieder von der alten Frage zu reden, endlich einmal von dem sprechen, was uns eigentlich bedrängt: von dem, was die Bekennende Kirche zu den Fragen: Evangelium und Recht, Verkündigung und Jugend, Kirche und Synagoge ... zu sagen hätte? Warum können wir das nicht? ... Reden wir uns doch nicht ein, dort drüben in den Reihen des Konsistoriums würden wir frei sein für all die Sachfragen! Dort haben wir alle innere Vollmacht preisgegeben« (GS II, 343/4).

Diese Programmansage formuliert »Kirche und *Synagoge*«. Sie sagt jetzt nicht »Kirche und Israel« oder »Kirche und Juden«. Damit wären vornehmlich die karitativen Aspekte und die Verhältnisbestimmungen der Ekklesia zu Israel im sogenannten Spätjudentum assoziiert. Mit der in Bonhoeffers Arbeiten hier zum ersten Mal auftauchenden Wendung »Kirche und Synagoge« als brennender Aufgabe der Bekennenden Kirche deutet sich jedoch an, daß mehr geschehen muß: nämlich die Einbeziehung bzw. das Sichaussetzen dem Faktum der gegenwärtig – mit Billigung durch Christen – von neuem gettoisiert existierenden Judenheit mit ihrer Thora und ihren gegenwärtigen Gebeten zum Gott der Väter. Es stimmt also nicht, nicht nur nicht in der Ethik in bezug auf die Juden; es stimmt auch in der bisherigen Ekklesiologie nicht. Die Verwerfungs- und Ablösungstheologie aber beherrschte immer noch die Bekennende Kirche; noch eben ausgedrückt von Hans Asmussen, damals für uns neben Barth der geachtetste theologische Führer in den Bekenntnis-Synoden, als er im zweiten Band seiner Gottesdienstlehre, von uns reichlich benutzt (Das Kirchenjahr, Kaiser Verlag 1937 [!], Seite 98) zur Verständnis- und Verkündigungshilfe für den 10. Sonntag n.Trin., den sogenannten Judensonntag, ungebrochen schrieb:

»Die Zeit des Judentums ist vergangen. Israel hat die große Stunde Gottes nicht erkannt . . . Dahin ist es gekommen, weil es seinen Gottesdienst verkehrte. Die Juden haben aus dem Haus, welches mit Recht Gottes Haus war, einen Tempel gemacht, in dem sie dem Gelde dienten. Darum war ihnen auch das Kommen Christi ins Fleisch etwas Fremdes. Sie haßten ihn mit Notwendigkeit, weil er ihr Ende offenbar machte.

Das neue Wesen kennt keinen Frieden mit Juden und Heiden. Beiden steht die christliche Kirche in unüberbrückbarem Gegensatz gegenüber, solange sie überhaupt noch Kirche ist.«.

So der entscheidende Interpret von Barmen I! Auf solchem Hintergrund steht die Exklamation Bonhoeffers – und mehr ist es ja bisher nicht, aber das ist es immerhin schon! –, »endlich einmal von dem zu sprechen, was uns eigentlich bedrängt; von dem, was die Bekennende Kirche zu den Fragen: . . . Kirche und Synagoge . . . zu sagen hätte«. Wenige Wochen danach brennen die Synagogen im Land – und Bonhoeffer überschreitet tatsächlich in ein paar Notizen die hohe Schwelle einer Verwerfungs- und Beerbungs-Ekklesiologie – denkend und betend.

(6) »Kristallnacht«

Während der »Kristallnacht« befand sich Bonhoeffer in dem hinterpommerschen Dorf seines Seminars, Groß-Schlönwitz zwischen Stolp und Schlawe, dem Parallel-Aufenthaltsort des sogenannten Sammelvikariates zu dem anderen Ort in Köslin. Durch seine Familie wußte er ziemlich gut Bescheid über neue Eskalationen der Judenbehandlung im Zusammenhang mit der drohenden Kriegsgefahr während der Sudetenkrise. Davor hatte er noch mitgeholfen, im September die Geschwister Leibholz auf den Weg in die Emigration zu bringen. Jetzt im November im hintersten Pommern konnte er sich jedoch nur langsam ein volles Bild machen von dem, was denn nun wirklich im ganzen Reichsgebiet passierte. Er war zunächst angewiesen auf die lokale Presse, das Radio und vorsichtige Telefongespräche mit den Eltern in Berlin. Zu diesen ist er dann aber sobald als möglich auf einen kurzen Besuch gefahren.

Es gibt Erinnerungsberichte von je einem Kandidaten Bonhoeffers in Groß-Schlönwitz und in Köslin. Hans Werner Jensen erzählt aus Groß-Schlönwitz von dem Beten des Psalms 74 Vers 8, »Sie verbrennen alle Häuser Gottes im Lande«, am 10. November 1938, von Bonhoeffers Reise nach Berlin und der schnellen Rückkehr in der Morgendämmerung. Gottfried Maltusch berichtet aus Köslin, wie man in Abwesenheit Bonhoeffers den Synagogenbrand in dieser Kreisstadt miterlebte und wie man wenige Tage später mit Bonhoeffer das Ereignis diskutierte. Bonhoeffer habe sich schärfstens dagegen gewandt, vor diesem Hintergrund noch von dem Fluch auf den Juden wegen der Kreuzigung Christi zu reden. Ja: »Wenn heute die Synagogen brennen, dann werden morgen die Kirchen angezündet werden.«[21] Der Bericht von Maltusch deutet also darauf hin, daß hier so etwas wie eine Absage an eine früher formulierte Straftheorie ausgesprochen wurde.

Ich selber besitze ein Zeichen einer neuen Solidarisierung anläßlich des »Kristallnacht«-Ereignisses. Das ist in Bonhoeffers Gebets- und Meditationsbibel ein schlichter Bleistiftstrich bei jenem Psalm 74. In Vers 8 ist jene zweite Hälfte unterstrichen: »Sie sprechen in ihrem Herzen: ›Laßt uns sie plündern!‹ *Sie verbrennen alle Häuser Gottes im Lande.*« Am Rand steht von Bonhoeffers Hand klein geschrieben mit Ausrufungszeichen: »9.11.38!« Die beiden folgenden Verse sind von ihm mit einem Randstrich und Ausrufungszeichen versehen. Sie lauten:

»Unsere Zeichen sehen wir nicht, und kein Prophet predigt mehr, und keiner ist bei uns, der weiß, wie lange. Ach Gott, wie lange soll der Widersacher schmähen und der Feind deinen Namen so gar verlästern?«

Im nächsten Rundbrief Bonhoeffers an seine ehemaligen Finkenwalder vom 20. November 1938 steht:

»In den letzten Tagen habe ich viel über Psalm 74, Sacharja 2,8 (›wer euch antastet, tastet seinen Augapfel an‹), Römer 9,3f (Israel, dem gehört die Kindschaft, die Herrlichkeit, der Bund, das Gesetz, der Gottesdienst, die Verheißungen), Römer 11,11–15 nachgedacht. Das führt sehr ins Gebet« (GS II, 544).

Wie mag das Gebet gelautet haben?

Die Bibelstellen dieses Rundbriefs vom Spätherbst 1938 verraten in ihrer Auswahl zur Meditation in jenen Wochen alle eine tiefe Schau der Verbundenheit mit dem verfolgten, dem leidenden Israel und eine Ehrfurcht vor Gottes Wahl. Besonders mit Römer 11,11–15 wird dem Gedanken abgesagt, Israel wäre durch die Christen ersetzt und beerbt worden. Im Gegenteil: Jetzt wendet sich Israel-Kritik um in Kritik wider die Kirche, welche ih-

---

21 W.-D. *Zimmermann* (Hg.), Begegnungen mit Dietrich Bonhoeffer, München 1969⁴, 142.

ren Auftrag einer messianischen Wegbereitung verraten hat. Die eigentliche Kirche des Messias Israels kann für Bonhoeffer nun nur noch mit dem
verfolgten Israel zusammen existieren, und sie kann keinen Christus haben
wollen und zu haben meinen ohne die »unkündbare Solidarität« (Eichholz)
mit Israel, das nun durch sein Leiden auf das Leiden Christi verweist.

> »Diese Linie wird in der Retrospektive von Auschwitz aufzunehmen und angesichts der Er-
> fahrungen von Auschwitz zu modifizieren sein, wie Johannes XXIII., Bonhoeffer, Barth, Goll-
> witzer und von jüdischer Seite Buber, Baeck bis zu Schalom Ben Chorin angedeutet haben.«[22]

In jenen Tagen besaß Bonhoeffer keine Kanzel, er saß auch nicht in einem der verantwortlichen Gremien. Er wußte von der inneren Zerstörung
der Bekennenden Kirche durch die Niederlagen in der Eidfrage im Sommer, in der Frage der Gebetsliturgie im September, in der Angelegenheit
um den Barthbrief an Hromadka. Was war noch von den Bruderräten in
dieser Schwäche zu erwarten, um diesem Ereignis auch nur etwas gerecht
zu werden? Es gab nun eine Anlaufstelle für Auswanderer in Berlin um
Heinrich Grüber; es gab einige wenige Prediger, die ihre Kanzel nach dem 9.
November zu dem benutzten, wozu sie da war. So näherte sich die Zeit, daß
sich Bonhoeffer nicht mehr damit zufrieden gab, auf kaum mehr zu reali-
sierende Proteste zu warten oder für sie zu arbeiten. Als sie später, für ihn
unerwartet, ausgerechnet von Theophil Wurm kamen, war er uneingeschränkt dankbar dafür. Aber inzwischen war für Bonhoeffer eine praktische Entscheidung gefallen, mit der aktiv dem bedrückenden »wie lange?«
des Psalms ein Ende gesetzt werden sollte.

(7) *Konspiration*

Es besteht wohl kein Zweifel, daß die Hauptmotivation für Bonhoeffers
Schritt in die aktive politische Verschwörung die Judenbehandlung durch
das Dritte Reich gewesen ist – so wie das auch für seine Familie der Fall war,
welche mit Dietrich noch einen weiteren Sohn, Klaus, und die Männer
zweier Töchter, Rüdiger Schleicher und Hans von Dohnanyi, durch Hitler
verlor. Natürlich gab es auch politische – manche betonen konservative,
andere demokratische – Elemente der Motivation. Für Bonhoeffer fing es
1933 ja so an, daß er bei den politischen März-Gesetzen zur Zerstörung der
bürgerlichen Freiheiten (Verordnung zum Schutz von Volk und Staat,
Heimtücke- und Ermächtigungsgesetz) noch nicht öffentlich seine Stimme
erhob; beim vierten aber, beim Nichtarier-Gesetz (Wiederherstellung des
Berufsbeamtentums), da schrieb er seinen oben behandelten Aufsatz. Natürlich wartete er auf den Protest, auf den Widerstand im streng politischen
Sinn, auf das Eingreifen der dazu berufenen Beamten, Politiker und Mili-
tärs. Erst als nichts geschah, statt dessen jedermann, eine Berufsgruppe

---

22 *B. Klappert*, Römer 9–11: Mitte neutestamentlicher Aussagen über die Juden? Römer
9–11 als Traktat für die Juden, Vortrag 1979, 34.

nach der anderen, die jeweilige Verantwortung delegierte, stellte er sich der besonderen Situation, die ihm, dem Pfarrer, in der Konstellation in und mit seiner Familie zufiel. Er wußte schon lange von mehr, als die normale Öffentlichkeit, als der normale Berufskollege in der Kirche erfuhr, zu diesem Zeitpunkt zum Beispiel von den ersten Einsatzgruppen in Polen.

(8) *Ethik*

Die Art und Weise seiner Mitarbeit bei der Konspiration, nämlich die UK-Stellung für die Abwehr von Canaris, erlaubte ihm paradoxerweise auch mehr Zeit für den Schreibtisch in den manchmal längeren Intervallen zwischen Reisen und Berichterstattung. Es entstanden wieder ausführliche Manuskriptseiten, und zwar für eine Ethik, eine christologische Ethik, die freilich nie fertig werden sollte. Nun finden sich wieder prononcierte Äußerungen auch in bezug auf die Juden. Die christologische Mitte ist nirgends verleugnet; er horcht sie im Gegenteil immer aufs neue ab auf Befreiungen zur notwendigen politischen Tat. So aber stehen da auch Sätze, wie es sie vorher nicht gab:

»Weil ... Jesus Christus der verheißene Messias des israelitisch-jüdischen Volkes war, darum geht die Reihe unserer Väter hinter die Erscheinung Jesu Christi zurück in das Volk Israel. Die abendländische Geschichte ist nach Gottes Willen mit dem Volk Israel verbunden, nicht nur genetisch, sondern in echter unaufhörlicher Begegnung. Der Jude hält die Christusfrage offen. Er ist das Zeichen der freien Gnadenwahl und des verwerfenden Zornes Gottes. ›Schau an die Güte und den Ernst Gottes‹ (Römer 11,22). Eine Verstoßung der Juden aus dem Abendland muß die Verstoßung Christi nach sich ziehen; denn Jesus Christus war Jude« (E, 95).

Dieses Stück ist im Frühherbst 1940 geschrieben. Vielleicht ist damals das Wort »Verstoßung« nicht zufällig gewählt. Von Einsatzgruppen in Polen wußte Bonhoeffer zwar schon; er hatte auch Nachrichten, daß der pommersche Gauleiter zum ersten Mal Juden in Güterwagen aus Stettin nach Osten hatte bringen lassen. Dennoch wußte man noch nicht recht, ob das der Beginn einer neuen Methode oder doch eher ein Einzelfall bleiben würde. Man konnte jedenfalls noch meinen, daß der »Madagaskar-Plan« – Entfernung der Juden aus Europa – galt und daß eventuelle Vorarbeiten zur Umstellung von Vertreibungs- auf Tötungspolitik (Wannsee-Konferenz Januar 1942) noch nicht durchgesetzt waren.

Wichtiger für unsere Perspektive ist aber, daß hier Bonhoeffers theologische Reflexion auf gegenwärtig lebende Juden abzielt. Sie gelten in dieser Reflexion nicht nur als Opfer, denen diakonische Hilfe gebührt, sondern in notwendigem Bezug auf gegenwärtige christliche Identität (»unlöslich verbunden«, in »unaufhörlicher Begegnung«) konstituieren sie die Kirche als Kirche. Was kann eine Kirche noch sein, wenn mit der Verstoßung der Juden auch Christus das Abendland verlassen hat? Wichtig ist auch, daß die Hermeneutik des letzten Aktes des Holocaust nun auch auf die Christologie durchschlägt. Die Christusfrage verkommt ohne die Juden; ohne die Juden erlaubt man sich die Pervertierung des Messias Israels, Christus, in ei-

nen griechischen Gott und schließlich gar in einen teutonischen Polizeigott
zur Überwachung rassischer Reinheit. In der Tat: Juden halten die Christusfrage »offen«. Zwar steht hier noch mißverständlich, daß Christus Messias
des »israelitisch-jüdischen Volkes *war*«, daß Jesus Christus Jude »*war*« und
nicht »ist«; es steht auch noch da, daß »der Jude« auch »Zeichen . . . des verwerfenden Zornes Gottes« (Röm. 11,22) ist. Aber nichts mehr davon, daß
Christus die Kirche etwa von den Juden trenne, steht da, sondern daß er sie
mit den Juden auf Leben und Tod verbinde. Nicht nur der nun agierende
Mensch Bonhoeffer, sondern auch der *Theologe* Bonhoeffer ist in Gang gesetzt.

(9) *Schuldbekenntnis – Brüder?*

Grundsätzlichere Bedeutung kommt so dem im gleichen Kapitel der
»Ethik« zu findenden Schuldbekenntnis der Kirche zu. Es ist geschrieben
genau an der Schwelle zu Bonhoeffers aktiver Einordnung in die Widerstandsgruppe bei der Abwehr von Admiral Canaris im Herbst 1940.

Angesichts dessen, was nun seinem kaum auszudenkenden Höhepunkt
entgegenstolperte, reflektiert das Bekenntnis, was Bonhoeffers Kirche und
er mit ihr verschuldet hatte. Bonhoeffer hält sich an den Gang der Zehn
Gebote. Beim fünften Gebot – nicht töten – formuliert er zunächst generell:

»Die Kirche bekennt, die willkürliche Anwendung brutaler Gewalt, das leibliche und seeli-
sche Leiden unzähliger Unschuldiger, Unterdrückung, Haß und Mord gesehen zu haben, ohne
ihre Stimme für sie zu erheben, ohne Wege gefunden zu haben, ihnen zu Hilfe zu eilen.«

Dann aber fährt er mit einem neuen Satz fort, um nur ja nicht das Spezifikum christlicher Schuld der dreißiger Jahre zu verfehlen:

»Sie ist schuldig geworden am Leben der schwächsten und wehrlosesten Brüder Jesu Christi« (E, 121f).

Bonhoeffer sagt nicht einfach: »am Leben der Juden«. Möglicher Grund
für die verdeckte Wortwahl wäre, daß ein Konspirateur die notwendige Ca-
mouflage nicht mit geschriebenen Abschnitten über das Leiden der Juden
verletzen sollte, weil Schriftliches gefunden werden konnte. Aber er hat
doch vorher nicht unterlassen, das gefährliche Wort hinzuschreiben.

Der wirkliche Grund ist wohl von theologischer Qualität. Mit diesem
Wort »Brüder Jesu Christi« vollzieht Bonhoeffer im Bekennen der eigenen
und der kirchlichen Schuld einen Akt der inneren Solidarisierung mit den
Opfern des Holocaust und respektiert zugleich die verschuldete Distanz.
Das wird jetzt möglich, weil Bonhoeffer nun im Begriff steht, mit dem Ein-
tritt in die Verschwörung eben für diese »Brüder« Reputation und Leben
aufs Spiel zu setzen. Juden »Brüder« zu nennen, das gab es damals in der Bekennenden Kirche überhaupt noch nicht. Von »jüdischen Brüdern« hatte
man in der Bekennenden Kirche seit 1933 immer nur in bezug auf die ge-

tauften Nichtarier gesprochen, auch Bonhoeffer selber[23]. Nie hatte man es im Zusammengehören mit den Juden als Juden gekonnt. So scheint mir (bis auf weitere Belehrung), daß an dieser Stelle tatsächlich zum ersten Mal in Kreisen der Bekennenden Kirche im vollen Sinne von den zur Vernichtung geführten Juden insgesamt als von »Brüdern« geredet wird. Um genau zu sein, Bonhoeffer sagt noch nicht: »unsere Brüder«. Dazu ist die Schuld zu unübersteigbar, sie ist noch nicht in irgendeinem Sinne erfahrbar als gesühnt. Bonhoeffer bleibt distanziert und sagt: »Brüder Jesu Christi«. Erst wenn Sühne akzeptiert worden ist, könnte die Erlaubnis kommen, auch »*unsere* Brüder« zu sagen. Kain könnte so nur sprechen, wenn Abel damit begänne.

Hier befinden wir uns an einem Angelpunkt der Bedeutung Bonhoeffers für das Problem Juden und Christen. Die Sprache dieses Bekenntnisses läßt die Sprache der Beerbungstheologie, der Straftheologie, der Missionstheologie und die Haltung hinter diesen Theologien fast versunken erscheinen. Vielleicht kann man an dieser Stelle von einem aktuellen Durchbruch zu einer kommenden Theologie nach dem Holocaust sprechen insofern, als mit diesem Akt einer bußfertigen Annahme der Verbundenheit als Brüder dieser bekennende Christ sich anschickt, selbst Teil des Holocaust zu werden.

(10) *Deportationen*

Als Bonhoeffer Mitte Oktober 1941 von seiner zweiten Schweizer Reise nach Berlin zurückkehrte, begann dort gerade – am 16. Oktober, drei Monate vor der Wannseekonferenz – der erste große Deportationsschub. Seine Familie war im höchsten Grade alarmiert. Er traf sogleich seinen Freund Fr. Justus Perels, Justitiar der Bekennenden Kirche, bald auch Mitkämpfer in der Konspiration. Am 17. und 18. Oktober verfaßten sie einen ersten Bericht, soweit sie Fakten zusammenbringen konnten. Zwei Tage später reichten sie, nun schon etwas besser informiert, einen zweiten nach. Hans von Dohnanyi sollte sie an bestimmte Generäle bringen, die der Konspiration nahestanden, und sie antreiben, wenn nun das Schlimmste Wirklichkeit wurde (GS II, 640–643). In Bonhoeffers Nachlaß sind zwei Originaldurchschläge erhalten. H.G. Adler meinte, es seien die frühesten bekannten Dokumente aus der politischen Widerstandsbewegung in Reaktion auf die beginnenden Massendeportationen.

Die Berichte bekunden zweierlei. Sie zeigen (a) das Vorausahnen einer letzten Steigerung des Schrecklichen schon zu diesem Zeitpunkt, obwohl man sicherlich noch nichts über eine »Wannseekonferenz« und über eine Technik der Gasöfen wußte. Sie zeigen (b), welche Mühe es machte, eini-

---

23   Siehe GS II, 50, April 1933: Die Bekennende Kirche »weiß sich diesen als Brüder verbunden«; aber auch Herbst 1933, GS VI, 276f im Entwurf zur Notbund-Verpflichtung; oder in N, 229, beim Abschnitt über die soziale Dimension der Taufe – trotz der erwähnten Stelle N, 103: »daß der Bruder ... nicht nur der Bruder in der Gemeinde ist«.

germaßen genaue Angaben über das Geschehen in Berlins Stadtteilen und erst recht in der Sammelstelle in der Synagoge in der Levetzowstraße zusammenzubringen ohne Zugang zu Verantwortlichen. Einzelheiten im Bericht aus rheinischen Städten hatte Perels, als reisender Berater der Bruderräte, wohl von diesen eruiert.

Es gehört schon ein erhebliches Maß an Entschlossenheit dazu, sich der Gefahr bei Nachforschungen auszusetzen und außerdem Einzelheiten in kühler Sachlichkeit aufzuschreiben, die sehr schnell kaum noch nachprüfbar sein würden, um sie einem ganz anderen Bereich des öffentlichen Lebens zu unterbreiten, nämlich Generalen, als Motivation zum Staatsstreich.

Hierzu gehört auch der Versuch, wenigstens einigen Juden zur Flucht zu verhelfen unter dem Vorwand, daß die Abwehr diese Juden für die eigenen Zwecke in der Schweiz benötige, die sogenannte Aktion 7: eine Gruppe, in der die Mehrheit nicht zur christlichen Kirche gehörte und deren Ausreise-Planung und -Durchführung von Dohnanyi geleistet wurde. Bonhoeffer konnte mit Wilhelm Rotts Assistenz eine der treuesten Helferinnen des Bruderrates und von Martin Albertz, Charlotte Friedenthal, dazugesellen, die wie die anderen tatsächlich überlebte. Später griffen die Verhörer Bonhoeffers und von Dohnanyis 1943 diese Sache auf (DB, 917f).

(11) *Der Gauredner*

Die Art der Code-Sprache an manchen Stellen der Tegeler Briefe hat im Blick auf einen NS-Gauredner, nun Mitgefangener von Bonhoeffer, zu Mißverständnissen geführt. Auf Grund seiner Beziehungen hatte Bonhoeffer ihm im Gefängnis Vorteile verschaffen können, als er sich, total zusammengebrochen, an Bonhoeffer etwas anschloß. Bonhoeffer aber hatte ihn bald darauf fallen- und aller Privilegien verlustig gehen lassen. Manch einer meinte, hier einen hartherzigen, gefühlsarmen Zug in Bonhoeffer entdekken zu können. In Wahrheit aber hatte der Gauredner eines Tages antisemitische Äußerungen Bonhoeffer gegenüber getan, und darauf reagierte dieser so hart (WEN, 176, 192, 218). Im Brief WEN, 218 war das Wort »Jude« vermieden; Bonhoeffer schrieb:

». . . ihm entglitt kürzlich eine Bemerkung über das Problem Gert etc., die mich veranlaßt hat, ihn so ablehnend und kühl zu behandeln, wie ich vielleicht noch nie jemanden behandelt habe«. Gert, der abgekürzte Vorname des Schwagers, aber stand hier für »über das Problem Juden etc.«.

In der Haft hatte Bonhoeffer bei schriftlichen Äußerungen nun wirklich die draußen weiter Agierenden absolut zu schützen und konnte die Konspiratoren nicht mit einem Eintreten für »Juden« in zusätzliche Schwierigkeiten bringen – eben auch um der Juden willen.

(12) *Tegeler Briefe*

Mit geschärften Augen für den Entschränkungsprozeß unter der Hermeneutik des Holocaust müßte man »Widerstand und Ergebung« neu lesen, um zu entdecken, wie Ansätze der »Ethik« eine Weiterentwicklung erfahren, die Gottes Leiden in und an der Welt mit dem Alten Testament, mehr aber mit der Gegenwart von Juden und Christen zusammenschließt, so daß ein als exklusiv behauptetes Kreuz inklusiv verstanden werden muß. Wir greifen zwei Hinweise heraus.

(a)   In dem Rechenschaftsbericht von 1942/43 »Nach zehn Jahren« (WEN, 11ff) findet sich der Abschnitt vom »Mitleiden«. Er setzt ein mit der Analyse von der Unfähigkeit zu präventivem Handeln und von der Stumpfheit gegenüber fremdem Leiden. Dann laufen die Linien vom Leiden Christi ohne exklusives Interesse zum Leiden der »Brüder«. Es ist undenkbar, daß hier etwa nicht die Juden gemeint seien. Schließlich wird dann das eigene Einbezogensein reflektiert:

»Christus – so sagt die Schrift – erfuhr alles Leiden aller Menschen an seinem Leibe als eigenes Leiden – ein unbegreiflich hoher Gedanke ... Wir sind nicht Christus, aber wenn wir Christen sein wollen, so bedeutet das, daß wir an der Weite des Herzens Christi teilbekommen sollen in verantwortlicher Tat, die in Freiheit die Stunde ergreift und sich der Gefahr stellt, und in echtem Mitleiden, das nicht aus Angst, sondern aus der befreienden und erlösenden Liebe Christi zu allen Leidenden quillt ... Den Christen rufen nicht erst Erfahrungen am eigenen Leibe, sondern die Erfahrungen am Leibe der Brüder (!), um deren willen Christus gelitten hat, zur Tat und zum Mitleiden« (WEN, 23f).

An seine (emigrierte) Nichte Marianne Leibholz hatte er zur Konfirmation im Mai 1942 auf einer Reise in die Schweiz nach Oxford geschrieben:

»Es gibt so viele Erfahrungen und Enttäuschungen, die sensitive Leute auf den Weg des Nihilismus und der Resignation treiben. Deshalb ist es gut, früh genug zu lernen, daß Leiden und Gott kein Gegensatz sind, sondern eher eine notwendige Einheit; für mich ist die Idee, daß Gott selber leidet, immer das weit überzeugendste Stück christlicher Lehre gewesen.«[24]

(b)   Unmittelbar vor dem mißlungenen Putsch schrieb Bonhoeffer im Brief vom 18. Juli 1944 (WEN, 394f) Sätze, welche das messianische Leidensereignis Christi und das Israels wie auch die Ereignisse der Gegenwart zu voller Inklusivität bringen. Metanoia ist an dieser Stelle ein »sich in den Weg Jesu Christi mithineinreißen lassen in das messianische Ereignis, daß Jesaja 53 nun erfüllt wird« (WEN, 395). »Jesaja 53« als stellvertretendes Leiden Israels für die Völker wird erfüllt nicht in einem »Damals«, sondern »nun« in der Gegenwart als »Leben der Teilnahme an der Ohnmacht Gottes in der Welt« (WEN, 396). So halten wirklich die Juden die Christusfrage offen.

Zwei Tage zuvor hatte Bonhoeffer die berühmt gewordene Formel ge-

24   E. *Bethge*, Ohnmacht und Mündigkeit, München 1969, 111.

prägt: »Vor und mit Gott leben wir ohne Gott« (WEN, 394). Ich formuliere
interpretierend um: »Vor und mit dem biblischen Gott leben wir ohne den
griechischen Gott«; »vor und mit dem gekreuzigten Gott leben wir ohne
den thronenden Gott«; »vor und mit dem leidenden Gott leben wir ohne
den mächtigen Gott«. Dazu gehört auch das Gedicht aus den gleichen Tagen »Christen und Heiden«, vor allem die zweite Strophe (WEN, 382):

»Menschen gehen zu Gott in seiner Not,
finden ihn arm, geschmäht, ohne Obdach und Brot,
sehen ihn verschlungen von Sünde, Schwachheit und Tod.
Christen stehn bei Gott in seinem Leiden.«

Hier weisen Wegzeichen in die Richtung einer Theologie nach dem Holocaust. Es wäre reizvoll, zu eruieren, wo Männer wie Barth, Iwand oder
Eichholz auf ihren Wegen später zu ähnlich inklusiven Sätzen gekommen
sind.

4
Theologie
Es bedarf einer gesonderten Untersuchung, Nähe und Ferne von Bon-
hoeffers theologischen Ansätzen zu jüdischem Denken je in der frühen (SC
und AS), der mittleren (N und GL) und in der späteren Periode (E und
WEN) zu analysieren. Hier muß es bei Andeutungen bleiben.

(1) *Theologie und Ethik*
Bonhoeffers Interesse daran, die Spiritualisierung, Entpolitisierung und
individualistische Provinzialisierung des reformatorischen Glaubens – sei
es durch eine mißbrauchte Zwei-Reiche-Lehre, sei es durch eine traditionelle Vereinseitigung des Gesetzesbegriffs und -gebrauchs mit ihren ver-
heerenden Folgen – zu überwinden, hatte lang vor 1933 eingesetzt, in der
»Nachfolge« einen ersten Höhepunkt erreicht und war in der »Ethik« und
in »Widerstand und Ergebung« unübersehbar geworden.
      Bertold Klappert erinnert daran, wie entschieden Bonhoeffer schon in
der »Nachfolge« das übliche Verständnis von der Aufhebung des Gesetzes
durch Jesus im Sinne der Ablösung von der Thora angegriffen und korrigiert hat (N, 95ff). Üblicherweise las und liest man, als ob die Textänderung
von Matthäus 5,17 durch Marcion immer noch richtig sei, der schrieb:

»Meinet ihr, daß ich gekommen bin, das Gesetz und die Propheten zu erfüllen? Ich bin gekommen aufzulösen und nicht zu erfüllen.«

Jesus spricht aber eben nicht von einer Auflösung von Bindung. Er »setzt
das Gesetz des alten Bundes in Kraft durch seine Erfüllung«. Das bedeutet
»die gänzlich unerwartete Bindung der Jünger an das alttestamentliche Gesetz«; »gesetzlose Bindung an die Person Jesu Christi (darf) nicht Nachfolge
heißen« (N, 96). Ja, Jesus muß »gesetzlose Bindung ... verwerfen, weil sie

Schwärmerei und darum nicht Bindung, sondern völlige Entfesselung ist«. Echte Bindung an Jesus kann »nur mit der Bindung an das Gesetz Gottes geschenkt werden« (N, 99). Das zeigt ein Verhältnis zur Thora, wie es der jüdische Neutestamentler David Flusser jüngst zur Geltung gebracht hat in einer Arbeit zu den jesuanischen Antithesen der Bergpredigt.

In einer Reflexion über den Erlaubnis- und Freiheitscharakter des Gebotes in der »Ethik« formuliert Bonhoeffer wie ein Ausleger der Thora:

»Das Gebot als Element des Lebens bedeutet Freiheit der Bewegung und des Handelns, Freiheit von der Angst vor der Entscheidung, vor der Tat, es bedeutet Gewißheit, Ruhe, Zuversicht, Gleichmaß, Friede . . .« (Hierbei wäre zu beachten, wie die Verschwörungsbeteiligung eine hermeneutische Funktion in den Begriffsfeldern, die Bonhoeffer dabei kommen, ausübt!). »Das Gebot Gottes ist *Erlaubnis*. Darin unterscheidet es sich von allen menschlichen Gesetzen, daß es die *Freiheit* – *gebietet*. Darin erweist es sich als *Gottes* Gebot, daß es diesen Widerspruch aufhebt, daß das Unmögliche möglich wird, daß das, was jenseits alles Gebietbaren liegt, die Freiheit, sein eigentlicher Gegenstand ist. So hoch greift das Gebot Gottes, billiger ist es nicht« (E, 297ff).

Vielleicht war er jüdischer Tradition näher, als ihm selber jemals bewußt war. Lapide und Peck bezeugen es je in ihrer Weise. Ja, Peck verbindet tiefsinnig Bonhoeffers Begriff von einer »religiösen Antiweltlichkeit« mit dem Antisemitismus. Bonhoeffers Vision eines neuen Christentums läßt demgemäß

»gewisse Funktionen verschwinden, die es als Religion versah, wie eben seine Antiweltlichkeit und seinen Antisemitismus«[25].

Bonhoeffers Weigerung, eine Christologie ohne ihre ethischen Implikationen wie umgekehrt eine Ethik ohne ihre christologisch-theologische Ortung zu schreiben, sein Zusammendenken von Identität des Glaubens und Identifizierung mit Benachteiligten in all seinen theologischen Versuchen, also die Balancierung von Sein und Funktion der Kirche läßt Nähe etwa zu Buber und Rosenzweig spüren, die immer darauf bestanden, daß jüdisches Glauben raison d'être nur hat, wenn es ist, um zu tun und um mitzuleiden, und nur tun und mitleiden kann, wenn und weil es unbegreiflicherweise ist – daß also Sein in der Funktion wie ebenso Funktion im Sein gründen.
So findet man bei Bonhoeffer eine Affinität zum jüdischen Zentralthema des »Weges«, weniger im Sinne des Katechismusbesitzes als in dem von wirklichem Gehen, wobei das Gehen umfassende Qualität besitzt, hermeneutische, politische und salvierende. Mitten in einer der Kampfschriften der Dreißiger – »Unser Weg nach dem Zeugnis der Schrift«, Oktober 1938 – lesen wir:

»Es ist nun einmal nach der Schrift nicht so, daß man erst den rechten Weg weiß und übersieht und sich dann entscheidet, ihn auch zu gehen; sondern es ist so, daß erst der Gehende

25 W. Peck, aaO. (Anm. 2) 547.

weiß, daß er auf dem rechten Weg ist. Nur im Tun, in der Entscheidung kommt die Erkenntnis. Nur wer in der Wahrheit ist, erkennt die Wahrheit« (GS II, 325).

Das verweist auf seinen Wunsch, einmal eine Auslegung des ganzen Psalms 119 zu schreiben, des Psalms von der salvierenden Qualität des »Weges«, des Psalms von der Liebe zum Gesetz und vom Evangelium im Gebot. Bis zum Vers 23 war er gekommen (GS IV, 505–543); er hielt diese Arbeit für die Krönung eines Theologenlebens.

(2) *Altes Testament und Christus*
Bonhoeffers vielfältig experimentierender Umgang mit dem Alten Testament verschärfte seine Kritik an der zumeist griechischen Quellen entsprungenen Metaphysik der kirchlichen Väter. Dieser Umgang erfuhr einige Metamorphosen. Martin Kuske hat überzeugend gezeigt, wie Bonhoeffers anfängliche simple Identifizierung der Zeit der Kirche mit der Zeit des Alten Testamentes dennoch nicht dasselbe war wie ein Raub der alttestamentlichen Quellen von den Juden durch die Kirche. Hier führt tatsächlich ein Weg von der anfänglichen Beanspruchung der Hebräischen Bibel zu einem sich dankbar In-Anspruch-nehmen-Lassen durch sie. Die inhaltliche Füllung dessen, was formal zu Recht Bonhoeffers Christusmonismus hat genannt werden können, ließ er sich zunehmend von alttestamentlichen Vorstellungen geben. Die Entwicklung verlief – so Kuske – von einem Christus im Alten Testament zu einem Alten Testament in Christus. Zuerst las Bonhoeffer Christus im Alten Testament; am Ende kann er nur noch Christus vom Alten Testament her lesen und verstehen.

»Das Alte Testament schreibt einer Interpretation des neutestamentlichen Gotteszeugnisses die Strukturen vor, in denen sie erfolgen muß« . . . »Für Bonhoeffer . . . bildet die alttestamentliche Liebe zur Erde und zum Leben die Schranke, innerhalb deren die christliche Auferstehungshoffnung nur recht interpretiert und gelebt werden kann« . . . »Ein Unterschied besteht nur darin, daß er (Bonhoeffer) 1937 (Rachepsalmpredigt) erkennt, Christus gehört das ganze Alte Testament, 1943 aber, daß Christus dem ganzen Alten Testament gehört.«[26]

(3) *Judenmission?*
Auch im Rest der Bekennenden Kirche der letzten Kriegsjahre gab es kaum noch einen Raum für Gedanken an eine traditionelle Judenmission. Die Bruderräte bereiteten für die Breslauer Bekenntnissynode der Altpreußischen Union 1943 ein Wort vor, in dem expressis verbis endlich die Vernichtung von Juden angeprangert und beklagt wurde. Kurz vor seiner Verhaftung wirkte Bonhoeffer noch in einem vorbereitenden Ausschuß zum fünften Gebot mit. Dieser Protest und sein Hintergrund verbot ein Wort in Richtung auf Judenmission von selbst[27].

26 *M. Kuske,* aaO. (Anm. 8) 88, 91, 105.
27 Der Reichsbruderrat entwarf allerdings noch 1948 ein »Wort zur Judenfrage«, in dem alle tradierten Antijudaismen (Enterbungs-, Substitutions-, Straf- bzw. Fluchttheorien und die Judenmission) wiedererscheinen, als sei nichts geschehen. (Siehe: Botschaft des Bruderrates vom 8.4.1948, in: Die Juden und wir Christen, hg. von H. Kallenbach, Schriftenreihe der Evgl. Akademie Hessen-Nassau, Heft 15, Frankfurt 1950, 54–56.)

Bonhoeffer schrieb bald darauf in dem Taufbrief aus der Haft vom Mai 1944 (WEN, 321ff), daß es theologisch nun unmöglich geworden sei, einfach wie bisher weiter zu evangelisieren; jetzt bedeute Metanoia jenes zurückgenommene »Beten und Tun des Gerechten«. Nur durch dieses hindurch würde es einmal wieder Erneuerung des Wortzeugnisses geben können. Die »Judenfrage« von 1933 war angesichts von Auschwitz nun total zur Christenfrage geworden.

(4) *Epoche?*

In dem »Entwurf einer Arbeit« (WEN, 413ff), jener Zusammenziehung der sogenannten »Tegeler Theologie«, wird deutlich, daß und in welchem Ausmaß die Krise der Kirche durch den Holocaust für Bonhoeffer zu einem epochalen Ereignis geworden war und keinesfalls wieder zur Episode gemacht werden durfte. Er hat sich 1944 überhaupt nicht denken können, daß nur ein Jahr später – Treysa, August 1945 – die Kirche zu einer Gestalt und Praxis zurückkehrte, die einfach an 1932 anknüpfte. Deshalb mußten seine Ausführungen über die zukünftige Gestalt der Kirche im dritten Teil dieses »Entwurfs« alsbald utopisch erscheinen, als sie Jahre später (seit WE 1. Auflage 1952) zu lesen waren. Die alt-neu-etablierte Kirche stand statt dessen im Begriff, trotz der Schuldbekenntnisse von Stuttgart (Oktober 1945) und von Weißensee (1950) den Holocaust eben doch zur Episode werden zu lassen.

So ist wohl auch kaum denkbar, daß Bonhoeffer das Schuldbekenntnis von Stuttgart so bereitwillig und ahnungslos sofort mit neuen Evangelisationsfanfaren verbunden hätte, wie der Rat das tat. Heute hat der Holocaust für uns überwiegend den Charakter eines Störfaktors, weniger den, theologische Überprüfungen einzuleiten im Blick auf das Verhältnis zu den Juden.

IV
Summe

Von Bonhoeffer eine ausgeführte oder im Entwurf angerissene »Theologie nach dem Holocaust« zu erwarten ist ungeschichtlich. Was er leistete, war eine Solidarisierung mit Juden in einer Tat, hier und da auch Ansätze zu einer künftigen Theologie solcher Art. Die Ansätze lassen vermuten, daß er sich nie wieder zur theologischen Totaltrennung der Christen von den Juden hätte verstehen können.

Heute fallen bei Bonhoeffer Bewußtseinslücken ins Auge. Er hat nie Talmud studiert. Wir finden auch verfälschende Stereotype des Juden bei ihm, zum Beispiel: »Für den Nachfolger Jesu kann der Gottesdienst nie mehr, *wie für den Rabbinen,* vom Dienst am Bruder gelöst werden« (N, 104, Hervorhebung E.B.). Bonhoeffer hatte sich noch nicht damit befaßt, wieweit Theologie und Kirchengeschichte mit ihren theologischen Antijudaismen –

durchaus zivil, ökonomisch, sozial und moralisch exekutiert – den Antisemitismus zubereitet hatten.

Kaum bewußt war er sich, mit den meisten von uns, der antijüdischen Hetzpredigten von Chrysostomus, der Umwandlung theologischer Definitionen, wer und was ein Jude sei, in gesellschaftsrechtlich diskriminierende Gesetze seit Konstantin, der Sakralisierung des Judenhasses mit der Folge des Tötens von Hostienschändern im Mittelalter, der Umformung der theologischen Antijudaismen Luthers (die natürlich mit fatalen zivilen Folgen verbunden und auch so gemeint waren) in den biologisch-rassistischen Antisemitismus. Aber wir können Bonhoeffer kaum zur Last legen, was wir erst jetzt unter Identitätsängsten und Kontroversen langsam neu erarbeiten. (In Bonhoeffers Lutherausgabe, dem damals nur vierbändigen Clemen für die Studierenden, heute acht Bände, stand keine der judenfeindlichen Schriften Luthers.)

Was den Zeitpunkt von Entwürfen einer »Theologie nach dem Holocaust« betrifft, so durften diese vielleicht nicht einmal vor der Tat liegen, gerade um ihre Ernsthaftigkeit nicht zu verspielen. Vorher mußten sparsamste Sätze genügen, Andeutungen einer Entgrenzung der Bruderschaft in praktischer Solidarisierung, um sich mit dem Glasperlenspiel unverwirklichten Denkens nicht von der Buße der notwendigen Tat abdrängen zu lassen, um nicht zu meinen, die Tat der Hände mit Taten des Kopfes ersetzen zu können. Daß seine zur Metanoia wie nie zuvor gerufene Kirche kaum wieder sein könne, was sie gewesen war – existentiell, strukturell, theologisch –, das hatte Bonhoeffer ausgesprochen. Sie wurde jedoch wieder, was sie gewesen war, und das Leben der Buße steht noch aus.

Zu seinen Lebzeiten gab es für Bonhoeffer keinen lebenden jüdischen Partner zum konkreten Dialog über so etwas wie eine Theologie nach dem Holocaust. Was er von seiner Seite im »Dialog« sagte, war die Antwort von Flossenbürg. Die Frage war gestellt worden in Gestalt der Tötung der Juden. Wiewohl Bonhoeffer manches erhoffte und unternahm, um zu leben, bedeutete seine Antwort für ihn den Tod. In diesem stummen, unwiederbringlich abgeschlossenen Dialog bedeutet Bonhoeffer für uns einen Durchbruch zu einer neuen, einer »Theologie nach dem Holocaust«. Diese selbst hat nicht er, diese haben wir zu denken und zu entwerfen, auch weil sein Todes-Dialog so vernehmlich spricht.

Bonhoeffer ist nicht der Entwerfer solcher Theologie. Er gehört zu den Ermöglichern, zu ihren Auslösern für die christliche Seite eines neuen Dialoges. Er hatte als einer von wenigen sich dem Komplicentum mit den »Endlösern« entwunden. Das macht aus ihm eines der unersetzlichen Bindeglieder zu den Opfern, zu den Entkommenen und zu den Nachkommen des Holocaust. Und das offensichtlich in einer Weise, die das Thema unserer Seite »Bonhoeffer und die Juden« schon auf eine erste dialogische Entsprechung von der anderen Seite her hat treffen lassen: »Die Juden und Bonhoeffer«.

Jürgen Seim

Israel und die Juden im Leben und Werk Hans Joachim Iwands

Vorbemerkung

Wir fragen nach der Wirkungsgeschichte der Theologie Luthers im Blick auf das Verhältnis der Kirche zu Israel. Will man sich das an einem theologisch ernsthaften Beispiel aus unserm Jahrhundert klar machen, so liegt es nahe, an Dietrich Bonhoeffer zu denken, einen Theologen in der lutherischen Tradition, der die Frage nach Israel und den Juden als einer von wenigen deutlich und mit der Tendenz auf eine positive Antwort gestellt hat. Ich wähle das Beispiel Hans Iwands, weil einerseits die Thematik für Bonhoeffer von Eberhard Bethge und Bertold Klappert bereits behandelt ist[1], andererseits Iwand mit noch größerer Unmittelbarkeit als Bonhoeffer bei Luther selbst Theologie gelernt hat. Wie bei Bonhoeffer ist allerdings bei Iwand die biographische Komponente so wichtig wie die systematisch-theologische. Ich werde darum zunächst die biographischen Daten, soweit sie inzwischen bekannt sind, zusammenstellen (1), sodann den theologischen Zusammenhang mit Luther aufzeigen (2), danach Iwands theologischen Neuansatz in der Israelfrage darstellen (3), anschließend die Bibelauslegungen Iwands im Blick auf unsre Frage durchmustern (4) und abschließend den Versuch machen, ein Ergebnis festzuhalten (5).

1
Biographische Daten

Hans Iwand wurde 1899 in einem schlesischen Pfarrhaus geboren und wuchs in einer durchaus konservativ geprägten Umgebung auf. Die konservative Grundhaltung hinderte den Vater Otto Iwand aber keineswegs, sich 1933 im Blick auf das Rassedenken und den Antisemitismus der NSDAP, die sich im Arierparagraphen manifestierten, dem Pfarrernotbund anzu-

---

1 *E.Bethge*, Dietrich Bonhoeffer und die Juden, in: E.Feil / I.Tödt (Hrsg.), Konsequenzen, IBF 3, 1980, S.171–214; *B.Klappert*, Weg und Wende Dietrich Bonhoeffers in der Israelfrage – Bonhoeffer und die theologischen Grundentscheidungen des Rheinischen Synodalbeschlusses 1980, S.77–135.

schließen². Iwands Mutter war ihrerseits eine Pfarrerstochter. Ob der Umstand, daß ihr Vater zum Theologie-Studium kam, weil ein Jude seinem Vater die Anregung dazu gab und den Hebräisch-Unterricht des jungen Mannes finanzierte, für Iwands Bewußtsein von Belang war, läßt sich nicht sagen; die Tatsache wurde aber in der Familie überliefert³.

1927, nach seiner Habilitation, heiratete Iwand die promovierte Juristin Ilse Ehrhardt. Ihr Vater war der weit über Königsberg hinaus angesehene Chirurg Oscar Ehrhardt, ihre Mutter Martha, geborene Rosenhain, eine geborene Jüdin. Sie hatte sich, »sobald sie mündig war«, taufen lassen⁴. Aber die Tatsache der Eheschließung mit einer Frau, die nach damaligem Begriff Halbjüdin war, sollte für Iwand noch folgenreich werden. Iwand war seit 1924 Studieninspektor, das heißt faktisch Leiter des Lutherheims, eines Wohnheims für Theologiestudenten in Königsberg, und von dieser Position aus hatte er einen ansehnlichen Schülerkreis um sich gesammelt. Im Kirchenkampf, der zu einem guten Teil von Anhängern der sog. Dialektischen Theologie durchgehalten wurde, gegen die sog. Deutschen Christen und deren Reichsbischof Müller, schreckten manche Beteiligte nicht vor persönlichen Verunglimpfungen zurück, so ein Konsistorial-Rat Lic. Koch in einem Gutachten vom 20.11.1934:

»Das Lutherheim ist durch Professor Lic. Iwand zur Domäne der dialektischen Theologie gemacht. Iwand, verheiratet mit einer Halbjüdin, ist scharfer Gegner der von Ludwig Müller geleiteten Deutschen Kirche«⁵.

Iwand war zu der Zeit schon nicht mehr in Königsberg, sondern als Dozent in Riga. Er hörte von jener 14 Seiten langen Denkschrift und schrieb seinem Lehrer Rudolf Hermann danach an Weihnachten 1934,

»daß ich, als ich einzelnes daraus hörte, einfach vor ganz unchristlicher Wut und Rache kaputt war und am liebsten diesen Leuten eine Ehrenforderung überreicht hätte. Wie soll man sich denn noch in seiner Ehre behaupten? Man kann doch ohne sie nicht leben?«⁶

Als er das schrieb, hatte er keine Kraft mehr zum grimmigen Humor, der ihm ein gutes Jahr vorher die Feder führte, als er am 9.9.1933 demselben Lehrer schrieb:

»Ebenso scheint mir auch die Möglichkeit einer Berufung in weitere Ferne gerückt, denn auch da wird man jetzt gewiß die D C. bevorzugen und zudem bin ich doch gegen den Augenschein der einzige ›Arier‹, in meiner Familie«⁷.

2   Vgl. *E.Burdach*, Hans Joachim Iwand – Theologe zwischen den Zeiten. Ein Fragment 1899–1937, 1982, S.38.
3   Ebd., S.41.
4   Ebd., S.133.
5   Ebd., S.273.
6   *H.J.Iwand*, Nachgelassene Werke (NW) 6, Briefe an Rudolf Hermann, 1964, S.269.
7   Ebd., S.253.

Er rechnete also schon 1933 mit dem Abbruch seiner akademischen Karriere, weil er für damalige Verhältnisse falsch geheiratet hatte; der grimmige Humor zielt darauf, daß sein Profil tatsächlich eine Nase zeigt, wie sie für Juden-Karikaturen üblich war. Wie für seinen Vater war es auch für Hans Iwand undenkbar, daß der Arierparagraph in Kirche und Staat Recht sein sollte. Insofern war für ihn sehr früh seine kirchenpolitische Position klar, und das bedeutete zunehmend auch, daß seine politische Position sich klärte: gegen die Deutschen Christen und dann auch gegen den Staat. In diesem Horizont ist ein Text zu lesen, den er im 2. Rundbrief an die Freunde des Lutherheims, das heißt an seinen Schüler- und Freundeskreis, schrieb:

»Die Grenze gegen das Judaisieren wird man nicht durch den Arierparagraphen ziehen können. Wer sich damit gegen das Judentum ausweist, der weiß nicht, daß es sich um den ›Geist‹ handelt, der hier gefürchtet werden muß. Und dieser judaisierende Geist, dem die Propheten zum Opfer fielen und der die Apostel verfolgte, ist der Geist des Antichrist, der die Kirche verwüstet bis auf den heutigen Tag«[8].

Der kurze Briefausschnitt zeigt, wie Iwand auf der einen Seite beeindruckt wurde durch den wahnwitzigen rassischen Antisemitismus, den er nicht nachvollziehen konnte, gegen den, in der Gestalt des Arierparagraphen, er sich nur wehren konnte, und auf der andern Seite durch einen traditionellen christlichen Antijudaismus, den er als den berechtigten Einspruch verstand gegen den Widerspruch, den Propheten und Apostel als Sprecher des Wortes Gottes zu erleiden hatten. An dieser Stelle wird ein Zwiespalt erkennbar, der Iwands Denken in dieser Frage bestimmt; ein Zwiespalt, der vorerst auf die Zweiteilung der Systematischen Theologie in Ethik und Dogmatik verteilt werden mag, der aber, wie sich bei Iwand selbst zeigt, in den dogmatischen Bereich hereinreicht und nur von dort aus überwunden werden kann. Am 15. September 1935 traten die sog. Nürnberger Gesetze in Kraft, die die jüdischen Mitbürger in Deutschland endgültig zu Menschen zweiter Klasse stempelten. Eine Woche später trat am 23. September 1935 die 3. Bekenntnis-Synode der Evangelischen Kirche der Altpreußischen Union in Berlin-Steglitz zusammen. Die Synode hatte ursprünglich in Königsberg tagen sollen, war dann aber wegen der politischen Schwierigkeiten, die sich zumal in der sog. Judenfrage ergaben, aufgrund von Einsprüchen unter anderm aus Ostpreußen nach Berlin verlegt worden. Es stand, nicht nur wegen der Judenfrage, die Einheit der Bekennenden Kirche in der DEK auf dem Spiel. Bonhoeffer scheiterte mit seinem Versuch, die Judenfrage zum Thema der Synode zu machen[9], ebenso Heinrich Vogel, den der Synodalpräses Koch nötigte, aus seinem Vortrag eine entsprechende Passage zu streichen. Iwand nahm trotz ostpreußischer Einsprüche an der Synode als

8 *E.Burdach*, a.a.O., S.324.
9 *E.Bethge*, Dietrich Bonhoeffer. Eine Biographie, 1967, S.555ff.

ostpreußischer Vertreter teil. Inzwischen war die Diskriminierung der Juden insgeheim doch Thema der Synode geworden. Karl Immer aus dem Rheinland und Heinrich Vogel aus Brandenburg sprachen offen davon[10]. Iwand hielt am zweiten Verhandlungstag, dem 24.9.1935, die Morgenandacht. Er sprach mit großer Eindringlichkeit vom Ernst der Nachfolge Jesu, die er scharf von der Gefolgschaft hinter irgendeinem Führer unterschied. Diese Bibelauslegung war eine deutliche Absage an den Zeitgeist. Sie kam aber mit keinem Wort auf die drängenden Probleme zu sprechen, die sich aus den Nürnberger Gesetzen ergaben. Das Synodalprotokoll läßt auch an keiner andern Stelle erkennen, daß Iwand sich dazu geäußert hätte. Zur Erklärung dieses Schweigens wird man Iwand nicht Blindheit in der Sache unterstellen können, dafür war er selbst zu direkt betroffen; auch politisches Taktieren dürfte für ihn kein Grund gewesen sein; dann bleibt nur die Vermutung, daß er gerade wegen der eignen Betroffenheit in dieser Sache schwieg.

Die Synode selbst konnte sich nur zu einer Mahnung an die Gemeinde-Kirchenräte verstehen, Juden trotz der Nürnberger Gesetze zur Taufe zuzulassen, was mancherorts verweigert worden war.

Iwand war, als er an der Steglitzer Synode teilnahm, Leiter des Predigerseminars der ostpreußischen Bekennenden Kirche. 1937 wurde er mit dem Seminar aus Ostpreußen ausgewiesen und führte es in Dortmund fort. Nach Schließung des Seminars wurde er Pfarrer von St.Marien in Dortmund.

Von November 1938 bis März 1939 war Iwand in Dortmund in Haft. Kurz nach seiner Entlassung erlebte er einen neuen Höhepunkt des Kirchenkampfs. Die sog. Nationalkirchliche Einung Deutsche Christen veröffentlichte die »Godesberger Erklärung«, die am 4. April in einer Bekanntmachung zahlreicher »Landeskirchenleiter« im Gesetzblatt der DEK begrüßt wurde[11]. Die Kernpunkte der Godesberger Erklärung, die von den damals so genannten Landeskirchenleitern ausdrücklich übernommen wurden, sind die Absage an »jedes überstaatliche oder internationale Kirchentum«, die Anerkennung des Nationalsozialismus und die Feststellung: »Der christliche Glaube ist der unüberbrückbare Gegensatz zum Judentum.« Es gab eine Fülle von Erklärungen, Korrekturen, Gegenerklärungen, wobei die Äußerungen der Bekennenden Kirche eine Einlassung auf die These, christlicher Glaube sei der unüberbrückbare Gegensatz zum Judentum, vermissen lassen. Iwand schrieb am 25.4.1939, drei Wochen nach der Bekanntmachung im Amtsblatt, an seinen Vater:

»Es war fast lustig zu sehen, wie manche, die sich als bekenntnistreu ausgaben, nun doch ihre Unterschrift unter die Godesberger Beschlüsse gesetzt haben.«

10 *W.Niemöller,* Die Synode zu Steglitz, AGK 23, 1970.
11 Vgl. *J.Beckmann* (Hrsg.), Kirchliches Jahrbuch 1933–1944, 1948, S.293ff.

Am selben Tag schrieb er an Julius Schniewind:

»Der Godesberger Ukas ist fast zu geistesarm, um häretisch sein zu können.«

Iwand versuchte mit Ironie Abstand zu den Thesen zu gewinnen, die offensichtlich in der Kirche Anerkennung fanden und die er nur als Abfall vom Evangelium verstehen konnte. Eine öffentliche Äußerung dazu war ihm, obgleich er zum Reichsbruderrat der Bekennenden Kirche gehörte, zu jenem Zeitpunkt unmöglich, weil er in der eben beendeten Haft nochmals eingeschärft bekam, daß das sog. Reichsredeverbot für ihn bindend sei, und weil diese nachdrückliche Erinnerung mit der Drohung verbunden gewesen war, daß er ins KZ gebracht werden sollte, was durch eine energische Intervention seiner Frau bei der Geheimen Staatspolizei in Berlin abgewendet werden konnte – eine der mancherlei Ungereimtheiten, denn Frau Iwand war ja nach damaliger Terminologie Halbjüdin.

Zu der Zeit war bereits, nach einer Verfügung vom 17. August 1938, der Zuname »Sarah« in ihren Ausweis eingetragen, der sie bei jeder Paßkontrolle als Jüdin kenntlich machte. Vom 15. September 1941 an mußte, wieder einer amtlichen Verfügung entsprechend, ihre Mutter, Frau Ehrhardt in Königsberg, den Judenstern auf dem Mantel tragen. Natürlich war von dieser Diskriminierung ihre ganze Familie mit betroffen. Sie entging der Verhaftung und Ermordung nur dank dem Ansehen ihres Mannes, des weithin bekannten Chirurgen Professor Ehrhardt, während ihre Schwester nach Theresienstadt deportiert wurde und dort starb. Gegen Kriegsende drohte Iwand selbst noch einmal wegen seiner Ehe mit einer Halbjüdin die Gefahr, ins KZ gebracht zu werden. Es ist sehr wahrscheinlich, daß es nur darum nicht mehr dazu kam, weil ein Bombenangriff auf Dortmund die Akten in der Gestapo-Zentrale vernichtete.

Aus der Kriegszeit gibt es Angaben über Iwands Beziehungen zu Juden, die teilweise verbürgt sind, teilweise fraglich. Sicher ist, daß Iwand mehreren Juden geholfen hat, sich zu verbergen und so der Verhaftung und Ermordung zu entgehen. Er hat dabei eng mit dem Essener Pfr. Heinrich Held, dem späteren Präses der rheinischen Kirche, zusammengearbeitet; und beide konnten das nur tun, weil andere Menschen ihnen halfen, indem sie Räume zur Verfügung hielten, in denen die versteckten Juden sich aufhalten konnten, und indem sie Lebensmittel beschafften, was während des Krieges besonders schwierig war[12]. Nicht ganz sicher scheint mir, was auch erzählt wird: daß Iwand in der frühen Dortmunder Zeit Verbindung mit dem Rabbiner gehabt und nach den schweren Bombenangriffen Toten ihre Ausweise abgenommen haben soll, um Juden zu einem Ausweis zu verhelfen.

Nach dem Krieg, als Iwand schon Professor für Systematische Theologie

---

12 Iwand über Held: »Ich werde nie vergessen, wie er im Dritten Reich den Verfolgten und Geschmähten mit Einsatz seines Lebens bis in die letzten Tage der Befreiung beistand.« NW 6, S. 315.

in Göttingen war, wurde er als Gast zur Wiedereröffnung der Dortmunder Synagoge eingeladen, weil die kleine jüdische Gemeinde ihm ihren Dank für seinen Einsatz für jüdische Menschen während des Kriegs ausdrücken wollte.

In dieser Zeit gab es zwei in unserer Fragehinsicht wichtige freundschaftliche Beziehungen Iwands: zu Hans Ehrenberg und Robert Raphael Geis.

Ehrenberg, den jüdischen Philosophen, der dann evangelischer Pfarrer wurde und bei diesem Wechsel in stetem Kontakt mit seinem Vetter Franz Rosenzweig blieb, hat Iwand noch in seiner Dortmunder Zeit kennengelernt, als Ehrenberg Pfarrer in Bochum war und wegen seines Judeseins, das ihm auch als Christ bewußt blieb, die Pfarrstelle verlor. Beide waren ungefähr gleichzeitig 1938/39 in Haft, Iwand in Polizeigewahrsam in Dortmund, Ehrenberg im KZ Sachsenhausen. Ehrenberg konnte noch nach England emigrieren. Als er zurückkehrte, veröffentlichte er 1949 ein kleines Buch, »Heimkehr nach Deutschland«. Iwand schrieb ein Geleitwort dazu, darin erwähnte er mit keinem Wort die jüdische Qualität des Autors. Er notierte sogar: »Ich kann nicht allem, was er sagt, zustimmen.« Aber er schrieb auch: »Ehrenberg geht immer auf der Grenze, er wird immer da stehen, wo die Naht der Gegensätze verläuft.« Diesen »Grenzgänger«, wie er sagt, empfiehlt Iwand den deutschen Lesern. Iwand dürfte die »72 Leitsätze« Ehrenbergs »zur judenchristlichen Frage« von 1933 gekannt haben[13], die die jüdische Frage den Christen bewußt machten. Er sprach mit Johannes Harder 1953 eine Festschrift zu Ehrenbergs 70. Geburtstag ab, die Harder organisierte und an der Iwand sich beteiligte. Dabei nahm er unter der Fragestellung »Wie studiere ich Philosophie?« auf ein Buch Ehrenbergs »Vom Menschen – biblisch und aktuell« Bezug[14], das dieser ihm beim Erscheinen 1948 mit einer persönlichen Widmung übersandt hatte. In der Zeitschrift »Kirche in der Zeit« schrieb Iwand zu Ehrenbergs 70. Geburtstag eine Würdigung, die er von üblichen »Ehrungen« unterschieden wissen wollte. Er unterstrich die philosophische Kompetenz und die ökumenische Weite des Freundes und erinnerte daran:

»Wir haben es lange vor 1933 aus dem Munde und der Feder Hans Ehrenbergs immer wieder vernommen, daß die Kirche aufhört Kirche zu sein, wenn sie sich Israels schämt.«[15]

Im Gedanken an Ehrenbergs Rückkehr aus dem Exil sagte Iwand:

»Jetzt erst haben wir begriffen, daß wir aufhörten, Kirche Jesu Christi zu sein, als wir Israel preisgaben. Denn Israel ist die Wurzel, die uns alle trägt.«[16]

---

13 Abgedruckt in: W.Huber / I.Tödt (Hrsg.), Ethik im Ernstfall, IBF 4, 1982, S.258–264.
14 Vgl. Gesammelte Aufsätze (GA) I, S.179 bei A.2.
15 KidZ 1953, S.119.
16 Ebd., S.120.

In der Beziehung der beiden scheint aber das Judentum des einen eine wichtige, wenn auch geringere Rolle gespielt zu haben als das beiderseitige philosophische und christlich-theologische Interesse. In der nach dem Krieg begründeten Beziehung zum Rabbiner Geis war das anders. Geis war mit den Hoffnungen und Befürchtungen, die ein Jude haben konnte und mußte, 1952 aus dem Exil zurückgekehrt; Iwand war inzwischen Professor in Bonn. Beide arbeiteten in Seminaren und Podien zusammen für die Erneuerung des Verhältnisses von Christen und Juden. 1959 bemühte sich Iwand um einen Lehrauftrag für Geis in der evangelisch-theologischen Fakultät und bedauerte, daß es dazu nicht kam[17]. Iwands Tod 1960 traf Geis hart. In einer Predigt zum jüdischen Pfingstfest, bald nach Iwands Tod, sprach er aus, was er meinte:

»Professor Hans Joachim Iwand war nicht nur – wie man das heute gern zu nennen pflegt – ein Freund der Juden, der für seine Treue in den Jahren der Verfolgung Schweres willig trug, er war wirklich und wahrhaftig mit uns in dem Kampf um das Königtum Gottes geeint, für ihn gab es nie eine Scheidung von Glaube und Tat; Politik bedeutete ihm immer Theopolitik. Es stimmt uns traurig, weil (muß heißen: daß) das noch immer genügte, um ihm ein Judenschicksal zu bereiten. Geschieden von uns in seinem Glauben, war er uns zutiefst verbunden in dem Ringen um die Planverwirklichung Gottes in dieser geschändeten und geliebten Welt, Zeichen einer Einheit, die weit über das hinausgeht, was christlich-jüdische Verständigung bis heute meint und vermag.«[18]

Anläßlich von Iwands Tod veröffentlichte die FAZ einen kurzen, wenig schönen Nachruf, der im Blick auf Iwands Aktivität in der Friedensfrage polemisch vermerkte, er sei ein »Theologe der Neutralität« gewesen. Die Redaktion weigerte sich anschließend, eine Gegenkritik der Bonner evangelisch-theologischen Fakultät abzudrucken. Daraufhin bestellte Geis die Zeitung ab und führte über diese Entscheidung einen Briefwechsel mit dem Herausgeber Benno Reifenberg, in dem er von »Rufmord« gegen den Freund sprach (10.7.1960) und Iwand »diesen wahrhaft großen Mann« nannte (30.8.1960).

17   »Ich hoffe immer noch, daß es mit Ihrem Lehrauftrag gelingt«, Brief vom 25.1.1959. »Ich werde mit der Fakultät noch einmal verhandeln ... Ich hoffe immer noch, Sie für uns gewinnen zu können«, am 6.12.1959. »Ich bin ja immer noch sehr traurig, daß Sie nicht bei uns lesen und habe den Wunsch noch nicht aufgegeben. Aber die Unbewegtheit unseres akademischen Apparates – unwandelbar wie die Kolleghefte! – ist erstaunlich, zumal angesichts der letzten Ereignisse.« (Weihnachten 1959 war die Kölner Synagoge mit Hakenkreuzen beschmiert worden.) »Sie wissen wirklich nicht, was dem deutschen Volke zu seiner inneren Gesundung nötig wäre und führen meist lediglich die von den Regierungen gewünschten ›Kundgebungen‹ aus. Was ist aus dem deutschen Geist geworden – unter den Unteroffiziersstiefeln und nach den Verbrechen der Nazis? Was? Grauenvolles. Ein erschlagener, nicht wieder zu erweckender Geist!«, am 22.1.1960.
18   *R.R.Geis*, Bauleute Gottes. Predigt zum jüdischen Pfingsten 1960. In Memoriam Hans Joachim Iwand, in: *ders.*, Gottes Minorität. Beiträge zur jüdischen Theologie und zur Geschichte der Juden in Deutschland, 1971.

Beim Berliner Kirchentag 1961 äußerte sich Geis über Iwand in der Arbeitsgruppe »Christen und Juden«:

»Sprechen muß ich noch von einem Mann, der im vergangenen Jahr gar zu früh von uns ging und der wohl hätte weiterleben können, wenn man dem unbequemen Mahner nicht ein Judenschicksal der Verleumdung und Verfolgung bereitet hätte: Professor Hans Joachim Iwand. Sein Leben und Sterben offenbarte mir immer wieder christliche Existenz von der abgrundtiefen Verzweiflung bis zu den Höhen der Gewißheit in Jesus Christus. An Iwand durfte ich erkennen, daß nicht nur der Jude, nein, auch der Christ der Welt zum Gespött ist und das Prinzip der Wenigen unter den Vielen eigentlich für beide gilt. Nur das überzeugt; aber gerade da versucht man nicht mehr zu bekehren.«[19]

Beim Dortmunder Kirchentag 1963 sagte er in der gleichen Gruppe:

»Sind wir uns bewußt, daß gläubige Christen, die in irgendeiner Opposition stehen, häufig behandelt werden wie vor und nach 1933 die Juden? Ich hatte einen neuen und guten Freund in Professor Iwand von der Evangelischen Theologischen Fakultät in Bonn. Das war ein Mann, der nicht mitmachte, der zu einer politischen Lösung rief, die nicht in der Linie der Bundesrepublik lag. Da habe ich zum ersten Mal in Briefen von Flüchtlingsverbänden an ihn gelesen: ›Sie Judenschwein, wir werden sie tottrampeln!‹ Das war nun kein Jude, sondern ein evangelischer Theologe; aber in dem Augenblick, in dem er mit der Verwirklichung der Botschaft im Neuen Testament Ernst machte, war er merkwürdigerweise auf die Seite der Juden gerückt, die nicht mehr unfixierbar sind ... Dort, wo die Dinge ernst genommen werden über die nicht wegzudiskutierende Kluft zwischen Juden und Christen hinweg, dort, wo die Botschaft der Bibel in ihrer Gesamtheit ernst genommen wird, die des Alten und des Neuen Testaments – dort ist immer ein Ärgernis da, und Sie in der Bundesrepublik – das sage ich als überzeugter Deutscher trotz allem – haben meiner Ansicht nach darauf zu achten, daß Sie sich nicht neue Juden schaffen dort, wo einer Ernst macht mit der Botschaft der Bibel.«[20]

Im Jahr 1949 bereitete Iwand eine Tagung für ostpreußische Flüchtlinge in Hannover vor, die der Anfang des Sammlungswerks für Ostpreußen im Beienroder »Haus der helfenden Hände« wurde. Es hat sich ein Brief an einen Stockholmer Missionssekretär Hannoch Gerstel erhalten, in dem Iwand ihn zur Tagung einlädt, um »bei uns über die Fragen der Judenmission zu sprechen«. Er fährt dann fort:

»Die Bekennende Kirche Ostpreußens hat vielen Juden Unterkunft gewährt und manchem das Leben gerettet ... Jene Tage der Verfolgung haben uns so eng miteinander verbunden, daß wir glücklich wären, von Ihnen ein Wort über die Einheit am Leibe Christi zu hören« (Brief vom 15.2.1949).

Der Brief läßt kein Problembewußtsein im Blick auf Judenmission erkennen, ist aber ganz offensichtlich fern von jedem Antisemitismus.
Im selben Jahr hatte die Familie Iwands einige Aufregung wegen eines Buchs, dessen Autor kein Geringerer war als der große jüdische Philosoph

19 D.Goldschmidt / H.-J.Kraus (Hrsg.), Der ungekündigte Bund, 1962, S.78.
20 H. Gollwitzer / E.Sterling (Hrsg.), Das gespaltene Gottesvolk, 1966, S.55.

Baruch Spinoza. Im zerstörten Königsberg hatte Professor Ehrhardt, Iwands Schwiegervater, aus den Trümmern der Universitätsbibliothek ein offenbar sehr altes Buch genommen und sich die Erlaubnis dazu von einem russischen Besatzungsoffizier geben lassen. Er meinte, eine alte Bibelausgabe in der Hand zu haben, bis er bei näherem Zusehen feststellte, daß es sich um die Erstausgabe von Spinozas Tractatus Theologico-Politicus mit handschriftlichen Einträgen des Autors handelte. Bei der Ausreise aus Königsberg zur Tochter nach Göttingen konnte er das Buch mitnehmen. 1949 nun sollte der genaue Wert des Buchs geprüft werden, besonders auch ermittelt werden, ob die handschriftlichen Einträge Spinozas bereits veröffentlicht seien. Auf dem Weg hielt ein holländischer Bibliophile das Buch zunächst fest, gab es aber später wieder heraus. Nach dem Tod von Professor Ehrhardt und Ilse Iwand, die am 21.12.1950 im Alter von 49 Jahren starb, schenkte Iwand das Buch dem Spinozaeum auf dem Karmel in Israel, einer Forschungsstelle für Fragen der Philosophie und der Wirkung Spinozas. Er schrieb im Begleitbrief:

»Ich freue mich, dieses Exemplar, das Erinnerungen so vielfältiger Art birgt, dem Spinozaeum auf dem Carmel übergeben zu können im Gedenken an meine soeben verstorbene Frau, deren Mutter dem gleichen Volke angehörte, dem wir den Philosophen des Theologischpolitischen Tractats und der Ethik more geometrico demonstrata verdanken.«

Die EKD-Synode beschloß am 27.4.1950 in Berlin-Weißensee ein »Wort zur Schuld an Israel«, das Iwand, selbst Mitglied der Synode, anschließend des öfteren kommentierte. Das Wort war ein behutsamer erster Schritt, und für einen solchen führte es erstaunlich weit. Es formulierte als Glaubenssatz, »daß Gottes Verheißung über dem von ihm erwählten Volk Israel auch nach der Kreuzigung Jesu Christi in Kraft geblieben ist«, ein für die gesamtchristliche Tradition im Jahr 1950 neuer Satz. Das Synodalwort spricht dann die kirchliche Mitschuld aus, die »durch Unterlassen und Schweigen« gegenüber »dem Frevel, der durch Menschen unseres Volkes an den Juden begangen worden ist«, geschah. »Alle Christen« werden gebeten, »sich von jedem Antisemitismus loszusagen und ihm, wo er sich neu regt, ernstlich zu widerstehen und den Juden und Judenchristen in brüderlichem Geist zu begegnen.«[21]

Iwand schrieb in der Zeitschrift »Kirche und Mann« nach der Synode:

»Man hatte sich vorgenommen, ein Wort zum Frieden zu sprechen« (es war die Zeit der ersten Debatten um die deutsche Wiederaufrüstung), »aber es wurde plötzlich klar, daß einem solchen Wort ein wesentliches Hindernis im Wege stand: Das Schweigen der Kirche in der Judenfrage. Diese seit 1933 auf uns liegende Schuld, unter der viel und schwer gelitten worden ist, ohne daß die Erstarrung wich und der stumme Mund sich öffnen wollte, wurde auf einmal zum wegweisenden Licht, das erkennen ließ, daß nur auf dem scheinbaren Umweg über das Schuldbekenntnis in der Judenfrage, über die Bitte um Vergebung an das Volk Israel, der Zu-

21 D.Goldschmidt / H.-J.Kraus (Hrsg.), a.a.O., S.256f.

gang zu einem Friedenswort erreicht werden konnte. Die Verstummung ist von uns gewichen, das Wort zur Judenfrage ist einmütig beschlossen und gesprochen worden, ein Wort echter Reue und Umkehr, ein freies Wort ohne politische List und Rücksichtnahme, das eine große Hoffnung in sich trägt.«

Im systematischen Teil werde ich auf die Bedeutung zurückkommen, die für Iwands Denken im allgemeinen und besonders in der Judenfrage das Bekenntnis der Schuld spielt. Sein Kommentar ist an diesem Punkt sogar eine Überinterpretation des Synodalworts, denn eine Bitte an Israel um Vergebung ist dem Bekenntnis, »mitschuldig« geworden zu sein, nicht angefügt. Beachtenswert ist auch, daß Iwand, darin mit dem Synodalwort übereinstimmend, dem jüdischen Volk seinen Ehrennamen »Israel« zuspricht.

Im folgenden Jahr (1951) ist Iwand mehrfach auf die Weißenseer Erklärung zurückgekommen, so wichtig erschien sie ihm. Angesichts der Problematik von Synoden beispielsweise sprach er von dem

»Wunder, als es zu dem Bekenntnis unserer Schuld gegenüber den Juden kam. Da war das Gewicht dessen, was Gott uns in den Weg legte, so groß, daß wir uns ihm nicht entziehen konnten.«[22]

Er schrieb:

»Das Besondere an dem ›Wort zum Frieden‹ war die bewegende Tatsache, daß uns bei der Überlegung der verschiedenen Möglichkeiten deutlich wurde, daß wir an der *Schuld gegenüber dem jüdischen Volk* nicht vorbeikommen, wenn wir ehrlich vor Gott und den Menschen den Frieden erstreben.«[23]

Anfang der fünfziger Jahre hat Iwand einen Vortrag über »Die Lehre von Israel und den Juden in Barths Dogmatik« gehalten. Wenn man auch nicht sagen kann, daß Iwand in dieser Frage von Barth abhängig wäre, weil er von sich aus genügend Anlaß hatte, sie auszuarbeiten und eine Antwort zu suchen, so ist doch richtig, daß Barths Äußerungen dazu Iwand angeregt haben und von ihm dankbar aufgenommen wurden[24]; der Vortrag belegt das. Nach einer Einleitung, in der er zeigt, daß Barths Lehre von Israel eine Neuerung, ja gewissermaßen einen Kontinuitätsbruch in der Theologiegeschichte darstellt, führt Iwand die Zuhörer an den Ursprungsort dieser Lehre: Barths Predigt am 10.12.1933 in der Bonner Schloßkirche über Röm 15,5–13[25]. Er referiert dann aus dem 1950 erschienenen Band von Barths Schöpfungslehre den Unterabschnitt »Die Geschichte der Juden« im Abschnitt über »Das göttliche Regieren«[26]. Es folgt kurz und bündig ein Ver-

22 BeKiW, Mai 1951, Sp.19.
23 EvW, Bethel, 16.10.1951.
24 Vgl. den Brief an Hromádka 1959, unten bei A.77.
25 ThExh Heft 5, S.11–19.
26 KD III,3, S.238–256.

weis auf das Herzstück von Barths Äußerungen zu Israel in der Erwählungslehre[27]. Für Iwand ist wichtig, daß Barth Israel als selbständiges theologisches Thema entdeckt hat. Daß Israel erwählt ist, daß seine einstige Erwählung nicht in Verwerfung umgekehrt ist und wie so etwas wie Verwerfung von der ewigen Erwählung umgriffen bleibt, weil nur das der Geschichte des Messias Jesus entspricht – das war die für Iwand entscheidende Entdeckung Barths.

Am 1. Februar 1960 reagierte die Universität Bonn auf die Kölner Hakenkreuzschmierereien von Weihnachten 1959 mit einer Vortragsveranstaltung. Die Referenten waren der Politologe Karl Dietrich Bracher und Hans Iwand, dessen Themaformulierung lautete:»Gegen Hakenkreuz und Antisemitismus«. Iwand grenzte sich von der staatlich-offiziellen, vor allem an die Adresse des Auslands gerichteten Protestwelle gegen den Neonazismus ab und gab eine kurze geistesgeschichtliche Standortbestimmung des Antisemitismus. Der Grund für ihn, öffentlich das Wort zu nehmen, waren Scham und Zorn über das Wiederauftauchen des Schreckenssymbols und der Wille zur Erkenntnis.

»Die, welche den Weg des leichten Vergessens nicht gehen können, die sich noch erinnern an den Jammer und an die Schuld dieser Tage, als jüdische Menschen mit dem gelben Stern zu Todesopfern mitten unter uns signiert wurden, als man sie zwang, preisgegeben und entrechtet auf diesen Tag hin zu leben – die erfüllt der Anblick der Hakenkreuze auf den Straßen und das Auftauchen antisemitischer Parolen mit dem, wofür ich kein besseres, kein tieferes Wort habe als das Wort Scham. Scham ist etwas ganz absichtsloses. Es hat keine politische und keine öffentliche Beziehung. Es ist da – im allerinnersten. Es ist wieder da, wie es damals da war.«

Etwas später heißt es:

»Diese Scham setzt sich um in lodernden Zorn.«

Und schließlich:

»Was nutzt es, wenn wir an der Universität Wissen austeilen und empfangen, aber nicht Erkenntnis ... Es gilt das Wissen zu paaren mit jener Erkenntnis, vor der das Böse, das sich als Gutes ausgab, nicht bestehen kann.«

Iwand schloß den Vortrag mit dem Zitat aus Ps 119,96:»Ich habe aller Dinge ein Ende gesehen, aber dein Gebot währet.«[28]

Weitere Äußerungen Iwands zum Thema berücksichtige ich nicht mehr in diesem biographischen, sondern im systematischen Teil. Nachzutragen ist die eher anekdotische Information, daß Iwand im Gespräch während der Weltkirchenkonferenz in Amsterdam 1948 auf die Gründung des Staats Israel im selben Jahr zu sprechen gekommen sei und dieses Ereignis zu den

27 KD II,2.
28 Es ist zu prüfen, ob die beiden letztgenannten Vorträge veröffentlicht werden können.

synoptischen Notizen über die Zerstörung des Jerusalemer Tempels (Lk 19,39–44; Mk 12,1–12 par; Mk 13,1–4 par) in Beziehung gesetzt habe. Das ist im Augenblick nicht belegbar, aber wohl möglich, zumal Iwand bei der Konferenz im Komitee »Anliegen der Kirche: Das christliche Verhalten gegenüber den Juden« mitarbeitete[29].

2
In der Schule Martin Luthers

2.1
Gott ist Gott
Die Themafrage aller Theologie kann nach Iwand so formuliert werden: Warum sollen wir überhaupt von Gott reden? Die denkbare, oft genug wiederholte Antwort, weil man anders die Welt und den Menschen nicht erklären und verstehen könne, also die metaphysische Antwort, ist für Iwand unangemessen. Er würde umgekehrt sagen: Um Gottes willen muß von Gott geredet werden, weil er sich offenbart hat. Und sofern es diesem sich offenbarenden Gott um den Menschen geht und um die Welt im ganzen, ist mitten in der Theologie, mitten in der Rede von Gott auch von Mensch und Welt die Rede.

Das Problem ist, daß der Mensch natürlicherweise so nicht denkt. Ein Fundamentalsatz Luthers kehrt darum bei Iwand wieder: »Non potest homo naturaliter velle deum esse deum, Immo vellet se esse deum et deum non esse deum.«[30] Das Erste Gebot richtet sich gegen die dem Menschen naheliegende annihilatio Dei, die Vernichtung Gottes[31]. Hier ist der Ursprung der Rechtfertigung: daß Gott sein Recht gegen die vom Menschen inszenierte Vernichtung Gottes durchsetzt und der vom gekreuzigten Christus überwundene Mensch Gott recht gibt.

»So gehören diese drei Stücke zusammen und bilden ein Ganzes: Gott recht geben, glauben und das erste Gebot erfüllen.«[32]

In eigener Entfaltung dieses Ansatzes kann Iwand sagen:

»Die Gottheit Gottes und die Menschheit des Menschen hängen aufs engste miteinander zusammen ... Der Mensch, der sich von Gott abwendet, wird auch den Bruder im andern Menschen nicht mehr erkennen ... Der Sündenfall hat also zwei Kapitel. Er ist nicht nur der Abfall des Menschen von Gott, nicht nur das verlorene Paradies, sondern auch die Geschichte

29 Vgl. P.P.Sänger (Hrsg.), H.J.Iwand, Briefe, Vorträge, Predigtmeditationen, 1979, S.93.
30 Der Mensch kann von Natur nicht wollen, daß Gott Gott ist; er möchte vielmehr, daß er selbst Gott und daß Gott nicht Gott wäre; WA 1, S.225, Z.1f. (Disputatio contra scholasticam theologiam, 1517); Glaubensgerechtigkeit nach Luthers Lehre (1941), Gesammelte Aufsätze (GA) II, 1980, S.24.
31 Ebd., S.23f.
32 Ebd., S.25.

von Kain und Abel mit allen ihren Folgen gehört da hinein. Was bedeutet es aber nun, wenn wir von Gottes Gottheit sprechen? Wird damit nicht die Frage nach Gott ganz neu gestellt? Soll damit nicht gesagt sein, daß es darauf ankommt, daß Gott Gott ist, daß also die Frage nach Gott nicht mehr die einfache Frage ist, ob ein Gott ist, sondern vielmehr die andere, ob Gott als Gott anerkannt wird, ob Gott in seiner Gottheit anerkannt, geehrt und geglaubt wird? Die Frage nach Gottes Gottheit stellen heißt immer, die Ehre Gottes suchen. Und nun meinen wir, daß das gerade der Sinn des Evangeliums ist, daß die Menschlichkeit des Menschen die Ehre Gottes bedeutet, daß Gott seine Ehre darein setzt, daß der Mensch nicht verloren werde, sondern das ewige Leben habe ... Darum gehört jetzt die Göttlichkeit Gottes hinein in die Geschichte von der Menschlichkeit des Menschen, weil es Gott zu danken ist, daß der Mensch gerettet wurde.«[33]

Hier deutet sich an, daß die Entfaltung des Fundamentalsatzes »Gott ist Gott« bei Iwand christologisch geschieht, wie es in einer Predigt-Meditation zu 2 Kor 1 deutlich heißt:

»Von Jesus Christus her gesehen hört der Satz: Gott ist Gott, auf, eine Tautologie zu sein.«[34]

Das wiederum bedeutet, daß der größere theologische Rahmen für die Ausführung jenes Grund-Satzes die Trinitätslehre ist.

Spätestens an dieser Stelle wird deutlich, was den im Ersten Gebot verankerten Grund-Satz »Gott ist Gott« im christlich-jüdischen Verhältnis zum Problem macht. Wir haben darauf zu achten, wie der Luther-Schüler Iwand mit dieser Prämisse im Blick auf Israel umgeht. Einen ersten Hinweis führe ich an, die Auslegung der Taufformel Mt 28:

»Das Bekenntnis zum Dreieinigen Gott, das ist die Scheidegrenze, die den Gottesbegriff der Christen von dem Gott und den Göttern der Heiden unterscheidet.«[35]

Daß Israel nicht zufällig vergessen ist bei der Bestimmung derer, die hinter die »Scheidegrenze« gehören, zeigt sich kurz davor in der Überlegung, daß die Völker, an die der Missionsbefehl die Jünger weist, »die Welt im Unterschied zu Israel« sind[36]. Aber ob und wie von der Selbigkeit des Gottes Israels und des Vaters Jesu Christi gesprochen werden kann oder muß, das wird noch auszumachen sein.

2.2
Gesetz und Evangelium

»Fragen wir Luther, was er unter dem Wort Gottes versteht, so antwortet er, das Wort Gottes sei Gesetz und Evangelium. Wer diese Unterscheidung nicht macht, dem spricht er das Vermögen ab, die Schrift recht auszulegen. Luther unterscheidet also nicht nur zwischen Menschenwort und Gotteswort, sondern auch Gottes Wort muß auseinandergehalten werden, je nachdem, ob es Gebot und Forderung oder Verheißung und Gnadenwort ist. Wer das nicht tut,

---

33   Kirche und Öffentlichkeit, NW 2, S.21f.
34   H.J.Iwand, Predigt-Meditationen (MI), 1963 (⁴1977), S.375.
35   Ebd., S.29.
36   Ebd., S.28.

gerät entweder in Gefahr, aus Christus einen neuen Gesetzgeber, einen neuen Mose zu machen ... oder das Gesetz ganz fallen zu lassen und damit das Wunderbare der Gnade und Vergebung zu zerstören.«[37]

Diese kurze Beschreibung der zentralen Kategorie »Wort Gottes« läßt ahnen, daß hier eine einschneidende Unterscheidung zwischen christlichem und jüdischem Glauben geortet ist. Schon 1935, im Aufsatz »Die Predigt des Gesetzes«, war Iwand auf diesen Aspekt zu sprechen gekommen:

> »Das Gesetz Gottes hat eine doppelte Auslegung in der Heilsgeschichte erfahren. Es schwingt zwischen zwei Polen. Es ist das Gesetz vom Sinai und das Gesetz der Bergrede, und wenn wir es auslegen, kommt alles darauf an, daß sich die Auslegung in der rechten Richtung bewegt.«[38]

Mose und Christus erscheinen als Alternative, nicht als geistesgeschichtliche, sondern als Glaubensalternative. Im Zuge der christlichen Überlieferung von diesem Lehrstück ist dann notwendig auch, wie bei Paulus in 2 Kor 3, von der Entgegensetzung Buchstabe/Geist die Rede. Iwand hat davon in der Vorlesung über »Gesetz und Evangelium« 1937 ausdrücklich gesprochen in der These: »Das Amt des Neuen Testamentes ist ausgezeichnet durch die Gabe des Geistes und ist als solches das Gegenstück zum Dienst des Buchstabens.«[39]
Dazu führt er aus:

> »Die Tatsache, daß dem Judentum die Offenbarung, ja mehr noch, die Messiasverheißung anvertraut ist, wird nirgends im Neuen Testament bestritten ... die Wahrheit und Gültigkeit der entolai (Gebote) und epangeliai (Verheißungen). Aber dennoch wird gesagt, es steht vor allem ein Minuszeichen, und alles, was ihr aus der Offenbarung gemacht habt, hat todbringend gewirkt für euch und für die ganze Welt.«[40]

Man kann wohl verstehen, daß Robert Raphael Geis erschrocken war, als er das in der posthumen Veröffentlichung las[41]. Wir werden zu prüfen haben, ob Iwand noch andere Möglichkeiten hatte, von Gesetz und Evangelium zu sprechen als in dieser antithetischen Form gegenüber Israel. Die Frage heißt: Ist es möglich, die Unterscheidung zwischen Gesetz und Evangelium durchzuführen, ohne daß sie antijüdische Auswirkungen hat?

2.3
Die zwei Kirchen

Ein letzter in unserm Fragezusammenhang wichtiger Punkt in Luthers und ihm folgend in Iwands Theologie ist die Lehre von der Kirche, die Ek-

37 Glaubensgerechtigkeit (1941), a.a.O., S.49f.
38 GA II, S.161.
39 NW 4, 1964, S.165.
40 Ebd., S.170.
41 Vgl. *H.Gollwitzer u.a.*, Der Jude Paulus und die deutsche neutestamentliche Wissenschaft, EvTh 1974, 303 A., S.48.

klesiologie. Soweit ich sehe, hat Iwand diesen Punkt schon früh geahnt, aber erst spät genau eingegrenzt. Während seine Formeln für »Gott ist Gott« und »Gesetz und Evangelium« den ausgeführten Schriftauslegungen in den Predigt-Meditationen zumeist vorangingen, folgen sie für diesen Punkt den Auslegungen, und zwar im Zusammenhang seiner letzten Anstrengung, sein geplantes Luther-Buch doch noch zu schreiben. Ich spreche von seiner Luther-Vorlesung 1955–57[42] und den parallel zur Vorlesung entstandenen Aufsätzen über die Entstehung von Luthers Kirchenbegriff und über Stand und Sakrament, beide aus dem Jahre 1957[43].

Iwand bestimmt den Ort der Klärung von Luthers Kirchenbegriff zugleich geschichtlich und sachlich, wenn er schreibt:

»Der Streit um die wahre Kirche bricht in der Kirche selbst aus, als Luther sich auf jene Kategorie des ›Verbum Dei‹ (des Wortes Gottes) der Kirchengewalt gegenüber beruft, die in strengem Gegensatz zum Menschenwort und zu jeglicher von Menschen ausgeübter ›potestas ecclesiae‹ (Kirchengewalt) die Kirche trägt und bestimmt. Die Kirche ist Geschöpf, ›Creatura Verbi Divini‹ . . .«[44]

Die Kirche hört folglich auf, sie selbst zu sein, wenn sie den Versuch macht, sich aus dieser geschöpflichen Bindung an das Wort Gottes herauszunehmen. Der Verdacht, daß das überhaupt möglich ist, kommt Luther im Blick auf mancherlei Erscheinungsformen der vorfindlichen organisierten Kirche, die das wahre Wesen der Kirche eher verdecken als offenlegen. So stellt sich die Frage,

»warum für ihn die sichtbare Kirche, die er vorfindet, und eben diese unsichtbare, die der Gegenstand des Glaubens und Bekennens ist, unvereinbar sind. Das kann doch nur darum der Fall sein, weil diese ›zwei Kirchen‹ rivalisierend nebeneinander stehen und die sogenannte ›sichtbare‹ Kirche, also die Kirche, die sich an Orte wie Rom und an Personen wie den Papst oder die Bischöfe gebunden weiß, an die Stelle der ecclesia invisibilis (der unsichtbaren Kirche) getreten ist.«[45]

Mit einer prägnanten Formulierung des späten Luther (1544) heißt das so:

»Derhalben ist hier von nöten, daß man einen Unterschied mache und lerne, daß *allezeit zwei Kirchen sind*. Eine, die falsche Kirche, die doch den Namen hat und heißt die christliche Kirche, aber sie ists nicht. Die andere, die rechte Kirche, die den Namen nicht hat, und ists dennoch. Diese zwei Kirchen sind sehr schwer zu erkennen« (WA 52, S. 310)[46].

Damit ist nun keineswegs nur ein innerchristliches Problem aufgeworfen, das sich in der Bezeichnung des Papstes als des Antichristen zuspitzt.

42 · NW 5, 1974.
43   GA II, A.198ff., S.240ff.
44   Ebd., S.207.
45   Ebd., S.217f.
46   M I, S.18.

Vielmehr sieht Luther eine Kontinuität der wahren Kirche längs durch die Bibel bis zurück zu Abel, und demgegenüber eine Kontinuität der falschen Kirche bis zurück zum Brudermörder Kain[47]. Das ist, in andrer Terminologie, die Frage nach der Kontinuität Israels und seiner Erwählung, und so sehr von diesem Standort aus die Frage nach Israel eine wahrhaft ökumenische Frage ist, so groß ist doch die Gefahr, daß Israel dabei automatisch auf die Seite der antichristlichen Kirche gestellt wird. Heiko Oberman hat ja deutlich genug gezeigt, wie Luther die »Unheilskette« Juden – Ketzer – Türken (Muslime) – Schwärmer – Papisten knüpft und die Möglichkeit der Häresie durchaus auch in den eignen Reihen sieht[48]. Israel-Kritik ist also in der Absicht und Abfolge Lutherscher Theologie durchaus als kirchliche Selbstkritik zu begreifen. Nur besteht die Gefahr, daß sie sich verselbständigt und das eigne Recht Israels unter der Verheißung Gottes vergißt. Wir werden also darauf achten, wie Iwand bei seinem Ansatz zur Verhältnisbestimmung Kirche/Israel dieser Gefahr begegnet.

3
Der theologische Neuansatz

3.1
Schuld

»Es läßt sich nun einmal nicht leugnen, daß die Kirche in Deutschland in der Judenfrage bitter und verhängnisvoll versagt hat«,

schrieb Iwand 1951[49]. Er nahm sich selbst von diesem Versagen nicht aus, er sagte des öfteren, er habe zuwenig für die Juden getan[50]. In einem Vortrag »Kirche und Öffentlichkeit« aus dem Jahre 1947 kommt er auf das Stuttgarter Schuldbekenntnis und Martin Niemöllers Werben für dieses Bekenntnis zu sprechen[51]. Er sagt dann:

»Es wird heute sehr oft und leider oft in verdächtiger Weise von der Stunde der Kirche geredet, die Kirche wird als Macht angesehen im öffentlichen Leben. Wir können dazu nur sagen: daß sie es doch wäre! Sie kann und wird es solange nicht sein, als das Schuldbekenntnis nicht verstanden ist, als wir nicht kindlich und schlicht, ohne alle Seitenblicke auf politische und gesellschaftliche Folgen, den Mut haben, auszusprechen, was wir so lange nicht ausgesprochen haben, daß wir allesamt schuldig sind, daß wir allen, an denen wir schuldig geworden sind, insbesondere dem Volke Israel, aber auch den Kommunisten, den Kriegsgegnern, die Hand entgegenstrecken und sie um Vergebung bitten. Das mag sehr schwer sein, aber es ist der einzige Weg, den uns Gott noch gelassen hat.«[52]

47 Ebd., S.412f.
48 *H.A.Oberman*, Wurzeln des Antisemitismus, 1981, S.135ff.
49 Die Kirche und die Juden, JK, 1951, S.105.
50 Gräfin Kanitz mündlich, 5.5.1982.
51 NW 2, S.40.
52 Ebd., S.41.

Ich kann jetzt nur im Vorbeigehen darauf aufmerksam machen, daß
Iwand hier einen bestimmten geschichtlichen Augenblick theologisch qua-
lifiziert und daß wir uns heute fragen müssen, ob die Kirche, als sie ihrer
offenbaren Schuld gegenübergestellt wurde, nicht eine große Chance ver-
tan hat, indem sie das Schuldbekenntnis nur halbherzig übernahm. Es gab
ja bald die Behauptung, die Kirche sei im Dritten Reich die einzige nen-
nenswerte Widerstandsgruppe gewesen. Dazu Iwand (1951):

»Was wir getan haben, war wenig oder gar nichts im Verhältnis zu dem, was wir nicht getan
haben. Wir werden aus diesem Gericht nur lernen, wenn wir uns in Buße und Beugung vor
Gott fragen, wo unser Irrtum lag. Denn wir haben nicht so sehr versagt aus Angst als vielmehr
aus Blindheit.«[53]

Wir sind hier an einem entscheidenden Punkt. Die Schuld des Versagens
ist eine ethische Kategorie, und sie fordert die entsprechende Beachtung –
davon sogleich mehr. Sie gründet jedoch, sagt Iwand, in einer Blindheit, die
er folgendermaßen beschreibt:

»Diese Blindheit liegt aber darin, daß wir über den inneren Zusammenhang zwischen der
Kirche Jesu Christi und dem Volke Israel zuwenig biblische Erkenntnis hatten.«[54]

Die Störung im Verhältnis Kirche / Israel reicht also tiefer als nur in die
ethische Dimension. Davon ist nachher ausführlicher zu sprechen.
Daß das Versagen der Kirche jedenfalls auch aus Angst geschah, schildert Iwand gleichzeitig in einem Beitrag für die »Frankfurter Hefte« (1951)
unter dem Titel: »Die Liebe als Grund und Grenze der Freiheit«. Er nimmt
das Gleichnis vom barmherzigen Samariter auf und spricht von einem Pre-
digt-Defizit gegenüber diesem Text, weil nämlich die individuell-morali-
sche Auslegung einen Aspekt der Sache nicht wahrgenommen hat:

»Da ist nämlich auf einmal über diesem Armen, der unter die Räuber gefallen ist, eine
Hand, die bedeutet: dieser Mann gehört mir! Es braucht nicht immer nur ein Einzelner zu sein,
es können Hunderte, Tausende solcher Unglücklichen sein. Um sie herum läuft ein sichtbarer
oder auch unsichtbarer Zaun. Ein geladener Draht. Er bedeutet: Hier ist das Mitleid verboten,
hier ist jedenfalls tätiges Mitleid, Ereignis werdende Tat der Liebe verboten. Hier wird von
›oben her‹ ... proklamiert, daß hier Liebe Verbrechen sei und daß, wer hier Liebe übt, ein Kind
des gleichen Todes sei, der diesem Elenden bereits ins Gesicht geschrieben steht.«[55]

Iwand ist 1958 auf diese Umkehrung des Samariter-Beispiels noch einmal zurückgekommen, in einem Vortrag für Villigster Studenten, dessen
Themaformulierung bewußt auf Max Schelers Bemühungen nach dem Ersten Weltkrieg zurückgriff, der Gesellschaft neue geistige Grundlagen zu

53 JK, 1951, S.105.
54 Ebd.
55 FrH, 1951, S.84f.

geben: »Das Liebesgebot und der Wiederaufbau Europas«[56]. Wieder spricht
Iwand von der Hand, die sich über dem unter die Räuber Gefallenen erhebt,
und dann illustriert er:

»Ich will das verdeutlichen: Ein ostpreußisches Pfarrhaus, abends klopft es. Eine Frau steht
vor der Tür und sagt: ›Herr Pfarrer, verstecken Sie mich und mein Kind. Ich bin Jüdin.‹ Was ist
da mit dem christlichen Liebesgebot? Was tun wir? Auf einmal merken wir, das liegt nicht daran, daß ich diese Menschen nicht liebe, das liegt nicht daran, daß mir das Herz blutet, daß ich
hier sehe, da sind Menschen, die sind abgestempelt zur Abschlachtung, sondern das liegt daran, daß zwischen denen und mir ein Graben gezogen ist. Dieser Graben heißt der Tod! Und da
versagte unser aller christliche Liebe, denn die christliche Liebe ist eine gesellschaftliche Angelegenheit. Als man dann daran ging, die Geliebten dieser christlichen Liebe auszukämmen, zu
verheizen, die Epileptiker usw., da hat man sie nur teilweise schützen können, und unsere Gemeinden haben daran eigentlich kaum noch Anteil genommen.«[57]

   Im Jahr 1953 besuchte Iwand zusammen mit seinen Freunden Walter
Kreck und Karl Gerhard Steck einige hessische Pfarrkonvente. Die drei
Theologen wollten das Profil der Göttinger Predigt-Meditationen für deren
Benutzer verdeutlichen. Iwand hielt in diesem Zusammenhang einen Vortrag über »Die politische Existenz des Christen unter dem Auftrag und der
Verheißung des Evangeliums von Jesus Christus«[58]. Der Vortrag enthält eine lange Sequenz über die unaufgehobenen Folgen des Nationalsozialismus unter den Stichworten: 1. Freund-Feind-Denken, 2. Antisemitismus,
3. Ignorierung der Vergangenheit, 4. Ächtung des Pazifismus[59]. Uns beschäftigt jetzt der 2. Punkt Antisemitismus, »als ob der Deutsche erst dadurch zum wahren Deutschen würde, daß er Antisemit ist«[60]. Iwand ordnet
das geistesgeschichtlich als Rückfall hinter die Toleranzbewegung der Aufklärung einschließlich der Französischen Revolution ein – wobei er darauf
hinweist, daß schon die sog. heilige Allianz des beginnenden 19. Jahrhunderts gegen die Französische Revolution »eine Annäherung christlicher und
antisemitischer Geisteshaltung im 19. Jahrhundert zur Folge hatte«[61]. Adolf
Stoeckers »verhängnisvolle Rolle« kommt zur Sprache und welche theologischen Grundentscheidungen dabei fielen, ohne daß die Kirche es wahr-
nahm.
   Schließlich verweist Iwand auf die Versuche der Aufarbeitung dieser Geschichte durch Profanhistoriker, die aber am öffentlichen Desinteresse
scheitern[62], und fragt: »Warum machen wir in der christlichen Gemeinde
nicht Front gegen diese Art des Vergessens?«[63]

56   JK, 1960, S.519ff.
57   Ebd., S.531.
58   GA I, S.183ff.
59   Ebd., S.189ff.
60   Ebd., S.191.
61   Ebd., S.192.
62   Ebd.
63   Ebd., S.193.

Zum 20. Gedenktag des Synagogensturms, 9. November 1958, hielt
Iwand einen (auch für den Südwestfunk geschriebenen) Vortrag mit dem
Thema »Umkehr und Wiedergeburt«[64]. Er kommt darin noch einmal ausführlich auf die Schuldthematik zurück und leistet dabei wie schon in dem
Vortrag von 1953 einen ganz speziellen Beitrag: indem er auf zahlreiche Literatur verweist, die über die Verbrechen an den Juden erschienen ist[65]. Er
zeigt mit diesen Verweisen beiläufig, daß zum Schuldbekenntnis jedenfalls
auch die genaue Kenntnis der Schuld gehört, die Analyse des Schuldigwer-
dens, daß es also kirchliche Pflicht ist, jene historischen Studien zur Kenntnis zu nehmen, weiterzuvermitteln und weitere Studien womöglich zu fördern.

Er macht dann, nicht im Sinne der Entschuldigung, aber des Verstehens
auf einen Sachverhalt aufmerksam, der bis heute nur unzureichend bedacht ist:

»Durch unvorstellbare Zahlen wird der moderne Mensch unempfindlich für das, was sich an
wirklichem Erleben unter diesen Zahlen verbirgt ... Man wird von da aus auch ein wenig Geduld haben müssen mit der Art und Weise, wie unser Volk zunächst auf das Entsetzliche reagierte. Es bekam ja die Dinge nicht anders als in der Form des Juridischen und Statistischen zu
sehen, und es zeigte sich gar bald, wie wirkungslos und verfehlt diese Optik war. Darum bietet
sich sofort ein ganz andres Bild, wenn es gelingt, das Massenhafte aufzulösen, es sozusagen zu
entfernen, und Einzelschicksale sichtbar werden zu lassen, wenn es möglich ist, begreiflich zu
machen: Er ist wie Du! Darum jene wunderbare Wirkung, die von dem Tagebuch der kleinen
Anne Frank ausgegangen ist ...«[66]

Auf den entscheidenden Punkt gebracht, 20 Jahre nach jenem schrecklichen Datum, heißt das – und es ist heute, wiederum 25 Jahre später, immer
noch im Wesentlichen uneingelöst und liegt darum wie ein Bann auf unsrer
Kirche und unserm Volk:

»Es gibt Vorgänge mitten in unserem menschlichen Dasein, die in einem solchen Maße alles
Denkbare und Begreifliche übersteigen, daß sie uns entweder dazu zwingen, das überlieferte
System unsrer Werte und Begriffe als unbrauchbar und abstrakt zu zerbrechen und angesichts
der Wirklichkeit, angesichts einer solchen, uns in die tiefste Ratlosigkeit versetzenden Wirklichkeit nach neuen Wertungen und Erkenntnissen zu verlangen, die theoretische Oberfläche
zu zerbrechen, auf der so etwas geschehen konnte, oder aber das zu tun, was das Bequemste
und darum für so viele das Nächstliegende ist: diesen Dingen den Rücken zuzukehren, sie wie
einen erratischen Block am Wege liegen zu lassen, einen Bogen um sie herum zu machen, wie
um ein Mahnmal des Schreckens, das bis heute von Dämonen und Rachegeistern umlagert
ist.«[67]

Ich schließe diese primär ethisch orientierten Beobachtungen mit einem
staunenswerten Briefstück Iwands. Im Jahr 1958 begann Präses Kreyssig

64   NW 2, S.362ff.
65   Ebd., S.366f.
66   Ebd., S.366.
67   Ebd., S.364f.

268 Jürgen Seim

die Arbeit der »Aktion Sühnezeichen«. Für den Gründungsaufruf erbat er
bei einer Reihe von Theologen und Kirchenmännern deren Unterschrift.
Iwand begründete, warum er den Aufruf nicht unterzeichnete, obwohl gerade er ein ausgeprägtes Bewußtsein deutscher Schuld gegenüber Polen,
Rußland und Israel hatte (diese drei nennt er ausdrücklich):

»Wenn wir von der Voraussetzung ausgehen, daß wir ihnen Unrecht getan haben, so müssen wir erst mit ihnen über die Form der Wiedergutmachung sprechen, denn es könnte ja sein,
daß diese ganz andere Formen für richtig finden und das, was wir unter Umkehr und Reue verstehen, in ihren Augen praktisch einen ganz anderen Sinn hätte, als dieser von uns ohne ihr
Wissen geplante Schritt. Wenn ich einem Menschen Unrecht tue, so kann ich nicht aus eigenem Ermessen eine Wiedergutmachung bestimmen, sondern ich muß ihn zuvor fragen, und
dann kann ich mir überlegen, wieweit ich in der Lage bin, dies zu realisieren. Das, so glaube
ich, wird man sowohl theologisch wie ethisch als Grundlage beachten müssen, wenn solche
Schritte nützen sollen.«[68]

Nach dem unvergleichlichen Erfolg der Aktion Sühnezeichen mag diese
anfängliche Kritik beinah mäkelig klingen. Sie zeigt aber in Wahrheit nur
an, welch empfindlicher Punkt berührt wird, wenn die Schuld an Israel anerkannt und bekannt wird, und wie behutsam von Umkehr, Reue, Wiedergutmachung und Vergebung gesprochen werden muß, wenn das Schuldbekenntnis nicht durch Routine entwertet und in eine nachträgliche Demüti-
gung der Opfer verwandelt werden soll[69].

68 Brief an Kreyssig, 11.5.1958.
69 In diesen Zusammenhang gehört ein bisher unveröffentlichter kurzer Text Iwands vom
Anfang der fünfziger Jahre: »Als die Judenverfolgung in Deutschland begann, haben wir eines
nicht gesehen: daß damit das Christentum gemeint war. Man wird vielleicht überhaupt sagen
dürfen, daß überall da, wo eine planmäßige Judenverfolgung vorgenommen wurde, diese stets
von schlimmsten Folgen für das Christentum gewesen ist, so in Spanien beim Ausgang des
Mittelalters und später um die Jahrhundertwende in Rußland und Polen. Nun sind auch wir
schuldig geworden und verstehen erst hinterher, was das alles eigentlich bedeutet. Hätten wir
es rechtzeitig begriffen, wäre es nicht geschehen, solche Ereignisse werden nur vollzogen von
Zeiten und Menschen, die mit Blindheit geschlagen sind.
Es ist in mancher Hinsicht verständlich, daß viele Menschen in unserem Volk heute von
dem furchtbaren Geschehen der Judenverfolgung und -ausrottung nichts wissen wollen. Das
liegt einfach daran, daß diese Ereignisse so furchtbar und schrecklich waren, daß wir sie heute
noch gar nicht fassen können. Wir haben zu ihnen noch kein historisches Verhältnis und können noch keines haben, denn wir haben es ja geduldet, daß dies geschah, und mancher unter
den noch Lebenden ist daran mitwirkend aktiv gewesen. Sie waren völlig wehrlos, sie wurden
abgeführt vor unseren Augen, wie Schafe, die zur Schlachtbank geführt werden. Kaum jemand in Deutschland weiß, wie und wo sie gestorben sind. Hin und wieder, kurz nach 1945, erschienen ein paar Augenzeugenberichte, die uns erzählten, daß sie heldenhaft gestorben sind,
Männer mit Kindern im Arm, vor sich das offene Grab, aber mit der Hand nach oben weisend
auf den Vater aller Gerechtigkeit. Oder ich denke an den Bericht über den Kampf der wehrlosen Juden im Ghetto von Warschau. Eigentlich müßte man denken, daß wir Überlebenden jedes Glied dieses so hart getroffenen Volkes, wenn es zurückkehrt oder unter uns lebt, in ganz
besonderer Weise ehren müssen. Es sind ja die letzten Lebenden, an denen wir noch etwas gutmachen können, nicht gutmachen im ewigen, aber doch im zeitlichen Sinn. Ich sehe es immer
als eine besondere Gnade an, wenn einer von ihnen, der dies überstanden hat, unser Haus be-
tritt. Sie sind die einzige Gelegenheit, die uns Gott noch gelassen hat, ihnen zu zeigen, wie lieb

Anhangsweise zu diesem Abschnitt weise ich darauf hin, daß Iwand bei der Konkretion dessen, was er als Schuld an Israel feststellt, auch »an uns als Deutsche« denkt; daß er die Trennung von den Juden zusammensieht mit dem Aufkommen eines atavistischen Deutschglaubens und daß er diese Trennung nur als eine katastrophale kulturelle Selbstverstümmelung Deutschlands verstehen kann: »Haben wir je begriffen, was wir uns angetan haben damit, daß wir sie nicht Deutsche sein ließen?« Er stellt schließlich fest, daß die Trennung von den Juden auf eigentümliche Weise auch eine Entfernung von der brennenden Sozialproblematik mit sich brachte, die ebenfalls nur schädliche Rückwirkungen haben konnte[70]. Für Iwand verbindet sich also die Frage nach Israel mit der Frage nach dem Sozialismus, weil entrechtete Juden sich eher als die Christen zu den entrechteten Proletariern stellten und weil sich politisches Engagement für die Schwachen von der Predigt der Propheten Israels herleitet.

3.2
Israel in der Geschichte Gottes

Paulus beschreibt in Röm 9,4f. in einer neungliedrigen Aufzählung die Sonderstellung Israels unter den Völkern, die es dank der Offenbarung Gottes als erwähltes Volk hat. Iwand bezog sich in der Vorlesung über Gesetz und Evangelium 1937 darauf:

»Die Tatsache, daß dem Judentum die Offenbarung, ja mehr noch, die Messiasverheißung anvertraut ist, wird nirgends im Neuen Testament bestritten, die Wahrheit und Gültigkeit der *epangeliai*, der Verheißungen, wird nirgends bestritten ... Aber dennoch wird gesagt, es steht vor allem ein Minuszeichen, und alles, was ihr aus der Offenbarung gemacht habt, hat todbringend gewirkt für euch und die ganze Welt.«[71]

wir sie haben. Aber solange kein gutes Gewissen wieder gewonnen wurde, erinnert die Begegnung mit den Juden uns an Dinge, an die wir nicht denken mögen. Darum die erschütternde Verstocktheit, die hier und da wieder anzutreffen ist. Wir haben eben noch nicht begriffen, daß seit diesem großen Massacre der Weg zum Frieden im Herzen unseres Volkes niemals an der Judenfrage vorbei, sondern nur mitten durch sie hindurch führt. Die evgl. Synode in Berlin-Weissensee hat versucht, hier einen Anfang zu machen. Leider ist sie damit noch lange nicht durchgekommen. Es gibt heute Christen, die wissen, daß das Schicksal der Juden und das der Christen wunderbar und untrennbar zusammenhängt. Das Mittelalter hat das auch noch gewußt, wenn es die Synagoge und die Kirche in zwei Frauengestalten nebeneinander stellte. Aber wir wissen es doch noch tiefer. Wir wissen es heute vom Leiden und von der Schuld her. Dort in jenen mittelalterlichen Gestalten trug die Synagoge die Binde vor den Augen, die Frauengestalt, die die Kirche darstellte, sah offenen Auges frei in die Zukunft. Wir würden das so nicht mehr darstellen können, wir würden wohl sagen müssen, daß sie um unseretwillen gelitten haben, um der Sache willen, die wir vergessen haben. Denn wo immer das Christentum in Gefahr ist, zurückzufallen in den Mythos des Heidentums, da werden die Juden uns erinnern an den Gott, der keine anderen Götter neben sich duldet. Und wir unsererseits werden, so von ihnen erinnert und zurechtgebracht, ihnen dann in aller Demut bezeugen dürfen, daß eben dieser ihr Gott uns in Jesus Christus als der vergebende und erlösende erschienen ist.«

70   NW 2, S.367f.
71   NW 4, S.170.

Die gleiche negative Bewertung der Stelle, und zwar entgegen ihrem Wortsinn, aber einer langen christlichen Tradition entsprechend, findet sich in einem undatierten, jedenfalls in die Nachkriegszeit gehörenden Vortrag »Der moderne Mensch und das Dogma«:

>»Wir wissen vom Neuen Testament her (Röm 9), daß Paulus den Juden zugesteht, daß sie die Schrift haben, daß sie den Messias haben und daß sie doch das Ganze haben in einem religiösen Fanatismus, ohne Erkenntnis. Das Dogma kann offenbar dazu führen, daß es mit einem fanatischen Eifer verfochten wird, daß es zum Selbstzweck wird . . .«[72]

Aber in den Jahren nach dem Zweiten Weltkrieg suchte und fand Iwand einen Neuansatz in der Frage nach Israel, und das wirkte sich nicht nur in der ethischen Rückfrage nach der Schuld aus, sondern auch in der exegetischen und systematischen Rückfrage nach der Sonderstellung Israels in Gottes Geschichte. Im Wintersemester 1948/49 las Iwand in Göttingen »Geschichte der protestantischen Theologie im 19. Jahrhundert«. Im Zusammenhang der Besprechung von Schleiermachers Christologie kam er auf dessen Distanz zum Alten Testament und zum Judentum zu sprechen.

>»Es ist wohl nicht allzu schwer zu sagen, worum es Schleiermacher geht – er will Christus in Beziehung setzen zum Menschlichen als solchem. Eine bevorzugte oder ausschließliche Auslegung des Messiastitels vom Alten Testament her würde ihm als Verkürzung des *Menschlichen* in Jesus von Nazareth erschienen sein. Vielleicht ist er auch an diesen Punkten in der Polemik immer wieder etwas gereizt und empfindlich, aber auch unerbittlich abweisend, weil hier eine – nicht nur seine, sondern unser aller – schwache Stelle liegt, weil wir alle nicht das *proton* (das Zuerst) begreifen, das in der Bibel so häufig in der Rangordnung von Juden und Heiden auftritt, und weil wir alle spüren, daß wir hier aus unseren – uns in besonderer Weise angeborenen – hellenischen Ideen und Denkformen herausmüssen auf das Trockene; daß wir uns wie auf das Land geworfene Fische vorkommen, wenn wir hören, daß der im Alten Testament verheißene Davidide unser aller Heil in sich schließt.«[73]

In der Prager Gastvorlesung von 1957 über den »Prinzipienstreit innerhalb der protestantischen Theologie« kommt er auf das Problem der Offenbarung und dessen spezieller Fassung bei Paul Althaus unter dem Begriff der Uroffenbarung zu sprechen und führt aus:

>»Es ist kein Zufall, daß man vom Begriff einer Uroffenbarung ausgehend keine Möglichkeit hat, die bevorzugte Stellung der ›Juden‹, das ›Joudaios proton‹ (den Juden zuerst) des Neuen Testamentes zur Geltung zu bringen. In Wahrheit ist aber gerade das Alte Testament die Sicherung gegen den heidnischen Mythos – es, genau dieses Alte Testament, ist die Entmythologisierung der Offenbarung. Wer sie sich nicht von daher geben läßt, muß sich dann mit den Kategorien der philosophischen Aufklärung behelfen. Es ist erstaunlich, mit welcher Naivität nach allem, was wir mit dem deutschen Mythos erlebt haben, Althaus meinen kann, daß das Evangelium die Sehnsucht des Mythos aufnimmt und erfüllt.«[74]

72 NW 2, S.96.
73 Unveröffentlichtes Vorlesungsmanuskript.
74 GA I, S.235.

Iwand zeigt hier en passant, daß die Einsicht in die, wie er es nennt, »bevorzugte Stellung der Juden« die richtige Methode ist, Offenbarung und Mythos zu unterscheiden, daß also christlicher und jüdischer Glaube mit ihrem Bezug auf das Alte Testament jeglichem Heidentum diametral gegenüberstehen. Das ist zugleich sein Beitrag zur seinerzeitigen Entmythologisierungsdebatte.

Die grundlegende kurze Äußerung aus dem Jahr 1951 über »Die Kirche und die Juden«, die von unsrer Blindheit sprach an dem Punkt, »daß wir über den inneren Zusammenhang zwischen der Kirche Jesu Christi und dem Volke Israel zuwenig biblische Erkenntnis hatten«[75], fragt nach den Ursachen dafür.

»Es sind neben dem älteren Luther und seinen scharfen Schriften gegen die Juden . . . vor allem Melanchthon und Schleiermacher, die beiden großen Lehrer unserer Kirche, die uns hier falsch geleitet haben. Denn sie haben den Zusammenhang der Kirche Christi mit dem jüdischen Volk nicht beachtet. Sie operieren beide mit dem Begriff der universalen Menschheit. Nun besteht aber nach der Schrift die Menschheit aus Heiden und Juden. Die Juden sind – auch da, wo sie Jesus nicht als ihren Messias erkennen und anerkennen – immer noch die von Gott gesetzte Grenze gegen das Heidentum. Und das Gesetz, das Gott Mose am Sinai gab, ist etwas anderes als das allen Menschen eingeborene Naturgesetz. Es ist in gleicher Weise Offenbarung wie das Evangelium und gehört in den Bundesschluß. Weil wir die Moseoffenbarung, die den Gnadenbund Gottes mit Abraham fortsetzt – und nicht etwa aufhebt! – in ihrer bleibenden Bedeutung für die Kirche Jesu Christi nicht beachtet haben und demzufolge auch die prophetische Verkündigung vernachlässigten, sind wir der Anfechtung des Antisemitismus erlegen. Die prophetische Verkündigung ist politische Predigt.«[76]

Langsam schält sich aus den gelegentlichen Äußerungen Iwands ein geschlossenes Konzept für das theologische Verständnis Israels heraus. Die Erwählung bleibt bestehen, und sie ist die einzige Sicherung der Kirche gegen das Heidentum, daß heißt: Nur in der Engführung dieser speziellen Erwählung bleibt die Offenbarung immun gegen den heidnischen Mythos. Die angeborenen hellenischen Denkformen, die sofort auf das Allgemein-Menschliche zielen, haben in der christlichen, auch in der protestantischen Tradition Schaden angerichtet. Das Gesetz in der strengen Gegenüberstellung von Gesetz und Evangelium wird dann ebenfalls seiner speziellen Sinai-Form entkleidet und dem Naturgesetz gleichgesetzt, was darauf hinausläuft, daß es sich verselbständigt und mit dem Bundesschluß nichts mehr zu tun hat. Der Sinaibund wird dann, entgegen der biblischen, gerade auch neutestamentlichen Botschaft, ein beliebiges Datum, das in Gottes Geschichte mit der Welt keinen besonderen Ort hat. Damit wird zugleich die prophetische Verkündigung unwichtig, und das heißt, die Ermöglichung politischer Predigt fällt dahin, christliche Predigt wird privat und gesellschaftlich irrelevant.

Iwand fährt an jener Stelle fort:

75   JK, 1951, S.105.
76   Ebd., S.106f.

»Es bleibt nach Röm 9–11 bestehen, daß wir als Heidenkirche die Zweige sind und das Volk Israel die Wurzel ist, das Volk der Erwählung, die auch heute noch – gegen allen Augenschein – das Ganze trägt. Es bleibt nach diesem Abschnitt des Römerbriefes gewiß, daß jede Überhebung der Zweige über die Wurzel diese selbst unter das Gericht Gottes bringt. Es mag schwer sein, im Blick auf das Jesus – noch – nicht als den Christus anerkennende Volk Israel zu glauben, daß die christliche Kirche und dieses Volk zusammengehören und nach Gottes Ratschluß ein Ganzes sind, aber wenn wir nicht lernen, an die Kirche zu *glauben*, gerade im Blick auf Israel, dann werden wir das Geheimnis der göttlichen Erwählung, in das auch das der – zeitweisen – Verwerfung eingeschlossen ist, nicht verstehen und statt der auf dieser Erwählung ruhenden Universalkirche ethnisierende Volkskirchen schaffen.«[77]

Hier kommt eine Grundentscheidung in Sicht, die zwar nicht in ganzer Konsequenz vollzogen wird, deren Ausgangslage aber deutlich festgemacht wird: Die Zusammengehörigkeit von Kirche und Israel um des Messias willen, der nirgendwo anders seinen Herkunftsort hat als in Israel, insofern er ohne die Verheißung an Israel nicht der Messias und nicht der Versöhner wäre. Daß Israel Jesus noch nicht als Messias anerkennt, ist ein Gedanke, dem im Gesamtzusammenhang keine tragende Rolle zukommt. Unabhängig von der Glaubensentscheidung Israels in bezug auf die Person Jesu gilt jedenfalls, daß der Glaube an die Kirche den Glauben an die Zusammengehörigkeit von Kirche und Israel einschließt. Warum? Weil nur im Blick auf Israel das Geheimnis der göttlichen Erwählung, das das Geheimnis der zeitweisen Verwerfung einschließt, auch für die Kirche selbst zugänglich wird. Ist die Kirche nicht auf Israel bezogen, so zerfällt sie paradoxerweise, statt Universalkirche zu sein, in Partikularkirchen, die dem Heidentum preisgegeben sind. Als erwählt erkennt sie sich nur in bezug auf die vorgängige Erwählung Israels.

Die Bestätigung dieser Grundentscheidung vollzieht Iwand, indem er mit einem Kähler-Zitat das AT als unaufgebbaren Bestandteil der christlichen Bibel erklärt und aufzeigt, in welche vielfältigen Lebensbezüge das AT tatsächlich durch die Jahrhunderte hineinwirkt[78].

Denselben Gedankengang geht Iwand noch einmal im Vortrag von 1953 über »Die politische Existenz des Christen . . .«:

»Wir haben das verborgene Band der Einheit zwischen Kirche und Israel nicht mehr gesehen; wir haben es nicht begriffen, daß, wer dieses Band zerschneidet, der zerstört die Existenz der Kirche in solcher Tiefe, daß diese Zerstörung irreparabel ist. Wir haben uns von der Schmach der Juden distanziert und damit die Gefahr heraufbeschworen, daß wir, die Heiden, die Gott aus Gnade in den Ölbaum gepflanzt hat, uns von der einmal gepflanzten Wurzel lösten.«[79]

Das heißt, die Trennung der Kirche von Israel, die sich in der Geschichte faktisch vollzog und die im Holocaust kulminierte, ist, auch wenn die Kir-

77 Ebd., S.106.
78 Ebd.
79 GA I, S.192.

che in ihrer Blindheit es nicht erkennt, die Trennung vom eignen Existenz-
grund. Was die Kirche Israel antut, fällt auf sie selbst zurück; die Vernichtung Israels ist zugleich die Zerstörung der Kirche; und das meint keinen
Vorwurf gegen böswillige Dritte, etwa den Nationalsozialismus, der gleichermaßen antijüdisch wie antichristlich gewirkt haben soll. Iwand sagt
deutlich: »*Wir* haben das verborgene Band der Einheit zwischen Kirche und
Israel nicht mehr gesehen.« Er spricht nicht von den Verbrechen anderer,
sondern von der Verschuldung der Theologie und der Kirche, für die er ja
auch Namen genannt hat, von denen wir uns nur um den Preis distanzieren
können, daß wir diese theologische Tradition verändern. Iwand hat neben
anderen – er nennt ausdrücklich und dankbar Karl Barth[80] – die notwendige Veränderung eingeleitet.

Wie in dem kurzen Beitrag von 1951 endet auch in diesem Vortrag von
1953 der Gedankengang mit demselben Kähler-Zitat bei der Notwendigkeit des AT.

Nach dieser gedanklichen Vorbereitung überrascht es nicht mehr, wenn
die Frage nach Israel für Iwand eine letzte Zuspitzung gewinnt im Zentrum
der Theologie: in der Christologie. 1953 heißt es:

»Wir haben als Christen in der Stunde der Entscheidung nicht begriffen, daß das Schwert
des Herodes bei seinen Morden den neugeborenen König der Juden (Matth 2,2) suchte, wir haben nicht begriffen, daß der Kampf des Nationalsozialismus gegen die Juden in Wahrheit nur
Einen gemeint hat: Jesus Christus.«[81]

Im Vortrag von 1958 greift Iwand denselben Gedanken auf:

»Ich weiß wohl, daß in beiden Kirchen zur Verteidigung des Alten Testamentes manches
Gute und Tapfere geschehen ist – aber eines haben wir dabei nicht begriffen: daß das Schwert
der Tyrannen bei diesem Morden unter den Juden – den Judenkönig, unsern Herrn Jesus Christus suchte. Genau das haben wir nicht begriffen, daß der Angriff auf die Juden – uns, der
christlichen Kirche galt. Wir haben nicht mehr gesehen, daß, sobald wir die Juden herauslösen
lassen aus der Mitte der Völker, wir nicht mehr bekennen können: In unser armes Fleisch und
Blut verkleidet sich das ew'ge Gut.«[82]

Iwand will also sagen: Jesus ist als der Christus so sehr von der Verheißung an Israel her zu verstehen, daß er untrennbar mit dem Israel verbunden ist, dem die Verheißung bleibend gilt. Das bedeutet, daß die dogmatische Aussage der Inkarnation auch die Gestalt des Satzes annehmen kann:
Jesus ist Jude. Darum sucht das Schwert, das die Kinder von Bethlehem tö-
tet, den neugebornen Jesus; und der Holocaust gilt wieder ihm. Über die exakte Verhältnisbestimmung Jesu als des Messias zu dem empirischen heutigen Israel ist damit noch nicht viel ausgesagt. Daß aber eine heutige Christologie Jesus von Israel isolieren dürfte, erscheint von diesem Standort aus
als unmöglich.

80 Ebd., S.193.
81 Ebd., S.192.
82 NW 2, S.269.

Im selben Jahr 1958 hatte Iwand den Gedanken in einem ganz anderen Zusammenhang schon einmal geäußert. Vor der Christlichen Friedenskonferenz in Prag sprach er über das Unglück der Teilung der Welt in Ost und West, das der tatsächlichen Einheit der Menschheit entgegensteht. Dabei griff er auf die Erfahrung mit dem Arierparagraphen zurück, der eine ähnliche Spaltung unter den Menschen in Deutschland besiegeln sollte:

»Im Dritten Reich habe ich meine Studenten oft gefragt: Was machen Sie denn, wenn Sie zu Weihnachten singen ›In unser armes Fleisch und Blut verwandelt sich das ew'ge Gut‹, mit dem Arierparagraphen? Hier ist die eine Menschheit gepflanzt, wirklich eingepflanzt in dem Sohn Davids, in dem eingeborenen Sohn Gottes, von der Jungfrau Maria geboren. Dies etwa meine ich, wenn wir an Jesus Christus glauben und an die in ihm eingepflanzte eine Menschheit. Darum können wir uns nicht zufriedengeben mit einer zweigeteilten Menschheit.«[83]

Wir haben zu verstehen: Die Einheit der Menschheit gibt es nicht abstrakt. Daß Juden und Heiden die eine Menschheit bilden, hat seinen Grund in der Geschichte Jesu, der gerade als der Sohn Davids der Versöhner der Welt ist. Jesu Geborensein im Volk Israel ist allererst die Ermöglichung versöhnten Lebens in der Welt.

Eine Umkehrung und darin die Bestätigung des Gedankens von dem christologischen Kontext der Israel-Thematik findet sich erstaunlich früh, in einem Brief an den Lehrer Rudolf Hermann vom 9./10. September 1933, wieder in einer Äußerung zum Arierparagraphen:

»Das Hineinnehmen des Rassedogmas in die kirchliche Gesetzgebung ist ein erster, wenn auch vorläufig noch bemäntelter Schritt zum Doketismus. Es darf nicht sein, daß eine Kirche, die Paulus soviel verdankt wie wir, den Juden die Möglichkeit der Verkündigung nimmt. Das ist ein Verrat des Glaubens an die in sich beschlossene Endlichkeit des Blutes und der Geistesgeschichte.«[84]

Das erste Stichwort, das Iwand beim Arierparagraphen kommt, heißt Doketismus, das bedeutet: die Unwirklichkeit des Menschseins Jesu. Doketismus heißt in der Dogmengeschichte: Jesu wahres Menschsein wird bestritten. Iwand verstand offenbar schon 1933 das wahre Menschsein Jesu als sein Judesein, darum schloß der Arierparagraph ihn aus der Kirche aus. Und wenn das nicht die erklärte und auch nicht die heimliche Absicht der Urheber dieses Paragraphen sein sollte, so müßte er doch zumindest den jüdischen Apostel dieses Messias treffen. Eine evangelische Kirche ohne Paulus – Iwand kann diese Konsequenz aus Kirchenpolitik und pervertierter Theologie nur schaudernd andeuten. Sie zieht aber nur aus, was im christologischen Kern der Theologie schon vorher geschehen sein muß.

Über »Bund und Erwählung im Judentum« hatte Robert R. Geis einen Vortrag gehalten[85], der gerade im Gegenüber zum christlichen Glauben die

---

83   Bei *P.P.Sänger*, S.310.
84   NW 6, S.255.
85   Abgedruckt in *R.R.Geis*, Gottes Minorität, S.15–33.

bleibende Erwählung Israels herausarbeitet. Iwand dankte für die Übersendung des Vortrags und schrieb dazu:

»Ich finde ihn sehr schön, und es ist alles, was Sie schreiben, so geschrieben, daß es von größter Bedeutung und innerem Einfluß auch für uns wird, jedenfalls wenn ich es so von mir sagen darf.«[86]

Iwand erkannte damit die große Bedeutung eines Herzstücks jüdischen Glaubens für die eigene Theologie an.

Eine Zusammenfassung dessen, was er zum Verhältnis zwischen Kirche und Israel zu sagen hatte, schrieb Iwand 1959 im Geburtstagsbrief an Josef L. Hromádka; darin nannte er wieder den Namen dessen, der für die Kirche in dieser Sache wie in andern Lehrer geworden war: Karl Barth.

»Wir haben nicht klar genug gesehen, was erst langsam in uns allen – mit wenigen Ausnahmen, die es vorher wußten – gedämmert hat, daß der Angriff auf die Juden *Ihm* galt, Jesus Christus selbst. Wir haben theologisch zwar an der Menschheit Jesu festgehalten, aber daß dieser Mensch ein Jude war, das haben wir dogmatisch oder im Sinne eines allgemeinen Humanismus ethisierend für irrelevant erachtet. Wir haben den inneren Zusammenhang zwischen dem Alten und dem Neuen Bund weniger klar und scharf gesichtet, als es der Gegner tat, der die schwächste Stelle in unserem modernen Christentum erspäht hatte. In diesem Falle lag die Decke eher vor den Augen der Kirche als über der Synagoge. Wir haben nicht gesehen, daß wir mit der Entwurzelung aus Israel unsere Ökumenizität als Kirche verlieren sollten und verloren hätten. Und die Leiden, über denen uns hernach die Augen aufgegangen sind, sind zum geringsten Teil unsere Leiden gewesen. Alles das mußte erst aus unserem Versagen heraus erkannt und uns eröffnet werden, und wenige waren so klar wie Karl Barth, der damals den Satz prägte, daß Antisemitismus heute die Sünde gegen den Heiligen Geist sei. Sie war es auch. Wer damals seine jüdischen Freunde nicht preisgab, den behütete dieses Bekenntnis an seiner Seele. Es war ein erstaunliches Geheimnis, dem wir damit auf die Spur gekommen sind. Aber der Preis! Ist er nicht allzu hoch? Wer wird diese Schuld einmal von uns und unseren Vätern – denn dort begann es – nehmen? . . . Was muß geschehen, damit wir das hinter uns bekommen? Wie kann ein Volk rein werden, das den – freilich vergeblichen – Aufstand gegen Israel und seinen Gott hinter sich hat? Verstehst Du, daß diese Frage immer wieder aufbricht, sobald wir etwas tiefer zu graben beginnen?«[87]

4
Die Israel-Frage im Kontext der Bibelauslegung

». . . Aber wie predigen wir? Obschon theologisch diese neue Erkenntnis . . . allerorten als die Wende in der Theologie aufbricht, verläßt unser Predigtschema nur schwer die alten, ausgefahrenen Gleise. Weder was in der Theologie geschieht, noch was Gott von außen über die Kirche an Gerichten und Gnadenerweisungen kommen ließ, macht sich bemerkbar.«[88]

Die neue Erkenntnis, von der Iwand hier spricht, die sich in der Predigt noch nicht durchgesetzt habe, bezieht sich auf das »Wunder der Weih-

86   Brief vom 25.1.1959.
87   Bei *P.P.Sänger*, S.126.
88   M I, S.331.

nacht«. Aber wenn wir seine eignen Textauslegungen an dem Erkenntnis-
stand prüfen, den er in der Israelfrage bereits gewonnen hatte, so gilt diese
kritische Feststellung auch für ihn selbst.

Es ist im Folgenden unmöglich, den ganzen reichen Inhalt der Predigt-
Meditationen auszubreiten. Für die nötigen Stichproben halte ich mich zunächst an die Gliederung des zweiten, später an die des dritten Teils.

4.1
Gott ist Gott

Der theologische Grund-Satz von Gottes Gottheit, hatten wir gesagt, ist
für Iwand christologisch gefüllt. »Von Jesus Christus her gesehen hört der
Satz: Gott ist Gott, auf, eine Tautologie zu sein.« Das liest sich quer durch
die Auslegung unterschiedlicher Texte so:

> »Erst seit offenbar ist, daß Christus der Herr ist, kennen wir Gott den Vater. Das ist das Be-
> sondere des urchristlichen Monotheismus.«[89] »Gott hat seine Gottheit an diesen von den Men-
> schen verworfenen Namen gebunden, wer Gott anrufen will, muß sich darum zu diesem Na-
> men bekennen.«[90]
> »An diesem einen Satze (Joh 1,14) hängt es, daß Gott Gott ist, daß Gott frei ist, daß und was
> er ist; daß er unser Gott ist. Daß wir darum auf Gott bezogen sind, weil Gott zunächst und
> zuerst sich mit unserm Fleisch und Blut in Gemeinschaft gesetzt hat.«[91]
> »Daß Gott Gott ist, Retter und Erlöser des Menschengeschlechts, das erfüllt sich in Jesus, in
> der Menschwerdung seines eingeborenen Sohnes.«[92]

Das sind Sätze von großer Eindeutigkeit, und sie haben scheidende
Kraft. Jüdischer Glaube an den Gott Abrahams, Isaaks und Jakobs hat in
dieser Explikation des Satzes von Gottes Gottheit kaum Raum. Immerhin
läßt das letzte Zitat aufhorchen: »Daß Gott Gott ist . . ., das erfüllt sich in
Jesus . . .« Es hat, müssen wir verstehen, seinen Anfang anderswo. Das bestätigt sich in der Warnung, die wir in einer Auslegung für Weihnachten
finden, »die Christusidee von dem Davidssohn zu lösen«[93]. Gottes Gottheit
hat anscheinend eine Geschichte, ohne die ihre christologische Explikation
gar nicht zu verstehen wäre. Das erörtert Iwand in der Auslegung von 2 Kor
1,18–22, wo Paulus schreibt, daß in Christus alle Gottverheißungen Ja sind.
Iwand antwortet auf die Frage, »ob die Verheißungen, indem sie erfüllt
sind, aufhören, Verheißungen zu sein«[94].

> »Dieser Christus Jesus wird nur dann recht gepredigt und geglaubt, wenn wir in ihm die
> Verheißung Gottes ergreifen, wenn wir also in ihm die Treue Gottes, das Sich-selber-Treusein
> Gottes mitten in unserer Untreue erfassen.«[95]

89 Ebd., S.618.
90 Ebd., S.161.
91 Ebd., S.426.
92 Ebd., S.204.
93 Ebd., S.49.
94 Ebd., S.374.
95 Ebd., S.375.

Und dann folgt der Satz: »Von Jesus Christus her gesehen hört der Satz: Gott ist Gott, auf, eine Tautologie zu sein.« Bei genauem Hinsehen wollen also diese christologischen Sätze statt exklusiv inklusiv gelesen werden; das heißt: so gewiß die Wahrheit Gottes sich in der Geschichte Jesu definiert, so gewiß erschließt die Geschichte Jesu ihre Wahrheit nur von der vorgängigen Verheißung her, die an Israel ergangen ist. Der Schritt, den Iwand in der Systematik des Denkens noch tun könnte, nämlich zu sagen, daß diese Verheißung heute in Israel lebendig ist, unterbleibt aber in der Auslegung. Das gegenwärtige Israel ist in der Auslegung Iwands abwesend.

Das zeigt sich auch bei der Auslegung von Apg 13, 42–52, der Geschichte, wie Paulus sich im pisidischen Antiochien von der Synagogengemeinde ab- und zu den Heiden hinwendet.

»Warum fängt denn Paulus mit der *Erwählung* der Väter an? Weil es sich bei dieser ganzen Geschichte Gottes mit Israel darum handelt, daß Gott erwählt und wir ihn verwerfen ... Die Auferstehung Jesu ist die Tat desselben Gottes, der die Väter erwählte ...«[96]

Das theologische Interesse des Auslegers richtet sich auf die alttestamentliche Begründung der Christologie in Auseinandersetzung mit der theologischen Entwicklung im 19. Jahrhundert seit Schleiermacher[97], darum kommt der Dialog mit zeitgenössischen Juden innerhalb der Auslegung nicht in Gang. Das Fazit lautet vielmehr am jüdischen Partner vorbei:

»Das AT wird nicht ›einfach‹ von der Christenheit übernommen, sondern es wird von Jesus Christus, dem Gekreuzigten und Auferstandenen her neu erschlossen! Es wird besser verstanden, als es sich je selbst verstand. Das AT erlebt im NT seine entscheidende Renaissance. Die Geschichte Jesu ist das Ja und Amen der ganzen Bundesgeschichte, nur so kann sie begriffen und nacherzählt werden.«[98]

In einer Karfreitagsmeditation zu Jes 43 »Ich, ich tilge deine Übertretungen um meinetwillen« geht es wieder um diesen einen Punkt: Jesus soll keine Mittler-Gestalt wie in heidnischen Erlösungsreligionen werden, denn »*Gott* selbst tritt in diesem Rechtshandel für unsere Sünde ein«[99].

Es ließe sich aus diesen vielfältigen Bemühungen, den theologischen Grund-Satz christologisch zu entfalten, geradezu als unerfülltes Programm einer erneuerten Theologie formulieren: Christologie sei als Auslegung des Ersten Gebots zu entfalten, als Erzählung von der Gottheit Gottes in der Geschichte Jesu im Blick auf Israel und auf die Völker. Es ist deutlich, daß Iwands Bibelauslegungen nur Ansätze zur Entfaltung eines solchen Programms enthalten. Daß er ein solches Programm aber für notwendig erkannte, belegt ein Brief an Robert R. Geis vom 22.1.1960, der auf dessen

96 Ebd., S.692.
97 Ebd., S.693.
98 Ebd.
99 Ebd., S.383.

Aufsatz über »Hermann Cohen und die deutsche Reformation«[100] antwortet:

> »Ich habe den Artikel mit der größten Freude gelesen und vor allem das Problem des ›Monotheismus‹ gerade vom jüdischen Gottesglauben her mir noch einmal vorrücken, ich meine, in meinem Geiste vorrücken lassen. Es ist schon ein enormes Problem, und wir stehen nach mancherlei Richtung hier vor einer, wenn nicht der tiefsten Frage der christlichen Dogmatik bzw. des Glaubens.«

4.2
Gesetz und Evangelium

Die Thematik von Gesetz und Evangelium ist bei Iwand so breit angelegt, daß man an ihrer Entfaltung seine gesamte theologische Entwicklung darstellen könnte. Das ist naturgemäß jetzt nicht möglich und auch nicht nötig. Es soll die Andeutung genügen, daß die eingehende Beschäftigung mit Luther und die Begegnung mit Karl Barth Iwand zu einer von der lutherischen Tradition erheblich abweichenden Fassung der Verhältnisbestimmung Gesetz/Evangelium geführt hat. Wichtig für uns ist die Frage, wieweit sich die Bestimmung des Judentums als einer Gesetzesreligion, wie sie in der Tradition vorgegeben war, bei Iwand durchgehalten hat oder wieweit er diese Bestimmung verändert hat.

Ein besonders auffälliger Indikator ist der Begriff des Pharisäers, der in Iwands Bibelauslegungen noch häufiger vorkommt, als die Evangelientexte ohnehin nahelegen. Der Begriff ist vollständig negativ gefüllt. Gewiß war zu seiner Zeit die historische Erforschung des Phänomens Pharisäer noch nicht so weit vorangetrieben wie heute, und was erforscht war, war damit noch nicht allgemein bekannt. Es fällt aber doch auf, wie unbekümmert er den Begriff zur Negativ-Charakteristik einer bestimmten Glaubens- bzw. Unglaubenshaltung benutzt:

> »Der Pharisäismus als ein klassischer Versuch, die Erfüllbarkeit der Gebote in einem ›Orden‹ (M.Weber), einer Art ›Bruderschaft‹ zu ermöglichen, muß den Gerechten als Typ, als frommes Lebensideal zum Ziel haben.«[101]

Allerdings ist diese kritische Fassung des Begriffs, ganz im Sinne der Lehre von den zwei Kirchen, auch, wo nicht primär, kirchenkritisch gemeint:

> »Indem der Pharisäer, *der wir sind*, vernimmt, daß dem Sünder, der wir zugleich sind, von Gott die Gnade des Tuns zugemutet wird, ist er als der ›Selbstgerechte‹ aufgehoben, ist er von sich selbst erlöst.«[102]

---

100 Abgedruckt in *R.R.Geis*, Gottes Minorität, S.137–151. Geis zitiert Cohen: »Meinetwegen mag Gott sein, was er will, aber Einer muß er sein ... An diesem Punkte können wir uns mit den Christen nicht verstehen – ich muß es aussprechen« (S.138). Er spricht von Cohens »Hoffnung auf eine Zeit, da der moderne Protestantismus sich einem reinen Monotheismus nähert. Dieser christliche Monotheismus wäre dem jüdischen Monotheismus so eng verwandt, daß die besondere Judenfrage sich damit erübrigte« (S.147).
101   M I, S.457.
102   Ebd., S.459.

Läßt sich dieser Begriff des Pharisäers aus dem Kontext von Iwands Bibelauslegung ohne allzu große Beschädigungen dieser Auslegung herauslösen, so ist das schon schwieriger bei der Verortung des Gesetzesbegriffs an andern Stellen. So kann er bei der Auslegung von Mt 21,1–9, der Erzählung vom Einzug Jesu in Jerusalem, ohne weiteres einer Anregung Luthers folgen und Gesetz und Evangelium auf Gottes Erscheinung am Sinai »in aim grausam dickenn schwartzen wolcken« und eben den sanftmütig einziehenden Jesus verteilen. Luthers Erklärung soll gelten (WA 10/3,S.67,Z 14):

»In Sinay kam er mit forcht jetzund kompt er in senfftmütigkayt ... da habent ir unterschayd des gesatzes und des Evangeliums.«[103]

Eine Galaterbrief-Auslegung aus dem Jahr 1955 (für Neujahr 1956) erörtert in gebührender Gründlichkeit die Beziehungen zwischen Gesetz und Evangelium, Verheißung und Gesetz, Glaube und Christus, an der Spitze die Kategorie Neu[104], und das alles ist in keiner Silbe antijüdisch, läßt sich aber gleichwohl bequem in diesem Sinne lesen – weil das gegenwärtige Israel in der Auslegung wieder abwesend ist. Daß »Gesetz« statt »Nomos« auch »Tora« heißen könnte, kommt in der Auslegung nicht vor; das heißt, Iwand folgt der Tradition, wonach Gesetz ausschließlich als zwingend-urteilende Kategorie verstanden wird, statt darüber hinaus als wegweisend-zurechthelfende begriffen zu werden, wie es nicht nur jüdische, sondern auch christliche Auslegung des AT tut.

Ein Jahr später, wieder in einer Galaterbrief-Auslegung, sogar des unmittelbar voranstehenden Textstücks[105], hat sich nichts geändert daran, daß heutige Juden für den Ausleger seiner Auslegung nicht hereinreden. Aber der Akzent ist verschoben. Gegen Heinrich Schliers Galaterbrief-Kommentar wird eine Antithetik von Gesetz und Verheißung abgewiesen. Verheißung und Evangelium, epangelia oder parangelia und euangelion, sind auf das Gesetz nicht antithetisch, sondern dialektisch bezogen.

Daß Gesetz und Evangelium nicht einfach aufteilbar sind auf Altes und Neues Testament, auf Judentum und Christentum, wie eine zur Vereinfachung neigende christliche Tradition es immer wieder darstellt, macht Iwand unmißverständlich klar:

»Es gehört zu den verhängnisvollsten Mythen des ausgehenden 19. Jahrhunderts und einer falsch verstandenen Rechtfertigungslehre, daß die Furcht ins AT, die Liebe ins NT gehöre.«[106]

Und gerade anläßlich des paulinischen Textes, der die Differenz zwischen den Bünden, dem Alten und dem Neuen, erstmals definierte, 2 Kor 3, notiert Iwand:

103 Ebd., S.198.
104 Ebd., S.477ff.
105 Ebd., S.509ff.
106 Ebd., S.169.

»Unsre Verkündigung wird . . . nicht nur etwas *gegen* Mose zu sagen haben, sondern zunächst einmal Entscheidendes *für* ihn. Und dann wird sie, gerade indem sie Mose seinen einzigartigen Platz innerhalb der Offenbarung von Gottes Herrlichkeit zurückgibt, doch zu fragen haben, was demgegenüber Neuer Bund . . . zu bedeuten hat.«[107]

Im Bewußtsein der Differenz zwischen Kirche und Israel fängt Iwand neu an, nach der Gemeinsamkeit »innerhalb der Offenbarung von Gottes Herrlichkeit« zu fragen.

Iwand hat fraglos das Verdienst, in der Dialektik von Gesetz und Evangelium die zusätzliche positive Beziehung zwischen Gesetz und Verheißung anhand paulinischer Texte herausgearbeitet zu haben. *Uneingelöst ist in seinen Auslegungen aber die Zielvorstellung, daß in der Dialektik von Gesetz und Evangelium auch innerhalb des als Tora neu zu entdeckenden Gesetzes der Anteil des Evangeliums wahrgenommen wird. Von da aus ergäbe sich eine bis jetzt kaum verwirklichte Möglichkeit, das gegenwärtige Israel mit seinem Anteil an der Geschichte des Evangeliums zu verstehen.*

4.3
Die zwei Kirchen
Die wahren Jünger suchen Gott nirgendwo anders als bei Jesus,

»las die anderen«, zitiert Iwand Luther (WA 45,S.525,Z34), »Unchristen, Heiden, Jüden, Türken, Ketzer, Mönche und Sophisten also forschen und suchen, Du aber hute dich, das du nicht ausser mir farest, Denn also findestu nicht Gott, sondern den leidigen Teuffel.«[108]

Und die wahre Kirche unterscheidet sich genau vom erst noch kommenden Reich Gottes, und wo sie diese Unterscheidung preisgibt, verfällt sie dem Gericht.

»Hier sitzt die Wurzel für den Kampf Luthers gegen das Papsttum, in dem er eine Fortsetzung dieses jüdischen Kirchenbegriffs sieht.«[109]

So sind israelkritische Sätze kirchenkritische Sätze. »Israel, die Kirche«[110] können in eine Gleichung zusammengeschlossen werden, und genauso kann »der Pharisäer, der wir sind«[111] identifiziert werden. »Nicht nur die Juden . . . auch die Gemeinde Jesu«[112] sind von derselben Gefahr bedroht, und Jesus wird von den Hohenpriestern und Schriftgelehrten verworfen – »man fürchtet sich fast, das in unsere Sprache zu übersetzen«[113]; ja in der Leidensgeschichte Jesu kommt es heraus:

107 Ebd., S.268.
108 Ebd., S.129, A.2.
109 Ebd., S.287.
110 Ebd., S.431.
111 Ebd., S.459.
112 Ebd., S.62.
113 Ebd., S.108.

»An diesem Stück Kirchengeschichte ist die Eindeutigkeit des Wortes *Kirche* ein für allemal zerbrochen.«[114]

Wenn in Joh 8 die Gleichsetzung von Abrahamskindschaft und Freiheit problematisiert wird, schließt der Ausleger die Frage an: »Ist es anders bei uns Protestanten?«[115] Das Fazit läßt sich mit der folgenden Überlegung ziehen:

> »Dabei ist es nicht nur die jüdische Theokratie, die hier gekennzeichnet wird, denn das ›Israel nach dem Fleisch‹ ist eine typische Erscheinung der abgefallenen Kirche. Das antithetische Gesetz von Fleisch und Geist ist das Bewegungsgesetz der Kirchengeschichte, ›der nach dem Fleisch geboren war, verfolgte den, der nach dem Geist geboren war, also geht es jetzt auch‹ (Gal 4,29). Die Bibel kennt keine konfessionellen Gegensätze, aber dieser eine Gegensatz durchzieht sie von Kain und Abel bis zum neuen Jerusalem Apk 21.«[116]

Solche Kritik entzieht die wahre Kirche der Anschaulichkeit. Insofern sprach Luther von der unsichtbaren als der wahren Kirche. Das ist eine ekklesiologische Grundbestimmung, die ihr biblisches Recht hat. Problematisch wird die Handhabung der Kritik aber dann, wenn die falsche Kirche in die Anschaulichkeit gebannt wird, wenn also die »Unchristen, Heiden, Juden, Türken, Ketzer, Mönche und Sophisten« als diese sichtbaren Juden und Mönche von vornherein aus der wahren unsichtbaren Kirche hinausdefiniert sind. *Problematisch daran ist, daß solche Kritik kaum noch die Fähigkeit zu vermitteln vermag, aus der Unwahrheit in die Wahrheit zu finden, weil sie im Vollzug der Kritik nur noch denunziatorisch wirkt.*

Auch unter dieser Fragestellung ist zu sagen, daß das gegenwärtige Israel in Iwands Bibelauslegungen abwesend ist. *Zugleich ergibt sich als Forderung an eine erneuerte Theologie, daß sie den Streit um die Wahrheit dialogisch führen möge, im Vertrauen auf die Durchsetzungskraft der Bibel und voll Mißtrauen gegen die eigene definitorische Kraft. Erneuerte Theologie geschieht eingedenk der Überlegung:* »Wo immer zwischen Kirche und Gottes kommendem Reich nicht unterschieden wird, wo die Eschatologie entfällt und eine Kirche in ihrem Sosein sich als Hort der Wahrheit ausgibt, da muß der Blitz Gottes einschlagen, weil hier nicht mehr die Kirche aus der Verheißung und unter dem Wort lebt, sondern sich als Hüter und Richter über das Wort Gottes fühlt.«[117]

4.4
Schuld

1946 schrieb Iwand eine Meditation zu Pfingsten über Eph 2,19–22, wo Heidenchristen zugesprochen wird, daß sie durch ihre Gemeindezugehörigkeit Mitbürger in Israel geworden seien. Wir müssen gleich auf diese

114 Ebd., S.209.
115 Ebd., S.583.
116 Ebd. S.573f.
117 Ebd., S.287.

Auslegung zurückkommen. Im Augenblick ist wichtig zu sehen, daß kurz
nach dem Holocaust ein Ausleger die christliche Schuld beim Namen
nennt:

»Vielleicht sitzt hier, hier an dieser Stelle gerade, der entscheidende Punkt der Versöhnung,
vielleicht bleibt alles, was wir kirchlich tun und reden, leer, wenn hier keine Buße und Umkehr
erfolgt. Erschrocken fragten die Hörer der Pfingstpredigt: ›Was sollen wir tun, liebe Männer
und Brüder?‹ Sie begriffen auf einmal, daß sie den Christus Gottes totgeschlagen hatten. Ob
wir wohl, auf Grund unseres Textes, begreifen, daß wir die Kirche, die Tat Jesu Christi an seiner Kirche, verraten haben?«[118]

Er bezog sich dabei auf die skandalöse Kirchenspaltung, die durch den
Arierparagraphen herbeigeführt wurde; aber er sah dahinter das ganze Israel und seine gottgewollte Nachbarschaft zur Kirche.

1952 fällt fast beiläufig das drastische Wort vom »Massaker an den Juden«, das als drohende Erinnerung »über der deutschen Nation« steht[119].
1955 kam Iwand bei der Auslegung der 1. Antithese der Bergpredigt auf
die Schuld an den Juden zurück:

»Grausamstes Beispiel solchen Hasses ist das jahrzehntelang als Antisemitismus genährte
Grundgefühl in unserem Volke (mit politischem Hintergrunde!), bis es in Realität umgesetzt
wurde: Für den Juden im deutschen Volke war längst kein Raum mehr da!«[120]

1956 bringt eine Passionsmeditation zu Hebr 9,11–15 eine grundsätzliche Überlegung zur Schuldproblematik mit sich:

»Mag tausendmal in unseren eigenen Augen die Sünde nichts sein, so wie sie es etwa in den
Augen der Großen und Gewaltigen häufig ist, die – man denke an Hitler und seine ›Mannen‹ –
mit dem Mittel des selbstgewählten Unterganges den irdischen Folgen ihrer Taten zu entgehen meinten, weil sie die böse Tat selbst, das politisch gerechtfertigte Verbrechen, nicht scheu-
ten, vor *Gott* ist unsere Sünde und Schuld niemals nichts. Hier hat das« (Anselmische) »nondum considerasti quanti ponderis sit peccatum‹ (du hast noch nicht berücksichtigt, welches
Gewicht die Schuld hat) seinen Platz.«[121]

Und dazu notiert er:

»Hier wäre viel zu sagen darüber, ob nicht auch wir die Frage der *Schuld* in unserer politischen Existenz heute gern mit einem nur kultischen Verständnis der ›Religion‹ überdecken. Es
ist erschütternd zu sehen, wie wenig das *Gewissen* unseres Volkes wirklich gereinigt ist von
seinen ›toten‹ Werken. Ich möchte an dieser Stelle auf ein erschütterndes Werk hinweisen, das
sowohl, was die Leiden der Menschen, insbesondere der Frauen und Kinder angeht, als eine
ganz große Anklage vor uns steht wie auch, was die Namen derer betrifft, die dabei aktiv verantwortlich waren. Es handelt sich um das zunächst in England erschienene Werk ›The final

118   Ebd., S.21.
119   Ebd., S.311.
120   Ebd., S.460.
121   Ebd., S.489f.

solution‹, das jetzt unter dem Titel: ›Die Endlösung der Judenfrage‹ in deutscher Übersetzung zu haben ist. An dem, was in diesem Buch geschrieben steht, könnte man die Aktualität eines Textes wie des vorliegenden in Deutschland leicht faßbar machen. Wer kann angesichts der unermeßlichen Schuld unserem Volk ein reines Gewissen geben? Und ist dies nicht das erste Erfordernis für eine verantwortliche Politik und eine verantwortliche Gesellschaft?«[122]

In einer Galaterbrief-Auslegung von 1956, die bemerkenswert ist durch die Abwesenheit gegenwärtiger Juden, sieht sich Iwand dennoch veranlaßt, eine konkrete Erinnerung an M. Niemöller einzuführen, der in den Jahren nach 1945 das Stuttgarter Schuldbekenntnis in den Gemeinden vertrat und wie kein andrer um Buße warb. Iwand parallelisiert den Arierparagraphen mit der Beschneidungsforderung in Galatien – das sachliche Recht sei einmal dahingestellt; er sagt:

»Wir haben es ja auch erlebt, wie man bei uns . . . den Arierparagraphen als zusätzliche Bedingung für die Zugehörigkeit zur Kirche einführen wollte, auch so etwas, was Gottes Gnade und unseren Stolz auf einen Nenner bringen sollte! Und gar mancher unter uns hat es schon vergessen, wie damals ein Mann, der wohl seinen Arierparagraphen hätte vorlegen können, Nein dazu sagte, jenes protestantische und paulinische Nein, und mit diesem Nein eine ganze Kirche vom Abgrund vor dem Verrat am Evangelium zurückriß.«[123]

Die Erinnerung an Niemöller, das wußte Iwand nur zu gut, war nicht bloß deutlich, sie war ärgerlich – aber sie war für ihn nötig.

4.5
Israel in der Geschichte Gottes

In der erwähnten Pfingstmeditation von 1946 reflektiert Iwand ausführlich die biblische Unterscheidung der Menschheit in Juden und Heiden. Er schreibt:

»Es mag sein, daß wir diese Unterscheidung mehr nur als eine zeitbedingte angesehen haben . . ., es mag sein, daß wir ihr, obschon sie doch so oft im NT hervortritt – man denke nur an Röm 9-11 –, keine dogmatisch wesentliche Rolle mehr zuerkannten, aber heute werden wir so nicht mehr denken. Es ist schon so, daß alle Bemühungen der Aufklärung und des Liberalismus nicht genügten, um den Strich zwischen Juden und der Völkerwelt wegzuwischen . . . Gerade von den Heiden her, von dem modernen antichristlichen Ethnizismus, wurde die Kirche angesprochen auf diese ihre Verwandtschaft mit dem Volke Israel. Und die Kirche schämte sich dessen . . .«[124]

Er nimmt dann seinen Text auf:

»So seid ihr nun nicht mehr Gäste und Fremdlinge – also das wäre eigentlich unsere natürliche Situation dem Volke Israel gegenüber . . ., es war schon längst ein Haus Gottes da . . ., es

122 Ebd., S.489, A.2.
123 Ebd., S.511.
124 Ebd., S.20.

war, wie Luther gern sagt, Kirche da seit Beginn der Welt . . . Ihr tretet nun ein in eine besondere, neue, ganz und gar euch fremde Welt . . . Ihr tretet ein in die Welt Abrahams und Davids,
in die Welt, aus der heraus der Psalter gebetet wurde, ihr tretet in die Welt, aus der Maria kam,
aus der der Messias selbst . . . hervortrat.«[125]

So wird die Kirche – fast möchte man sagen: in Israel angesiedelt. Aber
das möchte Iwand wohl doch so nicht sagen. Jedenfalls hat er 14 Jahre später in einer Auslegung angemerkt, eine »Heimkehr« der evangelischen Kirche in die römische sei so schwer vorstellbar »wie eine Heimkehr der Christenheit ins Judentum. Das Verhältnis muß neu interpretiert werden.«[126]

Bei der Auslegung eines Stückes aus der Aussendungsrede Mt 10 fragt
er:

»Bleibt nicht auch bei Paulus, bleibt nicht auch für die Weltkirche Israel letztes Thema der
Heilsgeschichte? Die Heidenmission ist nur ein Zwischenakt, ist ›zwischeneingekommen‹.«[127]

Hinter solchen Überlegungen steht, ausdrücklich oder nicht, der paulinische Abschnitt Röm 9–11.

Ich notiere sein Vorkommen im ersten Band der Predigt-Meditationen, weil das Register
dort unvollständig ist. Röm 9–11 erscheint in irgendeiner Form auf den Seiten 20, 23, 46, 77,
279, 307, 387, 401, 691, 695.

Man kann fragen, warum es von Iwand keine ausgeführte Textbearbei-
tung aus diesem Kontext gibt. Eine mögliche Antwort könnte sein, daß er –
abgesehen von den Zufälligkeiten der Textverteilung in den GPM – trotz
mancher weitreichender Neuansätze mit dem Nachdenken über Israel für
sein eignes Urteil noch nicht weit genug gekommen war.
    Anhangsweise notiere ich, daß Iwand offenkundig kein Bewußtsein vom
liturgischen Datum des 10. Sonntags nach Trinitatis hatte. Seine Textbear-
beitungen für diesen Sonntag entbehren jedes Hinweises darauf, daß es sich
um den sog. Israelsonntag handelt. Ich vermute, daß sich der Charakter dieses Sonntags erst in der Nachkriegszeit langsam herausgebildet hat. Die
Evangelienlesung von der Zerstörung Jerusalems variiert in der Datierung
zwischen katholischer und evangelischer Fassung und auch innerhalb der
verschiedenen sich ablösenden evangelischen Leseordnungen.
    Umgekehrt fällt in einer Meditation zu Klgl 3 auf, daß Iwand weiß und
weitergibt, daß die Klagelieder in der Synagoge (und in der katholischen
Kirche) als Lesung vorgesehen sind[128].

125   Ebd., S.21.
126   Ebd., S.695, A.1.
127   Ebd., S.77.
128   Ebd., S.180.

4.6
Das Alte Testament

In diesem Zusammenhang müßte nun noch der Stellenwert der Hebräischen Bibel für die Theologie Hans Iwands dargestellt werden. Ich kann dem jetzt mit der wünschenswerten Gründlichkeit und Vollständigkeit nicht mehr nachgehen, denn damit eröffnet sich noch einmal ein neues Thema. Aber wie in Eberhard Buschs kleiner Abhandlung über »Juden und Christen im Schatten des Dritten Reiches«[129] darf die theologische Nachfrage nach Israel nicht daran vorbeigehen, daß das Buch, das die Christen »Altes Testament« nennen, außer der Person Jesu die stärkste Verbindung zwischen Christen und Juden ist. Das gilt auch für die Theologie Hans Iwands, und für ihn, wie wir gesehen haben, besonders im Zentrum der Theologie, in der Christologie.

Ein Indiz für die Wichtigkeit dieses Aspekts ist Iwands häufiger Verweis auf Wilhelm Vischers Werk »Das Christuszeugnis des Alten Testaments«. Daß Iwand mit Vischer freundschaftlich verbunden war, kann zwar nicht als theologisches Argument dienen (nicht für und nicht gegen den einen und den andern), läßt aber auf Iwands Seite mindestens darauf schließen, daß er mit Vischer einig war in der Überzeugung, die Beziehung zwischen dem Buch und dem Messias Israels sei nicht beliebig. Wir stoßen hier wieder auf den Grund-Satz der Theologie, daß Gott Gott ist – und das Dokument für diesen Grund-Satz ist nun einmal auf christlicher wie auf jüdischer Seite die Hebräische Bibel, das Alte Testament.

5
Zusammenfassung

Die Lebensgeschichte Hans Iwands ist ein sprechendes Beispiel dafür, wie in unserm Jahrhundert jüdisches Schicksal mit christlicher Existenz sich verbinden konnte, und seine Theologie ist ein beredtes Beispiel dafür, wie diese Verbindung bejaht und verantwortet werden konnte. Die lebensgeschichtlichen und die theologischen Defizite brauchen dabei nicht verschwiegen zu werden, und doch darf das Urteil von Robert Raphael Geis gelten: »Professor Hans Joachim Iwand war nicht nur . . . ein Freund der Juden, der für seine Treue in den Jahren der Verfolgung Schweres willig trug, er war wirklich und wahrhaftig mit uns in dem Kampf um das Königtum Gottes geeint . . . Geschieden von uns in seinem Glauben, war er uns zutiefst verbunden in dem Ringen um die Planverwirklichung Gottes in dieser geschändeten und geliebten Welt, Zeichen einer Einheit, die weit über das hinausgeht, was christlich-jüdische Verständigung bis heute meint und vermag.«

Aufregend wird das Studium von Iwands Leben und Werk unter unserer

Fragestellung an dem Punkt, wo der Theologe, der seinem Anspruch und
Pathos nach Schrifttheologe war, den Neuansatz in der Frage nach Israel
klar formulierte und dann doch seine Bibelauslegungen weitgehend ohne
diese Frage durchführte. Es wäre falsch, wollte man sagen, daß seine Textauslegungen nach vorgegebenen Mustern abliefen. Es gibt hinreichend
theologische Sachthemen, die er im Hören auf die Bibel aufarbeitete, und
dabei erschloß er jeweils Neuland. Seine Sensibilität sowohl für biblische
Eindrücke als auch für gegenwärtige Existenzfragen war stark ausgeprägt,
und dazu die Fähigkeit, beide Bereiche zueinander in Beziehung zu setzen.
Aber die buchstäblich erlittene Frage nach Israel ist nun doch für ihn, obwohl er sie mit theologischem Sensorium als systematische Frage ausarbei-
tete, nicht zur Leitfrage der Bibelauslegung geworden. Weder hat er bei der
Auslegung alttestamentlicher Texte nach deren jüdischem Verständnis gefragt, noch hat er normalerweise neutestamentliche Texte im Gespräch mit
dem Partner Israel ausgelegt. Dieser Riß, der sich durch sein theologisches
Werk zieht, bedeutet für die folgende Theologie eine Herausforderung, seine Vorgabe aufzunehmen und weiterzutragen in ein hoffentlich nicht mehr
abreißendes Gespräch von Juden und Christen über der Bibel in ihren beiden Teilen.

III

Herausforderung

Albert H. Friedlander

Martin Luther und wir Juden

Kurz nach der Kriegszeit (1946) besuchte der junge amerikanische
Schriftsteller Melvin Lasky den großen Philosophen Karl Jaspers in Heidelberg. Etwas verlegen versuchte Lasky ein verbindliches Wort über die deutsche Vergangenheit zu sagen. Er sprach von Goethe, Lessing und anderen.
»Lassen Sie das«, sagte Jaspers ganz schroff. »Dieser Teufel steckt in uns seit
langem. Wollen Sie eine der Quellen sehen? Hier ist sie!« Ohne aufzuste-
hen, langte er in das Bücherregal hinter sich und brachte mit sicherem Griff
ein Buch auf den Tisch: Martin Luthers »Von den Juden und ihren Lügen«.
»Da ist es«, sagte er. »Da steht das ganze Programm der Hitler-Zeit schon!«
Und in einer späteren Schrift (»Die nichtchristlichen Religionen und das
Abendland«) bringt Jaspers die bekannten sieben Ratschläge Luthers, was
mit den Juden zu geschehen habe, und sagt wieder: »Was Hitler getan, hat
Luther geraten, mit Ausnahme der direkten Tötung durch Gaskammern.«
Dies ist ein bedrückendes Wort, das wie eine dunkle Wolke, wie eine sa-
tanische Figur zwischen Martin Luther und den Juden steht. Es kann uns
Juden nicht hindern, die Größe Martin Luthers anzuerkennen, und unser
Gerechtigkeitsgefühl versteht auch den Unterschied zwischen den Jahr-
hunderten, versteht den Mißbrauch dieser Worte. Luther und Hitler sind
Gegner in der Zeit zwischen den Zeiten. Aber diese und andere Worte Lu-
thers haben doch ihren eigenen Weg gemacht und leben heute noch auf ih-
re Weise. Als ich auf dem Nürnberger Kirchentag einen Vortrag über
Auschwitz hielt, wurden in den hinteren Reihen der Meistersingerhalle
Flugschriften verteilt, die grob ansagten: »Wenn ihr euch so etwas über
Gaskammern, die nie existierten, anhört, so sind wir gezwungen, Martin
Luthers Schrift ›Von den Juden und ihren Lügen‹ wieder drucken zu lassen,
so daß ihr die Wahrheit erfahrt, wie Christen sie lernen müssen!«
Die Wahrheit? Die Wahrheit ist, daß wir Martin Luther nicht solchen
Menschen ausliefern dürfen, daß wir diese dunklen Stellen nicht als den
Maßstab für dieses Genie gelten lassen. So schrieb Heinrich Heine: »Ruhm
dem Luther! Ewigen Ruhm dem teuren Manne, dem wir die Rettung unserer edelsten Güter verdanken und von dessen Wohltaten wir noch heute leben! Es ziemt uns wenig, über die Beschränktheit seiner Ansichten zu klagen ... es ziemt uns noch weniger, über seine Fehler ein herbes Urteil zu
fällen: diese Fehler haben uns mehr genutzt als die Tugenden von tausend

andern. Die Feinheit des Erasmus und die Milde des Melanchthon hätten
uns nimmer so weit gebracht wie manchmal die göttliche Brutalität des
Bruder Martin.«

Göttliche Brutalität könnte man ins Hebräische übersetzen als den
yetzer ha-ra, als den »bösen Trieb«, der jedoch von den Rabbinern als die
Triebkraft des Schaffens anerkannt wurde. Luthers Schriften über die Juden
in seinen letzten Jahren waren brutal, waren gehässig, hatten Giftsamen in
sich, die im europäischen Boden aufgingen und die in der Religion und in
der Politik ätzende Spuren hinterließen. Trotzdem müssen wir versuchen,
diese Schriften von Luther zu verstehen, auch in Verbindung mit seiner früheren, freundlichen Schrift über die Juden, aber besonders in Verbindung
mit dem ganzen Menschen, dem ganzen Theologen Martin Luther.

Man darf diese Worte nicht isolieren als bedauerliche Erzeugnisse der
Krankheit, des Alters, des Zorns und der Verdrießlichkeit der letzten Jahre,
als einen »unglückseligen Ausbruch der Verärgerung« (Carola Barth). Sie
waren ein Bestandteil seines Denkens von Anfang an – aber der *yetzer ha-
tov*, der »gute Trieb«, stand auch daneben. In der Kultur und in jedem Leben
bekämpfen sich diese Triebe, wie auch in jedem von uns: Durchschnitts-
mensch oder Genie. Luther war ein Genie, und der Weg zu ihm muß auch
durch seinen »bösen Trieb« gefunden werden, durch sein inneres Ringen
mit den entgegengesetzten Kräften, die sich gegenüberstanden.

Ricarda Huch schrieb: »Er war eine Persönlichkeit aus lebendiger Kraft,
die Spitze einer weiten Pyramide, die Krone eines festwurzelnden Stam-
mes. Daher kommt es, daß man ihn oft bäurisch, derb, primitiv genannt
hat . . . Geist zu sein und doch Chaos in sich zu haben, das ist eben das Geheimnis des Genies.«

Wir finden den Weg zu ihm durch dieses Chaos, und somit finden wir
auch den Weg zu uns selbst. Denn trotz allem, was ich aufzählen kann und
was auch Heinrich Heine als Erbschaft bejubelte (daß der Jude nicht aus der
deutschen Erbschaft herausgezwängt wird, bleibt Glaubensprinzip) – Sprache, Bibel, das individuelle Leben, Freiheit, Gottesliebe –, klopfe ich doch
immer an diese kleine, eiserne Tür der Luther-Festung: seine Stellung zum
Juden und zum Judentum. Diese Tür führt in die dunklen, feuchten, furchtbaren unterirdischen Gewölbe dieser großen Burg – aber vielleicht auch in
die Schatzkammer seines Denkens. Inwiefern erreichte Luther seine eigene
Identität, indem er sich dem Judentum entgegenstellte?

Was wollte Luther von den Juden? Was will er von mir, jetzt, in diesem
Moment der immer wieder erlebten Vergangenheit?

Das Gold glimmert in dieser Kammer. In jener Zeit der Juden-Unter-
drückung geschah doch etwas, das Selma Stern in einem Buch über Josel
von Rosheim beschrieb: »Es geschah zum ersten Male, daß eine Bewegung
von weltweiter Bedeutung den leidenschaftlichen Versuch machte, sich
dem Judentum zu nähern und zu verstehen, mit ihm zusammen das Geheimnis des gemeinsamen Urgrunds zu entdecken und von ihm geleitet
den verhüllten Sinn des geoffenbarten Wortes zu deuten. Indem die Refor-

matoren die ursprünglichen und unverfälschten Quellen ihrer Religion, die Bibel, neu entdeckten und in ihr alle Wissenschaft und alle Weisheit der Welt enthalten fanden, wurde ihnen auch der Jude zum Nachkommen der Patriarchen, der Propheten und der Könige, das jüdische Volk zu dem von allen Völkern auserwählten und ausgezeichneten, weil Gott ihm allein die Heilige Schrift anvertraut hatte.«

Hier kommen wir genau zur Luther-Schrift des Jahres 1523 »Daß Jesus Christus ein geborener Jude sei«. Richtig gesehen, ist dies eine Streitschrift gegen das Judentum. Luther mußte sich gegen die Anklage verteidigen, daß er judaisiere; er mußte sich gegen das Judentum identifizieren. Aber die »verborgene Agenda«, wie man heutzutage sagen würde, ist doch die Hinwendung zu den Juden. Und die Juden hörten etwas Neues im Titel: Daß man das schönste Wort des Christentums mit dem verpönten Namen »Jude« zusammenbrachte, bedeutete schon etwas.

Die Juden brauchten keine Bestätigung, daß die hebräische Bibel ihnen gehörte; aber in einer Welt, die immer versuchte, ihnen dies abzusprechen, öffnete diese Bejahung Luthers eine Tür zwischen ihm und den Juden. Auch hörte man sein Verständnis für das Leiden des jüdischen Mitmenschen in diesem Moment. Dies war echtes Mitleid und kein berechnetes Manöver: Ein Christ sprach zum Juden im Bereich der Menschlichkeit. Die theologischen Grundlagen waren zu verschieden, und die Tür mußte sich wieder schließen. Aber etwas Dialogisches geschah doch in jener Zeit, und wir müssen versuchen, es zu ergreifen, um den Luther von damals und die Identität des Juden und Christen zu verstehen.

Auf dem Reichstag in Nürnberg brachte der Erzherzog Ferdinand von Oesterreich die Anklage vor, daß Luther lehre, Christus sei Abrahams Same, und deshalb die Jungfrauengeburt leugne so wie auch die volle Göttlichkeit und Menschlichkeit Christi. Luthers Antwort war die Schrift »Daß Jesus Christus ein geborener Jude sei«. Schon in der Einleitung wird die Anklage mit Verachtung abgelehnt: »Es ist aber so ein arm barmhertzige lugen, das ich sye veracht, nicht wollte drauff anttworten ... weyl ich aber um anderer willen muss dyser lugen anttworten, hab ich gedacht, daneben auch etwas nutzlichs tzu schreyben ... Darum will ich aus der schrifft ertzelen die ursach, die mich bewegen, tzu glauben, das Christus eyn Jude sey von eyner jungfrawen geborn, ob ich vielleicht auch der Juden ettliche mocht tzum Christen glauben reytzen ...«

»Aus der schrifft ertzelen« ist ein Grundwort seines Glaubens. Gott lebt in der Schrift, spricht ihn an, Gott, der Vater Jesu Christi. Das ist ganz klar und einfach für Luther. Aber auch die Juden leben in der Schrift, wie Luther sagt: »sso hat er doch keynem volck die heyligen schrifft, das ist das gesetz und die Propheten befohlen denn den Juden ...« Und so kommt es zur großen Frage für Luther: »Wie könnt ihr nicht glauben wie ich, wenn es doch so klar ist, daß der Christus hier zu finden ist?« Er hat keinen Zweifel, daß die Ursachen, die ihn zum Glauben bewegen, auch Juden zum Glauben bringen können. Zwischen ihm und den Juden steht der Bau der Kirche, steht die

Verfolgung, stehen andere Denkarten, anderes Leben. Hier aber kommt ein
revolutionäres Neues, wie uns Martin Stöhr auf musterhafte Weise zeigt:
»Luther nimmt die Juden heraus aus der mittelalterlichen kirchlichen Sondergesetzgebung, die zugleich ihre gesellschaftliche und bürgerliche Sonderstellung – durchweg eine Deklassierung – bedingte. Das Modell einer
neuen Rechtsordnung zwischen Juden und Christen auf dem gemeinsamen
Boden der Heiligen Schrift wird, noch völlig ungesichert, wenigstens einen
Augenblick sichtbar.«

Die Stimme wird gehört. Holländische Juden schicken diese Schrift zu
den gepeinigten Brüdern in Spanien, so daß sie lesen können, wie Luther
ihre Peiniger angreift: »Denn sie haben mit den Jüden gehandelt als weren
es hunde und nicht menschen, haben nichts mehr kund thun denn sie
schelten und yhr gut nehmen, wenn man sie getaufft hat . . .«

Selbst wenn man dieses Argument als ein Bruchstück der innerchristlichen Auseinandersetzung sieht (Brosseder), kann man hier den Bruder hören, der nicht nur auf demselben Boden der Heiligen Schrift steht, sondern
auch den anderen als Mitmenschen anspricht. Und es wäre unverzeihlich,
Luthers humanen Versuch der Mission nur als geschickte Taktik zu bezeichnen. Hier sind seine Worte: »Ich hoff, wenn man mit den Jüden freuntlich handelt und aus der heyligen schrifft sie seuberlich unterweysset, es
sollten yhr viel rechte Christen werden und widder tzu yhrer vetter, der
Propheten und patriarchen glauben tretten, davon sie nur weytter geschreckt werden, wenn man yhr ding furtwirfft und sso gar nichts wil seyn
lassen und handelt nur mit hochmut und verachtung gegen sie. Wenn die
Apostel, die auch Jüden waren, also hetten mit uns heyden gehandelt, wie
wyr heyden mit den Jüden, es were nie keyn Christen unter den heyden
worden. Haben sie denn mit uns heyden so bruderlich gehandelt, so sollen
wyr widderumb bruderlich mit den Jüden handeln, ob wyr etlich bekeren
mochten, denn wir sind auch selb noch nicht alle hynan, schweyg denn hyn
uber . . .«

Luther versucht hier, den Weg in die neue Zeit, eine Zeit, die Juden nicht
mehr zwingt, Papst, Kirche und unverständliche neue Lehre anzunehmen,
sondern, befreit vom Zwang, sie zur Schrift Gottes zurückkehren läßt. Wir
sind Brüder in der Bibel, sagt Martin Luther zu den Juden. Kehrt zurück
zum Glauben der Propheten und Patriarchen, und wir werden euch mit
Liebe empfangen. Und was er nicht verstehen kann und will, ist ein Verständnis der Schrift, in dem die Patriarchen und Propheten nicht an Jesus
glauben. So wie Luther es sah, mußte der neue Glanz der alten Schrift jetzt
alles überwinden: die »Bepste, Bischoff, Sophisten und Munche, die groben
esels kopffe«, aber auch die Blindheit der Juden. In diesem Moment der
Hoffnung öffnete er sich den Juden, aber nicht dem Judentum. Denn die jüdische Exegese der Schrift darf nicht angenommen werden, auch wenn er
selbst – wie sie – Schrift mit Schrift erklärt und aus der Hebräischen Bibel
seine Beweise nimmt. Er weiß nämlich, daß es für ihn einen Ausweg gibt,
wenn jüdische Exegese z.B. behauptet, daß »Alma« in Jes 7,14 nicht »Jung-

frau« bedeutet. Er schreibt: »Hye ist bey den Christen leycht geantworttet aus S. Matheus und Lucas, die alle beyde den spruch Jsaia auff Mariam furen und verdolmetischen das Wort ›Alma‹ ›jungfraw‹. Wilchen mehr tzu glewben ist denn aller welt, schweyg den wenn den Juden. Und ob eyn engel von hymel spreche, es hieß nicht eyn jungfraw, sollten wyrs dennoch nicht gleuben. Denn Gott der heylige geyst durch S. Matheus und Lucas redet, wilchen wyr gewissz da fur halten, er verstehe die Ebreische sprache und wort wol.«

Jedoch zu dieser Zeit ist Luther bereit, den Juden »Yhn anders begegnen«, da er noch immer in der großen Hoffnung auf die kommende Zeit des Wortes lebt. Was auch seine Umwelt sagt, Luther hat die Juden nicht außerhalb der Menschheit gestellt. Das theologische überwindet das politische Bild: Das Heil gilt für jeden, und Christi Sterben ist die ungesühnte Schuld aller Menschen am Tode dieses Messias und König Israels (so M. Stöhr). So schließt Luther diese Schrift: »Gott gebe uns allen seyne Gnade, Amen.«

Die Tür fiel wieder ins Schloß. Luthers wahre Menschlichkeit gegenüber den Juden wurde nicht auf die Probe gestellt, denn ein richtiger Verkehr zwischen ihm und den Juden existierte nicht. In Luthers Welt lebte der Jude weiter in einer Sonderstellung, die einen Dialog unmöglich machte. Später, im Bann seiner früheren Aussagen, appellierten die Juden an Luther (durch Josel von Rosheim) und wurden abgewiesen. Im Glauben war es anders. Da existierten die Juden – aber als Gegenfiguren. Martin Luther hatte in aller Ehrlichkeit Gottes Gnade für alle erbeten, zu einer Zeit, wo er in der sicheren Festung eines Glaubens stand, Gottes Offenbarung vollständig verstand und die Vergangenheit und Zukunft in einer dynamischen Struktur sah, die keine Alternative anerkannte. Die Juden hatten ihren festen Platz in der Vergangenheit und brauchten nur Abrahams Glauben an Jesus anzuerkennen, um ihren Weg in die christliche Gegenwart und Zukunft zu finden. Sie weigerten sich. Wenn jemand gegen Gottes Wahrheit kämpft, so kann das nur der Teufel sein. Diese Erkenntnis kommt zu dem Glaubenstreuen in dunklen Stunden der Verzweiflung, nachdem die goldene Zeit der Hoffnung die Zukunft doch nicht erobert hat. Wie konnte das Evangelium, wie Luther es verstehen mußte, nicht alle zu sich bringen? Warum weigerten sich die Juden immer noch? Und Bruder Martin wirft sein Tintenfaß nach den Juden; er schreibt »Von den Juden und ihren Lügen« (1543).

Eleonore Sterling versucht, dies aus der ganzen Struktur des christlichen Glaubens zu erklären: »Die Ursachen sind aber auch in der engeren Auslegung des Evangeliums zu suchen, die ebenso auf psychische wie soziale Wurzeln zurückzuführen wären. Man könnte fast eine allgemeine Regel aufstellen, daß überall da, wo christlicher Glaube nicht mehr von Hoffnung getragen wird, wo er sich eng und unfrei nur noch auf Vergangenes stützt, die Juden zum Opfer werden. Wo keine Hoffnung auf die Wiederkunft des christlichen Messias mehr besteht oder wo diese in unerreichte Ferne gerückt ist, bleibt fast alle christliche Religiosität beim Kreuzestod Jesu stehen, müssen Blut und Leid, statt Hoffnung und Freude, den Glauben bestimmen. Das erste Opfer dieses Blutglaubens sind dann die Juden als die ›an allem Schuldtragenden‹.«

So konnte man es im Christentum der Zeit sehen, so konnte es auch Martin Luther sehen, selbst wenn er sich nicht zu dieser Position stellte. Es konnte seiner Humanität ja nicht entgehen, wie man die Juden innerhalb der Christenheit behandelte. Durfte dies geschehen?

»Wenn man sich vor den Juden so fürchtete, lag dies vielleicht in der nicht eingestandenen Erkenntnis, daß all das, was man ihnen antat, eine Sünde war. Denn tatsächlich waren die Juden, wenn man, wie Luther es wünschte, das Evangelium wirklich las, ›Volk Gottes‹ und ›Blutsverwandte Christi‹. Fürchtete man vielleicht, daß der Judenmord eine Nachvollstrekkung der Kreuzigung des Gottessohnes sei? Der Ausweg aus dem Dilemma war, die Opfer mit dem Fluch Gottes zu beladen, den man selber fürchtete. Der Juden Glaube wurde verteufelt, die eigene Bosheit auf sie projiziert. Die letzte Konsequenz war dann, daß die Juden, als Zeugen der Schuld, verbannt oder völlig vernichtet wurden« (Johannes Brosseder).

So konnte ein innerer Kampf mit dem Teufel aus diesen Schriften hervorlodern – in einer Zeit der Hoffnungslosigkeit. Dies begründet auch Luther im »Schem Hamphoras«, wo er erklärt, daß er nicht zu den Juden sprechen will, sondern von den Juden und ihren Lügen, so daß die Deutschen »auch wissen möchten, was ein Jüde sei, unser Christen fur jhnen, als fur den Teuffels selbst, zu warnen, unsern glauben zu stercken und zu ehren, nicht die Jüden bekeren, welchs eben so möglich ist, als den Teuffel zu bekeren ... Denn ein Jüde oder jüdisch hertz ist so stock, stein, eisen, Teuffel hartt ... das mit keiner weise zu bewegen ist ... etwas menschlichs jnn jhnen, dem mag solch schreiben zu nutz und gut kommen. Vom gantzen hauffen mag hoffen, wer da will. Ich habe da keine hoffnung.«

Die unterirdischen Gewölbe des Lutherhaus verdunkeln sich jetzt. Einst führte uns das Licht der Hoffnung zur Schatzkammer, wo Liebe, Verständnis und Mitmenschlichkeit ihren goldenen Glanz verbreiteten. Das Licht ist ausgelöscht worden. Luther hat keine Hoffnung für den Juden. Er kämpft mit dem Teufel. Aber dann hat er auch keine Hoffnung für die Menschheit. In seinen früheren Schriften erkannte Luther die ungesühnte Schuld aller Menschen am Kreuz – und die Gnade, die zu allen kommt, die aufgehobene Schuld, die durch Christi Sterben da ist.

Jetzt wird alles eingeschränkt, enger, kleiner. Die Schuld der Menschen wird auf die Juden gewälzt, sie werden aus der Menschheit ausgeschlossen, sind jetzt Gegenspieler, Teufel. Und so verbietet Luther dem Christen selbst die Mitmenschlichkeit. Luther spricht deshalb nur zu den Christen, schließt die Juden aus, will nur *von* ihnen reden und warnt die Christen, sich für die Juden einzusetzen, die Schuld der Juden in sich hineinzunehmen. Die Juden sind der Zweifel, der falsche Glaube, die Verstocktheit, das Böse, Stock, Stein, Teuffel, hartt. Ja, aber existiert das nicht in jedem Menschen, auch im Bruder Martin? Kämpft er nicht auch mit sich selbst in diesem Ringen mit dem Teufel? Zweifelt er nie? Ist er sich immer sicher? Und plötzlich kommt man zu der Erkenntnis, daß auch diese Schrift eine Selbstverteidigung ist, daß er sich wieder, wie damals, gegen das Judentum identifizieren will. »Von den Juden und ihren Lügen« ist ein Schlußkapitel in der Entwicklung eines Menschen, das gerade deshalb nicht im Porträt übermalt werden darf (daß die vierbändige Ausgabe von Luthers Werken diese Schrift ausläßt, mag gute Gründe haben, die aber hier wegfallen).

Die Gründe der Schrift sind dreifach: Erstens soll der Glaube der Christen gestärkt werden. Bibelzitate werden benutzt, um zu zeigen, daß Christus gekommen ist und Gottes Wort Wahrheit ist, gesagt »zu ehren und stercke unsers Glaubens und zur schande dem verstockten unglauben der verblendten, halsstarrigen Jüden«.

Die Beweise werden in der Schrift gefunden, wo einst Luther die Juden als Volk Gottes erkannte. Aber jetzt werden die Juden aus der Schrift ausgewiesen. »Wir Christen gleuben recht ... wir Christen haben die Schrift besser.« Der jüdische Glaube, das heißt Unglaube, und die jüdischen Deutungen der Bibel sind ja die »Lügen«, welche Luther angreift. Jüdisches Leben und Lehre wird hier Rebellion gegen Gott, wird Sünde, von der man sich fernhalten muß.

Dies führt zum zweiten Zweck der Schrift, man darf nicht mitschuldig sein an der Schuld der Juden: »Wir haben zuvor eigener sunde gnug auff uns noch vom Bapsttum her, thun teglich viel dazu mit allerley undanckbarkeit und verachtung seines wortes und aller seiner gnaden, das nicht not ist, auch diese frembden, schendliche laster der jüden auff uns zu laden ...«

Es zeigt doch die Größe Martin Luthers, daß dies nicht einfach eine Streitschrift ist und daß er im Angriff auf die anderen seinen Unterricht an die Christen nicht vergißt. Aber dann kommt eben das Unerklärliche. Das Vertrauen in sich selbst, zur Schrift, zum Wort der Wahrheit genügt nicht mehr. Der Prophet der früheren Zeit ist jetzt ein alter Mann, der die Obrigkeit zur Hilfe anruft. Und da kommen wir in die dunkelste Kammer des Lutherhaus: Es ist die Folterkammer, wie sie Luther in seinem »trewen rat« an Christen und Obrigkeit einrichtet.

Da will ich nicht lange verweilen. Ich kenne die Geräte, ja habe sie am eigenen Leben gespürt. »Erstlich, das man ihre Synagoga oder Schule mit feur anstecke ...« Als kleiner Knabe, in Berlin, in der Kristallnacht, hab ich das gut gesehen, hab's nie verstanden. Hier sagt mir Bruder Martin: »und solches soll man thun, unserm Herrn und der Christenheit zu ehren, damit Gott sehe, das wir Christen seien.« Da bleib ich »stock, stein, eisen, hartt, Teuffel ... Jude«. Ich besichtige das nächste Gerät: »Zum anderen, das man auch jhre Heuser des gleichen zerbreche und zerstöre ... sie in ein Stall tun wie die Zigeuner.« Diesen Weg bin ich auch gegangen, zusammen mit den Sinti, meinen Leidensbrüdern ... Hier ist anderes: »Wegk mit den Gebetbüchern, mit den Rabbinern«, »nehme jhnen all barschafft und kleinot ...« Aber schon habe ich die Tür zur Folterkammer geschlossen und will sie nicht mehr öffnen. Oben in der Burg gibt es die schönen Gesellschaftsräume, die Bibliothek, die Kapelle, wo meine Freunde den Humanisten, Poeten, Prediger und Familienvater besuchen. Was tue ich hier im tiefsten Keller, in der Folterkammer, die ich zu gut kenne? Sollten vielleicht nicht die anderen ...

Aber schon höre ich wieder Luthers dunkle Selbstverteidigung, gegen mich gerichtet, gegen meine »Lügen«, das heißt meinen Glauben, und ich bleibe. Ob er mir auch alles absprechen will in dieser Schrift: die Erzväter, Propheten und Könige, den Bund der Beschneidung, das Gesetz, das Land, Jerusalem und den Tempel – so höre ich doch eine tiefe Verzweiflung, eine Selbstverletzung in diesen Vorschlägen einer »scharffen Barmhertzigkeit«, die ihn am Ende in dieselben Verfolger einreihen, die er vor zwanzig Jahren gebrandmarkt hatte als: jene, die Gottes Volk behandelten, als wären es Hunde. Jetzt will er mir nicht mehr seinen Glauben zeigen und aus der gemeinsamen Schrift erzählen. Er hat die Schrift angegriffen, indem er den Juden davon abgesondert hat. Und er will das Wort nicht mehr verkündigen, weil Juden doch innerhalb einer Christenheit leben und die Verkündigung schon längst hätten. Deshalb kann er mich der christlichen Obrigkeit preisgeben, die mich verbrennen kann – und er kann mich der göttlichen Obrigkeit geben, die mich auch als »verdampt« in die Hölle schickt. Unter Theologen gesehen, heißt das die Rechtfertigungslehre. Diese Lehre, sagt uns der Theologe Brosseder, führte zu Luthers »scharfer Barmherzigkeit«: »Dies wird deutlich, wenn noch einmal die der Rechtfertigungslehre zugrunde liegende menschlich-religiöse Frage und religiöse Erfahrung in den Blick genommen wird. Es war die Frage nach Sünde und Heil, nach Glaubensgerechtigkeit und Werkgerechtigkeit und die Erfahrung der eigenen Sündigkeit und der Angst vor der Majestät und dem Gericht Gottes.«

Man könnte da den Paulus gegenübersetzen mit seiner Rechtfertigungsverkündigung, der doch sorgfältig Versöhnungsaussagen mit hineinbaut. Aber ohne die Spur weiter zu verfolgen, finde ich doch, daß der Theologe und der Mensch Luther beide müde sind, beide bereit sind, den Obrigkeiten im Himmel und auf der Erde die Juden zu überantworten. Im Alter stellte sich Luther der Obrigkeit, und er opferte einen Teil seiner Mitmenschlichkeit.

So sitzen wir uns gegenüber, da im dunklen Keller, und Bruder Martin kann mich gar nicht sehen. Was er sieht, ist eine Zerrfigur, eine höllische Maske. Und das tut mir weh. Nur vier Tage vor seinem Tod, in seiner letzten Predigt, zeigte er seine Furcht: »Und wenn sie uns könnten alle töten, so täten sie es gerne und tun's auch oft, sonderlich die sich für Ärzte ausgeben ... denn der Teufel hilft's doch zuletzt versiegeln.«

»Bekehre dich und ich will gerne vergeben ... sonst kann ich dich nicht dulden oder leiden«, sagt er zur Gegnerfigur, die er nicht mehr verstehen kann.

Ach, Martin, so kann ich's nicht machen und will es nicht machen. Hier, im Dunklen, will ich nicht Abschied nehmen. Wir müssen nach oben gehen, wo du mich wieder als einen des Volkes Gottes erkennen kannst. Wir

müssen in deiner Bibliothek sitzen, so daß ich mich an deinen großen Bibelarbeiten ergötzen und dir manchmal leise sagen kann, daß diese und jene
Idee von dem jüdischen Gelehrten Raschi kommt, obgleich du es vom Nikolaus von Lyra gelernt hast. Und wir müssen zusammen unser gemeinsames Leid betrachten. Sind wir doch alle so fern von Gott, sind wir doch alle
so nah zueinander.

Es ist nicht lange her, da besuchte ich ein Grab in Atlanta. Der neben mir
stand, lehnte sich auf meinen Arm. »Endlich frei!« hieß es auf dem Grab-
stein, und der Vater weinte. »Hier stehe ich, Martin Luther King, am Grabe
meines Sohnes, Martin Luther King«, sagte er zu mir. »Weißt du, wer ich
bin? Ich bin Abraham. Und da liegt der Isaak.«

Und da dachte ich an die Schrift »Daß Jesus Christus ein geborener Jude
sei« und an den festen Boden der Hebräischen Bibel, auf welchem die Christenheit besteht. Bruder Martin von Eisleben, du hast diesen Boden für das
Christentum gerettet, auch wenn ich mit dir kämpfen muß, um meinen eigenen Platz zu behalten. Wir sind beide Kinder Abrahams und haben so
viele Reichtümer als gemeinsames Erbtum in unser Leben hineingenommen, daß jeder Gedanke und jedes Wort eine Verbindung zwischen uns
herstellt. Wir haben gemeinsam gelitten, auch in jüngster Zeit. Wir haben
gemeinsame Hoffnungen für die Endzeit. Aber um eins muß ich dich bitten
im Moment des Abschieds, weil ich weiß, daß dunkle und hoffnungslose
Zeiten immer wieder kommen: Verschließ die Folterkammer! Laß sie nie
wieder öffnen! Und lehre deine Nachkommen, daß es Zeiten gibt, wo die
Mitmenschlichkeit die Dogmen besiegen muß. Denn wir sind Menschen
und dürfen uns nicht Gottes Strafgericht aneignen. Wir sind Menschen und
können einander lieben. Und möge Gott uns schützen und zusammenführ-
ren, jetzt und für alle Zeit.

Antwort an Albert Friedlander

Den Versuch einer Antwort auf Albert Friedlanders Beitrag zu Luther
»Martin Luther und wir Juden« hat *Jürgen Seim* entworfen; ihm schließen
sich an
Eberhard Bethge
Bertold Klappert
Heinz Kremers
L. Siegele-Wenschkewitz

Das Gespräch zwischen Christen und Juden ist nach fast 2000 Jahre
währendem Aneinandervorbeireden nicht leicht zu führen. In der abgelau-
fenen Zeit waren es insbesondere die als Träger der Staatsreligion oder auf

andre Weise privilegierten Christen, die, indem sie auf die jüdischen Partner einredeten, an ihnen vorbeiredeten und ihnen jedenfalls nur im Ausnahmefall zuhörten. Welche kriminellen Folgen das hatte, nämlich zuletzt
Auschwitz, braucht nicht ausgeführt zu werden – jeder, der es wissen will,
weiß es.

Das Gespräch zwischen Christen und Juden ist aber nach Auschwitz aufgenommen worden, dank der Gesprächsbereitschaft jüdischer Partner. An
Gesprächsstoff ist kein Mangel, eher schon an der Möglichkeit, den Stoff
mit seiner jahrhundertealten Geschichte aufzuarbeiten.

Das Gespräch zwischen Christen und Juden steht für die Partner von beiden Seiten unter einem unsagbar starken Legitimationsdruck. Es gibt auf
beiden Seiten Vorbehalte, in das Gespräch einzutreten. Das ist kein Wunder, denn die jüdische Seite hat durch Jahrhunderte tödliche Verletzungen
erlitten; die christliche Seite hat in unserem Jahrhundert die Kränkung erfahren, daß ihr innerster Glaube zu äußerstem Haß und Mord führte. Darum gelingt teilweise der Versuch, die Partner des Gesprächs zu isolieren, die
wiederum mitunter verzweifelt versuchen, jeweils die eigne Seite insgesamt in das Gespräch einzubeziehen, weil wir es Gott schulden und der
Menschheit damit einen Dienst erweisen können.

Albert Friedlander hat einen Antwort heischenden Gesprächsbeitrag
eingebracht, als er nach 500 Jahren das Gespräch mit dem Bruder Martin
Luther aufnahm. Es wäre gut, wenn einer von uns evangelischen Christen
jetzt die Fähigkeit und Freiheit hätte, dem Bruder Martin die Stimme zu
leihen.

Albert Friedlander hat den Bruder Martin studiert. Er hat ihn wahrgenommen in einer festen Burg, an deren kleine, eiserne Tür er klopft. Da
kommt er in die dunklen, feuchten, furchtbaren unterirdischen Gewölbe
dieser Burg; da ist eine Schatzkammer, in der das Gold glimmert; doch es
gibt auch die Folterkammer mit den Geräten des Pogroms und der Vernichtung, die Albert Friedlander am eignen Leib gespürt hat; den Abschied von
Martin möchte er lieber in dessen Bibliothek nehmen, vertieft in seine Bibelarbeiten, die so vieles dem jüdischen Gelehrten Raschi verdanken.

Albert Friedlander hat das Gespräch mit uns an einer Stelle aufgenommen, wo wir es kaum erwarten konnten: Bei Martin Luther, bei dem der
christliche Glaube am christlichsten und zugleich die Absage an den jüdischen Glaubens-Zwilling am heftigsten ist. Er bezieht sich auf Luthers
Schriften von 1523 »Daß Jesus Christus ein geborener Jude sei« und von
1543 »Von den Juden und ihren Lügen«. Er erkennt, daß nicht nur die späte
eine antijüdische Schmähschrift ist, sondern auch die frühere »eine Streitschrift gegen das Judentum«. Gleichwohl hat die frühere Schrift bei den
zeitgenössischen Juden Hoffnungen auf einen gesprächsbereiten christlichen Partner geweckt, der Luther dann allerdings nicht geworden ist, aber
Friedlander spürt der vergangenen Hoffnung nach, um sie für heute zu aktivieren. Er stößt auf ein Grundwort christlichen Glaubens, das lautet: »Aus
der schrifft ertzelen«. In der Schrift, sieht Friedlander, findet Luther seinen

Gott, den Vater Jesu Christi; »aber auch die Juden leben in der Schrift«.
»Wir sind Brüder'in der Bibel«, faßt er Luthers Meinung in jener Schrift zusammen. Zwar, dahinter steht die Überzeugung, daß jeder Jude, angeleitet
eben von der Bibel, Jesus als Messias anerkennen und also die eigne Schrift-
erklärung preisgeben soll; so fällt die Tür ins Schloß, die Juden werden für
den von Luther artikulierten christlichen Glauben zu »Gegenfiguren«, an
denen der Christ seine Identität ermittelt. Aber Friedlander hält fest, daß
Luthers Leidenschaft für die Schrift Ausgangspunkt für ein Glaubensge-
spräch werden könnte, ja, er hält Luther und damit uns bei der Schrift fest,
damit wir zusammen hören, was Gott uns vielleicht immer noch zu sagen
hat. »Wir sind Brüder in der Bibel«, das soll gelten, ich denke: weil wir beide,
Christen und Juden, die Bibel nicht beherrschen, sondern uns von ihr führen lassen, solange wir es mit ihr ernst meinen.

Albert Friedlander hat wahrgenommen, daß Luther die christliche Hoffnung aufgab und darum auch den jüdischen Partner preisgab, »denn ein Jüde oder jüdisch hertz ist so stock, stein, eisen, Teuffel hartt ... das mit keiner weise zu bewegen ist ... Ich habe da keine hoffnung.« Aber Friedlander
sieht, Luther »hat die Schrift angegriffen, indem er den Juden davon abgesondert hat«, und das kann er beim Gespräch »im dunklen Keller« der festen Burg einem »Bruder in der Bibel« nicht zugeben. Darum, »Martin, so
kann ich's nicht machen ... Hier, im Dunkeln, will ich nicht Abschied nehmen ... Bruder Martin von Eisleben, du hast diesen Boden (der Hebräischen Bibel) für das Christentum gerettet, auch wenn ich mit dir kämpfen
muß, um meinen eigenen Platz zu behalten. Wir sind beide Kinder Abrahams ... Wir haben gemeinsam gelitten ... Wir haben gemeinsame Hoffnungen für die Endzeit. Aber um eins muß ich dich bitten ...: Verschließ die
Folterkammer!«

Martin Luther könnte darauf antworten:

Ach, Albert Friedlander, daß du mich Bruder nennst nach 500 schrecklichen Jahren, das treibt mir die Scham ins Herz. Bruder Albert, du hast mich
aus der Hoffnungslosigkeit gerufen, in die ich mich eingeschlossen hatte.
Der teuflische Gestank aus den Verbrennungsöfen von Auschwitz, der zum
Himmel stinkt, ist mir ins Gewissen gezogen. Jetzt weiß ich, nicht in dir
steckt der Teufel, sondern in mir; mich hat er geritten, daß ich ein Feuer gelegt habe, das zu löschen mir die Kraft fehlte. Dem Teufel ich gefangen lag,
im Tod war ich verloren, mein Sünd mich quälte Nacht und Tag, darin ich
war geboren. Ich fiel auch immer tiefer drein, es war kein Guts am Leben
mein, die Sünd hat mich besessen. Mit ist die schöne Gewißheit der Rechtfertigung mißraten in die Aburteilung deiner Brüder. Ach, Bruder Albert,
es tut gut, daß du an meine eiserne Tür klopfst und mir das Wort gönnst; es
tut gut, daß du, was ich glauben und sagen wollte, aufnimmst und mir nach
allem zusagst: »Wir sind Brüder in der Bibel.« Laß mich mit dir in der Schrift

suchen; laß mich mit dir auch von deinen Lehrmeistern lernen; erzähle du
mir aus der Schrift, daß ich endlich im Gesetz das Evangelium finde, das du
darin längst kennst: Mach mich mit deinem Abraham, deinem Mose, deinem Hiob bekannt, daß ich besser lerne, wie Glauben und Hoffen, Tun und
Leiden, Bekennen und Schweigen zusammengehören. Du sagst, es gebe
Zeiten, »wo die Mitmenschlichkeit die Dogmen besiegen muß«. Ich er-
schrecke, daß ich dir die Gottes-Sätze offenbar so gesagt habe, daß sie dir
unmenschlich vorkommen mußten; ich möchte nach 500 Jahren versuchen, sie so auszusprechen, daß die Dogmen meine Unmenschlichkeit besiegen. Die Dogmen sagen mir: Gott ist da für uns, Jesus ist sein vollmächti-
ger Sprecher, und der Heilige Geist macht mir Gott und seinen Sprecher
gegenwärtig. Das höre ich und glaube ich, darum sage ich: Gott der Vater,
Jesus Christus, Heilig Geist, der wohn bei uns und laß uns nicht verderben,
mach uns aller Sünden frei und helf uns selig sterben. Ach, Bruder Albert,
ich bin auf so bange Weise froh und dankbar für deine Anrede. Willst du es
wirklich auf dich nehmen, mir noch einmal gegenüberzusitzen und mit mir
zu reden? Ich möchte es wohl, und mein Herr Jesus Christus will es gewiß.
Gott gebe uns allen seyne Gnade, Amen.

Günther van Norden

Schuld oder Mitschuld von Christen?
Erwägungen zur siebten Bonner These

Das Bekenntnis zur Schuld oder Mitschuld an der mörderischen Judenverfolgung und das Entsetzen über das Geschehen sollten den Blick für klare theologische Erkenntnisse und Distinktionen nicht verwirren, wie es in der Handreichung geschieht.

Das Bekenntnis zur Schuld und Mitschuld sollte auch nicht die nationalsozialistische Ideologie und deren Verbrechen als christliche oder von Christen als solchen begangen oder verschuldet mißinterpretieren. Die nationalsozialistische Ideologie war ebenso offen unchristlich und antichristlich wie antijüdisch.

Beim ersten oberflächlichen Lesen kann man, so vermute ich, den beiden Absätzen zustimmen.

Der erste Satz sagt scheinbar eine Selbstverständlichkeit aus. Es ist eine Grundbedingung wissenschaftlichen Arbeitens, daß Erkenntnisse und Unterscheidungen nicht durch Bekenntnisse und Entscheidungen verwirrt werden dürfen. Sie sollen, so scheint es, lupenrein »aus der Sache« erwachsen, dürfen nicht gefärbt oder geprägt sein durch unsere »subjektiven« Schuldeinsichten, Vor-Urteile, Prämissen, Interessen, Umfelder, Sozialisationsbedingtheiten. Selbstverständlich sollen unsere Interpretationen alter Texte »quellengemäß« sein und nicht »schuldgemäß« – dies ist eine Binsenweisheit der Geschichtswissenschaft. Ranke wollte die Geschichte so schreiben, »wie sie *wirklich* gewesen ist«.

Aber mit dieser Erinnerung an den Historismus wird die scheinbar so selbstverständliche Grundbedingung schon fraglich. Denn wo kommt der »Blick für klare theologische Erkenntnisse«, den die Bonner verlangen, her? Gibt es in der Theologie einen »objektiven« Blick? Mindestens seit den Einsichten und Aussagen der Frankfurter Schule wissen wir, daß erkenntnisleitende Interessen die Forschung mitprägen und die Blickrichtung mitbestimmen. Die Geschichte der Theologie und der Kirchenspaltungen zeigt wohl auch, daß klare theologische Erkenntnisse und Unterscheidungen des 3. und 4. Jahrhunderts andere sind als die des 19. Jahrhunderts und diese wiederum andere als die nach dem 1. Weltkrieg, und diese wiederum können andere sein als die nach Auschwitz. Dies ist legitim und mindert nicht im geringsten den Wert der Wissenschaft. Denn die Wissenschaft ist immer auch abhängig von Menschen und Zeiten, von ihren Betroffenheiten und ihren Sozialisationsbedingtheiten, von dem gesamten Ensemble gesellschaftlicher Verhältnisse, das sie umgibt und prägt. Wollte sie diese Bezüge leugnen, so erläge sie der Gefahr eines inhumanen Perfektionismus.

Das Problem, um das es hier geht, ist der *Grad* der Abhängigkeit theologischer Aussagen von Zeitereignissen. Wenn bestimmten Zeiten, bestimmten geschichtlichen Ereignissen die Qualität zugemessen wird, daß sich in ihnen Gott in besonderer, erkennbarer Weise offenbare, dann erhalten diese Zeiten bzw. diese Zeitereignisse eine Würde und Prägekraft, die die theologischen Aussagen total bestimmen. Eine breite christliche Tradition von den Anfängen bis zu den Deutschen Christen und darüber hinaus hat historische Vorgänge immer wieder metahistorisch interpretiert und ihnen einen vielleicht sogar heilsgeschichtlichen Sinn zugewiesen: Vom Sieg Constantins über Maxentius im Jahre 312, der von Gott verheißen schien (– hoc signo vinces –), über die Siege und Schlachten des Ersten Weltkrieges, in denen deutsche Theologen den Ruf Gottes an die Deutschen hörten, ihre gottgewollte Sendung zu erfüllen, bis zur Machtergreifung der Nationalsozialisten 1933, in der viele eine Offenbarung durch den gottgesandten Führer erkannten, zieht sich diese Linie theologischer Geschichtsdeutung, diese Neigung der natürlichen Religiosität, Geschichte metahistorisch zu deuten. Hier haben in der Tat Zeitereignisse theologische Erkenntnisse und Distinktionen oft verwirrt.

Die Barmer Erklärung hat eindeutig die Offenbarungsqualität geschichtlicher Vorgänge verneint. Es ist absurd, daß eine Rheinische Synode dies vergessen haben könnte. Vielmehr bleibt richtig, was der Bonner Theologe Martin Honecker feststellt: »Geschichtliche Vorgänge als solche sind nicht das Medium der Offenbarung Gottes«[1]. Aber: Auch wenn sie dies nicht sind, wenn sie keinen Offenbarungscharakter haben, so haben doch geschichtliche Ereignisse seit je her Herausforderungscharakter.

Gerade eine reformatorische Theologie wird dies nicht leugnen: Das Entsetzen über den Verfall des Papsttums im 15. und 16. Jahrhundert hat den Blick für neue klare theologische Erkenntnisse und Distinktionen geschärft. Auch dies wird deutlich bis heute: Die Schlachten und Siege des Ersten Weltkriegs, die den einen als Offenbarung ihres Gottes erschienen, waren den anderen die Herausforderung, zu neuen Aussagen einer dialektischen Theologie zu kommen. Und wenn den einen die Machtübernahme der Nationalsozialisten eine Offenbarung Gottes war, so war sie den anderen Herausforderung zu neuen »bekennenden« Antworten.

Auch die Bonner Universitätstheologen werden nicht behaupten, es gäbe die ein für allemal vom Himmel gefallene Theologie bzw. den absolut richtigen Blick für zeitlos gültige theologische Erkenntnisse und Distinktionen – und das wäre der ihre von heute. Trotzdem beschwören sie in ihrem ersten Satz diesen »Blick . . .«, weil sie offenbar befürchten, daß ein Zeitereignis – die »mörderische Judenverfolgung und das Entsetzen« darüber – ihn verwirren könnte. Ihre Sorge wäre berechtigt, wenn der Rheinische

---

1 *M.Honecker*, Ein gemeinsames Glaubensbekenntnis für Christen und Juden? Einige vorläufige Bemerkungen, KuD 3, 1981, S.213.

Synodalbeschluß der »falschen Lehre« verfallen wäre, die Kirche könne als Quelle ihrer Verkündigung außer und neben dem einen Worte Gottes auch noch dieses Zeitereignis als Gottes Offenbarung anerkennen (vgl. Barmer Erklärung, Satz 1). Eberhard Bethge hat diese Befürchtung oder Vermutung bereits zurückgewiesen und dabei die »hermeneutische Funktion« historischer Ereignisse herausgestellt[2]. In dieser Sicht, geschichtliche Vorgänge als Herausforderungen zu erkennen, ist der Grad der Abhängigkeit geringer: da die Ereignisse nicht die Offenbarungsqualität besitzen, bestimmen sie nicht total die wissenschaftlich-theologischen Aussagen, sondern sie sind Anlaß zu neuen Fragen an die Überlieferung, so wie etwa Martin Luther oder Johannes Calvin, Karl Barth oder Dietrich Bonhoeffer – herausgefordert u.a. durch Zeitereignisse – neue Fragen an die alte Überlieferung gestellt haben. Sicher kann der herausfordernde Anlaß von einer so zwingenden Kraft sein, daß die Versuchung besteht, bisher Gültiges einfach über Bord zu werfen, weil es nicht mehr paßt. Eine Warnung vor solcher Versuchung wäre verständlich. Denn der Herausforderungscharakter geschichtlicher Vorgänge darf nicht so übermächtig werden, daß die subjektive Betroffenheit einzelner Menschen davon, ihre individuellen Bekenntnisse und Entscheidungen, *der* Maßstab ihrer wissenschaftlichen Erkenntnisse und Unterscheidungen wird. Das ist die Selbstverständlichkeit, von der wir oben sprachen. Meinen die Bonner diese?

Ich denke, daß die Entwicklung theologischer Erkenntnisse nur in der permanenten kritischen (und sicher auch pneumatischen) intersubjektiven Kommunikation der Theologen geschehen kann, die sich von ihren unterschiedlichen historischen und anderen Bedingungen und subjektiven Betroffenheiten her um (neue) Antworten aus den historischen, überlieferten Texten der »Heiligen Schrift« bemühen. Aus einer solchen (brüderlichen) Auseinandersetzung (unter dem Wort) kann eine (neue) theologische Aussage entstehen, die für längere oder kürzere Zeit Verbindlichkeitscharakter beanspruchen darf. Brosseder spricht von der »Offenheit der Dogmen nach vorne«. Wenn es dabei um eine solche zentrale Lehre geht, wie es die Christologien des solus Christus für das Christentum bedeuten, dann kann man nur mit äußerster Vorsicht operieren, d.h. die Herausforderung der Geschichte, die möglicherweise zu neuen Einsichten führen kann, ebensowenig abblocken wie die Ehrfurcht vor den überlieferten Aussagen der Väter. Ob es in einem solchen theologischen Gespräch gut ist, den einen das »theologische Irrenhaus«[3], den anderen den »verwirrten« Blick zuzuweisen, kann bezweifelt werden, obwohl es seit jeher Praxis ist.

2 *E.Bethge*, Der Holocaust als Wendepunkt, in: B.Klappert und H.Starck (Hrsg.), Umkehr und Erneuerung. Erläuterungen zum Synodalbeschluß der Rheinischen Landessynode 1980 »Zur Erneuerung des Verhältnisses von Christen und Juden«, 1980, S.98. Vgl. hiermit *E.Gräßer*, Zwei Heilswege?, in: P.G. Müller und W. Stenger (Hrsg.), Kontinuität und Einheit. Für Franz Mußner, 1981, S.411ff., bes. 413–419.
3 *Peter von der Osten-Sacken* meint, daß angesichts des theologischen Pluralismus hinsichtlich »der« Christologie die Deklarierung, »die Juden rückten erst dann in den Horizont der Er-

Ich kann mich in die theologische Problematik der Auseinandersetzung über den Synodalbeschluß nicht hineinbegeben, weil ich mir dies nicht zutraue; beide Seiten haben offenbar kompetente Sachwalter. Aber da, wo Theologen von Geschichte reden – und dies geschieht im zweiten Absatz der 7. Bonner These – möchte ich einige Erwägungen zu bedenken geben.

Der zweite und der dritte Satz sagen scheinbar wieder – wie der erste – beim ersten Lesen Selbstverständlichkeiten aus. Die nationalsozialistische Ideologie ist keine christliche Ideologie; sie ist vielmehr eine unchristliche, antichristliche und antijüdische. Ihre Verbrechen sind weder christliche Verbrechen noch von Christen »als solchen« begangen oder verschuldet.

Die Beweise liegen auf der Hand: Von der frühen Äußerung Hitlers zu Hermann Rauschning, daß er das Christentum in Deutschland »mit allen seinen Wurzeln und Fasern ... ausrotten« wolle[4], bis zur Erklärung Bormanns 1941, daß nationalsozialistische und christliche Auffassungen unvereinbar seien[5], lassen sich Texte finden, die eine solche antichristliche Einstellung bestätigen. Es ist dies wohl auch logisch, wenn man den Totalitätsanspruch des Nationalsozialismus beachtet, der keinerlei Freiräume, auch nicht im Menschen selbst, und selbstverständlich keine Lehre dulden konnte, die – wie er – Anspruch auf den Menschen erhob. Man muß »Gott mehr gehorchen als den Menschen« ist ein christliches Gebot, das dem Nationalsozialismus diametral widersprach. Und so war es wiederum nur folgerichtig, daß Christen verfolgt wurden, die sich dem Totalitätsanspruch des Regimes widersetzten, daß sie wie die Juden in Konzentrationslagern und Gefängnissen dem Verbrechen nationalsozialistischer Schergen ausgesetzt waren. Wir denken an Friedrich Weißler, Alfred Delp, Bernhard Letterhaus, Dietrich Bonhoeffer, Helmut Hesse, Paul Schneider und manche andere. Diese Verbrechen waren natürlich keine christlichen Verbrechen – so wie im Mittelalter die grausame Verfolgung von Ketzern unmittelbar »christliches« Verbrechen war.

Aber so richtig dies ist – daß auch christliche Verkündigung und christliches Handeln unter der Verfolgung des Nationalsozialismus stand –, so fragwürdig ist doch zugleich, daß hier in der 7. These zu einfach, zu pauschal, ohne klare historische Distinktionen gesprochen wird.

Das Bekenntnis zur Schuld und Mitschuld sollte – so sagen die Bonner Theologen – *auch* nicht die nationalsozialistische *Ideologie* mißinterpretieren. Das »auch« bezieht sich vermutlich auf den ersten Satz, wo es um theologische Erkenntnisse und ihre Verwirrungen ging; jetzt geht es um historische Erkenntnisse, die offenbar »auch« unter der Verwirrung leiden, daß das Bekenntnis von Schuld und Mitschuld zum Maßstab erhoben wird und somit die Sache, das objektiv historisch Gegebene, so wie es angeblich

lösung, wenn sie Jesus als Erlöser für sich annehmen«, den Eindruck erwecke, »man lebe in einem theologischen Irrenhaus«, in: LMH 18, 1979, S.654. Vgl. zum Problem »Zwei Heilswege?« E.Gräßer mit gleichnamigem Aufsatz, a.a.O., bes. S.423–428.
4 *H.Rauschning*, Gespräche mit Hitler, 4. Aufl. o.J., S.50.
5 *J.Beckmann* (Hrsg.), Kirchliches Jahrbuch 1933–1944, ²1976, S.450.

wirklich war, aus dem Blick gerät. Hier gilt zunächst dasselbe, was ich schon oben sagte: die Abhängigkeit von Subjekt und Objekt, von Bekenntnis und Erkenntnis, von Entscheidung und Unterscheidung, die in der intersubjektiven Kommunikation zu einer immerhin relativen Objektivität führt, darf nicht vergessen werden. Darüber hinaus ergeben sich verschiedene Fragen. Drei Problemkreise:

1. Kann man nach dem gegenwärtigen Forschungsstand überhaupt von *der* nationalsozialistischen Ideologie sprechen? Wenn man das tut, setzt man voraus, daß es eine von bestimmten nachprüfbaren Prämissen her begründete, logisch aufgebaute, präzise Lehre, ein stringentes Orientierungssystem des Nationalsozialismus gäbe. Mir scheint, daß es angemessener wäre, von einem nationalsozialistischen Weltanschauungs-Konglomerat zu sprechen.

2. Trifft die gleichsetzende Behauptung im dritten Satz, die nationalsozialistische »Ideologie« sei »ebenso offen unchristlich und antichristlich wie antijüdisch« gewesen, wirklich die historische Realität? Daß die Beifügung im vorhergehenden zweiten Satz – »(Ideologie) *und deren Verbrechen*« – hier im dritten Satz fehlt, zeigt, daß die Verfasser von einer Gleichsetzung (antichristlich wie antijüdisch) im »Verbrechen« absehen, sie lediglich für die »Ideologie« behaupten. Mit anderen Worten: Sie sagen nicht, daß auch die nationalsozialistischen Verbrechen sich gleichermaßen gegen Christen wie Juden gewandt hätten. Dies ist eine Differenzierung, die die Verfasser eigentlich deutlicher hätten zum Ausdruck bringen müssen, denn immerhin sind es die Verbrechen des Holocaust, um die es geht, und nicht die irrationalen Verblasenheiten des NS-Weltanschauungs-Konglomerats.

Aber davon abgesehen, ist auch die Behauptung, die »Ideologie« sei ebenso antichristlich wie antijüdisch, fragwürdig. Denn wenn man den nationalsozialistischen Weltanschauungsbrei auf seine unchristlichen und antichristlichen Bezüge hin untersucht, wird man feststellen, daß es hier drei Varianten bzw. Strömungen gab:
   a) eine faschistische Variante,
   b) eine pragmatisch-opportunistisch-taktische Variante,
   c) eine antichristliche Variante.
   a) Es gab in der NSDAP eine zahlenmäßig nicht geringe Gruppe, die, wie die faschistische Bewegung in Italien und Spanien, christliche Elemente mit in ihre Weltanschauung aufnahm, die eine Synthese von Nationalsozialismus und Christentum für möglich und notwendig hielt. Für sie war der 24. Punkt des Parteiprogramms, nach dem die Partei »den Standpunkt eines positiven Christentums« vertritt, eine grundlegende Aussage über das unveränderliche religiöse Fundament der Bewegung. Zu dieser Gruppe gehörten viele der frühen Funktionäre der Partei, die aus christlichen Traditionen kamen, wie Hans Schemm (1933 bayerischer Kultusminister: »Unsere Religion heißt Christus, unsere Politik heißt Deutschland«[6],

---

6 *A.Läpple*, Kirche und Nationalsozialismus in Deutschland und Österreich. Fakten, Dokumente, Analysen, 1980, S.73.

† 1935), Erich Koch (1933 Gauleiter und Oberpräsident von Ostpreußen, kam aus dem CVJM Wuppertals und hat sich bis 1936 als »bewußter Christ« für die Belange der Kirche eingesetzt[7]; er ist 1959 wegen seiner Verbrechen als [seit 1941] Reichskommissar für die Ukraine zum Tode verurteilt worden und lebt heute in einem polnischen Gefängnis), Dr. Rudolf Buttmann (1933 Ministerialdirektor und Leiter der kulturpolitischen Abteilung im Reichsinnenministerium, 1935 wegen seiner Ablehnung der NS-Kirchenpolitik aus eigenem Wunsch ausgeschieden[8], † 1947). Auch Reichsinnenminister Dr. Wilhelm Frick zeigte in den ersten Jahren der NS-Herrschaft eine betont kirchenfreundliche Haltung[9].

Als sich im Verlaufe des Kirchenkampfes herausstellte, daß innerhalb der Evangelischen Kirche die Bekennende Kirche sich den Deutschen Christen widersetzte und also von da her eine Synthese von Christentum und Nationalsozialismus bestritten wurde, als sich zeigte, daß diese Kirche sich nicht gleichschalten ließ, da setzte Hitler für die weitere Behandlung des Falles immer noch nicht auf die antichristliche Gruppe, sondern ausgerechnet auf *den* alten Parteigenossen, der mit der Kirche zusammenarbeiten wollte: 1935 wurde Hans Kerrl Kirchenminister. Er erklärte – und dies war nun *seine* nationalsozialistische Weltanschauung –,

»der Führer wolle das positive Christentum schützen; daran müsse festgehalten werden. Es sei auch s.E. erforderlich, die staatsbejahenden und von dem Nationalsozialismus durchdrungenen Kräfte der christlichen Konfessionen zu erfassen und dem kirchlichen Leben zu erhalten. Nur so könne auch die Kirche vom Nationalsozialismus durchdrungen werden . . .«. Es sei »unhaltbar, daß es innerhalb der Bewegung einen offiziellen Standpunkt (Art. 24 des Parteiprogramms) und einen inoffiziellen Standpunkt (Rosenbergsche Richtung) zum Christentum gäbe. Erforderlich sei seines Erachtens die Ausmerzung des inoffiziellen Standpunktes«[10].

Kerrl hielt an der Synthese von Nationalsozialismus und Christentum fest. Er erklärte:

»Ich kenne die Lehre Jesu und bekenne mich zu ihr als evangelischer Christ. Ich bekenne aber gleichzeitig, daß mir die wahre Lehre Christi erst im nationalsozialistischen Kampf aufge-

---

7   *M.Koschorke* (Hrsg.), Geschichte der Bekennenden Kirche in Ostpreußen 1933–1945: Allein das Wort hat's getan, 1976, S.34 et passim.
8   Dokumente zur Kirchenpolitik des Dritten Reiches, Bd.1: Das Jahr 1933. Bearbeitet von *C.Nicolaisen,* 1971, S.146. Auch *K.Meier,* Die Religionspolitik der NSDAP zur Zeit der Weimarer Republik, in: Zur Geschichte des Kirchenkampfes. Gesammelte Aufsätze II, 1971, S.18f.
9   Aus seinem Runderlaß vom 26.9.1933: »Es ist zu hoffen, daß der Geist sittlicher und religiöser Erneuerung, den der Sieg der nationalsozialistischen Revolution in so überwältigendem Maße in unserem Volke erweckt hat, die deutschen Beamten, so weit sie sich von der Kirche abgewendet haben, zu ihrem besseren Selbst und damit zur Kirche zurückführen wird . . .«; Dokumente, a.a.O., S.134f. Es wäre falsch, solche Äußerungen lediglich als taktische Propagandaformeln erklären zu wollen.
10   So zitiert bei *L.Wenschkewitz,* Zur Geschichte des Reichskirchenministeriums und seines Ministers, in: Tutzinger Texte, Sonderband I: Kirche und Nationalsozialismus. Zur Geschichte des Kirchenkampfes, 1969, S.200.

gangen ist, denn da habe ich erlebt, was es heißt: der Glaube kann Berge versetzen. Weil wir den Glauben hatten, haben wir erreicht, was wir erreicht haben. Nicht weil wir redeten, sondern weil wir positives Christentum lebten, hörte Deutschland auf uns. Die Liebe dem Nächsten gegenüber setzten wir in die Tat um, als praktische Liebe am Nächsten, den Gott uns gegeben hat, dem Volksgenossen der deutschen Nation«[11].

Nun kann man fragen: Was hat dieser Synkretismus mit Christentum zu tun? Immerhin hat Kerrl eine Reihe zeitgenössischer Theologen und theologisierender Schriftsteller studiert und ist von ihnen geprägt worden: Theodor Ellwein, Hans Schomerus, Emanuel Hirsch, Rudolf Thiel und vor allem Helmuth Kittel, dessen Buch »Religion als Geschichtsmacht« (1938) ihn tief beeindruckt hat[12], und immerhin war sein Rückhalt in der Evangelischen Kirche von den Deutschen Christen über die Mitte bis in die Bekennende Kirche hinein beträchtlich. Daß er dennoch scheiterte, lag zum einen an dem hinhaltenden Widerstand des radikalen Flügels der Bekennenden Kirche, der das »Staatskirchentum« Kerrls ablehnen mußte, vor allem aber an der wachsenden Stärke der antikirchlichen Kräfte um Himmler und Bormann.

b) Neben dieser Gruppierung gab es die andere, die Kirchenfragen und speziell den Fragen des christlichen Glaubens ohne Interesse gegenüberstand und die taktischen Überlegungen den Vorzug gab. Sicher kann man sagen, daß Adolf Hitler selbst in diesem Punkte zu einem pragmatischen Opportunismus neigte, zumal die »Ideologie« ihn hier nicht festlegte[13].

11 Ebd., S.202.
12 Auf diesen Zusammenhang hat *L. Siegele-Wenschkewitz* bereits 1971 in ihrem Aufsatz: Politische Versuche einer Ordnung der DEK 1937–1939, in: Zur Geschichte des Kirchenkampfes, Gesammelte Aufsätze II, a.a.O., S.127ff., hingewiesen. Von ähnlicher Bedeutung für die Herausbildung der Kerrlschen Weltanschauung ist das literarische Werk *Rudolf Thiels* gewesen, dessen zweibändige Lutherbiographie seit 1933/35 bis 1945 in vielen Auflagen erschienen ist (zuletzt 1952 bei Neff, Wien-Berlin-Stuttgart). Auf Anregung Kerrls versuchte sich Thiel auch in der Leben-Jesu-Forschung, aus der 1938 das Buch mit dem Titel »Drei Markus-Evangelien« entstand (Arbeiten zur Kirchengeschichte, Bd. 26, de Gruyter). Eine populäre Form legte Thiel mit dem Werk »Jesus Christus und die Wissenschaft« vor (Neff, Berlin 1938), das er Reichsminister Hanns Kerrl widmete, »der mir die Anregung und die Zeit zu diesem Werke gab« (S.5). Kerrl schrieb hierzu das Nachwort, in dem er darauf hinwies, mit welch »starker innerer Anteilnahme« er das Buch gelesen hätte, und in dem er die Ansätze seiner Weltanschauung entwickelte (S.366–372). Diese Urheberschaft ist über den großen literarischen Erfolgen Thiels bis in die 60er Jahre vergessen worden und bis heute von der Forschung unbeachtet geblieben. Sicherlich soll man die Rolle von Hanns Kerrl als Reichsminister nicht überschätzen, aber immerhin ist er ein Prototyp jener *faschistischen Komponente des Nationalsozialismus*, die bis in die »neutralen« Mitte-Gruppierungen des deutschen Protestantismus Widerhall fand und die auch – trotz oder wegen der Plakatierung *des* Nationalsozialismus als Faschismus – noch nicht genügend analysiert worden ist. Kerrls weitere Überlegungen führten 1939 zu einer Denkschrift »Weltanschauung und Religion«, die er »dem Führer zum 50. Geburtstag in Ehrerbietung« widmete (zit. nach *L. Wenschkewitz*, Zur Geschichte des Reichskirchenministeriums, a.a.O., S.204), und Ende 1939 zu dem Buch »Weltanschauung und Religion – Nationalsozialismus und Christentum«, dessen Erscheinen von der antichristlichen Gruppe um Heß, Bormann und Rosenberg verhindert wurde.
13 Vgl. *E.Jäckel*, Hitlers Weltanschauung. Entwurf einer Herrschaft, 1969, S.106, und *K.Meier*, a.a.O., S.10f.

Diese taktische Neutralität findet sich in »Mein Kampf« an vielen Stellen, z.B.:

»Dem politischen Führer haben religiöse Lehren und Einrichtungen seines Volkes immer unantastbar zu sein, sonst darf er nicht Politiker sein, sondern soll Reformator werden, wenn er das Zeug hierzu besitzt! Eine andere Haltung würde vor allem in Deutschland zu einer Katastrophe führen«[14].

Daraus ergab sich, daß Hitler mit aller Schärfe gegen jene »Völkischen« polemisierte, deren Kampf gegen die Katholische Kirche und ihren Ultramontanismus zu der »gegenseitigen Bekämpfung von Katholizismus und Protestantismus« geführt hätte[15]. Die Folge sei gewesen: Der »Todfeind der arischen Menschheit und des gesamten Christentums lacht sich ins Fäustchen«[16]. »Gerade der völkisch Eingestellte hätte die heilige Verpflichtung, jeder in seiner eigenen Konfession dafür zu sorgen, daß man nicht nur immer äußerlich von Gottes Willen redet, sondern auch tatsächlich Gottes Willen erfülle«[17] – und das sei der gemeinsame Kampf »gegen den Zerstörer der arischen Menschheit«[18]. Weil die Völkischen die Gemeinschaft der Nation dadurch zerstörten, daß sie die »beiden Konfessionen in einen gegenseitigen erbitterten Krieg« hineintrieben[19], seien sie schlimmere Feinde des Volkes als die Kommunisten. Darum müsse die Führung der NS-Bewegung »die Propagandisten einer solchen Absicht augenblicklich aus den Reihen« der Partei entfernen[20]. Bis 1923 sei das gelungen. »Es konnte in den Reihen unserer Bewegung der gläubigste Protestant neben dem gläubigsten Katholiken sitzen, ohne je in den geringsten Gewissenskonflikt mit seiner religiösen Überzeugung geraten zu müssen«[21]. Es ist also ganz deutlich, daß Hitler eine unchristliche oder antichristliche Einstellung der Partei zurückwies, weil sie den Kampf gegen das Judentum behinderte. So handelte er auch. Die Trennung von Ludendorff 1925 erfolgte auch deswegen, weil Hitler seine neu zugelassene Partei nicht mit dem Antiklerikalismus des Ludendorff-Kreises diskreditieren wollte. Auch die Trennung von dem »alten Kämpfer« und thüringischen Gauleiter Arthur Dinter 1927 geschah aus ähnlichen Gründen[22]. Diese Linie setzte sich nach 1930 verstärkt fort, als die Nationalsozialisten begannen, im Zuge ihrer legalen Machtergrei-

14 A.Hitler, Mein Kampf, 1939, S.127.
15 Ebd., S.629.
16 Ebd.
17 Ebd., S.630.
18 Ebd., S.632.
19 Ebd., S.631.
20 Ebd., S.632.
21 Ebd.
22 Dinter hatte eine »Deutsche Volkskirche« gegründet, in der die »reine Lehre Jesu im Gegensatz zu ihrer jüdisch-paulinischen Verfälschung durch die beiden heutigen judenchristlichen Kirchen in ihrer ursprünglich arisch-heldischen Reinheit« verkündet werden sollte. Zit. in: K.Meier, a.a.O., S.14.

fungstaktik immer intensiver die gesellschaftlich mächtigen Gruppen und Institutionen zu umwerben; dazu gehörten auch die Kirchen[23]. Der Artikel 24 vom positiven Christentum der Partei wurde immer deutlicher als die Basis des Nationalsozialismus dargestellt. In der Regierungserklärung vom 1. Februar 1933 hieß es dann, daß die neue nationale Regierung »das Christentum als Basis unserer gesamten Moral« in ihren festen Schutz nehmen werde[24]; sie schloß mit der Gebetsformel: »Möge der allmächtige Gott unsere Arbeit in seine Gnade nehmen, unseren Willen recht gestalten, unsere Einsicht segnen und uns mit dem Vertrauen unseres Volkes beglücken. Denn wir wollen nicht kämpfen für uns, sondern für Deutschland«[25].

Auch wenn man weiß, daß Hitler mit seiner Führungsgruppe diesen kirchenfreundlichen Kurs aus taktischen Erwägungen betrieb, kann man nicht bestreiten, daß die »Ideologie« – in diesem Punkte vage – die Möglichkeit dazu bot. Sie war keinesfalls, wie die Bonner Theologen sagen, »offen unchristlich und antichristlich«, vielmehr in ihren veröffentlichten Darstellungen eher verschleiert prochristlich.

c) Lediglich die dritte Gruppe um Rosenberg, Himmler, Heydrich und Bormann war »offen unchristlich und antichristlich«. »Der Mythus des 20. Jahrhunderts« war dafür ein Beleg und die Betrauung Rosenbergs mit der Überwachung der gesamten geistigen und weltanschaulichen Schulung und Erziehung der NSDAP und der ihr gleichgeschalteten Verbände am 24. Januar 1934 ein gefährliches Indiz dafür, daß diese Gruppe in der Partei an Boden gewann. Man muß aber sehen, daß der Kampf um Kompetenzen innerhalb der nationalsozialistischen Hierarchie nicht einfach und schnell zugunsten dieser Gruppe entschieden wurde.

Erst mit ihrer allmählichen Machtübernahme nach dem Scheitern des Kerrlschen Experiments 1937 wurde das NS-Weltanschauungs-Konglomerat von offen antichristlichen Positionen durchsetzt.

Ergebnis: Das nationalsozialistische Weltanschauungs-Konglomerat war gerade hinsichtlich des Christentums keine stringente Ideologie, sondern für taktische Überlegungen offen, die den unterschiedlichen Varianten Raum geben konnten. Es gab von Anfang an eine offen antichristliche Gruppe, die eine Art »Neuheidentum« propagierte, und auch Hitler mit seiner Umgebung hat sicher im Laufe der Zeit, je mehr er selbst den totalitären Charakter der Bewegung realisierte und hier die Kirchen als die selbstverständlichen Gegner erkannte, eine geradezu haßerfüllte Feindschaft gegen die Kirchen entwickelt; er hat aber bis 1937 der antikirchlichen Gruppe so stark die Zügel angelegt, daß die faschistische Variante der Weltanschauung, die die Zusammenarbeit mit den Kirchen postulierte, ja sogar eine Synthese von Nationalsozialismus und Christentum bejahte, Raum behielt. Erst danach konnte sich allmählich die antichristliche Variante durchsetzen (1939 Warthegau), gewann immer eindeutiger Hitlers Zustimmung und blieb im »Reich« nur noch durch die Kriegssituation gehemmt.

23 Ebd., S.14f.
24 *G.van Norden*, Der deutsche Protestantismus im Jahr der nationalsozialistischen Machtergreifung, 1979, S.14.
25 Ebd.

Wenn wir nun die Frage stellen, ob ein ähnlicher Prozeß und ob analoge Differenzierungen auch für die antijüdische Position der NS-»Ideologie« nachzuweisen sind, dann wird der gravierende Unterschied deutlich. Der monomanische Judenhaß ist der Fixpunkt im nationalsozialistischen Weltanschauungsbrei, der von Anfang an bis zum Ende eindeutig und offen beherrschend war.

Das Dogma des Nationalsozialismus war das Dogma von Alljuda als der Weltpest[26], die Überzeugung, daß das internationale Judentum, sei es in der Form des proletarischen Bolschewismus oder des plutokratischen Kapitalismus, die edlen Menschenrassen vernichten will, um seine eigene Weltherrschaft zu errichten.

Dies war keine Erfindung des Nationalsozialismus, sondern in den frühen 20er Jahren Allgemeingut des Antisemitismus, mit seinen Wurzeln im 19. Jahrhundert. Hitler hat, wie seine antisemitischen Vorbilder, seinen Judenhaß historisch zu begründen versucht. In der ersten seiner Reden, die uns durch eine ausführliche Nachschrift erhalten ist, vom 13. August 1920 über das Thema »Warum wir gegen die Juden sind«[27], stützte er seine Behauptungen auf die Geschichten des Alten Testamentes, von dem er sagt, daß es kein »fürchterlicheres Anklagewerk«[28] gegen die jüdische Rasse gäbe. Das Judentum hätte hier »sehr freizügig« seine Auffassungen dargelegt: sein Verständnis von der Arbeit als Fluch (Gen 3,19) – statt wie die nordischen Rassen, also auch »unser Volk«, die Arbeit als sittliche Pflicht anzusehen, für andere zu wirken; seine völlige Unfähigkeit, Sitte und Moral als Werte zu erkennen – sonst hätte es nicht so »harmlos« dieses Werk schreiben können: seine Unmoral ist ihm »nicht ungeheuerlich«[29]. Ausführlich schildert Hitler unter dem Gelächter seiner Zuhörer, wie der Erz- und Stammvater der Juden, Abraham, seine Frau an den Pharao verkuppelt habe, wie gierig und geschäftstüchtig seine Nachkommen seien, wie sich die Juden nach Ägypten hineingedrängt hätten, wie die zehn Plagen über die Ägypter gekommen seien, bis sie sich schließlich befreiten etc. etc.

Man könnte meinen, daß das ganze Arsenal eines *anti*christlichen Antisemitismus hier ausgebreitet würde, weil Hitler in widerlicher Weise die Bibel verhöhnte, aber so war es nicht: Das Christentum blieb rein: So wie die Ägypter begriffen hätten, daß sie sich von dem ausbeuterischen Juden befreien müßten, um zu überleben, so wie die Sozialisten heute begriffen, daß »der« Jude den Sozialismus nur benutze, um die Arbeiter zu verskla-

---

26 *E.Jäckel*, a.a.O., S.75.
27 So bei *E.Jäckel*, a.a.O., S.63.
28 *R.H.Phelps*, Hitlers »grundlegende« Rede über den Antisemitismus, in: VfZ 16, 1968, S.403.
29 Ebd., S.406.
30 Ebd., S.408. Vgl. hierzu: *D.Eckart*, Der Bolschewismus von Moses bis Lenin. Zwiegespräch zwischen Adolf Hitler und mir, 1924. In diesem »Dialog« deutet Hitler unter Berufung auf Jes. 19, 2f und Ex. 12, 38 den Auszug der Juden aus Ägypten: es sei Mose gelungen, das ägyptische Pöbelvolk für sich zu gewinnen und gegen seine Oberschicht aufzuhetzen. Insofern sei Mose der erste Führer des Bolschewismus gewesen.

ven[30], so begriffe auch die »selbstverständliche Lehre« des Christentums
»allmählich«, daß es gezwungen sei, »gegen den Juden Front zu machen«[31],
der es einst benützt habe, »nicht um selber christlich zu werden, das konnte
er gar nicht«, sondern um das Römische Weltreich zu zerstören. Was hier
vorliegt, ist eher ein christlich verbrämter Antisemitismus, wie man ihn ja
auch bei Houston Stewart Chamberlain findet, der die Befreiung des AT
von allem Jüdischen forderte und dessen völkische Weltanschauung, ge-
paart mit seiner Ehrfurcht vor Jesus Christus »als der unvergleichlichsten
Erscheinung aller Zeiten«[32], dazu führte, daß er Jesus zum Arier erklärte.
Da Alljuda nach der Überzeugung der völkischen Antisemiten, zu denen
Hitler auch zählte, vor nichts zurückschreckt, die heiligsten Güter der
Menschheit vernichtet, die Liebe besudelt (»wenn nur 30 Silberlinge her-
auszubringen sind«[33]), die Familie zerstört und schließlich »zum letzten
greift«, zur Religion, darum muß es in Gottes Ratschluß liegen, daß diese
satanische Macht, die Verkörperung des Bösen schlechthin, den Widerstand der Edlen erfährt. So konnte Hitler schreiben:

»Siegt der Jude mit Hilfe seines marxistischen Glaubensbekenntnisses über die Völker dieser Welt, dann wird seine Krone der Totentanz der Menschheit sein, dann wird dieser Planet
wieder wie einst vor Jahrmillionen menschenleer durch den Äther ziehen« – der Jude scheint
sich also selbst zu vernichten oder er ist kein Mensch. »Die ewige Natur rächt unerbittlich die
Übertretung ihrer Gebote. So glaube ich heute im Sinne des allmächtigen Schöpfers zu handeln: *Indem ich mich des Juden erwehre, kämpfe ich für das Werk des Herrn*«[34].

Dieses missionarische Glaubensbekenntnis[35] war es, was das nationalsozialistische Weltanschauungs-Konglomerat zusammenband. Es war der
Fixpunkt im Wirrwarr des Irrationalen; es wurde von allen Nationalsozialisten – so unterschiedlich sie sonst sein mochten (von Rosenberg/Himmler
bis Kerrl/Frick) – »nachgebetet«. *Nicht Christenhaß, sondern Judenhaß bestimmte »offen« die »Ideologie«.*
Die These, daß die »nationalsozialistische Ideologie ... ebenso offen unchristlich und antichristlich wie antijüdisch« gewesen sei, stimmt nur auf
den ersten Blick. Sie läßt, so meine ich, einen Mangel an klaren historischen
Erkenntnissen und Distinktionen erkennen.
3.   Trifft die Forderung, das Bekenntnis zur Schuld und Mitschuld soll-
te die nationalsozialistischen Verbrechen nicht als »christliche oder von
Christen als solchen begangen oder verschuldet mißinterpretieren«, den
Kern des Problems?
Zunächst ist festzustellen, daß die Bonner Theologen das Bekenntnis zur
Schuld und Mitschuld nicht bestreiten. Sie stehen wie alle Christen in
Deutschland im »Bewußtsein der historischen Schuld an den Juden«

31 ˙ *R.H.Phelps*, a.a.O., S.408.
32   *G.van Norden*, Kirche in der Krise, 1963, S.28.
33   *R.H.Phelps*, a.a.O., S.414.
34   *Hitler*, a.a.O., S.69f.
35   Vgl. *E.Jäckel*, a.a.O., S.68.

(Präambel der Bonner Erwägungen). Von daher stellt sich die Frage, warum
sie dann behaupten, die Verbrechen seien *nicht* von »Christen als solchen«
»verschuldet«? Es geht doch niemandem um den Nachweis, daß Christen –
wie im Mittelalter als christliche Inquisitoren oder andere Ketzer- und He-
xenverfolger – aus ihrem christlichen Glauben heraus in Konzentrationslagern Juden ermordet hätten! Gegen einen solchen Vorwurf könnten und
müßten die Bonner Fakultätstheologen sich mit Recht wehren. Aber das
hat niemand behauptet.

Es geht vielmehr darum, »im Bewußtsein der historischen Schuld an den
Juden den Dialog mit dem Judentum zu suchen und zu fördern und das Verhältnis von Juden und Christen neu zu bestimmen« – dieses Anliegen be-
grüßen die Bonner selbst in der Präambel »vorbehaltlos«. Denn sie wissen
wie jeder, daß dieser Dialog nicht geführt werden kann ohne die Erkenntnis
der Wirkungsgeschichte einer jahrhundertealten christlichen Predigt. Diese jahrhundertealte christliche Predigt hat Auschwitz nicht verhindert, sie
hat vielmehr den Boden mitbereitet, auf dem die Saat der verbrecherischen
Haßtiraden der Nationalsozialisten aufgehen konnte. So wie Auschwitz
nicht einfach ein schlichter Betriebsunfall der deutschen Geschichte war, so
ist es auch nicht einfach ein zu verharmlosender Ausrutscher der Kirchengeschichte[36].

Auschwitz ist auch ein Problem der Kirchengeschichte und der Theologie, da es völlig unmöglich ist, daß es uns nicht herausfordert. Es muß uns
herausfordern, und es fordert uns heraus.

Natürlich wäre es viel zu platt zu behaupten, das Christentum habe den
Holocaust verschuldet, so als ob überall da, wo christliche Predigt geschehen ist, die Saat der Gewalt aufgegangen wäre. Es kommen viele Kompo-
nenten hinzu, daß gerade in Deutschland und in den von ihm besetzten Gebieten die Orgie von Haß sich in so widerlicher und maßloser Form ausge-
tobt hat. Wirtschaftliche, politische, weltanschauliche Gründe haben dazu
geführt, daß ausgerechnet in Deutschland die brutalste Form des Faschismus, nämlich der Nationalsozialismus, zur Macht kam.

Die christliche Predigt im Lande der Reformation hat davor nicht geschützt. Nun könnte man vielleicht sagen: sie war machtlos, sie hatte keinen Einfluß mehr. Mit Aufklärung, Säkularisation, Liberalismus, Sozialismus hatte das Christentum im 19. Jahrhundert ausgespielt; und der neue
nach der »Judenemanzipation« und Assimilierung aufkommende Rassenantisemitismus hatte mit dem alten christlichen Antijudaismus nichts zu
tun, denn er hatte ganz andere Ursachen.

Diese Argumentation übersieht die geradezu »unheimliche« Kontinuität der Verknüpfung von Mentalitäts- und Sozialstrukturen. 2000 Jahre
christliche, 400 Jahre reformatorische Predigt gegen die Juden als die Mörder des Herrn verliert nicht ihre Wirkung, wenn eine neue aufklärerische

---

36 Vgl. *J.B.Metz* u.a., Glaube und Widerstand nach Auschwitz, in: G.B.Ginzel (Hrsg.), Auschwitz als Herausforderung für Juden und Christen, 1980, S.176.

Bewegung zur politischen Emanzipation eben dieser Juden führt. Sicher haben gebildete Kreise des Adels und des Bürgertums, die den Fortschritt liebten und die Religion verachteten, die jüdische Assimilation ohne Vorbehalte begrüßt und gefördert. Als dann mehr oder weniger plötzlich in der 2. Hälfte des 19. Jahrhunderts ein neuer Antisemitismus entstand, der sich nicht religiös, sondern völkisch-rassisch begründete und wirtschaftlich-soziale Ursachen hatte, da waren es nicht in erster Linie jene der Religion entfremdeten adeligen und großbürgerlichen Kreise – auch nicht die beginnende proletarische Bewegung –, die diesen neuen Antisemitismus aufnahmen, sondern die Kreise des wirtschaftlich gefährdeten, nach wie vor kirchlich gebundenen, konservativen bäuerlichen und (klein-) bürgerlichen Mittelstandes[37]. Und auch jetzt wehrte die kirchliche Predigt nicht dem neu entflammenden Haß, sondern goß zuweilen noch Öl ins Feuer (Stöcker!). Eben diese Kontinuität von Mentalitäts- und Sozialstrukturen bereitete auch dem Nationalsozialismus den Weg.

Darüber hinaus ist wohl nicht zu leugnen, daß ein *Mit*verschulden »von Christen als solchen« an nationalsozialistischen Verbrechen vorliegt. Denn wo beginnt das Verbrechen?

War der Boykott jüdischer Geschäfte am 1. April 1933 ein Verbrechen? Es ist anzunehmen, daß nicht gerade kirchentreue Christen in SA-Uniform vor den Geschäften standen und die Inhaber terrorisierten. Aber das eigentliche Problem ist doch, daß Repräsentanten der Kirchen öffentlich nicht etwa diesen Pogrom verurteilten, sondern vielmehr im Ausland dafür um Verständnis warben; daß sie öffentlich im Rundfunk die ausländische Berichterstattung »Greuelpropaganda« nannten und »auf Ehre und Gewissen« erklärten, »daß Judenpogrome nicht erfolgt sind«[38].

Es waren nicht nur Deutsche Christen, die diesen ersten Ausbruch nationalsozialistischen Rassenhasses mit Verständnis begleiteten, sondern Christen »als solche«. Die Reformierte Kirchenzeitung wehrte sich Anfang April gegen die Nachrichten einer schottischen Zeitung mit den Worten:

»Obwohl bei uns keinem anständigen Juden ein Haar gekrümmt wird, redet die Nummer des Scots Observer vom 25. März von religiösen Verfolgungen, die tausende Juden zur Auswanderung gezwungen hätten, droht sogar mit einem Eingreifen des Völkerbundes und beklagt unnötiger- und nach deutschen Begriffen lächerlicherweise, daß Hitlers Politik mit ihrer Judenverfolgung ›die deutsche Kultur einer reichen Blume berauben wird‹. Zur Auswanderung werden nur die Ostjuden gezwungen, die sich ohne Erlaubnis in Scharen bei uns eingenistet haben, und freiwillig wandern nur solche Juden aus, die merken, daß sie in einem wieder anständig werdenden Deutschland keine Wirksamkeit mehr entfalten können, wie Emil Ludwig geb. Cohn, L. Feuchtwanger, Einstein und ähnliche«[39].

37 Vgl. zur Kontinuitätsproblematik des kirchlich gebundenen Kleinbürgertums: *K.H. Beeck*, Kleinbürger und Revolution. Harmagedon 1918, 1977.
38 *G. van Norden*, Der deutsche Protestantismus, a.a.O., S.323.
39 Ebd., S.325f.

Es geht überhaupt nicht darum, heute – nach Auschwitz – anzuklagen, sondern es geht um die Einsicht, daß eine große Mehrheit des deutschen Protestantismus, auch gerade des kirchlich gebundenen, bereit war, den Anfängen des Verbrechens mit gutem Gewissen zuzustimmen, weil sie es nicht als Verbrechen erkannte. Die enthüllende Sprache der Reformierten Kirchenzeitung war die Normalsprache damals, also auch die der Christen.

Die Aussage der Bonner, daß das Verbrechen nicht von Christen als solchen begangen oder verschuldet worden ist, lenkt vom eigentlichen Problem ab und ist in diesem Zusammenhang ebenso irrelevant wie bezeichnend.

War der Arierparagraph ein Verbrechen am deutschen Judentum? Das Problem ist ja auch hier wieder nicht das der direkten Täterschaft (der Verfasser des Gesetzestextes), sondern dieses, daß eine große Mehrheit der Christen damals dieses Gesetz nicht als ein Verbrechen erkannte, sondern als ein notwendiges legales und legitimes Regulativ gegen »jüdische Überfremdung«. Und von daher konnten sie zwar alle ihr Mitleid mit dem einzelnen betroffenen Juden deutlich äußern, aber sie konnten zugleich sagen: »Wir dürfen auch nicht weich werden«[40].

Ist diese Verweigerung von solidarischer Hilfe für die Verfolgten, ist die breite Zustimmung zum Arierparagraphen nicht Teilhabe, Mittäterschaft?

Keiner von denen, die sich damals äußerten, wollte etwa brutale Ausschreitungen gegen Juden, im Gegenteil: Walter Künneth erklärte, die Kirche habe gegen »gewaltsame Schädigung oder Unterdrückung der Juden ... schärfsten Einspruch zu erheben«[41], und Walter Michaelis, der Vorsitzende des Gnadauer Verbandes für Gemeinschaftspflege und Evangelisation, sprach von der Verpflichtung der Christen, »zu wachen und zu beten«, damit der Kampf »nicht die Menschlichkeit verleugne und dadurch eine Schuld auf unser Volk komme«[42]. Der Kampf als solcher aber war für diese gläubigen Christen »berechtigt«, und sie protestierten gegen Gewaltanwendung, um nicht das »Recht der Abwehr gegen Überfremdung« zu diskreditieren[43]! Schuldeinsicht war damals offenkundig weitgehend nicht

40 So G.Kittel in seiner Schrift »Die Judenfrage« (1933). Vgl. G.van Norden, Der deutsche Protestantismus, a.a.O., S.314 und 328–335. Zu G.Kittels Position: L.Siegele-Wenschkewitz, Gerhard Kittel und die Judenfrage, in: ZThK, Beiheft 4: Tübinger Theologie im 20. Jahrhundert, 1978, S.53–80; M.Rese, Antisemitismus und neutestamentliche Forschung, Anmerkungen zu dem Thema »Gerhard Kittel und die Judenfrage«, in: EvTh 39, 1979, S.557–570; L. Siegele-Wenschkewitz, Neutestamentliche Wissenschaft vor der Judenfrage. Gerhard Kittels theologische Arbeit im Wandel deutscher Geschichte, 1980; dies., Mitverantwortung und Schuld der Christen am Holocaust, in: EvTh 42, 1982, S.171–190, hier: S.175–182. Zum Gesamtkomplex: K.Meier, Kirche und Judentum. Die Haltung der evangelischen Kirche zur Judenpolitik des Dritten Reiches, 1968; E.Busch, Juden und Christen im Schatten des Dritten Reiches. Ansätze zu einer Kritik des Antisemitismus in der Zeit der Bekennenden Kirche, 1979; W.Gerlach, Zwischen Kreuz und Davidstern. Bekennende Kirche in ihrer Stellung zum Judentum im Dritten Reich, Diss. Theol., 1972.
41 G.van Norden, Der deutsche Protestantismus, a.a.O., S.315 und 341–351.
42 Ebd., S.315 und 336–338.
43 Ebd., S.315.

da – ein Ergebnis der Wirkungsgeschichte antijudaistischer Predigt und nationalistischer Tradition –, heute ist sie um so begründeter, weil wir wissen, wohin die Verstockung geführt hat. Sicher gab es auch in den Anfängen (1933) einige Christen, die warnten und widerstanden, vor allem liberale Protestanten und Religiöse Sozialisten, aber auch andere, wie Bonhoeffer, Bultmann, Sasse[44], jedoch blieb die Mehrheit da stehen, wo sie 1933 angekommen war: bei der Verkündigung des »lauteren« Evangeliums, beim unbefragten Gehorsam gegenüber der Obrigkeit, bei der deutlichen Abwehr des Judentums usw.

Je mehr sich in den folgenden Jahren das »Dritte Reich« als Terror-Regime entlarvte, je deutlicher der Totalitätsanspruch der nationalsozialistischen Weltanschauung sich gegen die Kirchen wandte, desto schärfer sahen sich diejenigen Christen von den Gewaltmaßnahmen des Staates betroffen, die aus einem neu verstandenen Wächteramt ihrer Kirchen heraus nicht mehr nur für die eigenen kirchlichen Belange stritten, sondern für Recht und Menschlichkeit im politischen Bereich[45]. Dies waren im Raum des deutschen Protestantismus einige Gruppen der Bekennenden Kirche, die auch erkannten, daß das Verbrechen gegen die Juden sie selbst betraf. Sie fanden sich teilweise mit den Juden in den Gefängnissen und Konzentrationslagern wieder. Und auch die Christen müssen genannt werden, die in unbekannter Zahl verfolgten Juden halfen. Selbstverständlich gab es – Gott sei Dank – hin und wieder eine Solidargemeinschaft von Verfolgten[46]. Aber es würde wiederum einen Mangel an historischer Distinktion zeigen, wenn man behauptete, Christen und Juden seien gleichermaßen den nationalsozialistischen Verbrechen ausgeliefert gewesen. *Juden als solche wurden hingemordet, nicht Christen als solche.*

Diese standen allzu häufig immer wieder an der Seite der Verfolger. Als die deutschen Juden nach den Synagogenbränden und den folgenden Terrormaßnahmen des Regimes im November 1938 sich in der immer auswegloseren Situation einer totalen Verfolgung befanden, da traten führende Repräsentanten der Deutschen Evangelischen Kirche – Bischöfe, Präsidenten, Oberkonsistorialräte, Professoren, Pfarrer – am 4. April 1939 mit einem Aufruf an die Öffentlichkeit, in dem sie nun auch ihrerseits die Verfolgung der Juden propagierten. Sie verkündeten laut, daß sie »in unwandelbarer Treue zu Führer und Volk« stünden, daß der »Kampf des Nationalsozialismus gegen jeden politischen Machtanspruch der Kirchen, sein Ringen um eine dem deutschen Volke artgemäße Weltanschauung« die Vollendung des Werkes Martin Luthers sei, daß mit dieser Einsicht »das wahre Verständnis des christlichen Glaubens wieder lebendig« geworden sei; und

---

44 Ebd., S.338f. (Hermann Mulert), S.339ff. (Rudolf Bultmann), S.351–356 (Dietrich Bonhoeffer).

45 Vgl. *G.van Norden*, Widerstand im deutschen Protestantismus, in: Ch.Kleßmann und F.Pingel (Hrsg.), Gegner des Nationalsozialismus, 1980.

46 Hierauf verweist *Günther Bernd Ginzel* in seinem Beitrag »Christen und Juden nach Auschwitz« zu Recht. In: Auschwitz als Herausforderung, a.a.O., S.251.

sie verkündeten: »Der christliche Glaube ist der unüberbrückbare religiöse
Gegensatz zum Judentum«[47]. Damit dies nicht nur Proklamation blieb, beschlossen sie die Gründung eines »Instituts zur Erforschung des jüdischen
Einflusses auf das kirchliche Leben des deutschen Volkes«[48], das am 6.
Mai 1939 feierlich auf der Wartburg eröffnet wurde. Junge Theologen konnten
hier ihre christliche Judenfeindschaft wissenschaftlich begründen. Als Motto stand über diesem »christlichen« Institut der Satz: »Die Entjudung von
Kirche und Christentum . . . ist die Voraussetzung für die Zukunft des Christentums«[49]!

Es waren Deutsche Christen und Christen der Mitte – Christen als solche? –, die hier der politischen Verfolgung kirchliche Weihe gaben.

Die der Bekennenden Kirche nahestehende Kirchenführerkonferenz un-
terschrieb den Aufruf vom 4.4.1939 nicht. Da aber Kirchenminister Kerrl
seine Synthese-Vorstellung retten und da er *eine* Evangelische Kirche im
nationalsozialistischen Staat wollte, in der »alle vereint bleiben sollen, die
an Christus glauben«[50], darum versuchte er, auch diese renitenten Kirchen-
führer zu gewinnen, indem er am 26. Mai 1939 neue Grundsätze vorschlug.
Der entsprechende Passus hieß jetzt:

> »Die nationalsozialistische Weltanschauung bekämpft mit aller Unerbittlichkeit den politi-
> schen und geistigen Einfluß der jüdischen Rasse auf unser völkisches Leben. Im Gehorsam ge-
> gen die göttliche Schöpfungsordnung bejaht die Evangelische Kirche die Verantwortung für
> die Reinerhaltung unseres Volkstums.
> Darüber hinaus gibt es im Bereich des Glaubens keinen schärferen Gegensatz als den zwi-
> schen der Botschaft Jesu Christi und der jüdischen Religion der Gesetzlichkeit und der politi-
> schen Messiashoffnung«[51].

Aber die Kirchenführerkonferenz konnte auch dieser Formulierung
nicht zustimmen. Sie schlug ihrerseits am 31. Mai 1939 – also fünf Jahre
nach Barmen – eine neue Formulierung vor:

> »Im Bereich des Glaubens besteht der scharfe Gegensatz zwischen der Botschaft Jesu Christi
> und seiner Apostel und der jüdischen Religion der Gesetzlichkeit und der politischen Messias-
> hoffnung, die auch schon im Alten Testament mit allem Nachdruck bekämpft ist.
> Im Bereich des völkischen Lebens ist eine ernste und verantwortungsbewußte Rassenpolitik
> zur Reinerhaltung unseres Volkes erforderlich«[52].

Dem Minister aber war diese Formulierung zu sanft, er bestand auf den
von ihm mitformulierten Grundsätzen, so daß ihnen schließlich auch drei

47   *J.Beckmann* (Hrsg.), Kirchliches Jahrbuch 1933–1945, a.a.O., S.286.
48   Ebd., S.288.
49   Ebd.
50   Ebd., S.271.
51   Ebd., S.291. Auch in diesen Sätzen wird die Wirkungsgeschichte ganz deutlich: die Wir-
     kungsgeschichte einer a-politischen Christologie (Bertold Klappert).
52   Ebd., S.292.

Landeskirchenführer aus dem Bereich der Bekennenden Kirche zustimmten.

Diese letztgenannten Texte sind sicher keine christlichen Verbrechen als solche, aber sie waren 1939 – als die deutschen Juden vor der Vernichtung standen – Beihilfe. Zwei Jahre später, in den Weihnachtstagen 1941, als die deutschen Christen die Geburt ihres jüdischen Heilands feierten, als die letzten noch lebenden Juden im Reich verpflichtet waren, einen großen gelben Judenstern auf ihrer Kleidung zu tragen, da erklärten sieben deutschchristliche Landeskirchenführer – und dem schloß sich die Deutsche Evangelische Kirchenkanzlei an – unter Berufung auf den Reformator Martin Luther:

>»Als Glieder der deutschen Volksgemeinschaft stehen die unterzeichneten deutschen Evangelischen Landeskirchen und Kirchenleiter in der Front dieses historischen Abwehrkampfes, der u.a. die Reichspolizeiverordnung über die Kennzeichnung der Juden als der geborenen Welt- und Reichsfeinde notwendig gemacht hat, wie schon Dr. Martin Luther nach bitteren Erfahrungen die Forderung erhob, schärfste Maßnahmen gegen die Juden zu ergreifen und sie aus deutschen Landen auszuweisen«[53].

Darum riefen sie ihren evangelischen Christen zu, daß »rassejüdische Christen« in ihren Kirchen »keinen Raum und kein Recht« mehr hätten. »Die unterzeichnenden deutschen Evangelischen Kirchen und Kirchenleiter haben deshalb jegliche Gemeinschaft mit Judenchristen aufgehoben«. Diese waren zum großen Teil auch schon in den Todeslagern.

Hier ist, so denke ich, die Grenze zum Verbrechen überschritten. Unser Bekenntnis zur Schuld und Mitschuld sollte nicht – so schreiben die Bonner – »die nationalsozialistische Ideologie und deren Verbrechen als christliche oder von Christen als solchen begangen oder verschuldet mißinterpretieren«. Die Verbrechen der Nazis sind die Verbrechen der Nazis. Aber sie sind auch ermöglicht worden durch eine jahrhundertealte Predigt von den Juden als den Mördern des Herrn, die unter dem Fluche Gottes stehen, eine Predigt, die mit den Boden bereitet hat für Judenhaß und Verfolgung. Christen haben diesem nicht widerstanden, sondern haben mitgemacht. Und Christen haben ihren genuin kirchlichen Beitrag noch zusätzlich geleistet, um diejenigen, die auf dem Weg zum Henker waren, auch noch der Gemeinschaft und des Trostes zu berauben.

Hier war Verstockung.

Die Bekennende Kirche kann sagen, daß sie hier nicht auf der Seite derer stand, die blind waren vor Haß. Stand sie auf der Seite der Juden? Ihr Bekenntnis zu den Verfolgten aus dem Volke Israel war schwach und gebrochen. Immerhin hat sie 1943 auf der Breslauer Synode deutlich erklärt, daß die »Vernichtung von Menschen, lediglich weil sie . . . einer anderen Rasse angehören«, *nicht* die Führung des Schwertes ist, das der Obrigkeit von Gott gegeben sei[54].

53 Ebd., S.460.
54 Ebd., S.385.

Die evangelische Christenheit in Deutschland kann für dieses Wort
dankbar sein, aber es verwischt nicht ihre Schuld, daß sie insgesamt nicht
nur geschwiegen und unterlassen hat – wie die Erklärung von Weißensee es
1950 nannte–, sondern daß sie durch viele ihrer führenden Repräsentanten, Christen als solchen, das Verbrechen der Nationalsozialisten durch
Kanzelabkündigungen und andere offizielle Erklärungen wortreich und
tatkräftig begünstigt hat.

Wir sollten uns nicht aus unserer Geschichte hinausschleichen, obwohl
die Versuchung dazu groß ist. Ich habe den Eindruck, daß auch die 7. These
– sicher ungewollt – ein Fluchtweg ist.

Johann M. Schmidt

Das Erbe Martin Luthers im Spiegel seiner Wirkungen auf die »Judenfrage« zu Beginn des Kirchenkampfes

1
Einleitung

Im Jahr 1983 fielen das Gedenken an den Geburtstag M. Luthers und das Gedenken an die Machtübernahme A. Hitlers zusammen. Dieses Zusammentreffen veranlaßt, nach Zusammenhängen zu fragen, d.h. nach Wirkungen des im Lutherjahr 1933 allseits beschworenen Erbes des Reformators auf den Ausbruch des Kirchenkampfes, speziell auf die Auseinandersetzungen um die »Judenfrage«. Die Zuspitzung auf die »Judenfrage« ergibt sich vor allem aus der besonderen Konstellation, daß darin die für die neuen Machthaber zentrale Rassenfrage und ein traditioneller kirchlicher Antijudaismus aufeinandertrafen[1].

1.1

Schon ein flüchtiger Blick in die zahlreich erhaltenen Zeugnisse zeigt, wie eng das Erbe Luthers, die theologischen und kirchenpolitischen Streitfragen und die »Judenfrage« von Beginn des Kirchenkampfes an miteinander verwoben sind. So vielfältig die beteiligten Kräfte, ihr Geflecht und die Wechselwirkungen zwischen ihnen auch waren, die Ergebnisse trafen letztlich die Juden.

1.2

Die mir bekannten Arbeiten über kirchliche und theologische Äußerungen zur »Judenfrage« stimmen weithin darin überein, daß sie die Beschränkung auf innerkirchliche Belange als charakteristisch ansehen und demgemäß werten. Bemerkenswerte Ausnahmen gelten eher als Bestätigung der Regel denn als ausreichendes Gegengewicht[2]. Als ein entscheidender

---

1 Vgl. *G. van Norden*, Der deutsche Protestantismus im Jahr der nationalsozialistischen Machtergreifung, 1979, S. 313ff.; *L. Siegele-Wenschkewitz*, Die Ev.-theol. Fakultät Tübingen in den Anfangsjahren des Dritten Reiches II. Gerhard Kittel und die Judenfrage, ZThK Bh 4, 1978, S. 53–80.
2 Z.B. D. Bonhoeffer, vgl. zu ihm den Beitrag von *E. Bethge*, in diesem Band S. 211–248; G. Fritze, vgl. zu ihm *H. Prolingheuer*, Der »rote Pfarrer« von Köln, 1981; W. Freiherr von Pechmann, vgl. zu ihm *K. Scholder*, Die Kirchen und das Dritte Reich I, 1980, S. 338f.

Grund begegnet die politische Tabuisierung der »Judenfrage«[3]. Sie findet im
Erbe Luthers einen wesentlichen Anhalt: Ich denke an seine grundsätzliche
und in der »Judenfrage« von Luther selbst praktizierte Trennung zwischen
kirchlicher und obrigkeitlicher Zuständigkeit. Sie erklärt mir das hohe Maß
an Übereinstimmung zwischen den verschiedenen Positionen, wie ihre
Vertreter die Juden dem NS-Staat überlassen haben.

1.3

Die aufgezwungene, z.T. aber auch willkommene politische Tabuisierung der »Judenfrage« eröffnete der Theologie und Kirche auf den verschiedenen Seiten verschiedene Möglichkeiten: Auf deutschchristlicher Seite erlaubte sie durchaus ideologische Unterstützung für die staatlichen Maßnahmen, und zwar um so mehr, als Luther selbst sich als Vorbild bewährte.
Auf den anderen Seiten ging es vordringlich um das Eintreten wenigstens
für die sog. Judenchristen. Die Berufung auf Luther begründete zwar ver-
einzelte Proteste gegen Willkürmaßnahmen an den Juden als Verstoß gegen Recht und Menschlichkeit, verhinderte aber weiterreichende theologische Begründungen für eine Solidarisierung mit den verfolgten Juden.

1.4

Die Bedingungen und Voraussetzungen, unter denen die erhaltenen
Zeugnisse aus dem Jahr 1933 entstanden sind, unterscheiden sich in mehr-
facher Hinsicht von denen, unter denen ich sie heute lese und auswerte.
Dazu rechne ich die Kenntnis dessen, was aus den Anfängen alsbald geworden ist, aber auch die existentielle Situation derer, die sich zur »Judenfrage«
damals geäußert haben. Daraus erwachsen die besonderen hermeneutischen Probleme meines Vorhabens: Mir geht es nicht so sehr um eine historisch exakte Erfassung dessen, was die Beteiligten damals bewegt hat und
was »wirklich« geschehen ist; mir geht es auch nicht um eine »geistlich (un)-
verantwortliche« Wertung[4] damaliger Entscheidungen. Ich frage einmal
nach der hermeneutischen Funktion, die die damaligen Reaktionen in Kirche und Theologie und die damit verbundenen Berufungen auf Luther für
mein heutiges Verständnis seines Erbes erfüllen: Welchen Anteil hat das Erbe Luthers, das 1933 gefeiert und beschworen wurde, an der Art, wie Kirche und Theologie die damals vom Staat verfügten Maßnahmen gegen die
Juden wahrgenommen, gewertet und wie sie darauf reagiert haben? Was
enthüllen solche Wahrnehmung, Wertung und Reaktion über Ausmaß und
Verwurzelung antijüdischer Wesenszüge in Luthers Theologie? – Ich frage
schließlich nach Konsequenzen, die ich heute in Kenntnis aller weiterer Ereignisse aus den Antworten auf die gestellten Fragen zu ziehen habe.

---

3 Vgl. *K. Meier,* Kirche und Judentum. Die Haltung der ev. Kirche zur Judenpolitik des Dritten Reiches, 1968; *K. Scholder,* a.a.O. S. 322–354; *G. van Norden,* a.a.O. S. 313ff.; *L. Siegele-
Wenschkewitz,* Mitverantwortung und Schuld der Christen am Holocaust, EvTh 42, 1982, S.
171–190; *E. Busch,* Juden und Christen im Schatten des Dritten Reiches, ThExh 205, 1979.
4 *E. Busch,* a.a.O. S. 36.

1.5

In meiner notgedrungen fragmentarischen Auswahl geht es mir in erster Linie um solche Äußerungen, die für die weitere kirchliche Öffentlichkeit bestimmt waren und am ehesten (kirchen)politisch wirksam geworden sein dürften. Sie umfaßt vorwiegend direkte Berufungen auf Luther; im Sinn einer Art Gegenprobe führe ich aber auch einige Zeugnisse an, die sich nicht auf ihn berufen und in den Antworten auf die »Judenfrage« über Luther hinausgehen und sich damit zumindest indirekt von seinen antijüdischen Äußerungen distanzieren.

2
Rückblick auf Luthers Stellung zu den Juden

In den weiteren Zusammenhang der sog. Lutherrenaissance, speziell der Arbeiten aus der Schule K. Holls, rechne ich den Nachweis, daß Luthers feindliche Stellung gegen die Juden ausschließlich theologisch begründet und in seiner Theologie fest verwurzelt ist. Je nach Erscheinungsdatum der betr. Arbeiten und ihren dementsprechend unterschiedlichen Beziehungen zur nationalsozialistischen Judenpolitik gewinnen sie in der Zusammenschau mit der »quellen- nicht schuldbewußten« Darstellung H.A. Obermans heute ihr besonderes Gewicht[5]. Als herausragenden Zeugen benenne ich E. Vogelsang mit seiner programmatischen Schrift »Luthers Kampf gegen die Juden«[6]. Seine Hauptthese, die er für mich überzeugend belegt und begründet, lautet:

»*Für Luther ist die Judenfrage zuerst und zuletzt die Christusfrage.* Daneben und dazwischen ist sie auch für ihn noch sehr viel mehr: eine sozialethische, eine völkische, eine staatspolitische Frage. Aber das alles sind für ihn – anders als für uns Heutige in der Regel – Teilfragen und Unterfragen, die in verschiedenen Situationen unter Umständen verschieden beantwortet werden können, die aber doch unabänderlich ihren Ursprung, ihr Maß und ihre Richtung in der Christusfrage bekommen«[7].

Daraus geht Vogelsangs Programm eindeutig hervor: Unterscheidung und sachgemäße Zuordnung von Haupt- und Neben- oder Unterfragen mit dem Ziel, den »sozialethischen, völkischen und staatspolitischen« Folgerungen das tragende theologische Fundament zu geben und sie dadurch um so wirkungskräftiger zu machen.

Auf die anklingenden Zeichen einer Ansteckung durch damalige völki-

---

5   H.A. *Oberman*, Wurzeln des Antisemitismus, S. 88. Vgl. zu diesem Programm B. *Klappert* und L. *Siegele-Wenschkewitz*, in diesem Band S. 368–410 und 351–367.
6   Erschienen in der renommierten Reihe SgV 168, 1933. Vgl. dazu J. *Brosseder*, Luthers Stellung zu den Juden im Spiegel seiner Interpreten, BÖT 8, 1972, S. 130–135. Vgl. daselbst auch zu weiteren Beiträgen der damaligen Lutherforschung S. 114–144.
7   A.a.O. S. 9.

sche und rassistische Ideen will ich nur hinweisen[8]. Sie spielt nur am Rande
eine Rolle. Ausschlaggebend ist die theologische Sicht, der Vogelsang zum
Durchbruch verholfen hat. Ich halte Vogelsangs Nachweis, daß die Judenfeindschaft in Luthers Theologie fest begründet sei, für gelungen. Hinter
dieses theologische Urteil kann ich nicht mehr zurück. Ich halte aber auch
die Art, wie Vogelsang die theologische Grundlegung und die Neben- oder
Unterfragen einander zugeordnet hat, für beispielhaft und überzeugend.
Schließlich folgt Vogelsang auch mit seinen praktischen Forderungen, die
er wie Luther der Obrigkeit nahebringt, ganz den Spuren Luthers und beleuchtet damit dessen eigene Haltung. Unser Urteil darüber wird die
Kenntnis, was aus diesen Empfehlungen geworden ist, einbeziehen.

2.1

Folgende Momente erscheinen mir für Luthers Stellung grundlegend zu
sein: Den tragenden Rahmen bildet die Verschränkung zwischen einer
heilsgeschichtlich-positivistischen und einer existential-hermeneutischen
Perspektive. Zur ersteren rechne ich Luthers Schrift- und Geschichtsbeweis
zur endgültigen Verwerfung der Juden und ihrer Ersetzung durch »Israel
rechter Art, der aus dem geyst erzeuget ward«[9]. Zur zweiten rechne ich die
Anwendung der tropologischen und allegorischen Auslegung. In solchem
Sinn spricht H.A. Oberman von der »Judensonde«, und in solchem Sinn erfüllen seine Aussagen über die Juden ihre ebenso repräsentative wie kir-
chen- und selbstkritische Funktion[10]. Entscheidend ist dabei die Verschränkung beider Perspektiven: Sie verhindert, daß die grundsätzliche Aus-
tauschbarkeit der Repräsentanten innerhalb der existential-hermeneutischen Perspektive bei Luther selbst zugunsten der Juden zum Zuge kommt.
– Als zweiten grundlegenden Punkt werte ich den Befund, daß Luther nicht
nur die »Judenfrage« vom Zentrum seiner Theologie her beantwortet, sondern auch umgekehrt das Zentrum seiner Theologie im Blick auf die Juden
bestimmt[11].

Von bestimmenden Einzelpunkten nenne ich: Luthers von Paulus beein-
flußtes Selbstbewußtsein, soweit es die von beiden vertretene Sache des
Evangeliums anbelangt[12], sein streng christozentrisches Schriftverständnis
gerade auch des Alten Testaments[13] und die damit wechselseitig ver-
schränkten weiteren Exklusivaussagen; dazu kommen als heilsgeschichtlicher Gesamthorizont seine stetig wachsende Naherwartung, als Rahmen
seiner Empfehlungen an die Obrigkeit zur »Judenfrage« und ihrer Lösung
seine sog. Zwei-Reiche- oder Regimenten-Lehre und nicht zuletzt als

8   Vgl. Abschnitt VII. Zur Rassenfrage, S. 30–32.
9   Luthers Lied »Aus tieffer not schrey ich zu dyr« V. 4, WA 35, S. 420 (EKG 195 V. 4).
10 Vgl. dazu *H.A. Oberman*, a.a.O. S. 139(ff.).
11 Vgl. als Beleg den Schluß der Erklärungen zum 3. Artikel aus dem Großen Katechismus,
BSLK, ³1956, S. 661.
12 Vgl. *Luthers* Brief an Friedrich den Weisen vom 5.3.1522, WA Br. 2 Nr. 455.
13 Vgl. dazu die zugespitzte Formulierung in »Thesen de fide« (1535), WA 39/1, S. 47 Nr. 49.

dunkler, ständig präsenter Hintergrund die Frontstellung gegen den Teufel. Soweit die entsprechenden Lehraussagen einerseits zum Zentrum von Luthers Glauben und Reden gehören, andererseits jeweils gegen die Juden und ihr Glaubensverständnis gerichtet sind, ist die Schlußfolgerung ebenso einfach wie zwingend, daß diese Theologie in ihrem Wesen antijüdisch ist. Luthers Verständnis der Juden oder des Judentums erlaubt dabei eine prägnante Definition dessen, was Antijudaismus, antijüdisch oder antijudaistisch genannt wird: Gemäß seiner Beanspruchung des Alten Testaments und der darin enthaltenen Verheißungen für die Christusgläubigen als das »Israel rechter Art« sowie gemäß der damit verbundenen scharfen Trennung von biblischem Israel und nachbiblischem Judentum bedeutet die Vorsilbe »anti-« im wörtlichen Sinn »anstatt, anstelle von«. Sie bringt damit die Ersetzung der Juden durch die Christen als geistliche Erben Abrahams zum Ausdruck. Das bedeutet, daß das christozentrische Verständnis des Alten Testaments und die Beanspruchung der darin enthaltenen Verheißungen für Christologie und Soteriologie den Ort bilden, an dem Luthers Antijudaismus entsteht und sich entfaltet.

2.2

Luthers Äußerungen in den eigentlichen *Judenschriften* unterscheiden sich wohl im Ton und in den praktischen Empfehlungen – bedingt durch die Anlässe, Adressaten und Absichten, aber auch durch Luthers Deutung der Zeichen der Zeit; die entscheidenden theologischen Aussagen aber bleiben durchgehend die gleichen. Sie ergeben sich ihm vor allem aus dem Zusammenklang von Schrift- und Geschichtsbeweis[14]. Danach vermag Luther den seit 1500 Jahren währenden Unheilszustand der Juden nur mit theologischen Kategorien der endgültigen Verstockung und Verwerfung sowie der Besessenheit durch den Teufel zu fassen.

Die Judenschriften sind mir ferner darum wichtig, weil sie durch den Umfang, in dem Luther sich mit der rabbinischen Auslegung auseinandersetzt, bestätigen, wie sehr das Verständnis des Alten Testaments seinen Antijudaismus bestimmt.

Von den »kompromißlos harten« späteren Judenschriften[15] halte ich folgende Punkte fest: einmal die konsequent eschatologische Gegenwartsdeutung, damit den endgültigen Verlust von Röm 11,25ff. aus seinem Blickfeld, zum anderen aber auch die Behauptung der religiösen Motive[16]. Die Spannung, in die solche religiösen Motive mit den geforderten Maßnahmen und mit seinen Angstausbrüchen geraten, ist wohl zu beachten, einmal im Blick auf 1933, zum anderen im Blick auf meinen heutigen Umgang mit diesem Erbteil Luthers: Welche Anhaltspunkte lassen sich daraus gewinnen?

---

14 Vgl. »Daß Jesus Christus ein geborener Jude sei« (1523), WA 11, S. 335/36.
15 *H.A. Oberman*, a.a.O. S. 138.
16 Vgl. die Fürbitte, mit der selbst die Schrift »Von den Juden und ihren Lügen« schließt, WA 53, S. 552.

2.3

Für den heutigen, kritischen Umgang mit dem antijüdischen Erbe Luthers halte ich die streng theologische Ausrichtung für entscheidend. Ihre Würdigung fällt unter historischer und gegenwärtiger Sicht gegensätzlich aus: im Blick auf Luthers Zeit und die damals vornehmlich praktizierte Lösung der »Judenfrage« bot sie insofern einen erheblichen Fortschritt, als sie in der Theorie und 1523 auch in Luthers praktischen Forderungen Verfolgung und Verunglimpfung der Juden ausschloß. Aus gegenwärtiger Sicht erkenne ich in der theologischen Ausrichtung von Luthers Antijudaismus gerade eine besondere Gefahr, weil sie ihre Isolierung, damit ihre Konservierung und weitere Tradierung ermöglicht und rechtfertigt[17]. M. a. W.: Auf Luthers Haßausbrüche und praktische Ratschläge dürfte sich heute keiner mehr berufen; aber auf Luthers Theologie einschließlich ihrer antijüdischen Komponente werden sich auch weiter viele berufen – um ihrer christlichen und lutherischen Identität willen. Die strikte Beschränkung auf das, was dann antijudaistisch statt antijüdisch heißt, mag zwar subjektiv das christliche Gewissen entlasten; sie mißachtet aber das jüdische Selbst- und Glaubensverständnis. Wenn ich schließlich die Erfahrungen von 1933 und den folgenden Jahren hinzunehme, gerade auch was die Beschränkung auf die existential-hermeneutische Perspektive anbelangt, halte ich eine Trennung zwischen »antijudaistisch« und »antijüdisch« vollends für unvertretbar[18].

3
Der Streit um den sog. Arierparagraphen in der Kirche

Der innerkirchliche Streit brach an der Frage auf, ob die staatliche Ausnahmegesetzgebung gegen die Juden vom 7.4.1933 in die Kirche übernommen werden solle und dürfe. Die zahlreichen Äußerungen basieren allgemein auf der Trennung von staatlicher und kirchlicher Zuständigkeit und damit letztlich auf Luthers Zwei-Reiche- oder Regimenten-Lehre. Sie unterscheiden sich einmal darin, wo sie jeweils die Trennlinie ziehen – zwischen Kirche und Staat oder innerhalb der Kirche zwischen »äußerer Organisation« und dem »Sein in Christo«. Sie unterscheiden sich zum anderen vor allem darin, wieweit sie den theologischen Gesichtswinkel öffnen und

---

17 Beispielhafte Belege dafür bietet der Vergleich zwischen Äußerungen aus der Zeit nach 1933 und Wiederveröffentlichungen nach 1945. So streicht *H. Bornkamm* im Wiederabdruck seines Beitrags »Volk und Rasse bei M. Luther« (in: Volk – Staat – Kirche, 1933, S. 5–19) die rassistischen und völkischen Bemerkungen (jetzt unter dem Titel »Das Volk« in: Luthers geistige Welt, ²1953, 242–260). Umgekehrt fügt er zur Stützung seiner schon 1933 vertretenen Auffassung, daß es Luther »um eine religiöse Auseinandersetzung mit den Juden« gehe (S. 15 u. 254), den Hinweis auf Luthers »tiefe Liebe zum Alten Testament« hinzu: »Seine Auffassung des Alten Testamentes . . . paßt in seine Stellung zum Judentum wie in eine Hohlform hinein. Beide entsprechen einander, nur mit umgekehrten Vorzeichen« (S. 255). – Vgl. auch *W. Holsten*, Heiden, Juden, Moslems und Luthers Glaube, Luther 31, 1960, S. 110–118 mit dem von ihm besorgten und eingeleiteten Ergänzungsband 3 der Münchner Luther-Ausgabe, 1936.
18 Vgl. dazu *U. Wilckens*, Das Neue Testament und die Juden. Antwort an D. Flusser, EvTh 34, 1974, 602–611.

inhaltlich bestimmen, d.h. wieweit sie die Juden selbst berücksichtigen. Danach bemesse ich die knappe Auswahl.

3.1

Aus den ersten Reaktionen auf die judenfeindlichen Maßnahmen der neuen Machthaber ragt die Stellungnahme D. Bonhoeffers heraus. In der Breite der theologischen Argumentation, die vor allem die Juden selbst einschließt und mit der er deutlich über den mehrfach zitierten Luther hinausgeht, gilt sie dem heutigen Blick als Maßstab, an dem alle anderen gemessen werden können[19]. – Auch der Abschnitt »Die Kirche und die Juden« des sog. Betheler Bekenntnisses gibt Bonhoeffers Position wieder[20]. Seine Erstfassung und die erheblich abgemilderte, veröffentlichte Endfassung[21] berufen sich durchgehend auf Luther, wie die Zitate und Hinweise belegen. Noch mehr als die Endfassung geht der ursprüngliche Entwurf zugleich über Luther hinaus, vor allem durch die Berücksichtigung von Röm 9–11 und durch die Warnung vor »pharaonischen Maßnahmen«[22].

3.2

Gewicht und Ausmaß der Auseinandersetzungen beleuchtet die Tatsache, daß namhafte Fachgelehrte und theologische Fakultäten sich fachgutachtlich äußern. Gemeinsam ist ihnen, daß sie mit der Trennung von staatlichen und kirchlichen Zuständigkeiten die Juden selbst dem Staat und seiner gesetzgeberischen Willkür überlassen[23]. Sie unterscheiden sich darin, wieweit die kirchlich-theologische Sicht die Juden selbst berücksichtigt.

Das Marburger Gutachten verweist zwar auf die gottgewirkte Verkündigung im Alten und Neuen Testament »durch Juden«, auf die Erwählung von Gottes Sohn »aus den Juden« und die »heilsgeschichtliche Bedeutung« seiner Herkunft; es verzichtet aber auf eindeutige Aussagen über eine gegenwärtige und zukünftige heilsgeschichtliche Stellung der Juden[24]. Demgegenüber enthält das ansonsten wegen seiner konkreten Antwort scharf

19 Zit. nach: *D. Bonhoeffer*, Ges. Schriften II, 1959, S. 44–53. – Vgl. dazu den Beitrag von *E. Bethge*, in diesem Band S. 211–248 (Lit.).
20 Vgl. *E. Bethge*, in: *D. Bonhoeffer*, a.a.O. S. 80–89.
21 Vgl. den ursprünglichen Entwurf ebd. und die Endfassung in: *K. D. Schmidt*, Die Bekenntnisse des Jahres 1933, 1934, S. 105–131.
22 Vgl. *D. Bonhoeffer*, a.a.O. S. 116 (115–117) u. *K.D. Schmidt*, a.a.O. S. 128 (127–128). In theologischer Sicht fällt auf, daß beide Fassungen die klassische Ersetzungstheorie festhalten (*Bonhoeffer*, a.a.O. S. 115, *K.D. Schmidt*, a.a.O. S. 127) und damit die Spannung zu der nachfolgenden Aussage schaffen, daß Gott »Israel nach dem Fleisch, aus welchem Christus nach dem Fleisch geboren ist, trotz aller Untreue auch nach der Kreuzigung des Christus noch die Treue hält« (*Bonhoeffer*, a.a.O. S. 115); statt »noch die Treue hält« heißt es in der Endfassung: »nicht verwirft« (*K.D. Schmidt*, a.a.O. S. 127).
23 Vgl. das Marburger Gutachten, ThBl 12, 1933, S. 292. 289–94, das Erlanger ebd. S. 323. 321–24. Das Votum der Neutestamentler weist die Übertragbarkeit des in Christus begründeten Gleichheitsgrundsatzes »zum Prinzip der Umgestaltung der innerweltlichen Verhältnisse« ausdrücklich zurück (ebd. S. 295. 294–96).
24 Ebd. S. 293.

kritisierte Erlanger Gutachten diese bemerkenswerte Aussage: »Für sie (die Kirche) ist freilich das jüdische Volk auch heute nicht ein Volk wie andere: es bleibt in Erwählung und Fluch das heilsgeschichtliche Volk, . . . als Volk aufbewahrt für eine endliche Geschichte Jesu Christi mit ihm (Mt. 23,39; Röm 11)«[25]. Sosehr sich das Gutachten darin von seinem lutherischen Erbe löst, so sehr bleibt es ihm darin verbunden, als es mögliche (kirchen)politische Folgerungen aus jener theologischen Aussage ausdrücklich verwirft[26]. – Die bemerkenswerten Unterschiede zwischen den beiden Gutachten verweisen in der Frage nach der »heilsgeschichtlichen« Stellung der Juden auf die jeweils vorherrschende Theologie: Die heilsgeschichtliche Sicht der Erlanger erscheint wegen ihrer Nähe zur Überhöhung geschichtlicher völkischer Gegebenheiten heute gewiß im Zwielicht; um so beachtlicher sind ihre Aussagen über eine heilvolle Zukunft der Juden.

3.3

Aufschlußreich ist ein weiterer Vergleich, nämlich zwischen den Äußerungen W. Niemöllers und G. Merz' zum Arierparagraphen: Beide gehören der Bekenntnisfront an; beide sind sich auch darin einig, daß sie die Übernahme des Arierparagraphen in die Kirche aus ekklesiologischen Gründen scharf ablehnen. W. Niemöller begründet das bekenntnishafte Nein dazu mit einer grundsätzlichen Aussage über die heilsgeschichtliche Sonderstellung des »jüdischen Volkes« und erkennt in Einzelbekehrungen von Juden »Zeugnisse dafür, daß Gottes Verheißung auch für Israel noch in Kraft steht und am Ende der Zeiten ihre Erfüllung finden soll«[27]. Berufung auf Röm 11,25f. und fehlende Berufung auf Luther fallen zusammen. – Demgegenüber beruft sich G. Merz ausdrücklich auf Luther – und A. Stöcker (!). Das ermöglicht ihm, als einem »lutherischen Christen, . . . auch dies Gesetz (die staatliche Judengesetzgebung) zu bejahen«[28], und hindert ihn offenbar daran, im Sinn von Röm 11,25f. an die Juden selbst zu denken. Ausdrückliche Berufung auf Luther, Konzentration auf die kircheneigenen Belange und Vernachlässigung von Röm 11,25f. fallen zusammen und bilden damit das Gegenbild zu W. Niemöller mit seiner Position.

3.4

Abschließend stelle ich den zuvor genannten mehr oder minder repräsentativen Äußerungen zwei Einzelstimmen gegenüber, die beide aus dem lutherischen Raum stammen, doch in ihren Aussagen zur »Judenfrage« z.T. entscheidend über Luther hinausgehen. – Besondere Beachtung verdienen die »72 Leitsätze zur judenchristlichen Frage« von H. Ehrenberg wohl auch wegen der jüdischen Abstammung ihres Autors, mehr noch aber wegen ih-

25 Ebd. S. 323.
26 Vgl. ebd., S. 323/24.
27 Sätze zur Arierfrage in der Kirche, JK 1, 1933, S. 269 (–71).
28 Theologische Erörterung des Ariergesetzes, ZdZ 11, 1933, S. 533 unter Berufung auf CA XVI (S. 529–35).

res Inhalts: Ehrenberg entwirft darin eine Art judenchristliche Theologie; in
ihre Grundlegung bezieht er die Juden und ihre heilsgeschichtliche Stellung
ausdrücklich ein: »Der Judenchrist sowie der heilige Rest seiner ungetauften Stammesgenossen ist zum Zeugen dafür berufen, daß Gott seine Treue
dadurch überschwenglich preist, daß er nicht nur trotz aller Untreue Israels
seinen Sohn als Sohn Abrahams hat geboren werden lassen, sondern daß er
auch, nachdem Israel als Ganzes den Messias verworfen hat, die Verheißung der kommenden Vollendung ganz an Israel nach dem Fleisch gebunden sein läßt«[29]. Von diesem Ansatz her kann Ehrenberg »die judenchristliche Frage . . . im letzten Teil des Kirchenstreites zu seinem Sinnbild und
Kern«, also zur Bekenntnisfrage erheben[30]. – H. Ehrenberg beruft sich ausdrücklich auf »die Erneuerung . . . der eindeutig bestimmten reformatorischen Rechtfertigungstheologie«. Daraus schöpft er, wenn er im Rahmen
von Luthers sog. Zwei-Reiche- oder Regimenten-Lehre seine politischen
und theologischen Aussagen zur »Judenfrage« trifft[31]. Umgekehrt begründet sein Festhalten an der Erwählung Israels den weiteren Schritt, den er
mit seiner Interpretation der Rechtfertigungslehre über Luther hinaus
tut[32]. Erst eine solche kritische Rezeption des Erbes Luthers setzt Ehrenberg
in den Stand, den deutschchristlichen Beschwörungen dieses Erbes so klar
zu widersprechen[33]. Damit markiert sie die Punkte, an die heutige Rezeption für die notwendigen weiteren Schritte anknüpfen kann[34].

Ebenso vereinzelt und wirkungslos erscheint mir T. Dächsels Beitrag
»Die Berechtigung des Arier-Paragraphen in der Kirche nach Anweisung
des Römerbriefes«[35]. Bereits der im Titel benannte Ansatz, jene Frage von
Röm 9–11 her anzupacken, und seine einleitende Beurteilung der bisherigen Diskussion lassen zumal aus der gegenwärtigen Rückschau aufmer-
ken[36]. Seine Antwort bringt die Dialektik zwischen der biblischen Rede
vom menschlichen Versagen und von Gottes freiem Gnadenhandeln so
scharf zum Ausdruck, daß er antisemitischen Vorurteilen ebenso Raum geben kann wie der Rede von dem »untilgbaren Vorzug« und der »unwiderruflichen Vorrangstellung« Israels vor allen anderen Völkern[37]. – Für theologisch wegweisend halte ich, daß er Röm 9–11 eine Art hermeneutische
Funktion für die paulinische Ekklesiologie zuerkennt[38]. An zwei wesentli-

---

29 Zit. nach *K.D. Schmidt,* a.a.O. S. 56 (66–73).
30 Ebd. Nr. 59 (S. 71).
31 Vgl. ebd. Nr. 66 (S. 72) und Nr. 10 (S. 67).
32 Vgl. ebd. Nr. 63 (Einbeziehung des »Jude-seins« Jesu in die Christologie) und Nr. 17 (Bindung an die bleibende Erwählung Israels) (S. 72 u. 68).
33 Vgl. ebd. Nr. 52. 62. 72 (S. 71f.).
34 Wie vereinzelt und wirkungslos Ehrenbergs Aussagen zur theologischen »Judenfrage«
blieben, erhellt aus dem Vergleich mit seinem Entwurf für die »Bekenntnisfront«: Darin
kommt die »Judenfrage« nicht vor (zit. bei *K.D. Schmidt,* a.a.O. S. 73–77).
35 DtPfrBl 38, 1934, S. 225–27. 237–39.
36 Vgl. ebd. S. 225.
37 Ebd. S. 226.
38 Ebd. S. 226.

chen Punkten läßt sich das zeigen: Einmal versteht er die Kirche ganz von
der Erwählung Israels her; dabei wandelt er die traditionelle Ersetzungstheorie insofern ab, als er die »Abkehr Gottes von seinem bisherigen Bun-
desvolke... vorläufig« und die Schaffung einer heidenchristlichen Kirche
einen »Umweg Gottes« nennt. Zum anderen – eng damit zusammengehö-
rig – nennt er Gen 12,3 »die Magna Charta seines (›Paulus‹) apostolischen
Sonderauftrages (Gal 3,8)«[39]. Dächsels abschließende Berufung auf Luther
– zur Ablehnung der Judenmission – läßt noch einmal ermessen, wie zwie--
spältig sein Beitrag auf seine Zeitgenossen und vor allem auf die Juden gewirkt haben dürfte[40]. Diese Berufung auf Luther bietet mir aber zugleich
ein Musterbeispiel für den heute gebotenen besonderen hermeneutischen
Umgang mit solchen Dokumenten und mit dem Erbe Luthers: Läßt sich
Dächsels Ablehnung der Judenmission allein als Tribut an die zeitge-
schichtlichen Bedingungen erklären? Eine positive Antwort darauf würde
vor allem seinen Verweis auf Röm 9–11 mißachten; die Antwort kann nur
aus diesen Kapiteln gefunden werden.

3.5

Überblicke ich die mehr oder minder zufällig ausgewählten Stimmen,
ergbt sich mir ein zwiespältiger Eindruck: *Einerseits* leuchtet mir ein, daß E.
Busch das Verhalten derer, die damals für die »Juden*christen*« eintraten,
sorgfältig differenzierend würdigt: So spricht er davon, daß sie »sich faktisch überhaupt zum *Juden* gestellt« und damit »die Rassentheorie«, d.h. das
Zentrum der NS-Ideologie, angegriffen hätten. Ferner »möchte« er »annehmen und hoffen, daß sich doch wenigstens einige bekennende Christen
bewußt waren, daß sie eben mit ihrem Eintreten für die Juden*christen* implizit auch für die *Juden* eintraten«[41]. Die Vorsicht, mit der E. Busch die subjektive Einstellung »einiger bekennender Christen« erwägt, führt zum *andererseits* hinüber. Aus heutiger Sicht kommt es darauf an, ob die theologische Argumentation die Juden *explizit* berücksichtigt. Das bildet die Scheidelinie zwischen den verschiedenen Äußerungen. Und diese Scheidelinie
wird maßgeblich durch das Erbe Luthers bestimmt, erkennbar vor allem
daran, daß Luthers Zwei-Reiche- oder Regimentenlehre auch die heftigen
Gegner gegen die Einführung des Arierparagraphen in die Kirche veranlaßt
hat, die Juden selbst dem Staat und seinen Willkürmaßnahmen zu überlassen. Von ganz wenigen Ausnahmen (Bonhoeffer) abgesehen, hat sich dieses
Erbteil auch bei denen durchgesetzt, die über Luther hinausgingen und an

39   Ebd. S. 226 u. 227.
40   Ebd. S. 239. Ganz in Luthers Spuren bleibt auch *Dächsels* scharfe Trennung zwischen ge-
billigter staatlicher Sondergesetzgebung gegen die Juden und verworfener kirchlicher (ebd. S.
238, vgl. aber seine weitere Unterscheidung von »Kirchengesetz« und »zeitweilig nötigwer-
denden Verwaltungsmaßnahmen« ebd. S. 238f.).
41   A.a.O. (Anm. 3) S. 24 u. 25. Einen erschütternden Beleg dafür enthält der anonyme Beitrag eines Judenchristen über »Die religiöse Tragödie des Judentums«, EHK/HKi 16, 1934, S.
133 (128–33).

einer bleibenden »heilsgeschichtlichen Stellung« der Juden festhielten. Dadurch wurden solche theologischen Ansätze neutralisiert und kamen vor allem den Betroffenen selbst nicht zugute. Hier aber sehe ich den Punkt, an dem heutige Bemühungen einsetzen müssen.

4
Der Streit um die theologische Mitte des Kirchenkampfes als Frage nach dem Ersten Gebot

Als die Mitte der theologischen Auseinandersetzungen läßt sich die Frage nach der Auslegung des Ersten Gebotes benennen. Soweit sich die daran Beteiligten auf Luther berufen, erweisen sich folgende Punkte für die »Judenfrage« als ausschlaggebend: Das Offenbarungsverständnis, damit verknüpft die Verkürzung des Bibeltextes durch Luther um den Satz »der dich aus Ägypten ... herausgeführt hat« oder dessen christologische Ersetzung, und die religionskritische Funktion. Im weiteren Sinn gehört die heftig umstrittene Frage nach dem Verhältnis von natürlichem und »evangelischem« Gesetzesverständnis (lex naturalis und lex Christi) hinzu. Folgende wenige Beispiele sollen die Weite der Auseinandersetzungen andeuten.

4.1
Als theologischer Lehrer, der das Anliegen der »Deutschen-Christen« grundsätzlich teilt, versteht sich F. Gogarten. Unter durchgehender Berufung auf Luther hält er an der Unterscheidung von »einem und demselben Gesetz Gottes« und »zweierlei Erkenntnis« fest, einmal aus der Offenbarung, zum anderen aus der natürlichen Vernunft[42]. Gottes Offenbarung erblickt er im Ersten Gebot, das »als geoffenbartes Gotteswort aus der Gottesoffenbarung, so wie die Heilige Schrift sie bezeugt, verstanden werden muß«[43] und das er demgemäß als »Gesetz und Verheißung« versteht[44].

Als bemerkenswert sehe ich an, daß Gogarten das Erste Gebot mit »Gottes Bund mit dem Volk Israel« zusammensieht, dessen »Geltung« für die Christen darauf aber begrenzt sieht, daß »wir durch Christus in den Neuen Bund Gottes mit der Welt aufgenommen sind«. Das läuft auf die ganz im Sinne Luthers liegende Ersetzung von »Gottes Bund mit dem Volk Israel« durch den »Neuen Bund Gottes mit der Welt« hinaus bei gleichzeitiger Beanspruchung des Ersten Gebotes[45]. Dadurch gewinnt er in dem christologisch interpretierten Ersten Gebot auch den kritischen Bezug, auf den er alle einzelnen atl. Gebote zurückgeführt wissen will. Das bedeutet umgekehrt: Die Zehn Gebote, scharf abgehoben von dem einen geoffenbarten ersten, »gehen uns als einzelne Gebote, für sich genommen, nichts an.

42 *F. Gogarten*, Ist Volksgesetz Gottesgesetz?, 1934, S. 10f.
43 Ebd. S. 11/12.
44 Ebd. S. 12.
45 Ebd. S. 12.

Denn da sind sie ›der Juden Sachsenspiegel‹«[46]. Den zugleich bestehenden
Zusammenhang zwischen dem geoffenbarten und den natürlich erkannten
Geboten erblickt er in Gott selbst und seiner das menschliche Zusammen-
leben regelnden und der Vernunft zugänglichen Erhaltungsordnung[47].

Gogartens Unterscheidung zwischen den beiden »Erfahrungen« des einen Gesetzes Gottes verschafft ihm den Freiraum, um seine politische
Theologie ganz auf den »usus politicus« und von »der ›politischen‹ Erfahrung des Gesetzes« her aufzubauen[48]. Hier erkenne ich die Einbruchsstelle
für all die Wirkungen der »geschichtlichen Stunde« und den Grund für sein
»politisches Urteil« über den nationalsozialistischen Staat[49]. Umgekehrt
aber spricht Gogarten wohl davon, daß »die Verkündigung der Kirche ausgerichtet sein müsse von der durch das Gesetz des Volkes bestimmten
Wirklichkeit des Menschen her«[50]. Damit ist die Unabhängigkeit der Verkündigung verloren, während der »usus politicus legis« der kritischen Einrede vom geoffenbarten Ersten Gebot her entzogen wird[51].

Für die »Judenfrage« sind mir folgende Punkte wichtig: Einmal läuft die
christologische Usurpation des Ersten Gebots darauf hinaus, es den Juden
wegzunehmen. Zum zweiten kommt es auf der Ebene der vernunftgemä-
ßen, natürlichen Gesetzeserfahrung zur scharfen Entgegensetzung von deren jüdischer und deutscher Ausprägung. Beide Punkte zusammen wirken
sich schließlich durch ihre grundsätzliche Unterscheidung dahingehend
aus, daß die staatlichen Maßnahmen gegen die Juden von theologisch be-
gründetem Einspruch und kirchlichem Widerstand frei bleiben. Auch in
diesem Ergebnis spiegelt sich grundsätzlich die Nähe zu Luther, auf den
Gogarten sich durchgehend beruft.

4.2

Der heftige Widerspruch gegen Gogarten von H. Vogel als einem führenden Vertreter der »Jungreformatorischen Bewegung« zielt vor allem »Wider die Gleichschaltung von Gottesgesetz und Staatsgesetz«[52]. Diese sieht
er im Widerspruch zur »Ehre Gottes« und zum »ersten Gebot«[53]. Vogels
Identifizierung des »Gesetzes, das zu Christus treibt« führt nun allerdings
zur gleichen Konsequenz wie Gogartens Verständnis des Ersten Gebots,
d.h. in erstaunlich ähnlich klingenden Wendungen zur Entgegensetzung
des »Bundes, den Gott mit dem Volk seiner Auswahl, dem Volke Israel,
schloß auf jenen anderen Bund hin, den Gott wiederum mit dem Volk sei-

46 Ebd. S. 20.
47 Vgl. S. 22(ff.).
48 Ebd. S. 23.
49 Vgl. S. 31.
50 Ebd. S. 29.
51 Vgl. S. 27 und 23f.
52 H. *Vogel*, Wider die Gleichschaltung von Gottesgesetz und Staatsgesetz, JK 1, 1933, S.
333–340.
53 Ebd. S. 335.

ner Auswahl aus allen Völkern in Christus geschlossen hat«[54]. Dementsprechend mißt er dem »jüdischen Nomos, ›der Juden Sachsenspiegel‹« nur eine »historische oder exempelhafte«[55] Bedeutung zu. Wird damit im theologischen Raum den Juden ihre Glaubensgrundlage entzogen, so kommt im ethischen Bereich Vogels christologisches Verständnis des Liebesgebots den bedrohten und verfolgten Juden unmittelbar zugute[56].

4.3

Einen verhängnisvollen Schritt weiter als H. Vogel geht H. Knittermeyer in seiner Auseinandersetzung mit E. Hirsch und F. Gogarten[57]. Deren Beanspruchung eines »nomos germanikos« als eines »Analogons des jüdischen Gesetzes« diagnostiziert er als »ein untragbares Zugeständnis an die jüdische Religion«[58]. In mustergültiger Weise versucht Knittermeyer, seine deutschchristlichen Gegner mit deren eigenen Waffen zu schlagen. Er entwickelt damit ein Modell, das mehrfach praktiziert wurde[59]. Es beinhaltet die Abwertung des jüdischen Gesetzesverständnisses und die Rede von der »heilsgeschichtlichen Rolle« Israels nur noch im Tempus der Vergangenheit.

4.4

Als Kronzeugen für die streng theologische Opposition gegen die Deutschen Christen, aber auch z.T. gegen die »Jungreformatorische Bewegung«, gelten K. Barth und seine Freunde. Ihre Einigkeit in der Abwehr jeglicher Anpassung der Kirche an den Staat und aller politischen Äußerungen überhaupt[60] läßt gleichwohl Raum für unterschiedliche theologische Akzentuierungen in Äußerungen zur »Judenfrage«. Dabei messe ich der Frage, wie weit die betr. Verfasser sich auf Luther berufen, besondere Bedeutung zu.

Die streng theologische Ausrichtung bestimmt auch die Bedingungen, unter denen K. Barth sich zur »Judenfrage« äußert. »Das erste Gebot als theologisches Axiom«[61] zwinge Kirche und Theologie zur Absage an alle anderen Götter »*neben* dem Deus ecclesiae« und zur Frage nach Israel als seinem ursprünglichen Empfänger. Den Zusammenhang dieser beiden Aussagen sehe ich als entscheidend an. So fragt Barth nicht nur nach dem, »der dieses Gebot gibt und der sich der Herr nennt«, sondern auch nach dem, »dem er es gibt«, und schenkt damit der »Vorgeschichte seines (Gottes) Befehlens« besondere Aufmerksamkeit.

54 Ebd. S. 338.
55 Ebd. S. 338.
56 Vgl. seine Bemerkungen zum »jüdischen Nächsten« S. 339f.
57 Theologisch-politischer Diskurs, ZdZ 11, 1933, S. 125–155.
58 Ebd. S. 128f.
59 Vgl. v. a. *H.G. Bluth*, Luthers Kampf gegen die Juden, DtPfrBl 40, 1936, S. 175f. 194f. 214f.
60 Vgl. insbesondere *K. Barths* programmatische Schrift »Theologische Existenz heute« 1, 1933.
61 In: Theologische Fragen und Antworten, Ges. Vorträge III, 1957, S. 127–143.

»Er (Gott) ist der Erlöser Israels und so jedes einzelnen Israeliten. Er hat – in seiner Freiheit, aber wir müssen nun deutlich sagen: in der Freiheit seiner Barmherzigkeit – Israel erwählt unter den Völkern. Er hat einen Bund zwischen sich und ihm aufgerichtet, und er hat diesen Bund seinerseits bereits gehalten und bewährt. Israel existiert kraft dieses von seinem Gott aufgerichteten und schon gehaltenen Bundes«[62].

In diesen Sätzen kommt es auf das Tempus an, in dem die Existenz Israels im Bund mit Gott ausgesagt wird. Zwar hebt Barth hier vornehmlich auf den soteriologischen und d.h. »konkret« auf den christologischen Zusammenhang ab, in dem das »theologische Axiom« stehe. Aber er vermeidet eine exklusive Soteriologie dadurch, daß er Versöhnung und Bund zusammensieht[63]. Die christologische Deutung ermöglicht ihm die Verallgemeinerung der Aussagen vom Bund mit Israel zum Bund mit den Menschen, ohne gleichzeitig – wie nach Luther – Israel post Christum auszuschließen[64].

Mit seinem Vortrag über »M. Luther – das Evangelium und die Religion«[65] und seiner darin enthaltenen Auslegung des Ersten Gebots bietet *E. Wolf* insofern ein Gegenbeispiel, als seine ausdrückliche Berufung auf Luther mit antijüdischen Andeutungen zusammenfällt. Luthers Auslegung dient ihm als Richtschnur und Grundlage, um den Irrlehren seiner Zeit entgegenzutreten: »Das Evangelium ist die Krisis aller Religion«[66]. In Übereinstimmung mit Luther erkennt er der Religion durchaus eine natürliche Gotteserkenntnis zu, »zur lincken hand ... nach dem Gesetz der Natur und nach Mose«. Zu ihren »Erscheinungsformen« rechnet er in einer Reihe »bald Heidentum, bald Judentum, bald Islam ... bald auch deutsches Christentum«[67]. Zu Luthers Gleichsetzung von jüdischem und natürlichem Gesetz kommt dann die existential-hermeneutische Auslegung des Ersten Gebots hinzu. Sie verdrängt nun allerdings die ursprünglichen Empfänger der Gottesgemeinschaft und der Befreiung, wie die geringfügige, damals aber entscheidende Abwandlung des biblischen Zitats zeigt: ».. . sofern der Herr dieses Gebots derselbe Herr ist, der den Menschen (!) ›aus Ägyptenland geführt hat ...‹«[68]. Dieses Musterbeispiel christologischer Auslegung der Bibel Israels folgt ausdrücklich Luthers Spuren[69].

---

62 Ebd. S. 132.
63 Vgl. S. 133.
64 Die angedeuteten Gedanken entfaltet er weiter in seiner Predigt über Röm 15,5–13 am 10. 12. 1933, in: K. *Barth*, Die Kirche Jesu Christi, ThExh 5, 1933, S. 11–19. Vgl. dazu den Abschnitt von B. *Klappert*, Die Verankerung des Judentums in der Verheißung bei K. Barth, in diesem Band S. 391–393.
65 ThExh 6, 1934.
66 Ebd. S. 15(f.).
67 Ebd. S. 14.
68 Ebd. S. 16.
69 Vgl. das dort folgende Luther-Zitat (S. 16). Auch sonst beruft sich E. Wolf durchgehend auf ihn. – Vgl. dazu auch das Vorwort der Herausgeber zum 1. Heft der EvTh (unter ihnen E. Wolf) 1, 1934/35, S. 1 (wiederabgedruckt in EvTh 44, 1984, S. 102). Hier findet sich ein Musterbeispiel für die christologische Vereinnahmung des Ersten Gebots, natürlich unter Wegfall des Relativsatzes aus dem biblischen Text – wie bei Luther.

In seinen späteren Äußerungen zur gleichen Thematik verzichtet allerdings E. Wolf auf entsprechende Bemerkungen zum Judentum, offenbar ein Zeichen dafür, daß er den fatalen Zusammenhang, in den er die Juden gestellt hatte, erkannt hat[70]. Ich sehe darin durchaus eine Mahnung für uns heute.

4.5

Im Blick auf die berührten Positionen weckt vor allem der Vergleich zwischen den Auslegungen des Ersten Gebots einmal durch lutherische Theologen und zum anderen durch K. Barth meine Aufmerksamkeit. Bei allen Gegensätzlichkeiten zwischen F. Gogarten, H. Vogel, H. Knittermeyer und E. Wolf stimmen sie darin überein, daß sie das Erste Gebot aus seiner ursprünglichen heilsgeschichtlichen Einbettung herauslösen und für den christlichen Glauben reklamieren, daß sie das jüdische Gesetz aber auf eine Ebene mit anderen Ausprägungen der natürlichen Religion stellen. Die theologischen Auseinandersetzungen zwischen diesen Lutheranern führen also für die betroffenen Juden zum gleichen unheilvollen Ergebnis. Da sie ins Zentrum des Kirchenkampfes gehören, läßt sich ermessen, wie sehr die »Judenfrage« damit verquickt war. – Demgegenüber drängt sich mir ein Zusammenhang zwischen der hier waltenden Distanz K. Barths zu Luther und seinen bemerkenswerten projüdischen Aussagen zum »Ersten Gebot als theologisches Axiom« auf. Diese »Gegenprobe« bestätigt die Bedeutung, die das Erbe Luthers in den Auseinandersetzungen um die »Judenfrage« gespielt hat.

5
Der Streit um das Alte Testament[71]

Die zentrale Bedeutung, die die eben berührten Äußerungen dem Ersten Gebot zumessen, führt folgerichtig zur Frage nach dem Alten Testament. Nach den obigen Andeutungen zu Luther (2.1) kommt ihr ausschlaggebende Bedeutung für die Antworten auf die »Judenfrage« zu. Unter diesem Blickwinkel frage ich besonders nach der hermeneutischen Funktion der hierher gehörigen Stimmen aus dem Kirchenkampf. Im Streit um das Alte Testament treffen mehrere, z.T. einander entgegengesetzte, z.T. sich bestärkende Kräfte aufeinander: Einmal beinhaltet das Erbe Luthers die Hochschätzung des Alten Testaments *und* seine Trennung vom Judentum, verbunden mit und begründet in seiner streng christo-zentrischen Auslegung. – Zum zweiten hat die historisch-kritische Auslegung, speziell die reli-

---

70 Vgl. z.B. Glaube, Religion, Evangelium im Verständnis reformatorischer Theologie, EvTh 1, 1934/35, S. 226–244, zum ersten Gebot S. 237ff.
71 Vgl. dazu C. *Nicolaisen*, Die Auseinandersetzung um das Alte Testament im Kirchenkampf, Diss. theol. Hamburg 1966.

gionsgeschichtliche Forschung die im Alten Testament bezeugte »Religion« als eine vor- oder nichtchristliche Religion herausgestellt. – Dazu hatte H. Scholz »an den Ernst und die Tiefe d(ies)er Nietzscheschen Kritik« erinnert, die er an der »theologischen Interpretation« und der damit verbundenen Vereinnahmung des Alten Testaments für den christlichen Glauben geübt hat[72]. – Schließlich hatten Antisemitismus und Antijudaismus im Alten Testament ein Objekt ihrer Agitation und Polemik gewonnen und damit der nationalsozialistischen Propaganda und ihrem deutsch-christlichen Echo reichhaltiges Material geboten.

Aus heutiger Sicht konzentriert sich meine Aufmerksamkeit darauf, wie das Erbe Luthers mit der historisch-kritischen Forschung, speziell ihren religions- und frömmigkeitsgeschichtlichen Ergebnissen vermittelt worden ist. Welchen theologischen und/oder politischen Interessen diente diese Vermittlung? – Die verschiedenen Antworten stimmen darin überein, daß sie grundsätzlich zwischen Jüdischem und Christlichem trennen. Sie lassen sich unterscheiden und gliedern, je nachdem, wo und auf welcher Argumentationsebene die Trennlinie gezogen wird. Die Außenposition zur einen Seite ist daran erkennbar, daß die Trennlinie auch durch das Neue Testament gezogen und das ganze Alte Testament verworfen wird, die zur anderen daran, daß die Trennlinie, wenn auch mit verschiedenen theologischen Attributen und unterschiedlichen Gewichtungen, durch beide Testamente gezogen wird und das Alte Testament für den christlichen Glauben reklamiert wird.

5.1

Zumal der radikalen deutschchristlichen Seite bescherte die Berufung auf Luther und dessen Hochschätzung des Alten Testaments ein schweres Problem[73]. In der reichen antisemitischen Vorgeschichte[74] findet sich aber auch darauf eine Antwort: A.v. Harnack hatte als hoch angesehener Fachmann die entscheidenden Stichworte für den kritischen Umgang mit diesem Erbteil Luthers geliefert: Identifizierung der »ganzen Gesetzessphäre«, die »durch das gesamte AT, einschließlich der Propheten, hindurchgeht«, »religiöse Bindung« an »Tradition und Gewohnheit« und Mangel der »erst

---

72 H. Scholz, Wie ist eine evangelische Theologie als Wissenschaft möglich?, ZdZ 9, 1931, S. 32. 8–53. Er gibt das Nietzsche-Zitat von »jenem unerhörten philologischen Possenspiel um das Alte Testament« wieder: »Ich meine den Versuch, das Alte Testament den Juden unter dem Leibe wegzuziehen, mit der Behauptung, es enthalte nichts als christliche Lehren und gehöre den Christen als dem wahren Volke Israel, während die Juden es sich nur angemaßt hätten«. Damit trifft er genau Luthers Auffassung.
73 Vgl. dazu das treffende Urteil von W. Leonhard: »Eine Zeit, die Martin Luther zu mehr denn einem Propheten macht, nimmt sich im gleichen Atem heraus, die klassische Quelle seines geistlichen Lebens für ein Judenbuch von unterwertiger Frömmigkeit mit manchen ›schönen Stellen‹ zu erklären, und weiß nicht, was sie tut« (EHK/HKi 16, 1934, S. 127. 125–128: Das jüdische Volk in der Geschichte).
74 Vgl. dazu R. Abramowski, Vom Streit um das Alte Testament, Abschnitt I. Die Fronten gegen das AT, ThR 9, 1937, S. 68–70 (65–93).

aufdämmernden geschichtlichen Kritik«[75]. Dem groben Antisemiten A. Falb blieb es überlassen, diese durch den Namen v. Harnack abgesicherte Position zu verbreiten, Luthers Antijudaismus auf das Alte Testament zu übertragen und ihn selbst zu einem zweiten Marcion zu machen[76]. Seine Äußerungen zum Gottesverständnis[77] zeigen die Distanz zu Luther und treffen zugleich die zentrale Entscheidungsfrage. Zehn Jahre später gab der Hauptredner auf der berüchtigten Sportpalastkundgebung für die »Deutschen Christen« die Antwort und beschwor »die Vollendung der deutschen Reformation« in der Weise, daß er in Sachen Altes Testament den von ihm angebahnten Schritt über Luther hinaus fordert[78]. Die Gewaltlösung wirkte jedoch auf zahlreiche Anhänger wie ein heilsamer Schock. Zudem stand ihr die Einsicht entgegen, daß gerade das Alte Testament theologische Inhalte enthielt, die den »Deutschen Christen« zentral waren: Schöpfungsgedanke, völkisches Gesetz, Offenbarung Gottes in der Geschichte. Um die biblische Grundlage solcher Inhalte zu retten, mußten sie ihrer jüdischen Herkunft entkleidet und das Alte Testament demgemäß ausgelegt werden.

Ein Musterbeispiel für solche Usurpation des Alten Testaments bietet das »deutsch-christliche Bekenntnis« von E. Hirsch[79]. Die Trennung des AT vom Judentum geschieht auf dreierlei Weise: Zuerst werden Name und Geschichte des Volkes Israel unterschlagen. Sodann wird die »Vollmacht, das Gewissen zu binden« darauf beschränkt, »soweit es vom Neuen Testament bestätigt und erklärt wird«[80]. Den letzten Schritt leistet dann auch namentlich die Berufung auf Luther:

> »Die Verdeutschung beider Testamente durch Martin Luther hat das Fremde des geschichtlichen Ursprungs in anderen Völkern und Zeiten für uns überwunden. Sie ist uns mit ihrer kühnen Freiheit ein Geschenk des lebendigen Gottes an unser deutsches Volk, ein Kundwerden der göttlichen Offenbarung in unserer Sprache und unserer geschichtlichen Welt«[81].

Damit, so füge ich hinzu, sind dann auch die jüdischen Schlacken des Neuen Testaments entfernt[82].

Als beispielhaft für die deutschchristliche Position erscheint mir ferner die »streng unter geistiger Führung Luthers stehende Untersuchung des Aergernisses am Alten Testament« von F. Grünagel[83]. Auch er orientiert sich an der »Verdeutschung« durch Luther und den dafür maßgeblichen Regeln[84]. Deren Aktualität belegt er zudem mit seinem Hinweis auf die Ver-

---

75 A. v. Harnack, Marcion: Das Evangelium vom fremden Gott, 1921, S. 250f. (247–265).
76 A. Falb, Luther und Marcion gegen das Alte Testament, 1923.
77 Vgl. ebd. S. 21f. 31 u.a.
78 Entschließung des Gaues Groß-Berlin der Glaubensbewegung »Deutsche Christen«, Punkt 1. u. 4. In: KJ 1933–1944, 1948, S. 29(f.).
79 In: JK 2, 1934, S. 28–30.
80 Ebd. S. 28/29.
81 Ebd. S. 29.
82 Vgl. Abschnitt 2. Jesus Christus, ebd. S. 29.
83 Das Aergernis des Alten Testaments, 1934, S. 36.
84 Ebd. S. 12–14.

pflichtung, die »alle Mitarbeiter der wissenschaftlichen Revisionskommis-
sion in Witterberg« auf sich nehmen mußten[85]. Die »geistliche Auslegung«
läßt ihn schließlich dem Alten Testament Seiten abgewinnen, die für seine
Theologie unentbehrlich sind; sie betreffen vor allem das »fruchtbare Span-
nungsverhältnis« von »Volkstum und Religion«. Wenn er dazu das Alte Testament antijüdisch ausschlachtet, befindet er sich grundsätzlich in Luthers
Spuren, belegt aber zugleich die Umkehrung von Mittel und Zweck: »Darin
besitzen wir in dem Alten Testament ein unübertreffliches Geschichtswerk,
das wie kein anderes rücksichtslos mit unbeschönigter Offenheit den Charakter des jüdischen Volkes aufdeckt«[86]. Grünagel greift damit zu dem auch
außerhalb der »Deutschen Christen« beliebten Mittel, das Alte Testament
als antijüdisches Demonstrationsobjekt zu mißbrauchen: Seine Verbreitung erklärt sich mir nicht zuletzt dadurch, daß Luther als Vorbild diente.

5.2

Die Beiträge der Fachalttestamentler E. Sellin und P. Volz zeigen, wie gegensätzlich sich ihre Erwägungen und Ergebnisse für die christliche und die
jüdische Seite auswirken: Bleiben vor allem die hermeneutischen Probleme
der christlichen Seite ambivalent, so sind die Konsequenzen für die jüdische
eindeutig. Die maßgeblichen Einzelpunkte fasse ich zusammen: Zuerst belegt Sellins Kennzeichnung der derzeitigen Situation die streng antijüdische Ausrichtung der Angriffe auf das Alte Testament und deren weite Verbreitung[87]. Wie werden die Verteidiger dieser Ausrichtung begegnen? –
Zum zweiten wird die deutsche Geschichte, insbesondere auch Luther beschworen; die Gleichsetzung seiner antijüdischen Äußerungen mit seiner
eigentlichen Haltung zum Alten Testament wird zurückgewiesen, zeitwei-
lige einseitige Bevorzugung des Neuen wird geschichtlich-biographisch erklärt[88]. – Als Hauptangriffsfläche der Antisemiten wird drittens das Inspi-
rationsdogma aufgezeigt; ihm werden die streng (religions)geschichtliche
Betrachtungsweise und ein ebenso geartetes Offenbarungsverständnis ent-
gegengestellt[89]. Dem korrespondiert die Diagnose der bisherigen »Krankheit . . ., die praktische Gleichsetzung vom A. und N.T. trotz theoretischen
Auseinanderhaltens, das Absterben der Erkenntnis . . ., daß im A.T. ein
starker israelitisch-jüdischer Einschlag vorliegt, der mit dem Evangelium in
der christlichen Kirche fallen mußte«[90]. – Daran knüpft sich viertens die
scharfe Unterscheidung der einzelnen Entwicklungsstufen, vor allem aber
der die Juden und die Kirche betreffenden Aussagen. Hier erkenne ich den

85 Vgl. ebd. S. 13.
86 Ebd. S. 23.
87 *E. Sellin*, Das Alte Testament und die evangelische Kirche der Gegenwart, 1921, S. 1–10;
ders., Abschaffung des Alten Testaments?, 1932, S. 6–8.
88 *E. Sellin*, Abschaffung . . . S. 8/9 Anm. 1.
89 *E. Sellin*, Das Alte Testament . . . S. 10ff. *Ders.*, Abschaffung . . . S. 16ff.
90 *E. Sellin*, Das Alte Testament . . . S. 96.
91 Vgl. *E. Sellin*, Abschaffung . . . S. 23. Vgl. auch seine Bemerkung zu Luthers »Von den Juden und ihren Lügen« ebd. S. 9 Anm.

Ansatz zum antisemitischen Mißbrauch des Alten Testaments. Mit dieser Unterscheidung verbindet sich spannungslos der Rückgriff auf Luthers christozentrische Hermeneutik, ebenso auch dessen Kehrseite: die Ausscheidung der jüdischen Elemente[91]. In dem Zusammenhang taucht dann auch die Rede von »einer merkwürdigen Ironie der Geschichte« auf: »Wer auf die Lehre vom ›deutschen Gott‹ zurücksinkt, der ist . . . rettungslos dem Standpunkte des Juden Esra verfallen . . . (Esr 9,2). Bis jetzt haben wir ja aber gerade angenommen, daß uns Jesus Christus wie auch Paulus von dieser Vergötzung des Blutes freigemacht haben«[92]. – Schließlich bleibt noch Raum für die Rede von »einer wertvollen und unersetzlichen Ergänzung zum Neuen Testament . . . in doppelter Hinsicht«. Gemeint sind einmal »der geschichtliche Ursprung, das geschichtliche Wachstum unserer christlichen und biblischen Glaubensideen«, zum zweiten die engste Verbindung von »Religion und Volksgemeinschaft«[93]. – Alle angedeuteten Punkte belegen, wie sehr die innerkirchlichen Auseinandersetzungen um die völkischen Fragen so oder so letztlich die Juden treffen mußten. In dem seit 1933 verschärften Streit wird sich das bestätigen.

Die folgenden Beispiele teilen miteinander die Abwehrhaltung gegen die »Deutschen Christen«, machen ihnen das Erbe Luthers streitig und berufen sich gerade auf dessen Hochschätzung des Alten Testaments. Sie unterscheiden sich im Ausmaß antijüdischer Implikationen oder gar direkter antijüdischer Aussagen. Unter den damaligen Bedrohungen kommt dabei schon Nuancen im Sprachgebrauch eine höchst aufschlußreiche Bedeutung zu.

5.3

Die Frontstellung gegen die »Deutschen Christen« zeigt sich *zuerst* unter durchgehender Berufung auf Luther darin, daß »Ablehnung des Alten Testaments und Judengegnerschaft zwei voneinander durchaus zu scheidende Dinge sind«[94]. Damit ist von vornherein deutlich, auf wessen Rücken der »Kampf um das Alte Testament« ausgetragen wird. – Diese Trennung wird *zweitens* historisch-kritisch untermauert. Dadurch werden dem Alten Testament eine ganze Reihe positiver Seiten abgewonnen, insbesondere die Nähe zu mehreren aktuellen Anliegen der Zeit wie Schöpfungsgedanke, Geschichtsbezogenheit des Gottesglaubens, Betonung des Männlichen, des Heldischen und Völkischen[95]. Das reicht bis zu der Aussage, »daß das Alte Testament gerade den Nationalsozialisten wie auf den Leib geschrieben ist

92   E. *Sellin,* Abschaffung . . . S. 25.
93   P. *Volz,* Der Kampf um das Alte Testament, 1932, S. 28(ff.).
94   H.W. *Hertzberg,* Der Deutsche und das Alte Testament, 1934, S. 17. Vgl. a. J. *Hempel,* Fort mit dem Alten Testament?, 1932, S. 19. R. *Preß,* Das Alte Testament als Wort Gottes, ThBl 13, 1934, 227. 225–229. Gutachten der Leipziger theol. Fakultät zu den Thesen der sächsischen Volkskirche (*K.D. Schmidt,* Die Bekenntnisse des Jahres 1933, 1934, S. 100 Thesen 12 und 13), JK 2, 1934, S. 68/69. 66–70.
95   Vgl. z.B. *Hertzberg,* ebd. S. 25ff. 43. Vgl. auch P. *Volz,* a.a.O. S. 28ff. (Anm. 93).

mit seinen heldenmütigen Liedern, mit seinen kühnen Gottesmännern . . .«[96]. In diesen Zusammenhang rechne ich auch den geschichtlichen Nachweis Hertzbergs, daß die Germanen das Christentum zuerst in alttestamentlicher »Bestimmtheit« übernommen hätten und darum das Alte Testament dem germanischen Wesen keineswegs fremd und feind sei[97]. – Zum engeren theologischen Interessenbereich rechne ich solche Aussagen, die die Geschichtlichkeit der Offenbarung und Inkarnation betonen: »Gott ward Jude! . . . Das Wort . . . wurde hineingegeben in die Geschichte . . . gerade des Volkes, das nachher das verworfenste, elendeste und minderwertigste Volk werden sollte, das deshalb, weil es die Erwählung in Christus verworfen hat, selber ganz verworfen wurde«[98]. – Die andere, die Juden treffende Seite ist damit schon gegeben. Die entsprechende Auswertung des Alten Testaments gipfelt darin: »Es gibt kein Buch, das antisemitischer eingestellt wäre als das Alte Testament. – Es ist eine tiefe Tragik der Geschichte. Gerade der Jude Esra hatte dasselbe unternommen, was ihm heute die Todfeinde des jüdischen Geistes nachmachen«[99]. – Die Betonung der Geschichtlichkeit von Offenbarung und Inkarnation bedingt den dunklen Hintergrund, der traditionellerweise jüdisch ist.

Die positiven und negativen Wertungen verbinden sich *drittens* unmittelbar mit dem Rückgriff auf Luthers antijüdische Hermeneutik des Alten Testaments. Unter Berufung auf Joh 6,67–79 heißt es kategorisch: ». . . wo Jesus als der Christus des Alten Testamentes bekannt wird, bricht der tödliche Gegensatz zwischen diesem Jesus und dem Judentum auf«[100]. Dieser Gegensatz dient als Maßstab und »Sonde«[101]. Die Berufung auf Luther ermöglicht zwar gelegentlich die Abwehr eines willkürlichen Umgangs mit »Luthers Satz, daß die Heilige Schrift Gottes Wort sei, wo sie Christum treibet«; zugleich aber rechtfertigt sie eine Auslegung, die mit der jüdischen ebenso unvereinbar ist wie mit einer historisch-kritischen: »Vielmehr geht es darum, den Herrn der Schrift, Christus, dort gegen die Schrift zu treiben, wo die Schrift in der Gefahr ist, gegen Christus getrieben zu werden«[102].

Nur selten wird *viertens* die christliche Befangenheit in die internen kirchenpolitischen Auseinandersetzungen durchbrochen; es geschieht dort, wo das Bekenntnis zu »Gottes Treue nach der Schrift« fest- und die eschatologische Perspektive offengehalten wird. Wenn damit die Rede von »Isra

---

96   W. *Laible*, in: AELKZ 66, 1933, S. 399.
97   Ebd. S. 18ff.
98   V. *Herntrich*, Völkische Religiosität und Altes Testament, 1933, S. 26/27. Vgl. auch *Hertzberg*, a.a.O. S. 45.
99   *Herntrich*, a.a.O. S. 24. *Hertzberg*, a.a.O. S. 45.
100 V. *Herntrich*, Das Glaubenszeugnis des Alten Testaments und das Bekenntnis zu Jesus Christus, 1935, S. 16 (15).
101 Vgl. zu diesem Begriff *H.A. Oberman*, Wurzeln des Antisemitismus, 1981, S. 141f. Vgl. dazu oben S. 322.
102 So im sog. Betheler Bekenntnis, *K.D. Schmidt*, a.a.O. S. 111, gleichlautend in der Erstfassung, *D. Bonhoeffer*, Ges. Schr. II, 1959, S. 94. Vgl. dazu die Anm. 13 oben gen. Aussage Luthers.

els Halsstarrigkeit und Untreue« einhergeht[103], dann kam es auf den Standort des damaligen Hörers oder Lesers an, wie er die einzelnen Aussagen ge-
wichtete. Ebenso kam es entscheidend auf die einzelnen Formulierungen
an. So heißt es z.b. im Gutachten der Theologischen Fakultät Leipzig über
die 28 Thesen der Sächsischen Volkskirche: »Wer als Christ das Alte Testament in seiner Ganzheit so auf sich wirken läßt, wie es wirklich ist, erkennt
in ihm ... auch, und zwar als zuvor gegebenen und trotz aller Sünde immer
bleibenden Tatbestand, die strenge Bindung des Volkes Israel an Gott durch
dessen freie Wahl und Führung«[104]. Es bedurfte damals schon scharfer Augen und feiner Ohren, diese Aussage vor allem von dem »immer bleibenden Tatbestand« zwischen den anderen oft vernommenen und laut geäußerten wie »Überwindung der ›spezifisch jüdischen Volkssittlichkeit und
Volksreligion‹« und der »Vorbereitung und Hinführung auf die für uns entscheidende Offenbarung in Jesus Christus«[105] herauszuhören. Heute gilt es,
solche Ansätze zur Befreiung von antijüdischen Bestandteilen aus der damaligen Einbettung herauszulösen und voll zu Geltung zu bringen.

5.4

Wie viel von Nuancierungen in der Ausdrucksweise sowie von der Art
der Argumentation abhing, zeigen die drei Vorträge von A. Alt, J. Begrich
und G. v. Rad »Führung zum Christentum durch das Alte Testament«. Die
streng fachwissenschaftliche Ausrichtung ermöglicht ihnen, der »ge-
schichtswidrigen Gleichsetzung zwischen dem Alten Testament und dem
späteren Judentum« zu widersprechen, zugleich aber auf das Judentum ent-
stellende oder abwertende Formulierungen zu verzichten. A. Alt erkennt
sogar »einen unbestreitbaren und unlöslichen Zusammenhang« zwischen
dem Alten Testament und dem »Judentum bis zum heutigen Tag« an und
schreibt ihm auch die »Erhaltung des Judentums« zu. Er wendet sich aber
gegen die sich daraus ergebende »Verpflichtung, ja nicht einmal Berechtigung, nun ohne weiteres in das Alte Testament hineinzusehen, was wir an
dem Judentum der Gegenwart beobachten zu können glauben«[106]. Wer damals sorgfältig zu lesen und zu hören vermochte, der dürfte den Abstand
solcher Formulierungen zu den vorherrschenden (s.o.) nicht übersehen oder
überhört haben. Für uns heute halte ich diesen Hinweis auf den lebensnot-
wendigen Zusammenhang zwischen den Juden und ihrer Bibel, unserem
Alten Testament, für um so wichtiger.

Ein weiteres Beispiel bietet J. Begrichs Würdigung der prophetischen
Kritik an den Mißständen ihrer Zeit und der daraus erwachsenen Konflikte. Für ganz entscheidend halte ich die nachdrücklichen Hinweise darauf,

103 H. *Vogel*, Acht Artikel evangelischer Lehre, in: K.D. *Schmidt*, a.a.O. S. 86. 80–89.
104 JK 2, 1934, S. 69.
105 Ebd. S. 69.
106 A. *Alt*, J. *Begrich*, G. v. *Rad*, Führung zum Christentum durch das Alte Testament, 1934,
S. 11–13.

»daß die Propheten sich aufs engste mit ihrem Volke verbunden wissen«[107].
Diese kritische *Solidarität* haben alle übersehen, die die Propheten zu Kronzeugen eines alttestamentlichen Antisemitismus haben machen wollen. –
Der Verzicht auf antijüdische Töne fällt mir vor allem in G.v. Rads Würdigung des nachexilischen Judentums auf. Er spricht zwar vom beginnenden
»Erlahmen der schöpferischen Kräfte« durch den Verlust »aller nationalen
Eigenexistenz«, würdigt aber diese Epoche unter dem Aspekt der »Aufnahme und Verarbeitung des ganzen großen Glaubenserbes« ebenso wie den
sich daran anschließenden »neuen Prozeß« der Auslegung, »der. . . bis heute
noch nicht abgeschlossen ist«[108]. Den Verzicht auf antijüdische Töne sehe
ich zusammen damit, daß v. Rad die nachdrückliche Erinnerung H. Scholz'
an Nietzsches Vorwurf von dem »unerhörten philologischen Possenspiel«
aufgreift – zu dieser Zeit dürfte die Berufung auf Nietzsche besondere Aufmerksamkeit geweckt haben! – und ernsthaft fragt, wem »dieses Erbe (des
AT) zufallen wird«[109]. Sachlich enthüllt diese Aussage die Diskrepanz zwischen historisch-kritischer Methode und christologischer Hermeneutik.
Solange diese einseitig zugunsten der letzteren aufgelöst wird – etwa im
Sinn des Vorzeichens vor der Klammer –, sind die Juden die Betroffenen;
denn die damit gesetzte Alternative – »gehört es (das AT) den Juden oder
gehört es der Kirche?« – läuft auf die traditionelle Ersetzungstheorie hinaus. Hier macht sich lutherisches Erbe bemerkbar[110]; allerdings klingt dieses Erbe nur eben an und läßt den im Mittelpunkt der Vorträge stehenden
geschichtlichen Aussagen ihr Eigengewicht. Das aber kommt den Juden zugute, sofern ich darin einen Fingerzeig erkenne, in welche Richtung heute
jener Ansatz zu entfalten ist.

5.5
Aus dem Rahmen aller damaligen Verteidigungen des Alten Testaments
fällt W. Vischers »Christuszeugnis des Alten Testaments« heraus. Sein
durch Luther und Calvin, näherhin durch K. Barths »theologische Exegese«
bestimmter Ansatz zeichnet sich bereits in seinem Aufsatz »Das Alte Testament und die Geschichte« (1932) ab. Er ist mir wichtig, weil Vischer durch
seine Forderung nach einer konsequent geschichtlichen Auslegung des Alten Testaments – unter der Voraussetzung der christologisch begründeten
Einheit beider Testamente – auf die Frage nach dem jüdischen Anspruch
auf das »Alte Testament« zu sprechen kommt. Er greift also die Provokation auf, die H. Scholz durch seine Erinnerung an jenes Nietzschewort aus-
gelöst hat, und stellt, »so gewiß das historische Christentum mit der Einheit der Testamente steht und fällt«, »die eine große Frage,

107 J. *Begrich*, ebd. S. 48; vgl. auch 46 u. 49.
108 G. *v. Rad*, ebd. S. 56(ff.) u. 66/67.
109 Ebd. S. (67/)68. Vgl. dazu o. Anm. 72.
110 Vgl. S. 53 Hinweis auf Luther.

... ob wirklich das Neue Testament die genuine Interpretation des Alten ist, ob wirklich, wenn die Juden es lesen, bis auf den heutigen Tag die Decke unaufgedeckt über dem Alten Testament bleibt... (2. Kor 3)«[111].

Seine Antwort gibt dem »talmudischen Anspruch auf das Alte Testament ... mit Nachdruck« recht, beansprucht ihn aber ausschließlich funktional für die christliche Dogmatik:

»Denn das Recht dieses Anspruchs ist der stärkste Beweis für die Wahrheit der Behauptung, daß nach der Schrift Jesus als Christus *getötet* werden mußte. Darin sind sich – so merkwürdig es klingt – Talmud und Neues Testament, Synagoge und Kirche einig. Aber während der Christ in Buße und Glauben in dieser Tatsache die Offenbarung seiner eigenen Sünde und der Barmherzigkeit erkennt, sieht sich der Jude durch diese Tatsache bestätigt in seinem Judentum. Das ist der Unterschied«[112].

Dieses Zitat enthält die ganze Ambivalenz von Vischers Dialektik: Einerseits erkenne ich hier den Ansatz, durch historisch-kritische Schriftauslegung den Anspruch der Juden auf ihre Bibel theologisch wahrzunehmen und anzuerkennen. Andererseits ist deutlich, daß dies ausschließlich aus christlicher Sicht geschieht und ohne Konsequenz für das Verhältnis zu den Juden bleibt. Zudem zeigt »der Unterschied« zwischen den Folgerungen, die Christ und Jude aus jenem »geschichtlichen« Tatbestand gezogen hätten, die ungleiche Wertung bis in die einzelnen Begriffe hinein. Damit kommt die Gefahr hinzu, daß Leser zumal nach 1933 die Dialektik nicht mehr begriffen und nur noch die ihnen vertrauten antijüdischen Töne wahrgenommen haben. Von Vischers Unterstellung hinsichtlich der geschichtlichen Zusammenhänge, die zur Kreuzigung Jesu als des Messias geführt hätten, sehe ich dabei ganz ab.

Die Frage nach antijüdischen Wirkungen wirft auch die Ausführung von Vischers Programm auf. Zunächst aber hebe ich in bewußter Beschränkung folgende Punkte heraus: Einmal hat er scharfsichtig das Ungenügen der bisherigen »kirchlichen Verteidigungen des Alten Testaments ... unter Mißbrauch eines Lutherworts ...« durchschaut[113]. Wichtiger ist mir sodann seine Gegenposition, »das Faktum ›Jesus Christus‹ ... aus der Einheit des Alten und Neuen Testaments« zu begreifen. Dadurch kann er dieses »Faktum« unter Berufung auf K. Barth streng eschatologisch verstehen; er wird auch der Eigenaussage der alttestamentlichen Texte insofern gerecht, als diese »nun einmal nicht rückwärts, sondern vorwärts zeigen«[114]. Zugleich hält er den Juden ihren Platz in der erst künftigen »Erfüllung« offen[115]. Der theoretische Ansatz, begründet in der eschatologischen Ausrichtung der

111 W. *Vischer*, Das Alte Testament und die Geschichte, ZdZ 10, 1932, S. 39/40. 22 – 42.
112 Ebd. S. 41.
113 W. *Vischer*, Das Christuszeugnis des Alten Testaments I, 1934, S. 31.
114 Ebd. S. 35. Vgl. zur eschatologischen Sicht vor allem das ausführliche Zitat von K. Barth auf S. 27/28.
115 Vgl. S. 26–29, aber auch S. 39/40.

Christologie und der von daher konzipierten Zusammenschau der Testamente, bildet den Maßstab, an dem ich messe, wie konsequent Vischer sein Programm durchgeführt hat. Dabei fällt mir vor allem auf, daß die durchgängigen Widersprüche zur historisch-kritischen Auslegung der Texte mit dem Ergebnis zusammenfallen, zu dem seine Auslegungen de facto führen: ».. . daß das Alte Testament den Juden entrissen wird«[116]. Damit aber erweist sich die christologische Klammer doch als so eng, daß weder der Eigenaussage des Alten Testaments noch dem jüdischen Anspruch darauf Raum bleibt. Dazu paßt die Beobachtung, daß Vischer bei seiner Übernahme von entsprechenden Ausführungen aus seinem o.g. Aufsatz von 1932 die Passagen zum jüdischen Anspruch auf das »Alte Testament« ausläßt[117]. Wegen der darin enthaltenen antijüdischen Wirkung ist allerdings diese Auslassung auch wiederum ambivalent zu sehen[118]. Unter dem Strich bleibt zu resümieren: Damals hat sich Vischers Programm eher nachteilig auf das Verhalten der Kirche in der »Judenfrage« ausgewirkt. Das offenbart ebenso seine Mängel vor allem in der Durchführung wie die Richtung, in der seine Ansätze heute weiterentwickelt werden müssen. In dieser Richtung konvergieren konsequente eschatologische Ausrichtung der Christologie, Hören auf die Eigenaussage des Alten Testaments in der Zusammenschau mit dem Neuen und Anerkennung des jüdischen Anspruchs auf das »Alte Testament«.

5.6

Abschließend führe ich zwei Positionen an, von denen zumindest die zweite ihre volle Wirkung auf die hermeneutische Diskussion erst nach dem Krieg entfaltet hat; im ersten Fall gilt es nur für die darin enthaltenen Ansätze. Das weckt die wichtige Frage, ob allein solcher Befund und die Integrität der Autoren die grundsätzliche Freiheit von Antijudaismen gewährleisten.

Zu den Erweiterungen der 3. Auflage des Sammelbandes »Die Nation vor Gott. Zur Botschaft der Kirche im Dritten Reich«, in dem es »um das theologische Wort der Kirche zu den inneren Fragen der nationalen Wiedergeburt geht«[119], gehört der Beitrag von F. Baumgärtel. Er dient der »Kritik und Richtigstellung . . . der Neubesinnung auf Wesen und Gesetz des Volkstums«[120]; damit sind die aktuellen Bezüge deutlich. Unter Berufung auf Luther geht er von der Einheit der Testamente in der Gottesfrage aus, ausdrücklich unter Einschluß der dunklen Seiten[121]. Das Eigene und Neue

---

116   V. Haag, Vom Eigenwert des Alten Testaments, ThQ 160, 1980, S. 9. 2–16.
117   Vgl. im Aufsatz von 1932 a.a.O. S. 39ff. mit »Christuszeugnis« . . . S. 32f.
118   Ebenso ambivalent ist Vischers Verweis auf das »an mehreren Stellen (seiner Auslegung) sich unverabredet ereignende Zusammentreffen mit einem jüdischen Ausleger« (M. Buber) angesichts seiner Aussagen in Anm. 55 S. 39 u. 40 vgl. auch S. 38 (»Christuszeugnis«).
119   Hg. v. W. Künneth u. H. Schreiner, 1933, ³1934, Vorwort S. 5/6.
120   Vorwort 3. Aufl. ebd. S. 8.
121   F. Baumgärtel, Das Alte Testament, ebd. S. 100/101 (97–114).

sehe ich darin, daß er die Verschränkung von geschichtlicher und existentialer Sichtweise bei Luther voll zur Geltung bringt, d.h. daß er die »Wegbereitung« auf Christus hin, die er geschichtlich im Alten Testament findet, gleichsetzt mit der existentiellen »Wegbereitung« im eigenen Christsein[122]. Dieser Gedanke gibt ihm die Möglichkeit, die kritische Funktion des Alten Testaments in der aktuellen Situation darzulegen[123]. Dabei fällt mir auf, daß sich Baumgärtel mit antijüdischen Urteilen auffallend zurückhält; allenfalls identifiziert er die gegenwärtige Gefahr, »das Volkstum zu unserem Gott zu machen«, als diejenige, »die dem israelitischen Volk so verhängnisvoll geworden ist«[124]. – Der heutige Blick fällt schließlich darauf, wie Baumgärtel die Verwurzelung Christi in seinem »völkischen Lebensgesetz« und die Unmöglichkeit betont, beide auseinanderzureißen. Die streng geschichtliche Beschränkung auf das Judentum zur Zeit Jesu hatte damals gute Gründe. Heute erkenne ich darin die Gefahr, daß unter ganz anderen Voraussetzungen das gegenwärtige Judentum dem christlichen Blick entschwindet und sich erneut verlassen und bedroht fühlt.

R. *Bultmanns* programmatischen Aussagen über »die Bedeutung des Alten Testaments für den christlichen Glauben«, 1933 veröffentlicht, messe ich insofern besondere Aufmerksamkeit bei, als er selbst angesichts seines mutigen Eintretens für die Juden[125] über den Verdacht einer antijüdischen Haltung erhaben ist und seine Aussagen zur Hermeneutik des Alten Testaments einschließlich ihrer möglichen antijüdischen Implikationen unverändert nach 1945 weiter vertreten und ausgebaut hat. Daraus entnehme ich, daß mögliche Zusammenhänge zwischen theologisch begründeten Antijudaismen und dem, was den Juden zwischen 1933 und 1945 widerfahren ist, außerhalb seines Bewußtseins gelegen haben. Wie aber sieht das im Blick auf die Betroffenen aus heutiger Sicht aus?

Die entscheidenden Punkte seiner auf Luther zurückreichenden Position liegen in der Zusammenfassung seines Beitrags[126]. Darin erkenne ich die radikale Konsequenz aus der »*echt geschichtlichen Fragestellung* ...«, die das Alte Testament unter der Frage interpretiert, *welche Grundmöglichkeit menschlichen Daseinsverständnisses in ihm Ausdruck findet*«[127], und der Entmythologisierung des Neuen, die »*die eschatologische Tat Gottes*« in Jesus Christus aus aller geschichtlichen Analogie, damit auch aus der Geschichte Israels, herauslöst[128].

Innerhalb dieses methodischen Rahmens bringt Bultmann nun die exi-

---

122 Ebd. S. 106/107.
123 Vgl. ebd. S. 107–111.
124 Ebd. S. 111.
125 Vgl. v. a. seine Bemerkungen über »Die Aufgabe der Theologie in der gegenwärtigen Situation« zu Beginn seiner Vorlesung im Sommersemester 1933, ThBl 12, 1933, S. 161–166, speziell S. 166.
126 R. *Bultmann*, Die Bedeutung des Alten Testaments für den christlichen Glauben, GuV I, 1933, ⁶1966, S. 336 (313–336).
127 Ebd. S. 318.
128 Ebd. S. 332.

stential-dialektische Zuordnung von Gesetz *und* Evangelium im Sinn Luthers ebenso zur Geltung wie die durch historisch-kritische Auslegung ermittelte Eigenaussage des Alten Testaments. Für die »Judenfrage« wirkt sich das höchst zwiespältig aus: Einerseits gibt er in dem Maß, in dem er zwischen Altem und Neuem Testament »grundsätzlich« trennt[129], den Juden ihre Bibel zurück. So erkennt er dem Alten Testament Offenbarungscharakter und die Bezeugung von Gesetz *und* Evangelium »für die Juden« auch in präsentischer Geltung zu[130]. Andererseits sind damit die theologische Verwerfung des alttestamentlichen Heilsverständnisses und das »An-sich-Reißen« des Alten Testaments für christliches Offenbarungsverständnis allein unter dem Aspekt des Gesetzes verbunden[131]. Unter diesem Blickwinkel rückt nun die Absage an das alttestamentlich-jüdische Heilsverständnis in höchst bedenkliche Nähe zur Absage an deutsch-christliche Theologie: Der Satz »In Israel setzte sich Gottes Gnadenwirken in den einzelnen Führern und Propheten fort, die Gott jeweils erweckte«[132] läßt die damals aktuelle Frontstellung deutlich durchschimmern; die betreffenden Begriffe brauchen nur durch die entsprechenden ersetzt oder gefüllt zu werden, und Juden und Deutsche Christen finden sich im gleichen theologischen Topf und unter dem gleichen Verdammungsurteil wieder. Was Bultmann wohlweislich nicht ausgesprochen hat, haben andere getan – gerade auch an der Bekenntnisfront[133].

Soweit christliche Bibelwissenschaft sich bis heute Bultmanns Hermeneutik verpflichtet weiß, sind auch die antijüdischen Implikationen und Folgerungen darin eingeschlossen. Als den springenden Punkt verstehe ich dabei die existentiale Verwendung geschichtlich-politischer Begriffe und Befunde aus dem Alten Testament und dem Judentum. Damals hat die existentiale Interpretation die politische Ummünzung nicht verhindert. Diese Erfahrung gilt es heute auszuwerten.

5.7

Überblicke ich die berührten Äußerungen, so fällt mir zunächst das Ausmaß auf, in dem auf Luther rekurriert wird. Soweit das der Abwehr antisemitischer Angriffe auf das Alte Testament dient, bewähren sich die strenge Trennung von Hochschätzung des Alten Testaments und Antijudaismus bei Luther und beider christologische Begründung als Leitschnur. Für die »Judenfrage« ist dabei entscheidend, wie die antijüdische Komponente jeweils zur Geltung kommt: Das Spektrum reicht von der Mischung mit antisemitischen Tönen (Hertzberg) bis zum Verzicht auf jede aktuelle, belastende Anspielung (Alt). Ansätze zur Überwindung antijüdischer Implikationen und Folgerungen aus dem Erbe Luthers finde ich dort, wo gemäß histo-

---

129   Unter dem Aspekt der »Gnadenerweise Gottes« ebd. S. 332.
130   Vgl. ebd. S. 333.
131   Ebd. S. 332 u. 333.
132   Ebd. S. 333.
133   Vgl. dazu oben E. Wolf S. 332f.

rischer Fragestellung auch nach dem jüdischen Anspruch auf das »Alte Testament« und seinem Recht gefragt wird (v. Rad) und wo die eschatologische Komponente im Verhältnis von Verheißung und Erfüllung zur Geltung kommt (W. Vischer). Beide Ansätze bestätigen mit ihrer Distanz zu Luther, wie sehr in den Auseinandersetzungen um das Alte Testament die Beschwörung Luthers gerade den Verteidigern des Alten Testaments ihren Blick für die Bedrohung der Juden getrübt oder verstellt hat. Luthers Hochschätzung des Alten Testaments entpuppt sich damit als ebenso antijüdisch wie seine Christologie, die sie begründet: In dem Maß, in dem der christliche Glaube das Alte Testament »an sich reißt« (Bultmann), geht den Juden ihre Bibel verloren oder wird ihnen ein Verständnis überlassen, das in einem ausschließlichen Gegensatz zum christlichen steht.

6
Resümee und Folgerungen aus heutiger Sicht

6.1
»Der Antisemitismus der NSDAP hatte die Evangelische Kirche ungerüstet gefunden«[134]. Zu den verschiedenen Gründen, speziell auch theologischen Gründen[135], rechne ich ausdrücklich Luthers Erbe hinzu, das 1933 allenthalben beschworen wurde. Sein Anteil am traditionellen Antijudaismus hat wesentlich dazu beigetragen, daß dessen Zusammentreffen mit der Rassenideologie und -politik des Dritten Reiches die Wahrnehmungsfähigkeit von Kirche und Theologie für die tödliche Bedrohung der Juden beeinträchtigt und ihren Widerstand dagegen geschwächt oder gar verhindert hat.

6.2
Ausmaß und Intensität, wie sich die verschiedenen Seiten in ihren verschiedenen Äußerungen zur »Judenfrage« auf das Erbe Luthers berufen haben, machen die Frage unausweichlich: Reichen die Kategorien des Mißverständnisses oder Mißbrauchs aus, um der damaligen Lutherrezeption Genüge zu tun und Luther selbst aus dem Spiel zu lassen? Art und Umfang solcher Berufungen, die auch von hoher Fachkompetenz getragen wurden (W. Holsten, H. Bornkamm, E. Vogelsang, aber auch E. Wolf), begründen das Nein auf diese Frage. Bestätigend kommen einmal die »Gegenprobe« hinzu, d.h. positive Äußerungen für die Juden, die entweder direkt über Luther hinausgehen oder sich gerade nicht auf ihn berufen, und zum andern der Befund, daß die Beanspruchungen Luthers sich nicht auf seine eigentlichen Judenschriften beschränken.

---

134 *J. Beckmann*, KJ 1945–48, 1950, S. 222.
135 Vgl. z.B. *K. Meier*, Kirche und Judentum, 1968; *K. Scholder*, Die Kirchen und das Dritte Reich I, 1977, S. 322–354; *E. Busch*, Juden und Christen im Schatten des Dritten Reiches, ThExh 205, 1979.

6.3

Die Durchsicht der ausgewählten Zeugnisse beweist, daß alle entscheidenden Streitpunkte, um die der Kirchenkampf entbrannt war, gerade im Sinn Luthers die »Judenfrage« treffen und damit ihre zentrale theologische Stellung beleuchten. Nur wenige haben das jedoch erkannt und daraus die Konsequenz gezogen, daß die »Judenfrage« die Kirche vor die Bekenntnisfrage stellte (D. Bonhoeffer, H. Ehrenberg). Von den berührten Streitfragen seien hier noch einmal folgende herausgehoben:

6.3.1

An den Anfang gehört die Frage nach der Offenbarung Gottes, ihrem Verhältnis zu natürlichen Gegebenheiten wie Geschichte, Gesetz, Schöpfung. Hier hat die bei Luther belegbare Gleichsetzung von Mosegesetz und natürlicher Gotteserkenntnis gerade auf seiten der Bekenntnisfront zur Gleichsetzung von jüdischem und deutsch-christlichem Glaubensverständnis geführt. – Auf der Gegenseite geraten unter der Bedingung, daß Volkstum und Rasse einen eigenen theologischen Stellenwert gewonnen haben, jüdischer und deutscher Gottesglaube in tödlichen Gegensatz. Die Ersetzungstheorie hat hier eine Ausweitung und Zuspitzung erfahren.

6.3.2

Die exklusive Christologie zeigt sich sowohl in der Ausklammerung der Vorgeschichte und des Bundes in der Beanspruchung des Ersten Gebots (E. Wolf) als auch in der Beschränkung der Heilsgeschichte auf das biblische Israel.

6.3.3

Das Luthers antijudaistische Aussagen kennzeichnende präsentische Moment seiner Eschatologie hat insofern auch auf der Bekenntnisseite nachgewirkt, als die Israelkapitel Röm 9–11 mit ihrem Ausblick auf die endgültige Rettung ganz Israels in zahlreichen Äußerungen zur »Judenfrage«, speziell zum Arierparagraphen, in der Kirche ausgeklammert worden sind (Marburger Fakultätsgutachten).

6.3.4

Als lutherisches Erbteil hat sich durch alle kirchenpolitischen Fronten gegen die »Deutschen Christen« hindurch die Trennung von staatlicher und kirchlicher Zuständigkeit in der »Judenfrage« erwiesen. Das mußte die Juden um so härter treffen, als Kirche und Theologie dem wachsenden Druck nachgaben und die gen. Trennung desto schärfer zogen. – Nur bei wenigen kann ich insofern einen Zusammenhang zwischen ihrer Prägung durch Luthers Obrigkeitslehre und ihrer Betroffenheit erkennen, als sie die Willkürmaßnahmen des Staates gegen die Juden als Verletzung seiner gottgeordneten Aufgabe angeprangert haben (Bonhoeffer, v. Pechmann).

6.3.5

Alle gen. theologischen Punkte werfen Licht auf die Bedeutung, die das Erbe Luthers für die am Kirchenkampf Beteiligten hatte, und damit auch auf dieses Erbe selbst. Sie werden getragen von der o.g. Verschränkung der heilsgeschichtlich-positivistischen und der existential-hermeneutischen Perspektive. Im Blick darauf erfüllen die Einsichten aus dem Kirchenkampf ihre wichtigste hermeneutische Funktion: Selbst die Auflösung jener Verschränkung und die Beschränkung auf die existential-hermeneutische Sichtweise (R. Bultmann) haben die stete Möglichkeit gelassen, daß jüdischer Glaube und jüdische Wesensart als negatives Demonstrationsobjekt fungierten. Damit aber blieb auch die Möglichkeit stets gegenwärtig, daß ausschließlich theologisch gemeinte antijüdische Aussagen wider Willen ihrer Autoren in politische umgemünzt wurden. Diese Einsicht veranlaßt die Frage, wie solches überhaupt verhindert werden kann.

6.4

Einzelne Ansätze, die auch Lutheraner – wenn auch eher unausgesprochen – über Luther hinaus entwickelt haben, weisen mir die Richtung: »Reformatorischer« Umgang mit dem Erbe Luthers. Das wird um so eher gelingen und darüber wird um so eher Einvernehmen zu erreichen sein, wenn sich Anhaltspunkte bei Luther selbst finden und mit den Einsichten aus dem Kirchenkampf verknüpfen lassen.

6.4.1

Meine Überlegungen setzen bei der Verschränkung der heilsgeschichtlich-positivistischen und der existential-hermeneutischen Perspektive ein. Da ihre Auflösung weder antijüdische Auswirkungen verhindert noch aus biblisch-theologischen Gründen vertretbar ist, führt sie nicht weiter. Nur eine neue Bestimmung der biblisch-geschichtlichen Sicht – wie ich jetzt sage – kann verhindern, daß die Juden überhaupt in jener repräsentativen Funktion »gebraucht« und daß unter der Hand ausschließlich theologisch intendierte Aussagen zu politischen und als solche wirksamen werden.

6.4.2

Heute herrscht Einvernehmen darüber, daß im Zuge der ökumenischen Verständigung die »Papisten« aus der antichristlichen Front Luthers ausgeschieden sind. Die nächstliegende Konsequenz, Gleiches im Verhältnis von Christen und Juden zu erreichen, stößt auf den Widerstand, den Christen dazu in ihrer Bibel und ihrem (bisherigen) Verständnis erblicken. Die Bibel scheidet so lange als eine Verständigungsbasis aus, als das Neue Testament allein das christliche Bibelverständnis bestimmt. Ganz im Sinn Luthers setzen darum alle »reformatorischen« Überlegungen bei der Bibel und ihrem Verständnis an.

6.4.3

Um Luthers in seiner Hermeneutik, speziell des Alten Testaments, begründeten Antijudaismus zu überwinden, schafft sein Grundaxiom »sola
scriptura« die Basis, sofern es unter den Bedingungen und Möglichkeiten
historisch-kritischer Auslegung gehandhabt wird. Dadurch wird das Alte
Testament aus der einseitigen, christozentrischen Blickrichtung gelöst und
seine Eigenaussage vernehmbar. Die theo-logische Berücksichtigung der
Eigenaussage des Alten Testaments erscheint mir geeignet, um das bislang
durch den christlich-jüdischen Gegensatz belastete Verhältnis »Altes Testament« / christliche und jüdische Auslegung aufzusprengen, die christliche
Auslegung zu relativieren, im gleichen Maß die eschatologische Offenheit
für den christlichen Ausleger deutlicher sichtbar zu machen und zu stärken
sowie der jüdischen Auslegung ihr Recht zu geben.

6.4.4

Historisch-kritische Auslegung bestätigt einerseits die Berufung Luthers
auf das Alte Testament und seinen Schriftbeweis, soweit es dessen Intention anbelangt: Sie steht in vollem Einklang mit dem Neuen Testament. Historisch-kritische Auslegung widerspricht andererseits der Durchführung
des Schriftbeweises – bei Luther wie im Neuen Testament – und damit vor
allem Luthers Folgerung, daß die biblischen Verheißungen für Israel selbst
erledigt seien. Sofern christlicher Glaube unter theologischer Berücksichtigung historisch-kritischer Forschung dem jüdischen Anspruch auf das »Alte Testament« recht gibt und sofern er selbst an jener neutestamentlichen
Intention festhält, bleibt der christliche Anspruch wohl in Spannung zum
jüdischen, läßt sich aber von diesem nicht mehr trennen und schon gar
nicht gegen ihn ausspielen. Der Gedanke der Teilhabe sowohl an den biblischen Verheißungen als auch an ihrer endgültigen Erfüllung erhält damit
sein theologisches Recht.

6.4.5

Unter den Bedingungen und Möglichkeiten historisch-kritischer
Schriftauslegung gewinnt die Art, wie Luther sich die Bekehrung der Juden, nämlich als Rückkehr zu ihren eigenen Vätern, vorgestellt und wie er
im Zusammenhang damit vom eigenen »Jude-Werden« gesprochen hat[136],
eine neue Bedeutung: Unsere heutigen geschichtlichen Kenntnisse von den
biblischen Vätern wie auch vom Judentum zwingen zur kritischen Über-
prüfung des Ausmaßes, in dem Luther den Abstand zwischen den Juden
und ihren eigenen Vätern gesehen hat. Wahrnehmung und Berücksichtigung des jüdischen Selbstverständnisses können damit den gleichen Weg
ebnen, der zu einem neuen Verhältnis wie zu den »Papisten« so auch zu den
Juden führt.

---

136 Vgl. Wider die Sabbather an einen guten Freund, 1538, WA 50, S. 323f. 309–337.

6.4.6

»Daß Jesus Christus ein geborner Jude sei« – diesen schockierenden Titel von Luthers Schrift aus dem Jahre 1523[137] hatten 1933 nicht alle Lutheraner vergessen. Hätten sie damals Luthers Aussagen zum Verhalten gegenüber den verfolgten Juden beachtet, wäre Juden vielleicht einiges erspart geblieben. Gerade diese Überlegung aber zwingt mich, jenen programmatischen Satz über Luthers Folgerungen hinauszuführen. Bei Bonhoeffer und einigen anderen habe ich dazu Gedanken gefunden, die mir die Richtung zeigen: Es geht darum, das Verhältnis von Erwählung Israels und Messianität Jesu einmal wechselseitig zu verstehen und zum anderen dadurch eschatologisch offen zu halten. Das messianische Bekenntnis zu Jesus setzt die Erwählung Israels voraus, bestätigt sie zugleich und die darin für Israel und die Völker enthaltenen, noch uneingelösten Verheißungen.

6.4.7

Unter der existentialen Perspektive finde ich bei Luther zwei Gedanken, an die ich anknüpfe, die ich dann aber auch weiterführen möchte: Ich denke einmal an Luthers Betroffenheit über das Ausmaß des Zornes Gottes, das er im Geschick der Juden erkannte. Dazu finden sich Andeutungen in Richtung Theodizeefrage[138]. Könnte Luther alles das, was den Juden nach 1933 angetan worden ist, noch in seine Aufrechnung gegen ihre eigene Schuld aufnehmen? Zum anderen knüpfe ich an jenen Gegenpol an, den Luther selbst in seinen späten Judenschriften noch festgehalten hat: Das Bewußtsein der Solidarität mit den Juden in der Schuld vor Gott. Luther war von der Angst getrieben, die Christen könnten sich in der Duldung der Juden »frembder Sünde teilhafftig« machen[139]. Wie würde Luther heute von der Schuld der Christen sprechen, mit der sie sich an den Juden versündigt haben? Wie sähe heute die kirchen- und selbstkritische Komponente seiner Äußerungen zur »Judenfrage« aus?

6.5

Zum Schluß bleibt die bedrückende Frage, ob das Schicksal der Juden während des Dritten Reiches auch zum Erbe Luthers zu rechnen sei. Ich habe Verständnis für diejenigen, die sie bejahen[140]. Es beschämt und ermutigt

137 WA 11, S. 314–336.
138 Vgl. seine Bemerkung aus den Tischreden vom Winter 1542/43, WA TR 5, S. 235 nr. 5554 a, zit. bei W. *Bienert*, Martin Luther und die Juden, 1982, S. 127.
139 Als Musterbeispiel dient mir seine »vermanung wider die Juden«, die er seiner letzten Predigt am 15. 2. 1546 in Eisleben angefügt hat, vgl. insbesondere den Schluß WA 51, S. 196. 195–196.
140 Vgl. z.B. P. *Karalus* in seinem Fernsehfilm »Erstlich, daß man ihre Synagoge oder Schule mit Feuer anstecke . . .«. Vgl. dazu seine Erläuterungen in: Martin Luther. Reformator – Ketzer – Nationalheld? Materialien zu Fernsehsendungen in ARD und ZDF, Goldmann TB Nr. 6443, 1983, S. 223–240. – Vgl. aber auch *H.A. Obermans* Kommentar zu Luthers Anweisungen an die Obrigkeit aus seiner Schrift »Von den Juden und ihren Lügen« (1543) als einem »Programm, das getrost als Aufruf zum Pogrom bezeichnet werden darf« (Luther. Mensch zwischen Gott und Teufel, 1981, S. 306).

mich zugleich, wenn ein Jude sich damit nicht zufrieden gibt[141]. Für entscheidend aber halte ich, daß die Antwort in der einen wie in der anderen
Richtung zu Konsequenzen führt, die vor Kritik und »Reform« am Erbe Luthers nicht haltmachen[142]. Maßstab und Ziel weist mir die jüdische Stimme, daß Juden hinter der »kleinen, eisernen Tür der Luther-Festung: sei-
ne(r) Stellung zum Juden und zum Judentum«[143] nicht mehr nur die »Folterkammer« sehen.

141   A. *Friedlander*, in diesem Band S. 289–300.
142   Vgl. etwa Votum des Theol. Ausschusses der Ev. Kirche der Union »Kirche als ›Gemeinde von Brüdern‹«, Barmen III, Band 2, ²1981, S. 99/100. Vgl. jetzt auch die von der VII. Vollver-
sammlung angenommene Erklärung des Lutherischen Weltbundes zu »Luther, das Luthertum
und die Juden« vom 1.8.1984 in Budapest, die sich auf die Ergebnisse des jüdisch-lutherischen
Dialogs vom Juli 1983 in Stockholm stützt. Vgl. LWI 32/83, S. 17/18 und epd-Pressedienst ZA
Nr. 148 vom 2.8.84, S. 4. Vgl. dazu auch das Plenarreferat des Generalsekretärs des jüdischen
Weltkongresses: *G.M. Riegner*, Die Kirche und das jüdische Volk, epd-Dokumentation 34/84,
S. 70–73.
143   *Friedlander*, a.a.O. S. 295–297.

Leonore Siegele-Wenschkewitz

Wurzeln des Antisemitismus in Luthers theologischem Antijudaismus

Das Lutherjahr 1983 hat Heiko A. Oberman als erstem den aktuellen Anlaß gegeben, sich wieder mit dem Thema *Luther und die Juden* zu beschäftigen. Er hat damit ein in unseren Tagen ungeliebtes Thema aufgegriffen. Um so dankenswerter ist es, daß er die Mühe und Anstrengung auf sich genommen hat, in minutiöser historischer Forschung dieses wichtige und folgenreiche Thema von den Quellen her anzugehen. Seine Arbeit an diesem komplexen Gegenstand dokumentiert sich in mehreren Veröffentlichungen. Ich beziehe mich in den folgenden Ausführungen insbesondere auf die gedruckt vorliegenden Publikationen[1], die in der 1981 erschienenen Monographie *Wurzeln des Antisemitismus. Christenangst und Judenplage im Zeitalter von Humanismus und Reformation* zusammengefaßt sind. Neue Ansätze gegenüber den gedruckten Beiträgen hat Obermans Vortrag geboten, den er während des Mülheimer Symposiums hielt. Ich werde im gegebenen Fall darauf aufmerksam machen.

In Obermans Untersuchungen werden die Probleme, vor die die Forschung ebenso wie die gegenwärtige Lutherrezeption in den Kirchen sich gestellt sieht, in aller Deutlichkeit sichtbar. Ihrer grundsätzlichen Bedeutung wegen haben mich Obermans Arbeiten dazu angeregt, den hermeneutischen Fragen nachzugehen, die mit der Behandlung dieser Thematik verbunden sind. Wenn heute nach Luthers Haltung zu den Juden gefragt wird, steht dieses Fragen im Gesamtzusammenhang des Problems *Deutschland und die Juden*, ja spezifischer noch: hat dieses Fragen seinen Platz in der Standortbestimmung des christlichen Glaubens, der christli-

1 H.A. *Oberman*, Three Sixteenth-Century Attitudes to Judaism: Reuchlin-Erasmus-Luther, in: Jewish Thought in the Sixteenth Century, hg. v. Isadore Twersky, Cambridge Mass. (im Druck), Zweitfassung als: Die Juden auf der Wende zur Neuzeit, Teil I des Buches: Wurzeln des Antisemitismus, 1981, 23–83; *ders.*, Zwischen Agitation und Reformation: Die Flugschriften als »Judenspiegel«, in: H.J. *Köhler* (Hg.), Flugschriften als Massenmedium der Reformationszeit, Stuttgart 1981, 269–289, Zweitfassung als: Von der Agitation zur Reformation. Der Zeitgeist im »Judenspiegel«, Teil II des Buches: Wurzeln des Antisemitismus, 85–122; *ders.*, Luthers Beziehungen zu den Juden: Ahnen und Geahndete, in: H. *Junghans* (Hg.), Leben und Werk Martin Luthers von 1526 bis 1546, 2 Bde., Göttingen 1983, I 19–30, II 894–904, in diesem Sammelband wiederabgedruckt als: Die Juden in Luthers Sicht (136–162), abgek. als: Die Juden; *ders.*, Wurzeln des Antisemitismus. Christenangst und Judenplage im Zeitalter von Humanismus und Reformation, Berlin 1981.

chen Kirchen gegenüber den Juden im christlich-jüdischen Gespräch. Hier kommt die Wirkung der Äußerungen und Schriften des Reformators in der Geschichte der reformatorischen Kirchen, die Wirkung von Luthers Äußerungen über die Juden auch auf judenfeindliche Politik und Politiker bis in unser Jahrhundert in den Blick. »Wir schreiben Geschichte nach dem Nazimassaker«, schreibt Oberman. »Wir alle stehen so sehr im Bann jener alptraumhaften Schrecken, daß es schwer ist, im Schattenbereich der Geschichte klar zu urteilen und Recht zu sprechen auf der Grenze zwischen aggressiver Anklage und beschönigender Erläuterung« (17)[2]. Andererseits ist es Aufgabe von Historikern, hinter die Wirkungsgeschichte zurückzugehen und Luther zuerst einmal im Kontext seiner Zeit zu sehen, das Profil seines Denkens nachzuzeichnen. Deshalb stellt Oberman Luther neben Reuchlin und Erasmus; deshalb nimmt er die Umbruchs- und Neuorientierungsepoche von Humanismus und Reformation in den Blick und kommt so zu dem Schluß: das Problem »Deutschland und die Juden« weitet sich aus, zumindest zu dem Problem »Europa und die Juden«: »Europa bedarf sogar der kollektiven Anamnese, der schmerzhaften Aufarbeitung von Geburt und Wachstum seiner Neuzeit. Denn es geht nicht um eine deutsche Vergangenheit, die, einmal bewältigt, uns ein für allemal befreit und Europa in die Zukunft entläßt« (18).

Die beiden beschriebenen hermeneutischen Grundsätze, daß Kirchenhistoriker sich bewußt sind, daß sie nach Auschwitz Geschichte treiben, daß sie, indem sie sich mit dieser Thematik beschäftigen, in die aktuelle theologische Diskussion des Verhältnisses von Kirche und Israel eingreifen und zugleich den historischen Luther in seiner Begrenztheit und zeitlichen Distanz ernst nehmen wollen, schaffen eine spannungsvolle Situation, die das gesamte Buch durchzieht.

Oberman unternimmt den Versuch, den historischen Luther strikt von seiner Wirkungsgeschichte zu trennen. Denn er ist der Ansicht, daß die Kriterien, mit denen Luther durch eben diese Wirkungsgeschichte gemessen wird, dem historischen Luther nicht gerecht werden. »Alle historische Forschung ist von vornherein überflüssig«, betont er, »wenn wir die darwinistische Selektionstheorie und die spätere Rassenideologie auf die vergangene Zeit zurückprojizieren und meinen, die Vergangenheit so von angeblich höherer Warte aus durchschauen zu können« (136). Er möchte die Perspektive umdrehen: »Ein ganz anderes Gesicht zeigt das 16. Jahrhundert, wenn man bereit ist, hinter dem Geschichtsablauf, hinter Daten und Ereignissen, nach Motiven und Beweggründen, nach Hoffnungen und Ängsten Ausschau zu halten« (87). Der Perspektivenwechsel beinhaltet auch, daß sich die Geschichtsbetrachtung ganz auf die Seite der Christen konzentriert: Welche Motive und Beweggründe, welche Hoffnungen und Ängste fanden sich bei den Christen des 16. Jahrhunderts?

---

2 Die Zahlenangaben in Klammern beziehen sich auf die zusammenfassende Monographie: Wurzeln des Antisemitismus.

Es werden nicht nur die judenfeindlichen Äußerungen der Christen von ihrer traditionsbildenden Wirkung auf die folgenden Jahrhunderte getrennt, sondern auch von ihrer unmittelbaren Wirkung auf die zeitgenössische Judenschaft. Luthers Haltung zu den Juden wird aus ihm selbst, aus der christlichen Tradition, in der er stand, aus seiner Theologie und aus seinem subjektiven Empfinden erklärt und plausibel gemacht. Es wird nicht danach gefragt, ob das, was Luther über die Juden sagt, mit dem Selbstverständnis, mit der tatsächlichen Lage der Juden übereinstimmt. Es wird kaum beschrieben (jedenfalls liegt hier nicht ein zentrales Interesse), wie Luthers Äußerungen über die Juden die Lage der Juden beeinflußt haben.

Diese entschlossene methodische und inhaltliche Begrenzung führt Oberman durch, um, wie er sagt, der »»Brunnenvergiftung‹ der aktuellen Geschichtsschreibung«, der »Geschichtsverfälschung durch Geschichtsbewältigung« zu entgehen. »Das heutige Ringen um die Vergangenheit zwingt uns zu der Erkenntnis«, konstatiert er, »wie heikel das Unterfangen ist, die oft verschwiegene Holocaust-Dimension so zu verarbeiten, daß man ihr voll ins Gesicht sieht, ohne die Endlösung als das immer schon angelegte, unentrinnbare Ziel besonders der deutschen Geschichte festsetzen zu wollen«. Als die Aufgabe, die er sich gesetzt hat, beschreibt er: »Entscheidend ist, ob es gelingt, nicht schuldbewußt, sondern quellenbewußt Geschichte zu schreiben. Keine schlechtere Geschichtsschreibung als dort, wo das schlechte Gewissen die Feder führt« (88).

Im folgenden soll nun an den Hauptthesen und wichtigsten Ergebnissen der Arbeiten von H.A. Oberman untersucht werden, wie er die doppelte Aufgabe, die er sich vorgenommen hat, nämlich der »Holocaust-Dimension voll ins Gesicht zu sehen« und dabei »nicht schuldbewußt, sondern quellenbewußt Geschichte zu schreiben«, gelöst hat. Seine Beiträge werden in den Zusammenhang der spezifischen Forschungstradition zum Thema »Luther und die Juden« eingebettet, beziehen sie sich doch auf die in der Forschung bisher diskutierten Fragen und gegebenen Antworten. Indem Oberman die vorliegenden Untersuchungen durchmusterte, zog er die Bilanz, daß die von der Forschung, insbesondere nach 1945, angegangenen Problemstellungen sich als Sackgassen erwiesen haben. »Im ›Bewältigungstheater‹ sind die Rollen längst vergeben und fest eingespielt. Es besteht ein respektabler Konsens, was der gute Bundesbürger zu bekennen hat und wessen der unbelehrbare Deutsche zur Zeit nicht öffentlich huldigt« (18). So versucht Oberman, diese Grundmuster zu verlassen und die Diskussion auf eine neue Ebene zu bringen. Insofern gewinnen wir, indem wir uns mit seinen Arbeiten auseinandersetzen, eine Bilanz dessen, wie sich das Thema »Luther und die Juden« im Lutherjahr 1983 darstellt.

Oberman schickt seinen Untersuchungen zwei Bemerkungen voraus, die die Grundsätze seiner Untersuchungsmethode beleuchten. Die erste: Luthers Äußerungen über die Juden sind nur zu verstehen, wenn das Thema »Luther und die Juden« historisch erweitert wird zum Thema »Die Ju-

den im Zeitalter von Humanismus und Reformation«[3]. Deshalb stellt
Oberman neben Luther die Zeitgenossen Erasmus und Reuchlin, die Kontrahenten Eck, Murner und Pfefferkorn, die Weggefährten Jonas und A.
Osiander. Er erweitert das Thema so, daß er ausführlich die Sicht von Christen im Zeitalter von Humanismus und Reformation über die Juden beschreibt. Das Thema »Luther und die Juden« wird zum Thema »Die Juden
im Urteil von Humanismus und Reformation« erweitert. Der mehrdeutige
Titel »Die Juden im Zeitalter von Humanismus und Reformation«, unter
den er seinen Beitrag in der Festschrift über den alten Luther gestellt wissen
will, oder »Die Juden auf der Wende zur Neuzeit«, mit dem er Teil I seines
Buches *Wurzeln des Antisemitismus* überschreibt, ließe vermuten, daß den
Äußerungen und der Sicht der Christen die Lage und die Handlungen der
Juden gegenübergestellt würden, daß Männern wie Erasmus, Reuchlin und
Luther der »Führer der deutschen Judenschaft«, Josel von Rosheim, beige-
sellt würde, daß also Berührungspunkte zwischen Christen und Juden, wie
sie tatsächlich ja bestanden haben, aufgezeigt würden, daß die Wirkung der
christlichen Sicht auf das Geschick und die Geschichte der Juden mitbe-
dacht und dargestellt würde. Das jedoch geschieht nicht. Ungeachtet dieser
Titel, in denen die Juden als Subjekt erscheinen, sind in Obermans Darstellung die Juden nicht handelnde Subjekte.

Wohl charakterisiert Oberman die Situation der Juden im Zeitalter von
Humanismus und Reformation global mit dem Wort »Elend«. »Am Vorabend der Reformation konnte die Lage der Juden in Westeuropa zu Recht
mit dem Wort ›Elend‹ bezeichnet werden, das die althochdeutsche Sprache
als Äquivalent für ›Exil‹ geprägt hatte« (126). Doch trotz aller Vertreibungen und trotz des massiven Konversionsdrucks, der auf die Juden ausgeübt
wurde, sticht »nicht die soziale und politische Diskriminierung, sondern die
Identitätsstärke und Überlebenskraft der jüdischen Gemeinschaften . . . ins
Auge« (128). Damit hat Oberman eine Zustandsbeschreibung gewonnen,
und vor diesem gleichsam stehenden Bild sammelt und deutet er die Eindrücke, Bewertungen und Aktionen Luthers hinsichtlich der Juden und
vergleicht sie mit denen seiner Mitchristen. In Obermans Geschichtsbild,
das Luthers Haltung zu den Juden nachzeichnet, sind die Juden nicht Mit-
akteure oder Kontrahenten, sondern »sie liefern«, wie er verschiedentlich
explizit und unbefangen sagt, »das Anschauungsmaterial« (144) für eine
christliche Judenschau.

Das belegt auch der Untertitel seines Buches *Wurzeln des Antisemitismus*, der heißt: »Christenangst und Judenplage im Zeitalter von Humanismus und Reformation«. Im Hinblick darauf, wie Oberman das Thema angeht, müßte er heißen: Angst auf seiten der Christen vor vermeintlichen
Plagen von seiten der Juden; denn die Perspektive ist völlig auf die Christen
eingegrenzt.

Die zweite methodische Vorbemerkung sagt, daß die Judenfrage keine

---

3 Die Juden, 136f.

schwarze Sonderseite in Luthers Werk darstelle, sondern zentrales Thema seiner Theologie sei (125). Deshalb müsse sie in den Gesamtzusammenhang von Luthers Theologie zurückgeführt werden, einschließlich der von ihm festgeschriebenen mittelalterlichen Denkraster. Auch mit dieser methodischen Vorbemerkung ist eine wichtige Weichenstellung für die Behandlung des Themas vorgenommen: Es hat den Anschein, als mache Oberman den Weg dafür frei, grundsätzliche Anfragen an Luthers Theologie, von der die Judenfrage nicht abzutrennen sei, zu stellen. Solche Fragen – und sie sind in der Forschung ja lebhaft diskutiert worden – wären: Ist Luthers Theologie zwischen der Zeit des reformatorischen Durchbruchs und der Zeit nach dem Augsburger Reichstag dieselbe geblieben oder hat sie sich in der Zwischenzeit gewandelt? Wie ist Luthers Haltung angemessen zu beschreiben: Ist seine Theologie als eine Wurzel des Antisemitismus zu verstehen, hat Luthers Theologie der politischen Judenfeindschaft Zubringerdienste geleistet, war Luther gar selbst ein Antisemit? Kann der Antisemitismus überhaupt mit dem Christentum zusammengebracht werden oder ist er säkularer, heidnischer Provenienz? In welcher Hinsicht können wir heute an Luther anknüpfen, in welcher Hinsicht sollte eine Trennung von ihm erfolgen?

Ebenso wie Oberman die Thematik eingrenzt, um sich ganz auf die christliche Judenschau zu konzentrieren, nimmt er eine zeitliche Eingrenzung vor: Luther soll nicht im Zusammenhang seiner Wirkung nach 1546, sondern aus seiner Vorgeschichte und vor allem seinem Werk und Wirken verstanden und gedeutet werden. Damit werden, wie Oberman darzulegen versucht, die zuvor genannten Fragen irrelevant, ist doch der historische Luther ihnen enthoben. Wir folgen nun Obermans Beweisgang im einzelnen.

In der vieldiskutierten Frage, ob hinsichtlich der Juden Luther Zeit seines Lebens von derselben theologischen Grundeinschätzung aus geurteilt oder ob sich in den Judenschriften zu Ende seines Lebens bei ihm ein Wandel seiner Theologie vollzogen habe, vertritt Oberman die zuvor schon von W. Holsten[4], W. Maurer[5], K. Meier[6] und J. Brosseder[7] vorgetragene Auffassung, daß Luther derselben theologischen Grundüberzeugung gewesen und geblieben sei. »Luthers ›Judenschau‹ (ist) über die Jahre hinweg konstant und unauflösbar mit seiner Geschichtsschau verschlungen. Geändert haben sich hingegen die taktische Judenpolitik und die Konsequenzen, die er für sich selbst oder für andere gezogen hat. Sein theologisches Denken

---

4   W. Holsten, Christentum und nichtchristliche Religion nach der Auffassung Luthers, Gütersloh 1932.

5   W. Maurer, Die Zeit der Reformation, in: Kirche und Synagoge, hg. v. K.H. Rengstorf und S. v. Kortzfleisch, 2 Bde., Stuttgart 1968, I 363–452.

6   K. Meier, Zur Interpretation von Luthers Judenschriften, in: K.Meier, Kirche und Judentum, Göttingen 1968, 127–153.

7   J. Brosseder, Luthers Stellung zu den Juden im Spiegel seiner Interpreten, München 1972.

über die Juden ist also nicht ipso facto mit seinen Empfehlungen zur praktischen Judenpolitik, zur Toleranz oder Vertreibung, in eins zu setzen.«[8]

Oberman begreift die Unterschiedlichkeit von Luthers Äußerungen so,
daß er dem theologischen Denken Luthers seinen eigenen unangreifbaren
Platz gibt gegenüber dem Verhalten in der konkreten politischen Situation.
Die Theologie sei dieselbe geblieben, geändert hätten sich nur die taktischen Konsequenzen, die Luther gegenüber den Juden von Fall zu Fall für
richtig gehalten habe. Unterschiedliches praktisch-politisches Verhalten sei
also kein Hinweis auf eine veränderte theologische Überzeugung, sondern
aus demselben theologischen Denken könnten sich ganz unterschiedliche
praktisch-politische Handlungsanweisungen ergeben. »Im Jahr 1523 enga-
giert er sich tatsächlich für die Beseitigung von Hindernissen, die einer Judenbekehrung im Wege stehen. Seine schroffen Schriften der dreißiger und
vierziger Jahre hingegen überhäufen die Juden mit Schimpf und Schande
wegen ihrer ›verstockten Blindheit‹. Dieser Wandel ist der Forschung sowe-
nig entgangen wie den Juden seiner Zeit. Wandel belegt jedoch keineswegs
schon Umdenken und muß deshalb nicht bedeuten, daß Luther seine Meinung gegenüber jenen Juden geändert hätte, die ihre religiöse Identität bewahren und dem Schoß der christlichen Kirche fernbleiben wollten« (56).

Luthers Denken über die Juden, fordert Oberman, gehört in den Gesamtzusammenhang seines Werks und Wirkens. Von daher ergibt sich, daß
die Kategorien, mit denen Luther einmal als Judenfreund, einmal als Judenfeind apostrophiert wird, unangemessen sind. Denn es gibt im 16. Jahrhundert überhaupt keinen Philosemitismus. Um dies näher zu belegen,
stellt Oberman neben Luther Reuchlin und Erasmus, an deren Bild, das die
bisherige Forschung vermittelt hat, er bedeutsame Korrekturen vornimmt.
Bisher wurden, nach Obermans Einschätzung, die Rollen so verteilt: »Der
reichstreue Reuchlin tritt auf als Vater der Judenemanzipation, der deutsche Luther als bigotter Antisemit und der europäische Erasmus als Vorbild
von Toleranz und Verfechter der Menschenwürde« (18). Gegenüber derartigen kontrastierenden Charakterisierungsversuchen ebnet Oberman die
Gegensätze ein: die Judenfrage sei in gleicher Weise für Humanismus und
Reformation im 16. Jahrhundert virulent und drängend gewesen. »Sie
konnten die Hoffnungen auf einen Neubau von Kirche und Gesellschaft
nicht entfalten ohne geistige Generalabrechnung mit Juden und Judentum.
Ja, die Intensivierung und Vertiefung des ideologischen Kampfes ist geradezu ein Merkmal der angehenden Neuzeit. Beide Erneuerungsbewegungen,
bald auf vielfache Weise miteinander verschlungen, diagnostizieren das
Leiden der Zeit als ihre Veräußerlichung in jeder Hinsicht. Der Weg zur Reform verlangt die Abkehr vom Judaismus, der das ganze Leben durchsetzt –
in Kirche und Kloster, in Schule und Universität, in Reichsstadt und Bi-
schofssitz. Selbst dort, wo die hebräische Tradition, wie bei Reuchlin, als
Bildungsmacht Anerkennung findet, muß sie dem Judentum entrissen

---

8   Die Juden, 140.

werden, da sie nur auf christlichem Boden gedeihen kann. Für Erasmus gilt sogar diese Tradition selber als Ballast und als gesetzliche Fessel, die zugleich mit der Scholastik abzuwerfen ist. Luther nimmt eine Sonderstellung ein. Das Alte Testament steht hoch im Kurs als gültiges und offenkundiges Gotteswort ... Er will auch nicht das Neue Testament vor dem Alten schützen, er sucht vielmehr die Schrift in ihrer Ganzheit zurückzugewinnen aus der Verkehrung durch den Judaismus, sei es durch die rabbinische, sei es durch die scholastische Schriftauslegung. Deshalb schrieb er sowohl gegen die Juden und ›ihre Lügen‹ als auch gegen die ›bibelvergessenen‹ Papisten« (62f.). Der Vergleich mit Reuchlin und Erasmus führt Oberman nicht zu einer Abwertung, sondern im Gegenteil zu einer Höherbewertung Luthers.

Wenn alle drei auch den Kampf gegen den Judaismus aufnahmen, kann man sie doch nicht als Antisemiten bezeichnen. Als Bezeichnung ihrer »geistigen Generalabrechnung mit Juden und Judentum«, ihres »ideologischen Kampfs«, hält Oberman den Begriff Antijudaismus für angemessen, den er so definiert:»Antijudaismus, das ist der gemeinsame Sturmlauf von Humanismus und Reformation gegen alle Veräußerlichung von inneren Werten, das ist die Überwindung des toten Buchstabens im Namen des lebendigen Geistes. Antijudaismus wird zum integralen Bestandteil der Reformprogramme des 16. Jahrhunderts ... Die später so voller Stolz gefeierte religiöse Toleranzbewegung ist höchst ernüchternden Anfängen entsprungen: Selbst das 16. Jahrhundert, so bewußt im Kampf gegen das Mittelalter, hat im Verhältnis zu den Juden das Mittelalter keineswegs zurückgelassen. Vielmehr hat der Aufbruch zu Reform und Reformation die Abgrenzung des wahren Christentums nach allen Seiten hin gefördert« (28f.).

Antijudaismus habe Luther geleitet, nicht Antisemitismus. Denn man muß »sich einprägen, daß Luther bei den Juden nicht eine Rasse vor Augen hat, bei getauften und ungetauften Juden nicht von einer ethnischen, völkischen Einheit ausgeht. Getaufte Juden gehören ohne Einschränkung zum Volk Gottes, genauso wie auch die getauften Germanen, die Heiden. Er denkt somit bei den ungetauften Juden nicht an geborene Mörder und Spitzbuben, sondern an die Träger einer Religion, und zwar jener Gesetzesreligion, auf der nicht nur die ungetauften Juden beharren. In seiner reformatorischen Entdeckung wird ihm gewiß, daß dieser Judaismus innerhalb der päpstlichen Kirche erschreckend viele mitgerissen hat. Und später, im Kampf um die Reformation der Kirche, wird ihm offenbar, wie jüdische Gesetzlichkeit mit fortgeschrittener Zeit in gleicher Weise die evangelische Bewegung bedroht. Über die Jahre hinweg hat sich an dieser Sicht des Zusammenpralls von Gesetzesreligion und Evangelium, von Heils- und Unheilsgeschichte, Gott und Widergott, Christus und Antichrist nichts geändert« (136).

Oberman beschreibt die doppelte Aufgabe, vor die Luther sich gestellt sieht, so: die Kirche des Glaubens als Trägerin des wahren Christentums vom falschen Glauben abzugrenzen und in der Verkündigung an dieser

Grenze, nämlich der Ermittlung und Aufdeckung des Judaismus, um den wahren Glauben zu kämpfen.

Luther stellt der Kirche Jesu Christi, die er am Ende der Zeit wähnt, diejenigen gegenüber, die sie zu verderben drohen: die Unheilskette von Juden, Häretikern, Römern, Türken und Heiden als antigöttlicher Mächte. Diese Bedrohung, die Luther empfindet, verdichtet sich im Kampf gegen die Juden und das Judentum. »Jetzt sind die Juden nicht mehr nur in der Vergangenheit zurückgelassene Vorläufer in der Geschichte der Unterwanderung des Evangeliums, sondern sie markieren zugleich die präzisen Koordinaten, um die Einbrüche des Bösen in die Kirche der eigenen Zeit recht zu orten« (140).

Für diesen Vorgang, diese Geschichtssicht, wenn Luther das Böse ortet, das die Juden indizieren, wenn Luther Judaismus in Fremdreligionen und in der eigenen Kirche und überall sonst diagnostiziert, hat Oberman den Begriff der *Judensonde* geprägt. Er hat ein gewissermaßen wertfreies Wort neugeschaffen, um Luther der falschen Kategorien, mit denen seine Haltung zu den Juden charakterisiert wird, zu entheben. Dieses Wort *Judensonde* will nachzeichnen, wie der historische Luther die Juden sah und gebrauchte, dieses Wort will Luther gegen eine ihn mißverstehende Wirkungsgeschichte schützen. Es deutet Luthers Judenschau ausschließlich im religiösen Kontext: »Nicht am Sakramentsschänder und Kindermörder, auch nicht am Wucherer und schon gar nicht am Volks- und Artfremden entzündet sich Luthers Judenbild; entscheidend sind allein die Juden als prototypischer ›Meßkanon‹, um die Einbruchsstellen des Teufels in die zeitgenössische Kirche zu sondieren. Nicht ›der Jud‹, sondern ›die Juden‹ bestimmen das Suchen« (140f.).

Das Wort *Judensonde* suggeriert ein gleichsam objektives Instrument, das mit naturwissenschaftlicher Präzision statistische Daten erhebt. Dabei gibt es kein geistiges Erhebungsverfahren, das diesem Instrument entspräche, und zwar schon deshalb nicht, weil Luther zu dieser Objektivität weder fähig war noch sie überhaupt beabsichtigte. Denn er hatte das Interesse, die Juden als Paradigma der Verderbtheit der wahren christlichen Kirche vor Augen zu halten. Insofern verdeckt die Wortschöpfung *Judensonde* die *Funktionalisierung* der Juden durch Luther, sie verdeckt den ungeheuren Abgrund, der zwischen Luthers Judenschau und der tatsächlichen Situation der Juden klafft. Unbefangen werden Verfalls- und Erstarrungserscheinungen, die jede Religion, jede geistige Bewegung begleiten, an dem Wort Judaismus und an den Juden festgemacht, auch wenn damit christliche Selbstkritik geübt werden soll. »Die Juden liefern das Anschauungsmaterial für die bis 1520 verdeckte christliche Krankheit zum Tode« (144).

Diagnose des Judaismus in und außer uns ... Die Juden dafür zu benutzen, das Übel der Zeit oder der Welt aufzudecken, ist ein allzu oft gepflogenes, jedoch jederzeit höchst problematisches Verfahren. Welche Konsequenzen ein solches Verfahren mit sich bringt, wird an der Luthers Sicht nachzeichnenden Darstellung Obermans deutlich. Hatten die Juden zunächst eine hermeneutische Funktion für die Schriftauslegung, dann »eine diagnostische und abschreckende Funktion« (145) für die Lagebeurteilung der Kirche am Ende der Geschichte, so treten sie »jetzt aus ihrer Funktion als Spiegel und Sonde heraus. Nun drohen sie, mit ihrer Präsenz und Kampfeskraft – wie schon immer im Bündnis mit allen Gottesfeinden – das befreite Volk in die Gefangenschaft zurückzuführen. In der Klimax der Endzeit erweitern die Juden ihre Fehde von der Kirche auf Kaiser und Reich, aber, wie schon immer, nur als Handlanger des Urbösen. Die vielen, Jude, Türke, Papst, sind jetzt als der eine anstürmende Gegner ausgemacht« (146). Geschichtssicht wird zur historischen Realität, projizierte Ängste werden zur tatsächlichen Bedrohung. Die Macht- und Mehrheitsverhältnisse verkehren sich. Tatsächlich sind es ja die Christen, die die Juden bekehren wollen, sie bedrohen und verfolgen; aber in Luthers Sicht werden die Christen zu Opfern, die Juden zu Tätern.

Indem Luther die Juden funktionalisiert, sie für seine theologische Argumentation und für seine Politik gebraucht, ja mißbraucht, um an ihnen das Böse schlechthin festzumachen, weist er ihnen wie eh und je die Rolle des Sündenbocks zu. Luther hat teil an der Reproduktion des antijüdischen Stereotyps, das Ben-Zion Degani in diesem Band vorführt und beschreibt[9]. Unzulänglichkeit und Mißstände in den eigenen Reihen seien durch Judaismus verursacht, gegen den es anzukämpfen gilt. Die Juden repräsentieren den Judaismus am sinnfälligsten, darum richtet sich die Gegnerschaft zuallererst gegen sie. Die Gegner verschmelzen zu einem einzigen Feind. Wer ist dieser Feind? – die Juden. Verstehen denn die Christen, daß es bei Luthers Gegnerschaft gegen die Juden um ihre eigene Verstocktheit, Selbstgerechtigkeit und Blindheit geht? Können sie sich nicht vielmehr vor dieser Einsicht schützen, indem sie alles Übel der Welt auf die Juden werfen? Ist der Gedanke der »Solidarität im Elend« zu Luthers Zeit überhaupt zu einem verbreiterten Bewußtsein gekommen?

Das Geschichtsbild, das Oberman entwirft, indem er Luthers Selbstverständnis nachgeht, dieses Geschichtsbild, das Juden und Christen in einer Solidaritätsgemeinschaft im Elend, im Exil sieht, hat in der historischen Wirklichkeit von Mittelalter und Reformation und in den lutherischen Staaten auch während der folgenden Jahrhunderte keine Entsprechung gefunden. Ideell mag Luther die Kirche im Elend gesehen haben, aber tatsächlich besetzten und vertraten lutherische und katholische Christen die Mehrheits- und Machtpositionen in Reich und Kirche und nahmen sich lutherische Christen auch, durch Luthers Ratschläge zur Judenpolitik bestärkt, das Recht, diese Machtpositionen gegenüber den Juden zur Geltung zu bringen.

Doch zurück zu Obermans Argumentation: die »Judensonde« also ist das Instrument des Antijudaismus. Wird sie richtig gehandhabt, führt sie zur »Entlarvung aller Veräußerlichung von inneren Werten«, zur »Überwin-

9 *B.-Z. Degani,* Die Formulierung und Propagierung des jüdischen Stereotyps in der Zeit vor der Reformation und sein Einfluß auf den jungen Luther, in diesem Band 3–44.

dung des toten Buchstabens im Namen des lebendigen Geistes« (28), ja zu
christlicher Selbsterkenntnis und Selbstkritik. Sie ermöglicht christliche
Identitätsgewinnung gegenüber dem Judaismus, der jüdischen Gesetzlichkeit. Sie zeigt Judaismus auch innerhalb des Christentums auf. Die exemplarische Funktion der Juden für die Christen, die Luther aufgedeckt habe,
beschreibt Oberman so:»Martin Luther hat an den Juden die Koalitionsfähigkeit der Christen mit dem Urbösen, Feind von Himmel und Erde, entlarvt« (165). Indem die Christen selbst dem Judaismus verfallen sind, sind
sie diese Koalition mit »dem Urbösen, Feind von Himmel und Erde« einge-
gangen. Demgegenüber ist Antijudaismus geboten; er gehört essentiell
zum Christentum (165).

Hier wird eine Gleichsetzung von Gesetzlichkeit, Urbösem und Juden,
respektive Judaismus, vorgenommen. Diese Gleichsetzung scheint mir
auch in einer Luther nachzeichnenden Darstellung als durch und durch
problematisch, soll doch mittels dieser Gleichsetzung gezeigt werden, daß
Luthers Antijudaismus auf christliche Selbstkritik angelegt und deshalb
nicht antijüdisch ist. Indem der Antijudaismus für die Christen nötig ist,
um sich der eigenen Unzulänglichkeit bewußt zu werden, sei er nicht antijüdisch. Letztlich erweise der Antijudaismus ja »die Solidarität in der Sünde
von ›uns argen Christen‹ mit den Juden« (164).

Antijudaismus ist eine theologische Kategorie; sie bezeichnet die theologische Grundüberzeugung, von der aus sowohl die frühen als auch die späten Äußerungen Luthers über die Juden zu verstehen sind. In der Erklärung
des apostolischen Glaubensbekenntnisses von 1520 heißt es zum dritten
Glaubensartikel:»Kein Jud, Ketzer, Heide oder Sünder wird selig, ohne sich
mit der Gemeinde der Gläubigen versöhnt und vereint zu haben« (138). An
dieser theologischen Grundüberzeugung habe Luther zu jeder Zeit festgehalten, auch wenn sich seine taktisch-politischen Empfehlungen im Umgang mit den Juden mal positiv, mal weniger günstig für die Juden ausgewirkt hätten. Es liegt Oberman daran, klarzustellen, daß eine antijudaistische Theologie, wie Luther sie vertreten habe und wie sie überhaupt christlichen Theologen aufgetragen sei, nicht notwendig eine judenfeindliche Politik nach sich ziehen müsse.

Zugleich ist Oberman sich bewußt, daß dieser Weg des Antijudaismus
eine Gratwanderung ist, auf der der Umschlag in den Antisemitismus gefährlich naheliegt. »Die Solidarität in der Sünde von ›uns argen Christen‹
mit den Juden verliert aber dann ihre Buß- und Reformkraft, wenn ›Reformation‹ verstanden wird als *vollzogene* Ausleitung aus der babylonischen
Gefangenschaft. Dieser protestantische Triumphalismus läßt nämlich Häretiker, Papisten, Juden und ›uns arge Christen‹ als bewältigte Vergangenheit zurück. Dann ist die ›Judensonde‹, das prophetische Meßinstrument
im Dienste des reformatorischen Kampfes für die Kirche im Aufbruch zum
Ende, nicht mehr gefeit, für eine rassistische Endlösung vereinnahmt zu
werden ... Die Beseitigung dieser schockierenden Christensicht führte zur
vernichtenden Judenschau« (164f.).

Martin Luther jedoch, der diese theologische Grundstruktur des Antijudaismus herausgearbeitet hat, ist selbst der Gefahr der Antisemitismus
nicht erlegen. Es liegt auf der Hand, wie wichtig diese Feststellung für unsere Bewertung Luthers und gleichermaßen für unseren Umgang mit Luthers Erbe heute ist.

Luther war kein Antisemit, resümiert Oberman, denn er »hat bei den Juden nicht eine Rasse vor Augen, er geht bei getauften und ungetauften Juden nicht von einer ethnischen, völkischen Einheit aus. Getaufte Juden gehören ohne Einschränkung zum Volk Gottes, genauso wie die getauften
Germanen, die Heiden« (136). »In der Schrift von den Juden und ihren Lügen (1543), noch einmal zusammengefaßt in seiner letzten Vermahnung
(1546), bleibt gewiß jene Toleranz, die Raum läßt für Bekehrung. Aber die
Naherwartung des letzten Gerichts läßt ihn die ›Zeichen der Zeit‹ so deuten
und kalkulieren, daß die Spanne der Toleranz engstens bemessen ist, die allerletzte Chance vor der Ausweisung« (163).

Das Hauptkriterium, um die Frage zu beantworten, ob Luthers Haltung
zu den Juden antisemitisch gewesen sei oder nicht, ist die Entscheidung
darüber, ob in den späten Judenschriften Luthers tatsächlich »Raum für Bekehrung« geblieben ist, ob die »Juden als solche« überhaupt eine reale
Chance auf »Besserung« bekommen haben oder ob sie in Luthers Urteil am
Ende seiner Tage nicht unverbesserlich, verdammt, ja Teufelskinder waren
und blieben.

Es stimmt nachdenklich, daß es gerade jüdische Forscher waren und
sind, die, als »Betroffene« sich mit Luthers Äußerungen über die Juden be-
schäftigend, durchweg einen Wandel in Luthers Haltung konstatieren.
Reinhold Lewin hat in seiner bahnbrechenden Untersuchung schon 1911
vor allem die Wirkung von Luthers Äußerungen auf seine jüdischen Zeitgenossen untersucht[10], in diesem Band sehen die jüdischen Forscher E.L.
Ehrlich, P.E. Lapide, G.B. Ginzel und A.H. Friedlander Luther im Zusammenhang mit seiner Wirkungsgeschichte[11]. Aber auch christliche Forscher
wie Ferdinand Cohrs[12], der Herausgeber von Luthers Judenschriften in der
Weimarana, und nach 1945 Martin Stöhr[13] haben, indem sie die Wirkung
von Luthers Äußerungen über die Juden sowohl auf die zeitgenössische Judenschaft im 16. Jahrhundert als auch auf die nachfolgende christliche Tradition des Denkens über und Handelns gegen die Juden einbezogen, die
Umwandlung des theologischen Antijudaismus in gnadenlose politische
Judenfeindschaft bei Luther festgestellt – Judenfeindschaft in dem Sinn,

---

10   R. Lewin, Luthers Stellung zu den Juden, Berlin 1911. Neudruck Aalen 1973.
11   B.-Z. Degani, a.a.O., P.E. Lapide, Stimmen jüdischer Zeitgenossen zu Martin Luther, G.B.
Ginzel, Martin Luther – Kronzeuge des Antisemitismus, A.H. Friedlander, Martin Luther und
wir Juden, in: diesem Band 3–44, 171–185, 189–210 und 289–300.
12   F. Cohrs, Einleitung zu Luthers Schrift Von den letzten Worten Davids, 1543, in: WA 54,
Weimar 1928, 16–24.
13   M. Stöhr, Luther und die Juden, in: Evangelische Theologie 20, 1960, 157–182, und ders.,
Martin Luther und die Juden, in: Christen und Juden, hg. v. W.-D. Marsch und K. Thieme,
Mainz/Göttingen 1961, 115–140; dieser Aufsatz ist in diesem Band wiederabgedruckt (89–
108).

daß in Luthers Spätschriften für die Juden de facto – trotz verbaler Beteuerungen – kein Raum mehr für Bekehrung blieb, daß das endgültige Urteil über die Juden als solche gefällt war.

Es scheint mir charakteristisch, daß Oberman für seine Bewertung von Luther gerade die Wirkungsgeschichte ausblendet.»›Luther und die Juden‹ wird also nur durch die Nachgeschichte zum Sonderthema«, schreibt er (155). Dem ist entgegenzuhalten, daß der historische Kontext der Reformationszeit selbst »Luther und die Juden« zu einem wichtigen, einem besonderen Thema gemacht hat. Das geht schon daraus hervor, daß Luther diesem Thema eine Reihe eigener Schriften gewidmet hat.

Und anders als Reuchlin oder Erasmus, mit denen Oberman Luther vergleicht, ist ja Luther zum Gründer einer neuen Konfession und Kirche geworden. Deshalb gebührt Luther als dem Reformator der christlichen Kirche und Begründer der lutherischen Kirchen das besondere Interesse derer, die in seiner Tradition stehen und mit seinem Erbe umgehen.

Das besondere und vordringliche Interesse, das wir Luther schulden, schließt jedoch den Blick auf die folgenreichen Schattenseiten seiner Theologie wie seiner politischen Ratschläge nicht aus. Martin Stöhr hat vor über zwanzig Jahren in einem sorgfältigen Textvergleich der beiden Lutherschriften *Daß Jesus Christus ein geborner Jude sei* (1523) und *Von den Juden und ihren Lügen* (1543) gezeigt, daß bei gleichbleibenden theologischen Grundmustern in den späten Judenschriften Luthers eine erkennbare Akzentverschiebung stattgefunden hat: ein Wandel von »der gleichberechtigten Anerkennung der jüdischen Gesprächspartner auf einem gemeinsamen Boden«[14] zum endgültigen Urteil über die Verworfenheit der Juden. Stöhr hat das Postulat, daß Luther allezeit den Juden Raum für Bekehrung, auch noch mit seiner Empfehlung einer »scharfen Barmherzigkeit«, gelassen habe, aufs schärfste kritisiert angesichts des theologischen Urteils und der politischen Maßnahmen, die Luther im Jahr 1543 den Juden gegenüber für angemessen hielt. Daß »Raum für Bekehrung« geblieben sei, bleibt ein christliches Postulat, solange dieser Raum von den Juden damals und den jüdischen Forschern heute nicht gesehen und anerkannt werden kann. Wie H.H. Ben-Sasson berichtet, gelangte Josel von Rosheim »gegen Ende seines Lebens doch zu dem Schluß, daß es Ziel der Lutheraner sei, ›gegen uns aufzuwiegeln und die Nation Israels zu entwurzeln durch allerlei Arten von harten Erlassen und durch Zerstörung, daß es kein Volk mehr sei‹«[15]. Und in seiner *Geschichte des jüdischen Volkes* konstatiert derselbe Autor die »gegen Ende der 1530er Jahre beginnende Kehrtwendung Luthers in der Judenfrage«, mit der er zu einer »krassen antijüdischen Sicht« gelangt sei. Luthers Vorschläge an die Obrigkeit von 1543, wie »scharfe Barmherzigkeit« an den Juden zu üben sei, rücken »ihn fast mit Hitler und seinesgleichen in ein und dieselbe Kategorie«[16].

14 *Stöhr*, 93.
15 *H.H. Ben-Sasson*, Geschichte des jüdischen Volkes II, München 1979, 369.
16 A.a.O., 321ff.

Soweit ich sehe, sind die Anfragen, die Stöhr an Luthers Theologie gerichtet hat, und die Ergebnisse, die sein Textvergleich für die Diskussion um die präzise Benennung von Luthers Haltung zu den Juden bereitgestellt hat, von der nachfolgenden Forschung sei es zögernd[17], sei es überhaupt nicht aufgegriffen worden. Auch Oberman hat sich explizit mit Stöhrs Arbeiten nicht auseinandergesetzt.

Oberman hat es in seinen Arbeiten zurückgewiesen, den historischen Luther mit Antisemitismus in Verbindung zu bringen, ja er besteht darauf, daß Luthers theologischer Antijudaismus, recht verstanden, nicht antijüdisch sei. Vielmehr gehöre ein solcher Antijudaismus essentiell zum Christentum.

Wie nun haben wir den Titel von Obermans Buch *Wurzeln des Antisemitismus* zu verstehen? Wo und bei wem sieht Oberman Wurzeln des Antisemitismus?

»Das Zeitalter von Humanismus und Reformation hat den Judenhaß nicht erfunden, sondern ihn vorausgesetzt«. Die Wurzeln des Antisemitismus reichen keineswegs nur bis ins 16. Jahrhundert zurück. »Die Suche nach den Wurzeln birgt sogar die Gefahr, die Christenheit aller Epochen freisprechen zu wollen: Konnte doch der Kirchenvater Augustin († 430) schon einen Heiden, den römischen Philosophen Seneca († 65), als Gewährsmann dafür anführen, daß die Juden ein ›verbrecherisches Volk‹ sind – ›sceleratissima gens‹« (14).

Judenhaß ist also vorchristlicher Provenienz. Es gab ihn schon im Heidentum. »Zugleich aber gilt, daß jene Zeit von Humanismus und Reformation, die so bewußt die Traditionen des Mittelalters überprüft hat, alles, was dieser Sichtung standgehalten hat, mit neuer Kraft der Neuzeit weiter vermittelt hat« (14).

Wie nun wäre der Kampf von Humanismus und Reformation gegen Juden und Judaismus zu bezeichnen? »Die Grenzen zum späteren Antisemitismus sind deutlich gezogen, die Grenzüberschreitungen aber merklich angelegt« (28). Obermans Argumentationsstruktur ist, diesem Satz entsprechend, darauf ausgerichtet, die Grenzen zum späteren Antisemitismus deutlich herauszuarbeiten; seine Darstellung muß jedoch ambivalent bleiben, da, wie er selbst sagt, »die Grenzüberschreitungen« zum Antisemitismus hin »aber merklich angelegt« sind.

Diese Ambivalenz tritt offen zutage am Ende des ersten Kapitels von »Wurzeln des Antisemitismus«, wo Oberman die drei überragenden Figuren von Humanismus und »erster« Reformation nebeneinanderstellt und ihre Position würdigt. »Es wäre eine Entleerung der Begriffe, wenn man behaupten würde, irgendeiner von den dreien – Reuchlin, Erasmus oder Luther – sei angetreten als Antisemit; Judaismus hat sie geängstigt, der zuerst

---

17 J. Brosseder und K. Meier haben sich vor allem mit Stöhrs These der Wandlung von Luthers Haltung auseinandergesetzt; sie haben weniger Stöhrs Anfragen an Luthers Theologie aufgegriffen.

in den eigenen christlichen Reihen aufgedeckt und geahndet wird. In rassischen Kategorien wurde überhaupt nicht gedacht – und dennoch! Wenn ein Reuchlin sich den Vorwurf der Kollektivschuld zu eigen macht, ein Erasmus das Bild des ewigen, auch durch die Taufe nicht zu bessernden Juden beschwört und ein Luther die Umhergestoßenen als von Gott verstoßen aufgibt, *dann bleibt für Juden als Juden kein Platz* (Hervorhebung von L. S.-W.): Antijudaismus ist in seinen Auswirkungen antijüdisch geworden. Die Judenbilder sind dann nicht mehr gefeit, ohne Abänderung in den fremden Dienst des Antisemitismus übernommen zu werden« (63).

Obwohl Oberman hier den Umschlag theologischer antijudaistischer Denkmodelle in Urteile und Überzeugungen feststellt, die von ihrer Struktur her Antisemitismus konstituieren, gebraucht er das Wort »antijüdisch«, um den Begriff antisemitisch zu vermeiden. Er kommt dennoch nicht umhin, aus den Quellen die Wirklichkeit des Antisemitismus zu beschreiben, indem er Äußerungen der drei berücksichtigt, in denen »den Juden als solchen« kein Raum mehr gewährt wird, weder theologisch noch existentiell.

Diesen Umschlag des theologischen Antijudaismus in prinzipielle Judenfeindschaft auch bei Luther, in eine antisemitische Haltung also, die den Juden als Juden keinen Raum und keine Hoffnung mehr läßt, hat Oberman – nun die Linie der strikten Unterscheidung von einem essentiell zum Christentum gehörigen Antijudaismus und einem abzulehnenden paganen Antisemitismus verlassend – in seinem Mülheimer Vortrag sehr deutlich akzentuiert[18]:

»Luther geht 1543 aus«, sagte Oberman, »– und das ist das Neue, und nur darin bin ich bereit, der These der Wende bei Luther zuzustimmen . . . – von der kollektiven Kriminalität der Juden . . . Luther urteilt kollektiv, so daß ich zu der Schlußfolgerung kommen muß: nicht den Aufruf zur Vertreibung, welche uns nach dem Holocaust am meisten aufregt, werfe ich Luther vor, sondern seine kollektive Beurteilung des jüdischen Volkes . . . Man muß ihn behaften dabei, daß er ein Kollektivurteil ausgesprochen hat, wobei er nicht fragt nach dem Einzelnachweis von Einzelschuld«.

Im Epilog, *Der steinige Weg zur Koexistenz* überschrieben, wirft Oberman die Frage nach den Wurzeln des Antisemitismus noch einmal auf. In Auseinandersetzung mit der These von Peter Gay, derzufolge der Weg zur Toleranz über den vorchristlichen, pagane Traditionen aufgreifenden Humanismus und die Aufklärung – vorbei an der Reformation – geführt habe, zieht Oberman eine Linie zunehmender Toleranz innerhalb der Geschichte des Christentums aus und sieht den entscheidenden Neuansatz im Verhältnis zu den Juden als eine genuin christliche Erbschaft an, als die Erbschaft nämlich der »dritten Reformation« Johannes Calvins. Seine Gegenthese ist: »Die ersten greifbaren Fortschritte in Richtung Toleranz sind nicht auf ein ›neues Heidentum‹ zurückzuführen«. Im Gegenteil! »Zweifellos, jenen Aufstieg des Heidentums hat es gegeben, aber eben jenen Aufstieg der Nichtju-

18 H.A. *Oberman*, Die Juden in Luthers Sicht, Mülheim 22.2.1983.

den, der ›Gojim‹, bis ins 20. Jahrhundert hinein. Mit allen seinen Folgen« (180).

Verstehe ich Oberman recht, bezeichnet er hier mit Gojim die Vertreter eines rassischen Antisemitismus und will damit sagen, daß der Antisemitismus bis ins 20. Jahrhundert hinein, bis zum Nationalsozialismus und seiner vernichtenden Judenpolitik, aus dem Heidentum, der Abkehr und dem Abfall vom Christentum, hervorgeht. Mit dieser Wortwendung stiftet Oberman implizit eine Gemeinschaft von Juden und Christen, denn die »Nichtjuden«, die »Gojim«, sind die, die außerhalb der jüdisch-christlichen Tradition stehen. Im eigentlichen Wortsinn bezeichnet jedoch »Gojim« *alle* Nichtjuden, die Christen eingeschlossen. Indem Oberman gewissermaßen unter der Hand, in Abgrenzung von den antisemitischen Gojim, eine Koalition von Juden und Christen herstellt, droht er erneut der Gefahr zu erliegen, die Koalitionsfähigkeit und die tatsächlich vollzogenen Koalitionen zwischen Antijudaismus und Antisemitismus zu unterschätzen. Daß z.B. während des Dritten Reichs nicht wenige christliche Theologen und Christen »guten Gewissens« glaubten, mit der Judenpolitik der Nationalsozialisten kollaborieren zu können, habe ich in meinem Aufsatz *Mitverantwortung und Schuld der Christen am Holocaust*[19] gezeigt. Dies wird ebenso in dem Artikel *Schuld oder Mitschuld von Christen?* von G.v. Norden in diesem Band aufgewiesen (S. 301–318).

In der »dritten Reformation« sieht Oberman die Kraft, die eine zukunftweisende Sicht über ein neues Verhältnis von Christen und Juden hervorgebracht hat. »Die Träger der dritten Reformation sind Refugées, Flüchtlinge aus den süddeutschen, französischen und bald auch aus den niederländischen Städten. In Dauer und Fernwirkung ist diese Bewegung der Frühphase der Reformation weit überlegen. Sie deutet das Evangelium von Gnade und Glaube im Erfahrungshorizont der Vertreibung, Rechtfertigung der Gottlosen wird erlebt als die Rettung der Heimatlosen. Die veränderte Einstellung den ›elenden‹ Juden gegenüber gehört zu den hervorstechenden Merkmalen der dritten Reformation. Exil, nicht mehr Judenstrafe, wird zur Lebensform des Gottesvolkes aller Zeiten« (187f.).

»Als die heimatlosen christlichen Flüchtlinge das Schicksal der Juden zu teilen gezwungen waren, erschien die Vertreibung nicht mehr als ein eindeutiger Beweis für die Strafe Gottes. Das Schicksal der Zerstreuung über die Welt wandelt sich nun vom Schuldbeweis der verstockten Juden zum Treueerweis der bekennenden Christen« (188f.).

Obwohl die dritte Reformation einen Wandel im Verhältnis von Christen und Juden herbeigeführt hat, hat sie doch »ihre Wirkung in die Neuzeit hinein nicht erkaufen müssen mit der Preisgabe ihrer Wurzeln im Zeitalter von Humanismus und Reformation. Ihre vitale Tragkraft verdankt diese Bewegung jenen fremden Bundesgenossen, die erst jetzt, in der Wirkung, zum Triumvirat sich zusammenfinden: Luthers programmatische re-

19 L. *Siegele-Wenschkewitz*, Mitverantwortung und Schuld der Christen am Holocaust, in: Evangelische Theologie 42, 1982, 171–190.

formatorische Schriften vom Jahre 1520 sind unverkennbar die Basis auch
der dritten Reformation; die Auslegung des Alten Testaments ist von den
christlichen Hebraisten geprägt, die sich selber als Schüler Reuchlins verstehen; und schließlich war es dieser dritten reformatorischen Kraft nur
möglich, erasmianisches Gedankengut so vielfältig zu übernehmen, weil
ihre eigenen Wurzeln in der Stadtreformation lagen, die mit ihrer Einbindung von Schule und Frömmigkeit in das Gemeinwohl dem Erasmus von
Rotterdam verpflichtet war«.

»In der Umdeutung durch die dritte Reformation werden Reuchlin,
Erasmus und Luther ihres Antijudaismus entkleidet und können nun gemeinsam einem neuen Aufbruch zur Solidarität dienen, den keiner von ihnen vorhergesehen hatte« (190).

Im Gegensatz zu einem Geschichtsbild, das eine Linie der Gegnerschaft
der Christen gegenüber den Juden von Martin Luthers späten Judenschriften bis hin zur nationalsozialistischen Judenpolitik verlaufen sieht, entwirft
Oberman – und dies tut er als reformierter niederländischer Theologe – eine Linie des zunehmenden Bewußtseins der Zusammengehörigkeit von Juden und Christen, von Humanismus und Reformation über die dritte Reformation bis hin zu Versuchen der Koexistenz heute. Für dieses Geschichtsbild kann Oberman jedoch nicht die Geschichte der Wirkung von
Luthers Äußerungen über die Juden auf Geschick und Geschichte der Juden
einbeziehen, sondern er muß Luthers tatsächliche Wirkungsgeschichte, die
zu seinen Lebzeiten und die späterer Jahrhunderte, beiseite lassen. Denn einige theologische Grundaussagen Luthers – Oberman hat in Mülheim
selbst z.B. auf Luthers Auslegung von Jer. 31,31 als »verheerende und gefährliche Lehre von zwei Bundesschlüssen« aufmerksam gemacht – haben
den Weg zum Bewußtsein einer Zusammengehörigkeit von Juden und
Christen nicht nur nicht gefördert, sondern im Gegenteil versperrt.

Und selbst wenn Oberman, Luther beiseite lassend, eine Linie des zunehmenden Bewußtseins der Zusammengehörigkeit von Juden und Christen durch die dritte Reformation angebahnt und weitergeführt sieht, so
entwirft er eine Geschichtssicht, die in erster Linie am Bewußtsein der
Christen sich orientiert und nicht an den Lebensrealitäten einer komplexen
historischen Situation, in die die Juden miteingeschlossen sind.

Hat Oberman damit sein eingangs beschriebenes Vorhaben eingelöst,
der »Holocaust-Dimension« »voll ins Gesicht« zu sehen und dabei »nicht
schuldbewußt, sondern quellenbewußt Geschichte zu schreiben«?

Der Holocaust-Dimension ins Gesicht zu sehen bedeutet, die hier ver-
handelte Thematik *Die Juden im Urteil von Humanismus und Reformation*
als Teil der Verfolgungsgeschichte zu verstehen, als einen signifikanten Abschnitt der jahrhundertelangen Geschichte, in der Christen aus Gründen
der Selbstfindung und Abgrenzung, aus theologischen und säkularen, aus
antijudaistischen und antisemitischen Motiven die Juden verfolgt haben.
Werden die Juden als *Opfer* christlichen Denkens und Handelns, werden
die Wirkungen der judenfeindlichen Äußerungen Luthers, die – wie Ober-

man in Mülheim ja selbst beschrieben hat – sich bis zur globalen Ablehnung und Verdammung der Juden steigern, aus der Geschichtsbetrachtung und -bewertung ausgeblendet, bleibt dieser Vorsatz, der Holocaust-Dimension voll ins Gesicht zu sehen, uneingelöst. Denn der Holocaust-Dimension ins Gesicht sehen bedeutet, auch der destruktiven Wirkungen christlichen Theologisierens, das Opfer hinterläßt, innezuwerden und damit die Verantwortung für dieses Theologisieren zu übernehmen.

Damit soll jedoch nicht einer Geschichtsschreibung das Wort geredet werden, die die Nachgeschichte zum Interpretament der Geschichte macht, die Geschichte von der Nachgeschichte aus aufrollt, die das Thema *Luther und die Juden* zwangsläufig auf Auschwitz zulaufen sieht. Obermans Mahnung, quellenbewußt Geschichte zu treiben, ist eine Verpflichtung, von der wir uns nicht dispensieren können und wollen. Aber es gilt, die Quellen nicht nur im Ausschnitt, sondern in bezug auf die komplexe historische Situation sprechen zu lassen. Die Quellen zum Thema *Luther und die Juden* dokumentieren nicht nur das Bewußtsein der christlichen Humanisten und Reformatoren, sondern verweisen ebenso auf das Bewußtsein und die Lebenssituation des jüdischen Gegenübers im Zeitalter von Humanismus und Reformation. Quellenbewußt Geschichte zu treiben heißt, der Minderheit ebenso gerecht zu werden wie der Mehrheit.

Wie Josel von Rosheim die Lutheraner zu Ende seines Lebens eingeschätzt hat, habe ich erwähnt. H.H. Ben-Sasson hat eine ausgedehnte Sammlung von jüdischen Reaktionen auf die Reformation zusammengetragen und ausgewertet[20], die Hoffnungen, die Luthers Äußerungen zu Beginn der 1520er Jahre bei den Juden weckten, beschreibt in diesem Band P.E. Lapide. Die Äußerungen des alten Luther jedoch, die uns als historische Quellen vorliegen, haben zu einer beträchtlichen Verschlechterung der Lage der Juden geführt. Die Wirkungsgeschichte ist also nicht etwas, das von Luther als ihrem Urheber abgetrennt werden könnte; sie war von ihm intendiert und beginnt zu seinen Lebzeiten und unter seinen Augen.

Oberman sieht Luthers Tradition auch von Justus Jonas, Andreas Osiander und Paul Gerhardt aufgegriffen und weitergeführt. Was aber Justus Jonas und Andreas Osiander betrifft, so bezeugen gerade die Quellen, daß diese beiden Theologen Anlaß gesehen haben, sich in dieser Frage von dem Reformator zu distanzieren, ja ihn zu korrigieren. Die realen Wirkungen von Luthers idealem Denken sind also schon damals auch von Christen gesehen und mißbilligt worden. Indem diese Äußerungen vom Reformator Martin Luther stammten, haben sie in seiner Zeit und in seiner Nachfolge große traditionsbildende Kraft gehabt. Treiben wir quellenbewußt Geschichte, führen uns diese Quellen selbst auf die Verfolgung der Juden durch Christen; treiben wir quellenbewußt Geschichte, führt das zur Schulderkenntnis. Dieser notwendigen Schulderkenntnis jedoch droht die Alternative »quellenbewußt, nicht schuldbewußt« vorzubauen.

20   H.H. Ben-Sasson, The Reformation in Contemporary Jewish Eyes, in: Proceedings of the Israel Academy of Sciences and Humanities IV 12, Jerusalem 1970.

Bertold Klappert

Erwählung und Rechtfertigung

In bezug auf das EVANGELIUM
widerstehen sie – euch zugut;
im Blick auf die ERWÄHLUNG
bleiben sie Geliebte – um der Väter willen.
Denn Gottes BERUFUNG ist unkündbar.
(Röm 11,28)

Luther hat mit der geheimnisvollen Verheißung, Gott werde *ganz* Israel retten und so sein Erwählungsversprechen gegenüber *ganz* Israel erfüllen, seine Schwierigkeiten gehabt. So sagt er bereits in seiner Römerbriefvorlesung von 1515/16 zu Röm 11,25: »Dieser Schriftstelle entnimmt man allgemein, daß die Juden am Ende der Welt sich zum Glauben bekehren werden. Freilich ist diese Stelle so dunkel, daß wohl keiner . . . aus dieser Schriftstelle unzweideutig klar überzeugt werden kann«[1].

Luther ist der Gültigkeit dieser Verheißung gegenüber sein ganzes Leben hindurch immer skeptisch geblieben. So zuletzt in seiner Schrift »Vom Schem Hamphoras und vom Geschlecht Christi« (1543). Dort führt Luther auch *empirische* Gründe für seine Skepsis an: »Vom ganzen Haufen [›ganz Israel‹ Röm 11,26] mag hoffen, wer da will, ich habe da keine Hoffnung . . ., *können wir doch unsere Christen, den großen Haufen, nicht bekehren,* müssen uns am kleinen Häuflein begnügen lassen. *Wieviel weniger* ist möglich, diese Teufelskinder *alle* zu bekehren. Denn daß etliche aus der Epistel an die Römer am 11. Kapitel solchen Wahn schöpfen, als sollten *alle* Juden bekehrt werden am Ende der Welt, ist nichts«[2].

Aber es handelt sich bei Luther nicht nur um empirische, sondern auch um *exegetische* Gründe: So waren diese paulinischen Stellen ihm »dunkel« (1515/16). Ich »weiß auch davon keine Schrift« und »Sankt Paulus meint gar viel ein anderes« (1543)[3].

Luther hatte vom Ansatz *seiner* Rechtfertigungslehre her für die Israel-

---

1 *M. Luther:* Vorlesung über den Römerbrief 1515/1516, Münchener Luther-Ausgabe, Ergänzungsreihe Bd II, ³1957
2 *Ders.:* Schriften wider Juden und Türken, Münchener Luther-Ausgabe, Ergänzungsreihe Bd III, 1936, ²1938, Kursivierung von mir.
3 *Ders.:* ebd.

Verheißungen des Paulus keine Erklärung und keinen Raum. Luther konnte – so wird jedenfalls zu sagen sein – von *seinem* Verständnis der Rechtfertigung des Gottlosen her die unzweideutige Aussage des Paulus über die Erwählungstreue des Gottes Israels zu seinem Volk Israel auch *systematisch* nicht mehr einordnen.

Im Hinblick auf Röm 11,25ff hatte Luther keine Antwort. Daß die Verweigerung gegenüber dem Evangelium von der Rechtfertigung des Gottlosen die Erwählung Israels *nicht* aufhebt (Röm 11,28), das war für Luther ein unfaßlicher Gedanke. Beim Problem dieser ausgebliebenen Antwort Luthers haben wir heute erneut einzusetzen und nach einer Antwort zu suchen.

Ich habe meinem Referat die Überschrift »Erwählung und Rechtfertigung« gegeben. Ich hätte das Thema auch mit der Frage umschreiben können: »Rechtfertigung und Erwählung *oder* Erwählung und Rechtfertigung«? Während die Reihenfolge »Erwählung und Rechtfertigung« auf die gesuchte, von Luther verfehlte Antwort zielt, ist in der Reihenfolge »Rechtfertigung und Erwählung« das Thema und das Zentrum der Theologie Luthers zu fassen: Die Rechtfertigung des Gottlosen eröffnet erst das Verständnis für die Erwählung. Und die Erwählung ist die Tiefendimension der Rechtfertigung.

Wenn – so lautet meine These – es in der Theologie nach dem Holocaust und angesichts des Holocaust zu einer Umkehr der Christen kommen muß, dann hat diese *Umkehr* sich in dieser *Umkehrung* der reformatorischen Reihenfolge von »Rechtfertigung und Erwählung« zu manifestieren. Umkehr wird im Zentrum der Dogmatik da ernst, wo sie sich zu der Reihenfolge »Erwählung und Rechtfertigung« bekennt, die auch der alttestamentlichen und neutestamentlichen Reihenfolge entspricht.

Wer sich mit dem Thema »Luther und die Juden« beschäftigt, wird sich zunächst die grundsätzlichen Fragen *Karl Barths* aus seiner »Einführung in die Evangelische Theologie« vor Augen halten, um sich aus einer falschen Luther-Apologetik befreien und zu einem verantwortlichen Umgang mit der reformatorischen Tradition ermutigen zu lassen. Die Fragen Barths sind die folgenden: »Ist es nicht erschütternd, zu sehen, wie selbst die größten und anerkanntesten Theologen, auch ... Luther, Zwingli, Calvin ..., neben ihren positiven Ein- und Auswirkungen Alle auch wahre Unheilsspuren hinter sich gelassen haben? Wo wäre die Theologie sicher davor, indem sie die Schrift auslegt, Fremdes, ja Gegenteiliges in sie hinein zu legen – indem sie das Eine erkennt, das Andere umso gründlicher zu verkennen – indem sie hier bekennt, dort umso kräftiger zu verleugnen – indem sie hier die Wahrheit auf den Leuchter erhebt, sie dort feierlich unter den Scheffel zu stellen? In welcher Gestalt hätte sie es nicht nötig, das ›Wehe euch‹ Jesu über die Schriftgelehrten zuerst auf sich selbst, statt wie sie es so gerne tut, auf ihre jeweiligen Gegner zu beziehen?«[4]

---

4 K. *Barth:* Einführung in die Evangelische Theologie, 1962, 156f

Wer sich mit dem Thema »Luther und die Juden« beschäftigt, wird sodann angesichts der verhängnisvollen Wirkungsgeschichte der Juden-Schriften Luthers um eine theologische Kritik an Luther selbst nicht herumkommen. Diese Kritik wird aber keine pauschale Verurteilung der Theologie und reformatorischen Entdeckung Luthers sein können. Diese Kritik wird vielmehr so verfahren müssen, daß sie Luther von seinen eigenen theologischen Voraussetzungen und Erkenntnissen her kritisiert. *Heiko A. Oberman* hat deshalb in Mülheim formuliert: »Nun möchte ich Luther kritisieren mit seiner eigenen Theologie« (Mülheim 1983).

Der Direktor des Ökumenischen Instituts von Bossey, *Adriaan Geense,* hat zum 500. Geburtstag Luthers auf dem Marktplatz in Eisleben sogar sagen können, es gehe darum, *von Luther selber zu der großen Ökumene des Gottes Israels und seines Volkes Israel zurückgeführt zu werden:*

»Als Martin Luther am Anfang des Kleinen Katechismus, für große und kleine Menschen, für große und kleine Christen, ganz einfach, ganz elementar, das erste Gebot auslegen wollte ›Du sollst nicht andere Götter haben‹, da hat er gefragt: ›Was ist das? Was heißt das?‹, und er hat dann die Antwort gegeben: ›Wir sollen Gott über alle Dinge fürchten, lieben und vertrauen‹. Wir sollen Gott über alle Dinge *lieben . . .,* das also hat Luther gehört in dem ersten Gebot. Er hörte das erste Gebot zusammen mit dem großen zentralen Wort, das über der bewegten Geschichte Israels stand: ›Höre, Israel, der Herr unser Gott, ist ein einiger Herr. Und du sollst den Herrn, deinen Gott, liebhaben von ganzem Herzen, von ganzer Seele und mit aller deiner Kraft‹ (5. Mose 6,4f). Ist das nicht etwas tief Bewegendes, daß wir heute, am 500. Gedenktag von Luthers Geburt, *von Martin Luther selber bei der Hand genommen werden und geführt werden . . . weit über die Anfänge der Reformation,* weit über die Anfänge unseres gemeinsamen christlichen Glaubens hinaus *zu den Anfängen des Volkes Gottes, des Volkes Israel?* Eine ökumenische Geburtstagsfeier, die uns zu den Anfängen der großen Ökumene im Namen des Gottes Israels zurückführt! Eine Feier . . ., um die eine elementare Ururunterscheidung zwischen dem Gott Israels und den Göttern zu wiederholen. Darin besteht die Einheit des Volkes Gottes zu allen Zeiten!«[5]

Zum Schluß der Einleitung möchte ich einen Satz aus 4. Mose 23,19 zitieren, an dem Luther von der Zeit seiner frühen Psalmenvorlesung (1513–15) über »De servo arbitrio« (1525) bis hin zu den verhängnisvollen Judenschriften der Spätzeit gegangen hat. Dieser Satz heißt: »Gott kann nicht lügen.« Man kann das Thema der Theologie Luthers in diesen Satz bündeln: Gott kann dem Glaubenden, dem ihm Vertrauenden gegenüber nicht lügen. Und ich möchte diesem Satz Luthers, an dem seine ganze Theologie hing und hängt, einen *Midrasch* aus dem Talmud zu 4. Mose 23,19 hinzufügen, der folgendermaßen lautet: »Gott ist nicht wie ein

---

5 A. *Geense:* Rede zum 500. Geburtstag M. Luthers in Eisleben, 1983 (unveröffentlicht), Kursivierung von mir.

Mensch, der Freunde gewinnt, dann aber andere findet, die ihm besser gefallen, und die früheren verleugnet. Ihm ist es unmöglich, bei dem Schwur zu lügen, den er den Vätern geleistet hat«[6].

Ob wir nicht gerade *von diesem biblischen Grund-Satz Luthers her* zu anderen Israel-Aussagen als Luther selbst und zwar aus theologischen und biblischen Gründen gedrängt werden?

I
»Evangelischer Antijudaismus« oder »innerjüdischer Streit«?

Heiko A. Oberman hat in seinem Lutherbuch »Wurzeln des Antisemitismus«[7] das vorläufige historische Fazit gezogen, dem sich jeder zu stellen hat, der das Problem »Luther und die Juden« thematisieren will. Sich dem historischen Fazit Obermans stellen heißt aber zugleich, sich seiner These von dem unvermeidbaren, ja notwendigen Antijudaismus in der Theologie Luthers zu stellen. Die von Oberman selbst gestellte These lautet nämlich: Das Evangelium – sei es paulinisch, sei es lutherisch – ist im Zentrum antijudaistisch. *Der evangelische Antijudaismus* ist vom Zentrum der Theologie Luthers her unvermeidbar.

Gerade deshalb wird er uns aber heute – nach dem Holocaust – zum Problem.

I. 1
Kontinuität oder Entwicklung?

Ich gehe mit H. A. Oberman von der Kontinuität der Theologie Luthers in der Israelfrage aus und halte deshalb die *Entwicklungsthese* für falsch, die sich zugunsten des *jungen Luther* von 1523 gegen den alten Luther der Judenschriften von 1543ff ausspricht. Es handelt sich in den Aussagen Luthers zur Judentumsfrage – wenn überhaupt – nur um zeit- und kontextbezogene Akzentverschiebungen. Wohl sind die Aussagen Luthers von 1523 israelfreundlicher. Aber bereits der junge Luther vertritt schon jene Israeltheologie, deren Konsequenzen dann später sichtbar werden.

Ich halte aber auch eine These für problematisch, die den *späten Luther* theologisch retten möchte, indem sie sich sowohl von dem »illusionären« judenmissionarischen Luther von 1523 als auch von dem judenpolitischen Luther von 1543 gleicherweise distanziert. Diese These ist jüngst von dem Kirchenhistoriker *E. Mülhaupt* aufgestellt worden: Gerade von dem paulinischen Luther der Spätzeit aus, der das Ärgernis der Menschwerdung, des Kreuzes und der Trinität in das Zentrum seiner späten Judenschriften ge-

---

6 Zitiert nach *O. Hofius*, Die Unabänderlichkeit des göttlichen Heilsratschlusses, ZNW 64, 1973, 142
7 *H. A. Oberman*: Wurzeln des Antisemitismus. Christenangst und Judenplage im Zeitalter von Humanismus und Reformation, 1981

stellt hat, sei der judenmissionarische Luther von 1523 als illusionär und der judenpolitische Luther der Schriften von 1538 und 1543ff als für den Holocaust mitverantwortlich zu kritisieren[8]. Aber eine solche Kritik an Luthers judenmissionarischer und judenpolitischer Praxis müßte doch wohl deren Wurzeln in dessen Israeltheologie selbst mitbetreffen, was Mühlhaupt freilich gerade nicht will.

Ich gehe demgegenüber mit Oberman davon aus, daß die Theologie Luthers in der Judentumsfrage von einer durchgehenden *Kontinuität* gekennzeichnet ist. Folgende Gründe sprechen m.E. für diese Kontinuität:

a) Der geschichtstheologische Beweis
Sowohl im Jahre 1523 als auch in den Jahren 1538 und 1543, also sowohl in seinen frühen wie späten Schriften, entwickelt Luther eine geschichtstheologische These. Dieser These zufolge beweist die Zerstörung Jerusalems seit nunmehr 1500 Jahren indirekt, daß der Messias in Jesus von Nazareth bereits gekommen ist. Denn Gott hat dem David verheißen, daß sein Stuhl auf dem Zion ewig Bestand haben solle. *Gott aber kann nicht lügen.* So zeugt die Zerstörung des Davidstuhles auf dem Zion indirekt für das Gekommensein des Messias und die Verwerfung des Judentums.

Ich möchte schon hier nicht unerwähnt lassen, daß *H. A. Oberman* in seinem Luther-Referat in Mülheim (1983)[9] dieses geschichtstheologische Argument Luthers einer theologischen Kritik unterzogen hat – und zwar gerade von der Theologie Luthers selber her. Das durchgehende Argument Luthers neben der Zerstörung des Tempels und Jerusalems ist die *Vertreibung der Juden* aus ihrem eigenen Lande. Für Luther ist »das für alle deutlich vor Augen liegende Argument, daß die Juden vertrieben sind, nicht zur Ruhe kommen können und noch immer nicht das messianische Reich haben herstellen können«. Die Elendslisten, die die lange Liste der Vertreibungen der Juden aus Portugal und Spanien und von Stadt zu Stadt in erschreckender Weise aufreihen, sind auch für Luther keine Schande des Christentums, sondern ein Elendsbeweis gegen das Judentum. »Man kann an der Zerstreuung der Juden sehen, daß Gottes Strafe über seinem Volk liegt«.

Und Oberman stellt nun die folgenden Fragen, die »Luther mit seiner eigenen Theologie kritisieren«: »Wie ist es möglich, daß ein Theologe wie Luther, der auf einmalige Weise entdeckt und auch vorgelebt hat, daß Gott sub contrario wirkt, so daß man eben nicht direkt an der sichtbaren Geschichte Gottes Willen ablesen kann«, sich nun doch eines solchen fatalen Geschichtsbeweises bedient? Wie ist es möglich, daß ein Theologe wie Luther, »der (von seiner theologia crucis her) weiß, daß Gott genau umgekehrt verfährt«, daß Gott im Widerspruch zum Sichtbaren und unter dem

8   E. *Mülhaupt:* Vortrag über Luther und die Juden im WS 1982/83 an der Kirchlichen Hochschule Wuppertal
9   H. A. *Oberman:* Martin Luther und die Juden, Vortrag auf dem Luther-Symposion in Mülheim vom 21.–25.2.1983

Sichtbaren verborgen wirkt, diese theologische Erkenntnis nicht selbstverständlich auch auf die Judentumsfrage anwendet? »Wie ist Luther so blind gewesen, daß diese Grundstruktur seiner Theologie nun nicht für das Volk der Juden hat gelten können?«

Indem hier Luthers geschichtstheologischer Beweis von der Vertreibungs- und Gerichtsgeschichte des Judentums kritisch von den eigenen Voraussetzungen seiner theologia crucis her befragt wird, wird eine Linie systematisch ausgezogen, die ich historisch bereits in folgenden Sätzen des Buches von *Oberman* »Wurzeln des Antisemitismus« angedeutet finde: »Die Träger der dritten Reformation [der Gestalt des Reformators von Genf, Johannes Calvin . . ., verpflichtet und deshalb als Calvinismus bezeichnet] sind Refugées, Flüchtlinge aus den süddeutschen, französischen und bald auch aus den niederländischen Städten. In Dauer und Fernwirkung ist diese Bewegung den Frühphasen der Reformation weit überlegen. Sie deutet das Evangelium von Gnade und Glaube im Erfahrungshorizont der Vertreibung. Rechtfertigung der Gottlosen wird erlebt als die Rettung der Heimatlosen. *Die veränderte Einstellung den ›elenden‹ Juden gegenüber* gehört zu den hervorstechenden Merkmalen der dritten Reformation: *Exil, nicht mehr Judenstrafe, wird zur Lebensform des Gottesvolkes aller Zeiten*«[10].

»Erst als die heimatlosen christlichen Flüchtlinge das Schicksal der Juden zu teilen gezwungen waren, *erschien Vertreibung nicht mehr als eindeutiger Beweis für die Strafe Gottes.* Das Schicksal der Zerstreuung über die Welt wandelt sich nun vom Schuldbeweis der verstockten Juden zum Treueerweis der bekennenden Christen. In den späten französischen Predigten Calvins . . . stoßen wir auf *ein wachsendes Gespür für die verborgene Schicksalsgemeinschaft zwischen Christen und Juden in der Heimatlosigkeit von Verfolgung und Diaspora*«[11].

Das wachsende Gespür für die Erwählungsgemeinschaft von Juden und Christen trotz und in Verbannung, Zerstreuung und Verfolgung zeigt sich im Spätwerk Calvins besonders deutlich auch in seinem Danielkommentar und der vom August 1561 stammenden *Widmung* dieses Werkes an die verfolgten Hugenotten in Frankreich: »Denn da eben meine Vorlesungen über den Propheten Daniel erscheinen, kann nichts passender sein, als daß ich an diesem Beispiel Euch . . . zeige, wie der Gott, der in unseren Tagen den Glauben der Seinen in mannigfachen Kämpfen prüfen will, ihre Herzen . . . durch die Vorbilder der alten Zeit stärken läßt«[12]. »Zwar zeigt Gott darin seinem Propheten (Daniel), welche Kämpfe, Ängste, Mühen und Gefahren *den Juden* noch bevorstehen . . ., aber die Ähnlichkeit der Zeit bewirkt, *daß dasselbe auch auf uns paßt, als ob es für uns gesagt wäre*«[13].

10   H. A. *Oberman:* (Anmk. 7) 187f, Kursivierung von mir.
11   H. A. *Oberman:* a.a.O. 188f, Kursivierung von mir.
12   J. *Calvin:* An die Evangelischen in Frankreich, in: R. *Schwarz* (Hg.), Johannes Calvins Lebenswerk in seinen Briefen Bd III 1962, 1133ff, 1134
13   J. *Calvin:* a.a.O. 1139, Kursivierung von mir.

Juden und Christen sind hier in Vertreibung, »Verbannung«[14] – »von den ungezählten Scheiterhaufen in den letzten dreißig Jahren ganz zu schweigen« – die beiden Gestalten »der armen Kirche«[15], die an der Erwählung und »Gnadenwahl«[16] Gottes teilhaben.

An die Stelle des Elendsbeweises gegen das Judentum bei Luther tritt hier der Erwählungserweis für verfolgte Juden und Christen: »So darf es uns nicht hart sein, zur Zahl derer zu gehören, denen er prophezeit, sie würden im Feuer bewährt werden zu ihrer Läuterung (Dan 11,55; 12,10), da alle Kreuzeslasten durch die unschätzbare ... Herrlichkeit, die daraus hervorgehen, bei weitem aufgewogen werden«[17].

b) Die Juden als Exempel des Zornes Gottes

Ein zweiter Grund spricht m.E. dafür, daß Luthers Theologie in der Judentumsfrage von einer durchgehenden Kontinuität gekennzeichnet ist: Sowohl in seinen frühen als auch in seinen späten Schriften hält Luther die Juden für Exempel des Zornes Gottes und also das jüdische Volk für eine kollektive Repräsentation des richtenden Gesetzes Gottes. Was Oberman für die Frühphase Luthers gezeigt hat, gilt für die Spätphase Luthers ebenfalls: das Judentum als ganzes ist kollektiv das Exempel des Zornes Gottes für die Kirche[18].

c) Die Heiden als Miterben mit den Brüdern Christi

Daß Jesus ein geborener Jude sei und infolgedessen wir als Heidenchristen Miterben mit den Brüdern Christi sind, das hat Luther nicht nur 1523 in seiner judenmissionarischen Schrift »Daß Jesus ein geborener Jude sei« gesagt, sondern eben auch noch 1543 ausdrücklich wiederholt. So heißt es in Luthers Schrift »Von den Juden und ihren Lügen«, daß wir als Heiden »sollten mit ihnen am Messias teilhaben, Miterben und ihre Brüder heißen«. So weiß Luther noch 1543 – wie 1523 –, »daß ich ein rechter Bruder bin aller heiligen Kinder Israel und ein Miterbe im Reich des rechten Messias«. Es drückt sich in diesen Sätzen des späten Luther die 1523 gewonnene Erkenntnis aus, daß »die Juden von dem Geblüt Christi, wir (aber) ... Fremdlinge (sind), sie sind Blutsfreunde, Vettern und Brüder unseres Herrn«. »Haben sie (die Apostel als Juden) also mit uns Heiden so brüderlich gehandelt, so sollen wir wiederum brüderlich mit den Juden handeln«[19].

d) Die kollektive Kriminalisierung der Juden

Der Schritt von der theologischen Disqualifizierung zur kollektiven Kriminalisierung der Juden findet sich nicht erst 1543, sondern schon früher

---

14 J. Calvin: a.a.O. 1134
15 J. Calvin: a.a.O. 1139
16 J. Calvin: a.a.O. 1142
17 J. Calvin: a.a.O. 1141
18 M. Luther: Schriften wider Juden (Anmk. 2) 175, 189
19 Ders.: a.a.O. 139 (1543), 2f (1523)

bei Luther, wenn diese Kriminalisierung auch in ihren Konturen erst beim späten Luther stärker hervortritt. Aber eben z.b. schon im Brief von 1537 an den damaligen Sprecher des Judentums, *Josel zu Rosheim*[20], sagt Luther das Doppelte:

a) Es ist meines Herzens Meinung gewesen »und noch, daß man die Juden sollt freundlich halten (in) der Meinung (Absicht), ob sie Gott dermaleinst wollte gnädiglich ansehen und zu ihrem Messias bringen«. Das ist die Sprache von 1523.

b) Aber schon 1537 verbindet Luther mit dem Vorwurf, »daß Ihr Euer Blut und Fleisch, der Euch kein Leid getan hat, Jesum von Nazareth, verflucht und lästert«, die Vermutung kollektiver Kriminalität des Judentums: »sofern Ihr es könntet, brächtet Ihr all die Seinen (Christen) um alles, was sie sind und was sie haben«, also um Leben und Besitz (Wittenberg, den 11. Juni 1537).

Und so ist es kein Zufall, daß *in Luthers letzter Predigt* vom Februar 1546 sowohl der judenmissionarische Akzent von 1523 als auch der judenpolitische Aspekt von 1543ff noch einmal präsent sind: Wir bieten den Juden, führt Luther aus, das Evangelium an, damit die Juden ihren Vetter Jesus von Nazareth annehmen.

»Nun wollen wir christlich mit ihnen handeln und bieten ihnen erstlich den christlichen Glauben an, daß sie *den Messias* wollen annehmen, *der doch ihr Vetter ist und von ihrem Fleisch und Blut geboren und rechter Abrahams Same*, des sie sich rühmen... Das sollt ihr ihnen erstlich anbieten, daß sie sich zu dem Messias bekehren wollen und sich taufen lassen, damit man sehe, daß es ihnen ernst sei«. Das ist der Ton von 1523.

Aber dann fährt Luther fort: Wo sie das nicht tun, machen wir uns fremder Sünde teilhaftig, wenn wir die Juden nicht wie öffentliche Feinde behandeln.

»Nun steht es mit den Juden so, daß sie unseren Herrn Jesum Christum nur täglich lästern und schänden. Weil sie das tun und wir das wissen, so sollen wir es nicht leiden... *Darum sollt ihr Herren sie nicht leiden, sondern sie wegtreiben*. Wo sie sich aber bekehren, ihren Wucher lassen und Christum annehmen, so wollen wir sie gerne als unsere Brüder halten. Anders wird nichts draus... *Sie sind unsere öffentlichen Feinde*«. Das ist die Tonlage von 1543.

Judenmission und Judenpolitik liegen hier ganz eng beieinander und werden konsekutiv aufeinander bezogen.

Aber auch der Schritt zur *kollektiven Kriminalisierung* klingt an: Die Angst vor der möglichen Vergiftung durch jüdische Ärzte, welche sich auf die Medizin und medizinische Kunst der Tötung in Raten und auf Zeit verstehen und als solche eine Bedrohung der Christen darstellen.

---

20 S. *Stern:* Josel von Rosheim. Befehlshaber der Judenschaft im Heiligen Römischen Reich Deutscher Nation, Veröffentlichung des Leo-Baeck-Instituts, 1959, 129f, 84ff, 125ff, 138ff, 148ff

»*Und wenn sie uns könnten alle töten, so täten sie es gerne.* Und sie tuns auch oft, besonders die sich als Ärzte ausgeben, ob sie auch zeitweilig helfen. ... So verstehen sie sich auch auf die Arzenei, die man in Welschland kennt, da man einem ein Gift beibringt, davon er in einer Stunde, in einem Monat, in einem Jahr, ja in zehn oder zwanzig Jahren sterben muß. Auf diese Kunst verstehen sie sich«.

Noch in Luthers letzter Predigt klingt also der *judenmissionarische Akzent* von Luthers früher Schrift von 1523 voll an: »Noch (!) wollen wir die christliche Liebe an ihnen üben und für sie bitten, daß sie sich bekehren und den Herrn annehmen, den sie vor uns billig ehren sollten«. Aber dieser judenmissionarische Akzent steht nun 1546 unter der *judenpolitischen Konsequenz*: »Welcher solches nicht tun will, da gibt es keinen Zweifel, daß der ein verboster Jude ist, der nicht ablassen wird, Christum zu lästern«, was ihn zu einem »öffentlichen Feind« macht. Und die Forderung nach judenpolitischen Maßnahmen hat 1546 sofort die *kollektive Kriminalisierung* bei sich: »Welcher solches (Bekehrung und Taufe) nicht tun will, da gibt es keinen Zweifel, daß der ein verboster Jude ist, der nicht ablassen wird, ... dich auszusaugen und, wo er kann, zu töten«.

Ich ziehe daraus das *Fazit*: Luthers Theologie ist im Hinblick auf die Judentumsfrage kontinuierlich und theologisch geurteilt *essentiell antijudaistisch*. Ich stimme also Oberman zu: »Die Begründungen für Luthers angebliche Wende wechseln. Doch ob man nun Enttäuschungen, Gewissenskonflikte oder Erfahrungen anführt, jeder dieser Erklärungsversuche ist verfehlt. Von einer Kehre in Luthers Judensicht kann keine Rede sein. Von seiner ersten Wittenberger Vorlesung über die Psalmen (1513–1515), über sein Gutachten zur Reuchlinsache (1514) bis zu den harten Judenschriften der vierziger Jahre hat der Reformator die Juden immer und eindeutig als Gegner Gottes gesehen. Sie sind das ungehorsame Israel, das sich vom wahren Israel, eben der Kirche, getrennt hat«[21].

Man kann also weder den frühen Luther wegen seiner judenmissionarischen Haltung gegenüber dem späten favorisieren, noch kann man den gesetzeskritischen, paulinisch-antijudaistischen Luther bejahen, um ihn dann jeweils von dem judenmissionarischen (1523) oder judenpolitischen (1543) Luther zu trennen.

I. 2
Quellenbewußt oder schuldbewußt?

H. A. Oberman hat die Formel ausgegeben: Das Studium Luthers hat nicht schuldbewußt, sondern quellenbewußt zu sein. Man wird dieser Formel im Hinblick auf konkret zu umschreibende Sachverhalte zunächst

21   *H. A. Oberman*: Luther, Israel und die Juden, in: Das Parlament Nr. 3, vom 22.1.1983. Vgl. weiter: *ders.*: Luthers Beziehungen zu den Juden: Ahnen und Geahndete, in: *H. Junghans* (Hg.), Leben und Werk Martin Luthers von 1526 bis 1546, 2 Bde 1983, I 19–30, II 894–904; jetzt in diesem Band 136–162.

durchaus zustimmen können: »Es gibt so etwas wie eine Geschichtsverfälschung durch Geschichtsbewältigung. Alles hängt davon ab, ob es gelingt, nicht schuldbewußt, sondern quellenbewußt Geschichte zu schreiben. Keine schlechtere Geschichtsschreibung als dort, wo das schlechte Gewissen die Feder führt«[22].

a) Es ist also historisch falsch und deshalb nicht quellenbewußt, wenn man Luther aus dem Kontext seiner Zeit und Geschichte isoliert und ihn nicht im Vergleich mit dem großen Humanisten *Reuchlin* sieht, der eben auch sagen konnte: »Die Juden sind ›unseres Glaubens feindt‹, doch weltlichem Recht gemäßt als ›concives‹ [Mitbürger] zu behandeln«. Bekehrt euch – oder es bleibt nur die Vertreibung. »Bessert euch oder hinaus« – »reformandi seu expellendi«[23].

b) Es ist historisch falsch und deshalb nicht quellenbewußt, wenn man übersieht, daß Luther »jener (den) Haß einpeitschenden *Passionsfrömmigkeit* an die Wurzeln zu gehen (versuchte), die im christlichen Europa die Karwoche für Juden jahrhundertelang zur besonderen Schreckenszeit gemacht hat«[24]. Luther hat die mittelalterliche Vorlage der Passionsstrophe, die Judas und die Juden als Christusmörder verflucht hatte, wie folgt ersetzt: »Unser grosse sunde und schwere missethat Jesum, den wahren Gottes Sohn, ans Creutz geschlagen hat. Darumb wir dich armer Judas, darzu der Juden schar, Nicht feindlich dürfen schelten, die Schuld ist unser zwar [nämlich]«[25].

c) Es ist historisch falsch und deshalb nicht quellenbewußt, wenn man Luther von *Julius Streicher*, dem Herausgeber des antisemitischen Hetzblattes »Der Stürmer«, her kritisiert: Streicher hatte 1946 beim Nürnberger Prozeß der Alliierten gesagt: Luther müßte eigentlich an seiner Stelle hier sitzen, denn Luther habe gefordert, »man müsse ihre Synagogen niederbrennen und *man solle sie (die Juden) vernichten*«. Genau dies letztere hat aber Luther 1543 nicht gefordert und hat er auch von seinem theologisch-politischen Standpunkt aus niemals fordern können. Man soll die Juden umerziehen (reformandi sunt), vom Wucher zur Feldarbeit gewöhnen *oder* ausweisen (expellendi sunt).

Damit ist nun aber nicht – wie Luther 1543 schreibt – der Pöbel angesprochen, sondern die »*Obrigkeit*«. Und damit ist nicht der Henkerstaat angesprochen, sondern der »Rechtsstaat« gemeint. »Wie die treuen Ärzte tun. . ., wenn sie schneiden. . ., daß nicht der ganze Haufe verdirbt« und sie in ihrem verstockten Wesen bestärkt werden[26]. »Denn. . . – wo bloße Macht ohne Recht ist. . ., da ist keine Herrschaft, sondern Tyrannei. . . Wiederum,

22 *Ders.*: Luther, Israel (Anmk. 21)
23 *Ders.*: ebd.
24 *Ders.*: ebd.
25 *Ders.*: Wurzeln (Anmk. 7) 164
26 *M. Luther*: Schriften wider Juden (Anmk. 2) 213

wo Recht ohne Macht ist, da tut der wilde Pöbel auch, was er will, und bleibt kein Regiment. Darum muß es beides dasein, Recht und Macht«[27].

Indem ich mir die These Obermans in diesen Grenzen zu eigen machen kann, komme ich nun doch zu einem vierfachen ABER:

a)   Aber kann man, wenn man quellenbewußt ist, davon abstrahieren, daß Luthers »Judenschriften« im Jahre 1936 in erster und im Jahre 1938 in zweiter Auflage im Verlag der Bekennenden Kirche, dem Christian-Kaiser-Verlag, erneut herausgegeben worden sind und die Bekennende Kirche schwieg, als der Pöbel 1938 die Synagogen niederbrannte?

b)   Aber kann man, wenn man quellenbewußt ist, davon abstrahieren, daß der Herausgeber der »Judenschriften« Luthers, W. *Holsten*, im Jahre 1938 – im Jahr der Synagogenpogrome – als Kommentar zu diesen Lutherschriften schrieb: »Es muß also zwischen Jude und Jude ein Unterschied gemacht werden ... Es geht um die *alten, rechten Juden* auf der einen und die *neuen, fremden Juden oder Bastarde* auf der anderen Seite. D. h. entscheidend ist die Stellung zum Worte Gottes. Wird ihm geglaubt, hat man es mit dem *echten Israel* zu tun, das *nachbiblische Judentum* aber hat sein Wesen im Unglauben und Ungehorsam gegen Gottes Wort«[28]?

Das hat nicht J. Streicher, sondern W. Holsten als Lutherexeget gesagt.

c)   Aber kann man, wenn man quellenbewußt ist, davon abstrahieren, daß W. Holsten in seinem Kommentar zu Luther den *Weg einer kollektiven Kriminalisierung* des nachbiblischen Judentums beschreitet, wenn er sagt: »Um ihrer religiösen Entscheidung willen« und nicht wegen der moralischen Folgen »werden die Juden mit dem Teufel in Verbindung gebracht«, eine religiöse Entscheidung, »die vor allem Handeln liegt«? Aber dieser religiöse Gegensatz hat einen »*moralischen Gegensatz*« zur Folge, »der freilich auch wichtig und tiefgreifend ist«[29]. Ist das nicht die kollektive Kriminalisierung als Folge der religiösen Stigmatisierung, die bereits bei Luther sichtbar wird?

d)   Aber kann man, wenn man quellenbewußt ist, davon absehen, daß W. Holsten im Jahre 1938 zwar auch den *judenmissionarischen* Akzent bei Luther in dessen härtester Judenschrift unterstreicht: Bei Luther bricht immer wieder 1543 die Hoffnung durch, daß seine Worte »auch dieses oder jenes Judenherz bewegen möchten«, aber dann doch im Jahre 1936 politisch höchst aktuell sagt: Für Luther ergibt sich aus dem religiösen Gegensatz dann doch im politischen Bereich die Forderung nach einer »bestimmten Behandlung der Juden«? Die judenmissionarische Zuwendung darf dem Zorn Gottes, wie ihn die Obrigkeit zu vollziehen hat, nicht in den Arm fallen, denn »hinter dem Angesicht des zornigen Gottes verbirgt sich eine unendliche Liebe ... Es gilt auch für die Christenheit, dem Juden gegenüber ... eine scharfe Barmherzigkeit (zu üben). Harte Maßnahmen gegen die Juden

---

27   *Ders.:* a.a.O. 105
28   *W. Holsten:* Kommentar zu M. Luther (Anmk. 2) 538, Kursivierung von mir.
29   *Ders.:* ebd., Kursivierung von mir.

sind also gerechtfertigt und geboten, sofern hinter ihnen eine echte Barmherzigkeit steckt«[30].

Nochmals: Das alles ist nicht von J. Streicher 1946, sondern von Lutherexegeten im Jahre 1938, im Jahre der Synagogenverbrennung, gesagt. Ich ziehe daraus das *Fazit:* Die Formel »quellenbewußt statt schuldbewußt« ist problematisch, weil die Neuherausgabe der Judenschriften Luthers im Jahre 1936 in erster und 1938 in zweiter Auflage und ihre aktualisierende Kommentierung durch die Lutherforschung – Holsten beruft sich für seine Deutung auf P. Althaus, E. Vogelsang, E. Hirsch u.a. – zur historischen Wirkungsgeschichte dieser problematischen Lutherschriften hinzugehört. Die Formel kann, wenn man historisch bleiben will, nur lauten: *Weil quellenbewußt, darum schuldbewußt.* Schuldbewußt, weil quellenbewußt!

Wenn man – wie Oberman es leider tut – von Luther direkt auf Streichers Lutherverwertung kommt und Luther dann von Streicher abzusetzen versucht, überspringt man die *theologische und kirchliche Lutherdeutung,* wie sie in den Jahren 1936/1938 von maßgeblichen Lutherinterpreten vorgelegt worden ist. Das aber ist nicht quellenbewußt. Und gerade dieses Überspringen ermöglicht es dann auch, den theologischen Antijudaismus Luthers vom staatlichen Antisemitismus zu unterscheiden, ohne jenen für diesen mitverantwortlich zu machen, wie Oberman offensichtlich will.

Ich komme deshalb zu dem *Ergebnis:* Die Formel »quellenbewußt statt schuldbewußt« hat ein begrenztes Wahrheitsmoment bei sich. Sie ist aber – ohne diese Einschränkung verwendet – höchst problematisch. Und sie verlangt angesichts der leider von Oberman übersprungenen theologischen Rezeptionsgeschichte und kirchlichen Wirkungsgeschichte der Lutherschriften im Dritten Reich die folgende präzisere Fassung: *Weil quellenbewußt, darum auch schuldbewußt!*

I. 3
Kind seiner Zeit oder Vater der Reformation?

Ich gehe auch hier wieder zunächst zustimmend von dem Fazit H. Obermans aus, der mit Recht in seinem in »Das Parlament« veröffentlichten Lutheraufsatz darauf hingewiesen hat: »Die Wurzeln des Judenhasses liegen nicht im 16. Jahrhundert, sondern bereits in den Anfängen des Christentums«. Ich exemplifiziere diese Wurzeln des Judenhasses im Hinblick auf die Anfänge des Christentums kurz an dem *Dialog Justins* mit dem Juden Tryphon (ca. 150 n Chr)[31]. Kennzeichnend für diesen Dialog sind Lehren, die sich in vier Thesen bündeln lassen. Sie tauchen bei Luther wieder auf:

---

30 *Ders.:* a.a.O. 538f
31 Ich fasse hier die Ergebnisse eines Seminars mit meinem Kollegen *K.-H. Pridik* zusammen, das wir auf der Basis des griechischen Textes über »Des heiligen Philosophen und Märtyrers Justinus Dialog mit dem Juden Tryphon« gemeinsam gehalten haben.

a) Das Judentum als Gesetzesreligion

Das Judentum ist eine Gesetzesreligion. *Die Gesetze* und die Zeichen des Bundes, wie Beschneidung und Schabbat, *sind Gerichtszeichen*[32]. Das wird mit Ez 20,25, also schon vom Tanach, vom Alten Testament her begründet: »So habe ich ihnen Satzungen gegeben, die nicht gut waren, und Gebote, durch die sie nicht am Leben bleiben konnten«. Die heute beliebte, aber nichtsdestoweniger sehr problematische Unterscheidung zwischen einer »Mose-Tora« und einer »Zions-Tora« findet sich also der Sache nach schon bei Justin! Die Juden sind durch diese Gesetze als »ungesetzliche Söhne«, Brut der Ehebrecher und Hurenkinder, ausgewiesen[33]. Das sagt mit Berufung auf Jes 57,1–4 (bes. 57,3) nicht erst Chrysostomus im 4. Jahrhundert, sondern das sagt bereits Justin in der Mitte des 2. Jahrhunderts. Man kann also auch den Tanach und nicht erst das Neue Testament antijudaistisch auslegen.

b) Die Fortsetzung der Erwählung Abrahams in der Völkerkirche

Das Judentum ist nicht nur eine Gesetzesreligion, und die Gesetze sind nicht nur Gerichtszeichen, sondern *die Kirche aus allen Völkern* hat die Erwählung, die ursprünglich dem Adam als dem Stammvater *aller* Menschen gilt, zugesprochen erhalten. Sie ist *das erwählte Gottesvolk* geworden, weil sie Teilhaber der allgemeinen Sündenvergebung ist[34].

Die allgemeine Erwählung von Adam bis Abraham setzt sich, in Umgehung des partikularen Judentums, dessen Geschichte wie eine Episode und Zwischengeschichte im Kontext der allgemeinen Geschichte von Adam-Abraham bis zu den Völkern erscheint, *in der heidenchristlichen Kirche fort.* Das Judentum als Gesetzesreligion ist die Gerichtsfolie für die aus der Vergebung lebende Völkerkirche, die sich als das neue Gottesvolk versteht. Die Heidenkirche hat nach Justin die Taufe als das eigentliche Beschneidungszeichen, die die Beschneidung des Herzens ist, während die jüdische Beschneidung des Fleisches typologisch als Gerichtszeichen auf das eigentliche pneumatische Beschneidungszeichen, die christliche Taufe, verweist.

c) Jesus Christus, Sohn Gottes, nicht nationaler Messias Israels

Jesus Christus ist nicht der nationale Messias Israels, sondern, wie Jungfrauengeburt, Menschwerdung und Trinitätslehre zeigen, Sohn Gottes.

An die Stelle der jüdisch-messianischen Christologie tritt hier bei Justin die trinitarische Christologie der allgemeinen Menschwerdung Gottes und des Sohnes Gottes. Jesus ist als wahrer Gott und wahrer Mensch der Christus des neuen Bundes. *Jüdisch-nationale Messiaserwartung* und *universale Christuserwartung* schließen sich gegenseitig aus.

---

32 *Justin:* Dialog (Anmk. 21) Kp XVIII
33 *Ders.:* a.a.O. Kp XXI
34 *Ders.:* a.a.O. Kp XIX

d) Der neue Bund als Ersetzung des alten Bundes
Der in Jer 31,31–34 verheißene neue Bund hebt den alten Bund Gottes
mit Israel auf. Im Dialog mit dem Juden Tryphon heißt es – und die Exegese
Justins ist von weittragender Bedeutung für die Exegese des Abendlandes
bis in unsere Gegenwart hinein –: »Wenn nun Gott die Einrichtung eines
Neuen Bundes angesagt hat, wir aber es sehen und überzeugt sind, daß es
Menschen gibt, welche gerade durch den Namen des gekreuzigten Jesus
Christus sich von den Götzen... trennen und Gott zuwenden..., dann
kann jedermann aus den Tatsachen... erkennen, daß hier das neue Gesetz
und der neue Bund« ist, welcher »allen Völkern« gilt. »Das wahre, das geistliche Israel nämlich, ... das sind wir«[35].
     Ich stimme nun H. Oberman wiederum gerne zu: Die nötige und histo-
risch notwendige Suche nach den Wurzeln des christlichen Judenhasses
darf nicht zu einem Entlastungsverfahren für die reformatorische Position
Luthers verkommen. Denn Luther war, wie Oberman plastisch gesagt hat,
nicht nur Kind seiner Zeit, sondern auch Vater der Reformation. Deshalb
gilt es sich klarzumachen, »daß die Zeit der Reformation, die so bewußt die
Traditionen des Mittelalters [kritisch] überprüft hat, alles, was dieser Sichtung standgehalten hat, mit neuer Kraft der Neuzeit vermittelt hat«[36]. Indem Luther alle Traditionen des Mittelalters von dem Grundansatz seiner
Theologie her einer kritischen Durchmusterung unterzog, hat er *der von
seinem reformatorischen Ansatz bestätigten Tradition eine neue und entscheidende Geschichtsmächtigkeit verliehen.* Es ist also gerade das Zentrum
der theologischen und reformatorischen Entscheidung Luthers, das diesen
antijudaistischen Traditionen zu umfassender Geschichtsmächtigkeit verholfen hat. »Der Antijudaismus« – sagt Oberman zutreffend und auch zustimmend – »ist bei Luther kein Seitenphänomen, sondern von zentraler
theologischer Bedeutung«[37].

I. 4
Haßgeladener oder evangelischer Antijudaismus?
Oberman hat darauf hingewiesen, daß zwar der weltanschauliche und
rassische Antisemitismus des 19. und 20. Jahrhunderts ein »neuzeitliches
Phänomen« ist, daß daraus aber nicht gefolgert werden könne, der *Antisemitismus* des 19. und 20. Jahrhunderts habe mit dem *Antijudaismus* des 16.
Jahrhunderts nichts zu tun. Denn: »Es wäre wirklichkeitsfremd, sich nicht
eingestehen zu wollen, daß die ›moderne‹ Rassenlehre längst vorhandenen
haßgeladenen Antijudaismus salonfähig und vor allem ›hörsaalfähig‹ gemacht hat... ›Antisemitismus‹ ist das neue Stichwort für die alte Sache«[38].
     Nun ist aber charakteristisch, daß Oberman einen »*haßgeladenen Antiju-*

35 *Ders.:* a.a.O. Kp XI
36 *H. A. Oberman:* Luther, Israel (Anmk. 21)
37 *Ders.:* ebd.
38 *Ders.:* ebd.

daismus«, den er auch bei Luther zu kritisieren bereit ist, von einem *evangelischen Antijudaismus*, der für Luthers und jeden evangelisch-theologischen Ansatz wesentlich sei, unterscheiden möchte. Ist der haßgeladene Antijudaismus antijüdisch, so ist der *evangelische Antijudaismus* – nach Oberman – vom Zentrum der reformatorischen Botschaft und des Neuen Testamentes her zu verstehen und insofern unvermeidbar.

Ergebnis: Die paulinische Rechtfertigungslehre und so auch die reformatorische Grundentscheidung sind essentiell antijudaistisch, weil sie evangelisch-reformatorisch sind.

»Mit der Bezeichnung (evangelischer) Antijudaismus ist jene Bewegung gemeint, die schon immer in der Kirchengeschichte wirksam war, die am Vorabend der Reformation aber besondere Durchschlagskraft erhalten hatte: Kampf gegen den Judaismus – gegen toten Buchstabenglauben und *tötende Gesetzlichkeit*, gegen *pharisäischen* [!] *Dünkel* und hohle Zeremonien... Der *[evangelische] Antijudaismus* ist bei Luther kein Seitenphänomen, sondern *von zentraler theologischer Bedeutung*. Die Juden spiegeln die Verirrungen der Kirche ›heute‹. Im Judenspiegel wird sichtbar, daß die große Gefahr... entscheidend in der Verkehrung des Glaubens in Leistung« liegt[39].

Luthers »Abwehr gegenüber Papst, Juden und Revolutionären... gilt in allen Fällen dem Versuch, ›selbstmächtig‹ das Gottesreich auf den Weg zu bringen«[40].

Noch einmal: Dieser paulinisch-evangelische Antijudaismus Luthers »verkehrt sich [erst] in dem Moment in eine antijüdische Haltung, wo er (Luther) meint, das Gemeinwohl der Bürger werde von jüdischer ›Kriminalität‹ bedroht«[41]. Haßgeladener Antijudaismus, der antijüdisch ist und antisemitisch leicht verwertbar ist, ist also – nach Oberman – von dem *essentiellen, evangelischen, paulinisch-lutherischen Antijudaismus zu unterscheiden.* Ist jener zu kritisieren, so ist dieser nicht nur unvermeidbar, sondern mit dem Evangelium als Kritik aller Leistungsreligion unmittelbar und notwendig mitgegeben.

Ich frage: Kann man allen Ernstes einen evangelischen Antijudaismus von einem haßgeladenen, kriminellen Antijudaismus unterscheiden?

Und ich antworte: Man kann dies doch schon bei Luther nicht, der – wie Oberman zeigt – selber schon den Schritt von dem theologischen Antijudaismus zur kollektiven Kriminalisierung des Judentums tat. Man kann dies aber – in der Stunde der tödlichen Gefahr des Judentums im Dritten Reich – auch bei den Lutherinterpreten nicht, wie die Lutherkommentare von W. Holsten und anderen eindeutig zeigen. Ja, kann man es bei Oberman selbst, der in seinem auf einen größeren öffentlichen Leserkreis in der Bundesrepublik zugeschnittenen Beitrag im »Parlament« einen evangeli-

39 *Ders.:* ebd., Kursivierung von mir.
40 *Ders.:* ebd.
41 *Ders.:* ebd.

schen Antijudaismus in einem notwendigen »Kampf gegen den Judaismus
[!] – gegen toten Buchstabenglauben und tötende Gesetzlichkeit, gegen
pharisäischen [!] Dünkel« und anderes mehr stehen sieht? Oberman will
das sicherlich nicht. Aber man braucht nur die von *J. Beckmann* im »Kirchlichen Jahrbuch 1933–1944« gesammelten Quellen zu lesen, und man wird
erschreckende Parallelen feststellen. Kann man, wenn man quellenbewußt
auch die Wirkungsgeschichte der Quellen miteinbezieht, wirklich nach
dem Holocaust noch einen evangelischen Antijudaismus von einem haßgeladenen Antijudaismus unterscheiden und nur den letzteren mit dem rassischen Antisemitismus und dessen Greueln verknüpfen wollen?

Ich frage also nochmals: Kann man in allem Ernst nach dem Holocaust
einen *evangelischen* Antijudaismus von einem *haßgeladenen* Antijudaismus unterscheiden wollen? Kann man dies schon bei Luther nicht, wie
Oberman gezeigt hat, kann man dies erst recht nicht bei den Lutherinterpreten des Dritten Reiches, wie kann man es dann, wenn man quellenbewußt ist und die unvermeidliche Wirkungsgeschichte der Quellen mitbedenkt, noch weiterhin tun?

Aber die umgekehrte Frage ist auch unvermeidbar: Wie stehen wir mit
Luther da, wie gehen wir theologisch mit Luther um, wenn der evangelische Antijudaismus bei ihm unvermeidbar, kein Seitenphänomen wie der
haßgeladene Antijudaismus, sondern von zentraler theologischer Bedeutung ist? Und wie stehen wir weiter da, wenn man uns von neutestamentlicher Seite her glauben machen will, daß der Antijudaismus des Paulus, wie
ihn der Galaterbrief angeblich zeigt, ebenfalls nicht peripher und kein Seitenphänomen ist, sondern zentral zur paulinischen Verkündigung der
Rechtfertigung des Gottlosen hinzugehört? Soll Gal 2,16 nun gelten »Wir
leben nicht aus des Gesetzes Werken, sondern sind gerecht gesprochen
durch den Glauben«, oder nicht? Wo muß historisch und quellenbewußt,
weil quellenbewußt auch schuldbewußt angesetzt werden? Wo muß systematisch-theologisch angesetzt werden, wenn es hier zu einer Neuorientierung kommen soll?

I. 5
Innerjüdischer Konflikt oder heidenchristlicher Antijudaismus?

Ich stelle drei Thesen des Übergangs zu dem II. Teil meines Referates auf,
eine neutestamentliche, eine kirchengeschichtliche und eine systematische
These. Innerhalb dieser Thesen unterscheide ich terminologisch und sachlich zwischen einem innerjüdischen bzw. innerjudenchristlichen Konflikt
einerseits *und* einem heidenchristlichen und meist haßerfüllten Antijudaismus und rassischen Antisemitismus andererseits. Und während die Grenzen zwischen dem heidenchristlich-evangelischen Antijudaismus, der den
Schritt zum haßerfüllten Antijudaismus einer kollektiven Kriminalisierung meistens unvermeidbar schon bei sich hat, und einem rassischen und
kriminellen Antisemitismus fließend sind, ist ein grundlegender Unterschied – historisch wie auch theologisch – zwischen einem innerjüdischen

(innerjudenchristlichen) Konflikt einerseits und einem heidenchristlichen evangelischen Antijudaismus andererseits festzuhalten.

a) Die *neutestamentliche* These

Es ist historisch-*exegetisch* problematisch, die in Galater 2 geschilderte Auseinandersetzung zwischen Jakobus/Petrus einerseits und Paulus andererseits als »Antijudaismus« zu bezeichnen. Es handelt sich dort vielmehr um einen *innerjüdischen* oder *innerjudenchristlichen Konflikt*, um die Frage, welche Bedingungen man den Heidenchristen auferlegen soll, wenn sie am Bund Gottes mit Israel als Miterben teilnehmen.

Es ist nämlich deshalb problematisch, die in Galater 2 geschilderte Auseinandersetzung zwischen Jakobus, Petrus und Paulus als »Antijudaismus« zu bezeichnen, weil Antijudaismus erst da vorliegt, wo die Heidenchristen und die heidenchristliche Kirche – wie bei Justin – sich in die Erwählung Israels selbstmächtig einsetzen, deshalb das Judentum auf die Stufe der Heiden stellen, also paganisieren und als Leistungs- bzw. Gesetzesreligion disqualifizieren. Hier erst haben wir es mit Antijudaismus zu tun.

Und zwar »Anti-Judaismus« nun in des Wortes doppelter Bedeutung: anti heißt nämlich im Griechischen »an Stelle von«, d.h. die Heidenkirche *ersetzt* Israel; und »anti« heißt sodann auch »gegen«, d.h. Kirche des Evangeliums *gegen* jüdische Gesetzesreligion.

Diese Form des *heidenchristlichen Antijudaismus* – das ist meine These – ist von *innerjüdischer Auseinandersetzung* prinzipiell zu unterscheiden. Die Gestalt des heidenchristlichen Antijudaismus, z.B. bei Justin, ist von innerjüdischer Auseinandersetzung grundlegend unterschieden. Der heidenchristliche Antijudaismus hat nämlich sein Kennzeichen darin, daß er das Judentum insgesamt als Gesetzesreligion fixiert und die bleibende Erwählungstreue des Gottes Israels seinem Volk Israel-Judentum gegenüber bestreitet. Justin zufolge empfingen die Juden das Gesetz. Und Gesetz wie Beschneidung sind Zeichen des Gerichtes.

b) Die *kirchengeschichtliche* These

Oberman ist schon Recht zu geben: Luther bestätigt und bekräftigt vom Zentrum seiner reformatorischen Entdeckung, der Unterscheidung von Gesetz und Evangelium, her diesen heidenchristlichen Antijudaismus, den er mit der altkirchlichen Tradition seit Justin nicht mehr von innerjüdischen, innerjudenchristlichen und inner-alttestamentlichen Auseinandersetzungen zu unterscheiden vermag.

Luther hat also durch seine Grundunterscheidung von Gesetz und Evangelium, die seine wegweisende reformatorische Entdeckung ist und bleibt, zugleich dem heidenchristlichen Antijudaismus seit Justin eine ungeheure Geschichtsmächtigkeit gegeben und dabei diesen nicht mehr von innerjüdischer Auseinandersetzung zu unterscheiden gewußt.

Daß aber diese Unterscheidung zwischen einem *innerjüdischen Schisma* und einem *heidenchristlichen Antijudaismus*, historisch und systematisch gesehen, wesentlich ist, läßt sich an einer entscheidenden sachlichen Differenz zwischen Paulus und Luther zeigen: Hat Luther den Galaterbrief als sein Testament bezeichnet, seine Katharina von Bora, so ist nach heutigem exegetischen Verständnis der Römerbrief und nicht der Galaterbrief zum Testament des Paulus geworden (G. Bornkamm).

Nahm Luther den Römerbrief hermeneutisch in die Klammer des Galaterbriefes, so stehen bei Paulus am Ende die Aussagen des Galaterbriefes in der Klammer von Röm 9–11[42]. Nahm Luther den Römerbrief so in die Klammer des Galaterbriefes, daß er bei Röm 11,25ff sagen mußte, da habe Paulus dunkel geredet, so ist, wie *G. Bornkamm* und *G. Eichholz* heute sagen können, der Römerbrief zum Testament des Paulus geworden, von dem her wir die Aussagen des Galaterbriefes einordnen und werten müssen. Mußte Luther von seiner Konzentration auf den Galaterbrief her entscheidende Aussagen von Röm 11 für irrelevant erklären – und zwar gerade in seinen verhängnisvollen Judenschriften –, so konnte Paulus den innerjüdischen Konflikt als Schisma im Raum des ungekündigten Bundes und der einen Bundestreue Gottes zu seinem Volk und mit einer Perspektive der Hoffnung darstellen.

Hat Luther von einer Isolierung des Galaterbriefes aus dem Kontext des übrigen Corpus Paulinum her das Judentum wesentlich im *Gesetz* angesiedelt, so hat Paulus in Röm 9–11 das Judentum wesentlich in der *Verheißung* angesiedelt.

Hat Luther, in der Tradition des heidenchristlichen Antijudaismus stehend, den Galaterbrief zum Kanon im Kanon gemacht und deshalb das Judentum dem GESETZ zugeordnet, so hat Paulus, in der Tradition der prophetischen Verheißungen verwurzelt, Israel im BUND angesiedelt und den innerjüdischen Konflikt und das innerjüdische Schisma im Raum derselben Verheißungen und derselben Bundestreue des Gottes Israels lokalisiert.

c) Die *systematische* These
Die systematische Folgerung aus dem exegetisch und kirchengeschichtlich aufgezeigten Befund läßt sich nunmehr so formulieren:
Die in den Anfängen der Alten Kirche erfolgte und durch Luthers Unterscheidung von Gesetz und Evangelium verstärkte Ansiedlung des Judentums im *Gesetz* und – im Unterschied dazu – die bei Paulus in der Nachfolge des Alten Testamentes sichtbare Einordnung des Judentums in der *Verheißung* sind endlich systematisch auf ihre Unterschiede hin zu befragen. Sie sind nach dem Holocaust – quellenbewußt wie schuldbewußt – für einen biblisch-theologischen Neuansatz im Bereich der systematischen Theologie fruchtbar zu machen.

42 B. *Klappert:* Traktat für Israel (Römer 9–11), in: *M. Stöhr* (Hg.), Jüdische Existenz und die Erneuerung der christlichen Theologie, 1981, 58–137

II
»Gesetz und Evangelium« oder »Evangelium und Gebot«?

Luther hat die Frage nach der theologischen Bedeutung des Judentums innerhalb der Grundunterscheidung seiner Theologie angesiedelt: innerhalb seiner *Unterscheidung von Gesetz und Evangelium.* Die Luther-Ausstellung in Nürnberg hat im Jahre 1983 anhand von eindrücklichen Merkbildern aus der Schule Lukas Cranachs, die die von Luther bei Paulus entdeckte Botschaft von der Rechtfertigung des Gottlosen thematisieren, jedem, der sehen wollte, anschaulich zeigen können: Die bereits aus dem Mittelalter überlieferte Gegenüberstellung von Kirche und Synagoge, in welcher der Erlöser »die Synagoge und das Gesetz des Alten Bundes überwindet«[43], erhält durch die Unterscheidung von Gesetz und Evangelium bei Luther eine erneute Bestätigung und sogar Verstärkung. Die Synagoge repräsentiert nun zur Linken des Kreuzes das tötende Gesetz, die Kirche steht zur Rechten des Kreuzes auf der Seite des rettenden Evangeliums[44].

Nicht das zutiefst Tröstliche der durch Luther im Evangelium entdeckten Befreiung aus gottlosen Bindungen und versklavenden »gesetzlichen« Ordnungsgegebenheiten (Barmen II) ist hier problematisch. Sondern die im Gefälle dieser Unterscheidung verstärkte Zuordnung des Judentums zum richtenden, tötenden, anklagenden und eindämmenden Gesetz und zur vernichtenden Hölle gilt es – insbesondere nach dem Holocaust – herauszustellen und ins theologische Bewußtsein zu heben.

II. 1
Die Verankerung des Judentums im Gesetz bei Luther
War aber einmal das Judentum innerhalb der Grundunterscheidung Luthers, der Unterscheidung von »Gesetz und Evangelium«, lokalisiert und im Gesetz verankert, war einmal das Judentum als Gesetzesreligion identifiziert, dann ergaben sich die im Folgenden darzustellenden Konsequenzen wie von selbst: Nun wurde das Judentum verstanden (a) als Spiegel des *anklagenden Gesetzes,* (b) als korporative Darstellung des *gesetzlichen Irrweges* der Papstkirche, (c) als Adressat des *judenmissionarisch* verstandenen Evangeliums – und, sobald es sich diesem Evangelium verweigerte, (d) als Objekt des eindämmenden *staatlichen Gesetzes.*

a)   *Das Judentum als Spiegel des anklagenden Gesetzes*
Luther hat – wie Oberman eindringlich zeigt – die Israelfrage innerhalb seiner Unterscheidung von Gesetz und Evangelium angesiedelt.
Dieser Grundunterscheidung zufolge ist *das Judentum der Zeuge des richtenden Gesetzes.* Es ist der *Spiegel des anklagenden Gesetzes,* das die Funk-

---

43   *Germanisches Museum Nürnberg:* Martin Luther und die Reformation in Deutschland. Ausstellung zum 500. Geburtstag Martin Luthers, 1983, 350
44   *Germanisches Museum Nürnberg:* a.a.O. 87, 356, 398f u.ö.

tion hat, den Christen einen Spiegel vorzuhalten und sie zur Selbstkritik vor Gott anzuleiten. *Israelkritik ist Christenkritik.* Die Juden damals sind der Spiegel für »uns Juden heute«.
Luther »denkt... bei den ungetauften Juden... an die Träger einer Religion, und zwar jener Gesetzesreligion, auf der nicht nur die ungetauften Juden beharren. In seiner reformatorischen Entdeckung wird ihm gewiß, daß dieser Judaismus innerhalb der päpstlichen Kirche erschreckend viele mitgerissen hat. Und später, im Kampf um die Reformation der Kirche, wird ihm offenbar, wie jüdische Gesetzlichkeit mit fortgeschrittener Zeit in gleicher Weise die evangelische Bewegung bedroht. Über die Jahre hinweg hat sich an dieser Sicht des *Zusammenpralls von Gesetzesreligion und Evangelium*, von Heils- und Unheilsgeschichte, von Gott und Widergott, Christus und Antichrist [regnum Dei und regnum diaboli] nichts geändert«[45]. Die Israeltheologie ist also bei Luther von Anfang an im Grundmuster seiner Theologie verankert.
»Die Juden heute sind vor allem wir elenden Christen selbst«[46]: Von den Psalmenvorlesungen Luthers (1513–1515) über die Römerbriefvorlesung (1515–1516) bis in seine Spätschriften hinein findet sich dieser Akzent der Israelkritik als Spiegel der christlich-religiösen Selbstkritik. Das Judentum wird hier zu *dem* Repräsentanten von gesetzlicher Religion, in der sich der Christ selbstkritisch vor Gott zu erkennen hat, um nach der Befreiung durch das Evangelium zu schreien.
Im Römerbrief von 1515/16 sagt Luther zu Röm 11,22: »Aus dieser Stelle lernen wir, daß wir, wenn wir den Fall der Juden... sehen, unser Augenmerk auf das Werk Gottes richten, das in ihnen geschieht, damit wir an dem Beispiel fremden Unglücks lernen, Gott zu fürchten und in keiner Weise vermessen zu sein. Im Widerspruch hierzu überheben sich viele in einer seltsamen Torheit und heißen die Juden bald Hunde, bald Verfluchte... In dreister Weise brechen sie in lästerliche Schimpfreden aus, wo sie doch mit ihnen hätten Mitleid haben sollen und doch *ähnliche Dinge für sich fürchten müssen*«[47].
Im »Sermon von der Betrachtung des heiligen Leidens Christi« (1519) sagt Luther: »Also soll dir vielmehr Angst werden, wenn du das Leiden Christi bedenkst, als den Übeltätern, den Juden, wie sie denn Gott bereits gerichtet und vertrieben hat..., und *du bist wahrhaftig derjenige, der durch seine Sünde Gottes Sohn erwürget und gekreuzigt hat*«[48].
In Luthers Schrift »Von den Jüden und ihren Lügen« (1543) tauchen die Juden als »erschrecklich Exempel« erneut auf: »Aber ein erschrecklich Exempel göttlichen Zorns ist uns Christen damit vorgebildet, wie S. Paulus sagt Röm 11 (V. 20), daß wir Gott fürchten und sein Wort, dieweil die Zeit

---

45 *H. A. Oberman:* Wurzeln (Anmk. 7) 136, Kursivierung von mir.
46 *Ders.:* a.a.O. 137, 141
47 *M. Luther:* Römerbrief (Anmk. 1) 360, Kursivierung von mir.
48 *H. A. Oberman:* Wurzeln (Anmk. 7) 138, WA II 138, Kursivierung von mir.

der Gnaden scheinet, ehren sollen, *daß uns nicht* auch so schändlich oder *noch ärger* geschehe, wie wir bereits auch am Papsttum und Mahmet wohl erfahren haben. Denn an den Juden kann man sehen, wie gar leichtlich der Teufel (wo man einmal vom rechten Verstand der Schrift fället) die Leute führen kann in solche Blindheit und Finsternis, die auch natürliche Vernunft und schier unvernünftige Tiere tappen und greifen können«[49].

Daß prophetische Israelkritik auch zur Kirchenkritik wird, ist eine wichtige theologische Einsicht Luthers. *Die Sequenz darf aber nicht umgekehrt werden, indem nun jede Kirchenkritik auch zur Israelkritik wird.* Dazu läßt sich der folgende problematische Satz vergleichen: »Es ist. . . die in ihrer Gottvergessenheit bis in die Fundamente gefährdete [römische] Kirche, *deren Bild sich spiegelt in Geschichte und Gegenwart der jüdischen Gesetzesreligion*«[50].

Wie kann der Satz »Die heutigen Christen sind den Juden ähnlich, ja noch viel schlimmer ›immo peiores‹«[51] vor der folgenden verhängnisvollen Umkehrung bewahrt werden: *Die heutigen Juden sind den Christen ähnlich, ja noch viel schlimmer?*

b) Das Judentum als Inkorporation der gesetzlichen Anmaßung der Kirche

Das Judentum ist aber nicht nur der Spiegel des anklagenden Gesetzes, der Spiegel der lex accusans. Sondern es stellt – wie Luther meint – mit seinem·*korporativen Anspruch, das erwählte Volk Gottes zu sein,* auch die falsche korporative Anmaßung der römischen Kirche anschaulich dar.

Das Judentum stellt aber über die gesetzliche Anmaßung, das wahre Volk Gottes zu sein, hinaus in seiner fortdauernden Geschichte des Gerichtes und Zornes Gottes zugleich das Gericht dar, das über das Papsttum der Gegenwart erfolgt oder erfolgen wird. Die korporative Anmaßung des Judentums spiegelt die kirchliche Anmaßung der römischen Kirche, die Gerichtsgeschichte der Juden bildet das kommende Gericht über die Papstkirche ab und vor.

Das Judentum ist also für Luther nicht nur der Repräsentant der kirchlichen Anmaßung der römischen Kirche, die Darstellung der Kirche Gottes zu sein (ubi papa, ibi ecclesia). Es ist zugleich auch *der Zeuge des Zorns und des Gerichts Gottes über solche korporative Anmaßung* seit der babylonischen Gefangenschaft bis hin zum römischen Elend der Gegenwart.

Das Judentum spiegelt also auch die *Gerichtsfolgen,* die diese Anmaßung zeitigt. Deshalb schreibt Luther von der »babylonischen Gefangenschaft der Kirche«.

---

49 M. *Luther:* Schriften wider Juden (Anmk. 2) 175, Kursivierung von mir.
50 H. A. *Oberman:* Wurzeln (Anmk. 7) 145, Kursivierung von mir.
51 *Ders.:* ebd.

c) Das Judentum als Adressat des wiederentdeckten reformatorischen Evangeliums

Die Wiederentdeckung des Evangeliums in seiner reformatorischen Gestalt ist für Luther nicht nur die Befreiung der Christen aus der babylonischen Gefangenschaft der Papstkirche, sondern bedeutet auch »eschatologisch« *die Wiederherstellung des neuen Gottesvolkes aus Juden und Heiden.*

Dieses Evangelium befreit nicht nur aus dem richtenden, anklagenden Gesetz und der falschen korporativen Anmaßung, das wahre Volk Gottes zu sein, es bewirkt auch eschatologisch die Wiederherstellung des neuen Gottesvolkes aus Juden und Heiden. Von daher hat das Evangelium für Luther auch eine *judenmissionarische* Dimension.

Und zwar hängt der judenmissionarische Impuls bei Luther – J. Brosseder hat in seinem Referat in Mülheim mit Recht darauf aufmerksam gemacht – mit *Röm 11,31* zusammen, an welcher Stelle Paulus sagt, daß den Juden *»jetzt«* Erbarmung widerfahre. Genau das meint Luther 1523: Jetzt, wo das Evangelium wiederentdeckt worden ist, da ist die große Chance der Judenmission, viele zu gewinnen.

Die römische These, »wo der Papst ist, da ist auch die Kirche«, und die jüdische These, wo Beschneidung und Gesetz ist, da ist Volk Gottes, wird nun bei Luther durch die reformatorische These ersetzt: ubi verbum ibi ecclesia, *wo das Wort ist*, wo das gepredigte Evangelium laut wird, *da ist die wahre Kirche.*

Dieses Evangelium, das nach Luther aus dem Gesetz der Anklage, das aus der korporativen Anmaßung des Judentums und der papistischen Kirche befreit, ist deshalb zugleich *judenmissionarisch*, weil und indem es die Zeit der möglichen Judenbekehrung eröffnet.

Das reformatorische Evangelium versteht sich also judenmissionarisch so: Es bedeutet die Befreiung aus der »Gesetzesreligion« des Judentums, die Heimholung des Judentums zu dem Juden Jesus von Nazareth, dem Messias Israels, und die Konstituierung des neuen Gottesvolkes aus Juden und aus Heiden. Luthers judenmissionarische Schrift von 1523 ist der deutlichste Ausdruck dieser eschatologischen Situationsdeutung, wie Brosseder und Oberman richtig gesehen haben.

d) Das Judentum als Adressat des eindämmenden staatlichen Gesetzes

Für Luther ergibt sich aus dem Vorangegangenen: Hat die Wiederentdeckung des Evangeliums der Rechtfertigung des Gottlosen für Luther auch eine judenmissionarische Dimension, so hat die jüdische Verweigerung diesem Evangelium gegenüber eine ihr entsprechende *judenpolitische* Konsequenz[52]. Die Verweigerung gegenüber dem judenmissionarischen Angebot der Selbstauflösung des Judentums kann von dem wiederentdeckten Evangelium her in der Sicht Luthers nur als Zeichen der Verstockung und des endgültigen Zornes Gottes über das Judentum verstanden werden.

52 *M. Luther:* Schriften wider Juden (Anmk. 2) 189ff

Auf diese Verstockung muß nun auf doppelte Weise reagiert werden.
Einmal agiert Luther weiterhin, und das auch 1543, auch 1546, *juden-missionarisch* mit dem Evangelium von der Befreiung aus der jüdischen »Gesetzesreligion«, um vielleicht noch »etliche« zum Evangelium zu bekehren. Zum anderen aber agitiert Luther, und hier wird die zeitbezogene Akzentverlagerung sichtbar, auch *judenpolitisch*, indem nun der Zwangscharakter der staatlichen Gesetze zur politischen Eindämmung der sozialen und rechtlichen Folgen der jüdischen Verweigerung (›Verstockung‹), in der das Reich des Teufels besonders manifest ist, angerufen wird. Luther hat dabei damals als wirklich angesehene, angebliche jüdische Rechtsvergehen (»Verbrechen«) vor Augen, die auch er für historisch gehalten hat. Dazu gehört auch die von Luther mit seiner Zeit und Umgebung geteilte (vielleicht dem heutigen Antikommunismus im Westen vergleichbare) kollektive Angst vor kriminellen Verbrechen der Juden an der Christenheit[53].

Dabei ist die Forderung Luthers nach einer staatlichen Judenpolitik kein Aufruf an den Pöbel, sondern Aufruf an das politische Amt, das fremde Werk der »harten Barmherzigkeit« im Dienst des eigentlichen Werkes der göttlichen Barmherzigkeit zu vollziehen. Die harten Judenschriften Luthers sind der Ausdruck von Luthers Lagebeurteilung der Kirche am Ende der Geschichte, wie wiederum Oberman richtig sagt: »Stand die Kirche immer schon unter dem Beschuß des Teufels, so gewinnt dieser Ansturm mit dem Anrücken der Endzeit an Vehemenz«[54].

Die letztendliche Ansiedlung des Judentums im Zwangscharakter des staatlichen Gesetzes (usus politicus legis) entspricht dabei dessen grundsätzlicher Ansiedlung im Gerichtscharakter des verkündigten Gesetzes (usus theologicus legis). Denn das eindämmende Gesetz, die lex coercens des Staates, steht bei Luther in Entsprechung zum anklagenden Gesetz der Verkündigung.

Das *richtende Gesetz*, aus dem das Evangelium befreit, und das *staatliche Zwangsgesetz*, das gegen Rechtsverbrechen einschreitet, sind zwei Gestalten des »Gesetzes« im Dienst des einen Evangeliums[55]. Das richtende Gesetz, vor dessen Zorn das Evangelium rettet, und das staatliche Zwangsgesetz, das gegen die (angeblichen, aber für wirklich gehaltenen) Rechtsverbrechen angerufen wird, sind die zwei sich entsprechenden Gestalten des Gesetzes, das im Dienst der Barmherzigkeit Gottes steht.

Dies ist die Konsequenz der Ansiedlung der Israelfrage in den beiden Gestalten des Gesetzes: des richtenden Gesetzes in der Verkündigung und des Zwangsgesetzes im Staat, des die Sünde anklagenden und die sozialen Folgen der Sünde eindämmenden Gesetzes.

---

53 *Ders.*: a.a.O. 188, vgl. *H. A. Oberman*: Wurzeln (Anmk. 7) 161, und *ders.*: Luther, Israel (Anmk. 21)
54 *H. A. Oberman*: Wurzeln (Anmk. 7) 138f
55 *B. Klappert*: Promissio und Bund. Gesetz und Evangelium bei Luther und Barth, 1976, 153ff

Ich komme damit zu dem Ergebnis: Die Israelfrage ist für Luther in der dargestellten Weise eine Frage des Gesetzes. Allein das Evangelium kann aus dieser doppelten Behaftung durch das Gesetz befreien.

Die *Verankerung der Israelfrage im Gesetz* hat aber für Luthers Theologie die Konkretionen, die ich hier kurz skizziert habe.

Die Konsequenzen sind:

a) Das Judentum ist Repräsentant der *Gesetzesreligion*.

b) Das Judentum ist korporativ *Zeuge des Gerichtes* infolge der Anmaßung, das erwählte Volk Gottes zu sein.

c) Das Judentum wird nur durch das *judenmissionarische Evangelium* aus dem »Judaismus« befreit.

d) Das sich dem judenmissionarischen Evangelium verweigernde Judentum wird *judenpolitisch* dem eindämmenden Gesetz als der anderen Gestalt des richtenden Gesetzes unterworfen.

Die *theologische Grundfrage* an Luther muß daher lauten: Darf die Israelfrage theologisch im Gesetz oder muß sie nicht biblisch primär in der Verheißung und Erwählung Gottes verankert werden? Denn, wer Israel im Gesetz verankert, für den ist das Evangelium judenmissionarisch die Aufhebung des Judentums als Gesetzesreligion. Aber wer Israel in der Erwählung Gottes verankert, der wird noch jenseits der Stellung des Judentums zum Evangelium von der Rechtfertigung des Gottlosen mit der bleibend gültigen Treue Gottes zu seinem Volk rechnen müssen. Wer die Israelfrage in der Verheißung verankert, der wird – mit Paulus (Röm 11,28) – trotz der Verweigerung des Judentums gegenüber dem Evangelium von der bleibend gültigen Treue Gottes zu Israel-Judentum reden.

Ja, noch mehr: Er wird umgekehrt das Evangelium von der Rechtfertigung des Gottlosen in dieser bleibend gültigen Treue Gottes zu seinem Volk Israel verankern müssen.

Die gleichbleibende Verankerung der Israeltheologie im Grundmuster der ganzen Theologie Luthers und damit die Verankerung des Judentums im Gesetz macht es jedoch unmöglich, den »jungen« Luther zu heroisieren und den »späten« Luther zu kritisieren. Geändert hat sich die Tonlage, nicht die Israeltheologie Luthers[56].

II. 2
Die Verankerung des Judentums in der Verheißung bei Karl Barth

a) *Evangelium und Gebot*

Anstatt bei der Aufhebung des anklagenden Gesetzes durch das Evangelium einzusetzen, sei exegetisch und systematisch zuerst von der Einbindung der Tora in den Bund der Verheißung zu reden. Das ist die Grundentscheidung Barths im Jahre 1935 gewesen. Und das hatte eminente Konsequenzen für seine Israeltheologie.

---

56 *H. A. Oberman:* Wurzeln (Anmk. 7) 153, 161

Ich umschreibe die ersten Sätze aus der Schrift *Barths*, »Evangelium und Gesetz« (1935), in der er die Reihenfolge Luthers umkehrt. Und Sie merken vielleicht, welche Grundentscheidungen da jetzt fallen, die man bis heute kaum zur Kenntnis genommen hat:
Wer zum Thema »Gesetz und Evangelium« recht reden will, der muß – nach Barth – *zuerst* vom Bund und von der Verheißung reden. Die Weisung (Tora) wäre nämlich nicht Weisung, wenn sie nicht geborgen wäre in der Wirklichkeit des Bundes. Und das Evangelium ist nur dann das Evangelium, wenn die Weisung in ihm geborgen und eingeschlossen ist.
Barth beginnt die bundestheologische Grundlegung der Verhältnisbestimmung von Gesetz und Evangelium mit dem Verweis auf Gal 3,17, die paulinische Aussage von der zeitlichen Differenz und dem Abstand zwischen Verheißung und Gesetz: »Wer zu unserem Thema (scil. ›Evangelium und Gesetz‹) recht reden will, der muß zuerst vom *Evangelium* reden. Denken wir hier sofort an jene 430 Jahre Abstand, in dem das Gesetz nach Gal. 3,17 der Verheißung folgte. Es *muß* ihr folgen, aber es muß ihr *folgen*«[57].
Wie die Verheißung des Bundes dem Gebot, so ist – so folgert Barth – auch das Evangelium dem Gesetz vorgeordnet, wobei Verheißung hier eine Kategorie des Bundes ist. Die qualitative Vorordnung des Evangeliums vor das Gesetz wird also bei Barth *bundestheologisch* in der Vorordnung der Verheißung vor das Gebot verankert. Wie die Verheißung des Bundes dem Gebot, so ist das Evangelium dem Gesetz vorgeordnet.
Wenn man nun vergleicht, was Luther im großen Galaterkommentar zu Gal 3,17 sagt, dann sehen Sie den verschiedenen Ansatz:
Luther hat im Unterschied zu Barth im großen Galaterkommentar die zeitliche Vorordnung der Verheißung vor die Weisung *soteriologisch* als Überlegenheit der Vergebung gegenüber dem richtenden Gesetz ausgelegt. Ich zitiere Luther: »Deshalb ist die Verheißung (der Sündenvergebung) dem Gesetz überlegen... Sie zerstört das Gesetz, so daß es die Sünde nicht mehr vermehren kann«[58]. Die zeitliche Vorordnung der Verheißung vor das Gebot bei Paulus wird von Luther also sofort *anthropologisch* im Sinne seines seelsorgerlichen Interesses artikuliert. Luther sagt: »Deshalb, wie ich oft einschärfe, müssen diese beiden, Gesetz und Verheißung, aufs Sorgfältigste unterschieden werden... Wenn du nämlich diese beiden vermischest, ...weißt du nicht mehr, was Gesetz und Verheißung, was Sünde, was Gerechtigkeit sei«[59].
Luther versteht also die Verheißung wesentlich als Zusage der Vergebung im mündlichen Wort des Evangeliums (promissio), die das Gesetz aufhebt. So interpretiert er Gal 3,17.
Barth dagegen kehrt 1935 die Reihenfolge bewußt um, indem er die Weisung als Kategorie des Bundes in der Verheißung verankert sein läßt.

---

57   K. *Barth:* Evangelium und Gesetz, 1935, 5
58   M. *Luther:* WA 40 I 467, 14f
59   *Ders.:* WA 40 I 469, 19ff

Mit dieser Vorordnung des Evangeliums vor das Gebot fällt aber im Hinblick auf das Judentum eine *erste* wichtige theologische Entscheidung. Mit dieser am Bund Gottes mit Israel orientierten Vorordnung des Evangeliums vor die Tora wird theologisch illegitim, was in der Theologie seit Luther bis R. Bultmann geschehen ist, nämlich das Judentum *einseitig* im richtenden Gesetz anzusiedeln bzw. das Judentum auf den »Judaismus«, d.h. auf »die jüdische Religion der Gesetzlichkeit« zu reduzieren. *Damit fällt aber auch die These vom essentiellen evangelischen Antijudaismus.* Barth hat deshalb – obwohl sich auch bei ihm die Tendenz von Luther bis R. Bultmann bemerkbar macht – das Judentum primär in der Verheißung angesiedelt: »Israel ist Hörer der Verheißung«[60]. Israel bleibt in eminenter Weise ein Volk der Hoffnung.

b) Die Unvergänglichkeit des Israelbundes

Indem aber die Vorordnung des Evangeliums vor das Gebot aus dem Bund Gottes mit Israel, d.h. aus der Vorordnung des Bundes vor die Tora folgt und aus der Verankerung der Tora im Bund entwickelt wird, fällt zugleich eine für jede biblische Israeltheologie *zweite* wichtige Grundentscheidung: Es kann der Heidenchristen Rechtfertigung wie auch deren Heiligung nur vom Bund Gottes mit Israel her verstanden werden. Anders formuliert: Es muß die Rechtfertigung als Moment des »*Treueereignisses* Gottes in Jesus Christus« (W. Zimmerli) zu seinem Bund mit Israel und es muß die Heiligung als Element der *Treueantwort* des israelitischen Menschen Jesus im Bund Gottes mit dem Gott Israels gewürdigt werden. Dadurch wird die in Jesus Christus bestätigte Erwählung Israels und die »Unvergänglichkeit des Israelbundes«[61], wie es K. Barth in seiner Versöhnungslehre in einzigartiger Weise entwickelt hat, zur Voraussetzung der Unterscheidung, aber auch der Untrennbarkeit und Gleichwesentlichkeit von Rechtfertigung und Heiligung.

Damit wird die Meinung abgelehnt, als sei gerade infolge des Zuspruchs des Evangeliums und des Anspruchs des Gebotes in Jesus Christus die Kirche als das ökumenische Gottesvolk der Ersatz für das alte Bundesvolk der Juden. Gerade die bundestheologische Verankerung von Rechtfertigung und Heiligung macht die Meinung unmöglich, das Judentum als die volkhafte Gottesgemeinde sei von der Kirche als dem ökumenischen Gottesvolk überholt.

---

60 *K. Barth:* KD II/2 passim
61 *Ders.:* KD IV/1 32

III
»Rechtfertigung und Erwählung« oder »Erwählung und Rechtfertigung«?

Die Reformatoren haben die Lehre von der Erwählung, die »Prädestinationslehre«, kerygmatisiert und individualisiert, indem sie sie als Tiefendimension der Rechtfertigungsverkündigung und des Rechtfertigungsglaubens des einzelnen verstanden haben. Das zeigt sich sowohl bei Luther in seiner Schrift über den unfreien Willen, »De servo arbitrio« (1525), aber auch bei Calvin, der in der Institutio die Erwählungslehre nach der Lehre von der Rechtfertigung und Heiligung verhandelt[62].

62   W. *Niesel:* Die Theologie Calvins, ²1957, 161ff; W. *Kreck:* Grundentscheidungen in K. Barths Dogmatik, 1978, 299–313. H. Scholl macht auf die Stellung der Prädestinationslehre Calvins (Inst. III 21ff) nach der Rechtfertigungs- (Inst. III 11 ff), der Freiheits- (Inst. III 19) und der Gebetslehre (Inst. III 20) aufmerksam und charakterisiert jene treffend wie folgt: »Die Prädestinationslehre schützt dabei . . . gegen alle Gesetzlichkeit die freie Gnade«. Die Prädestination hilft »gewiß sehr mißverstehbar . . . die Freiheit der Gnade verstehen« (H. *Scholl:* Der Dienst des Gebetes nach Johannes Calvin, 1968, 125f). Calvins primär am einzelnen orientierte Prädestinationslehre erscheint insbesondere in der Endfassung der Institutio von 1559: »Die spätere Erwählungslehre, von der Ekklesiologie getrennt, erhält eine fragwürdige Einengung des Blickfeldes auf den Einzelnen« (H. *Scholl:* Calvinus Catholicus, 1974, 160). Dennoch verdient der Hinweis von P. Barth erinnert zu werden, daß die Prädestinationslehre in der Institutio von 1536 noch einen anderen Stellenwert als beim späteren Calvin hatte, insofern dort die Erwählungslehre nur im Zusammenhang mit der Ekklesiologie erörtert wird (P. *Barth:* Die Erwählungslehre in Calvins Institutio von 1536, in: Theologische Aufsätze. Karl Barth zum 50. Geburtstag 1936, 432–442). Steht Calvins zusammen mit Viret und Farel verfaßtes Vorwort zur Olivetan-Bibel von 1535 im Zusammenhang mit dieser stark ekklesiologischen Fassung der Prädestinationslehre von 1536? Dieses als *Brief an das Volk Israel* verfaßte Vorwort wendet sich »an unseren Verbündeten und Bundesgenossen, das Volk des Bundes vom Sinai«, mit der Begründung: »Denn du bist uns nahe und mit uns auf einzigartige Weise in Gott verbunden, denn du fürchtest Gott« (G. W. *Locher:* Calvin spricht zu den Juden, in: ThZ 23/1967, 180–196). Selbst in der Letztfassung der Institutio ist die Fundierung der Erwählung des einzelnen in der Erwählung Israels von Calvin noch festgehalten: »In der Person des Abraham wird. . . ein einziges Volk besonders erwählt. . . allein aus Gottes g n ä d i g e r L i e b e!« (Inst. III 21,5). P. Jacobs hat gemeint, Calvin sei sich der Tatsache bewußt, »daß die Erwählung des Einzelnen von dessen Glaubensverhältnis zum Volk Israel abhängig ist« (P. *Jacobs:* Prädestination und Verantwortlichkeit bei Calvin, 1937, 60). Diese Nebenlinie in Calvins Erwählungslehre verdient es, wieder zur Hauptlinie gemacht zu werden. Gegenüber der Hauptlinie der Prädestinationslehre Calvins bleibt jedoch A. Ganoczys Kritik an Calvins individualistischer Auslegung von Röm 9–11 auf die Erwählung und Verwerfung einzelner bestehen: »Paulus geht es im neunten bis elften Kapitel des Römerbriefes vorrangig um die Erwählung Israels. . . Nirgendwo ist bei Paulus in diesem Zusammenhang von einer endgültigen Verdammung die Rede« (A. *Ganoczy:* Calvin als paulinischer Theologe, in: Calvinus Theologicus, hg. v. W. *Neuser,* 1976, 39–69, 66). – Im Unterschied und in ausdrücklicher Kritik an Calvins und Luthers Engführung in der Prädestinationslehre hat K. *Barth* in seiner christologisch-ekklesiologischen Fassung der Erwählungslehre *Israel* ante et post Christum natum und die *Kirche* als die beiden untrennbaren Gestalten der einen erwählten Gemeinde Gottes gekennzeichnet (KD II/2, § 34,1). K. Barth ist in der Ekklesiologie, die Versöhnungslehre bestätigend, auf diesen entscheidenden Punkt zurückgekommen, indem er pointiert Israel-Judentum und die Kirche bezeichnet als »untrennbar die e i n e Gemeinde, in der Jesus Christus seine irdisch-geschichtliche Existenzform hat, durch die er der ganzen Welt bezeugt wird . . ., s e i n Leib« (KD IV/ 1, 748; so Barth auch schon KD II/2, 220). Fr.-W. *Marquardt* hat in seinem Buch »Die Gegenwart des Auferstandenen bei seinem

III. 1
Rechtfertigung und Erwählung bei Luther

Die Prädestination wird von Luther als die in der Rechtfertigung des Gottlosen Ereignis werdende Erwählung des einzelnen verstanden und so aus dem Zusammenhang von Wort und Glaube interpretiert. Die Erwählung im Ereignis der Rechtfertigung des Gottlosen wird damit von der Erwählungstreue des Gottes Israels zu seinem Volk Israel gelöst und einseitig aus der promissio-fides-Relation entwickelt. In dieser kerygmatischen Dimension von »Wort und Glaube« findet aber die Erwählungstreue des Gottes Israels zu seinem Volk Israel keinen Raum mehr. Von daher werden wichtige Passagen bei Paulus, wie Röm 11,25ff, von Luther verständlicherweise als dunkel bezeichnet. Oder er flüchtet sich – wie gesagt – zu der Auskunft: »Paulus meint gar viel ein anderes«[63].

a) Die Erwählung als Tiefendimension der Rechtfertigung

Luther hat in »De servo arbitrio« (1525) die Erwählung als Tiefendimension der Rechtfertigung entfaltet. Da Luther zeitlebens diese Schrift »Über den unfreien Willen« als seine wichtigste theologische Veröffentlichung be-

---

Volk Israel«, 1983, diese Linie K. Barths eindrücklich entfaltet. – Zu vergleichen ist auch *J. Staedtkes* grundsätzliches Urteil: »Die calvinische Prädestinationslehre ist ein Teil der Soteriologie. Sie erscheint in der Institutio als Abschluß der Rechtfertigungslehre, deren subtilste Ausfeilung sie darstellt. Sie verhütet jede semipelagianische Trübung und jedes moralische Mißverständnis der Rechtfertigung« (Calvins Genf und die Entstehung politischer Freiheit, in: *ders.*: Reformation und Zeugnis der Kirche, 1978, 265–279, 267). Zu vergleichen ist auch im Hinblick auf die enge Beziehung zwischen Calvin und Bullinger der bisher viel zuwenig beachtete Aufsatz von *Staedtke* »Die Juden im historischen und theologischen Urteil des Schweizer Reformators Heinrich Bullinger« (a.a.O. 29–49). Wichtig in unserem Zusammenhang ist vor allem Bullingers Auslegung zu Röm 11,25f und 11,28: »Keinen neuen Erlöser wird Gott schikken, als den bereits gesandten, Jesus Christus, unseren Herrn... *Blickt man jetzt auf das Evangelium*, dem sich die Juden widersetzen..., so mag es (uns) scheinen, daß sie... Verstoßene sind. Aber wenn sie dereinst *beurteilt* werden aus den Vätern, aus dem, was vormals an ihnen geschehen ist und *nach dem Maßstab der Verheißungen*, auch danach, daß Gott dieses Volk vor allen anderen Völkern erwählt hat, kann niemand mehr argwöhnen, diese seien völlig verworfen. Denn Gottes unerschütterliche Zuverlässigkeit und Unveränderlichkeit schafft deren Bestätigung, und weder seine Berufung, noch seine Verheißung, noch seine Taten können ihn gereuen. Und diesem Volke hat er das überhaupt nur denkbar größte verheißen... Denn sie haben die Verheißung und Erwählung« (a.a.O. 48f). Diese grundlegenden Sätze stehen in Bullingers 1534 verfaßtem Buch »Über das einzige Testament und den ewigen Bund Gottes«. Staedtke urteilt: »Hier liegt ein beherrschender Einfluß, auch auf Calvin, vor« (a.a.O. 19). Besteht ein Zusammenhang zwischen dieser 1534 von Bullinger verfaßten Schrift und jenem von Calvin 1535 zur Olivetan-Bibel verfaßten Vorwort? – Deshalb wird man nicht vergessen dürfen, daß Calvin zwar die Erwählungslehre der Rechtfertigungslehre soteriologisch zugeordnet, daß er aber beide seiner Lehre von der Einheit des Bundes (Inst. II 9–11) nachgeordnet hat. Und in dieser an Bullinger erinnernden Lehre von der Einheit des Bundes findet sich der nachfolgende bemerkenswerte Satz aus der Feder Calvins: »*Wer will sich also erkühnen, den Juden die Teilhabe an Christus abzusprechen?* (quis igitur expertes Christi Judaeos facere ausit, frz. Übersetzung von 1961: Qui osera donc priver de Christ les Juifs), mit denen doch, wie wir hören, der Bund des Evangeliums geschlossen ist, dessen einziges Fundament Christus ist« (Inst. II 10,4).
63 *M. Luther:* Schriften wider Juden (Anmk. 2) 230

zeichnet hat, kommt ihr für unser Thema eine besondere Bedeutung zu. Luther entdeckt aus der Situation des angefochtenen Gewissens heraus: Wenn die Rechtfertigung des Gottlosen ein von Gott aus freies und vom Menschen aus unverdientes Geschehen ist, für das es beim Sünder selbst keinerlei Voraussetzungen gibt, dann kann, ja dann muß dieses Ereignis der freien Vergebung zurückgeführt werden auf eine Tiefe in Gott, den verborgenen Gott (deus absconditus), der sich im Ereignis der worthaften Zuwendung als offenbarer Gott (deus revelatus) erweist.

Die Prädestinationslehre Luthers sichert also die Unverfügbarkeit der Rechtfertigung des Gottlosen und gehört somit in die Grundunterscheidung von Gesetz und Evangelium.

Weil das Evangelium – nach Luther – die Aufhebung des Gesetzes und also auch der »Leistungsreligion des Judentums« ist, deshalb ist dieses Ereignis unverfügbar und also dem Willen des *einzelnen* Menschen völlig entzogen. Dabei wird *die Erwählung des einzelnen* anhand der Exegese von Römer 9–11 entwickelt:

Die Abhandlung des Paulus in Röm 9–11 – sagt Luther – ist eine Disputation, »in der er *die Gnade verteidigt*. . . Denn darauf geht die ganze Epistel aus zu sagen, daß wir nichts vermögen und auch dann nicht, wenn wir gut zu handeln scheinen, wie er ebendort sagt, daß Israel im eifrigen Trachten nach Gerechtigkeit dennoch nicht die Gerechtigkeit erlangte, die Heiden sie jedoch erlangten«[64].

»Paulus disputiert« in Röm 9,12 (der Ältere – Esau – soll dem Jüngeren – Jakob – dienen) darüber, »ob jene durch die Kraft oder die Verdienste des freien Willens das erreicht haben, was von ihnen gesagt wird, und beweist, daß das nicht der Fall ist, sondern daß Jakob *allein durch die Gnade des Berufenden* das erreicht hat, was Esau nicht erreicht hat«[65].

Die Erwählung hat bei Luther wesentlich eine Dimension tröstlicher Vergewisserung angesichts persönlicher Anfechtungen: »Denn *mein Gewissen* wird, wenn ich auch ewig leben und Werke tun würde, niemals gewiß und sicher sein, wieviel es tun müßte, um Gott genug zu sein. Denn bei jedem vollbrachten Werk bliebe der ängstliche Zweifel zurück, ob es Gott gefalle oder ob er etwas darüber hinaus verlange, so wie es die Erfahrung aller Werkgerechten beweist und ich zu meinem Unglück so viele Jahre hindurch genügend gelernt habe. Aber nun, da *Gott mein Heil meinem Willen entzogen* und in seinen Willen aufgenommen hat und nicht auf mein Werk oder Laufen hin, sondern *aus seiner Gnade und Barmherzigkeit* verheißen hat, mich zu erretten, bin ich sicher und gewiß, *daß er treu ist und mir nicht lügen wird*«[66].

---

64 *Ders.:* Daß der freie Wille nichts sei, Münchener Luther-Ausgabe, Ergänzungsreihe Bd I, 1954, 154; vgl. besonders den ausgezeichneten Kommentar zu dieser Schrift Luthers aus der Feder von *H.-J. Iwand*, a.a.O. 253ff; vgl. auch *W. Kreck* (Anmk. 62) 284–299, Kursivierung von mir.

65 *Ders.:* a.a.O. 159, Kursivierung von mir.

66 *Ders.:* a.a.O. 243, Kursivierung von mir.

Die Erwählung (Prädestination) ist für Luther die Tiefe der Rechtfertigung: der unergründliche Grund, in welchem die Rechtfertigungsgewißheit des einzelnen gründet! »Ich bekenne freilich von mir: Wenn es irgend geschehen könnte, wollte ich nicht, daß mir der freie Wille gegeben wird. . ., weil ich in so viel *Anfechtungen* und Gefahren, gegenüber so vielen anstürmenden Dämonen nicht zu bestehen und mich zu behaupten möchte«[67]. Erwählung ist hier die Tiefe und Gewißheit der Rechtfertigung des einzelnen, dem Gott sich unverbrüchlich versprochen hat. Denn *Gott kann nicht lügen.* Die Konsequenzen dieses Ansatzes der Erwählung für die Israelfrage sind aber: Luther kann die Erwählungstreue Gottes nicht mehr auf Israel anwenden, weil er zuvor durch die Lokalisierung des Judentums im Gesetz und durch die *individuelle* Fassung der Erwählung Israel-Judentum als Volk von der Erwählung per definitionem ausgeschlossen hat.

b) *Die Kerygmatisierung und Individualisierung der Erwählung*
Barth hat im Zusammenhang mit seiner Kritik an Luthers prädestinatianischen Aussagen in »De servo arbitrio« darauf hingewiesen, daß »vor allem der ältere *Luther.* . . mit größter Wucht«[68] eine noch eindeutigere kerygmatische Fassung der Prädestinationslehre vorgelegt hat.
Ob nun in Kontinuität oder mit gewisser Akzentverschiebung gegenüber »De servo arbitrio« – Luther hat jedenfalls in der *Genesisvorlesung* von 1542 die Prädestination als wesentliches Moment der Christusverkündigung entwickelt. Die Prädestinationslehre gehört zur Evangeliumsverkündigung, sie gehört legitim allein zur Predigt des *Deus pro nobis.* Mit Luthers eigenen Worten aus der Genesisvorlesung, in denen dieser die Prädestination mit der gegenwärtigen Verkündigung koinzidieren läßt: »Ergreife die gegenwärtige [d.h. die gegenwärtig verkündigte] Verheißung und Prädestination. . . Wenn du an den offenbaren Gott glaubst und sein Wort annimmst, wird es allmählich auch den verborgenen Gott offenbarmachen«[69].
Aus dieser gegenüber »De servo arbitrio« stärkeren Ineinssetzung von Prädestination und Christusverkündigung, aus dieser Lokalisierung der Gegenwart des erwählenden Gottes im Zuspruch des Vergebungswortes folgt aber im Hinblick auf Luther, daß »der Augenblick, da das Evangelium gehört wird, erfüllt (ist) durch den Ewigkeitsernst der Entscheidung über Heil und Verdammnis, die in diesem Augenblick für den Hörenden fällt«. Mit anderen Worten: »Die ewige Entscheidung über meine Erwählung oder Verwerfung (fällt) in dem Augenblick, da Christus mir *verkündigt* [!] wird«[70].

67 *Ders.:* ebd., Kursivierung von mir.
68 K. *Barth:* KD II/1, 65
69 M. *Luther:* WA 43, 460, 25–28
70 W. *Pannenberg:* Der Einfluß der Anfechtungserfahrung auf den Prädestinationsbegriff Luthers, in: KuD 3/1957, 109–139, 129, Kursivierung von mir.

Infolge dieser Ineinssetzung von Prädestination und kerygmatischem Zuspruch bei Luther verlagert sich aber die eschatologische Entscheidung über Verwerfung und Erwählung ganz in die durch Wort und Glaube bestimmte kerygmatische Situation.

c) Die Beseitigung der Erwählung Israels

Ich fasse das Gesagte zunächst noch einmal zusammen: Luthers *Zurückführung der Prädestination des einzelnen auf den verborgenen Gott*, den deus absconditus, in »De servo arbitrio« (1525) hat also in seiner Genesisvorlesung von 1542 eine Akzentverschiebung erfahren, indem Luther die Prädestination dort stärker mit der Verkündigung des Evangeliums ineinssetzt: »Ergreife die gegenwärtige Verheißung (des Evangeliums) und (darin) die Prädestination«. Das Problem dieser prädestinatianischen Individualisierung der Erwählung ist aber auch damit nicht beseitigt, sondern weiter und im Hinblick auf die Israelfrage noch verschärfter virulent, wie die kerygmatische Fassung bzw. Kerygmatisierung der Erwählung in der *Römerbrief-Exegese* des Lutheraners *H. Conzelmann* zeigt:

Conzelmann zufolge ist die Erwählungsaussage von Röm 9–11 gerade nicht an Israel als Volk, sondern ausschließlich am Vorgang der Verkündigung und am einzelnen orientiert: »Die Prädestination ist konstitutives Moment des Predigtgeschehens«[71]. »Mit der Botschaft ist die Kirche beauftragt; sie ruft den *einzelnen* [!] und teilt ihm die Erwählung mit«[72]. Anders formuliert: »Gott offenbart... seine Gnade. Damit erfahre ich meine Bestimmung. Daß ich erwählt bin, erfahre ich... im Hören. Prädestination meint also... Auslegung dessen, was ich [!] bin, wenn ich das Evangelium höre. Im Hören bin ich Erwählter«[73].

Welche Konsequenzen eine solche konsequente *Kerygmatisierung und Individualisierung der Erwählung des Volkes Israel* hat, zeigt sich bald: Erwählung meint nun nur noch allgemein »das konkrete Verhalten angesichts der Predigt, die das Heil ohne Bedingung anbietet und so die Freiheit der Erwählung realisiert. Hier [nämlich in der Predigt (!) der Kirche] fällt die Entscheidung über Israels Erwählung«[74].

Wie sieht eine solche ausschließlich an die Predigt gebundene Erwählung »Israels« aus?: »Aus dem Zusammenhang von Erwählung und Predigt wird auch verständlich, in welchem Sinne man von einem *erwählten Kollektiv – Israel –* reden (bzw. nicht reden) kann. *Frei erwählt werden kann ja nur ein einzelner* [!]. *Würde ein Kollektiv erwählt, wäre Gott gebunden*«[75].

---

71 H. *Conzelmann:* Grundriß der Theologie des Neuen Testaments, 1967, 278
72 *Ders.:* a.a.O. 279, Kursivierung von mir.
73 *Ders.:* a.a.O. 278
74 *Ders.:* a.a.O. 275
75 *Ders.:* a.a.O. ebd., Kursivierung von mir. Wo im Neuen Testament Israel vor dem Pochen auf seine Erwählung gewarnt wird (etwa Mt 4,9; Röm 9,6–8), ist solche Warnung eine innerisraelitische Kritik wie die prophetische (vgl. Am 3,2; 9,7), die aber die bleibende Gültigkeit der Erwählung Israels nicht bestreitet.

Deutlicher kann die Beseitigung der konkreten Erwählung des Volkes Israel als Folge der Kerygmatisierung und Individualisierung der Erwählungsaussage nicht mehr ausgelegt werden. Wir werden uns einer solchen – die Erwählung des Volkes Israel eliminierenden – Exegese von Römer 9–11 weder exegetisch noch systematisch anschließen können.

Wir können nunmehr verstehen: *Indem Luther die Erwählung Israels der Rechtfertigungsverkündigung einordnet, hat er konsequent die in Röm 11,25ff von Paulus unterstrichene Erwählungstreue und Erwählungszukunft des Gottes Israels für sein Volk Israel bestreiten müssen*[76].

III. 2
Erwählung und Rechtfertigung bei Barth

Ich versuche, die Erwählungslehre Karl Barths, seine Lehre von Gottes Gnadenwahl[77], in einigen Thesen zu umreißen:

These 1

Summe, Inbegriff und Tiefe der konkreten Geschichte Jesu Christi als einer Geschichte der Erfüllung des unvergänglichen Israelbundes (Jer 31,31–34) und vollbrachter, weltweiter Versöhnung (2 Kor 5,19–21) ist Gottes Erwählung in Jesus Christus. Der Jude Jesus Christus ist als der messianische Sohn Gottes das Subjekt und als der erwählte jüdische Mensch zugleich der Adressat der Erwählung, d.h. er ist in seiner Person und seinem Werk der für Israel und alle Menschen gültige Wille Gottes. *Jesus Christus als der »Spiegel des väterlichen Herzens Gottes« (Luther) und als »speculum electionis« (Calvin) ist der Erkenntnis-, aber darüber hinaus auch der Seinsgrund der Erwählung des Gottes Israels.* Die Gnadenwahl Gottes ist die in der Geschiche Jesu Christi sich ereignende, in ihr auch erkennbare, allen anderen Werken Gottes, der Schöpfung wie der Erlösung, vorausgehende Entscheidung Gottes. Erwählung ist als Gnadenwahl das Ja Gottes zu Israel und allen Menschen in Jesus Christus (§ 32).

These 2

Der Jude Jesus Christus ist das Treueereignis des erwählenden Gottes Israels und zugleich das Treueereignis des erwählten israelitischen Menschen. In der Erwählung Jesu Christi geht es um die zeitlich sich ereignende Geschichte des Gottes Israels mit Israel und allen Menschen. *Das ESCHATON der Geschichte Jesu Christi, das ein PRIUS der Erwählung Israels voraussetzt, offenbart zuletzt ein PROTON des erwählenden Gottes Israels. –* Von einer *doppelten Erwählung* (Prädestination) kann nur in dem Sinn ge-

---

76 M. *Luther:* Schriften wider Juden (Anmk. 2) 230
77 K. *Barth:* Die Lehre von Gott, 17. Kapitel: Gottes Gnadenwahl, KD II/2, §§ 32–35, 1942, 1–563; vgl. dazu die ausgezeichnete Analyse von W. *Kreck,* Grundentscheidungen in Karl Barths Dogmatik, 1978, 188ff. Die folgenden 4 Thesen schließen sich bewußt an Krecks Thesen – wenn auch mit anderer Akzentsetzung – an.

redet werden, als Jesus Christus zugleich der eine Erwählte für alle und der eine im Kreuz für Israel und die Völkerwelt Verworfene ist. Der erwählte Jesus Christus ist zugleich der von Gott verworfene, insofern er die Verwerfung Israels und aller Menschen im Kreuz stellvertretend auf sich genommen hat (§ 33).

These 3

Die Erwählung Jesu Christi, der als der *Messias Israels* zugleich das *Haupt der Kirche* und der *Herr der Welt* ist, schließt zunächst ein *die Erwählung der einen Gemeinde Gottes in den beiden Gestalten von »Israel und Kirche«*. Israel als die volkhafte Gottesgemeinde und die Kirche als das ökumenische Gottesvolk aus allen Völkern existieren im Raum des einen, ungekündigten Bundes. Die Unterscheidung zwischen Israel und der Kirche kann also nur im Raum des unvergänglichen Israelbundes erfolgen. – Obwohl bei aller Verschiedenheit nicht voneinander zu trennen, weil im Raum des einen Bundes und der einen Erwählung befindlich, hat K. Barth – darin noch der Typisierung Luthers verhaftet – Israel als den Spiegel des göttlichen Gerichtes primär dem *Gesetz* und Kreuz Jesu, die Kirche aber als den Spiegel des göttlichen Erbarmens primär dem *Evangelium* und der Auferweckung Jesu zugeordnet. Der Typisierung Luthers noch verhaftet, hat K. Barth Israel als die hörende, aber vergehende, die Kirche als die glaubende und kommende Gestalt der Gemeinde Gottes bestimmt (§ 34)[78]. – K. Barth hat diese noch 1942 übernommene Unterscheidung von Israel und Kirche in Entsprechung zu Luthers Grundunterscheidung von Gesetz und Evangelium dann später aufgegeben.

In einem unter der neuen Überschrift »Die Hoffnung Israels« in Barths Seminar erarbeiteten Ergänzungsvorschlag für die Ökumenische Weltkonferenz von Evanston 1954 heißt es jetzt: »Wir haben zuerst von dem Volk zu reden, das sich in seiner Hoffnung auf denselben Gegenstand gründet, der auch Grund unser Hoffnung ist, nämlich auf das Kommen des Messias ... Sie (die Hoffnung) gründet sich nämlich auf die Verheißungen Gottes, die er seinem auserwählten Volk gegeben hat... Wenn überhaupt von einer Gemeinschaft behauptet werden kann, daß sie von Hoffnung lebt, so ist das gerade und zuerst vom Judentum zu sagen. Israel ist das Volk der Hoffnung«[79].

These 4

Die Erwählung des einzelnen, von den Reformatoren als Tiefendimension der Rechtfertigung des Gottlosen verstanden, kann nach Barth weder Ausgangspunkt noch Ziel, sondern lediglich ein (wenn auch entscheidendes) Element der Erwählung Israels und der Kirche in Jesus Christus sein.

---

78 *B. Klappert:* Israel und die Kirche. Erwägungen zur Israellehre Karl Barths, ThExh 207, 1980, 47ff
79 *B. Klappert:* a.a.O. 44f

Die Erwählung des einzelnen, bei den Reformatoren das eigentliche Thema und der eigentliche Skopus der Prädestinationslehre, kommt bei Barth im Rahmen und im Raum der Erwählung der Gemeinde zur Sprache. Der erwählte einzelne Mensch ist dazu berufen, im Raum des Bundes Gottes mit Israel der Zeuge der göttlichen Barmherzigkeit zu sein (Röm 15,8f) (§ 35).

Ich ziehe aus dieser kurzen Wiedergabe der Erwählungslehre K. Barths für unser Thema den folgenden Schluß: Gegenüber M. Luther, der die Erwählung Israels der Rechtfertigungsverkündigung einordnete und infolgedessen die Erwählungskontinuität und Erwählungszukunft des *Volkes* Israel bestreiten mußte, bedeutet die Erwählungslehre Karl Barths eine systematische Wende und Revolution in der protestantischen Theologie bis in die Gegenwart. K. Barth hat nämlich die Erwählung Israels der Rechtfertigung des Gottlosen systematisch übergeordnet und damit Israel-Judentum und die Kirche als die zwei Gestalten der einen erwählten Gemeinde Gottes in den Blick bekommen[80].

Rechtfertigung bedeutet nunmehr bei Barth, daß Gott an Israel, der Völkerwelt und der Schöpfung zu seinem Recht kommt!

Darin ist das Anliegen der Reformation, die Rechtfertigung des einzelnen, eingeschlossen, sie ist aber nicht mehr der Rahmen und Kanon der Interpretation von Römer 9–11. Deshalb hat sich K. Barth nicht nur von *E. Wolfs* Aufsatz »Rechtfertigung als Mitte und Grenze reformatorischer Theologie«[81] in seiner Kirchlichen Dogmatik IV/1 abgegrenzt, sondern sich noch mehr und grundlegend von dem existentialen Verständnis der Rechtfertigung bei *R. Bultmann* getrennt gewußt. Dort konnte er nämlich nicht mehr erkennen, inwiefern für die kerygmatisch-existentiale Theologie Bultmanns die Erwählung des Volkes Israel noch eine Rolle spielen könne. »Es erregt Bedenken, daß ... das Volk Israel ... für diese Theologie bis jetzt (keine) konstitutive Bedeutung zu haben schein(t)«[82]. Das Beispiel des Bultmann-Schülers Hans Conzelmann hat uns dies Bedenken Barths plastisch vor Augen geführt.

a) Die Erwählung Israels als das bleibende Fundament der Kirche

J. Schniewind hat in seinen Diktaten zu Röm 9–11 zu dieser Deutungstradition lapidar erklärt: »Es geht in den ganzen Kapiteln ... nicht um die Frage nach der Prädestination der Individuen«. Und *H.-J. Kraus* hat zu dieser Art der Ersetzung und Aneignung der Erwählung des Volkes Israel durch die Prädestination von christlichen Individuen zur Seligkeit oder zur Verdammnis gesagt: »Darin bestand der fundamentale Fehler der Reforma-

---

80 *K. Barth:* KD II/2 passim, und KD IV/1, § 61
81 *E. Wolf:* Peregrinatio Bd II, 1965, 11ff. Dazu *K. Barth* kritisch in KD IV/1, 581. Diese Abgrenzung gilt der Sache nach auch gegenüber *E. Käsemanns* These, die Rechtfertigungslehre sei der Kanon im Kanon des Neuen Testamentes.
82 *K. Barth:* Die Menschlichkeit Gottes, ThSt H 48, 1956, 19

toren, daß sie das Ereignis der Erwählung als ›Prädestination‹ *personal* bezogen und damit der Verkündigung [von] Römer 9–11 in ihrer *ständigen Israel-Relation* den Geschichtszusammenhang nahmen. Damit aber wurde im wahrsten Sinne des Wortes *das Fundament der Kirche erweicht*«[83].

Ähnlich hat sich in einem Aufsatz »Die Kirche und die Juden« aus dem Jahre 1951 der bedeutende Luther-Forscher *H.-J. Iwand* geäußert. Als ausgewiesener Luther-Kenner, als Lutheraner und theologischer Weggefährte Karl Barths, der Barths Neuorientierung in der Erwählungslehre als epochale Wende in der Theologie begrüßt hat, soll sein kritisches Wort zu Luther hier ausführlich zu Wort kommen.

Iwand macht für die mangelnde biblische Erkenntnis über den inneren Zusammenhang zwischen der Kirche und dem Volk Israel auch die Theologie Luthers verantwortlich:

»Diese Blindheit liegt darin, daß wir über den inneren Zusammenhang zwischen der Kirche Jesu Christi und dem Volke Israel zu wenig biblische Erkenntnis hatten. Sieht man sich die Geschichte der protestantischen Theologie in Deutschland daraufhin an, so fällt es nicht schwer, ihre schwachen Stellen zu erkennen. Es sind neben dem älteren *Luther* und seinen scharfen Schriften gegen die Juden – der junge Luther hat eine noch heute lesenswerte Schrift für die Juden geschrieben – vor allem Melanchthon und Schleiermacher, die beiden großen Lehrer unserer Kirche, *die uns hier falsch geleitet haben.* Denn sie haben den Zusammenhang der Kirche Christi mit dem jüdischen Volke nicht beachtet. Sie operieren beide *mit dem Begriff der universalen Menschheit.* Nun besteht aber nach der Schrift die Menschheit aus Juden und Heiden. Die Juden sind – auch da, wo sie Jesus nicht als ihren Messias erkennen und anerkennen – immer noch die von Gott gesetzte Grenze gegen das Heidentum. Und das Gesetz, das Gott Mose am Sinai gab, ist etwas anderes als das allen Menschen eingeborene Naturgesetz. *Es ist in gleicher Weise Offenbarung wie das Evangelium und gehört in den Bundesschluß.* Weil wir die Moseoffenbarung, die den Gnadenbund Gottes mit Abraham fortsetzt – und nicht etwa aufhebt! – in ihrer bleibenden Bedeutung für die Kirche Jesu Christi nicht beachtet haben und demzufolge auch die prophetische Verkündigung vernachlässigten, sind wir der Anfechtung des Antisemitismus erlegen«[84].

b) Die Erwählung Israels und die Rechtfertigung des Gottlosen
Ist aber die Erwählung Israels als das bleibende Fundament auch der Kirche erkannt, dann wird es nach Barth theologisch illegitim, die Rechtfertigung des Gottlosen gegen die bleibende Erwählung des Judentums auszu-

83 *J. Schniewind:* Diktate zum Römerbrief, WS 1936/37 (unveröffentlicht); *H.-J. Kraus:* Begegnung mit dem Judentum, 1963, 70, Kursivierung von mir.
84 *H.-J. Iwand:* in: »Stimmen der Väter« (hg. von *B. Klappert*), in: Handreichung der Evangelischen Kirche im Rheinland Nr. 39 »Zur Erneuerung des Verhältnisses von Christen und Juden«, 1980, 112f, Kursivierung zT von mir.

spielen, wird es vielmehr umgekehrt theologisch notwendig, die Rechtfertigung des Gottlosen von der Erwählungstreue Gottes zu seinem Volk Israel her zu verstehen. Die Rechtfertigung des Gottlosen hebt die Erwählungstreue Gottes zu seinem Volk Israel-Judentum nicht etwa auf, sondern jene kann dieser nur zugeordnet und aus dieser nur abgeleitet werden. *Diese Zuordnung der Rechtfertigung des Gottlosen zur bleibenden Erwählungstreue des Gottes Israels gegenüber Israel-Judentum* kann man sich an einem Vergleich zwischen »Theologische Existenz« Heft 3 und 5 plastisch verdeutlichen: Während Barth in »Reformation als Entscheidung« vom Oktober 1933 die Prädestinationslehre mit Luther und Calvin als die Tiefendimension der Rechtfertigungslehre entfaltet[85], entwickelt er in seiner Bonner Israelpredigt vom Dezember 1933 darüber hinaus die Prädestination als Hinzuerwählung der Heiden zur Erwählungsgeschichte Israels[86]. Dabei geht aber die wichtige reformatorische Erkenntnis von der Erwählung als der Tiefe der Rechtfertigung des Gottlosen nicht etwa verloren. *Vielmehr wird nunmehr Luthers Entdeckung der Prädestination als des Geheimnisses der Rechtfertigung des Gottlosen mit der Erkenntnis der Erwählungstreue des Gottes Israels zum jüdischen Volk verbunden.* Es wird also die Rechtfertigung sola gratia in der Erwählungstreue des Gottes Israels zu seinem Volk Israel-Judentum verankert.

Weil Gott – so führt Barth im Dezember 1933 in der Bonner Schloßkirche in einer Atmosphäre der Spannung, in der einige Zuhörer unter Protest die Kirche verlassen, aus – dem jüdischen Volk aus freier Gnade im Kreuz die Treue hält, deshalb werden die Heiden im Gekreuzigten zur Erwählung Israels hinzuerwählt, weil Gott frei ist, »uns (als Heiden) auch zu erwählen«[87].

Die Treue des Gekreuzigten umgreift so beide, Israel und die Heiden, wenn auch beide in verschiedener Weise. Die einen, Israel-Judentum, als die *Ersterwählten*, denen Gott treu bleibt, die Heiden als die *Hinzuerwählten*, die in den Bund der Treue und Vergebung aufgenommen werden. Deshalb ist Christus nach Röm 15,8f zuerst ein Diener der Ersterwählten, »um die den Vätern gegebenen Verheißungen festzumachen«. Das aber mit dem Ziel, »daß die Heiden Gott preisen müssen wegen der ihnen widerfahrenden Barmherzigkeit« der Hinzuerwählung.

Mit dieser Verankerung der reformatorischen Prädestinationslehre in der Erwählung Israels, also mit der Entdeckung ihrer von den Reformatoren vernachlässigten israelitischen Kontur, wird von Barth die Meinung abgelehnt, Römer 9–11 behandele die doppelte Prädestination zur Erwählung und Verwerfung der *einzelnen* und habe nicht die Judentumsfrage, nämlich das Mysterium der bleibenden Erwählung Israels und der Treue Gottes zu seinem jüdischen Volk, zum Thema. Die wichtige reformatori-

85 K. *Barth:* ThExh 3/1933, 16
86 *Ders.:* ThExh 5/1933, 14
87 *Ders.:* ebd.

sche Entfaltung der Erwählungslehre als des Geheimnisses der Rechtfertigungslehre muß nach Barth der Erkenntnis der Erwählungstreue Gottes zu Israel-Judentum integriert werden. Die Erwählung des einzelnen bedeutet die Hinzuerwählung der Christen aus den Völkern zur Erwählung Israels. Daß das Mysterium der bleibenden Erwählung des jüdischen Volkes *das* Thema von Römer 9–11 ist, zeigt sich nicht zuletzt daran, daß Paulus in Röm 11,27 die Verheißung vom neuen Bund (Jer 31,33) als für das Judentum gültige und bleibende Verheißung zitiert.

Der in Barmen II zitierten neutestamentlichen Stelle 1 Kor 1,30, die die Rechtfertigung und Heiligung in Jesus Christus begründet, wäre deshalb eine *alttestamentliche* Stelle voranzustellen, die den jüdischen Erwählungskontext von Rechtfertigung und Heiligung sichtbar machen kann. Barth hat diese Stelle 1944 in aktueller Zuspitzung als Hinweis auf die Unvergänglichkeit des Israelbundes[88] gegen die gängigen, sich zudem noch auf Jer 31,31–34 berufenden Ersatztheorien ins Feld geführt. Ich meine Jer 31,36: So gewiß die Ordnungen (der Schöpfung) niemals vergehen, so gewiß werden die Geschlechter Israels nimmermehr aufhören, vor mir ein Volk zu sein.

c) Der ungekündigte Israelbund

Wer das Judentum – wie es Luther, wenn auch in Aufnahme von Traditionen aus den Anfängen der Alten Kirche seit Justin, so doch verstärkt getan hat – im Gesetz ansiedelt, der muß und der wird konsequenterweise von einem *doppelten Bund* reden: Er wird dann den alten Bund Gottes mit den Juden von einem neuen Bund der Vergebung unterscheiden.

Die Fixierung des Judentums auf eine »Gesetzesreligion« oder die These, das paulinisch-reformatorische Evangelium sei essentiell antijudaistisch, hat also zu ihrer letzten Konsequenz, daß es zur Aufspaltung des einen Bundes in zwei Bünde kommt: in den einen Bund Gottes mit den Juden und einen anderen, »neuen« Bund, der den alten Bund Gottes aufhebt und an die universale Geschichte Adams und Abrahams anknüpft.

Ich berufe mich hier auf die *Jeremia-Auslegung,* die *Martin Luther* im Jahre 1538 in seiner Schrift an die Sabbater niederschreibt: »In diesem schönen Spruch (Jer 31) sind viele Stücke, aber weil die Juden gerne schlüpfen und flattern von einem aufs andere, wenn sie fühlen, daß sie getroffen werden [weil da etwas von einem anderen Bund steht], spricht Gott hier dawider, er wollte *einen neuen anderen Bund oder Gesetz* machen, nicht wie Moses Bund oder Gesetz, und solle ihn nichts hindern ... Er wolle einen anderen neuen Bund machen«[89].

---

88 *Ders.:* Eine Schweizer Stimme. 1938–1945, 1945, 322; vgl. dazu die wichtigen Hinweise von *A. C. Cochrane,* The Message of Barmen for Contemporary Church History, in: *F. H. Littell/ H. Locke* (Hg.), The German Church Struggle and the Holocaust, 1974, 185–202, der mit Verweis auf Joh 4,22 sagt: »»Salvation is from the Jews« – not only two thousand years ago but in every generation as well« (202).
89 *M. Luther:* Schriften ẉider Juden (Anmk. 2) 33

Noch präziser heißt es etwas später: »Jeremia spricht nicht, der alte Bund solle erneuert werden, sondern es solle nicht derselbe sein, den sie durch Moses empfangen haben im Auszug von Ägypten. Er soll's nicht sein, sondern ein anderer und neuer Bund soll's sein«[90].

Daß diese These Luthers von dem anderen, neuen Bund der Vergebung auch biblisch-exegetisch eine falsche Auslegung von Jer 31 darstellt, darauf haben K. Barth, K. H. Miskotte, W. Zimmerli und zuletzt H. W. Wolff[91] aufmerksam gemacht. Denn der neue Bund der Vergebung ist das erneute Durchhalten der Treue Gottes gegenüber seinem Volk Israel. Genau anders als die These vom doppelten Bund es sagt, will vielmehr »gerade die Verbundenheit der neuen Geschichte mit der alten (Geschichte Israels) festgehalten und darin die Treue des Gottes Israels, der bei seiner Sache bleibt, zum Ausdruck gebracht werden« (W. Zimmerli)[92].

Es verdient in diesem Zusammenhang besonders hervorgehoben zu werden, daß *H. A. Oberman* – trotz seiner in der Zeitschrift »Das Parlament« vertretenen These von einem unvermeidbaren essentiellen evangelischen Antijudaismus – in seinem Referat auf dem Luther-Symposium in Mülheim 1983 Luthers These von den zwei Bundesschlüssen kritisiert hat: »Als verheerend und wohl am gefährlichsten betrachte ich – sagte Oberman – die Voraussetzung bei Luther, daß es zwei Bundesschlüsse gibt. Einmal einen Bundesschluß mit den Juden. Und weil sie als Volk ungehorsam gewesen sind, ist dieser Bund ungültig und damit rückgängig gemacht worden. Es ist dann ein zweiter Bund, ein neuer Bund geschlossen worden, welcher zwar in Abraham sein Vorbild hat, welcher aber erst in Jesus Christus gestiftet ist und in dem nun Juden und Christen zusammenkommen können«.

Der These Luthers von den zwei Bundesschlüssen stellt Oberman seinerseits die biblische Aussage »von dem einen gemeinsamen Bund für Juden und Christen« gegenüber. Denn die These von den zwei Bünden, wobei der zweite Bund der Vergebung den ersten Bund des Gesetzes überholt haben soll, ist nicht nur biblisch-exegetisch anfechtbar, sondern auch wirkungsgeschichtlich fatal und sollte nach dem Holocaust nicht mehr wiederholt werden. Oberman sagt mit Recht: »Ich betrachte diese Theologie des doppelten Bundes als das größte Hindernis im Verständnis zwischen Juden und Christen«[93]. Ich kann dem nur voll und ganz zustimmen!

90 *Ders.*: a.a.O. 51
91 *K. Barth:* KD IV/1, 32ff; *K. H. Miskotte,* Jer 31, 31–34, in: *G. Eichholz* (Hg.), Herr, tue meine Lippen auf, Bd V, ²1962, 1ff; *H. W. Wolff,* Bibelarbeit über Jeremia 31, 31–34, in: Handreichung (Anm. 84) 44ff
92 *W. Zimmerli:* Grundriß der alttestamentlichen Theologie, 1972, 190
93 *H. A. Oberman:* Luther und die Juden, Mülheim, 22.2.1983. – Hatte sich Oberman in seinem Buch »Wurzeln« (Anmk. 7) 13 bereits von der den Rheinischen Synodalbeschluß kritisierenden Bonner These (»Die nationalsozialistische Ideologie war ebenso offen unchristlich und antichristlich wie antijüdisch«) mit der Frage »'Ebenso offen' – Historiker in Deutschland wie Vertriebene aus Deutschland werden hier gleich stutzen: eine deutsche Apologie?« distanziert, so hat er sich mit dieser Aussage »von dem einen gemeinsamen Bund zwischen Juden und Christen« hinter die eigentliche Hauptthese des Rheinischen Synodalbeschlusses (1980) gestellt.

In diesem Plädoyer für die biblische Aussage von dem einen gemeinsamen Bund für Juden und Christen hat Oberman auf dem Luther-Symposium weiter konkretisiert, was er in seinem Buch »Wurzeln des Antisemitismus« historisch und systematisch bereits angedeutet hat:

»In zwei Stoßrichtungen über Frankreich und die Niederlande nach England, Schottland und schließlich Nordamerika verbreitet sich diese *Sicht von dem einen gemeinsamen Gottesbund für Juden und Christen, die zuvor, von Augustin bis Erasmus und Luther, noch undenkbar gewesen war. Der alte und der neue Bund fügen sich jetzt in der ungeteilten Heiligen Schrift zu dem einen Testament zusammen.* Entdeckt wird die unwandelbare Verfügung des treuen Gottes, der stets zu seinem Wort steht, unbeirrt vom Ungehorsam seines Volkes, seien es Juden oder Christen. Aus den Anfängen der Reformation ist nur der Lutherschüler Justus Jonas dieser zukunftsweisenden Sicht nahegekommen«[94].

Die Erinnerung an die Erwählungstreue Gottes gegenüber dem einen gemeinsamen Bund für Juden und Christen hat dabei nach Oberman nach den blutigen Erfahrungen der Geschichte an die Stelle der Toleranz der Aufklärung zu treten: »Um dem Antisemitismus an die Wurzeln zu gehen, ist in diesem Erbe [der dritten Reformation] Unverzichtbares bereitgestellt: Die Schau der gemeinsamen Verfolgung, *das Bestehen auf dem einen, in Gottes Geschichtsplan verankerten Fundament für die Zusammengehörigkeit von Juden und Christen.* Es ist offenbar, wie (wenig) weit die Duldsamkeit der Aufklärung Juden und Christen tragen kann... Die Toleranz bleibt ein Schlagwort, wenn sie auf schlechtem Gewissen gründet. *Toleranz zwischen Christen und Juden hat nur Zukunft in der Vergegenwärtigung der gemeinsamen Geschichte, in die sie beide durch den Bund Gottes gestellt sind*«[95].

Ich kann dem wiederum nur voll und ganz zustimmen!

Diese biblische Aussage von dem einen gemeinsamen Bund für Juden und Christen hat auch der Rheinische Synodalbeschluß vor Augen, in dem es heißt: »Wir glauben die bleibende Erwählung des jüdischen Volkes als Gottes Volk und erkennen, daß die Kirche durch Jesus Christus in den Bund Gottes mit seinem Volk hineingenommen ist« (Rh Sy B 4[4])[96].

Die fatale These von der Doppelung des Bundes bei Luther ist aber – und das soll hier erneut unterstrichen werden – eine notwendige Konsequenz der Ansiedlung des Judentums im Gesetz und also auch eine notwendige Folge der These eines unvermeidbaren evangelischen Antijudaismus.

Schluß: Erwählung und Rechtfertigung
Läßt sich Luthers Theologie mit der Sequenz »Rechfertigung und Erwählung« beschreiben, so müssen wir heute – quellenbewußt und schuld-

---

94 *H. A. Oberman:* (Anmk. 7) 189, Kursivierung von mir.
95 *H. A. Oberman:* a.a.O. 191f, Kursivierung von mir.
96 *B. Klappert/H. Starck* (Hg.): Umkehr und Erneuerung. Erläuterungen zum Synodalbeschluß der Rheinischen Landessynode 1980, 1980, 265

bewußt – endlich die Umkehrung nachvollziehen, die K. Barth in der Kirchlichen Dogmatik bereits richtungweisend vollzogen hat. Die Rechtfertigung des Gottlosen ist nur aussagbar im Kontext der Erwählungstreue des Gottes Israels. Rechtfertigung ist dann die Gestalt, in der der Gott Israels seine Erwählungstreue gegenüber Israel *auch* in der Völkerwelt durchsetzt. *Rechtfertigung heißt dann, daß Gott an Israel, der Völkerwelt und der kosmischen Welt zu seinem Recht kommt.* Rechtfertigung ist dann die Gestalt, in der der Gott in seine Erwählungstreue gegenüber Israel auch die Menschen aus der Völkerwelt einbezieht.

Rechtfertigung des Gottlosen ist unverdiente Teilgabe an der Erwählung Israels, wie Röm 11,28 – das dem Referat vorangestellte Motto – und auch Röm 11,32[97] deutlich machen: »Gott hat alle beide (Israel und die Menschen aus der Völkerwelt) unter den Unglauben verschlossen, um sich aller beider zu erbarmen«[98].

In seinem wegweisenden Aufsatz »Entdeckung der Juden als Brüder und Zeugen«[99] kommt – wie ich nachträglich feststelle – auch der Lutheraner *Chr. Hinz* zu Aussagen über das Verhältnis von Rechtfertigung und Erwählung, genauer: zu einem Plädoyer für die Überordnung der Erwählung Israels über die Rechtfertigung des Gottlosen, die in die Richtung meiner Ausführungen weisen:

Chr. Hinz zitiert zunächst den Neutestamentler *Günther Baumbach,* der zu Röm 15,8f ausführt: »Insofern dient sein (Jesu Christi) Heilswerk ... nicht der Zerstörung, sondern der Bestätigung der Erwählung Israels. Der *Unterschied zwischen Israel und den Heiden* wird dabei festgehalten... Das bedeutet: Die Gerechtigkeit Gottes, wie sie in Christus offenbar geworden ist, erweist sich den Heiden gegenüber als Barmherzigkeit, den Juden ge-

---

97 Röm 11,32 weist einen sprachlichen und sachlichen Bezug zu Ex 33,19; 34,6; Jona 4,2; Ps 103,8 und Neh 9,18 (»barmherzig und gnädig, geduldig und *allerbarmend*«) auf, der bisher in den Kommentaren zur Stelle nicht erkannt und herausgearbeitet worden ist: »um sich *aller* zu erbarmen« (Röm 11,32).

98 Daß die οἱ-πάντες-Formeln des Römerbriefes, sofern sie sich auf Israel und die Menschen aus der Völkerwelt (Griechen) beziehen, die Grundunterscheidung zwischen Israel und der Völkerwelt nicht einebnen, sondern aufbewahren, hat J. Jeremias in seiner (unveröffentlichten) Römerbriefvorlesung immer wieder hervorgehoben und als Beispiel neben Röm 11,32; 3,16; 3,23; 4,16; 10,12 auch Röm 3,9 genannt: »Wir haben soeben erwiesen, daß Juden und Griechen, alle *beide* unter der Herrschaft der Sünde sind«. Vgl. dazu auch Kohelet 7,15.18, wo בֵּן־ –
alles in der Bedeutung von »beides« erscheint: »*Beides* habe ich in meinem flüchtigen Dasein gesehen« (7,15). »Wer Gott fürchtet, entgeht *beidem*« (7,18) (vgl. W. Zimmerli: »Unveränderbare Welt« oder »Gott ist Gott«. Ein Plädoyer für die Unaufgebbarkeit des Predigerbuches in der Bibel, in: Festschrift für H.-J. Kraus, Wenn nicht jetzt, wann dann?, 1983, 103ff, 113. In seinem Kohelet-Kommentar übersetzt W. Zimmerli: »wer Gott fürchtet, entgeht *allem beidem*« (ATD 16/1, 1962, 209).

99 *Chr. Hinz:* »Entdeckung der Juden als Brüder und Zeugen«. Stationen und Fragestellungen im christlich-jüdischen Dialog seit 1945, in: Zeichen der Zeit 1/1984, 12–30, und 2/1984, 42–47

genüber aber als Bekräftigung der den Patriarchen gegebenen Verheißungen«[100].

Chr. Hinz folgert daraus: »*Der umfassende Bezugshorizont ist bei dieser theologischen Sicht nicht die Rechtfertigungslehre* nach Röm 3,24. Der umfassende Bezugshorizont wird *die Geschichte* und *der Erwählungsweg Gottes*, der zu den Juden und von dort zu den Völkern führt«[101].

Und Chr. Hinz kommt von diesen exegetischen Beobachtungen am Römerbrief zu folgenden weitreichenden systematischen Perspektiven: »*Die Rechtfertigung aus Glauben ist eine Weise von Gottes Handeln auf dem Erwählungsweg.*

... Es scheint mir, daß hier eine systematische Vorentscheidung fällt. Je nachdem, ob die Rechtfertigungslehre oder die Erwählungslehre als der umfassende Horizont zur theologischen Deutung der jüdisch-christlichen Beziehungen gesehen wird, kommt man zu anderen Folgerungen, zur Unterschiedslosigkeit des Werkes Christi für Juden und Heiden hier[102] oder zur Verschiedenartigkeit des einen Werkes da. In diesem Bezugshorizont des Erwählungsweges Gottes wird es dann nicht nur möglich, sondern allein sachgemäß zu sagen: ›Jesus Christus hat eine grundsätzlich andere Bedeutung für die Völker und für Israel. Die Juden sind durch ihn zurückgerufen zu dem Gott, der sich von Anfang an mit ihnen verbunden hat. Aber die Nichtjuden sind durch Christus ... zu etwas gerufen, das absolut neu ist in ihrer Gemeinde‹«[103].

100   G. *Baumbach:* Der christlich-jüdische Dialog, in: Zeichen der Zeit 5/1981, 171ff, 181ff; zitiert bei *Chr. Hinz* (Anmk. 99) 23
101   *Chr. Hinz:* (Anmk. 99) 23
102   Diese Position ist charakteristisch für die Römerbrief-Exegese von R. Bultmann bis G. Klein und E. Grässer.
103   *Chr. Hinz:* (Anmk. 99) 23. Daß *Fr. Mußner* in seinem wichtigen Aufsatz »Gesetz – Abraham – Israel«, in: Kairos 25/1983. 200–222, zu ähnlichen exegetischen und systematischen Ergebnissen kommt, sei hier ebenfalls dankbar notiert. Chr. Hinz und Fr. Mußner setzen sich exegetisch kritisch mit den beiden Aufsätzen von *E. Grässer,* Zwei Heilswege?, in: FS Fr. Mußner, 1981, 411–429, und *G. Klein,* »Christlicher Antijudaismus«, in: ZThK 79/1982, 411–450, auseinander, *die beide die Erwählungslehre als den umfassenden Horizont zur Bestimmung der jüdisch-christlichen Beziehungen bestreiten und im traditionellen Schema die bleibende Erwählung Israels und des Judentums zugunsten der Rechtfertigung der Gottlosen aus Glauben beseitigen.* – Einen ähnlichen – wenn auch exegetisch differenzierteren – Weg geht N. *Walter* in seinem Beitrag »Zur Interpretation von Römer 9–11«, in: ZThK 2/1984, 172–195: Auch Walter meint, bei der »unabdingbar individual-soteriologischen Struktur des im Christusevangelium angesagten Heils« einsetzen zu sollen, neben diesem »Individualprinzip des Heils« bei Paulus dann aber doch auch die »Nation-Bezogenheit der Israel-Verheißungen Gottes« konstatieren zu müssen. Ja, er meint, »der Fehler in der Exegese von Röm 9–11 bei Bultmann und seiner (engeren) Schule« – und damit dürften der Sache nach auch G. Klein und E. Grässer gemeint sein – »liegt wohl darin, daß hier zwar die sachliche Spannung zwischen Rechtfertigungsbotschaft und Heilsverheißung an ein bestimmtes Volk scharf erkannt worden ist, daß aber das Problem, von dem Paulus umgetrieben wird, in seiner theologischen Relevanz verkannt wurde« (176 [Anmk. 13]). – Man ist dadurch gespannt und fragt sich: Wie löst Walter die – wie er sagt – unaufhebbare Spannung zwischen dem Individualprinzip (Rechtfertigung des Gottlosen) und dem »kollektiven Heilsproblem« (ebd.), d.h. der paulinischen Hoffnung auf die »Erlösung die-

Die Rechtfertigungslehre steht im Bezugshorizont des Erwählungsweges Gottes mit Israel-Judentum! Und: Nicht die Rechtfertigungslehre, sondern die Erwählungslehre ist der umfassende Horizont zur Bestimmung der jüdisch-christlichen Beziehungen! Ich kann dieser Doppelthese nur lebhaft zustimmen.

Rechtfertigungstheologie ist angewandte Erwählungstheologie. Schließen möchte ich mit dem schon genannten Lieblingswort Luthers, das er nicht nur in »De servo arbitrio«, sondern auch in seinen späteren »Judenschriften« so überaus eindrücklich im Hinblick auf die Rechtfertigung des Gottlosen ausgelegt hat. Ich meine 4. Mose 23,19: »Gott kann nicht lügen«.

Aber ich möchte nun über Luther hinaus dieses Wort auch in der Richtung auf das Judentum lesen und verstehen, in der es der *Midrasch*, den ich eingangs schon einmal zitiert habe, im Hinblick auf die gültige Treue Gottes zu seinem Volk Israel gelesen hat: »Gott ist nicht wie ein Mensch, der Israel als Freund gewinnt, dann aber andere (die Heiden) findet, die ihm besser gefallen, und die früheren verleugnet. Ihm ist es unmöglich bei dem Schwur zu lügen, den er den Vätern geleistet hat«[104].

ses und nur dieses einen (jüdischen) Volkes« (177)? In unserer Terminologie: *Wie verhält sich die Rechtfertigung des Gottlosen zu der Erwählungstreue des Gottes Israels zu Israel-Judentum bei Paulus?* Walters Antwort lautet: »Paulus meint allerdings, daß die Israel geltenden ἐπαγγελίαι nicht dahingefallen, sondern in dieses (durch das Individualprinzip Rechtfertigung des einzelnen Gottlosen konstituierte) Menschheits-Gottesvolk hinein aufgehoben sein sollten« (185). Dem individual-soteriologisch verstandenen »gesamtmenschheitlichen Christusvolk« (185) wird auf diese Weise die zunächst davon unterschiedene kollektive Israel-Verheißung doch letztendlich subsumiert und integriert. Systematisch gesprochen: Wird bei Grässer und Klein die Erwählung Israels von der Rechtfertigung des Gottlosen her von Anfang an als ein Besonderes bestritten, *so wird bei Walter die zunächst neben der Rechtfertigung des Gottlosen festgehaltene besondere Erwählungsverheißung des Gottes Israels seinem Volk Israel-Judentum gegenüber letztendlich doch dem »Individualprinzip« Rechtfertigung ein- und untergeordnet.* Auch hier bleibt die Rechtfertigung des einzelnen der Bezugshorizont der Erwählung Israels, auch hier wird – so Wichtiges hier über die Israel als Volk geltende Erwählung (183) und über die Unübertragbarkeit des Israel-Namens auf die Christenheit (185) gesagt wird – die Erwählungstreue des Gottes Israels zu seinem Volk Israel-Judentum nicht zum Bezugshorizont der Rechtfertigung des Gottlosen gemacht. – Die Integration der Rechtfertigung des Gottlosen in die bleibende Erwählungstreue des Gottes Israels zu Israel-Judentum ist aber nicht nur exegetisch von Paulus her naheliegend, wie Chr. Hinz und Fr. Mußner zeigen, sondern auch systematisch höchst bedeutsam, wie K. Barth gezeigt hat. Diese Position zur Erwählungslehre beziehen nunmehr auch die reformierten »Leitsätze zum Thema ›Wir und die Juden – Israel und die Kirche‹« (August 1984): »Der Bund mit Israel ist ungekündigt. Das haben wir verleugnet und vergessen. Betroffen beginnen wir zu erkennen: In Christus Jesus sind wir, Menschen aus der Völkerwelt – unserer Herkunft nach fern vom Gott Israels und seinem Volk –, gewürdigt und berufen zur Teilhabe an der Israel zuerst [und bleibend] zugesprochenen Erwählung und zur Gemeinschaft im Gottesbund« (S. 5).

104   Zu Jahwes Plan der Substitution Israels durch ein neues Mose-Volk (Ex 32,9f: »Dann sprach der Herr zu Mose: Ich sehe, daß dieses Volk ein halsstarriges Volk ist. Und nun laß mich, daß mein Zorn wider sie entbrenne und sie vertilge; dich aber will ich zu einem großen Volk machen«) und zu der Einrede des Mose (Ex 33,13: »Bedenke doch, daß dieses Volk dein Volk

Daß Paulus in Röm 11,28[105] in die gleiche Richtung wie der Midrasch zielt, scheint mir unzweifelhaft:

In bezug auf das EVANGELIUM
widerstehen sie – euch zugut;
im Blick auf die ERWÄHLUNG aber
bleiben sie Geliebte um der Väter willen.
DENN GOTTES ERWÄHLUNG IST UNKÜNDBAR.

ist«) argumentiert der *Raschi-Kommentar* ähnlich wie die Midrasch-Stelle: »Sage nicht, ich will dich zu einem großen Volk machen, indem du diese verläßt; siehe sie sind von alters her Dein Volk; und *wenn Du sie verwirfst, verlasse ich mich auch nicht auf diejenigen, die aus meinen Lenden hervorgehen, daß sie bestehen werden*« (Raschis Pentateuchkommentar. Vollständig ins Deutsche übertragen und mit einer Einleitung versehen von S. Bamberger ³1975, 266, Kursivierung von mir). – Zu Ex 32,13 (»Gedenke deiner Knechte Abraham, Isaak und Israel, denen du bei dir selbst geschworen hast...«) heißt es im Raschi-Kommentar zur Verdeutlichung der Einrede des Mose plastisch: »Wenn ein Thron mit drei Füßen keinen Bestand hat vor dir in der Stunde deines Zornes, wieviel weniger ein Thron mit nur einem Fuß« (a.a.O. 263). – Für das Verständnis von Röm 9–11 scheint mir der Zusammenhang von Ex 32–34 wichtig zu sein: Röm 11,28 (»Im Blick auf die Erwählung bleiben sie Geliebte um der *Väter* willen«) wird Ex 32,13 vor Augen haben, wie Röm 9,3 auf die Stelle Ex 32,32 und Röm 9,15 und 11,32 auf die Stelle Ex 33,19 anspielen wird, was der »Nestle-Text« leider nur für Röm 9,3.15, nicht aber auch für Röm 11,32 sichtbar macht. Daß Paulus die Verweise auf Ex 32/33 in Röm 9 am Schluß von Röm 11 wieder aufnimmt, ist zum Schaden des Verständnisses der Kapitelfolge Röm 9–11 bisher leider übersehen worden: Röm 11,28 (die bleibende Liebe und Erwählung um der Väter willen) bezieht sich auf Ex 32,13, während Röm 11,32 auf das Erbarmen Gottes von Ex 33,19 anspielt. Daß Gott sich »*aller* erbarmt« (Röm 11,32) wird von diesen Zusammenhängen her darüber hinaus sprachlich und sachlich als Anspielung auf Ex 34,6 (HT: רַב־חֶסֶד; LXX: πολυέλεος »all[er] erbarmend«) zu verstehen sein.
105 In den Anmk. 103 genannten reformierten Leitsätzen vom August 1984 schreibt H.-J. *Kraus*: »Zu Röm 11,28 kommentiert Luther im Blick auf die Juden: ›...sie sind hassenswert und Gott haßt sie und darum werden sie auch von den Aposteln und von allen gehaßt, die Gottes sind‹. Es bleibt unbegreiflich, wie Luther eine solche Erklärung vortragen konnte, die doch der Aussage des Apostels in Röm 9,3 hart entgegensteht. Der Reformator stand im Bann des Hasses einer hassenden Kirche und hat mit seiner furchtbaren Schrift ›Von den Juden und ihren Lügen‹ auch der evangelischen Kirche die böse Tradition weitergegeben. Der christliche Judenhaß war und blieb die Wurzel, aus der die verschieden motivierten *Bewegungen des modernen Antisemitismus* hervorgegangen sind. Diese Tradition hat alles vergiftet« (S. 3).

Heinz Kremers

Martin Luther und die Juden – ein Problem in Predigt und Unterricht

Wenn der Praktische Theologe die kirchengeschichtlichen und systematischen Untersuchungen zum Thema »Martin Luther und die Juden« studiert und sie mit seinen praktisch-theologischen Erfahrungen und Erkenntnissen vergleicht, kann er leicht feststellen: Die Wirkungsgeschichte der Stellung Luthers zu den Juden ist mit dem Holocaust nicht zu Ende gegangen. Denn er sieht zwar, daß evangelische Christen in Deutschland heute auf allen Ebenen – vom Rat der Evangelischen Kirche in Deutschland[1] bis zum Pfarrer und Lehrer in Predigt und Unterricht – sich vom Judenhaß des »alten« Luther distanzieren, ihn verurteilen und seine Wirkungsgeschichte bedauern. Zugleich muß er aber beunruhigt beobachten, wie der theologische Antijudaismus, der sich in Luthers Lehre vom Beginn seines reformatorischen Wirkens bis zu seinem Tod unverändert durchgehalten hat, heute noch in Predigt und Unterricht weiterwirkt. Bedenkt er, daß es dieser theologische Antijudaismus war, der sowohl den Judenhaß des »alten« Luther hervorgebracht als auch viele Christen in der Wirkungsgeschichte der Theologie Luthers für Judenhaß anfällig gemacht hat, kann er sich folgender Konsequenz als einer Herausforderung nicht mehr verschließen: Auch noch nach dem Holocaust trägt das Erbe Luthers in der evangelischen Kirche durch Predigt und Unterricht dazu bei, daß Christen in Deutschland für alten und neuen Judenhaß anfällig bleiben.

Der Praktische Theologe wird darüber hinaus formal erkennen können, daß uns das Problem »Martin Luther und die Juden« heute in Predigt und Unterricht in zweifacher Gestalt begegnet:

1. Luthers Stellung zu den Juden ist in den letzten Jahren zum *Thema* im evangelischen Religionsunterricht geworden.

2. Luthers theologischer *Antijudaismus* beeinflußt noch immer Predigt und Unterricht.

Wir müssen deshalb diese beiden Teilprobleme nacheinander untersuchen, wenn wir als Praktische Theologen die oben genannte Herausforderung annehmen wollen.

---

1 Z.B. in einer Erklärung zum 500. Geburtstag Martin Luthers im Jahr 1983, die nicht nur in der kirchlichen Presse, sondern auch in der Tagespresse publiziert wurde: »So wichtig Luthers frühe Schrift über die Juden auch heute noch ist, so verhängnisvoll wurden Äußerungen des alten Luther, niemand kann sie heute gutheißen.«

1
Martin Luther und die Juden – ein Thema im ev. Religionsunterricht

Zusammen mit einigen Kollegen und wissenschaftlichen Mitarbeitern sowie zahlreichen Studenten untersuche ich seit mehr als 10 Jahren in einem Forschungsprojekt, wie das Judentum und seine Beziehung zum Christentum in Schulbüchern und anderen Unterrichtsmedien für den evangelischen Religionsunterricht dargestellt wird[2]. In diesem Zusammenhang fragen wir auch nach der Behandlung des Problems »Martin Luther und die Juden« als Unterrichtsthema in Schule und Gemeinde.

Das Ergebnis unserer Analysen ist – bis auf wenige Ausnahmen aus den letzten Jahren – negativ.

1.1
Das Thema »Martin Luther und die Juden« in kirchengeschichtlichen und systematischen Lehrgängen über Martin Luther
Wenn in einem kirchengeschichtlichen oder dogmatischen Lehrgang über Martin Luthers Werk oder Theologie informiert wurde, fehlte bisher das Thema »Martin Luther und die Juden« immer. Um so erfreulicher ist es, wenn in der Religionspädagogischen Arbeitsmappe »Martin Luther« zum Lutherjahr 1983 sich auf den Seiten 87 und 88 eine Unterrichtseinheit mit unserem Problem befaßt[3].

Im ersten Teil der Unterrichtseinheit »Von den Juden« wird Luthers Schrift »Daß Jesus Christus ein geborener Jude sei« gut vorgestellt. Nach der Einleitung »Zunächst distanziert sich Luther entschieden von der bisherigen Behandlung der Juden« folgt eine gute Auswahl von Zitaten aus der Schrift, didaktisch geschickt mit Übergangstexten verbunden. Der zweite Teil ist weniger gelungen. Er soll Luthers Schrift »Von den Juden und ihren Lügen« von 1543 vorstellen. Er beginnt mit der Einleitung: »Die sieben Vorschläge an die Obrigkeiten decken sich weitgehend mit den Anweisungen zur Reichskristallnacht, die Josef Goebbels im November 1938 ausgab.« Es folgen dann nur Luthers 7 Handlungsanweisungen. So entsteht ein verzerrt

2   Nach dem ersten Aufsatz, der aus der gemeinsamen Arbeit dieses Teams 1972 hervorging (*H. Kremers*, Das Judentum im evangelischen Religionsunterricht. Lehrplananalysen und Vorschläge, in: Judentum im christlichen Religionsunterricht, 1972, S. 46–76), erschienen neben zahlreichen Aufsätzen in Zeitschriften und Sammelbänden folgende Bücher: *K. Farber / H. Kremers* (Hrsg.), Juden – Ein Beitrag zur Behandlung der Vorurteilsproblematik im Unterricht, 1974; *G. Stein / E.H. Schallenberger* (Hrsg.), Schulbuchanalyse und Schulbuchkritik. Im Brennpunkt: Juden, Judentum und Staat Israel, 1976; *H. Jochum / H. Kremers* (Hrsg.), Juden, Judentum und Staat Israel im christlichen Religionsunterricht in der Bundesrepublik Deutschland, 1980; *R. Kastning-Olmesdahl*, Die Juden und der Tod Jesu. Antijüdische Motive in den evangelischen Religionsbüchern für die Grundschule, 1981.
3   Die religionspädagogische Arbeitsmappe »Martin Luther. 1483–1983«, hrsg. von der Kirchenkanzlei der EKD, dem Comeniusinstitut Münster/Westf. und dem konfessionskundlichen Institut, Bensheim, enthält die beiden Arbeitshefte »Thema: Martin Luther« und »Doctor Martinus«. Die Unterrichtseinheit befindet sich in dem von *H. Grote, H. Kemler* und *H. Schultze* verfaßten Arbeitsheft »Thema: Martin Luther«.

negatives Bild der Schrift. Denn ihr Hauptteil sind ja nicht die Handlungsanweisungen, sondern die theologischen Argumente, mit denen Luther die
Christen zurüsten will, sich gegenüber den Juden theologisch zu verteidigen. Der Vergleich mit der Kristallnacht verkehrt auch die Intention von
Luthers Handlungsanweisungen: Juden mit »einer scharfen Barmherzigkeit« zum Glauben an Jesus Christus zu führen, nachdem es nicht gelungen
ist, sie mit der sanften Barmherzigkeit und der mit ihr verbundenen Verkündigung des Evangeliums zu gewinnen.

Im dritten Teil der Unterrichtseinheit werden die beiden Quellen didaktisch unter der Überschrift »Zusammenhänge und Wirkungen« aufgearbei-
tet. Er beginnt mit dem Satz: »Zu den uns erschreckenden späten Äußerungen Luthers über die Juden ist noch zweierlei zu bemerken: Erstens steht
Luther damit in seiner Zeit nicht allein, und zweitens haben seine Äußerungen keine Wirkung gehabt.« Nachdem der Verfasser durch seine Einführung und Auswahl Luthers Schrift »Von den Juden und ihren Lügen«
negativ verzeichnet hat, zieht er hier die apologetische Notbremse. Denn
angesichts der langen Wirkungsgeschichte der Schrift bis hin zu ihrer Aufnahme in die Propaganda der Antisemiten im 19. und 20. Jahrhundert, in
die Theologie der Deutschen Christen und in die antisemitische Hetze der
Nazis wird man doch wohl nicht sagen können, daß diese Äußerungen
»keine Wirkung« gehabt haben!

Weiter heißt es: »Gerade nach dem Holocaust ist Luthers Spätschrift von
1543 zu verurteilen. Gerade in diesem Zusammenhang ist aber auch die bis
heute reichende Bedeutung seiner Frühschrift von 1523 festzuhalten. Drei
Zitate können dies unterstreichen...« Hier wird nun in unzulässiger Weise
nivelliert. Denn zwei der drei folgenden Zitate beweisen gerade, daß es
auch in Luthers Frühschrift keine Ansätze für die nach dem Holocaust gebotene Wende gibt. Die in ihnen gemachten Aussagen aus der Gegenwart
haben keine Basis in dieser Schrift, sondern widersprechen ihr. Das gilt sowohl von dem Satz: »Wir verwerfen die falsche, durch Jahrhunderte verbreitete Lehre, daß Gott das Volk der Juden verworfen habe, und stellen
uns neu auf den Grund des apostolischen Wortes: ›Gott hat sein Volk nicht
verstoßen, das er zuvor ersehen hat‹« (von H. Schulze fälschlich dem Darm-
städter »Wort zur Judenfrage« [1948] des Bruderrats zugewiesen). Und es
gilt noch mehr vom Zitat aus Karl Barths Kirchlicher Dogmatik: »Die Kirche muß mit der Synagoge leben: nicht, wie die Toren in ihrem Herzen sagen, als mit einer anderen Religion oder Konfession, sondern als mit der
Wurzel, aus der sie selbst hervorgegangen ist.« (Der Verfasser hat nicht gemerkt, daß Barth hier auch Martin Luther mit seinem Antijudaismus zu
den »Toren« rechnet!)

Wir halten fest: Der bisher einzige religionspädagogische Versuch, das
Thema »Martin Luther und die Juden« im Rahmen einer Darstellung seines
Lebens und Werkes zu behandeln, verdient Anerkennung. Er zeigt aber
auch, wie sehr wir hier noch am Anfang stehen. Denn er wird mit seiner
durch die Präsentation der Schrift von 1543 bewirkten Polemik *und* mit sei-

ner Apologetik sowie mit seinem Harmonisierungsversuch im dritten Teil
der Differenziertheit und Tiefe unseres Problems noch nicht befriedigend
gerecht.

Vergleichen wir den Befund unserer Schulbuchanalyse zum Thema
»Martin Luther und die Juden« mit den Veröffentlichungen der Fachwissenschaftler über Martin Luther, kommen wir zu folgendem Ergebnis:
Auch die meisten wissenschaftlichen Luther-Bücher behandeln das Thema
»Martin Luther und die Juden« überhaupt nicht – oder nur kurz. Das gilt
auch für die wissenschaftlichen Luther-Bücher zum Lutherjahr 1983.

Nur in Hans Mayers Buch »Martin Luther. Leben und Glaube« mit 315
Seiten wird unser Thema in einem ganzen Kapitel behandelt. Es steht unter
der Überschrift »Ein hartes Kapitel« und umfaßt gut 6 Seiten[4]. Heiko A.
Oberman hat sich durch sein Buch »Wurzeln des Antisemitismus. Christenangst und Judenplage im Zeitalter von Humanismus und Reformation« als einer der wichtigsten Erforscher unseres Problems in der Gegenwart ausgewiesen. Dennoch geht er in seinem Buch »Luther. Mensch zwischen Gott und Teufel« mit einem Umfang von 374 Seiten zwar in verschiedenen Zusammenhängen kurz auf das Problem ein, macht es aber nicht
zum Gegenstand eines eigenen Kapitels. Er behandelt vielmehr unter der
Überschrift »Chaos und Friede« auf dreieinhalb Seiten nur Luthers Handlungsanweisungen in seiner Schrift »Von den Juden und ihren Lügen« im
Kontext seiner Handlungsanweisungen, sich mit Waffen gegen »die Drahtzieher des Verderbens der Kirche«, Päpste, Kardinäle usw., zu wehren und
»unsere Hände in ihrem Blut« zu »waschen« und die aufständischen Bauern
zu erschlagen[5].

Dieser Befund zeigt, daß die Fachwissenschaft dem Thema »Martin Luther und die Juden« im Rahmen der wissenschaftlichen Lutherdarstellung
keine oder keine besondere Bedeutung beimißt. Das geschieht wohl deshalb, weil man dem Verhalten Luthers zu den Juden keine besondere Bedeutung für die Reformation beimißt und weil Luther hier ganz »ein Kind
seiner Zeit« bleibt und deshalb kirchengeschichtlich uninteressant ist.

Man kann deshalb nicht erwarten, daß unser Thema von Religionspädagogen in kirchengeschichtliche oder dogmatische Unterrichtseinheiten
über Martin Luther aufgenommen wird. In Schulbüchern muß ja noch zusätzlich elementarisiert und didaktisch aus der Informationsfülle über
Martin Luther, sein Leben, sein Werk und seine Theologie, ausgewählt
werden.

1.2

*Das Thema »Martin Luther und die Juden« in Lehrgängen über das Judentum
und seine Beziehung zum Christentum*

Als erster Religionspädagoge nahm ich 1963 unser Thema in einen Lehrgang über das jüdische Volk und seine Beziehung zur Kirche in ein Reli-

---

4 H. Mayer, Martin Luther. Leben und Glaube, 1982, S. 276–283.
5 H.A. Oberman, Luther. Mensch zwischen Gott und Teufel, 1981, S. 304–307.

gionsbuch auf. Es war der 2. Band des Unterrichtswerkes »Die Gottesbotschaft«[6].

Der erste von sechs Teilen dieses Buches ist überschrieben »Jesus Christus verbindet Israel und die Kirche«. Er behandelt die Geschichte des jüdischen Volkes von Abraham bis zur Gegenwart. Unser Thema gehört hier zur Unterrichtseinheit »Die Leiden des jüdischen Volkes in Europa«. Ich schrieb damals:

»Unser Reformator Martin Luther hat als erster die Juden wieder als Brüder der Christen anerkannt. Aber später fürchtete er, daß die Juden sein Werk gefährden könnten. Denn in manchen Ländern traten damals evangelische Christen zum Judentum über. Darum rief er die Kirche zur Verteidigung gegen die wehrlosen Juden auf und schrieb das Buch ›Von den Juden und ihren Lügen‹. In diesem Buch forderte er: ›Erstens soll man ihre Synagogen oder Schulen mit Feuer anzünden. Was nicht verbrennen will, soll man mit Erde bedecken, damit kein Mensch einen Stein oder etwas Schlacke davon sehe ewiglich. Solches soll man zur Ehre unseres Herrn und der Christenheit tun, damit Gott sieht, daß wir Christen sind. Zweitens soll man in derselben Weise auch ihre Häuser abbrechen und zerstören. Denn sie treiben in ihren Häusern, was sie in ihren Schulen treiben. Dafür soll man sie etwa unter ein Dach oder in einen Stall tun – wie die Zigeuner –, damit sie erkennen, daß sie nicht die Herren in unserem Lande sind.‹

Er forderte auch, daß man den Juden ihre heiligen Schriften wegnehme und den Rabbinern bei Todesstrafe verbiete zu lehren. Allen Besitz aber und alle Schätze solle man ihnen abnehmen. Leider hat Martin Luther hier seine eigene Lehre nicht beachtet, daß man die Wahrheit Gottes nur mit der Predigt des Evangeliums ausbreiten und verteidigen kann, nicht aber mit staatlicher Macht und Gewalt.

So kam es, daß die Juden in vielen evangelischen Ländern nach der Reformation unterdrückt blieben. Erst in den Jahrzehnten nach der französischen Revolution von 1789 gaben die Regierungen den Juden in den meisten Ländern Europas die Freiheit und die Gleichberechtigung mit den anderen Bürgern.«[7]

Seit dem Erscheinen dieses Buches haben mehrere Religionspädagogen das Thema »Martin Luther und die Juden« in Lehrgänge über das Judentum und seine Beziehung zum Christentum in Schulbüchern aufgenommen. Die Situation ist also hier etwas besser als in kirchengeschichtlichen und dogmatischen Lehrgängen über Martin Luther. Aber auch in einigen Unterrichtseinheiten über das Judentum fehlt unser Thema leider heute noch immer.

Nach dem 2. Band der Gottesbotschaft von 1963 wurde das Thema »Martin Luther und die Juden« nur in zwei weitere Schulbücher für die Sekundarstufe I aufgenommen: in das Arbeitsbuch: Religion 9/10 von 1974[8] und in das Kursbuch Religion 9/10 von 1979[9]. Im Arbeitsbuch: Religion

6 Die Gottesbotschaft, zweiter Band für die Evangelische Unterweisung im fünften bis neunten Schuljahr, bearbeitet von *H.D. Bastian* und *H. Kremers*, 1963, S. 59f.
7 Ebd., S. 59f., s. auch im Lehrerhandbuch die Hinweise auf S. 62f.
8 Arbeitsbuch: Religion 9/10 für die Evang. Religionslehre im 9. und 10. Schuljahr, erarbeitet von *H. Kremers* und *A. Weyer*, 1974.
9 Kursbuch Religion 9/10. Ein Arbeitsbuch für den Religionsunterricht im 9. und 10. Schuljahr, erarbeitet von *G. Kraft, D. Petri, H. u. H. Schmidt, J. Thierfelder*, 1979.

9/10 gehört der von mir verfaßte Teillehrgang »Juden und Christen« (10 Seiten) zum Ökumenelehrgang, der unter der Überschrift steht: »Freiheit und Verantwortung im gespaltenen Gottesvolk«[10]. Der Teillehrgang »Juden und Christen« beginnt mit einer Hinführung zum Problem, die aus zwei historischen Berichten und sechs Quellentexten besteht. Der erste historische Bericht erzählt:

»Viele Jahrhunderte lang haben die Christen die Juden als von Gott verworfenes Volk von Gottesmördern und Teufelskindern verachtet, gehaßt und verfolgt – und nur wenige Christen dachten anders. In einem Zeitraum von 1600 Jahren wurden darum unter dem Zeichen des Kreuzes mehr Juden mißhandelt, vertrieben oder getötet als unter dem Zeichen des Haken-kreuzes während der Hitler-Zeit. Adolf Hitler knüpfte an den christlichen Judenhaß an, als er den Kampf gegen das Judentum in sein politisches Programm aufnahm. Er schrieb in seinem Buch ›Mein Kampf‹: So glaube ich heute im Sinne des allmächtigen Schöpfers zu handeln. In-dem ich mich der Juden erwehre, kämpfe ich für das Werk des Herrn.«

Zwei der Quellentexte aus der Zeit vom 12. Jahrhundert bis zur Gegen-wart stammen von Martin Luther:

»Ich hoffe, wenn man mit den Juden freundlich handelt und aus der heiligen Schrift sie säu-berlich unterweist, es sollen ihrer viele rechte Christen werden . . .
Was wollen wir Christen nun mit diesem verworfenen, verdammten Volk der Juden tun?
Martin Luther (1523 und 1543).«

Die Arbeitsanweisungen zu den sechs Quellentexten heißen:

»Lest die Aussagen über die Juden und untersucht: Welche Aussagen sind verwandt? Zwi-schen welchen Aussagen besteht ein Gegensatz? Überlegt, warum das so ist, und beachtet da-bei die Jahreszahlen und aus welcher Kirche die Aussage stammt!«[11]

In der Lehrerhandreichung zum Arbeitsbuch: Religion 9/10 schrieb ich als Information für die Lehrer zur Interpretation der beiden Luthertexte:

»Der junge Reformator Martin Luther hatte mit der Bibel auch die Juden als Brüder wieder-entdeckt. Er verurteilte darum im Jahre 1523 in seiner Schrift »Daß Jesus Christus ein geboro-ner Jude sei« scharf die Unterdrückung der Juden durch die Kirche. Er forderte die Christen zu brüderlicher Solidarität mit den Juden auf und sprach die Hoffnung aus, daß die Juden nun, befreit vom Zwang und von den Christen als Brüder angenommen, durch das wiederentdeckte biblische Evangelium aus freiem Antrieb Christen werden würden. Seine Schrift wurde von der unterdrückten Judenheit seiner Zeit mit Jubel und großer Dankbarkeit aufgenommen. Denn sie hofften, Luthers Wirken werde ihr schweres Los als verachtete und unterdrückte Mi-norität im christlichen Abendland wenden und ihnen Achtung und Freiheit bringen. – Sie wurden bitter enttäuscht, denn einerseits enttäuschten sie Luther, weil sie sich durch seine al-legorische Auslegung ihrer Bibel (des Alten Testamentes) nicht davon überzeugen ließen, daß Jesus der verheißene Messias sei, und darum Juden blieben; andererseits drangen durch die Wiederentdeckung der Bibel in einige Gruppen der reformatorischen Bewegung jüdische Vor-

10 Ebd., S. 86–103, »Juden und Christen«, S. 96–103.
11 Ebd., S. 95.

stellungen und Gebräuche ein (man fing z.B. in einigen Gruppen an, wieder den Sabbat zu halten). Diese Entwicklung beunruhigte Luther so, daß er meinte, die Christen vor den Juden schützen zu müssen. Er versuchte das vor allem mit seiner Schrift »Von den Juden und ihren Lügen« aus dem Jahre 1543, in der er von der Obrigkeit Maßnahmen zum Schutze der Christen vor den Juden forderte, die – zumindest verbal – zahlreiche Maßnahmen der Nationalsozialisten gegen die Juden vorwegnahmen. (Die beiden Lutherzitate auf Seite 95 stammen aus den beiden hier genannten Schriften.) Der Wandel in Luthers Verhältnis zu den Juden führte dazu, daß auch die Haltung der meisten evangelischen Christen zu ihnen negativ blieb.«[12]

Das Kursbuch Religion 9/10 enthält einen großen Lehrgang »Nach Auschwitz / Juden und wir« (Umfang: 14 Seiten). Eine Unterrichtseinheit in diesem Lehrgang behandelt den christlichen Antisemitismus[13]. Sie enthält einen Bericht über die Ermordung der Juden in Mainz 1096. Dann folgt ein Abdruck des Titelblattes der Schrift »Von den Juden und ihren Lügen«. Daneben steht der Text:

»Martin Luther war zunächst den Juden gegenüber freundlich eingestellt, weil er von der Verkündigung des reinen Evangeliums ihren Übertritt zum Christentum erwartete. Als sich seine Hoffnung nicht erfüllte, wurde er zu einem schlimmen Judenfeind.«

Auf der anderen Seite neben dem Titelblatt steht folgender Text:

»Noch 1935 schreibt ein christlicher Schriftsteller: Auch als Christ weiß ich, daß sie unsere Feinde sind. Wie sie damals Christus ans Kreuz schlugen, so tun sie heute. Sie schreien, daß sein Blut über sie komme und über ihre Kinder. Jetzt liegt Gottes Hand schwer über dem Volk, und die sie zurechtweisen müssen, sind Geißeln, mit denen er zuschlägt.«
Darunter stehen zwei Denkanstöße: »Welche Vorwürfe glaubten die Christen den Juden machen zu können? Wie würdet ihr auf solche Vorwürfe antworten?«[14]

Es folgt die Unterrichtseinheit »Christen und Juden im Dritten Reich« mit den beiden Teilen »Versagen« und »mutiger Protest«. Diese Unterrichtseinheit beginnt mit dem Satz: »Die antisemitischen Vorurteile machten viele Christen unsicher, wie sie sich zum erklärten Antisemitismus des Dritten Reiches verhalten sollten. Einige Christen unterstützten den Antisemitismus . . .«[15]
Hier wird Luthers Stellung zu den Juden in einen kirchengeschichtlichen Aufriß des christlichen Antisemitismus aufgenommen, der durch das Zitat von 1935, die Denkanstöße und die Verbindung mit der nächsten Unterrichtseinheit die bleibende Aufgabe der Überwindung des christlichen Judenhasses didaktisch vorbildlich bewußt macht. Im Lehrerhandbuch erhält der Lehrer auf zwei Seiten fachwissenschaftliche Informationen zum

12 Lehrerhandreichung Arbeitsbuch: Religion 9/10, erarbeitet von H. Kremers / A. Weyer, 1974, S. 93.
13 Kursbuch Religion 9/10, a.a.O., S. 50f. im Lehrgang »Nach Auschwitz . . .«, S. 44–56.
14 Ebd., S. 51.
15 Ebd., S. 51–53.

christlichen Antisemitismus. Folgende Informationen werden zu unserem
Thema gegeben:

»Für den Protestantismus wurden vor allem Luthers antijüdische Äußerungen wirksam. Luther begegnete anfangs den Juden recht freundlich. 1523 setzte er sich kritisch mit dem bisherigen ›christlichen‹ Vorgehen gegen die Juden auseinander: ›Und wenn ich ein Jude wäre und
hätte solche Tölpel und Grobiane gesehen, Christenglauben regieren und lehren, so wäre ich
eher eine Sau geworden als ein Christ. Denn sie haben mit den Juden gehandelt, als wären es
Hunde und nicht Menschen . . .‹ (zit. nach Pfister 1971, S. 16). Er gibt dann seiner Hoffnung
Ausdruck, daß die Juden nach seiner Neuentdeckung des Evangeliums sich zum christlichen
Glauben bekehren würden. Als seine Hoffnung trog, schrieb er schlimme antijüdische
Schmähschriften. In ›Von den Juden und ihren Lügen‹ forderte Luther 1543 u.a. die Verbren-
nung von Synagogen, Schulen und Häusern, die Beschlagnahmung der jüdischen religiösen
Literatur, das Lehrverbot für die Rabbiner, die Aufhebung des Geleitschutzes für die Juden,
Verbot des Wuchers, Handarbeit für die jungen Juden und Jüdinnen. Solche Forderungen wur-
den im schlimmsten antisemitischen Hetzblatt, dem ›Stürmer‹, immer wieder genüßlich zitiert.«[16]

Seit 1971 wurde das Thema »Martin Luther und die Juden« auch in vier
Schulbüchern für die Sekundarstufe II im Kontext der Darstellung des Judentums und seiner Beziehung zum Christentum aufgenommen.

Alle diese Bücher sind Spezialbücher, in denen mehr Raum für unser
Thema zur Verfügung steht als in den Schulbüchern für die Sekundarstufe
I, die den ganzen Unterrichtsstoff präsentieren müssen. Dennoch wird es in
einem der vier Bücher nur mit einem kurzen Hinweis abgehandelt, der
pädagogisch kaum effektiv sein dürfte. Im Kapitel »Judentum« mit 55 Seiten stehen im Buch »Große Fremdreligionen« nur die beiden Sätze: »Die Juden wurden verfolgt, weil sie den christlichen Glauben nicht annahmen
und angeblich den Tod des Welterlösers und Gottessohnes mitbewirkt hatten. Diese Vorwürfe, die schon mit den Kirchenvätern einsetzten, finden
sich später auch bei Luther, der die Juden ›verstockt‹ nennt und ihnen vor-
wirft, ›Teufelsdiener‹ zu sein.«[17]

Im Buch »Judentum« der Reihe »Werte und Normen« mit 94 Seiten finden wir auf einer halben Seite unter der Überschrift »Volkstümliche Motive
des Judenhasses beim späten Luther« nur einen antijüdischen Auszug aus
seiner letzten Predigt und seine Handlungsanweisungen aus der Schrift
»Von den Juden und ihren Lügen«[18]. Hier wird unser Thema also ausführlicher behandelt als im zuerst genannten Buch für die Sekundarstufe II. Um
so mehr ist zu bedauern, daß auf einer halben Seite keine differenziertere
Darstellung des Themas »Martin Luther und die Juden« gelungen ist, denn

16   Kursbuch Religion 9/10 Lehrerhandbuch, hrsg. von H. Schmidt und J. Thierfelder, 1981, S.
80 (von J. Thierfelder).
17   Große Fremdreligionen, hrsg. von P. Freimark, H. Grothaus u.a., 1977, darin: P. Freimark,
»Judentum« auf Seite 5–60, »Luther und die Juden« auf Seite 48.
18   Werte und Normen, Modell 4, Judentum, bearbeitet von I. Kleinert, D. Pohlmann, W. So-
be und M. Stupperich, 1978, S. 20.

die Stoffauswahl führt hier zu einer unsachgemäßen, einseitig polemischen Behandlung unseres Themas.

Im Buch »Judentum« der Reihe »Weltreligionen« mit 149 Seiten finden wir einen Lehrgang »Antijudaismus« auf 21 Seiten[19]. Der erste Lehrgangsteil befaßt sich mit dem »Antijudaismus aus religiösen Beweggründen« auf 8 Seiten. Er behandelt den religiösen Antijudaismus von »den Grundlagen im Neuen Testament« bis zu Friedrich Schleiermacher im 19. Jahrhundert. Der Abschnitt über Martin Luther umfaßt fast eine Seite. Er enthält folgende Darstellung des Autors:

> »Wohl führte die Reformation in vielen zentralen Fragen christlichen Glaubens zu einem Bruch mit einer suspekt gewordenen Theologie und Frömmigkeit. In der Judenfrage hat sie jedoch nichts Neues gebracht. Der christliche Antijudaismus wird auch von den reformatorischen Bewegungen theologisch und praktisch gefördert. Das läßt sich bei Luther am deutlichsten verfolgen. Seine theologischen Grundpositionen liegen schon in seiner ersten Psalmenvorlesung (1513–1515) fest. Für ihn ist der nachbiblische Jude die Verkörperung des Menschen, der im Kampf gegen Gott steht: ungläubig, aus sich selbst heraus unbelehrbar, ständig Gott lästernd. Diese Haltung mußte in einer christlichen Gesellschaft fast zwangsläufig zu praktischen Konsequenzen führen. Luther empfiehlt solche selbst. Seine berüchtigtste Schrift zu unserem Problem stammt aus dem Jahr 1543 und trägt den Titel ›Von den Juden und ihren Lügen‹. Darin fordert er...«[20] – es folgen Luthers Handlungsanweisungen aus dieser Schrift im Auszug.

Es ist verdienstvoll, daß Luthers antijüdische Einstellung in seinem theologischen Antijudaismus begründet wird. Dies geschieht aber verkürzt, weil die Ambivalenz dieses Denkens übersehen ist, die auch ein positiveres Verhalten zu den Juden sowohl bei Luther in den zwanziger Jahren als auch bei mehreren seiner Mitarbeiter ermöglicht hat. Und man wird den anderen reformatorischen Bewegungen neben dem Luthertum nicht gerecht, wenn man so tut, als seien auch sie alle antijudaistisch gewesen[21].

Nur ein einziges Buch für die Sekundarstufe II behandelt das Thema »Martin Luther und die Juden« differenziert und sachgemäß. Es ist das Buch »Juden und Christen« von Werner Trutwin und Günter Wischmann. Hier werden auf zweieinhalb Seiten zunächst vier Grundzüge des theologischen Antijudaismus Luthers vorgestellt. Dann folgen theologisch und didaktisch sehr gut ausgewählte repräsentative Aussagen aus vier Schriften Luthers aus den Jahren 1514–1543 (also nicht nur aus Luthers sog. »Judenschriften«!)[22].

Nur in diesem Religionsbuch werden also Luthers Aussagen für, über

19 Weltreligionen. Geschichte. Quellen. Materialien – Judentum, von *J.Czech, H.J. Loth, F. Trzaskalik, U. Tworuschka,* 1978, S. 95–115.
20 Ebd., S. 101f.
21 Siehe dazu v.a. *H.A. Oberman,* Wurzeln des Antisemitismus. Christenangst und Judenplage im Zeitalter von Humanismus und Reformation, 1981, S. 60–62, S. 163f., S. 185–195.
22 *W. Trutwin / G. Wischmann,* Juden und Christen, Theologisches Forum, hrsg. von *W. Trutwin,* Band 7, 1971, S. 47–49; siehe zu diesem Schulbuch auch das Arbeitsheft: *H. Gahlen,* Juden und Christen, Arbeitsheft, 1979, S. 52–64.

und gegen die Juden differenziert in den Horizont seines theologischen Antijudaismus gestellt, von dem es am Anfang der Unterrichtseinheit heißt:

»Vier Grundzüge können wir in Luthers Gutachten feststellen. Sie bleiben sein ganzes Leben hindurch unverändert; wir werden ihnen immer wieder begegnen:
a)   Gottes Strafzorn waltet über dem ungläubigen Volk; er kann allein von Gott selbst aufgehoben werden.
b)   Aus sich selbst heraus sind die Juden unbekehrbar; sie können auch nicht durch Maßnahmen anderer Menschen gebessert werden.
c)   Indem sie Gott und Christus beständig und unaufhaltsam lästern, erweist sich ihr Glaube als eine lebendige, wenn auch christusfeindliche Religion.
d)   Dies alles aber . . . ist auch über die anderen Gottes- und Christusfeinde verhängt. Zwischen Christen und Juden besteht eine Solidarität der Schuld. Der nachbiblische Jude ist der Archetyp des im Kampf gegen Gott stehenden Menschen.«

Wir halten fest: In mehrere Lehrgänge über das Judentum und seine Beziehung zum Christentum wird das Thema »Martin Luther und die Juden« aufgenommen. Bis auf wenige Ausnahmen geschieht dies jedoch kurz und abstrakt oder zu einseitig.

Wir fassen das Ergebnis des ersten Teiles unserer Untersuchung zusammen: In kirchengeschichtlichen und systematischen Lehrgängen über Martin Luther kann und darf das Thema »Martin Luther und die Juden« als Randproblem im evangelischen Religionsunterricht fehlen.

In· den Lehrgängen »Christen und Juden« oder »Judentum« muß das Thema »Martin Luther und die Juden« heute jedoch unbedingt behandelt werden. In einem solchen Lehrgang sind wir den Schülern einen Überblick über die Geschichte des Verhältnisses der Kirchen zum jüdischen Volk von den Anfängen bis zur Gegenwart schuldig! Denn ein Wissen um diese Geschichte gehört nach dem Holocaust zu den wichtigsten Motivationen für Christen, ihr Verhältnis zu den Juden zu erneuern. Es wäre irreführend, wenn in einem solchen Überblick nur von der Schuld der katholischen Kirche gegenüber den Juden in der Spätantike und im Mittelalter und von der Schuld der Antisemiten, Deutschen Christen und Nazis im 19. und 20. Jahrhundert die Rede wäre. Hier muß auch Martin Luthers negative Einstellung und Schuld gegenüber den Juden dargestellt werden, die in den meisten Kirchen der Reformation eine gefährliche und in Schuld verstrickende Wirkungsgeschichte gehabt hat – und noch hat.

Es wird aber nicht genügen, im Rahmen der Geschichte des Verhältnisses der Kirchen zum jüdischen Volk nur die positive Einstellung des frühen Luther und die negative Einstellung des alten Luther gegenüber den Juden zu behandeln. *Heute* müssen Religionspädagogen diese ambivalente Einstellung zurückführen auf Luthers theologischen Antijudaismus, der von seiner Psalmenvorlesung von 1513–1515 bis zu seinem Tod sich als konstant erweist[23]. Religionspädagogen müssen heute zeigen, daß Martin Lu-

23 Siehe *J. Brosseder*, Luthers Stellung zu den Juden im Spiegel seiner Interpreten, 1972, S. 379–392, und *H.A. Oberman*, Wurzeln des Antisemitismus, a.a.O., S. 135–165.

ther die Einheit der Rechtfertigung der Christen und der bleibenden Erwählung des jüdischen Volkes im Denken des Apostels Paulus zerstört hat, was zu einer Verabsolutierung seiner Rechtfertigungslehre und zu ihrem Mißbrauch als Waffe im »Wahrheitskampf«[24] gegen die Juden führte. Weil Martin Luther zwar die Bibel als alleinige Glaubensnorm (sola scriptura) anerkannte, sie aber durch die Brille seiner verabsolutierten Rechtfertigungslehre las, blieb er blind gegenüber der klaren und eindeutigen Botschaft der Bibel von der bleibenden Erwählung des jüdischen Volkes. In dieser Blindheit ist auch sein theologisches Vorurteil begründet, das Judentum sei eine nach Selbsterlösung strebende Gesetzesreligion, die auch für uns Christen eine ständige Versuchung ist und bleibt – und darum bekämpft werden muß.

2
Luthers theologischer Antijudaismus in Predigt und Unterricht

Wir fassen zunächst – elementarisiert – Luthers theologischen Antijudaismus zusammen[25]:

1.   Martin Luther lehrt, daß die Juden, weil sie Jesus als Messias verworfen haben und noch verwerfen, selbst von Gott verworfen und deshalb nicht mehr »Israel«, Volk Gottes, sind.

2.   Martin Luther lehrt, daß die Juden, weil sie Jesus als Messias verworfen haben und noch verwerfen, bis zu seiner Wiederkunft unter dem Fluch und Gericht Gottes leben müssen.

3.   Martin Luther lehrt, daß die Leiden der Juden in der Geschichte post Christum Beweise für ihre Verwerfung sind.

4.   Martin Luther lehrt, daß das Judentum eine nach Selbsterlösung strebende Gesetzesreligion ist. Selbsterlösung durch das Gesetz ist aber für Luther die Ursünde aller Menschen, die auch Christen ständig bedroht und der sie oft verfallen. *Der Jude* wird deshalb in Luthers Lehre zum *Archetyp* bzw. zum wichtigsten Repräsentanten der Gesetzesreligion, die nicht zur Erlösung, sondern ins Verderben führt, vor der deshalb alle Christen unablässig gewarnt werden müssen. So wird der Jude in Luthers Lehre zum *Stereotyp:* Der Jude neben mir und »der Jude in mir«, der mich ständig bedroht, werden identisch.

Luther hat vier Lehren seines theologischen Antijudaismus aus der Tradition seiner Kirche übernommen. Eine fünfte Lehre in dieser Tradition hat er verworfen: Die Lehre vom Gottesmord der Juden bzw. von der Allein- oder Hauptschuld der Juden am Kreuzestod Jesu.

---

24   Diesen Begriff benutzt *H.A. Oberman* in »Wurzeln des Antisemitismus«, a.a.O., um auf das Neue in Luthers Auseinandersetzung mit den Juden hinzuweisen: »Luther wagt den Sprung vom Rufmord zum Wahrheitskampf« (S. 96).
25   Siehe die Aufsätze von *E.L. Ehrlich, H.A. Oberman, M. Stöhr, J. Brosseder* und *B. Klappert* in diesem Sammelband.

422   *Heinz Kremers*

Luthers vierte Lehre vom Juden als Stereotyp unseres »alten Menschen«,
der »fleischlich« nach Selbsterlösung durch gute Werke trachtet, hat reformatorische Theologie und Frömmigkeit bis heute besonders stark geprägt.
Weil sie mit dem Herzen bzw. dem Zentrum der reformatorischen Theologie – der Rechtfertigungslehre – verbunden ist und sich anscheinend aus
ihm zwingend ergibt, ist sie innerhalb des allgemeinen theologischen Antijudaismus[26] in besonderer Weise Luthers Erbe. Es ist deshalb nicht verwunderlich, daß diese vierte Lehre uns in der *evangelischen* Predigt und im
evangelischen Religionsunterricht heute noch am häufigsten begegnet,
während die anderen Lehren entweder verschwiegen, abgeschwächt oder
korrigiert werden. Wir wollen uns darum hier auf dieses genuine Erbe Luthers beschränken.

Vorweg soll ein Ereignis aus den letzten Jahren illustrieren, wie gefährlich die Lehre vom Judentum als uns gefährdender Gesetzesreligion ist: Der
Ökumenische Rat der Kirchen veranstaltete in der Schweiz ein Symposium
mit jüdischen und christlichen Wissenschaftlern. Auf diesem Symposium
sagte ein international berühmter deutscher Neutestamentler: »Ich muß
den Juden in mir täglich ertöten.« Erschreckt entgegnete ihm ein israeli-
scher Historiker und Talmudforscher: »Dann achten Sie aber bitte darauf,
daß Sie dabei nicht auch den Juden neben Ihnen töten!«

Perikopenreihen, Predigtmeditationen und Predigtsammlungen beweisen, wie häufig die Auswahl und Abgrenzung biblischer Perikopen und ihre
Auslegung und Aktualisierung in den Predigten noch immer von Luthers
antijüdischem Erbe beherrscht sind: Da werden die Juden noch immer – gegen die Intention der biblischen Texte! – als Stereotype mißbraucht, um die
Christen vor dem Rückfall in die Gesetzlichkeit zu warnen.

Wohin das heute noch führen kann, wurde mir bewußt, als ich den Auftrag erhielt, eine Predigtmeditation zum »Judensonntag« zu schreiben,
zum 10. Sonntag nach Trinitatis, den wir heute »Israelsonntag« nennen[27].
Da hat man sich endlich dafür entschieden, für den Israelsonntag einen
Predigttext aus den drei Kapiteln auszusuchen, die in fast allen Kirchen
zum neutestamentlichen Schlüsseltext für das Verständnis des Verhältnisses der Kirche zum jüdischen Volk geworden sind. Und da möchte man ju-
beln vor Freude, wenn man liest: Es soll über Röm 9,1–5 gepredigt werden,
wo Paulus feierlich seine unverbrüchliche Treue zu seinem Volk beschwört
(V. 1–3), die in Gottes Treue zu seinem Volk gründet, das deshalb noch immer voll und ganz »Israel« ist (V. 4–5a), weshalb Paulus einen Lobpreis, eine
Doxologie, anstimmt (V. 5b). Endlich darf also am Israelsonntag das Evan-

---

26 Hier ist der allgemeine theologische Antijudaismus gemeint, von dem *H.A. Oberman* behauptet, er sei bei Luther »– wie im christlichen Glauben überhaupt – angelegt« (S. 162).
27 *H. Kremers*, 10. Sonntag nach Trinitatis, Röm 9,1–5; 9,31–10,4, in: *A. Falkenroth /
H.J.Held*, hören und fragen. Eine Predigthilfe, Ergänzungsband zu Bd. 3 und Bd. 4, 1981, S.
380–386. – Siehe auch *H. Kremers*, Römer 9–11 in Predigt und Unterricht, in: *H. Horn / I. Röb-
belen* (Hrsg.), Im Dienst für Schule, Kirche und Staat, 1970, S. 153–172.

gelium von der bewahrenden Treue Gottes zum jüdischen Volk gepredigt werden, die sein »Nein« zum Messias Jesus nicht zunichte machen kann! Aber die Freude verging mir schnell, als ich weiterlas: Die Verse Röm 9,1–5 sind – trotz »Amen« hinter Vers 5 (!) – mit Röm 9,31–10,4 zu verbinden! Denn wenn schon eine biblische Texteinheit, die mit »Amen« schließt, über dieses Amen hinaus für die Predigt erweitert werden soll, dann darf man den Text nicht willkürlich erweitern. Das geschieht aber hier: Es werden nicht Anfang und Ende von Röm 9–11 verbunden, sondern Röm 9,1–5 wird mit einer willkürlich aus dem Sinnganzen Röm 9,6–11,36 herausgegriffenen Aussage verbunden, deren Inhalt so zusammengefaßt werden kann: Die Juden wollen durch Werke vor Gott gerecht werden, deshalb scheitern sie an Christus. »Denn Christus ist des Gesetzes Ende« (Röm 10,4). – So werden also auch am Israelsonntag nach dem Holocaust in den Predigten über Röm 9–11 die Juden wieder – wie gehabt! – zu Stereotypen der Menschen, die durch ihre eigenen Werke vor Gott gerecht werden wollen und darum scheitern müssen, weil »Christus das Ende des Gesetzes ist«!

Ich konnte den Mitgliedern der kirchlichen Kommission diese Perversion von Röm 9,1–5 nur schwer verzeihen. Heute fällt mir das leichter, nachdem ich die »Erwägungen« von 13 Bonner Theologieprofessoren zum Beschluß der Landessynode der Evangelischen Kirche im Rheinland von 1980 gelesen habe[28]. Da heißt es: Die Landessynode unterscheidet in ihrem Beschluß nicht »zwischen Israel und Juden« . . . »dem Israel, wie es im Neuen Testament verstanden und einerseits als Israel mit der bleibenden Heilsprärogative (Röm 9,4), andererseits als Israel-nach-dem-Fleisch definiert wird (1Kor 10,18)«.

Wenn nämlich 13 Bonner Theologieprofessoren so durch Luthers theologischen Antijudaismus verstockt und verblendet sind, daß sie nicht erkennen können, daß Paulus in Röm 9,1–5 die »bleibende Heilsprärogative« gerade dem Israel nach dem Fleisch zuspricht, wie der Übergang von Röm 9,3 zu 9,4 beweist (». . . meine *leiblichen* Verwandten, die ja Israeliten sind . . .«), wie kann ich dann einer kirchlichen Kommission noch übelnehmen, wenn sie – von Luthers theologischem Antijudaismus nicht weniger geblendet – das »Amen« von Röm 9,5 niederwalzt, um durch Hinzufügung von Röm 9,31–10,4 das Evangelium für Israel von Röm 9,1–5 zum Gesetz gegen Israel pervertieren zu können!

Im evangelischen Religionsunterricht finden wir die Diskriminierung der Juden als Repräsentanten der Gesetzesreligion, vor der wir Christen gewarnt werden müssen, weil wir für sie so anfällig sind, vor allem in problemorientierten Lehrgängen über Gebote, Freiheit und Ordnung, Huma-

28 13 Theologieprofessoren der Universität Bonn: »Erwägungen zur kirchlichen Handreichung zur Erneuerung des Verhältnisses von Christen und Juden«, in: Dokumentation epd. Ein Informationsdienst, Nr. 42/80, 1980, S. 14–17.

nität, Leistung und Identität[29]. Wir begnügen uns auch hier mit der Vorstellung eines extremen Beispiels.

In einem Lehrgang über das Thema »Fehlgeleitete Orientierung – damals wie heute« von 1973 heißt es[30]:

> »Rabbi Schimeon hat gesagt:
> Israel kann man mit einem Weinstock vergleichen: Die Reben daran sind die Hausväter, die Trauben daran sind die Gelehrtenschüler, die Blätter daran sind die Gesetzeskundigen, die Ranken daran sind die Leeren in Israel (die keine Gebotserfüllung aufzuweisen haben)« (Seite 108 für die Schüler).

Dieser Text wird im Sachkommentar für den Lehrer in folgender Weise interpretiert:

> »Hier wird nun das Bild vom Weinstock auf die Gesellschaft übertragen, und zwar unter dem gleichen Aspekt wie oben, dem Nutzen bzw. der Leistung . . .« Dieser Rabbi »setzt nach eigenem Gutdünken einen Maßstab – die Ansammlung möglichst vieler Gebotserfüllungen – und beurteilt danach die Gesellschaft. Dabei ist es ihm völlig gleich, ob er mit diesem Maßstab der Gesellschaft gerecht wird . . . Erschreckend sind die Konsequenzen, die sich aus dieser Beurteilung von Menschen ergeben. Wenn die, die keine Gebotserfüllung aufzuweisen haben, behandelt werden sollen wie die Ranken am Weinstock – was bedeutet das?
> Hier wird deutlich, daß die These vom ›lebensunwerten Leben‹ in jeder Philosophie als mögliche Konsequenz angelegt ist, die Würde und Wert des Menschen von einer wie auch immer gearteten Leistung abhängig macht« (Sachkommentar, Seite 85).

Wir fragen: Werden die Autoren dem Sinn des Bildes von Rabbi Schimeon gerecht, und sind darum die von ihnen behaupteten Konsequenzen berechtigt? Um diese Frage beantworten zu können, dürfen wir den Text nicht im Kommentar von Strack/Billerbeck suchen, wo die Autoren ihn gefunden haben. Wir müssen vielmehr den Talmud selbst aufschlagen. Dort hat das Wort von Rabbi Schimeon noch folgenden deutenden Zusatz: »Darauf deutet das, was sie von dort (aus Eretz Israel als Botschaft) sandten: Mögen die Trauben für die Blätter beten, denn ohne die Blätter würden die Trauben nicht bestehen« (bT Hul. 92a). Das heißt, wenn wir so übersetzen wie die Autoren: »Mögen die Gelehrtenschüler für die Gesetzeskundigen beten, denn ohne die Gesetzeskundigen würden die Gelehrtenschüler nicht bestehen«, und es ist reiner Zufall, daß hier nicht in derselben Weise Trauben und Ranken (die ja auch für den Weinstock lebensnotwendig sind!) zueinander in Beziehung gesetzt werden. Das Bild vom Weinstock soll also hier, wie auch an anderen Stellen der rabbinischen Literatur, die organische

---

29 Siehe *H. Jochum*, Jesusgestalt und Judentum in Lehrplänen, Rahmenrichtlinien und Schulbüchern für den Religionsunterricht, in: *H. Jochum / H. Kremers* (Hrsg.), Juden, Judentum und Staat Israel im christlichen Religionsunterricht in der Bundesrepublik Deutschland, 1980, S. 7–22, und dort v.a. »Der Außenseiter Jesus«, »Jesus und das Gesetz« und »Die Menschlichkeit Jesu«, S. 14–19.

30 Jesus von Nazareth, Dias und Texte; *H. May / E. von Nordheim*, Konzeption und Texte; *E. Lessing*, Bildaufnahmen, 1973/74.

Einheit und Zusammengehörigkeit des jüdischen Volkes illustrieren und zur Einheit und zur Solidarität aller ermahnen. Es hat hier dieselbe Bedeutung wie das Bild vom Leib Christi im Neuen Testament (s. dort z.b. 1Kor 12,12–30). Seine Bedeutung im Wort des Rabbi Schimeon wird darum von den Autoren ins Gegenteil pervertiert. Ich kenne nur eine einzige Anwendung des Weinstockbildes in der von den Autoren vorgetragenen Weise, das Wort des johanneischen Christus vom Weinstock: »Ich bin der wahre Weinstock, und mein Vater ist der Weingärtner. Jede Rebe an mir, die keine Frucht trägt, nimmt er weg . . . Wenn jemand nicht in mir bleibt, wird er weggeworfen wie die Rebe und verdorrt, und man sammelt sie und wirft sie ins Feuer, und sie verbrennen« (Joh 15,1f.6) – aber ich würde mich hüten, es in einer problemorientierten Unterrichtseinheit so zu aktualisieren, wie die Autoren in ihrer Unterrichtseinheit das von ihnen ins Gegenteil pervertierte Wort des Rabbi Schimeon aktualisiert haben!

Es folgt im Lehrgang folgendes Wort aus dem Talmud:

»Rabbi Eleasar hat gesagt: Es ist verboten, sich eines Menschen zu erbarmen, der sich nicht im Gesetz auskennt.

Weiter hat er gesagt: Wer sein Brot einem gibt, der sich nicht im Gesetz auskennt, über den kommen Leiden als Strafe« (bT Sanh. 92a).

Auch hier haben die Autoren wieder nur aus dem Kommentar von Strack/Billerbeck zitiert, ohne den Talmud selbst in die Hand zu nehmen. Das sieht man vor allem daran, daß sie die beiden Worten folgenden AT-Zitate weggelassen haben und den Kontext nicht beachten. Berücksichtigen wir den Kontext und die zu den beiden Worten gehörenden AT-Zitate, dann wird deutlich, daß auch die beiden Worte von Rabbi Eleasar ins Gegenteil pervertiert wurden. Beide Aussagen gehören zu den Kommentaren zum Mischna-Wort: »Ganz Israel hat Anteil an der zukünftigen Welt . . .« (Sanh. XI 1). Das ist eine Tradition, die fundamentale Bedeutung für die Lehre Jesu hatte (weil Jesus in dieser Tradition stand, wandte er sich »den verlorenen Schafen des Hauses Israel zu«), aber auch für die Lehre des Apostels Paulus, wie Röm 11,26 beweist: ». . . und auf diese Weise ganz Israel gerettet werden wird . . .«.

Rabbi Eleasars erster Kommentar zum Mischna-Wort heißt: »Wenn ein Gemeindevorsteher die Gemeinde in Sanftmut leitet, so ist es ihm beschieden, sie auch in der zukünftigen Welt zu leiten. . .« (bT Sanh. 92a). Es folgen Anweisungen Rabbi Eleasars, in denen er zeigt, wie ein Gemeindevorsteher seine Gemeinde »in Sanftmut« leiten soll, zu ihnen gehören auch die beiden im Lehrgang zitierten Worte. Ihre Bedeutung in diesem Kontext ist evident: Beide Worte warnen die Gemeindevorsteher davor, sich nur um das leibliche Wohl ihrer Gemeinden zu kümmern. Denn wenn sie das tun, werden ihre Gemeinden, die zwischen Heiden und unter einer heidnischen Herrschaft leben müssen, die Verbindung zu Gott und zu seinem lebenspendenden Wort verlieren und untergehen. Eleasars Worte sind darum

Parallelen zum Wort Jesu: »Der Mensch lebt nicht vom Brot allein.« Das beweisen auch die beiden Bibelzitate, die mit den Worten verbunden sind:
»Wenn ein Mensch kein Wissen (von Gott und seinem Wort) besitzt, so ist
es verboten, sich seiner (nur so) zu erbarmen (daß man ihm leiblich hilft),
denn es heißt: denn es ist ein Volk ohne Wissen (von Gott und seinem
Wort), deshalb erbarmt sich sein Schöpfer seiner nicht, und sein Urheber
begnadigt es nicht« (Jes 27,11). »Wer sein Brot jemandem gibt, der kein Wissen (von Gott und seinem Wort) hat, über den kommen Leiden, denn es
heißt (Ob 1,7): die dein Brot essen, legen dir Fangnetze (mazor) unter, kein
Wissen (von Gott und seinem Wort) ist in ihm, und unter mazor sind Leiden zu verstehen, denn es heißt (Hos 5,13): Ephraim sah seine Krankheit,
und Juda merkte sein Leiden (mazoro).«

Und die beiden zitierten Worte werden von Rabbi Eleasar durch ein drittes Wort zusammengefaßt und begründet: »Ferner sagte R. Eleasar: Ein
Mensch, der kein Wissen (von Gott und seinem Wort) besitzt, wandert
endlich in die Verbannung, denn es heißt (Jes 5,13): mein Volk wird unversehens (= ohne Wissen) in die Verbannung wandern.« Wir fassen zusammen: Der Sinn und die Intention der beiden Worte von Rabbi Eleasar müssen ins Gegenteil verkehrt werden, damit sie die Bedeutung gewinnen, welche die Autoren des Lehrgangs in sie hineininterpretieren.

Auf die Worte von Rabbi Schimeon und Rabbi Eleasar folgt im Lehrgang
ein Bericht über die Vernichtung lebensunwerten Lebens durch die Nationalsozialisten in der »Liquidationsanstalt Hadamar« (Quelle: aus einem
amtlichen Schreiben des Oberlandesgerichts Frankfurt a.M. an den
Reichsminister für Justiz vom Dezember 1939). Da heißt es u.a.:

»Wie man mir sagt, rufen schon die Kinder, wenn solche Transportwagen kommen: ›Da
werden wieder welche vergast.‹« . . . »Dort (in Hadamar) sollen nach den Erzählungen die An-
kömmlinge sofort nach Eintreffen nackt ausgezogen werden, es werde ihnen ein Papierhemd
angezogen, und sie würden alsbald in einen Gasraum gebracht, wo sie mit Blausäure und einem betäubenden Zusatzgas liquidiert würden. Die Leichen würden auf einem laufenden
Band in einen Verbrennungsofen geschafft, jeweils 6 in einen Ofen, die anfallende Asche würde auf 6 Urnen verteilt und den Angehörigen zugeschickt. Den dicken Rauch der Verbren-
nungshalle sehe man täglich über Hadamar.«

Zu diesem Bericht steht im Sachkommentar für den Lehrer:

»Der Text belegt die Möglichkeit, die Theorie von den ›Ranken‹, vom ›lebensunwerten Leben‹ bis in die Konsequenz durchzuführen, mit einem Beispiel. Wann gilt das Leben als ›un-
wert‹? Welche Bevölkerungsgruppen sind betroffen? Welche fürchten, einbezogen zu werden?
Aus welchem Grund?«

Den Autoren ist anscheinend nicht bewußt, daß kluge Schüler auf die
genannten Fragen antworten werden: »Auch die *Juden* waren damals betroffen. Auch sie mußten fürchten, in die Vernichtungsaktion einbezogen
zu werden, denn sie waren ja nach der NS-Ideologie ›Untermenschen‹, An-

gehörige einer gefährlichen und darum ›lebensunwerten Rasse‹.« Und die
Schüler könnten fortfahren: »Und später haben ja auch die Nazis viele Ju-
den in derselben Weise umgebracht wie die ›lebensunwerten‹ Kranken in
Hadamar... in Auschwitz und anderswo!«

Und wie wollen die Autoren vermeiden, daß der Aufbau des Lehrgangs-
teils, der mit diesem Bericht endet, in den Köpfen der Schüler folgende Ge-
dankenkette entstehen läßt: »Schon die Juden haben also menschliche Gemeinschaft so eingeteilt wie die Nazis: in lebenswerte und lebensunwerte
Menschen! Darum geschah ihnen ja nur recht, wenn die Nazis an ihnen die
praktischen Konsequenzen ihrer brutalen und unmenschlichen Vorstellung
bzw. Ideologie von ihrem Volk als Leistungsgesellschaft mit ›Wegwerfmen-
schen‹ ausprobiert haben – im Grunde waren also die Opfer selbst an ihrem
Untergang schuld!«

Leider fallen heute Prediger und Religionslehrer oft noch hinter Luthers
theologischen Antijudaismus in den des Mittelalters zurück. Das geschieht
dann, wenn in historisierenden Predigten und Unterrichtseinheiten die Juden oder die Pharisäer als diejenigen dargestellt werden, die Jesus ans
Kreuz brachten, weil er ihre Gesetzesreligion angegriffen habe. Dieser
Rückfall hinter Luther ist deshalb so gefährlich, weil er die von Luther verworfene Lehre von den Juden als Allein- oder Hauptverantwortlichen für
den Kreuzestod Jesu mit dessen aktualisierter Lehre vom Judentum als für
uns gefährlicher Gesetzesreligion verbindet.

Die meisten Jesuslehrgänge folgen heute in Inhalt, Aufbau und Intention
der berühmten Aussage Ernst Käsemanns, die in vielen religionspädagogischen Werken als Fundamentalaussage zitiert wird: »Jesus hat mit einer unerhörten Souveränität am Wortlaut der Tora und der Autorität des Moses
vorübergehen können. Diese Souveränität erschüttert... die Grundlagen
des Spätjudentums und verursacht darum entscheidend seinen Tod...«[31]
Jesu Leben und Wirken wird in den meisten Jesuslehrgängen als Konfrontation – als Überwindung der jüdischen Gesetzesreligion und als Kampf gegen sie – dargestellt, als ein Kampf, der zum Kreuzestod Jesu führte[32].

31 *E. Käsemann*, Das Problem des historischen Jesus, in: ZThK 51, 1954, S. 135–153, dann
in: Exegetische Versuche und Besinnungen, Bd. 1, 1960, S. 187–214, dort auf Seite 208. – *E. Käsemanns* Lehrer, *R. Bultmann*, hat sich zu diesem Rückfall hinter Luther noch nicht verführen
lassen, sondern er formulierte sowohl historisch als auch theologisch viel vorsichtiger: »Jesus
wurde durch den römischen Prokurator Pontius Pilatus gekreuzigt. Welche Rolle dabei die jüdische Behörde gespielt hat, der die christliche Überlieferung die Hauptschuld zuschiebt, ist
nicht mehr klar zu erkennen. Es ist wahrscheinlich, daß sie, wie sonst, im Interesse der politischen Ruhe mit den Römern Hand in Hand arbeitete. Es kann aber kaum zweifelhaft sein, daß
Jesus wie andere Aufrührer als messianischer Prophet am Kreuz starb« (in: Jesus [¹1926], Sie-
benstern Taschenbuch 17, S. 21f.).
32 Siehe dazu *H. Kremers*, Die Juden und der Tod Jesu als historisches, theologisches und re-
ligionspädagogisches Problem, und: *R.Kastning-Olmesdahl*, Die Juden und der Tod Jesu – antijüdische Motive in evangelischen Religionsbüchern, in: *H. Jochum / H. Kremers* (Hrsg.), Juden,
Judentum und Staat Israel im christlichen Religionsunterricht der Bundesrepublik Deutschland, a.a.O., S. 75–90 und S. 91–106, und *R. Kastning-Olmesdahl*, Die Juden und der Tod Jesu.
Antijüdische Motive in den evangelischen Religionsbüchern für die Grundschule, 1981.

Es ist evident, daß hier die neutestamentliche Botschaft – durch die Brille des theologischen Antijudaismus Luthers gesehen – verzerrt und für das
jüdische Volk gefährlich dargestellt wird. Das muß alarmieren, wenn wir
das Ergebnis der Untersuchung von Ruth Kastning-Olmesdahl zur Kenntnis nehmen (Die Juden und der Tod Jesu. Antijüdische Motive in den evangelischen Religionsbüchern für die Grundschule[33]): Im Jahr 1979 wurde nur
in einem einzigen Religionsbuch für die *Grundschule* die Passion Jesu so
dargestellt, daß sie keine antijüdischen Affekte bewirken kann. Untersuchungen von Schulbüchern und Unterrichtsmaterialien für den Religionsunterricht in den Sekundarstufen I und II kommen zu ähnlichen Ergebnissen[34].

Die Verbindung der von Luther verworfenen Lehre von der Allein- oder
Hauptschuld der Juden am Tod Jesu mit seiner Lehre vom Judentum als uns
Christen gefährdender Gesetzesreligion bewirkt heute eindeutig immer
noch durch Predigt und Unterricht antijüdische Vorurteile und Affekte.
Diese Verbindung muß darum von Luther her (!) mit seiner Hilfe aufgelöst
werden. Am besten geschieht das so, daß wir als Schüler Luthers von der
Bibel her (aber auch von der Erfahrung gelebten Judentums und vom Stu-
dium der Judaistik aus!) zugleich die zweite Irrlehre revidieren, Luthers
Lehre vom Judentum als uns gefährdender Gesetzesreligion.

Ich fasse das Ergebnis des zweiten Teils unserer Untersuchung zusammen: Wichtiger als die Aufnahme des Themas »Martin Luther und die Juden« in den Religionsunterricht ist heute die Überwindung unseres von Luther ererbten theologischen Antijudaismus in Predigt und Unterricht. Predigern und Lehrern wird heute die Überwindung des theologischen Antijudaismus nur gelingen, wenn zuvor die Fachwissenschaftler (v.a. Neutestamentler und Systematiker) den theologischen Antijudaismus – auch den
Martin Luthers! – erforscht und korrigiert haben. Nur wenn das geschehen
ist, werden Prediger und Religionslehrer in Zukunft in der Lage sein, das
Judentum in Predigten und neutestamentlichen, dogmatischen und problemorientierten Unterrichtseinheiten so darzustellen, daß in den Herzen
und Köpfen der Erwachsenen und Schüler kein Antijudaismus mehr entstehen kann, der – wie so oft in der Geschichte der Kirche – jederzeit zum
Wurzelboden für neuen Judenhaß wird und werden wird.

Ich frage abschließend: Welches sollte das wichtigste *Lernziel* bei der Behandlung des Themas »Martin Luther und die Juden« im evangelischen Religionsunterricht und bei der Überwindung des theologischen Antijudaismus Luthers in Predigt und Unterricht sein? Eine konkrete Erfahrung soll
uns bei der Lösung dieses Problems helfen: Vor einigen Jahren referierte ich
in einem ökumenischen Pfarrkonvent über das Judentum. Während die katholischen Priester mein Referat positiv aufnahmen, überfielen mich die
evangelischen Pfarrer geradezu mit Gegenargumenten gegen meine an-

33 Siehe Anmerkung 2 und 32.
34 Siehe Anmerkung 32.

scheinend philosemitische Darstellung des Judentums. Nach den beiden ersten Gesprächsbeiträgen kam es wie eine Erleuchtung über mich. Ich bat den Diskussionsleiter, alle Diskussionsbeiträge zunächst zu sammeln, und schrieb sorgfältig mit. Danach ordnete ich alle Argumente gegen das Judentum dogmatisch und stellte sie in den Kontext der Auseinandersetzung Luthers mit der katholischen Kirche. Dann faßte ich zusammen: »Alle Argumente, die Sie gegen das Judentum vorgebracht haben, entstammen der theologischen Waffenkammer Martin Luthers in seinem Kampf mit der katholischen Kirche. Wenn Sie deshalb heute hier in einem ökumenischen Pfarrkonvent mit katholischen Priestern im Glauben verbunden sind und zusammenarbeiten und zugleich sich mit Luthers antikatholischen Argumenten vom Judentum als einer gefährlichen Gesetzesreligion distanzieren, sind Sie schizophren. Denn theologisch können und müssen wir heute mit denselben theologischen Überlegungen und Argumenten den Weg zu den Juden gehen, mit denen wir den Weg in die Ökumene mit den Katholiken gefunden haben!«

Diese Erfahrung läßt mich fordern: Wichtigstes Lernziel unserer Informationen über das Judentum in Predigt und Unterricht muß heute die Anleitung der Gemeinde und vor allem der Schüler zu einem vorurteilsfreien Verstehen des Judentums sein – im Bewußtsein der unauflöslichen Zusammengehörigkeit von Christen und Juden als Brüdern und Schwestern im Glauben an denselben Gott.

Autorenverzeichnis

Bethge, Eberhard, D., Honorar-Professor em. für Evangelische Theologie an der Universität Bonn

Boendermaker, Johannes P., Dr., Professor für Evangelische Theologie an der Reichsuniversität Amsterdam

Brosseder, Johannes, Dr., Professor für Katholische Theologie und ihre Didaktik an der Universität Bonn

Degani, Ben-Zion, Dr., Dozent für Geschichte an der Universität Beer-Sheva, Israel

Ehrlich, Ernst L., Dr., Direktor der Sektion Europa der Bnei Brith, Riehen bei Basel, Schweiz

Friedlander, Albert H., Dr., Rabbiner und Professor am Leo-Baeck-College, London, England

Ginzel, Günther B., Köln, Wissenschaftsjournalist und Mitarbeiter im Forschungsschwerpunkt »Geschichte und Religion des Judentums« der Universität Duisburg – Gesamthochschule

Klappert, Bertold, Dr., Professor für Evangelische Theologie an der Kirchlichen Hochschule Wuppertal

Kremers, Heinz, Dr., Professor für Evangelische Theologie und ihre Didaktik an der Universität Duisburg – Gesamthochschule

Lapide, Pinchas E., Dr., Frankfurt am Main, Gastprofessor an mehreren deutschen und amerikanischen Universitäten

van Norden, Günther, Dr., Professor für Geschichte an der Universität Wuppertal – Gesamthochschule

Oberman, Heiko A., Dr., Professor für Geschichte des Mittelalters, der Renaissance und Reformation an der University of Arizona, Tucson, USA

Rau, Johannes, Ministerpräsident des Landes Nordrhein-Westfalen

Schmidt, Johann M., Dr., Professor für Evangelische Theologie und ihre Didaktik an der Universität Köln

Schreiner, Stefan, Dr., Assistent im Fachbereich Altes Testament der Sektion Theologie der Humboldt-Universität Berlin, DDR

Seim, Jürgen, Pfarrer in Neuwied am Rhein

Siegele-Wenschkewitz, Leonore, Dr., Pfarrerin und Studienleiterin an der Evangelischen Akademie Arnoldshain

Stöhr, Martin, D., Akademiedirektor der Evangelischen Akademie Arnoldshain

Weyer, Adam, Dr., Professor für Evangelische Theologie und ihre Didaktik an der Universität Duisburg – Gesamthochschule

Register der Namen

Information Judentum, Bd. 7
Übersetzt von Ruth Olmesdahl
95 Seiten mit 9 Zeichnungen
von Otto Axer, Paperback DM 16,80

Information Judentum, Bd. 6
Übersetzt von Ruth Olmesdahl
VIII, 238 Seiten, Paperback DM 29,80

Eine Darstellung über das osteuropäische Judentum – einer besonders prägnanten Form jüdischen Glaubenslebens. Heschel zeigt in seiner eindringlichen, weisheitlichen Sprache, wie Spiritualität und praktisches Tun im Chassidismus eine lebendige Einheit bilden. Ein Buch, das die Erinnerung an die »vergangene Welt« des Ostjudentums wachzuhalten vermag.

Diese Beiträge, in die Situation der von Amerika geprägten westlichen Welt hineingesprochen, legen die Grundbedingungen gesellschaftlicher Bezüge, die Grundfragen menschlicher Existenz frei. Mit tiefer religiöser Einsicht beleuchtet Heschel die fehlgeleiteten Entwicklungen des modernen Menschen und weist Wege zu sinnvoller Existenz.

A. J. Heschel, geboren 1907 in Warschau, nach seiner erzwungenen Emigration nach 1940 Professor für jüdische Ethik und Mystik in den USA, gilt neben Martin Buber als einer der größten jüdischen Gelehrten unserer Zeit, »der anerkannte Meister einer ganzen Generation amerikanischer Rabbiner, ein jüdischer Theologe von internationalem Ruf«. Er starb 1972.